FRANCIA

Forschungen zur westeuropäischen Geschichte

deutsches historisches **institut** *historique allemand*

paris

FRANCIA

Forschungen zur westeuropäischen Geschichte

Herausgegeben vom
Deutschen Historischen Institut Paris
(Institut Historique Allemand)

Band 23/2 (1996)
Frühe Neuzeit – Revolution – Empire
1500–1815

Jan Thorbecke Verlag Sigmaringen

1997

Die Deutsche Bibliothek – CIP-Einheitsaufnahme
[Francia / 02]
Francia: Forschungen zur westeuropäischen Geschichte / hrsg. vom Dt. Histor. Inst. Paris. 2, Frühe Neuzeit = Revolution, Empire 1500–1815. – Sigmaringen: Thorbecke. 1997
Erscheint jährl. – Aufnahme nach Bd. 22. 1995
Hervorgegangen aus: Francia
Bd. 23. 1996

ISSN 0937-7743. ISBN 3-7995-7245-7

FRANCIA – Forschungen zur westeuropäischen Geschichte
Herausgeber: Prof. Dr. WERNER PARAVICINI.
Redaktion: Dr. MARTIN HEINZELMANN (Mittelalter), Prof. Dr. JÜRGEN VOSS (Frühe Neuzeit, 16.–18. Jh.), Dr. STEFAN MARTENS (Zeitgeschichte, 19./20. Jh.)
Anschrift: Deutsches Historisches Institut (Institut Historique Allemand) Hôtel Duret de Chevry, 8, rue du Parc Royal, F-75003 Paris

Aufsatzmanuskripte bitte an den Herausgeber adressieren, Zusendungen, die den Rezensionsteil betreffen, jeweils an den Redakteur des betreffenden Teilbandes (Mittelalter, Frühe Neuzeit, Zeitgeschichte).

FRANCIA erscheint dreimal jährlich, im Umfang von jeweils ca. 320 Seiten. Teilbände im Abonnement je DM 58.–, Einzelpreis je 68.– DM. Abonnement aller drei Teilbände: 148.– DM. Die Autoren erhalten kostenlos von den Aufsätzen 40 Sonderdrucke, von den Besprechungen 5 Belege. Bis zu 40 weitere Sonderdrucke der Aufsätze liefert der Verlag zum Selbstkostenpreis, wenn die Bestellung spätestens mit der Rücksendung der Fahnenkorrektur erfolgt.

Herausgeber und Redaktion übernehmen keine Verantwortung für den Inhalt der Artikel und Rezensionen.

Priére d'adresser les manuscrits des articles au directeur de la revue, les envois destinés á la rubrique des comptes rendus, au rédacteur du volume respectif (Moyen Age, Epoque moderne, Epoque contemporaine).

Les auteurs recevront, à titre gratuit, 40 tirages à part de leurs articles, 5 épreuves de leurs comptes rendus. Sont livrés par les éditions des tirages à part supplémentaires, jusqu' à 40 exemplaires, des articles, au prix de revient si la commande en est effectuée, au plus tard, à l'occasion du renvoi des épreuves corrigées.

Les textes publiés n'engagent que leurs auteurs.

Dieses Buch ist aus säurefreiem Papier hergestellt und entspricht den Frankfurter Forderungen zur Verwendung alterungsbeständiger Papiere für die Buchherstellung.

Umschlagabbildung: Henriciados des durchleuchtigsten großmächtigsten Fürsten und Herren Heinrich König von Frankreich, o.O. 1595 (n.pag.) [B.N.F. Paris]
Umschlagentwurf: NeufferDesign, Freiburg i. Br.
Instituts-Logo: Heinrich Paravicini, unter Verwendung eines Motivs am Hôtel Duret de Chevry

Verlagsadresse: Jan Thorbecke Verlag GmbH & Co., Karlstraße 10, D-72488 Sigmaringen

Gesamtherstellung: M. Liehners Hofbuchdruckerei GmbH & Co. Verlagsanstalt, Sigmaringen
Printed in Germany

INHALTSVERZEICHNIS

AUFSÄTZE

FORSCHUNGSGESCHICHTE UND METHODENDISKUSSION

MISZELLEN

REZENSIONEN

(Les astérisques signalent les comptes rendus en langue française)

Friedrich Beiderbeck

HEINRICH IV. VON FRANKREICH UND DIE PROTESTANTISCHEN REICHSSTÄNDE (Teil I)

Forschungsstand

Die besondere Bedeutung, die den Beziehungen zwischen Frankreich und den protestantischen Reichsständen für die europäische Geschichte des 16. und frühen 17. Jahrhunderts und die Entstehung des europäischen Mächtesystems zukommt, ist unumstritten. Die Erforschung der politisch-staatlichen Ebene der deutsch-französischen Beziehungen konzentrierte sich bisher jedoch eher auf die Epoche Karls V. und die Regierungszeit Richelieus[1], eine umfassende Untersuchung der Entwicklung der Beziehungen zwischen Heinrich IV. und den deutschen Fürsten gibt es noch nicht.[2] Das Interesse der Forschung scheint bislang nicht dem Stellenwert, den diese Phase der deutsch-französischen Geschichte einnimmt, zu entsprechen.[3] Die einzige größere Arbeit zu diesem Thema stammt aus dem letzten Jahrhundert und untersucht die deutsche Politik Heinrichs IV. rein diplomatiegeschichtlich und nur aus der französischen Perspektive anhand der Papiere des französischen Gesandten Jacques Bongars.[4]

1 Ausführlich Klaus Malettke, Deutsch-französische Beziehungen in der Frühen Neuzeit: Stand der deutschen Forschung zu den Bereichen »Staat und Politik (Ende 15.- Anfang 19. Jahrhundert)«, Historische Kommission zu Berlin (Beiheft 12), Berlin 1989, 7ff (auch in ders., Frankreich, Deutschland und Europa im 17. und 18. Jahrhundert. Beiträge zum Einfluß französischer politischer Theorie, Verfassung und Außenpolitik in der Frühen Neuzeit, Marburg 1994).

2 Das Thema wird vom Verfasser im Rahmen des von der VW-Stiftung getragenen Projektes ›Die protestantische Union, das Reich und Westeuropa‹ an der Universität München (Lehrstuhl Winfried Schulze) bearbeitet.

3 Das gilt auch für die gegenwärtige französische Historiographie. Der Beitrag von Bernard Vogler zu den Colloques Henri IV 1989 stützt sich im wesentlichen auf die 1887 erschienene Arbeit von Anquez (wie Anm.4): Henri IV et les princes allemands, in: Henri IV. Le roi et la reconstruction du royaume (Colloques Henri IV, Teil III Pau/Nérac 1989), 371–383.

4 Léonce Anquez, Henri IV et l'Allemagne, d'après les mémoires et la correspondance de Jacques Bongars, Paris 1887. Ergänzend dazu: R. Breuer, Der Berner Codex 149b. Beiträge zur Biographie des J. Bongars u. zur Geschichte seiner diplomatischen Tätigkeit in Deutschland (1589–1606), Diss. phil., Mainz 1905. Unter den älteren Veröffentlichungen noch einige kürzere: Ph. Hiltebrand, Heinrich von Navarra und Deutschland (1585–1586), Diss.phil., Halle/S. 1903; M. Philippson, Heinrich IV. und der Jülicher Erbfolgestreit, in: HZ 33 (1875), 193–286; A. Baudrillart, La politique d'Henri IV en Allemagne, in: Revue des questions historiques 37 (1885), 406–484; W. Dotzauer, Heinrich IV. von Frankreich und die Frage der römischen Kaiserwahl in Deutschland, in: ZfGO 114, N.F. 75 (1966), 71–146. Die Außenpolitik Heinrichs IV. ist in ihrer antihabsburgischen Zielsetzung sehr ausführlich von M. Philippson dargestellt worden, leider kommt das Verhältnis zu den Deutschen etwas zu kurz: Heinrich IV. und Philipp III. Die Begründung des französischen Übergewichtes in Europa 1598–1610, 3 Bde., Berlin 1870–76.

Zu der vielfältigen und aufschlußreichen Korrespondenz zwischen Heinrich IV. und einzelnen Reichsständen liegt auch nur eine Veröffentlichung vor, die Ausgabe seines Briefwechsels mit dem Landgrafen Moritz von Hessen.[5]

Bei dieser Forschungslage muß sich eine Aufarbeitung des umfangreichen bilateralen Problemkomplexes an den gegenwärtigen historiographischen Fragestellungen ausrichten. Sie sollte von der Klärung der innenpolitischen Voraussetzungen und Motivationen der Beteiligten in Frankreich und im Deutschen Reich ausgehend zu einer Analyse des Ausmaßes und der Formen tatsächlicher Zusammenarbeit gelangen, ohne dabei die konfessionellen, territorialstaatlichen und hegemonialpolitischen Bedingungen im gesamteuropäischen Rahmen aus den Augen zu verlieren.

Erste protestantische Überlegungen zur Außenpolitik Frankreichs

Die französischen Reformierten erhielten durch den Rückhalt in der hohen Aristokratie das Gewicht, das sie zu einem eigenständigen und widerstandsfähigen Körper im Königreich werden ließ. Die neugläubigen Adelsgeschlechter, wie vor allem die Bourbonen und die Châtillon, standen unter der Führung von Condé und Coligny. Diese verbanden das protestantische Bekenntnis als Ausdruck ihres ständischen Selbstbewußtseins mit dem Anspruch, ihrem Rang entsprechend in der unmittelbaren Nähe von Franz II. und Karl IX. ihre Standesinteressen wahrzunehmen und an der Ausübung der Macht teilzuhaben. In der Symbiose von Konfessionswahl und ständischer Rebellion entwickelte sich der französische Protestantismus zu einer politisch-militärischen Partei und bedrohte ebenso wie die gegnerische militant-katholische Bewegung unter der Führung der Guise das Königtum in seiner Unabhängigkeit und Souveränität. Die Monarchie mußte sich mit den Forderungen der Aufständischen auseinandersetzen, um den Frieden und die Einheit Frankreichs wiederherzustellen. Die innere Stabilität konnte nicht ohne die Mitwirkung der Adelsparteien beider Bekenntnisse wiedergewonnen werden. Die Demobilisierung des französischen Heeres nach dem Frieden mit Spanien 1559 hatte weite Teile des französischen Adels zur Umstellung auf eine nichtkriegerische Betätigung gezwungen, was die Neigung zu Unruhe und Aufstand im Landesinneren erheblich förderte und neben den politischen und konfessionellen Faktoren zu einer der Hauptursachen für die Härte und Dauerhaftigkeit der französischen Bürgerkriege wurde. Durch die Religionskriege geschwächt, sah sich Frankreich außenpolitisch einer unverändert starken spanischen Vormachtstellung gegenüber.[6]

5 Christoph von Rommel (ed.), Correspondance inédite de Henri IV, roi de France et de Navarre, avec Maurice-le-Savant, landgrave de Hesse, Paris 1840. Nützlich sind auch die folgenden Quelleneditionen zur deutschen Geschichte, die eine Anzahl unterschiedlicher Dokumente über die Beziehungen zu Heinrich IV. enthalten: Friedrich von Bezold, Briefe des Pfalzgrafen Johann Casimir, 3 Bde., München 1882–1903; Moriz Ritter, Briefe und Acten zur Geschichte des Dreißigjährigen Krieges in den Zeiten des vorwaltenden Einflusses der Wittelsbacher, 3 Bde., München 1870–1877.

6 Zur dominanten Rolle der protestantischen Adelspartei in den Bürgerkriegen Arlette Jouanna, Le devoir de révolte. La noblesse française et la gestation de l'État moderne, 1559–1661, Paris 1989, bes. 119ff; Janine Garrisson, Guerre civile et compromis 1559–1598, Paris 1991, 143ff, 168ff.

Nach dem Tod Ludwigs von Condé (März 1569) kam es erstmalig zu einer engeren und folgenreichen Zusammenarbeit zwischen Karl IX. und der protestantischen Partei, die mit dem Frieden von Saint-Germain (Aug. 1570) eingeleitet wurde. Karl IX. benötigte die Protestanten gegen die ihn bedrängenden spanienfreundlichen Guise und ihre Klientel, die der Herzog von Alba von den Niederlanden aus direkt unterstützte und mit deren Hilfe Spanien größeren Einfluß auf die französischen Verhältnisse gewann. Diese neuartige Kooperation zwischen dem Königtum und der protestantischen Partei, symbolisiert durch den Eintritt Colignys in den *Conseil du roi* im Herbst 1571, konkretisierte sich in zwei Projekten, der Vermählung des jungen Heinrich von Navarra mit der Schwester des Königs und dem Plan einer von Karl IX. unterstützten bewaffneten Intervention zugunsten der Aufständischen in den Niederlanden, ein Vorhaben, das – von den Protestanten enthusiastisch betrieben – an die antispanische Politik der Könige Franz I. und Heinrich II. anknüpfen sollte.

Dieses Projekt wurde zum Prototyp eines französisch-protestantischen Engagements außerhalb der Grenzen Frankreichs. Es ging für die politische Führung der Protestanten – von der Solidarität mit den bedrängten Glaubensgenossen abgesehen – erstmals darum, für Frankreich und das Königtum aktiv Außenpolitik mitzugestalten und Karl IX. von der Nützlichkeit eines Krieges gegen Spanien zu überzeugen. Im Juni 1572 präsentierte Coligny im *Conseil du roi* eine Denkschrift, die von dem jungen Protestanten Philippe Duplessis-Mornay verfaßt worden war und als ein erster bedeutender programmatischer Beitrag der protestantischen Partei zur Außenpolitik Frankreichs betrachtet werden muß: der *Discours de Monsieur l'Amiral de Coligny pour la guerre de Flandres*.[7]

Die Denkschrift macht Karl IX. den Vorschlag, durch einen Angriff auf die spanische Macht in den Niederlanden die innere Zerrissenheit Frankreichs zu überwinden und zugleich seine europäische Position zu stärken. Die Kräfte des kriegsbereiten französischen Adels, die sich bislang in den Bürgerkriegen entladen haben, sollen gegen den Hauptfeind Spanien gelenkt werden und dessen Vormachtstellung zugunsten Frankreichs erschüttern:

> *Sire,*
> *Encor que la contrarieté des humeurs françoises et les longues recheutes de ceste vieille maladie, causée par le different de Religion, ne pouvoient faire juger de vostre*

7 Paris, Bibliothéque de la Sorbonne, ms.367, f.1–5: in den Mornay-Papieren (vgl. Anm.33) unter der Überschrift: *En l'an 1572, mois d'aoust, baillée à Monsr. l'Amiral. Pour les affaires des Pays bas*, im Datum hat sich Mornay im Nachhinein offensichtlich geirrt, s.u. Patry; eine handschr. Variante des Textes mit einigen Änderungen in: Paris Bibliothèque Nationale (zitiert: BN), Ms. fr. 23335, f. 17–35, an Mornays Autorschaft besteht kein Zweifel: Henri Hauser, Les Sources de l'Histoire de France, vol. III/IV, n. 2095; Raoul Patry, Philippe du Plessis-Mornay. Un huguenot homme d'État (1549–1623), Paris 1933, 21/Anm.22; Liliane Crété, Coligny, Paris 1985, 421. Die Denkschrift und ihre Überlegungen sind in der jüngeren Forschung auf wenig Interesse gestoßen, dabei ist ihre traditionsbildende Wirkung für die außenpolitischen Überlegungen des protestantischen Lagers nicht zu unterschätzen. Der König hat im Unterschied zu seiner Umgebung den Plan eines Krieges wohl begrüßt: Jean-Louis Bourgeon bestätigt in seiner detaillierten Studie die Neigungen Karls IX. zu einer ambitiösen und die realen Möglichkeiten überschätzenden Außenpolitik, L'Assassinat de Coligny, Genf 1992, 18–21; zur Planung auch ausführlich Geoffrey Parker, Der Aufstand der Niederlande, München 1979 (engl. Originalausg. 1977), 146ff, 160f.

Estat que la ruine d'iceluy, ou que du moins il deust laisser partie de ses membres et de sa force...Reste de le preserver d'une recheute et le maintenir en santé par tous moyens loisibles et possibles.

A cecy n'y a rien plus propre qu'un exercice prins a temps, qui consume les mauvaises humeurs qui les pourroient causer, et confirme ce qui entretient la santé: c'est d'entreprendre une guerre dehors pour entretenir la paix dedans, et comme tous bons politiques ont de tout temps faict, metre un ennemy en teste a un peuple aguerry, de peur qu'il ne le devienne a soy mesme... Mais il faut qu'elle (la guerre, F.B.) *soit juste, facile et utile et que le proffit n'y soit moings honorable, que l'honneur profitable: et telle, pour le faire court, n'en voit-on aujourd'huy que contre le roy d'Espagne.*[8]

Das nüchterne machtpolitische Kalkül dieser Überlegungen ist erstaunlich. Coligny fordert den König nicht nur dazu auf, sich die Gegner Spaniens ungeachtet ihrer Konfession zunutze zu machen, sondern faßt zugleich den wirtschaftlichen und hegemonialpolitischen Gewinn für Frankreich ins Auge, den die Vertreibung der Spanier und die Festsetzung der französischen Macht in den Niederlanden bedeuten würde.[9]

Die Bartholomäusnacht beendete die Verständigung des Königs mit den Protestanten und ihrem Programm, über eine gemeinsame, das katholische Universalprinzip durchbrechende französische Außenpolitik auch innenpolitisch die Teilhabe der Protestanten am nationalen Leben zu sichern und die fehlende religiöse Einheit durch eine im Krieg gegen Spanien zu gewinnende überkonfessionelle Einigung des Königreiches zu ersetzen.

Man ist versucht, mit Bourgeon hinter dem Attentat auf Coligny (22.8.1572) nicht Karl IX. oder seine Mutter als Urheber zu vermuten, sondern Philipp II. und den Herzog von Alba.[10] In jedem Fall zählte der spanische König zu den Nutznießern

8 Paris, Bibliothéque de la Sorbonne, ms. 367, f.1r.

9 Ibid. f. 4v–5r: *Il faut, Sire, entreprendre sur le Bas païs, ou le peuple vous appelle, ou l'occasion vous invite, ou la division vous ouvre les portes des villes et vous fait bresche raisonnable pour donner l'assaut a tout le païs. Justement irez vous sur les justes pretentions qu'avez sur Flandres, Artois et Hainaut, ausquelles la seule adversité a fait renoncer a vos predecesseurs. Et en viendrez facilement a bout ayant l'ennemy loing et distrait et vos forces et de vos alliez tout a l'entour... En apres faire la guerre comme amy du pais et ennemy des ennemis du païs, vangeur de la tyrannie et restituteur de la liberté, car pour bien conquerir faut commencer par la conqueste des coeurs et le reste vient aprez tout a son aise...; vous acquerrez un païs auquel n'avez province qui se puisse comparer en grande beauté, richesses, peuples, villes et commoditez tant de mer que de terre et dont sans fouller personne vous pouvez chascun an tirer un million d'or. L'Allemand vous redoutera si puissant voisin, l'Anglois vous respectera ne se pouvant aisement passer du commerce avec le Païs bas...*

10 Bourgeon (wie Anm.7) 20f., Karl IX. schien durchaus bereit, sich militärisch zu engagieren, wie sein Schreiben an den von den Spaniern in Mons belagerten Grafen Ludwig von Nassau belegt; diese kompromittierende Mitteilung fiel in spanische Hände; darauf, so Bourgeon, wurde ein spanisch-guisisches Komplott gegen Coligny vorbereitet, das auch den König treffen sollte, und das schließlich von der großen Guise-Klientel unter Mithilfe der gegen die königliche Fiskalpolitik aufgebrachten Pariser Bürger zur Vernichtung der gesamten protestantischen Elite ausgeweitet wurde. Bourgeons Argumentation ist derart schlüssig, daß es schwerfällt zu glauben, das Königtum hätte sich willentlich des ausgleichenden Einflusses der protestantischen Partei entledigt, um sich gänzlich der ohnehin drückenden Macht der spanischhörigen Guise-Faktion auszuliefern. Die vierhundertjährige Historiographie der sog. Bartholomäusnacht, so eine These Bourgeons, sei ein Gebäude aus Verschleierung und Unwahrheiten, die aus unterschiedlichen Gründen versuchten, dem überforderten Karl IX. das Massaker zur Last zu legen.

der schweren innerfranzösischen Erschütterung, durch die jedes außenpolitische Vorhaben unmöglich und mit Coligny, diesem »symbole de la cohabitation religieuse«[11], fast der gesamte protestantische Führungsstab vernichtet wurde.

Die erste ernsthafte Zusammenarbeit der Protestanten mit dem Königtum war zugleich mit einem mutigen, für Frankreich gefährlichen äußeren Unternehmen verbunden und mußte vielleicht gerade deshalb scheitern. Nichtsdestoweniger setzte Coligny Maßstäbe mit seinem entschiedenen Vorgehen und der Strategie einer engen Verknüpfung von Innen- und Außenpolitik, die beabsichtigte, mit dem äußeren Feind Spanien zugleich den innenpolitischen Gegner zu treffen, die mit Philipp II. verbundene katholische Partei um die Guise, und darüberhinaus der französischen Politik durch die außenpolitische Offensive einen eigenständigen Handlungsspielraum gegenüber der spanisch-gegenreformatorischen Dominanz zurückzugewinnen. Dieser charakteristische Entwurf wirkte über das Jahr 1572 hinaus. Auch Heinrich von Navarra setzte sich mit ihm auseinander, nachdem er 1576 die politische Führung des französischen Protestantismus übernommen hatte.

Zu einem Bündnis mit deutschen Fürsten ist es 1572 trotz Colignys Bemühungen nicht gekommen, obwohl mit Ludwig von Nassau ein Deutscher an der Vorbereitung der militärischen Offensive gegen die spanischen Niederlande entscheidend beteiligt war. Die langwierigen und bisweilen vielversprechenden Verhandlungen, die von Languet und Schomberg geführt wurden, scheiterten schließlich daran, daß die Mehrheit der angesprochenen protestantischen Reichsfürsten vor zu weitgehenden und sie bindenden Zusagen für eine feste Allianz zurückwich.[12] Nur zu sporadischen Hilfeleistungen, um die Selbstverteidigung der Hugenotten zu unterstützen, hatten sich einige Reichsstände bereit gefunden. So war bereits 1562 Condé von einigen Fürsten unter der Führung von Hessen und der Kurpfalz ein größeres Darlehen zur Verfügung gestellt worden. Und 1567/68 und 1569 war es unter pfälzischer Vermittlung gelungen, Condé und Coligny im Reich geworbene Truppen zuzusenden.[13]

Heinrich von Navarra zwischen Königtum und protestantischer Partei. Sein nationaler und royalistischer Integrationskurs

Wie stand der Bourbone Heinrich von Navarra, als *premier prince du sang de France* ein legitimer Nachfahre des kapetingischen Königsgeschlechtes und nach den Valois potentieller Thronerbe, zur Entwicklung des französischen Protestantismus zu einem politisch-militärischen Körper im Königreich und welche Stellung bezog er in den Jahrzehnte währenden Bürger- und Religionskriegen, jenem Prozeß, der die Souveränität des Königtums und den Bestand des Staates insgesamt in Frage stellte?

11 BOURGEON (wie Anm.7), 128.

12 Ein Defensivbündnis mit den Deutschen wurde von Karl IX. und von Coligny gemeinsam betrieben. Die Reichsfürsten schreckten vor zu hohen Leistungen und einer zu langen Dauer der Allianz zurück und waren eher zu Geld- als zu Truppenbeiträgen geneigt, was den Franzosen nicht genügte, Walter PLATZHOFF, Frankreich und die deutschen Protestanten 1570–1573, München/Berlin 1912, 20–56.

13 Moriz RITTER, Deutsche Geschichte im Zeitalter der Gegenreformation und des Dreißigjährigen Krieges (1555–1648), Bd.I, 1889 (Ndr. Darmstadt 1962), 249f; Bernard VOGLER, Die Rolle der pfälzischen Kurfürsten in den französischen Religionskriegen (1559–1592), in: Blätter f. pfälz. Kircheng. 37/38 (1970/71), 235–266, hier 240–245.

Als Navarra nach der Bartholomäusnacht 1572 am königlichen Hof gezwungen wurde, dem Calvinismus abzuschwören, wechselte er bereits zum vierten Mal die Konfession. Als er dann 1593 endgültig zum römischen Katholizismus zurückkehrte, war es das sechste Mal. Diese Äußerlichkeit soll nur darauf hinweisen, daß es nicht ganz einfach ist, Navarra einem innerfranzösischen Lager zuzuordnen, aber sicherlich notwendig, soll geklärt werden, zu welchem Zweck und mit welcher Legitimation er äußere Kontakte unterhielt und fremde Fürsten um Unterstützung anging.

1576 entfernte er sich vom Pariser Hof, und es begann die eigentliche Zeit seiner politischen Betätigung. Seine Tätigkeiten aber sind durch Dualität und Widersprüchlichkeit gekennzeichnet. Seit 1573/74 haben sich die Protestanten Frankreichs in den südlichen und südwestlichen Provinzen des Landes als ein separatistisches Gemeinwesen unter Beteiligung gemäßigter katholischer Kräfte organisiert. Dieses Gebilde, das sich im wesentlichen auf die fest verwurzelten und auch nach der Bartholomäusnacht intakten demokratischen Strukturen der reformierten Kirchen stützte, umspannte etwa ein Drittel des Landes von La Rochelle und der Guyenne bis zur Dauphiné und der Provence. Diese »Provinces-Unies du Midi«[14] bestanden in unabhängigen, von Protestanten dominierten Städten und Regionen, in denen die Hugenotten neben der vorhandenen königlichen Verwaltung über die *assemblée provinciale* ihr eigenes Repräsentativ-, Steuer- und Verwaltungssystem aufbauten.[15] Der politischen Entfremdung des Protestantismus vom Königtum und seinem Autoritätsanspruch entsprach die Kritik des Souveränitätsbegriffs durch die monarchomachische Publizistik. Die protestantischen Generalstände bestellten Navarra zu ihrem *Protecteur* und seine tatsächliche Aufgabe als militärischer Befehlshaber der protestantischen Kräfte bestand in der Kriegführung gegen die königlichen Truppen, die eine rebellische Stadt nach der anderen zu unterwerfen hatten. Und er nahm die diplomatischen Verhandlungen mit dem König und ausländischen Potentaten zum Schutz der reformierten Kirchen wahr. Neben der Aufgabe als *Protecteur* besaß Heinrich von Navarra – das wird häufig übersehen – das königliche Gouvernement der Guyenne, eine einflußreiche Würde, die nach der Tradition den Königen von Navarra zustand.

In dem komplizierten Spannungsfeld, das die Bartholomäusnacht hinterließ, mußte sich Navarra mit diesen beiden im Prinzip unvereinbaren Rollen zurechtfinden.

Und zudem mußte sich der Béarner mit seinem Cousin Heinrich von Condé auseinandersetzen, der ihm die Führung der französischen Reformierten streitig machte und zu diesem Zweck einen engen Kontakt zum Pfalzgrafen Johann Casimir unterhielt. Das schwierige Verhältnis, in dem Navarra und Condé standen, ist symbolisch für die differenzierte Entwicklung der protestantischen Partei. Heinrich von Condé bezog eine streng calvinistisch-internationalistische Position, um im Bündnis mit den europäischen Glaubensgenossen und mit ihrer aktiven militärischen Hilfe

14 Der Begriff wurde zuerst gebraucht von Jean DELUMEAU, Naissance et affirmation de la Réforme, Paris 1964, 181; Michel PERNOT nennt das Gebilde einen »contre-Etat protestant«: Les Guerres de Religion en France (1559–1598), Paris 1987.

15 Janine GARRISSON, Protestants du Midi (1559–1598), Toulouse 1981, 177ff.

dem französischen König maximale Forderungen abzuringen. Bei Navarra brach sich dagegen eine versöhnungsbereite, eher pro-royalistische und dem Programm der *Politiques*[16] nahestehende Haltung Bahn: nicht der Religion gebührte der Vorrang, sondern der Befriedung und Einheit von Königtum und Nation, in denen er als *premier prince du sang* und Gemahl der Marguerite de Valois eine vordere Position bekleidete und an deren Erhaltung er ein essentielles Interesse hatte. Als sich Ende 1576 in Blois die französischen Generalstände versammelten, ließ er sie aus der Ferne wissen, *qu'apres la personne du roy mon seigneur et Monsieur son frere, j'ai plus grand interest a la conservation et restauration de ce royaume que personne de ce monde.*[17]

Einen ersten Beleg für diese Haltung bieten der 5. Religionskrieg (1574–76) und die Abmachungen mit dem Pfalzgrafen Johann Casimir.

Der Sieg der protestantischen Partei über Heinrich III. war die Frucht des Bündnisses zwischen den Provinces-Unies du Midi und der von Alençon angeführten Adelsopposition, den *malcontents*. Eine besondere Bedeutung dabei kam der militärischen Intervention Johann Casimirs zu. Der Vertrag von Beaulieu[18] (Mai 1576) bedeutete eine schwere Niederlage für das Königtum: Den Protestanten wurden in dem Edikt die größten jemals gegebenen Zugeständnisse gemacht, dazu die Opfer der Bartholomäusnacht rehabilitiert. Der rebellische Franz von Alençon forderte und erhielt immense Apanagen. Besonders schwerwiegend aber waren für die Krone Frankreich die Vereinbarungen mit dem Pfalzgrafen Johann Casimir: Er verlangte 6 Millionen livres zur Auszahlung der von Condé angeworbenen und von ihm selbst nach Frankreich geführten 20000 Söldner. Für sich erhielt der Pfalzgraf das Herzogtum d'Etampes, Château-Thierry und einige Domänen in Burgund sowie eine jährliche Rente von 400000 livres zugesprochen.[19]

Heinrich von Navarra war zum Erstaunen seiner Glaubensgenossen empört über diese Abmachungen. Er ließ Ségur[20] bei seinem Cousin Condé gegen die Friedensbedingungen und die zu ihrer Erfüllung notwendigen Veräußerungen von Gütern

16 Grundzug dieser Bewegung ist nicht nur der Verzicht auf eine gewaltsame Lösung der Religionsfrage, sondern im Unterschied zu den Malcontents und Monarchomaques die Befürwortung einer ungeteilten königlichen Souveränität, A. Jouanna (wie Anm.6), 167; zur Haltung Navarras gegenüber der Religion im Rahmen seiner monarchischen Sendung ausführlich Ernst Hinrichs, Fürstenlehre und politisches Handeln im Frankreich Heinrichs IV. Untersuchungen über die politischen Denk- und Handlungsformen im Späthumanismus, Göttingen 1969, 295ff.

17 An die Stände in Blois (1/2/1577), Recueil des Lettres missives de Henri IV (ed. Berger de Xivrey/Guadet), 9 Bde., Paris 1843–1876, hier Bd. I, 129ff (zitiert: Lettres miss.).

18 Pernot (wie Anm.14), 101ff.

19 Durch seinen Gesandten Beutterich verzichtete der Pfalzgraf anläßlich der Generalstände in Blois im Februar 1577 auf die Ländereien, aber um so eindeutiger bestand er bei Heinrich III. auf Erstattung aller 1576 eingegangenen Zahlungsverpflichtungen, *Harangue faite au roy en la ville de Bloys, par le sieur de Buterich…, 1577.* Um die Bedeutung der genannten Summen zu ermessen: die wichtigste Einnahmequelle des Königtums, die Taille, erbrachte 1576 ca. 7 Millionen livres, die Gesamtverschuldung des Staates wuchs bis 1588 auf 133 Mill. livres, Garrisson (wie Anm.6) 192; Hubert Méthivier, L'Ancien Régime en France (XVIe-XVIIIe siècles), Paris 1980, 92.

20 François de Ségur-Pardaillan, calv., einer der wichtigen Berater und Gesandten Navarras, 1583–1587 div. Missionen nach England, Holland, Dänemark und zu protestantischen Reichsfürsten. Seine hochinteressanten Papiere befinden sich in PARIS BN: Cinq Cents de Colbert 401/402, einige Dokumente sind gedruckt in: Friedrich von Bezold (ed.), Briefe des Pfalzgrafen Johann Casimir, mit verwandten Schriftstücken, 3 Bde., München 1882–1903 (zitiert: Bezold).

der französischen Krone protestieren. Besonders wandte sich Navarra gegen die von Johann Casimir wiederholt erhobene Forderung, als Gouverneur die drei von Heinrich II. besetzten Reichsstädte Metz, Toul und Verdun als Gegenleistung für seinen Einsatz zu erhalten.[21]

Darüberhinaus schien Navarra bereits früh eine Abneigung gegen die für die protestantische Sache oft unumgängliche Zuhilfenahme ausländischer Söldner entwickelt zu haben. Karl IX. gegenüber hatte er im November 1570 schon sein Entsetzen über auf französischem Boden plündernde Landsknechtshorden geäußert.[22] Nach der Bartholomäusnacht 1572 wurde in »monarchomachischen« Stellungnahmen die Haltung vertreten, daß bei Verfolgung und Unterdrückung des protestantischen Glaubens das Eingreifen ausländischer Fürsten ausdrücklich als Notwehr zu bejahen sei.[23] Diese Frage wurde dann wieder aufgeworfen, als Anfang 1576 die von Condé angeforderten Söldnerheere unter Johann Casimir in Frankreich eindrangen. Der Konflikt zwischen einer patriotischen Gesinnung und den protestantischen Interessen wird hier deutlich sichtbar. Die vorübergehende Nutzung notwendiger schmerzlicher Mittel, die zu einem günstigen Friedenschluß führen sollen, dürfe – so ein protestantischer Traktat – nicht verdecken, daß die Reformierten als *vrais François* die Wiederherstellung und Stabilisierung des französischen Staates zu erstreben hätten.[24]

Das Bemühen, der protestantischen Partei ungeachtet aller tatsächlichen Konfrontationen mit den königlichen Gewalten eine das monarchische Prinzip achtende Grundhaltung zu vermitteln, wurde zunehmend ein Charakteristikum der Politik Heinrichs von Navarra. Der Wunsch nach Befriedung und Einigung von Königtum und Land zieht sich wie ein roter Faden durch seine privaten und öffentlichen Äußerungen. Zu diesem Ziel versucht Navarra, das Konfessionsproblem zu entschärfen und in seinem Gouvernement die Gleichbehandlung von Protestanten und

21 Mit Condé vor Beginn des Feldzuges vereinbart, konnte es der Pfalzgraf aber dennoch nicht bei Heinrich III. durchsetzen, La Huguerye, Mémoires inédits (ed. A. de Ruble), Bd. I, Paris 1877, 319f, 401f; Ritter, Deutsche Geschichte (wie Anm.13) Bd.I, 443f.

22 (21/11/1570), Lettres miss. VIII, 33.

23 Junius Brutus: *Vindiciae contra tyrannos* (frz. Übersetzung 1581, ed. H.Weber), Genf 1979, 243ff, hier 262: *Pour dire tout ce que dessus en un mot, si le prince outrepasse outrageusement les bornes de pieté et de justice, le prince voisin pourra sortir justement et religieusement hors de son pays, non pas pour empieter celuy d'autruy, mais pour donner ordre que l'autre se contiene en ses limites: et s'il ne tient conte de son devoir en cest endroit il se monstre inique et meschant. Si un prince tyrannise le peuple, le prince voisin doit donner secours au peuple d'aussi franche volonté, qu'au prince son compagnon, cas avenant que le peuple se fust mutiné contre iceluy: et doit encores estre plus prompt à secourir le peuple, veu qu'il y a beaucoup plus de pitié en plusieurs affligez qu'en un seul.*

24 (Anonym) *Recueil des choses jour par jour avenues en l'Armée, conduite d'Alemagne en France, par Monsieur le Prince de Condé, pour le restablissement de l'Estat de Royaume, et nommément pour la Religion*, 1577, 19f: *... tenir la main à cela, afin qu'eux mesmes amenans tant d'estrangers en France, ne fussent point cause de ruiner leur commune patrie et la mere qui les avoit nourris et eslevez. Auquel dernier point quelqu'un luy fit ceste reponce, que tant s'en falloit que ce fust l'intention des vrais François, qui deliberoyent de marcher et s'acheminer en ceste armée, de destruire et ruiner leur patrie, qu'au contraire leur but et dessein principal tendoit là de la restablir et mettre en meilleur estat qu'elle n'estoit. Mais que comme en une extreme maladie il faloit user d'extreme remede, qu'aussi estoit il du tout necessaire d'user de cautere et de faire cognoistre et vivement sentir à la France, qu'au lieu de vraye mere et de nourrir et entretenir ses enfans, comme elle devoit, les ayant si miserablement massacrez, elle avoit fait acte d'une cruelle marastre.*

Katholiken durchzusetzen: *Nous sommes tous François et concitoyens d'une mesme patrie*.[25] Navarra versuchte niemals, europäische Verbündete zu einem gewaltsamen Vorgehen gegen den legitimen König von Frankreich aufzufordern. Auch in den für das hugenottische Lager schwierigsten Zeiten machte er eine klare Unterscheidung zwischen Heinrich III. und der von Spanien gestützten und den Guise geführten Liga.[26] Und wenn er dennoch einmal aus taktischen Gründen gezwungen war, sich den königlichen Truppen entgegenzustellen, wie das 1587 bei Coutras der Fall war, bedauerte er tief, daß er in der Schlacht keinen Unterschied machen konnte zwischen *bons et naturels François* und den *partisans et adherents de la Ligue*.[27]

Heinrich von Navarra wußte die wichtigsten Denker der protestantischen Partei, von denen einige seinem Beraterstab angehörten, im Sinne seiner Vorstellungen zu disziplinieren. Duplessis-Mornay, Hotman, La Noue, mehr oder minder deutlich monarchomachisch geprägt, wurden unter seiner Führung zu Royalisten.[28] Es war das Gewicht Heinrichs von Navarra, das in der protestantischen Partei die monarchomachische Strömung durch ein royalistisch-legitimistisches Denken verdrängte und einem irenischen, auf nationale Versöhnung zielenden Programm zum Durchbruch verhalf.

Auf der Versammlung der protestantischen Generalstände in Montauban 1581 konnte er sich gegen den Widerstand Condés durchsetzen und wurde als *Protecteur* bestätigt. In diesem Zusammenhang ist wichtig, daß Navarra bei dieser Gelegenheit die gesamte reformierte Partei zum Gehorsam gegen den König und seine Friedensedikte verpflichtete. Das galt besonders dem umstrittenen Vertrag von Fleix (20/11/1580), den Navarra im Alleingang mit Franz von Alençon abgeschlossen hatte und der eine Ausgleichspolitik jeder weiteren gewaltsamen Offensive im protestantisch dominierten Süden vorzog. Theodor von Beza sowie Pfalzgraf Johann

25 Beispiele dafür finden sich in den Verlautbarungen an die Bevölkerung seines Gouvernement, Lettres miss. I: Zitat 116 (21/12/1576), an Adel und Städte der Guyenne; häufige Begriffe sind: *l'obeissance du roy, conservation de son auctorité royale et fermeté de sa couronne, repos et conservation de ce royaume* u.ä.; interessant in diesem Zshg. auch die Schreiben an den Gouverneur des Languedoc, Montmorency-Damville, ibid. 124, 148 u.ö. Zwar haben auch die Malcontents die Befriedung und das Allgemeinwohl (*le bien public*) auf ihre Fahnen geschrieben, aber das eigentliche Motiv ihrer Agitation war doch die Forderung nach uneingeschränkter Anerkennung der ständischen Traditionen, der *anciennes lois et statuts du royaume*, zur Beschränkung der monarchischen »Tyrannei«, wie das Beispiel Damvilles und anderer zeigt, Jouanna (wie Anm. 6), 168f.

26 Nach der Bildung der ersten Sainte Ligue 1576, die sich als Reaktion auf den für die Reformierten sehr günstigen Frieden von Beaulieu formiert hatte, ließ Navarra Philipp II. wissen, daß er als dritter Prinz der Krone Frankreich seine wichtigste Aufgabe in der Befreiung des Landes von den *guerres et dissensions civiles* sehe, und er gab ihm deutlich zu verstehen, daß er sich jeder äußeren Einmischung mit aller Kraft widersetzen werde (3/4/1577), Lettres miss. I, 132–134.

27 An den Maréchal de Matignon (23/10/1587), Lettres miss. II, 309.

28 Garrisson, guerre civile (wie Anm. 6) 137, gebraucht diesen Begriff für Publizisten beider Konfessionen, die ähnlich den *Politiques* für die nationale Einigung unter Wiederherstellung der königlichen Souveränität eintreten, sich dabei auch klar gegen den Einfluß der »ausländischen« Guise wenden. Diese Entwicklung setzte bereits eindeutig vor dem Tod Anjous 1584 ein, wie das Schrifttum Mornays unterstreicht. Auch Myriam Yardeni sieht diesen Bruch mit der Phase monarchomachischer Kritik, den sie dem Bündnis zwischen Reformierten und *Politiques* zuschreibt: French Calvinist Political Thought, 1534–1715, in: M. Prestwich (Hg.), International Calvinism 1541–1715, Oxford 1985, 315–337, hier 324; dazu auch Klaus Malettke, Hugenotten und monarchischer Absolutismus in Frankreich, in: Francia 15 (1987), 299–319, hier 303.

Casimir übten scharfe Kritik an dem Frieden und nach dem Bericht von Agrippa d'Aubigné schürte Condé Unruhe gegen Navarra unter den Protestanten im Languedoc.[29] Einen Beleg für das Mißtrauen der protestantischen *Assemblée générale* gegenüber Navarra bietet das Protokoll von Montauban. Die Generalstände hielten es für angebracht, dem Béarner einen *conseil* für wichtige Entscheidungen, wie z.B. Friedensverhandlungen, zur Seite zu stellen.[30] Der anwesende pfälzische Gesandte Beutterich bat die Versammlung um erneute Fürsprache bei Heinrich III. bezüglich der immer noch ausstehenden Zahlungen an Johann Casimir aus dem Feldzug 1576. Die Reformierten waren gewillt, sich das Wohlwollen des Pfalzgrafen zu erhalten. Darüber kam es aber wiederum zu einem Konflikt zwischen Condé und Navarra. Im Sommer 1580 verhandelte Condé mit dem Pfälzer über die Aufstellung neuer Hilfstruppen für die Reformierten. Nachdem es Johann Casimir offensichtlich nicht gelungen war, sich mit hugenottischer Unterstützung in den Besitz von Metz, Toul und Verdun zu bringen, handelte er mit Condé eine andere Entschädigung aus. Bis zur vollständigen Vergütung aller für die Franzosen gemachten Auslagen sollte er als Pfand die Stadt Aigues-Mortes und die einträchtigen Salinen von Peccais am Mittelmeer erhalten. Navarra jedoch stellte sich gegen diese Vereinbarung.[31]

Es ist unübersehbar, wie sich die Interessen der Führungskräfte des protestantischen Lagers auseinanderbewegten. In dem Widerstreit zwischen konfessionellen und dynastischen Pflichten entwickelte sich der navarrische Flügel immer stärker zum Anwalt des Königtums und einer nationalen Integrität jenseits konfessioneller Unterschiede.[32]

Der Ideologe dieses Kurses unter den navarrischen Beratern wurde Philippe Duplessis-Mornay. Seit spätestens 1582 zeichnete er verantwortlich für alle wichtigen Denkschriften, Instruktionen und weite Teile der diplomatischen Korrespondenz.[33]

Als am 10. Juni 1584 Franz von Alençon, der letzte lebende Bruder Heinrichs III., starb, übernahm es Mornay als Anwalt des protestantischen Lagers, den nach dem

29 Babelon, Henri IV, Paris 1982, 278–280; A.d'Aubigné, Histoire Universelle (ed. A.de Ruble), Bd.VI, Paris 1892, 155f; die schweren Spannungen zwischen den beiden Bourbonen werden auch von La Huguerye, dem Gefolgsmann Condés, geschildert: Mémoires Bd.II, 88, 125f. Nach der allerdings unbestätigten Mitteilung von Palma-Cayet soll ein Teil der Reformierten in Montauban beabsichtigt haben, Johann Casimir zum *Protecteur* der Provinces-Unies zu machen: Chronologie novenaire (ed. Petitot, Mémoire hist. France I.: vol. 38), Paris 1824, 430.

30 *Assemblée des Reformés á Montauban* (April/Mai 1581), PARIS BN: Cinq Cents de Colbert 29, f. 453–476, hier bes. 466, 473v; zur Vorstellung des pfälzischen Gesandten Beutterich f.471.

31 D'Aubigné (wie Anm. 29), 93, 145f.

32 Denis Crouzet weist darauf hin, wie erstaunlich es im Prinzip ist, daß Navarra die Eschatologisierung und tiefe Entfremdung des hugenottischen Bewußtseins von der französischen Nation 1572 zu verwandeln und seinem politischen Kampf weitgehend dienstbar zu machen vermochte, Les Guerriers de Dieu. La violence au temps des troubles de religion (vers 1525-vers 1610), 2 Bde., Paris 1990, Bd.2, 242ff. Leider gibt es bislang keine Untersuchung, die die Stellung und Akzeptanz Navarras im protestantischen Lager Frankreichs zum Gegenstand hätte.

33 Eine umfassende Sammlung seines Schrifttums, mit handschriftlichen Anmerkungen versehen, befindet sich in der Bibliothek der Sorbonne, manuscr. 361–374. Die erste Drucklegung einer wichtigen Auswahl bereits 1624/25, die 12-bändige Ausg. von La Fontenelle/Auguis (1824/25) gilt als fehlerhaft und unvollständig, Hauser (wie Anm.7), n. 1612. Die einzige biographische Arbeit stammt von R.Patry (wie Anm.7); der Name Duplessis-Mornay wird zunächst häufig mit den *vindiciae contra tyrannos* in Verbindung gebracht, obwohl seine Verfasserschaft gar nicht sicher ist; dabei sind seine im Auftrag von Navarra entstandenen Arbeiten richtungweisend und verdienten eine umfassende neue Studie.

salischen Gesetz legitimen Nachfolgeanspruch Heinrichs von Navarra auf den kinderlosen Heinrich III. zu verteidigen.[34] Der Kampf um die Rechte Navarras wurde zur nationalen Frage Frankreichs stilisiert, und die Durchsetzung des *loi salique* als Prüfstein für das Überleben des französischen Königtums ausgegeben. Die legitimistische Argumentationsweise, die nunmehr auch vehement von François Hotman verfochten wurde, sollte die Empörung und Solidarität der Fürsten Europas gegen die päpstliche Exkommunikation und den Ausschluß Navarras als rechtmäßiger Thronfolger befördern und eine befürchtete Thronusurpation durch die Guise abwehren helfen.[35]

Der Vertrag von Joinville (31/12/1584) zwischen Philipp II. und der Guise-Partei war die Geburtsakte der *Sainte Ligue perpétuelle*, die sich der Vernichtung Navarras und des gesamten Protestantismus verschrieb und die französische Nachfolgefrage damit in einen Konflikt europäischer Dimension verwandelte.[36] Heinrich III. schloß sich unter starkem Druck dem Vernichtungsfeldzug der Liga an, nicht ohne Navarra vor den Absichten des Herzogs von Guise gewarnt zu haben.[37]

Die Abwehr der spanischen Bedrohung wurde von den Anhängern Navarras zu einer Sache der *bons et vrais François* erklärt, *sans acception ny exception de la religion*. Die katholische Religion diene nur als ein Vorwand, Frankreich zu teilen und zu beherrschen und die Liga sei das Instrument dieser Politik: *Mais qui pis est, pensés que c'est de restaurer la France en l'ouvrant de toutes parts et aux deniers et forces d'Espagne: c'est à dire, vendre à l'Espagnol nostre patrie, et chasser la France hors de la France, pour y faire les logis de la Lorraine et de l'Espagne.*

Mornay stilisiert Navarra zum französischen Symbol in einem Kampf, der nicht mehr ein konfessioneller, sondern ein nationaler sein soll: *Il est prince courageux, prince tout françois, ...vray sang de France,...nay ennemy, et à tres grand droit, de la nation d'Espagne. Reste donc que ce qu'il y a de reste de la France en France se rallie et se rejoigne contre ceste conjuration maudite; qu'on n'oye plus entre nous les noms de Papiste et Huguenot, ... que pour tout il ne soit plus parlé entre nous sinon d'Espa-*

34 Als Chef des Hauses Bourbon, das zurückgeht auf den neunten Sohn Ludwigs des Heiligen, Robert de Clermont, war Navarra der seinem Schwager Heinrich III. nächststehende Prinz von Geblüt. Die lothringischen Guise, die sich – allerdings unter Umgehung des salischen Gesetzes – auf Karl den Großen glaubten zurückführen zu können, hofften offenbar auf gute Aussichten für eine eigene Kandidatur, vgl. François de ROSIÈRES, Stemmatum Lotharingiae ac Barri ducum tomi VII, 1580 (HAUSER, wie Anm.7, n.2343).

35 François HOTMAN, Protestation et Defense pour le roy de Navarre.., 1587, bes. 282f; (MORNAY:) Declaration et protestation du roi de Navarre...(10/8/1585), PARIS BN: Dupuy 322, f.241–248, bes. 245.

36 Die – geheimen – Bestimmungen des Vertrages sind derart brisant, daß dieser nicht ohne Grund vom protestantischen Teil Europas als Bedrohung empfunden wurde: Mit der Ausrottung der Häresie sollten die strengen Bestimmungen des Tridentinums zur Anwendung kommen, also auch die Eigenständigkeit des Gallikanismus beendet werden; der alte Kardinal von Bourbon, Onkel Navarras, sollte zunächst als Thronerbe eingesetzt werden; den Spaniern sollte Cambrai überlassen werden und Frankreich nach einem Sieg über die eigenen Reformierten Philipp II. bei der Niederwerfung des niederländischen Aufstandes helfen; weiter wurde verlangt, daß Frankreich die spanische Suprematie auf allen Weltmeeren anerkennen und das Bündnis mit den Türken beenden müsse; zur Unterhaltung des französischen Bürgerkrieges stellte Philipp II. jährlich 600 000 écus zur Verfügung, in: BABELON, Henri IV (wie Anm.29), 343f.

37 März 1585, in: BABELON (ed.), Henri IV. Lettres d'amour et écrits politiques, Paris 1988, 81.

gnols et de François.[38] Und abschließend bezeichnet Mornay die Ligisten und ihren Anhang als *premiers Espagnols françois.*

Ist die angestrebte Nationalisierung der Auseinandersetzungen als ein Versuch zu werten, eine Entkonfessionalisierung von Königtum und Nation auf den Weg zu bringen? Der Begriff des Nationalen ist nicht unproblematisch, weil ihn auch die katholischen Gegner für sich in Anspruch nahmen. Für sie war die Heilsgeschichte Frankreichs, des *Roi Très Chrétiens* und der Nation in ihrer mittelalterlichen Tradition ohne die katholische Religion, die die Grundlage jeder sozialen Beziehung war und wie das salische Gesetz dann auch zu den *lois fondamentales* gehörte, nicht vorstellbar. Der König bezog seine Legitimation aus seiner Sakralität und als Schutzherr der Kirche war die Ketzerverfolgung eine »nationale« Pflicht ersten Ranges.[39] Das führte bei vielen Ligisten schließlich zu der übernationalen Position, die spanische Herrschaft einer möglichen ketzerisch-französischen vorzuziehen.

Die Protestanten mußten den Begriff Nation grundsätzlich anders fassen. Wenn auch bei ihnen – trotz des monarchomachischen Einflusses – Staat und Nation nicht vom Monarchen als ihrer legitimen Verkörperung zu trennen sind, so kann doch nur eine Profanisierung seines Amtes die einzige Möglichkeit protestantischer Teilhabe an einer ungeteilten französischen Nation sein. So sahen dann auch Royalisten wie Duplessis-Mornay oder La Noue die wichtigen Aufgaben eines souveränen Königtums zunächst darin, den Bestand des Staates und die Funktion seiner politischen Institutionen gegen innere und äußere Bedrohung zu gewährleisten. Die Konfessionsfrage wurde dagegen für sie zu einem zweitrangigen Problem.[40] In dieser Konsequenz bemühte sich die navarrische Partei, den letzten großen Bürgerkrieg ab 1585 als einen profan-nationalen Freiheitskampf zu interpretieren. Heinrich III., der von der drückenden Übermacht der Liga zum Krieg gegen Teile seiner eigenen Bevölkerung gezwungen worden sei, müsse ebenso befreit werden wie das ganze Land von der spanisch-lothringischen Usurpation.[41] Das in dieser Weise ausgebaute Feindbild erfüllte eine umfassende integrative Funktion: Ohne die Unterstützung des prote-

38 MORNAY, Remonstrance à la France sur la protestation des chefs de la ligue, 1585, PARIS Sorbonne, ms 363, f. 7–26, hier f. 25v –26r.

39 Colette BEAUNE, Naissance de la nation France, Paris 1985, bes. 207ff.

40 Mornay feierte in diesem Sinne den Schulterschluß von Heinrich III. und Navarra im April 1589 als Sieg des Staatsgedankens über den Religionsstreit: *Qui voudra subtiliser en se perdant sous ombre des differends en la religion? Differends qui peuvent s'accorder si l'Estat se conserve; differends, si l'animosité ne s'esteind, si au moings la poursuite ne s'en differe, qui font ouverture a l'usurpation, ruine et confusion de cet Estat,* PARIS Sorbonne, ms.365, f. 43v. Die 'Discours politiques et militaires' von François de LA NOUE (Basel 1587) beschwörten die vollständige Wiederherstellung der monarchischen Autorität als Schutz vor einer drohenden Anarchisierung des Landes, 26f und passim.

41 Memorandum für Ségur und andere Gesandte Navarras (o.D., etwa Frühjahr 1587): PARIS BN, Cinq Cents de Colbert 402, f. 60–63: (...) *Semble sauf meilleur advis que le premier but de la guerre duquel on doyt fayre ouverte profession, c'est de tendre a la liberté du Roy et du peuple; a la liberté du Roy, sçavoyr est a le delivrer de ceux qui l'ont contraint de prendre les armes contre son peuple et a rompre ses edits et le repos de la payx conspirant contre sa personne, comme il apert par les declarations que le Roy en a faytes. Pour la liberté du peuple, a ce qu'il ne soyt subject a rechoyr si souvent en troubles par la malice des estrangers, et pour le remettre en la liberté des droyts Divine, (...)* das Konfessionsproblem soll dabei in den Hintergrund treten: *Au surplus, on pourroyt penser qu'il est meilleur de ne rien remuer touchant le fayt de la religion, et qu'il suffit des protestations que le Roy de Navarre a faytes de ne vouloyr contraindre personne ains laysser un chacun vivre en sa religion.*

stantischen Lagers zu gefährden konnte Navarra sich auch mit den gemäßigten, royalistischen Katholiken verständigen und diesen »nationalen Befreiungskampf« mit der Behauptung seines legitimen Thronfolgeanspruches identifizieren.

Außenpolitisch bot sich ihm damit die Möglichkeit einer doppelten Strategie, nämlich neben dem Appell an konfessionelle Solidarität besonders auf die Unerläßlichkeit eines für das europäische System intakten französischen Königtums zu verweisen.

Begriffe und Konzepte einer navarrischen Außenpolitik

Die Untersuchung der außenpolitischen Denkschriften und Instruktionen im Gefolge Navarras ergibt erstaunliche Ergebnisse. Die wichtigsten unter ihnen, von Duplessis-Mornay verfaßt, zeichnen sich nicht nur durch eine sehr scharfe analytische Beobachtung der europäischen Verhältnisse aus, sondern sie entwickeln ihrerseits ein subtiles Programm zur Gestaltung dieser europäischen Machtstrukturen. Die Ausführungen Mornays erscheinen um so zukunftsweisender als die tatsächliche Einflußnahme der Partei Navarras auf die französische, geschweige denn europäische Politik zu Beginn der 1580er Jahre äußerst begrenzt war. Nach den obigen Ausführungen kann es nicht erstaunen, daß diese Dokumente nicht in erster Linie nach konfessionellen Gesichtspunkten entworfen sind. Mornay bietet vielmehr ein modern anmutendes, das europäische Staatensystem entwerfendes und beschreibendes Begriffsinstrumentarium. *Balance, contrepoids, proportion*, das sind die Begriffe, durch die Mornay seine Vorstellung von Europa erschließt. Die auffälligsten dieser Dokumente entstanden in Jahren 1583–1585, teilweise noch vor dem die französische Situation umwälzenden Tod Anjous, und sie waren bestimmt für die innerfranzösische Diskussion oder für geplante Verhandlungen mit potentiellen auswärtigen Bundesgenossen.[42]

Die markanteste Schrift ist der *Discours au roi Henri III, sur les moiens de diminuer l'Espagnol*.[43] Eine Neuverortung dieses Dokumentes ist notwendig, weil es in der deutschen Historiographie im Anschluß an Ernst Kaeber bislang nur als anonymer Traktat angesehen wurde. Diese Schrift Mornays ist in eine Reihe zu stellen mit den außenpolitischen Vorstellungen von Coligny bis Sully und Henri de Rohan, und sie weist darauf hin, daß es im französischen Protestantismus eine kontinuierliche eigenständige Reflexion zur Gestaltung der Rolle Frankreichs im europäischen System gegeben hat.

42 *Discours envoié a M. de Valsingham, secretaire d'Estat d'Angleterre, pour induire la roine Elizabeth a embraßer l'union de roi de Navarre et des princes protestans d'Allemagne* (may 1583): PARIS Sorbonne, ms. 361, f. 70–73; Instruktion an Segur, Gesandtschaft nach England (8/5/1585), PARIS BN, Cinq Cents de Colbert 401, f. 79–80; Instruktion an Dompmartin, zu Pfalzgraf Johann Casimir (29/9/1583), ibid., FR 2757, f. 55–57; *Instruction pour le sieur des Reaux allant en Suisse, Allemagne et Italie* (Febr. 1586), PARIS Sorbonne, ms.363, f.206–211; Rundschreiben an verschiedene Fürsten (Aug. 1585), Lettres miss. II, 128–130, hier 130.

43 (24/4/1584), PARIS Sorbonne, ms. 362, f. 25–31; diese wichtige Schrift wurde in der deutschen Historiographie bislang nur als anonym überliefert: Ernst KAEBER, Die Idee des europäischen Gleichgewichts in der publizistischen Literatur vom 16. bis zur Mitte des 18. Jahrhunderts, Berlin 1907, 23ff; Art. ›Gleichgewicht‹, in: Geschichtliche Grundbegriffe, Bd. 2, 961f; zuletzt K. MALETTKE, in: Francia 21 (1994), 71.

Das gesamte Gefüge Europas – so die Einleitung des *Discours* – bestimme sich nach dem Gewicht, das die einzelnen Mitglieder in ihrer wechselseitigen Beziehung in das System einbrächten. Die Pole darin bildeten Frankreich und Habsburg, wobei deren Kräftegleichgewicht zum Schaden ganz Europas einseitig zugunsten der habsburgischen Macht verschoben sei:

> *Tous Estatz ne sont estimez fortz ou foibles qu'en comparaison de la force ou foiblesse de leurs voisins. Et pourtant, les sages princes entretiennent le contrepoix tant qu'ilz peuvent. Tant qu'il y demeure, ilz peuvent demeurer en paix et en amitié ensemble. Comme il vient a faillir, aussytost la paix et l'amitié se dissolvent, n'estans icelles fondées entre eux que sur une mutuelle craincte, ou estime l'un de l'autre. La Maison de France et la Maison d'Austriche sont celles aujourd'hui, a cause de leurs grandeurs, en la paix ou guerre desquelles, toute la chrestienté est paisible ou troublée. Il importe donq grandement pour le repos d'icelle, qu'elles soient tenues, autant qu'il se peut, entre deux fers.*
> *Mais particulierement a la Maison de France, qui en sentiroit le premier danger ou dommage, de penser a bon escient a ses affaires. D'autant que depuis quelques années, non seulement elle s'est affoiblie par la perte de beaucoup de sang, mais aussy celle d'Austriche s'est grandement renforcée et accreüe, et de reputation et de païs. Tellement que la ballance est sans doubte trop chargée d'un costé et s'en va temps de peser un peu sur l'autre, qui ne veut que nostre France en soit enfin emportée.*[44]

Der erstmals von Coligny 1572 gemachte Versuch, das Königtum für eine nationale, überkonfessionelle Allianz mit der protestantischen Partei zu gewinnen, sollte hier erneuert werden. Mornay begab sich zu diesem Zweck nach Paris.[45] Er setzte Heinrich III. davon in Kenntnis, daß Philipp II. versucht habe, Navarra zu einer Verschwörung zum Sturz des französischen Königs zu überreden. Mornay forderte Heinrich III. im Namen Navarras auf, gemeinsam mit ihm ein internationales, gegen Spanien gerichtetes Bündnis zu formieren. Die Mission brachte zwar eine Annäherung zwischen Heinrich III. und Navarra, aber blieb letztlich ohne konkretes Ergebnis.

Ein Hauptargument für ein solches Unternehmen ist die Entlastung Frankreichs durch die außenpolitische Bündelung und Verwendung des bislang in den Bürger-

44 Sorbonne, ms.362, f.25v; im *Discours envoié a M. de Valsingham* (Anm.42) ist von *proportion* im Vergleich der Staaten untereinander die Rede, f. 70r; in der *Instruction pour le sieur des Reaux* (Anm.42) wird Frankreich ausdrücklich als das für Europa unenbehrliche Gegengewicht zu Spanien bezeichnet: *Les jurisconsultes dient (sic) que la Republicque a interest qu'un homme privé ne gaste pas son bien, et a plus juste raison toute l'Europe, qui ne doibt estre censée qu'un corps. Qu'un puissant Estat, comme celui de France, par mauvais conseil ne s'y ruine. Car il est tout evident que c'est ce seul corps qui tient aujourd'hui l'Europe en contrepoids, que toute l'authorité ne tombe en une main et tous les autres Estatz à la discretion d'un seul qui est le roy d'Hespagne. Il importe donq que tous les Estatz exhortent le roy de France à une ferme paix. Il importe que la maison de Guise qui tend a la dissipation de cest Estat, soit reprimée. Car cest Estat dissipé et departy ne retiendroit son poids*..., f. 208.

45 Zu den näheren Umständen: PATRY, Mornay (wie Anm.7), 79ff; Les Oeconomies Royales de SULLY (ed. BARBICHE/BUISSERET), Bd. I, Paris 1970, 117f; Mornay nutzte diese Gelegenheit auch, um den König der nationalen und königstreuen Haltung der Protestanten zu versichern: ...*j'apportoys dequoy luy faire evidemment connoistre, que S.M. n'avoit plus fidelle serviteur que vous; et mesmes, qu'elle n'avoit en son Royaume subjetz plus francs ny plus françois que ceux de la Religion;* Mornay an Navarra (20/2/1584), SORBONNE, ms. 362, f.33v.

kriegen entladenen Gewaltpotentials.[46] Für dieses Bündnis kämen natürlich zunächst alle protestantischen Gegner der *Casa d'Austria* in Betracht, England, die protestantischen Reichsstände, die Niederlande, die Schweiz und Dänemark. Es müsse jede sich bietende Möglichkeit genutzt werden, im spanischen Machtbereich für Unruhe zu sorgen, was Mornay als *empeschemens domestiques* bezeichnet.[47] Der niederländisch-niederrheinische Raum steht dabei im Mittelpunkt des Interesses. Zum andauernden niederländischen Konflikt kam 1583/84 der Kampf um das Kölner Erzbistum. Mornay sieht die Möglichkeit, mit einem Sieg von Gebhard Truchseß und der Behauptung seiner Kurwürde zu einer protestantischen Mehrheit im Kurkolleg zu gelangen und dem Hause Habsburg das Kaisertum zu entziehen. Dies erscheint Mornay um so wichtiger als er durch die scheinbar bevorstehende, aber nie zustandegekommene Verbindung Rudolfs II. mit der Infantin Isabella eine erneute Zusammenführung der beiden habsburgischen Linien befürchtet: *par le moien de laquelle l'Empire d'Allemagne et tout l'Estat que tient le roy d'Espagne, veu la delicatesse du filz unique, se verront en nos jours rejoinctz ensemble. Alors ce sera la plus grande monarchie qui fut onq, redoubtable sans doubte a tous les princes de l'Europe.*[48] Hier werden die Ängste vor einer Wiederherstellung der habsburgischen Umringung deutlich, die schon zur Zeit von Franz I. ein wichtiges Motiv für die antispanische Politik darstellten. Die Niederlande spielen auch im *Discours au roi Henri III* eine besondere Rolle. Mornay ist wie schon 1572 mit Coligny der Ansicht, daß die spanische Präsenz langfristig durch die französische ersetzt werden sollte.

Leider war die Mission von Franz von Alençon, dem Herzog von Anjou, der an Stelle Philipps II. von der Utrechter Union zu ihrem konstitutionellen Souverän (Vertrag von Plessis-les-Tours, Sept. 1580) gemacht worden war, gescheitert. Die Protestanten hofften, nach dem Frieden von Fleix mit Heinrich III. und seinem Bruder zu einem gemeinsamen antispanischen Zusammenwirken zu gelangen. Hoch-

46 *Discours au roi Henri III* (wie Anm.43), f. 26: *Car nos guerres civilles ne nous ont pas proprement affoibly d'hommes, mais de concorde et discipline. Je diray plus, elles nous ont engendré nombre infiny de soldatz, lesquelz nous pouvons exercer et entretenir aux despens de l'Espagnol et desquelz l'employ hors du royaulme rendroit en partie la santé, la tranquilité et l'union a nostre Estat*; wie verwandt diese Ausführungen mit den Überlegungen der ›politiques‹ sind, unterstreicht eine Passage aus: *Les Six Livres de la République*, die Bodin 1583 in ihrer endgültigen Fassung herausgab: *La guerre à l'ennemi est un moyen pour entretenir les sujets en amitié. Il y a d'autres considérations particulières outre cela; c'est à savoir que le plus beau moyen de conserver un état et le garantir de rébellions, séditions et guerres civiles, et d'entretenir les sujets en bonne amitié, est d'avoir un ennemi, auquel on puisse faire tête*; livre 5, chap.5, ed. G.Mairet, Paris 1993, 463.

47 Darüberhinaus entwickelt der *Discours au roi Henri III* in geradezu kühner Weise Gedanken zu einem globalen Angriff auf die Kolonialmacht Spaniens in Südamerika und Asien sowie im Mittelmeer, wo mit der Eroberung Mallorcas ein Anfang gemacht werden könne. Mit türkischer Billigung könne Frankreich eine asiatische Handelsroute nutzen, die durch das Rote Meer bis nach Suez, dann über Land führe und damit dem Mittelmeerraum einen Spanien verdrängenden Handel eröffnen könne. Mit der Hilfe Englands und Dänemarks ließe sich die Nordsee für spanische Schiffe gänzlich unzugänglich machen. Weitere Überlegungen dringen auf eine französische Landnahme in der Karibik, wobei dann auch über eine Handelsverbindung von Panama zum Pazifik und zu den Molukken nachgedacht wird.

48 Sorbonne, ms. 362, f. 27v–28r; ferner wird auf die Möglichkeit hingewiesen, für Frankreich eines Tages die Kaiserkrone zu erwerben und dann, zur Sicherung des Reiches, mit der Pforte ein Arrangement zu treffen, daß diese ihren Ausdehnungsdrang nach Süden, auf den spanischen Teil Italiens, richtet. An Navarra als Kandidat ist hier aber nicht gedacht.

rangige Gefolgsleute Navarras wie Turenne und Sully, Salignac und La Noue schlossen sich mit ausdrücklicher Billigung des Béarners dem Herzog von Anjou an. Navarra bezeichnete diese protestantische Kooperation mit dem Bruder des Königs gegenüber Wilhelm von Oranien nicht etwa als eine Pflicht konfessioneller Solidarität, sondern als *debvoir de bon compatriote*, und vor allem hoffte man, nun auch mit den deutschen Fürsten gemeinsame Sache machen zu können.[49] Doch Anjou durchkreuzte diese Pläne, als er mit dem Übergriff auf Antwerpen im Januar 1583, die *Franse furie*, seine Stellung in den Niederlanden selbst zerstörte.

Seit 1583 trat Heinrich von Navarra, durch regelmäßige Gesandtschaften in einen engen Kontakt zu wichtigen protestantischen Fürsten Europas. Er sah in England die stärkste protestantische Macht und hoffte, daß Elisabeth bereit sein würde, eine Koalition zur Abwehr der päpstlich-spanisch getragenen Gegenreformation zu formieren. Die Königin sei wie andere Fürsten auch bedroht von Philipps Ziel einer *Monarchie, a laquelle il aspire aux despens de tous les princes voysins, de quelque religion qu'ilz soyent.* Die Vernichtung der Protestanten Frankreichs wäre nur ein erster Schritt zur Unterwerfung des ganzen Königreiches, und das würde sie schon deshalb zu verhindern wissen, weil die französische Macht traditionell die *balance* zum spanischen Gewicht halten müsse.[50]

Den Reichsfürsten gegenüber erhielt das Konfessionsargument ein stärkeres Gewicht. Ihnen präsentierte Navarra die Idee einer internationalen protestantischen Synode. Sie sollte den Zweck verfolgen, die reformatorischen Richtungen Europas zu einem Vergleich zu bringen und theologisch-kirchliche Differenzen, wie den Abendmahlsstreit, als Hindernis für die politische Verständigung auszuräumen.[51] Navarra nutzte diese Gelegenheit, um mit möglichst vielen Reichsständen in Kontakt zu treten, auch deshalb, weil er bei seinen deutschen Verbindungen nicht auf den Pfalzgrafen Johann Casimir angewiesen sein wollte. Aber das strukturelle Problem, das Navarra durch diese Generalversammlung offensichtlich zu überwinden gedachte, nämlich die Vielzahl und Vielgestaltigkeit der deutschen Stände, ließ das Vorhaben von vornherein fragwürdig erscheinen. Darum wohl gab er seinem Gesandten Ségur den Vorschlag an die Deutschen mit, die politische Kommunikation dadurch zu erleichtern, daß jeder Fürst in seinem kirchlichen Machtbereich destruk-

49 Navarra an Oranien (Dez. 1580), G. Groen van Prinsterer, Archives ou correspondance inédite de la Maison d'Orange-Nassau, Bd. VII, Leiden 1839; zur prot. Beteiligung auch Sully (wie Anm. 45), Bd. I, 92f. Mornay begab sich 1582 zum Herzog in die Niederlande; ein Beleg seiner strategischen Überlegungen findet sich eingearbeitet in ein spätere, von Anjou an Johann Casimir gerichtete Mission Dompmartins (29/9/1583, cop.), PARIS BN, FR 2757, f. 55: *Tout l'empeschement qui lui* (Philipp II., F.B.) *reste, consiste aux affaires des Pais Bas, où il emploie le vert et le secq parce que c'est la porte où il peut entrer en France et en Allemagne, qui lui restent en la chrestienté pour opposite et contrepoix a sa grandeur estans tous les autres princes de beaucoup inferieurs a luy et que sans l'ayde et assistance des François et Allemandz ne peuvent demeurer asseurez en leurs estats.*

50 Navarra an seinen Gesandten Ségur (8/5/1585), PARIS BN, Cinq Cents de Colbert 401, f. 79–80. Ähnlich argumentiert die *Instruction pour traicter avec la roine d'Angleterre ..., baillée par le roi de Navarre au sieur de Ségur y allant de sa part en juillet 1583*, PARIS Sorbonne, ms. 361, f. 84–96.

51 *Autres instructions et memoires données par le roy de Navarre a Jacques Segure Pardaillan, son ambassadeur, aux tres illustres princes electeurs de l'Empire romain et aux autres princes et Estatz qui font profession de la religion reformée pour faire quelque accord entre les lutheriens et calvinistes*, PARIS BN, FR 17820, f. 11–14.

tive Polemik gegen andere protestantische Richtungen im In- und Ausland unterbinden möge. Dieser Vorschlag fand bei vielen Reichsständen Gehör und förderte die bereits angelegte Entwicklung zu einer Trennung der politischen von den konfessionellen Problemen.

Die deutschen Kontakte Navarras. Konflikte und Haltungen

Die Verständigung zwischen Navarra und seinen deutschen Adressaten ist in ihrer Komplexität leichter anzugehen, wenn auch andere, ihre Beziehungen nur mittelbar berührende Konfliktbereiche in den Blick kommen.

Das äußere Engagement der navarrischen Partei an der Seite des Herzogs von Anjou in den Niederlanden blieb nicht ohne Rückwirkungen auf das Verhältnis zu den deutschen Fürsten. Johann Casimir hegte Mißtrauen und Ablehnung gegenüber Franz von Alençon und versuchte vergeblich, dessen Berufung in die Niederlande, die auf Wilhelm von Oranien zurückzuführen war, zu verhindern. Im August 1578 hatte der Pfälzer auf Anregung und Kosten Elisabeths von England ein Heer nach Brabant geführt. Sie wollte, daß er die Generalstaaten gegen Don Juan unterstützen und ein Gegengewicht zum Einfluß Anjous herstellen sollte, doch hatte Johann Casimir bereits im Januar 1579 den Niederlanden wieder den Rücken gekehrt. Sein Ehrgeiz, selbst eine führende Rolle zu spielen, und seine Rivalität zu Anjou hatten sein Verbleiben unmöglich gemacht. Durch die Unterstützung der aufständischen Genter hatte er sich auch noch mit Oranien entzweit.[52]

Es gefiel dem Pfalzgrafen nicht, daß Navarra die französische Intervention in den Niederlanden unterstützte und sich einige seiner Gefolgsleute zu Anjous Unternehmungen gesellten. Für Johann Casimir war anscheinend eine enge Zusammenarbeit mit dem Béarner einstweilen indiskutabel, nicht zuletzt weil er den Frieden von Fleix und den versöhnlichen Kurs Navarras gegenüber Heinrich III. ablehnte. Im Herbst 1582 teilte der Pfalzgraf Heinrich von Navarra mit, daß er ihm für eine Zusammenarbeit nicht mehr zur Verfügung stünde und seine Mittel anderweitig einsetzen wolle.[53] Dagegen behandelte er Condé als den eigentlichen Interessenvertreter der französischen Reformierten.[54] Er versprach sich offenbar, über ihn seine persönlichen Ambitionen leichter durchsetzen zu können, wie das beim versuchten Zugriff auf die drei westlichen Reichsstädte und die südfranzösische Salzgewinnung von Peccais offenbar ist.

Die Kontakte und Pläne Johann Casimirs zwischen 1580 und 1583 erscheinen recht widersprüchlich. Der Pfalzgraf war derart gegen die Mission des Herzogs von Anjou eingestellt, daß sich 1580 das Gerücht verbreitete, er wolle auf Kosten Spani-

52 Volker PRESS, Calvinismus und Territorialstaat. Regierung und Zentralbehörden der Kurpfalz 1559–1619, Stuttgart 1970, 313ff.

53 An Navarra (2/10/1582), BEZOLD I, 549f.

54 LA HUGUERYE (wie Anm.21) Bd.II, 1878, 140, 164ff, der enge Mitarbeiter Condés will von Beutterich in Heidelberg im Herbst 1581 entsprechende Auskünfte erhalten haben; Johann von Nassau bestätigte Oranien im April 1581 die feindseligen Handlungen des Pfalzgrafen, GROEN (wie Anm.49), 536ff; dazu auch Joh. Casimir an Joh. v.Nassau (5/4/1581), ibid., 530f. Casimir empfahl sich Condé: *...vous n'avez parent ny au dedens et dehors le Royaulme de France qui vous en rende de meilleurs offices et plus certaines premices que moy ...*, (23/4/1582) PARIS BN, Cinq Cents de Colbert 29, f. 723.

ens gegen den Franzosen zu Felde ziehen.[55] Andererseits gab er vor, Anjou in ein Abhängigkeitsverhältnis zum Reich bringen und so dem Reich wenigstens teilweise den verlorengegangenen Einfluß auf die niederländischen Verhältnisse zurückgewinnen zu wollen. Dazu sollte eine Gesandtschaft im Auftrag Anjous zum Reichstag 1582 die Gelegenheit bieten, allerdings fand diese Mission nicht statt.[56]

Es ist unübersehbar, daß Johann Casimir in dieser Phase sehr persönliche, nämlich territoriale Ambitionen verfolgte. Seit 1580, besonders im Sommer 1582, stand er mehrfach in Kontakt mit einem Gesandten des Herzogs von Guise.[57] Dieser schien sich auf eine erneute und diesmal entscheidende Auseinandersetzung mit den französischen Protestanten und auch mit Heinrich III. vorzubereiten und spekulierte möglichenfalls auf eine Neutralität des Pfalzgrafen für diesen Krieg. Der Preis dafür könnte eine in Aussicht gestellte Übergabe von Metz, Toul und Verdun an Johann Casimir gewesen sein. Diese Vermutung liegt nahe, weil sich der Pfalzgraf in diesem Zeitraum 1580 bis 1582 sehr intensiv mit der Gewinnung der drei französisch besetzten Reichsstädte beschäftigte. Er stellte einen direkten Zusammenhang her zwischen der erwünschten Verdrängung des französischen Einflusses aus den Niederlanden und der Einnahme der Reichsstädte.[58] Jedoch wußte er genau, daß er weder von Navarra noch dem französischen König jemals eine freiwillige Abtretung hätte erwarten können.

Geradezu unglaublich erscheint aber der angebliche Plan, durch den sich Johann Casimir einem militärischen Zusammengehen mit dem Herzog von Guise verschrieben haben soll. Daß diese Überlegung aber angestellt worden sein muß, belegen mehrere Überlieferungen.[59] Es ist nicht abwegig anzunehmen, daß mit Guise und Condé gemeinsam dem aus dem Frieden von Fleix erwachsenen Schulterschluß von Heinrich III., Alençon und Navarra ein Ende bereitet werden sollte. Und der Pfalzgraf hätte dabei seine ganz persönlichen Interessen gehabt, nämlich den verhaßten Navarra als Führer der Hugenotten durch Condé zu ersetzen, vom Königtum die seit 1576 immer noch ausstehenden Schulden einzutreiben, Alençons Position in den Niederlanden zu schwächen und sich schließlich der drei westlichen Reichsstädte zu bemächtigen.

55 Bericht des Grafen von Champlitte, Gouverneur von Burgund (8/7/1581), Bezold I, 445f, vgl. andere Quellen 1580–1582, ibid., 405f, 479f; dazu Joh. Casimir an Joh. v.Nassau (24/5/1581), Groen (wie Anm.49), Bd.7, 559ff.

56 Der Pfalzgraf spielte wohl mit der Idee, Anjou als Haupt der Utrechter Union und als Herzog von Brabant in ein Lehens- oder Kontributionsverhältnis zum Reich zu bringen, siehe dazu die Instruktion vom 28.Juni für seine Räte zum Augsburger Reichstag 1582, Bezold I, 489; Mornay stellte während seines Aufenthaltes bei Anjou Überlegungen für eine Gesandtschaft zum Reichstag an, für die er selbst zusammen mit de la Mark, dem Herzog von Bouillon vorgesehen gewesen wäre. Ziel sollte es sein, die Wahl Anjous durch die Generalstaaten als rechtmäßig anerkennen zu lassen, die Belehnung zu erlangen und damit das Reich gegen Spanien auszuspielen, PARIS Sorbonne, ms. 367, f.11ff.

57 Über die Gesandtschaft des guisischen Agenten Malleroy: La Huguerye (wie Anm.21) Bd.II, 177ff, 212ff; dazu auch Belege bei Bezold I, n.196ff; Robert de Heu, seigneur de Malleroy/Malroy, Reformierter, stand auch in Diensten von Condé und Navarra.

58 An seinen Bruder Kurfürst Ludwig (1/4/1581), Bezold I, 434; auch Gedenkzettel Okt.1582, ibid. 555.

59 Belege: ibid., 362, Anm.1; dazu auch der englische Gesandte Cobham an Leicester (13/5/1580), ibid., 395; Bemerkung dazu: Ségur an Averly (26/8/1587), ibid. Bd. III, 68.

Im Februar 1582 wurde Franz von Alençon feierlich zum Herzog von Brabant gekrönt. Die Generalstaaten feierten ihn als Friedensbringer zwischen Katholiken und Protestanten und selbst die französischen Reformierten, von denen sich viele namhafte im Gefolge Anjous befanden, begeisterte die neue antispanische Verbindung Frankreichs mit den Niederlanden, der Valois mit den Nassau.[60]

Im Reich stellten sich andere Reaktionen auf dieses Bündnis ein. Auf dem Augsburger Reichstag 1582 bedauerten Kaiser und Reichsstände in seltener Einmütigkeit den Verlust jeglichen Einflusses auf die Ereignisse in den Niederlanden und die Übergriffe der feindlichen Parteien auf die angrenzenden Reichskreise.[61] Lazarus von Schwendi hatte die Reichsstände wiederholt vor einer französischen Einflußnahme in den Niederlanden gewarnt und befürchtete, daß nach dem Frieden von Fleix 1580 mit unheilbringenden Folgen französische Kräfte beider Konfessionen für äußere Unternehmungen frei würden. Johann Casimir hatte sich diesen Warnungen angeschlossen.[62]

Und diese vagen, allgemeinen Befürchtungen erhielten schnell Nahrung. Sie stützten sich auf Gerüchte, die Reichsstadt Straßburg sei durch französische Umtriebe in unmittelbarer Gefahr. Das Geflecht der Befürchtungen, aus unterschiedlichen Quellen zusammengefügt, zog sich von 1579 bis zur endgültigen Niederlage Anjous in den Niederlanden 1583. Im wesentlichen konzentrierten sich die Gerüchte auf zwei Varianten: die erste besagte, der Pfalzgraf Georg Hans wolle Straßburg an Heinrich III. ausliefern; die zweite mutmaßte, Franz von Alençon würde seine Truppen nicht für einen Einsatz in Flandern, sondern gegen Straßburg zusammenbringen.

Johann Casimirs Rat Beutterich unterrichtete den Magistrat der Freien Reichsstadt, Georg Hans hätte den Herzog von Guise aufgefordert und instruiert, Straßburg im Handstreich zu besetzen, um bei künftigen innerfranzösischen Konflikten den Zuzug deutscher Hilfstruppen gegen Heinrich III. unterbinden zu können. Darauf sollen bereits Spione in der Stadt gewesen sein. Heinrich III. hätte dann aber dem Lothringer aus Mißtrauen gegen dessen Zuverlässigkeit die Einnahme der Stadt untersagt.[63] Johann Casimir selbst will seinem Vetter Georg Hans die Verwerflichkeit seines reichsfeindlichen Treibens vorgehalten und ihn zur Vernunft gebracht haben.[64] Dennoch konnte er nicht verhindern, daß Georg Hans, bereits seit 1564 als Pensionär der französischen Krone geführt, sich mit dem Herzog von Anjou einließ

60 Parker, Der Aufstand der Niederlande (wie Anm. 7), 244.

61 Ritter, Deutsche Geschichte (wie Anm.13) Bd.I, 573ff.

62 Schwendi warnt Nassau und Oranien vor *französischen practicken* (Febr.1580), Groen (wie Anm.49), Bd.7, 226, 228; ders. an Kurfürst Ludwig (14/1/1581), Bezold I, 427f; ähnlich Johann Casimir (19/6/1581), ibid., 443.

63 STRASSBURG, Archives municipales (zit.: Straßburg), AA 733: *Sumarische Verzeichnus*, (o.D.) f. 44–45; Bezold I, Protokoll über Beutterichs Ausführungen (12/5/1580), 381–394; Kurfürst Ludwig an Straßburg (12/3/1580), ibid., 372; über die dubiosen Beziehungen des Pfalzgrafen Georg Hans zu Heinrich III., ibid., 453; weiter PARIS BN, Cinq Cents de Colbert 398, f. 667f (Jan. 1585) u. FR 3314, f.29–31 (Mai 1587): er unterrichtet den König über bevorstehende Maßnahmen protestantischer Reichsstände. Heinrich III. seinerseits rechnete sich wohl aus, Georg Hans gegen seinen simmerischen Vetter Johann Casimir, gegen den er einen langwierigen Erbstreit ausfocht, ausspielen zu können und damit Casimirs Einsatz für die Hugenotten zu behindern, in diesem Sinn Ancel an Heinrich III. (19/11/1585 u. 7/1/1586), PARIS BN, Cinq Cents de Colbert 398, 732, 764.

64 STRASSBURG, AA 733: Johann Casimir an Straßburg (13er), (25/8/1580, orig.), f. 52–53.

und versuchte, über ein *Bündtnuß unnd Vereinigung* mit ihm in der großen Politik Fuß zu fassen, allerdings ohne Erfolg.[65] Die Persönlichkeit und die unklaren, intriganten Handlungen des Pfalzgrafen Georg Hans sind schwer zu bewerten. Er schürte auf deutscher Seite Sorge, als er über eine Veräußerung der von ihm selbst gegründeten Stadt Pfalzburg an Frankreich nachdachte, sie dann aber dem Herzog von Lothringen überließ. Sicher ist, daß auch er ein gewisses Maß an Unruhe in die deutsch-französischen Beziehungen trug.

Das Mißtrauen gegen den Herzog von Anjou war im Reich weit verbreitet. Seit 1579 warnte Rudolf II. selbst den Magistrat Straßburgs mehrfach vor einem möglichen Übergriff, der stets mit dem Namen des Valois in Zusammenhang gebracht wurde. Es handelte sich auch um Warnungen protestantischer Reichsstände, die in Alençons niederländischer Mission nicht nur keine besonders gute Gelegenheit zu einer Schwächung der spanischen Position erblickten, sondern ihn im Gegenteil mit der Brutalität Parmas verglichen und um den Frieden in den angrenzenden Reichsgebieten fürchteten.[66]

Johann Casimir bildete im wesentlichen keine Ausnahme. Das konnte nach den dubiosen Verständigungen mit Guise und Condé, die sich gegen die französische Krone und Navarra richteten, auch nicht erstaunen. Als Franz von Alençon im September 1583 einen verlockenden Versuch unternahm, den Pfalzgrafen für einen konzertierten militärischen Schlag gegen die Streitmacht Parmas zu gewinnen, lehnte dieser ab.[67] Johann Casimir, der in diesem Herbst schon den Kampf an der Seite von Gebhard Truchseß aufgab und nach Heidelberg zurückkehrte, um nach dem Tod seines Bruders Ludwig die Administration der Kurpfalz zu übernehmen, war noch weniger bereit, sich erneut in den Kampf um die Niederlande einzulassen, schon gar nicht an der Seite der französischen Krone.

Die Beziehungen zwischen den Protestanten im Reich und in Frankreich erscheinen zu Beginn der 1580er Jahre nicht sehr klar. Neben den Bereichen des konfessionellen Dialoges und seiner zwischenstaatlichen Tragweite sind Konflikte erkennbar, die in der Gefahr stehen, zu wenig berücksichtigt zu werden. So ist unübersehbar, daß Navarras angestrebte Verständigung mit dem Königtum und das äußere Engagement vieler Protestanten an der Seite Anjous in den Niederlanden im Reich als un-

65 Ibidem, f.66–70 (copie): durch diesen wohl im Herbst 1581 ausgehandelten Vertrag hoffte der Pfalzgraf zu Veldenz-Lützelstein, Alençons Mitstreiter und rechte Hand werden zu können, *...also die zweit Person bey ihrer Gn. unnd derselben vornembster unnd erster Rhat seyn ...soll; ...unnd inn allen Sachen sowohl politicis alß bellicis zu erkendtnuß admittirt unnd zugelassen werden soll* (f. 66v–67r); Georg Hans forderte ein Zehntel aller gemeinsamen Eroberungen und wünschte, daß der Valois ihm im Fall seines Todes ohne einen legitimen Erben alles vermachen sollte.

66 Rudolf II. an Straßburg (Nov.1579, 21/11/1580, orig.), STRASSBURG, AA 734, ff. 1, 3, 15; Stimmen prot. Reichsstände (Württemberg, Kurpfalz, Baden, Joh. Cas., u.a.) 1580–1583: ibid. AA 735–736; August von Sachsen an Rudolf II. (25/1/1583), Bezold II, 57. Auf einem Gedenkzettel Johann Casimirs findet sich die Anmerkung: *Niderlendischen und Alensonischen sach(en), wo man nit darzu tutt, kunft(ig) dem vatterland ein gross blutbadt anrichten möcht* (Okt.1582), ibid. I, 555.

67 *Instruction de M. de Dompmartin, conseiller et chambellan ordinaire de S.A. allant de sa part vers M. le Duc Casimir* (29/9/1583) PARIS BN, FR 2757, f.55–57; Antwort von Joh.Cas. (20/11/1583), ibid., f.58. Der Pfalzgraf sollte über das Bistum Lüttich vordringen und Parma die südlichen Nachschubwege abschneiden, während Anjou selbst gegen Brabant vorrücken wollte. Der Plan war freilich nicht sehr realistisch, zumal der Valois selbst bereits jeden festen Halt in den Niederlanden eingebüßt hatte und sich nach Cambray zurückziehen mußte.

berechenbar wirkten und Sensibilitäten aufdeckten, die dann- wie im Fall Straßburgs – zu einem allgemeinen Mißtrauen gegenüber Frankreich führten. Diese Ängste vor einer französischen Machterweiterung wären eine genauere Untersuchung wert. Die bei einer Reihe von Reichsständen festzustellende Abwehrhaltung war überkonfessionell und wurde gesteigert durch die Erinnerung an den »voyage d'Allemagne« Heinrichs II. Der Verlust von Metz, Toul und Verdun wurde als Symbol für den fortwährenden Ausdehnungsdrang Frankreichs zum Rhein hin empfunden.

Als sich Heinrich III. durch den Vertrag von Nemours 1585 mit dem Herzog von Guise und der Liga verband, ließ er das den protestantischen Kult unterdrückende Edikt auch in Metz veröffentlichen. Gegen diesen Schritt legten vier evangelische Reichsfürsten bei Heinrich III. energisch Protest ein, unter ihnen Landgraf Wilhelm von Hessen, der 1552 selbst am Zustandekommen des Vertrages von Chambord beteiligt gewesen war. Sie forderten vom französischen König, er möge den Sonderstatus der Reichsstadt respektieren und sie wenigstens – wie bisher geschehen – in Konfessionsfragen neutral behandeln.[68]

Die Reaktion der Deutschen auf die Vorschläge Navarras und der Kölner Krieg 1583/84

Obwohl Heinrich von Navarra die Notwendigkeit einer effektiven politischen Führung des europäischen Protestantismus in diversen Verhandlungen mit deutschen und europäischen Fürsten verfocht, gab er sich doch nie wirklich der Illusion hin, über eine Bekenntniseinigung dieses Ziel zu ereichen. Die Zersplitterung des europäischen Protestantismus war auch eine Konsequenz des individualisierenden protestantischen Wesens. Die Konfession konnte auf der zwischenstaatlichen Ebene nicht in vergleichbarer Weise als ordnender Faktor wirksam sein wie unter Umständen im partiellen, territorialen Rahmen. Navarra begriff das und stimmte seine äußeren Aktivitäten auf diesen Sachverhalt ab. Es gab für die Protestanten keine mächtige Dynastie oder gewichtige kontinentale Macht, die – vergleichbar den Habsburgern für die katholische Welt – einen letzten Rückhalt hätte bieten können. Deshalb hing alles von einer Klärung und Neuordnung der europäischen Machtstrukturen ab, und es mußte sich am Schicksal Frankreichs entscheiden, ob dem Protestantismus Europas ein Freiraum blieb. Die Unabhängigkeit der wichtigsten Gegenmacht zu Spanien als Garant für die Existenz und Freiheit protestantischer Länder zu wahren, das war die Losung für das Zustandekommen eines antihabsburgischen Bündnisses.[69] Navarra konnte sich bei der Abstimmung mit den protestantischen Fürsten dauerhaft auf kein positiv formulierbares, von allen gleichermaßen akzeptiertes Ziel stützen. Darum machte er umgekehrt ein negativ begründetes Programm zum ver-

68 Pfalzgraf Johann Casimir, Administrator Joachim Friedrich (Magdeb.), Wilhelm von Hessen und Joachim Ernst von Anhalt an Heinrich III. (10/11/1585), PARIS BN, Cinq Cents de Colbert 398, f.725. Die Städte Toul und Verdun sind dem Herzog von Guise und der Liga als Sicherheitsplätze überlassen worden.

69 In diesem Sinne nennt Navarra in seinen Schreiben an Reichsfürsten die innere Befriedung und Stabilisierung Frankreichs und das Schicksal der europäischen Protestanten in einem Atemzug: *...de confirmanda et constabilienda pace Gallia consuleremus,... ut de communibus omnium Europae Ecclesiarum periculis et commodis consilia conferremus*, hier an den Herzog von Braunschweig-Lüneburg (Aug. 1583): PARIS BN, FR 5045, f.84.

bindenden Kernstück für alle potentiellen Partner seiner europäischen Politik: die Abwehr und Vernichtung der spanisch-habsburgischen Vormacht. Dieses außenpolitische Kardinalziel, das er seinem innerfranzösischen nationalen und royalistisch-legitimistischen Programm funktional zur Seite stellte, nutzte Navarra auf integrative, bündnisstiftende und gegebenenfalls konfessionelle Differenzen transzendierende Weise.

Navarra hatte sich schon 1580, dem Jahr der Veröffentlichung des Konkordienbuches, ein erstes Mal mit der Idee einer gesamtprotestantischen Synode an Friedrich II. von Dänemark gewandt und ihn gebeten, besonders bei seinem Schwager August von Sachsen für dieses Projekt zu werben. Angesichts der durch die dogmatischen Differenzen verschärften Gefahr einer weiteren Spaltung des protestantischen Lagers hatte sich auch Johann Casimir diesem Schritt angeschlossen.[70] Mit dem Frieden von Fleix und den niederländischen Ereignissen zog Navarra einstweilen sein Interesse zurück.

1583 aber bot sich ihm mit dem Kölner Krieg eine neue und bis dahin nicht dagewesene Gelegenheit, den erwünschten Schulterschluß mit den deutschen Protestanten zustandezubringen. Der gemeinsame Kampf für den Verbleib von Gebhard Truchseß und eine damit mögliche protestantische Mehrheit im Kurkolleg stellte für die Franzosen zugleich eine Verlockung dar, die europäische Stellung der Habsburger an einer entscheidenden Stelle zu schwächen.

Im Juli 1583 entsandte der Béarner von Nérac aus seinen Vertrauensmann Ségur über England und Holland ins Reich, um die protestantischen Fürsten zu einer inneren Einigung und zu einem anschließenden Bündnis mit ihm unter einer erwünschten Protektion Englands und Dänemarks zu gewinnen.[71]

Ségur wandte sich nicht zuerst an den Pfalzgrafen Johann Casimir, sondern folgte der bereits in Mornays *Discours* ausgesprochenen Empfehlung, Wilhelm von Hessen als wichtigeren Anlaufpunkt zu betrachten.[72] Der Landgraf galt nicht nur als traditioneller Freund Frankreichs, sondern spielte wie sein Vater eine ausgleichende und vermittelnde Rolle innerhalb des deutschen protestantischen Lagers. Die Erinnerung an das hessische Verdienst um den Marburger Religionsvergleich 1529 ließ auf einen besonderen Einsatz des Landgrafen für die Vorstellungen Navarras hoffen. Wilhelm IV. gehörte zu den agilen Reichsfürsten des protestantischen Lagers, war aber, wenn es darum ging, auch außenpolitische Verpflichtungen einzugehen, erheblich vorsichtiger als der Pfalzgraf. Steht Johann Casimir in dieser Hinsicht für einen dynamisch-martialischen Stil, so der Landgraf eher für einen bedächtigen und diplomatischen. Konfessionell zählte Wilhelm zu den irenischen Kräften des evangelischen Lagers, die durch Zurückweisung des rigiden und kompromißlosen, in der Konkordienformel festgeschriebenen lutherischen Dogmatizismus eine dauerhafte Spaltung unter den sich zur Augsburger Konfession zählenden Reichsständen abzu-

70 Navarra an Kg.v.Dänemark (10/3/1580), ibid., 371; Joh. Cas. an dens.(5/4/1580), ibid., 373.

71 *Instructions et memoires données par le roy de Navarre a Jacques Segure Pardillian, son ambassadeur*, (22/7/1583): PARIS BN, FR 17820, f. 4–10.

72 Mornay empfahl Heinrich III., den Kontakt zu den Reichsfürsten über den Landgrafen laufen zu lassen: *ancien ami de cet Estat, duquel la prudence a beaucoup de credit en Allemagne* (wie Anm.43); Navarra an Wilhelm IV. (15/8/1583 und 15/1/1584), MARBURG, Hessisches Staatsarchiv (zit.: Marburg): 4 f Frankreich 580.

wenden versuchten.[73] Die Erbverbrüderung und -einigung mit Kursachsen und Kurbrandenburg verstärkte zusätzlich das hessische Gewicht im deutschen Protestantismus.

Vom Pfalzgrafen und anderen Reichsständen unterscheidet ihn aber das sehr enge Verhältnis zum französischen Königtum. Der Landgraf schuldete der Krone besonderen Dank für die Unterstützung gegen Karl V. und die Befreiung seines Vaters Philipp. Seit 1567 zählte Wilhelm IV. zum Kreis der Pensionäre der französischen Krone, was nicht nur eine Ehre, sondern auch mit gewissen Erwartungen an ihn verbunden war. Von 1570 an stellte er für Schomberg einen der wichtigen Anlaufpunkte bei der Anbahnung eines Defensivbündnisses dar und 1573 war der Landgraf der erste protestantische Reichsfürst, der der französischen Krone nach den Pogromen gegen die Hugenotten einen größeren Dienst erwies. Er trug durch persönliche Empfehlung dazu bei, daß der Herzog von Anjou, einer der Hauptakteure der Bartholomäusnacht, die polnische Krone erwerben konnte.[74] Wilhelm urteilte skeptisch über den Friedenswillen der katholischen Reichsstände und des Kaisers und fühlte sich bedroht von der Nähe der geballten spanischen Macht am Niederrhein. Unter diesen Voraussetzungen empfand er Frankreich als ein unerläßliches Gegengewicht zur habsburgischen Dominanz und war sich sicher, daß Bestand und Frieden des Reiches dauerhaft nur durch ein *equilibrium* zwischen den beiden Großmächten gewährleistet sei.[75]

Im Unterschied zu Johann Casimir, der sich durch seine rücksichtslosen und ambitiösen militärischen Unternehmungen in Frankreich in einen unüberbrückbaren Gegensatz zum französischen Königtum brachte, hielt sich Wilhelm IV. an eine kontinuierliche Verständigung mit Heinrich III. und versuchte, durch beständige Fürsprache für die Hugenotten beim König das Los Navarras zu verbessern. Selbst nachdem sich der letzte Valois mit dem Edikt von Nemours im Juli 1585 an die Spitze der Liga gestellt hatte, wurde der Landgraf nicht müde, mahnend auf den französischen König einzuwirken und die Wiederherstellung des letzten Friedensediktes zu verlangen. Um dieser Forderung Nachdruck zu verleihen, drang er gegenüber anderen Fürsten auf die Entsendung einer gemeinsamen deutschen Delegation zu Heinrich III. Bemerkenswert ist, daß sich Wilhelm der Grundhaltung Navarras anschloß, die das Schicksal der reformierten Partei mit der Rettung der Krone Frankreichs und der Einheit des französischen Staates verknüpfte. Die politische Dimension vor Augen empfahl der Landgraf den Reichsständen eine Stützung des französischen Königtums, dem gerade die Deutschen so viel zu verdanken hätten. Diese Position mag dazu beigetragen haben, daß er zögerte, sich 1587 an dem deutschen Hilfsheer zur Unterstützung der Hugenotten zu beteiligen.[76]

73 Obwohl Wilhelm IV. sich offiziell nicht zu den Reformierten rechnen lassen wollte, trägt seine hessische Innenpolitik calvinistenfreundliche Züge: Chr. v.ROMMEL, Geschichte von Hessen, Bd.5, 1835, 581ff; Gerhard MENK, Absolutistisches Wollen und verfremdete Wirklichkeit – der calvinistische Sonderweg Hessen-Kassels, in: Territorialstaat und Calvinismus (ed. M. Schaab), Stuttgart 1993, 164–238, hier 168.

74 Ausführlich besprochen bei PLATZHOFF, Frankr. u. dt Prot. (wie Anm.12), 88ff.

75 Diesen Begriff benutzte Wilhelm IV., ibid., 92f.

76 Wilhelm an Johann Georg von Brandenburg (9/10/1585), MARBURG 4 f Frankr. 636, f. 165; französische Kopie (Ségur-Papiere) der Rundschreiben Wilhelms an prot. Kurfürsten (Okt. 1585), PARIS BN, Cinq Cents de Colbert 401, f. 234–235; ders. an Ségur (5/3/1587), ibid., 402, f. 51–52.

Als der navarrische Gesandte Ségur im Herbst 1583 aus Holland kommend beim Landgrafen vorsprach, begrüßte dieser die Idee einer evangelischen Synode, die eine Möglichkeit darstellte, die Abgrenzung der strengen Lutheraner zu konterkarieren und die politisch folgenschweren Bekenntnisdifferenzen innerhalb des deutschen Protestantismus zu überwinden.[77] Beim näheren Hinsehen wird schnell deutlich, daß es Wilhelm IV. in erster Linie um ein Zusammenrücken der protestantischen Reichsfürsten zu tun war, weniger um ein Zusammengehen mit den Franzosen. Denn er erklärte Ségur ausdrücklich, sich an die Linie von Kursachsen und Kurbrandenburg halten zu wollen, und das bedeutete, keine resoluten und bindenden außenpolitischen Vereinbarungen anzustreben. In seiner Antwort an Navarra ließ der Landgraf keinen Zweifel an seiner pessimistischen Einstellung zu den Aussichten einer übernationalen protestantischen Bekenntniseinigung aufkommen. Nichtsdestoweniger bemühte er sich um den Dialog und auch die Antwort anderer Reichsfürsten ließ prinzipiell die Bereitschaft erkennen, offen über die Hauptfragen in Sachen Bekenntnis und politisches Bündnis zu verhandeln.[78] Selbst August von Sachsen reagierte auf die Idee der Synode in offener Weise und sagte zu, mit anderen, besonders mit dem brandenburgischen Kurfürsten, die Voraussetzungen eines übergreifenden protestantischen Bekenntnisvergleiches abzustimmen.[79]

Allerdings, und das machte August von Sachsen ohne Umschweife deutlich, war kein einziger der von Ségur angegangenen protestantischen Reichsstände wirklich bereit, Zusagen zu geben und womöglich außerhalb der Reichsgrenzen Verpflichtungen einzugehen, ohne sich der Zustimmung und Rückendeckung einer breiten Mehrheit unter den Fürsten sicher zu sein. Wie aber gerade 1583/84 am Konflikt um Gebhard Truchseß unübersehbar ist, bestand eine solche Einigkeit und Entschlossenheit in den evangelischen Reihen nicht einmal in den brennendsten inneren Reichsangelegenheiten. Und gerade der Versuch Navarras, seine übergreifenden Bündnisvorschläge mit der Kölner Krise zu verbinden, mußte die vorsichtigen, jede gewaltsame Auseinandersetzung vermeidenden Reichsstände aufschrecken.[80]

Bis zum Sommer 1584 versuchte Navarra, die Kontakte zu verstärken. Als im Juli in Schwalbach Johann Casimir und August von Sachsen zusammenkamen, ließ er durch einen Emissär die Möglichkeiten einer weiteren Zusammenarbeit in der durch

77 Wilhelm IV. an Kurfürsten von Sachsen und Brandenburg (31/12/1583), MARBURG 4 f Frankreich 590; ders. an den Administratoren von Magdeburg und Joachim-Ernst von Anhalt (31/12/1583 u. 2/1/1584), ibid. 584/585: Wilhelm setzt auf einen innerprotestantischen Vergleich, um das *monstrum ubiquitatis dardurch zu dempffenn*, die sog. Ubiquitätslehre stand für die exklusiven dogmatischen Besonderheiten des orthodoxen Luthertums.

78 Wilhelm IV. an Berlepsch über sein weiteres Vorgehen (3/1/1584), MARBURG 4 f Frankr. 587; die Abschriften einiger Antworten auf Ségurs Werbungen, bes. von Kursachsen und Dänemark (Febr.-März 1584): ibid. 580, auch in: Henrici navarrorum regis epistolae, Utrecht 1679, Wilhelm IV. an Navarra (Jan. 1584), ibid., 241ff.

79 Antwort Augusts von Sachsen auf die Werbung Ségurs (9/2/1584), MARBURG 4 f Frankr. 580.

80 Ségur scheint seine Möglichkeiten überbewertet zu haben und verschätzte sich in dem, was er tatsächlich erreichte, wie der selbstgefällige und euphorische Bericht über seine Mission am Hofe des sächsischen Kurfürsten bezeugt: ibid. 4 f Frankr. 580 (o.D.). Dazu kam, daß ihn der Kaiser mit Haftbefehl verfolgen ließ, wodurch Ségur noch auf die Fürsprache einiger Fürsten angewiesen war: August von Sachsen an Rudolf II. (19/2/1584), Bezold II, 191, der Kurfürst verweist darauf, daß die Gespräche ohnehin nur theologische Probleme betroffen hätten und ergebnislos verlaufen wären, verwahrte sich aber gegen eine Verfolgung des Gesandten, die allgemeinem Recht und Brauch widerspräche.

den Tod des Herzogs von Anjou (10. Juni) und die Ermordung Wilhelms von Oranien (10. Juli) veränderten Gesamtlage zur Sprache bringen. Die Bereitschaft, den Kölner Krieg zu einem deutsch-französischen Bündnis zu nutzen, war auch jetzt nicht vorhanden. Die Stimmung der fraglichen protestantischen Fürsten gegenüber Navarra verschlechterte sich noch, als nach dem Tod Anjous das Gerücht auftauchte, der Bourbone sei zum Katholizismus zurückgekehrt.[81] Aber auch ohne dieses Gerücht waren den Verhandlungen Ségurs nichts konkretes gefolgt. Er beklagte sich bitter über die Unentschlossenheit der Kurfürsten von Sachsen und Brandenburg, die für alle anderen Fürsten maßgeblich seien. Aber auch in Wilhelm von Hessen fand er keinen wirklichen Fürsprecher. Der Landgraf fürchtete ein für sich und seine bescheidenen Möglichkeiten zu prätentiöses Unternehmen, *dieweil der Churfürst zu Sachßen etc inmassen auch bewust, sich in disse sachs gar nichtt einlassenn will, und wir auch mehr gedachtten legato albereitt ein glimpffliche anttwortt geben, so lassenn wir es auch nachmals darbey bewendenn, dann daz wir unns vor unsere person allein in disse hendell mengenn, unnd viel erbietten solttenn, dessenn tragen wir doch bedenckens unndt darff er der legatus uff fernere anttwortt unsertt halben nitt wartten.*[82]

Nun hatte Gebhard Truchseß direkt Kontakt mit Heinrich von Navarra aufgenommen. Sein Gesandter De Banos erreichte, daß sich der Béarner zu einer schnellen Hilfe bereitfand und zusagte, einen Vertrauensmann unverzüglich in Paris 10000 écus beschaffen zu lassen. Navarra stellte jedoch als conditio sine qua non, daß es am gemeinsamen Vorgehen mit anderen Reichsfürsten zur Verteidigung der Ansprüche Gebhards keinen Zweifel geben dürfte.[83] Seit dem Sommer 1583,der Entsendung Ségurs, betrieb er eine entschiedene Unterstützung des Kölner Kurfürsten. Diesbezüglich finden sich sehr nachdrückliche Aufforderungen in Memoranden an Elisabeth von England und in Mornays *Discours* an Heinrich III., in denen vorgeschlagen wird, die angeschlagene Stellung von Gebhard Truchseß mit militärischen Mitteln über den Winter 1583/84 zu retten und für den Kampf gegen die Spanier eine strategisch vielversprechende Position am Niederrhein zu gewinnen.[84]

De Banos gab von seinem Zusammentreffen mit Navarra in Pau einen bemerkenswerten Rapport. Er will die eigentlichen Gründe erfahren haben, die den Bourbonen

81 Johann Casimir an Wilhelm IV. (8/7/1584), MARBURG 4 f Frankr. 595. Das Gerücht verfehlte nicht seine Wirkung, denn auch der Landgraf zeigte sich ungehalten und gab Malleroy auf dessen persönliche Werbung für eine deutsch-französische Verbindung eine schroffe Antwort: ibid. 599 (18/7/1584).

82 Wilhelm IV. an seinen Kanzler Meckbach über seine abschließende Haltung zur Mission Ségurs (26/7/1584), MARBURG 4 f Frankreich 601; Ségur zeigte sich fassungslos über die Haltung besonders der Kurfürsten angesichts der sich verschlechternden internationalen Lage: der Tod Oraniens, die kath. Verschwörung gegen Elisabeth und für die evangelische Sache im Reich die schmähliche Niederlage von Truchseß: *veu d'ailleurs que ces exemples n'esmeuvent pas beaucoup les dictz seigneurs electeurs et que les aultres bons princes ne veulent executer leurs bons desseings de peur de leur desplaire, je suis resolu de ne perdre plus de temps en ce pays...*, Ségur an Wilhelm IV. (22/7/1584), ibid. 603.

83 Navarra an Gebhard Truchseß (11/3/1584), Groen (wie Anm.49), Bd.8, 323ff; De Banos an Truchseß (3/4 und 4/5/1584), Bezold III, 701f, 710ff.

84 *Advis donné a la royne d'Angleterre touchant l'electeur de Cologne* (o.D.), PARIS BN: Cinq Cents de Colbert 401, f.63–64 (auch Bez. III, Anhg.), *Discours au roi Henri III* (wie Anm.43), 4–6000 Arquebusiers, bis zu 1000 Berittene und auch einige tausend Schweizer sollten aufgebracht werden. Mornay schlug Heinrich III. die Besetzung des Bistums Lüttich als französische Operationsbasis vor.

zum Eingreifen in den Kölner Krieg bewogen hätten: nämlich ein mit Heinrich III. abgestimmtes äußeres militärisches Unternehmen einzuleiten, daß gegen die spanische Macht gerichtet sein und gleichzeitig das Potential der innerfranzösischen Konfliktparteien auf eine für Frankreich vorteilhafte Weise binden sollte. Und zu diesem Zweck sei auch eine Abstimmung mit Franz von Alençon erfolgt, der sich dadurch einen für ihn günstigen Umschwung in den Niederlanden erhofft haben soll.[85] Der Hintergrund dieser Planung war – auch das scheint De Banos erfahren zu haben – der Versuch Philipps II., Navarra gegen den König von Frankreich zu gewinnen. Die Beobachtungen des Gesandten von Gebhard Truchseß stimmen zu einem großen Teil überein mit den Überlegungen der im selben Zeitraum verfaßten navarrischen Denkschrift *Discours au roi Henri III*.

Es liegt nahe anzunehmen, daß der Bourbone sich den Kölner Krieg in erster Linie für einen Zusammenschluß mit Heinrich III. gegen Spanien zunutze machen wollte, wie es seiner politischen Gesinnung seit dem Frieden von Fleix entsprach und wie es geradezu geboten war, wollte Navarra im sich anbahnenden großen Konflikt um die Thronfolge seine Position festigen. Auch sein Bemühen, ein europäisches, konfessionell geprägtes Bündnis voranzutreiben, war in hohem Maße diesem innenpolitischen Zweck verpflichtet.[86]

Das aus dieser geplanten Hilfe für Gebhard Truchseß nichts wurde, lag zum einen an der ängstlichen Zurückhaltung des französischen Königs. Heinrich III. wandte sich frühzeitig an den hessischen Landgrafen Wilhelm IV. mit der Bitte, sich für eine baldige Schlichtung des Kölner Streites einzusetzen und zu verhindern helfen, daß der Krieg auf die französischen Konfliktparteien übergreift. Der König fürchtete wohl, seine Zustimmung zu einer navarrischen Expedition würde den durch die Unternehmungen Anjous in den Niederlanden ohnehin gereizten Spaniern sofort einen Vorwand liefern, mit der Guise-Partei anzuknüpfen und ihrerseits militärische Unterstützung in Frankreich zu rekrutieren, zum Schaden der Unabhängigkeit und Autorität der französischen Krone.[87]

Eine andere Ursache für das Scheitern des navarrischen Vorhabens ist in der mangelnden Bereitschaft der mit Gebhard Truchseß sympathisierenden Reichsfürsten zum entschiedenen Vorgehen zu suchen. Dabei bildet auch der reformierte Pfalzgraf Johann Casimir keine Ausnahme. Obwohl er sich zunächst aktiv für den protestantischen Kurfürsten einsetzte, stand er einer Internationalisierung der Hilfe für Gebhard Truchseß im entscheidenden Stadium ablehnend gegenüber. Im Herbst 1582, also unmittelbar vor der Entscheidung Gebhards, zum Protestantismus überzutre-

85 Wie Anm.83: (4/5/1584), 710f: (...) *le roy* (de France, F.B.) *a prié le roy de Navarre d'aviser à quelque expédient, que ceulx qui ont les armes en main en Languedoc, les déposent tant d'une religion que d'autre. Sur quoy S. M. a faict remonstrance par ledit sieur de Clervant, que le vray et unique moyen c'est de les emploier en guerre estrangère, comme est celle de Couloigne, exhortant le roy d'y vouloir entendre secrètement, le roy de Navarre s'offrant de se vouloir déclarer autheur dudit secours contre le roy d'Espaigne. Monsieur frère du roy est d'avis que cela se face, espérant que les dites troupes pourroient aussy servir aux affaires de ceux du Païs-Bas, empeschant les Espaignolz ailleurs.* Clervant soll Heinrich III. die Mittel abringen, damit 6000 frz. Schützen und 600 Reiter für den Kölner Krieg ausgehoben werden können.

86 Die Deutschen waren über diese Richtung der navarrischen Politik durchaus auf dem laufenden: Montigny an Beutterich (20/7/1582), dieser an Beza (6/9/1582), Bezold I, 503, 535.

87 Heinrich III. an Wilhelm von Hessen (24/7/1583), PARIS BN: Mélanges Colbert 16, p. 289–291.

ten und die Religion im Erzbistum freizustellen, hatte der Pfalzgraf aus Ärger über den konzilianten Kurs Navarras gegenüber dem französischen Königtum und die Kooperation mit Anjou in den Niederlanden den Kontakt zu ihm ausgesetzt.[88] Nachdem der Pfalzgraf Gebhard Truchseß genötigt hatte, ihm für seinen Einsatz Teile des Erzstiftes zu verpfänden (15/4/1583)[89] und ihn damit völlig von sich abhängig gemacht hatte, kam es jedoch den Sommer 1583 über zu keiner militärischen Entscheidung. Als Kurfürst Ludwig von der Pfalz am 12. Oktober starb, überließ Johann Casimir den Kölner Kurfürsten sich selbst und zog sich nach Heidelberg zurück, um sich die Administration der Kurpfalz und die Vormundschaft über seinen Neffen Friedrich zu sichern. Auf die Angebote von Navarra und Alençon für ein militärisches Bündnis zur Vertreibung der Spanier vom Niederrhein ging er nicht ein. Navarra erneuerte bis zum März 1584 mehrmals vergeblich seine Offerte, einen gewichtigen Beitrag zu leisten, um Gebhard Truchseß halten zu können.[90]

Das deutsche Hilfsheer 1587

Als Philipp II. von Spanien sich mit der französischen katholischen Liga zur Verhinderung einer möglichen Thronfolge des protestantischen Bourbonen zusammenschloß, hoffte Navarra, mit Heinrich III. zu einer Übereinkunft und zu einer gemeinsamen Abwehr der ausländischen Bedrohung zu gelangen. Der letzte Valois respektierte den legitimen Anspruch seines Cousins auf die Nachfolge, war aber nicht bereit, sich deshalb mit der protestantischen Partei zu verbünden. Das Edikt von Nemours (Juli 1585), mit dem sich der französische König notgedrungen den Zielen der Liga anschloß, erschütterte vorläufig die royalistische Politik Navarras und veranlaßte ihn, verstärkt Rückendeckung im Ausland zu suchen.[91]

Der Versuch, über eine konfessionelle Verständigung zu einem Bündnis mit den deutschen Fürsten zu gelangen, trat vor dem legitimistischen Argument in den Hintergrund: Heinrich von Navarra fallen zu lassen, hieße *eine vorenderunge kunfftiger succession wieder altes loblich herkommen in der Cron Franckreich* in Kauf zu nehmen. Die spanisch-päpstlichen Entrechtungs- und Absetzungsmaßnahmen könnten jederzeit auch andere Fürsten treffen.[92]

88 Vgl. dazu Anm.53.

89 Ritter, Deutsche Geschichte (wie Anm.13) Bd.I, 606.

90 Oktober 1583 beschwerte er sich bei Johann Casimir, trotz seiner angezeigten Bereitschaft nicht am Kölner Krieg beteiligt worden zu sein, Lettres miss. I, 587; am 10. Jan. 1584 erinnerte Clervant den Pfalzgrafen vorwurfsvoll daran, daß sich der Béarner rechtzeitig diesbezüglich erklärt hätte, und am 12. März mahnte Navarra erneut ein vereintes Vorgehen zugunsten Gebhards an, Bezold II, 186; Lettres miss. I, 648. Der Pfalzgraf selbst schweigt sich über diese Angebote aus und bietet auch keine eigenen Vorschläge für ein Bündnis mit Navarra: an Dohna (2/7/84) und an Ségur (29/8/84), Bez.II, 219f, 232. – La Huguerye, Sekretär Condés und Vertrauensmann Johann Casimirs, stellt in seinen Memoiren die Tatsachen auf den Kopf, wenn er behauptet, Navarra hätte sich im Unterschied zu Condé an der Kölner Sache völlig desinteressiert gezeigt. Offensichtlich wollte er die Verantwortung des eifersüchtigen Pfalzgrafen am Nichtzustandekommen einer wirkungsvollen französ. Unterstützung für Gebhard verschleiern, Mémoires II (wie Anm.21), 308ff.

91 Sein Entsetzen über den eingeschlagenen Kurs von Heinrich III. brachte Navarra in der Formel *et sans moy et contre moy* zum Ausdruck, an Walsingham (Juli 1585), Lettres miss. VIII, 297f.

92 Denkschrift des navarrischen Gesandten Clervant an Wilhelm von Hessen u.a. (30/11/1585): PARIS BN, Cinq Cents de Colbert 401, f.201–208, hier 204 (dt. Fassung).

Elisabeth von England erklärte sich als erste bereit, zu einem mit den deutschen Fürsten gemeinsam aufzustellenden Heer zur Verteidigung Navarras beizutragen. Aber die Grundstimmung der von Ségur angegangenen protestantischen Reichsstände war bestimmt von der Sorge um den Reichsfrieden und vor der Gefahr, durch ein aktives Eingreifen zugunsten Navarras die katholischen Reichsstände zu provozieren und den französischen Konflikt nach Deutschland zu transportieren.[93]

Wilhelm von Hessen schlug daher eine vereinte Gesandtschaft zu Heinrich III. vor.[94] Der einflußreiche Kurfürst August von Sachsen schloß sich dieser Initiative an und stellte dem navarrischen Gesandten in Aussicht, daß über wirkungsvollere Unterstützungsmöglichkeiten dann entschieden würde, wenn Heinrich III. die Wiederherstellung des letzten Friedensediktes verweigern sollte. Wie andere auch sah der sächsische Kurfürst im Streit um die Thronfolge Frankreichs den eigentlichen Grund der harten französischen Auseinandersetzungen und erneuerte gemeinsam mit dem brandenburgischen Kurfürsten ein Mandat, das ausländische Werbungen in den eigenen Territorien untersagte.[95] Diese Maßnahme richtete sich nicht nur – wie von Ségur erbeten – gegen guisische, sondern auch gegen navarrische Aushebungen. Der Reichsdeputationstag in Worms 1586 bot den protestantischen Ständen Gelegenheit, sich über die geplante gemeinsame Legation nach Frankreich zu verständigen.[96] Erst nach dem Ergebnis dieser Gesandtschaft sollte über eine konkrete Hilfe für Navarra entschieden werden. Die von Hessen und der Kurpfalz ausgerichtete Legation wurde zu einer Farce. Heinrich III. verweigerte den Gesandten über zwei Monate jede Audienz, weil er so eine Beschlußfassung der Reichsfürsten zugunsten Navarras hinauszuzögern versuchte. Erst am 10. Oktober 1586 vorgelassen wurden die deutschen Gesandten auf ihre Vorhaltungen in bezug auf den gebrochenen Religionsfrieden hin äußerst scharf abgewiesen.[97]

Trotz dieser Brüskierung wollten sich die meisten Fürsten aus Rücksicht auf den deutschen Religionsfrieden und – wie im Fall Hessens – auch wegen des traditionell engen Verhältnisses zur französischen Krone nicht zu einem Eingreifen zugunsten Navarras entschließen. Die militärische Unterstützung für Heinrich von Navarra hing schließlich vom Einsatz des Pfalzgrafen Johann Casimir ab. Navarra legte die Aufstellung und Entsendung des geplanten Heeres, das hauptsächlich von englischen Subsidien bezahlt wurde, in die Hände des Pfalzgrafen. Dessen Verhandlun-

93 Diese Bedenken finden sich gleichermaßen bei streng lutherischen, reformiertenfreundlichen und reformierten Reichsständen: August von Sachsen an Friedrich II. von Dänemark (31/7/1585), PARIS BN, ibid. 401, f.149–154; Wilhelm IV. von Hessen an Johann Georg von Brandenburg (13/8/1585), MARBURG 4 f Frankreich 636, f.86–93; Johann VI. von Nassau an Ségur (1/10/1585), PARIS BN, ibid., f.188.

94 Wilhelm IV. an Johann Georg von Brandenburg (9/10/1585), MARBURG 4 f Frankreich 636.

95 August von Sachsen an Ségur (21/12/1585), Bezold II, 316; die beiden Kurfürsten an Rudolf II. (8/1/1586), ibid., 330.

96 Thomas Fröschl (Bearb.), Der Reichsdeputationstag zu Worms 1586 (Deutsche Reichstagsakten: Reichsversammlungen 1556–1662), Göttingen 1994, 614 u. 850–862.

97 *Remonstrances faictes au roy par les ambassadeurs des princes protestans d'Allemagne avec response du roy*, PARIS BN: FR 2757, f. 62–69; Relation der Gesandten Schregel, Rolshausen und Lewenstein an Johann Casimir und Wilhelm IV. (20/10/1586), Bezold II, 426–432.

gen mit den navarrischen Gesandten führten zu erheblichen Differenzen.[98] Besonders der Friedelsheimer Vertrag (21. Jan. 1587) bot den Franzosen Anlaß zur Kritik am Vorgehen des Pfälzers. Er verlangte hohe Vergütungen für seine Dienste und Blankovollmachten für zusätzliche Ausgaben, über die zu entscheiden er allein sich vorbehielt. Für seine Auslagen hatten Navarra und die reformierten Kirchen mit ihrem gesamten Besitz zu garantieren. Heinrich III. sollte gezwungen werden, alle dem Pfalzgrafen aus früheren Kriegszügen geschuldeten Beträge zu erstatten und nach einer erfolgreichen Konsolidierung des protestantischen Einflusses in Frankreich sollten Johann Casimir die nichtfranzösischen befestigten Plätze, womit nur die drei besetzten Reichsstädte gemeint sein konnten, überlassen werden.[99]

Folgenschwerer waren der Streit um die militärische Führung der Armee und das Fehlen einer klaren strategischen Planung. Weil der Pfalzgraf als Oberbefehlshaber für den Feldzug selbst nicht zur Verfügung stand, benannte er seinen Gefolgsmann Fabian von Dohna zu seinem Stellvertreter. Navarra bestand auf einem hochrangigen Prinzen und machte kurzerhand Guillaume-Robert de la Marck, den Herzog von Bouillon, zum Oberkommandierenden. Die deutschen Obristen erkannten den jungen Herzog nicht als Vorgesetzten an und bestanden auf Dohna als ihrem Generalobersten. Diese Führungsschwierigkeiten übertrugen sich auf den deutsch-französischen Kriegsrat, der Bouillon zur Seite gestellt wurde, und auf die gesamte Armee.[100] Ausdruck dieser Uneinigkeit war die Haltung gegenüber Lothringen. Die navarrischen Bevollmächtigten hatten Weisung, Lothringen anzugreifen und die Streitkräfte der Liga zu binden. Johann Casimir war jedoch nicht bereit, sich mit dem Herzog Karl von Lothringen zu überwerfen und damit ein Ausbreiten des Krieges auf rheinische und pfälzische Gebiete zu riskieren. Es entsprach aber der Strategie Navarras, die Liga als den eigentlichen Feind zu behandeln, einen Keil zwischen Heinrich III. und Guise zu treiben und die *bons françois* in das royalistische Lager zu ziehen.[101] Dieser Dissens führte soweit, daß die französischen Truppenteile auf dem Kriegszug Lothringen als Feindesland behandelten, während sich die deutschen Söldner zurückhielten.

98 Kapitulation zwischen Johann Casimir und dem englischen Gesandten Pallavicini (10/11/1586), ibid., 438–440: mit 150 000 florins trug England die Hauptlast; neben einem dänischen Beitrag steuerte der Pfalzgraf selbst eine nicht genau bezifferte Summe bei; dazu kamen kleinere Beträge von Joachim Friedrich, Administrator von Magdeburg, und Graf Friedrich von Mömpelgard; die finanziellen Aufwendungen Navarras waren völlig unzulänglich. Ségur beklagte die finanzielle und militärische Unzuverlässigkeit Johann Casimirs und mißtraute den Plänen des Pfalzgrafen, an Averly (Aug. 1587), PARIS BN, Cinq Cents de Colbert 402, f. 166–167: Casimir *oblige le roy de Navarre à si rudes conditions que quand il l'eut tiré du sepulchre, il n'en eut sceu demander de plus avantageuses pour son particulier, ni plus rudes pour led. seigneur roy de Navarre et toutes les eglises.*

99 Eine Kopie des Vertrages in PARIS BN: FR 3975, f. 71–79; gedruckte Fassung Straßburg 1587: *Accort et capitulation faict entre le roy de Navarre et le duc de Cazimir pour la levée de l'armée des reistres venus en France en l'année 1587.*

100 Johann Casimirs Anweisungen an Dohna u.a. (25/7/1587), Bezold III, 52f.

101 Damit begründete der navarrische Bevollmächtigte Montigny seine Aufforderung an den Pfalzgrafen, die Verhandlungen mit Herzog Karl über eine Verschonung Lothringens abzubrechen (23/7/1587): PARIS BN, Cinq Cents de Colbert 402, f. 140–141.

Die aus Deutschen, Schweizern und Franzosen bestehende Armee umfaßte um die 30000 Mann, für die Zeitgenossen eine beängstigende Stärke.[102] Dieser massive Aufmarsch zog zwei große Armeen auf sich, die des Herzogs Heinrich von Guise, militärischer Führer der Liga, und die königliche unter Heinrich III. Die Führungsstreitigkeiten hatten den Aufbruch der Streitmacht, die zwei Monate im Elsaß lagerte und dort schwere Verwüstungen anrichtete, erheblich verzögert und den Gegnern Gelegenheit zu Abwehrmaßnahmen geboten. Als das Heer am 23. August 1587 über die Zaberner Steige nach Lothringen vorrückte, waren die festen Plätze gesichert, das flache Land von den Einwohnern verlassen und alles entfernt, was der Versorgung der Truppen hätte dienen können. Nach der Plünderung von Saarburg fiel das Heer im September in die von Guise beherrschte Champagne ein. Auffällig ist, daß Mißgunst, Eifersucht und Streitereien zwischen den französischen und deutschen Truppenteilen ein gemeinsames operatives Vorgehen vereitelten und eine abgestimmte Führung des Gesamtheeres unmöglich wurde. Die Zersetzung der großen Armee wurde auch durch die äußeren Bedingungen beschleunigt. Die schlechte Verpflegung, das Fehlen angemessener Quartiere, ständiger Regen und sich ausbreitende Seuchen führten zu hohen Verlusten. Das zu einer defensiven Taktik gezwungene unflexible Heer wurde ständig von kleineren, aber wirksamen Angriffen der Guise-Truppen bedrängt.[103] In der Hoffnung, die Voraussetzung für das angestrebte Zusammentreffen mit den Streitkräften Navarras zu verbessern, zog das Heer weiter ins Landesinnere bis an die Loire und geriet damit zwischen die Armeen des französischen Königs und des Herzogs von Guise. Bouillon entschloß sich, zur Verpflegung der Truppen in die Beauce zu ziehen und lagerte seit Mitte November zwischen Chartres und Auneau. Heinrich III. verhandelte mit den Schweizern, die zur Aufgabe bereit waren und einen ehrenvollen Abzug erhielten, als Guise die Deutschen unter Dohna bei Auneau angriff (24.11.) und ihnen erhebliche Verluste zufügte. Die geschlagenen Truppen zogen sich nach Burgund zurück, verfolgt von königlichen und guisischen Einheiten. Aber Heinrich III. gewährte auch den Deutschen einen Abzugsvertrag und Geleit bis nach Savoyen. Für den Herzog von Guise war es eine Beleidigung, daß der König die verbleibende, nur noch einige tausend Mann umfassende Armee friedlich ziehen ließ.[104] Guise fühlte sich als der eigentliche Sieger und wurde als Verteidiger des katholischen Frankreich im ganzen Land gefeiert.[105]

102 A. Tuetey, Les Allemands en France et l'invasion du Comté de Montbéliard par les Lorrains 1587–1588, Bd. I, Paris 1883, 50ff.

103 Ein Sohn des deutschen Obristen Hans Clotz berichtete über die erbärmlichen Bedingungen: die Söldner müßten bei ständigem Regen auf freiem Feld nächtigen, die Kleider verwitterten auf der Haut, es gäbe praktisch keine Versorgung und insgesamt nur einen einzigen Monatssold, die Zahl der Verluste gibt Clotz mit bis zu 12000 an, dazu herrsche – so der Bericht – durch die Unerfahrenheit und Überforderung des jungen Herzogs von Bouillon ein totaler Befehlsnotstand, Dietrich Clotz an Julius von Braunschweig-Lüneburg (21/10/1587), PARIS BN, FR 4685, f. 84ff, 90–92 (frz. Übersetzung); vgl. zu anderen Zeugnissen auch Peter-Michael HAHN, Ein brandenburgischer Bericht über den Zug der Schwarzen Reiter 1587 nach Frankreich, in: Dona Brandenburgica. Festschrift Werner Vogel, Berlin 1990, 180–202, hier 192ff.

104 Tuetey (wie Anm. 102), 144f.

105 *Le vray discours sur la route et admirable desconfiture des reistres, advenue par la vertu et prouesse de M. le duc de Guyse,* Paris 1587; *Congratulation à la France sur les victoires obtenues par le roy contre les estrangers,* Lyon 1588; *Ample et veritable discours de la deffaicte et entiere route de l'armée des reistres et lansquenets heretiques...*, Lyon 1590.

Die Niederlage belastete das ohnehin problematische Verhältnis zwischen Navarra und Johann Casimir erneut. Zwischen dem navarrischen Lager und den Pfälzern entbrannte eine heftige Polemik über die Verantwortung für das militärische Debakel.[106] Dohna sah sich dem Vorwurf ausgesetzt, er sei für die große Aufgabe der falsche Mann gewesen und verteidigte sich, er habe – obwohl von den Deutschen zu ihrem direkten Befehlshaber bestimmt – keine wirkliche Entscheidungsgewalt gegenüber Bouillon besessen. Für den pfälzischen General bestand eine Ursache für die Niederlage darin, daß es trotz der ursprünglichen Abmachung zu keiner Vereinigung mit Heinrich von Navarra und seinen Streitkräften gekommen war und die navarrischen Agenten es auch nicht für notwendig gehalten hätten, die Deutschen in wichtige Beratungen und Entscheidungen einzubeziehen.[107]

Es ist eine schwer zu beantwortende Frage, ob Navarra ernstlich einen Zusammenschluß mit dem riesigen Heer beabsichtigte.[108] Jedenfalls nutzte er die Aufmerksamkeit, die es im Osten Frankreichs auf sich zog, um die andere königliche Armee unter der Führung des Herzogs von Joyeuse im Süden zu stellen und bei Coutras (20. Okt. 1587) zu besiegen.[109] Es war das erste Mal, daß Navarra eine offene Feldschlacht gewinnen konnte. Die Bedeutung dieses Sieges liegt aber darin, daß er die tolerante und nationale Politik des navarrischen Bündnisses aus Protestanten und gemäßigten Katholiken – in der Union der Etats du Midi verkörpert – bestätigte und Heinrich III. gegenüber die Nützlichkeit und das Gebot einer Kooperation im Interesse Frankreichs unterstrich.[110] Die navarrische Propaganda war darauf aus, die royalistisch gesinnten Franzosen zu einigen und gegen die »ausländischen« Guise und ihre Parteigänger zu mobilisieren. Es wäre deshalb nicht sehr glaubwürdig davon auszugehen, daß Navarra zu diesem Zweck mit ausländischen, von der Bevölkerung gefürchteten und gehaßten Söldnerheeren gemeinsam zu operieren gedachte. Das deutsch-schweizerische Hilfsheer war eher dazu bestimmt, die starke Stellung der Liga in Lothringen, Burgund und der Champagne zu schwächen. Aber auch das aus der Sicht Navarras wohl unerwünschte Ergebnis, nämlich die Stärkung der Guise durch den Sieg über das Ketzerheer, führte indirekt zu dem angestrebten Ziel.

106 Die Gefolgsleute Navarras lenkten die Kritik an der Unberechenbarkeit und Eigennützigkeit des Pfalzgrafen besonders auf seinen Vertrauensmann La Huguerye, vormals der Sekretär Condés, der neben Dohna Johann Casimirs Stellvertreter auf dem Feldzug war. La Huguerye rechnete seinerseits mit den navarrischen Bevollmächtigten Ségur, Quitry und Clervant ab in der umfangreichen Schrift *Éphéméride de l'expédition des Allemands en France* (ed. L. de Laubespin), Paris 1892; ein wichtiger Ausschnitt der beiderseitigen Streitschriften befindet sich im Anhang der *Éphéméride*, vgl. auch Bezold III, 95–99.

107 *Kurtzer unnd warhafftiger Bericht von dem nechsten Navarrischen Zuge in Franckreich: Darauß ein jeder Verständiger und Unpartheyischer hohes und nidern Standts sehen und gründtlich mercken würdt wie es in allen Sachen zugangen*, o.O. 1588; in der Tat lautete ein Hauptvorwurf der deutschen Seite, Navarra hätte eine Kooperation mit dem Expeditionsheer nie ernsthaft angestrebt: *Ils publient partout et ont publié depuis cinq ou six mois que led. roy avoit appellé l'armée estrangiere pour la perdre, qu'il est traistre...*, Ségur an La Noue (6/6/1588), PARIS BN, Cinq Cents de Colbert 402, f.295–296.

108 Babelon verneint mit dem Hinweis, allein aus strategischen und logistischen Gründen sei eine Vereinigung mit dem deutschen Heer unmöglich gewesen, Henri IV (wie Anm.29), 381.

109 Vgl. Anm. 27.

110 Vgl. dazu A. Jouanna, Coexister dans la différence: expériences de l'union avant Coutras, in: Colloque Coutras 1987, 149–166.

Heinrich III. sah sich von Heinrich von Guise zunehmend in die Enge getrieben und begann, sich Navarra anzunähern. Unter dieser Voraussetzung konnte der seit Coligny mehrfach vergeblich unternommene Versuch der protestantischen Partei, mit dem Königtum ein Bündnis einzugehen und im gemeinsamen Kampf gegen die spanische Hegemonialmacht die innere Einheit Frankreichs wiederzugewinnen, im Frühjahr 1589 gelingen.

Résumé français

Avant d'examiner la portée des relations entre Henry de Navarre et les princes protestants allemands, il est indispensable de regarder les conditions intérieures et les objectifs des deux côtés.

Soucieux de maintenir ses acquis et de soustraire la France au harcèlement espagnol, le protestantisme français développe une stratégie politique visant à une coopération nationale avec le camp du roi pour affronter la prépondérance habsbourgoise en Europe. C'est à l'instigation de Coligny, que le parti protestant français noue pour la première fois des liens étroits avec la royauté et tente de calmer les troubles civiles en France, en préparant la guerre extérieure contre la puissance espagnole aux Pays-bas de manière à utiliser en dehors de la France les humeurs belliqueuses liées à la guerre civile. La réalisation de cette idée voulant engager la responsabilité du protestantisme français envers le roy et la nation, est interrompue par la Saint-Barthélemy. Néanmoins, la tradition de cette politique est reprise par Henry de Navarre dans les années 1580. Sa conception est énoncée par Duplessis-Mornay très nettement dans le *Discours au roi Henri III, sur les moiens de diminuer l'Espagnol* (1584): Celui-ci projette que la France tirera son union et sa restauration à travers une guerre contre la prépondérance habsbourgoise aux Pays-bas et dans l'Empire allemand. A cette fin, Navarre juge indispensable de surmonter les différences religieuses en France, mais en même temps de profiter des angoisses du protestantisme européen face aux Habsbourg. Son premier souci est de restaurer l'autonomie et l'indépendance de la maison et du royaume de France, dont il tient – dès 1584 – le rang de l'héritier présomptif. Au delà des intérêts confessionels, il compte sur la conscience des partenaires européens de la nécessité d'une France forte figurant dans l'intérêt commun en tant que contrepoids à la domination espagnole. Navarre cherche l'appui allemand, non pas contre Henri III, mais contre la ligue des Guise et son alliée, l'Espagne.

À la différence du parti navarriste, la majorité des princes de l'Empire cherche à éviter une implication directe dans les guerres en France et aux Pays-bas et redoute l'importation de ces conflits à un moment où – à leurs yeux – l'Allemagne peut continuer à profiter de la paix d'Empire conclue en 1555.

Navarre approuve et soutient la mission de François d'Alençon auprès des Provinces-Unies et s'apprête à coopérer avec les princes protestants de l'Empire pour maintenir l'électeur protestant de Cologne, Gebhard Truchseß, contre les troupes du duc de Parme. Mais les princes protestants ne sont pas prêts à risquer une rupture de la paix. Sollicités par les émissaires navarristes surtout dès 1584, les princes se bornent à soutenir le roi de Navarre par une diplomatie souple et conciliante, comme le fait de manière exemplaire le landgrave Guillaume de Hessen, ancien allié de la couronne de France.

Plus ambitieux, mais d'autant moins altruiste se présente à son tour le duc palatin Jean-Casimir, ancien allié des huguenots. Il n'estime point la politique pro-royaliste du Béarnais d'autant plus que le duc palatin exige depuis sa campagne militaire de 1576 des sommes énormes de Henri III. C'est surtout aux anciennes villes d'Empire, Metz, Toul et Verdun qu'aspire Jean-Casimir en échange de son engagement en faveur des réformés de France. Le traité de Friedelsheim (21/1/1587) entre le duc palatin et Navarre montre à quel point l'Allemand compte exploiter le besoin du Béarnais. Malgré son rôle de chef du parti protestant, Henry de Navarre tient toujours compte de sa qualité de 'premier prince du sang de France' et refuse au duc palatin des concessions et dédommagements trop élevés en échange de son soutien militaire. L'échec de l'expédition militaire allemande de 1587, destinée à l'origine à renforcer les troupes des réformés, n'arrange pas les dissensions entre le duc palatin et le roy de Navarre.

Il est étonnant de voir à quel point la pensée d'un système européen et l'évolution des stéréotypes nationaux dépassant les problèmes religieux, se manifestent déjà à cette époque. À travers une nationalisation de la guerre civile en France, Navarre veut mobiliser les Français des deux confessions contre l'ennemi désigné, l'Espagne. Pour les États protestants allemands, la France représente certainement un premier bastion contre l'assaut de la contre-réforme, mais on remarque chez eux aussi des craintes d'une expansion française vers l'est.

Horst Carl

FRANZÖSISCHE BESATZUNGSHERRSCHAFT IM ALTEN REICH

Völkerrechtliche, verwaltungs- und erfahrungsgeschichtliche Kontinuitätslinien französischer Okkupationen am Niederrhein im 17. und 18. Jahrhundert

Militärische Besetzung läßt sich nicht nur als eine extreme Variante zwischenstaatlicher Beziehungen interpretieren, sondern auch als eine ebenso intensive wie problematische Konfrontation von Angehörigen zweier Territorien oder Nationen. Okkupationssituationen lassen sich damit als politikgeschichtliche Knotenpunkte der »Beziehungsgeschichte«[1] von Ländern und Staaten analysieren, sie bieten jedoch auch Anknüpfungspunkte an vergleichende erfahrungs- und kulturgeschichtliche Fragestellungen, die gerade in jüngster Zeit die Diskussion um die Geschichte der deutsch-französischen Beziehungen bereichert haben.[2]

In wohl keiner vergleichbaren »Beziehungsgeschichte« europäischer Staaten kommt dieser Situation ein solches Gewicht zu wie im Verhältnis von Deutschen und Franzosen. Vom Ancien Regime bis zum 2. Weltkrieg sind wechselseitige, mehr oder weniger regional begrenzte militärische Besetzungen eine Konstante mit oft tiefgreifenden Folgen für die jeweilige Nationalgeschichte. Die napoleonische Besetzung Preußens nach 1806 war ebenso Rahmenbedingung für die preußischen Reformen[3] wie die deutsche Okkupation französischen Territoriums 1870/1871 für die Genese der III. Republik. Im 20. Jahrhundert fügt sich die deutsche Okkupationspolitik während der beiden Weltkriege und vor allem die französische Okkupationspolitik als Folge dieser Kriege in dieses Tableau ein.[4]

1 Vgl. zu diesem Konzept etwa die Studien Klaus Zernacks zum deutsch-polnischen Verhältnis: Klaus Zernack, Preußen – Deutschland – Polen. Aufsätze zur Geschichte der deutsch-polnischen Beziehungen, hg. v. Wolfram Fischer, Michael G. Müller, Berlin 1991 (Historische Forschungen 44).

2 Zur allgemeinen neueren Diskussion: Jean Mondot, Jean-Marie Valentin, Jürgen Voss (Hg.), Deutsche in Frankreich – Franzosen in Deutschland 1715–1789. Institutionelle Verbindungen, soziale Gruppen, Stätten des Austauschs, Sigmaringen 1992 (Beihefte der Francia 25); Heinke Wunderlich, Jean Mondot (Hg.), Deutsch-Französische Begegnungen am Rhein 1700–1789. Rencontres franco-allemandes dans l'espace rhénan entre 1700 et 1789, Heidelberg 1994.

3 Bernd v. Münchow-Pohl, Zwischen Reform und Krieg. Untersuchungen zur Bewußtseinslage in Preußen 1809–1812, Göttingen 1987 (Veröffentlichungen des Max-Planck-Instituts für Geschichte 87) S. 49–62.

4 Es sei hier nur auf die jüngsten Veröffentlichung zu diesem Kontext verwiesen: Rainer Hudemann, Französische Besatzungspolitik und deutsche Bevölkerung nach zwei Weltkriegen, in: Ernst Willi Hansen, Gerhard Schreiber, Bernd Wegner (Hg.), Politischer Wandel, organisierte Gewalt und nationale Sicherheit. Beiträge zur neueren Geschichte Deutschlands und Frankreichs, Festschrift f. Klaus-Jürgen Müller, München 1995, S. 427–445; Edgar Wolfrum, Die Besatzungsherrschaft der Franzosen 1945 bis 1949 in der Erinnerung der Deutschen, in: Geschichte in Wissenschaft und Unterricht 46 (1995) S. 567–582.

Es ist nicht verwunderlich, daß solche Kontinuitätslinien vor allem aus der Perspektive der Rheinlande gezogen worden sind. Programmatisch zum Ausdruck kommt dies in dem von Peter Hüttenberger und Hansgeorg Molitor 1989 herausgegebenen Sammelband »Franzosen und Deutsche am Rhein: 1789–1918–1945«[5], dessen Einzelbeiträge sich zu einer diachronen Auseinandersetzung mit den Facetten französischer Besatzungspolitik und den deutschen Reaktionen darauf summieren. Der Bezug auf 1789 als Anfangspunkt dieser Kontinuitätslinie markiert die zentrale Bedeutung, die die Konfrontation mit der französischen Revolution in der Geschichte der Rheinlande gehabt hat. Daß sich auch diese Konfrontation unter den Rahmenbedingungen militärischer Okkupation vollzog, ist vor allem in neueren Studien sehr dezidiert herausgearbeitet worden.[6] Damit sollte nicht zuletzt eine differenziertere Analyse der Reaktion der rheinischen Bevölkerung auf die französische Herausforderung ermöglicht werden, die über die Reproduktion nationaler Antagonismen in der älteren Literatur,[7] aber auch Aporien der Jakobinerforschung hinausführt.[8]

Im folgenden soll jedoch die französische Okkupationspolitik in den Rheinlanden zwischen 1792 und 1801 nicht Ausgangspunkt, sondern Endpunkt einer Problematisierung dieses Aspektes deutsch-französischer Beziehungen sein, die Kontinuitätslinie also ins Ancien Régime zurückverfolgt werden. Als regional begrenztes Untersuchungsgebiet französischer Besatzungspolitik unter den Strukturbedingungen des Ancien Régimes bis zur Revolution bietet sich der nördliche Teil der Rheinlande an, genauer: die dortigen preußischen Provinzen Kleve, Moers und Geldern.[9] Weil Preußen seine linksrheinischen Außenposten nur unzureichend schützen konnte, führten Auseinandersetzungen mit Frankreich nahezu regelmäßig zu Einmarsch und anschließender Besetzung durch die Franzosen: 1672/73, 1679/80, 1757–1763 und schließlich 1794–1801 traten die Franzosen am linken Niederrhein somit als Besat-

5 Peter HÜTTENBERGER, Hansgeorg MOLITOR (Hg.), Franzosen und Deutschen am Rhein: 1789–1918–1945, Essen 1989 (Düsseldorfer Schriften zur neueren Landesgeschichte 23).

6 Zu nennen sind vor allem die beiden in den 80er Jahren erschienenen grundlegenden Studien: Hansgeorg MOLITOR, Vom Untertan zum Administré. Studien zur französischen Herrschaft und zum Verhalten der Bevölkerung im Rhein-Mosel-Raum von den Revolutionskriegen bis zum Ende der napoleonischen Zeit, Wiesbaden 1980 (Veröffentlichungen des Instituts für Europäische Geschichte Mainz 99); Timothy C. BLANNING, The French Revolution in Germany. Occupation and Resistance in the Rhineland 1792–1802, Oxford 1983. An Veröffentlichungen der jüngsten Zeit sei verwiesen auf Karl Otmar Frhr. v. ARETIN, Karl HÄRTER (Hg.), Revolution und konservatives Beharren. Das Alte Reich und die französische Revolution, Mainz 1990; Erich SCHNEIDER, Revolutionserlebnis und Frankreichbild zur Zeit des ersten Koalitionskrieges 1792–1795, in: Francia 8 (1980) S. 277–393; Uwe ANDRAE, Die Rheinländer, die Revolution und der Krieg 1794–1798, Essen 1994 (Düsseldorfer Schriften zur neueren Landesgeschichte 38); Thomas R. KRAUS, Auf dem Weg in die Moderne. Aachen in französischer Zeit 1792/93, 1794–1814, Aachen 1994 (Beihefte der Zeitschrift des Aachener Geschichtsvereins 4); Josef SMETS, Freiheit, Gleichheit, Brüderlichkeit. Untersuchungen zum Verhalten der linksrheinischen Bevölkerung gegenüber der französischen Herrschaft 1794–1801, in: Rheinische Vierteljahrsblätter 59 (1995) S. 80–122.

7 Programmatisch schon im Untertitel bei Justus HASHAGEN, Das Rheinland und die französische Herrschaft. Beiträge zur Charakteristik ihres Gegensatzes, Bonn 1908.

8 Vgl. die Überblicke bei BLANNING (wie Anm. 6) S. 1–14, MOLITOR (wie Anm. 6) S. 4–7 und ANDRAE (wie Anm. 6) S. 17–21.

9 Kleve-Mark waren seit 1609/1614 im Besitz des Hauses Brandenburg; zu diesen kam zu Beginn des 18. Jahrhunderts noch die Grafschaft Moers mit der aufstrebenden Industriestadt Krefeld (1702) sowie 1713 ein Teil Gelderns.

zungsmacht in Erscheinung, mit einer Häufigkeit also, für die es selbst in noch exponierteren deutschen Grenzregionen kaum Parallelen geben dürfte.

Ähnlich intensive Erfahrungen mit französischer Besatzungspolitik haben in der frühen Neuzeit allerdings die spanischen, dann österreichischen Niederlande gemacht, so daß folgerichtig die einzige vergleichende Okkupationsgeschichte einer Region im Ancien Régime der Feder des belgischen Historikers Hubert van Houtte entstammt.[10] Van Houttes methodischer Ansatz zielt darauf, militärische Besetzung als eine Konstellation mit hinreichend standardisierten Rahmenbedingungen zu verstehen, die ein breites Spektrum vergleichender Fragestellungen ermöglicht. Die methodische Spannbreite erstreckt sich dabei von politik- und verwaltungsgeschichtlichen Aspekten bis hin zu solchen der Rechts-, Wirtschafts- und Mentalitätsgeschichte. Die folgenden Beobachtungen zu den preußischen Provinzen wollen indes nicht einen solchen Anspruch auf systematische Vollständigkeit einlösen, sondern sich in bewußt selektivem Zugriff auf einige Kernprobleme beschränken, bei denen sich zugleich ein Vergleich mit anderen Okkupationssituationen ziehen läßt.
Es sind dies

a) der völkerrechtliche Aspekt: Welche Legitimationskonzepte lagen dem Handeln der französischen Besatzungsmacht zugrunde, und welche Rückschlüsse lassen sich daraus für die Entwicklung eines völkerrechtlichen Instituts »occupatio bellica« ziehen ?
b) die »verwaltungstechnische« Dimension: Welche Verwaltungsorgane wurden auf französischer Seite tätig, wie effizient waren diese, aber auch: welche Organe wahrten auf seiten der betroffenen Territorien die Verwaltungskontinuität zu den Verhältnissen unter preußischer Herrschaft?
c) schließlich die Frage, ob es Wahrnehmungsfelder gab, die einer antagonistischen Rollenverteilung von Siegern und Unterworfenen zuwiderliefen, Antagonismen auffächerten und Nuancierungen erlaubten. Dazu seien zwei Bereiche differenzierter Wahrnehmung herausgegriffen: die Konfessionsproblematik und der individuelle Kontakt mit einquartierten Vertretern der Besatzungsmacht.

Okkupation als völkerrechtliches Problem

Der Niederrhein rückte nicht erst mit der Invasion durch die gegen die Generalstaaten aufmarschierenden Heere Ludwigs XIV. 1672 ins Blickfeld französischer Politik. Frankreich hatte schon dem geldrischen Herzog Karl von Egmont in seinen Auseinandersetzungen mit den Habsburgern geholfen und nach dessen Tod vergeblich die Ansprüche des klevischen Herzogs Wilhelm auf die Nachfolge unterstützt.[11] Als mit dem Aussterben des klevischen Herzogshauses die nächste strittige Erbfol-

10 Hubert VAN HOUTTE, Les occupations étrangères en Belgique sous l'Ancien régime, 3 vols., Gand, Paris 1930 (Recueil de travaux publiés par la Faculté de Philosophie et Lettres 62–64). Van Houtte bringt seine empirischen Belege allerdings meist nicht aus dem gesamten Gebiet des heutigen Belgien bei, sondern konzentriert sich auf die grenznahen Verwaltungsbezirke.

11 Günter Ernst BERS, Die Allianz Frankreich – Kleve während des geldrischen Krieges (Jülich'sche Fehde) (1539–1543). Urkunden und Korrespondenzen, Köln 1969; Franz PETRI, Landschaftliche und überlandschaftliche Kräfte im Ringen um Geldern und im Frieden von Venlo, in: Aus Geschichte und Landeskunde. Festschrift Franz STEINBACH zum 65. Geburtstag, Bonn 1960, S. 92–113.

gefrage anstand, verhinderte nur die Ermordung Heinrichs IV. ein militärisches Eingreifen. Der Aufmarsch der französischen Armeen 1672 bedeutete deshalb einen Einschnitt,[12] wenngleich die Territorien am Niederrhein nur eine Etappe für den Angriff auf die Generalstaaten darstellten. Aber der französische Angriff auf die ungeschützte Flanke der Generalstaaten markierte den strategischen Wert dieser Region: Ihr Besitz ermöglichte die Kontrolle des Rheins und damit die Unterbrechung der wichtigsten Handelsader der Niederlande,[13] und außerdem verfügte das Herzogtum Kleve mit der Schlüsselfestung Wesel über den besten Rheinübergang nach Westfalen und in die Ebenen Norddeutschlands.

Mit dem Vorstoß an den Niederrhein traf Frankreich zugleich erstmals auf das Haus Hohenzollern als militärischen Widersacher. Allerdings hatte Brandenburg mit dem Erwerb Kleve-Marks 1609/1614 noch keineswegs die Stellung einer dominierenden Regionalmacht erlangt, vielmehr war nach dem 1543 gescheiterten Versuch der Bildung eines Großterritoriums diese Region zu einem Machtvakuum geworden, das konkurrierenden äußeren Einflüssen offenstand. Seit den 1570er Jahren wurde sie zu einem Nebenkriegsschauplatz des spanisch-niederländischen Krieges, woran auch die brandenburgische Nachfolge nichts änderte. Es dauerte zudem Jahrzehnte, bevor die Brandenburger ihre territoriale Position konsolidieren konnten; gegen die opponierenden klevischen Stände vermochte sich der Große Kurfürst erst 1660/1661 entscheidend durchzusetzen, während die konkurrierenden Ansprüche des Hauses Pfalz-Neuburg auf den brandenburgischen Teil des klevischen Erbes erst durch den Vergleich von 1666 ausgeräumt wurden.[14] Daß die Stellung Brandenburgs am Niederrhein jedoch prekär blieb, wurde durch eine Einschränkung seiner Territorialhoheit dokumentiert: Die wichtigsten festen Plätze des Herzogtums Kleve waren seit dem spanisch-niederländischen Krieg durch Garnisonen der Generalstaaten besetzt, namentlich Wesel seit 1629.[15]

Es war paradox, daß ausgerechnet die Franzosen mit dem Einmarsch ins Herzogtum 1672 und der Einnahme der von niederländischen Garnisonen besetzten Städte diesem Sonderstatus ein Ende bereiteten. Am Besatzungsstatus Wesels änderte dies

12 Operationen der französisch-weimarischen Truppen am Niederrhein im Winter 1641/1642 blieben eine Episode des Dreißigjährigen Krieges. Hubert SALM, Armeefinanzierung im Dreißigjährigen Krieg. Der Niederrheinisch-Westfälische Reichskreis 1635–1650, Münster 1990 (Schriftenreihe der Vereinigung zur Erforschung der Neueren Geschichte 16) S. 60 f.

13 Dietrich EBELING, Der Holländerholzhandel in den Rheinlanden. Zu den Handelsbeziehungen zwischen den Niederlanden und dem westlichen Deutschland im 17. und 18. Jahrhundert, Stuttgart 1992 (VSWG Beiheft 101) S. 167–171.

14 August VON HAEFTEN (Hg.), Urkunden und Actenstücke zur Geschichte des Kurfürsten Friedrich Wilhelm von Brandenburg. Ständische Vertretungen Bd. 1: Cleve-Mark, Berlin 1869 (Urkunden und Aktenstücke zur Geschichte des Kurfürsten Friedrich Wilhelm von Brandenburg 5); Francis L. CARSTEN, Die Entstehung Preußens (englisch: The origins of Prussia), Berlin, Wien 1981, S. 186–203; Ernst OPGENOORTH, Friedrich Wilhelm. Der Große Kurfürst von Brandenburg. Eine politische Biographie, Teil II: 1660–1688, Göttingen 1978, S. 21–26; DERS., Stände im Spannungsfeld zwischen Brandenburg-Preußen, Pfalz-Neuburg und den niederländischen Generalstaaten: Cleve-Mark und Jülich im Vergleich, in: Peter BAUMGART (Hg.), Ständetum und Staatsbildung in Brandenburg-Preußen, Berlin, New York 1983 (Veröffentlichungen der Historischen Kommission zu Berlin 5) S. 243–262.

15 Herbert KIPP, Wesel unter niederländischer Besatzung (1629–1672), in: Jutta Prieur (Hg.), Geschichte der Stadt Wesel, Bd. 1, Düsseldorf 1991, S. 213–250.

zunächst nichts, die Franzosen traten lediglich an die Stelle der Niederländer. Trotzdem war es für die Betroffenen ein gewaltiger Unterschied, daß nunmehr nicht mehr eine befreundete Besatzungsmacht punktuell Herrschaft ausübte, sondern ein feindliches Heer das gesamte Herzogtum besetzte.

Die französische Besatzungsmacht sah sich demnach von Anfang an mit einer sehr vielschichtigen Rechtslage und politischen Situation am Niederrhein konfrontiert. Dies wurde noch dadurch akzentuiert, daß zunächst gar nicht klar war, welcher Status den brandenburgischen Provinzen zukam, hatte sich der Kurfürst doch trotz seines Bündnisses mit den Generalstaaten nicht offen gegen Frankreich engagiert. Bis zum Oktober 1672 blieb in der Schwebe, ob überhaupt Kriegszustand zwischen Frankreich und Brandenburg herrschte. Die französische Außenpolitik suchte ohnehin, Reich und Reichsstände aus der Auseinandersetzung mit den Generalstaaten herauszuhalten: Wenn die Holländer unrechtmäßig die Festungen ihrer Nachbarn besetzten, sei es geradezu im Sinne der von Frankreich garantierten Ordnung des Westfälischen Friedens, daß man sie jetzt daraus vertreibe.[16]

Die Besatzungstätigkeit beschränkte sich deshalb am linken Niederrhein zunächst darauf, die von der Armee kontrollierten Gebiete für die aktuellen Bedürfnissen der Soldaten durch Naturallieferungen, Einquartierungen und Dienste der Untertanen heranzuziehen.[17] Erst als der brandenburgische Kurfürst im Oktober an der Mosel gegen Frankreich militärisch in den Krieg eingriff, forderte der französische Intendant eine Strafkontribution von 70 000 Rtlr. und beanspruchte nunmehr die Souveränitätsrechte für den französischen König: *Mons. de Brandenbourg n'est plus Maistre de ce pays icy, nous ne connoissons icy autre souverain que le Roy, tout le pays appartient au Roy, du quel vous estes les sujets et pas d'avantage de Mons. de Brandenbourg.*[18] Trotz dieser Bekundung ließen die Franzosen jedoch kaum Ansätze erkennen, einen solchen Souveränitätsanspruch in die Tat umzusetzen. Sie verzichteten auf jeden demonstrativen Akt der Souveränitätsanerkennung seitens der Untertanen oder seitens der Beamtenschaft durch Huldigung oder Diensteid und begnügten sich damit, die landesherrlichen Einkünfte – namentlich aus den am Niederrhein umfangreichen Domänen – unter ihre Kontrolle zu bringen. Dies hatte auch politische Ursachen: Die französische Außenpolitik wußte sehr wohl, daß eine Beanspruchung der Souveränität in besetzten Reichsgebieten im Widerspruch zur Rolle einer Garantiemacht des Westfälischen Friedens stand, mit der man auch weiterhin den Reichsständen gegenüber das Vorgehen in Kleve legitimierte. Französische Diplomaten ließen deshalb früh erkennen, daß an eine Schmälerung des Besitzstandes des Reiches nicht gedacht sei.[19] Damit aber stellte sich die französische Diplomatie auf den Rechtsstandpunkt des Reichsrechts, das einem Souveränitätsver-

16 Klaus Peter DECKER, Frankreich und die Reichsstände 1672–1675. Die Ansätze zur Bildung einer »Dritten Partei« in den Anfangsjahren des Holländischen Krieges, Bonn 1981 (Pariser Historische Studien 18) S. 15, 48 f.

17 Otto HÖTZSCH, Stände und Verwaltung von Cleve und Mark in der Zeit von 1666 bis 1697, Berlin 1908 (Urkunden und Akten zur Geschichte der inneren Politik des Kurfürsten Friedrich Wilhelm von Brandenburg 2) S. 957–959.

18 So das Zitat in einem Brief des klevischen Bürgermeisters Borbeck vom 1. November 1672, ibid. S. 951.

19 DECKER (wie Anm. 16) S. 89.

ständnis im Sinne moderner Staatlichkeit im Wege stand, und statt dessen mit dem Begriff »superioritas territorialis« – Landeshoheit – operierte.[20]

Der Friede von Vossen zwischen Frankreich von Brandenburg vom 6./16. Juni 1673 beendete die Besetzung der brandenburgischen Gebiete, doch wiederholte sich dieser Vorgang bereits sechs Jahre später: Im März 1679 rückten die Franzosen erneut in die westlichen Provinzen Preußens ein, weil sich Kurfürst Friedrich Wilhelm dem allgemeinen Friedensschluß nicht um den Preis der Rückgabe Pommerns an Schweden anschließen wollte. Vergeblich suchte er, den Franzosen den Erwerb Kleves schmackhaft zu machen, um Pommern behalten zu können[21] – er mußte schließlich nachgeben und am 29. Juni 1679 den Status-quo-Frieden von St. Germain schließen.

Der Friedensschluß bedeutete jedoch keineswegs die Räumung der von den Franzosen okkupierten Territorien, im Gegenteil: Die Besetzung begann eigentlich erst nach Friedensschluß in Form einer systematischen Verzögerung der Evakuation der Schlüsselfestungen Wesel und Lippstadt. Im Friedensvertrag war deren Räumung an die Pommerns und die Zahlung rückständiger Kriegskontributionen geknüpft worden. Dies nutzte der französische Intendant de Monceau weidlich aus, indem er sich die monatliche Abgeltung der noch ausstehenden Summen zusichern ließ und erst im Februar 1680 das Land räumte. Die Okkupationspolitik beschränkte sich damit alleine darauf, noch möglichst viel Geld aus den besetzten Gebieten zu ziehen. Ein solches Vorgehen der Franzosen war unter Ludwig XIV. kein Einzelfall, bis dem in späteren Friedensverträgen dadurch Einhalt geboten wurde, daß genaue Terminvorgaben für die Evakuation festgeschrieben wurden oder ausdrücklich verboten wurde, nach einem Friedensschluß noch weitere Kontributionen zu erheben.[22]

Sucht man nun nach Parallelen zwischen der französischen Besatzungspolitik am Niederrhein im 17. Jahrhundert und im 18. Jahrhundert, so fällt vor allem deren jeweils strittige völkerrechtliche Legitimation in die Augen. 1757 war die Ausgangslage noch komplizierter als 1672, beriefen sich die Franzosen bei der erneuten Besetzung preußischer Territorien am Niederrhein – nunmehr neben Kleve-Mark auch die Grafschaft Moers und das Herzogtum Geldern – nicht alleine auf Kriegsrecht. Ihr Eingreifen gründeten sie erstens auf eine allianzpolitische Legitimation als Verbündeter des Hauses Österreich sowie zweitens auf den reichsrechtlichen Titel einer Garantiemacht des Westfälischen Friedens, der durch Preußen und seine Verbündeten verletzt worden sei.[23] Beide Titel waren jedoch nicht gleichwertig: In seiner Auseinandersetzung auf dem Kontinent war England – und damit Hannover – der eigentliche Gegner, während Preußen und dessen Terrritorien im Westen des Reiches

20 Zur zeitgenössischen deutschen staatsrechtlichen Diskussion um die Definition dieser Landeshoheit vgl. Dietmar Willoweit, Rechtsgrundlagen der Territorialgewalt, Köln 1975, S. 170 ff.; zur Terminologie Wolfgang Sellert, Artikel »Landeshoheit«, in: Handwörterbuch zur deutschen Rechtsgeschichte, hg. v. Adalbert Erler, Ekkehard Kaufmann, Bd. 2, Berlin 1978, Sp. 1388–1394.

21 Opgenoorth, Friedrich Wilhelm (wie Anm. 14) S. 192 f.

22 Van Houtte (wie Anm. 10) Bd. 1, S. 482–495. In den Friedensverhandlungen von Ryswick 1697 widersetzte sich trotz der schlechten Erfahrungen nur Brandenburg einer solchen Klärung der Evakuationsmodalitäten.

23 Zum folgenden Horst Carl, Okkupation und Regionalismus. Die preußischen Westprovinzen im Siebenjährigen Krieg, Mainz 1993 (Veröffentlichungen des Instituts für Europäische Geschichte Mainz 150) passim.

für Frankreich lediglich wegen des Bündnisfalls mit Österreich tangiert wurden. Diese komplizierte Bündniskonstruktion, charakteristisch für Allianzen im Zeitalter der Kabinettskriege, schlug sich auf die Okkupationspolitik nieder: Während Frankreich 1757/1758 Hannover, Hessen und Braunschweig auf eigene Rechnung besetzte und dort alleine verantwortlich für die Besatzungspolitik zeichnete, beanspruchten in den westlichen preußischen Provinzen die Österreicher die Landeshoheit. In der Konsequenz dieser Logik einigten sich Wien und Versailles auf eine »geteilte« Okkupation preußischen Territoriums: Österreich nahm die landeshoheitlichen Rechte wahr, während Frankreich den militärischen Part einer Okkupationsmacht spielen sollte[24].

In der Praxis einer sechsjährigen Okkupation der Territorien am Niederrhein erwies sich eine solche Regelung allerdings als realitätsfern, sie scheiterte, sobald es um die Frage der finanziellen Ausbeutung ging. Zwar verfolgte auch jetzt das Außenministerium den Kurs, die Vereinbarungen mit den Österreichern zu erfüllen, doch das Kriegsministerium sah die österreichische Präsenz als Behinderung an.[25] Es förderte stillschweigend die französischen Vertreter vor Ort – Intendanz und Generalität –, die die Österreicher bis 1759 systematisch aus der Finanzverwaltung hinausdrängten, so daß der österreichischen Besatzungsregierung schließlich nur noch die finanziell weniger ergiebigen Residuen landesherrlicher Rechte überlassen blieben: Rechtsprechung, Verleihung kirchlicher Pfründen, repräsentative Funktionen.[26]

Selbst die Okkupation von Kleve, Moers und Geldern nach 1794 im Rahmen der Besetzung der Rheinlande durch die Revolutionsarmeen blieb nicht unbelastet von einer strittigen völkerrechtlichen Legitimation der Besatzungsmacht und ihrer Politik. Als die Franzosen Ende 1792 erstmals auch in den Rheinlanden – namentlich in Aachen und Mainz – als Besatzungsmacht auftraten, gerierten sie sich als Träger einer revolutionären Befreiungsideologie, die mit tradierten völkerrechtlichen Legitimationsmustern brach.[27] Das Dekret des Nationalkonvents vom 15. Dezember 1792, welches die Grundzüge französischer Besatzungspolitik in den neu eroberten Gebieten regeln sollte, gebot den kommandierenden Generälen unter Berufung auf die Volkssouveränität, die Gesellschaftsverfassung des Ancien Régime abzuschaffen. In Artikel 1 hieß es, die *Generale sollen in den Ländern, welche von den Armeen der Republik besetzt sind oder es seyn werden, im Namen der französischen Nation die*

24 Vergleichbare Fälle liegen etwa bei der Besetzung der vormals spanischen Niederlande durch die Alliierten nach 1706 vor, wo die Generalstaaten die Souveränität beanspruchten und die Verbündeten während der Okkupation lediglich in deren Namen agierten, während umgekehrt die französischen Armeen in Italien oder Belgien im Namen Philipps V. vorgingen. 1733–35 okkupierten die Franzosen die Lombardei im Namen des Königs von Savoyen, dessen Alliierte sie gegen Habsburg waren. Irénée LAMEIRE, Théorie et pratique de la conquête dans l'ancien droit. Etude du droit international ancien, 5 Bde., Paris 1902–1911, Bd. 1, S. 54 f.

25 Die unterschiedlichen Zielsetzung lassen sich in der Korrespondenz des Außenministers Bernis mit dem Kriegsminister Belle-Isle verfolgen. Bernis an Belle-Isle, 7. Okt. 1758, Bibliothèque Municipale Nancy Ms. 649, fol. 144 f.; Belle-Isle an Bernis, 6. Nov. 1758, Paris, Archives du Ministère des Affaires Etrangères, Correspondance politique Autriche 264, fol. 236.

26 CARL (wie Anm. 23) S. 105–136.

27 Jacques GODECHOT, Les variations de la politique française à l'égard des pays occupés de 1792 à 1815, in: Occupants – Occupés, 1792–1815. Colloque de Bruxelles, 29 et 30 janvier, Bruxelles 1969, S. 15–33, hier: S. 19–25; MOLITOR (wie Anm. 6) S. 17–20; BLANNING (wie Anm. 6) S. 64–70.

Souveränetät (sic) *des Volkes, die Aufhebung aller eingesetzten Gewalten, Steuern und Abgaben, die Abschaffung des Zehnten, der Lehns-Verfassung, der herrschaftlichen Rechte sowohl auf Lehns- als erbzins-Gütern, der fixen und zufälligen herrschaftlichen Gebühren, der Zwangsrechte, der Leibeigenschaft so wie der auf Gütern haftenden Dienstbarkeiten, der ausschließlichen Jagd- und Fischfangs-Rechte, der Frohnen, des Adels und überhaupt aller Privilegien augenblicklich bekannt machen.*[28]

Von dieser radikalen Spielart einer Besatzungspolitik, die sich sofort in Aporien der Unvereinbarkeit von Besatzungs- und Befreiungsintentionen verwickelte, zudem im Namen einer Befreiungsideologie bereits früh Züge einer konsequenten Annexionspolitik annahm,[29] wurden die preußischen Territorien am Niederrhein indessen nicht berührt. Die Franzosen vermochten sie im Winter 1792/1793 nicht militärisch zu besetzen, sondern beschränkten sich auf vereinzelte Streifzüge, um Kontributionen zu erpressen. Als sie schließlich Ende 1794 das gesamte Rheinland und damit auch die linksrheinischen preußischen Provinzen unter ihre Kontrolle zu bringen vermochten, hatten sie längst davon Abstand genommen, eine revolutionäre Befreiungsideologie zur Leitlinie ihrer Okkupationspolitik zu machen.[30] Vielmehr orientierte sich diese noch mehr als im Ancien Régime an militärischer Versorgungs- und Ausbeutungslogik, um ein im Verhältnis noch größeres, dabei aber schlechter versorgtes Heer in Feindesland zu unterhalten.[31]

Allerdings gerieten die preußischen Territorien mit dem Friedensschluß zu Basel zwischen Frankreich und Preußen am 5. April 1795 erneut in eine völkerrechtliche Sonderstellung gegenüber den anderen besetzten Gebieten im Rheinland. Frankreich okkupierte – wie 1672 – preußisches Territorium, obwohl es sich nicht im Kriegszustand mit Preußen befand. Auch hier erwies sich die Reichszugehörigkeit dieser Territorien als Angelpunkt des Problems: In einem Geheimartikel wurde Frankreich bis zu einem künftigen Reichsfrieden, der erst endgültig über das Schicksal der linksrheinischen preußischen Gebiete entscheiden könne, die militärische Besetzung dieser Provinzen zugestanden.[32] Die Franzosen sollten sich auf die für den Unterhalt der Armee nötigen außerordentlichen Mittel beschränken, die Requisitionen auf ein Mindestmaß beschränken und die hohen Geldkontributionen aussetzen.[33]

28 So die in deutscher Übersetzung publizierte Fassung des Dekrets, hier zit. nach KRAUS (wie Anm. 6) S. 40; die französische Fassung bei Joseph HANSEN (Hg.), Quellen zur Geschichte des Rheinlandes im Zeitalter der französischen Revolution 1780–1801, 4 Bde., Bonn 1931–1938 (Publikationen der Gesellschaft für rheinische Geschichtskunde 42), hier: Bd. 2, S. 646–648. Zur Bewertung BLANNING (wie Anm. 6) S. 64–66.

29 Ibid. S. 68 f.

30 Beim Einmarsch in Belgien hatten sich die Volksrepräsentanten als Vertreter des Nationalkonvents am 14. August 1794 in 34 Artikeln auf die Grundzüge zukünftiger Besatzungspolitik geeinigt. Der gesamte Text bei A. v. DANIELS, Handbuch der für die Königlich Preußischen Rheinprovinzen verkündigten Gesetze, Verordnungen und Regierungsbeschlüsse aus der Zeit der Fremdherrschaft, Bd. 6, Köln 1841, S. 4–14; zur Diskussion vgl. MOLITOR (wie Anm. 6) S. 35 f.

31 Zur Versorgungssituation der Sambre-Meuse Armee im Herbst und Winter 1794 vgl. Peter WETZLER, War and Subsistence. The Sambre and Meuse Army in 1794, New York, Frankfurt, Bern 1985, v.a. S. 144 ff.

32 Wilhelm STEFFENS, Die linksrheinischen Provinzen Preußens unter französischer Herrschaft 1794–1802, in: Rheinische Vierteljahrsblätter 19 (1954) S. 402–465, hier: S. 415 f.

33 Ibid. S. 416, Arrêtè des Volksrepräsentanten Dubois vom 29. April 1795.

Diese Konstruktion erweist sich als eigenartige Parallele zu den Verhältnissen des Siebenjährigen Krieges. Die prekäre Aufteilung einer Okkupation in einen von jeweils unterschiedlichen Mächten wahrgenommenen zivilen und militärischen Part wurde jedoch noch verschärft, weil nunmehr die legitime Territorialmacht Preußen an die Stelle der Österreicher trat und für die Wahrung der Hoheitsrechte zuständig bleiben sollte. Die preußischen Lokalbehörden verweigerten nach Kenntnis des Friedensschlusses sofort die Abführung weiterer Kontributionen an die Franzosen und forderten durch Deputierte in Paris, nicht weiter als besetztes feindliches Gebiet behandelt zu werden. Sie setzten auf eine Rückkehr der preußischen Provinzialbehörden nach Geldern, Kleve und Moers, doch beschränkte sich Preußen zunächst darauf, durch Kammer- und Regierungsdeputationen im Rechtsrheinischen zumindest informellen Einfluß auf die Vorgänge in den besetzten Gebieten zu nehmen.[34]

Bis zur förmlichen Annexion der preußischen Provinzen 1801 infolge des Lunéviller Friedens respektierten die Franzosen eine rechtliche Sonderstellung der preußischen Provinzen am Niederrhein: Von der großen Kontributionsforderung des Jahres 1795 blieben sie ausgenommen, und die Franzosen bestätigten im Januar 1797 noch einmal ausdrücklich diese Sonderstellung, indem sie die Einstellung des ruinösen Holzschlags, die Wiedereinsetzung der Geistlichkeit in ihre Güter und Rechte und die Suspendierung von Zwangsanleihen verfügten.[35] Auch als sich in Paris mit dem Staatsstreich vom 18. Fructidor (4. September 1797) die annexionistische Linie durchsetzte und der Gouvernementskommissar Rudler eine Annexion der Rheinlande auf verwaltungstechnischer Ebene in die Wege leitete, wurde die Sonderstellung der preußischen Gebiete nicht völlig nivelliert: Obwohl Rudler die neue Departementeinteilung auch auf die preußischen Gebiete erstreckte[36] und dort im Februar 1798 das französische Besitzergreifungspatent verkünden ließ, finden sich bis 1801 immer noch Belege dafür, daß die Franzosen aufgrund außenpolitischer Rücksichten auf Preußen zumindest in der Theorie einen Sonderstatus dieser Gebiete akzeptierten.[37] Rudlers Nachfolger Marquis zeigte sich über die fortdauernde Unklarheit des Rechtsstatus hochgradig irritiert,[38] und auch der Regierungskommissar Lakanal nahm bei der Ausdehnung des berüchtigten »Geiselgesetzes« der Republik auf die Rheinlande die preußischen Territorien aus. Deutlicher als in den übrigen besetzten Gebieten der Rheinlande wurde bis zur völkerrechtlich gültigen

34 Ibid. S. 419.

35 Erlaß des Finanzministers Duramel vom 15. Januar 1797, ibid. S. 431.

36 Allerdings hatte Rudler selbst zunächst die preußischen Gebiete ausnehmen wollen und dies erst auf nachdrückliche Weisung des Pariser Direktoriums korrigiert. Ludwig Käss, Die Organisation der allgemeinen Staatsverwaltung auf dem linken Rheinufer durch die Franzosen während der Besetzung 1792 bis zum Frieden von Lunéville, Mainz 1929, S. 158; Hansen (wie Anm. 28) Bd. 4, S. 419, 426, 438–440; Smets (wie Anm. 6) S. 96 f.

37 Hansen (wie Anm. 28) Bd. 4, S. 1186 f.; vgl. auch Smets (wie Anm. 6) S. 99–101.

38 Hansen (wie Anm. 28) Bd. 4, S. 1048–1050 (Marquis an Justizminister Lambrechts, 31. März 1799); sein Unwille richtete sich gegen die Existenz einer preußischen Regierungsdeputation in Kleve (seit 1797) und Verlautbarungen des Berliner Hofes, daß ohne königliche Zustimmung eine Veräußerung von Domänenteilen ungültig sei – was natürlich potentielle Käufer abschreckte. Das Pariser Außen- und Justizministerium behielt jedoch weiterhin eine eher zurückhaltende Linie bei. Vgl. ibid. S. 1239 f.

Zession im Lunéviller Frieden der provisorische Charakter der getroffenen Verwaltungsmaßnahmen betont.[39]

Die französische Okkupationspraxis am Niederrhein mit ihren chronischen völkerrechtlichen Imponderabilien wirft auch ein Licht auf die allgemeine Entwicklung der Völkerrechtspraxis. Die Erforschung der Entwicklung des Völkerrechts hat stets die Tendenz zur geistesgeschichtlich orientierten Literaturgeschichte gehabt, die sich auf die intellektuellen Leistungen bedeutender Zeitgenossen konzentriert hat.[40] Für die *occupatio bellica* liegt jedoch ein breitangelegter Vergleich der Völkerrechtspraxis aus der Feder des französischen Völkerrechtlers Irénée Lameire vor, der die französische Besatzungspraxis unter Ludwig XIV zum Gegenstand hat.[41] Ihm ging es um den Nachweis, daß der expandierende neuzeitliche Staat Souveränitätsrechte auch bei der militärischen Okkupation fremden Territoriums geltend gemacht habe. Es ist dieser enge Zusammenhang von militärischer Okkupation und moderner Staatlichkeit, der Carl Schmitt zur Rezeption der Arbeiten Lameires bewogen hat, um sie seinem Konzept der Geschichte des Völkerrechts als europäischer Raumordnung und deren »Verstaatung« im Ancien Régime dienstbar zu machen.[42] Gewiß hat dabei auch eine Rolle gespielt, daß eine solche Besatzungssituation Schmitts dezisionistischem Staats- und Souveränitätsverständnis in hohem Maße entgegen kam.[43]

In Anlehnung an Lameire argumentiert Schmitt, es habe in der Logik der Ausbildung souveräner Flächenstaaten gelegen, daß es kein eigenständiges Rechtsinstitut einer *occupatio bellica* im Sinne einer vorläufigen Wahrnehmung der staatlichen Gewalt im besetzten Gebiet gegeben habe, sondern daß die effektive militärische Besetzung des betreffenden Gebietes zugleich einen unmittelbaren Wechsel der Souveränität bedeutet habe – der besetzende Staat dehnt seine Souveränität auf das Territorium des unterworfenen Staates aus.[44] Erst das entwickelte Völkerrecht des 19. Jahrhunderts habe den provisorischen Status militärischer Besetzung definitiv festgeschrieben, um sie damit als eigenständigen Völkerrechtsbereich jenseits von Staatensukzession und Annexion fassen zu können.[45]

39 Allerdings galt im französischen Amtsgebrauch noch bis 1801 die Bezeichnung *départements provisoires* für das gesamte besetzte Rheinland. Roger DUFRAISSE, L'installation de l'institution départementale sur la rive gauche du Rhin (4 novembre 1797–23 septembre 1802), in: DERS., L'Allemagne à l'Epoque Napoléonienne. Questions d'histoire politique, économique et sociale, Bonn 1992, S. 77–103, hier: S. 96, 100.

40 Josef ENGEL, Von der spätmittelalterlichen respublica christiana zum Mächte-Europa der Neuzeit, in: Theodor SCHIEDER (Hg.), Handbuch der Europäischen Geschichte, Bd. 3, Stuttgart 1971, S. 1–443, hier: S. 363; Kritik an einer Fixierung auf Ideengeschichte auch bei Wilhelm JANSSEN, Die Anfänge des modernen Völkerrechts und der neuzeitlichen Diplomatie. Ein Forschungsbericht, Stuttgart 1965, S. 7–10.

41 LAMEIRE (wie Anm. 24).

42 Carl SCHMITT, Der Nomos der Erde im Völkerrecht des Jus Publicum Europaeum, Köln 1950, S. 172–179.

43 Panajotis KONDYLIS, Jurisprudenz, Ausnahmezustand und Entscheidung. Grundsätzliche Bemerkungen zu Carl Schmitts »Politische Theologie«, in: Der Staat 34 (1995) S. 325–357, v.a 332 f., 351–355. Die Besatzungssituation weist enge Bezüge zu der für Schmitts Denken zentralen Kategorie des Ausnahmezustandes auf.

44 SCHMITT (wie Anm. 42) S. 173.

45 Vgl. Stichwort »Occupatio bellica« bzw. »militärische Besetzung« bei Karl STRUPP (Hg.), Wörterbuch des Völkerrechts und der Diplomatie, 3 Bde., Berlin, Leipzig 1925, Bd. 2, S. 154–171; Hans-Jürgen SCHLOCHAUER (Hg.), Wörterbuch des Völkerrechts, 4 Bde., Berlin 1960–1962, Bd. 1, S. 195–197.

Eine solche Auffassung kann sich auf Passagen bei Grotius stützen, für den Staatsgewalt durch Eroberung erlangt werden konnte,[46] aber auch auf die Okkupationspolitik Gustav Adolfs im Dreißigjährigen Krieg.[47] Die französische Besatzungspolitik am Niederrhein läßt jedoch Zweifel daran aufkommen, ob eine Okkupationssituation in der frühen Neuzeit wirklich ein Markstein der Durchsetzung souveräner Staatlichkeit gewesen ist. Schon Lameire hatte im Verlaufe seiner Untersuchungen anerkennen müssen, daß sowohl beim Reich als auch in den meisten italienischen Territorien aufgrund der im 18. Jahrhundert wieder aktualisierten Reichszugehörigkeit[48] das Kriterium »Souveränität« nicht greift, da die Lehnsabhängigkeit vom Reich durch eine Besetzung nicht tangiert werden konnte.[49] Damit aber wird eine Argumentation, die eine Übertragung der Souveränität durch militärische Besetzung nur dort gelten lassen kann, wo der betroffene Staat das Souveränitätskriterium bereits erfüllt, zirkulär.

Gegen Carl Schmitts dezisionistische Sympathie für den souveränen Staat bei der Entwicklung des modernen Völkerrechts sei deshalb eine Gegenthese aufgestellt: Gerade die Tatsache, daß Okkupationspolitik, zumal die französische, in Mitteleuropa mit komplexen staatsrechtlichen Gegebenheiten konfrontiert wurde, und daß diese nicht durch militärische Besetzung nivelliert werden konnten, hat entscheidend dazu beigetragen, militärische Besetzung als völkerrechtliches Provisorium zu verstehen, während nur in einem abschließenden Vertrag endgültige Vereinbarungen getroffen werden konnten. Selbst wenn dies im späten 17. und 18. Jahrhundert gelegentlich ungeklärt oder strittig blieb, wie 1672 zwischen französischem Intendanten und Außenministerium oder 1797 zwischen Frankreich und Preußen,[50] setzte sich in

46 Hugo GROTIUS, De Jure belli ac pacis libri tres, hg. von Walter SCHÄTZEL, Tübingen 1950 (Klassiker des Völkerrechts 1) lib. 1, cap. 3, Art. VIII: *So wie nun durch einen gerechten Krieg Privateigentum erworben werden kann, so kann auch die Herrschaft über den Staat erworben werden, d.h. das Recht zu regieren, ohne daß man von einer anderen Stelle abhängig ist.* Vgl. auch lib. 3, cap. 6, Art. Iff.; cap. 8, Art. II.

47 Hermann-Dieter MÜLLER, Der schwedische Staat in Mainz 1631–1635. Einnahme, Verwaltung, Absichten, Restitution, Diss. Mainz 1976, S. 38, 90–94; Christa DEINERT, Die schwedische Epoche in Franken von 1631–1635, Diss. Würzburg 1966, S. 52 f. Gustav Adolf betrachtete die eroberten geistlichen Territorien im Reich als herrenloses Gut, über das er nach Kriegsrecht frei verfügen konnte; die Untertanen hatten deshalb in der Regel binnen kurzer Frist einen Huldigungseid abzulegen. Eine solche Argumentation war allerdings schon deshalb problematisch, weil Reichsterritorien damit auf eine Stufe mit überseeischen Kolonien gestellt wurden, deren Besitzergreifung durch europäische Mächte sich auf die Rechtsfigur der Okkupation herrenlosen Landes stützte. Vgl. dazu Jörg FISCH, Die europäische Expansion und das Völkerrecht. Die Auseinandersetzungen um den Status der überseeischen Gebiete vom 15. Jahrhundert bis zur Gegenwart, Stuttgart 1984 (Beiträge zur Kolonial- und Überseegeschichte 26) S. 300 ff.

48 Karl Otmar Frhr. von ARETIN, Reichsitalien von Karl V. bis zum Ende des Alten Reiches. Die Lehensordnungen in Italien und ihre Auswirkungen auf die europäische Politik, in: DERS., Das Reich. Friedensgarantie und europäisches Gleichgewicht 1648–1806, S. 76–163.

49 LAMEIRE (wie Anm. 24) Bd. 5, S. 2–6 (Unterscheidung zwischen »superiorité territoriale« und »souveraineté complète«).

50 Die Präambel der Konvention, die die Franzosen im Juni 1797 mit den preußischen Territorien am Niederrhein schlossen, enthielt den Passus: *l'autorité de la République est la seule qui dôit être reconnue dans les dites Provinces Prussiennes*, während in der Fassung des preußischen Auswärtigen Departements lediglich von militärischer Besetzung die Rede war, jeglicher Souveränitätsanspruch der Franzosen als Besatzungsmacht also negiert wurde. STEFFENS (wie Anm. 32) S. 437, Anm. 84; Souveränitätsübertragung durch Eroberung reklamierten 1797 bezeichnenderweise auch die Aachener Republikaner für Frankreich, HANSEN (wie Anm. 28) Bd. 3, S. 1202.

der Praxis im 18. Jahrhundert die moderne völkerrechtliche Auffassung der militärischen Besetzung durch.

Dies führt zu dem Paradox, daß in diesem Punkt die Praxis im Alten Reich zukunftsweisender gewesen ist als die Vorgehensweise eines vergleichsweise modernen Staates, sei es nun das Schweden Gustav Adolfs oder das Frankreich Ludwigs XIV. Während diese beiden Staaten eine kriegsrechtliche Legitimierung ihrer Besatzungsherrschaft, die ihre Wurzeln im Beuterecht besaß, favorisierten, rekurrierte reichsrechtlich legitimierte Besatzungsherrschaft auf das kaiserliche Reservatrecht des ius sequestris.[51] Dessen Herkunft aus dem Zivilrecht[52] war nicht nur der Zielsetzung einer Besatzungsregierung angemessener, weil diese, selbst wenn es ihr um maximale Ausbeutung des okkupierten Gebietes ging, begrenzt blieb – auch das Kriterium eines Provisoriums war per definitionem erfüllt.

Okkupation als Verwaltungsproblem

Beim zweiten Kriterium allerdings, das zur modernen Definition der militärischen Besetzung gehört, ist der Bezug zur Ausbildung frühmoderner Staatsgewalt evident: »Ein Gebiet ist kriegerisch besetzt, wenn innerhalb desselben die tatsächliche Herrschaft des besetzenden Heeres hergestellt ist ... Der Schwerpunkt der Tätigkeit des Okkupanten liegt in der Verwaltung.«[53] Das Kriterium effizienter Herrschaft mittels Verwaltung als Voraussetzung einer Okkupation erfüllt erst der frühmoderne Staat. Die Okkupationssituation verknüpft nun in besonderem Maße die für dessen Entwicklung zentralen Bereiche Verwaltung und Kriegführung. »*Die Staatsgewalt verwaltet, um zu erobern, und erobert, um zu verwalten ...*« lautet eine entsprechende lapidare Formulierung Bertrand de Jouvenels.[54]

Das Kriterium effektiver Gebietskontrolle durch Verwaltungsorgane dient zunächst dazu, eine Besatzungsherrschaft von temporären Feindeinwirkungen abgrenzen zu können. Deren wichtigste war in der frühen Neuzeit die Eintreibung von Kontributionsgeldern durch Kommandounternehmungen oder durch die Drohung mit einem Einmarsch in ein vom eigenen Landesherrn militärisch ungeschütztes Gebiet. Im ersteren Fall diente meist die Mitnahme von Geiseln zur Erzwingung der geforderten Summen, die während der kurzfristigen Anwesenheit der Truppen nicht aufgebracht werden konnten, im zweiten Fall schloß die betroffene Provinz

51 CARL (wie Anm. 23), S. 7. Als Beispiele ließen sich die Besetzung der Oberpfalz durch Bayern, der Kurpfalz nach 1621 durch Spanien oder die Besetzung Bayerns durch Österreich nach 1704 anführen, in denen die jeweiligen Besatzungsbehörden als kaiserliche Sequesterverwaltungen agierten. Zur Bedeutung dieses kaiserlichen Reservatrechts vgl. Johann Jakob MOSER, Von der Teutschen Reichs-Ständen Landen, deren Landständen, Unterthanen, Landes-Freyheiten, Beschwerden, Schulden und Zusammenkünften, Frankfurt, Leipzig 1769 (Neues Teutsches Staats-Recht 13) S. 190 ff. Außerhalb des Reiches legitimierte das Haus Habsburg militärische Besetzungen dagegen durchaus mit der Berufung auf Kriegsrecht und die Besetzung »herrenlosen Landes«, wie beispielsweise in Ungarn nach 1683.

52 Dies gilt ebenso für die Herkunft des Rechtsinstituts der »occupatio«, vgl. FISCH (wie Anm. 47) S. 300 f.

53 STRUPP (wie Anm. 45) Bd. 2, S. 155, 162.

54 Zitiert bei Johannes KUNISCH, La guerre – c'est moi. Studien zur bellizistischen Disposition des absoluten Fürstenstaates, in: DERS., Fürst – Staat – Gesellschaft. Studien zur bellizistischen Disposition des absoluten Fürstenstaates, Köln, Weimar, Wien 1992, S. 1–41, hier: S. 40.

oder Stadt – in der Regel mit stillschweigender Billigung des Landesherrn – einen zeitlich befristeten Vertrag mit den Feinden, was der Zahlung einer Schutzsteuer gleichkam.[55]

Entsprechende Erfahrungen haben die Provinzen am Niederrhein in allen drei Kriegen mit den Franzosen gemacht. Ab 1675 mußten die klevischen Stände für das linksrheinische Territorium der Provinz mit den Franzosen jährliche Kontributionsverträge abschließen, da der Kurfürst sie nach neuerlichem Kriegseintritt auf seiten der Feinde Frankreichs nicht schützen konnte.[56] Im Siebenjährigen Krieg traf ein solches Vorgehen vor allem das rechtsrheinische Schwesterterritorium Kleves, die Grafschaft Mark, die sowohl unter französischen Kontributionszügen zu leiden hatte als auch nach 1759 dazu gezwungen wurde, sich an den jährlichen Zahlungen der linksrheinischen Provinzen für die Besatzungsmacht zu beteiligen, obwohl die Franzosen auf dem rechten Rheinufer nur noch sporadisch militärische Präsenz zeigten. 1792/93 vermochten die Revolutionsarmeen zwar nicht, preußische Gebiete zu besetzen, doch unternahmen sie vom 16. bis 22. Dezember 1792 einen erfolgreichen Kontributionszug durch die preußischen Provinzen Geldern und Moers.[57]

Es war jedoch ein prinzipieller Unterschied zwischen solchen Kontributionszügen als begrenzten Formen finanzieller Ausplünderung und einer förmlichen Besetzung eines feindlichen Gebietes, das damit zum Objekt intensiver Ausbeutung materieller und finanzieller Ressourcen wurde. Zwangsläufig trat für jede Besatzungsmacht ein Zielkonflikt auf: Die akuten Versorgungsprobleme des Militärs ließen sich nur schwer vereinbaren mit längerfristig orientierten Gesichtspunkten einer möglichst effizienten fiskalischen Ausbeutungspolitik, wie sie als Hauptaufgabe ziviler Besatzungsbehörden definiert wurde.[58] Das Verhältnis von Militär, Militärverwaltung und Zivilverwaltung kristallisiert sich damit als Kardinalkonflikt jeglicher Besatzungspolitik heraus.[59] Daß eine befriedigende Lösung den Franzosen nicht gelungen ist, zeigen die Parallelen zwischen der Besatzungszeit des Siebenjährigen Krieges und der Revolutionskriege: In beiden Fällen ist das hervorstechende Charakteristikum nicht Effizienz, sondern ein Verwaltungschaos, in dem »Anarchie, Korruption und Willkür die Geldbeutel der Rheinländer leerten.«[60] Allerdings fördert ein Vergleich strukturelle Konstanten in diesem Chaos zutage.

55 Nach VAN HOUTTE, der aufgrund französischer termini technici des 17. Jahrhunderts eine Differenzierung von Besatzungsphasen vorschlägt, handelt es sich dabei um »pays de contribution«: (wie Anm. 10) Bd. 1, S. 143–186.

56 Die Höhe der Kontributionssummen bei HÖTZSCH (wie Anm. 17) S. 342.

57 HANSEN (wie Anm. 28) Bd. 2, S. 650–654; zum Mittel der Geiselnahme bei dieser Form der Kriegführung vgl. Klaus-Peter DECKER, Rheingauer Geiseln im »pfälzischen Krieg« Zur französischen Kontributionskriegsführung im 17. Jahrhundert, in: Heinz DUCHHARDT, Eberhard SCHMITT (Hg.), Deutschland und Frankreich in der Frühen Neuzeit. Festschrift Hermann WEBER, München 1987 (Ancien Régime, Aufklärung und Revolution 15) S. 406«437.

58 CARL (wie Anm. 23) S. 87 f.; MOLITOR (wie Anm. 6) S. 38 f.; DUFRAISSE (wie Anm. 39) S. 80.

59 Dies ist kein Spezifikum der frühen Neuzeit oder der Revolutionsepoche. Für die französische Besatzungspolitik nach dem 2. Weltkrieg vgl. dazu etwa Alain LETTARD, Zielkonflikte französischer Besatzungspolitik in Deutschland. Der Streit Laffon – Koenig 1945–1947, in: Vierteljahrshefte für Zeitgeschichte 39 (1991) S. 1–35.

60 SMETS (wie Anm. 6) S. 94.

Wenngleich im Frankreich Ludwigs XIV. Konflikte zwischen Militär und zivilen Repräsentanten der Verwaltung keineswegs unbekannt waren, weil mit Le Tellier und Louvois Exponenten der Militärverwaltung an der Spitze des Kriegsministeriums standen,[61] so schlugen diese doch nicht auf die Okkupationspolitik der Franzosen durch. Der französische Intendant Beaulieu zeichnete alleine für das französische Vorgehen in Kleve verantwortlich, indem er sowohl Requisitionen und Geldkontributionen als auch den Zugriff auf die regulären landesherrlichen Einkünfte koordinierte.[62] Die Franzosen profitierten bei ihrer Besatzungspolitik zweifellos davon, daß die Armeeintendanten ein Korps von kommissarischen Verwaltungsfachleuten darstellten, die Funktionen der Militär- und Territorialverwaltung miteinander verknüpfen konnten.[63]

Die Okkupation der preußischen Provinzen 1757 stand jedoch von Beginn im Zeichen polykratischer Strukturen; deren wichtigste war zwar die Rivalität zwischen österreichischer Zivilbehörde und französischem Militär, doch auch auf französischer Seite agierten konkurrierende Verwaltungsorgane. Mit den Österreichern war vereinbart worden, die Naturalabgaben der Provinzen nach Proportion der beteiligten Truppen, die Geldkontributionen jedoch paritätisch aufzuteilen.[64] Nicht nur das französische Kriegsministerium schickte daraufhin einen eigenen *Receveur général*, Jean Laurent de la Porte, für die Kontributionen in die besetzten Gebiete, auch der Finanzminister meldete Ansprüche an und beauftragte ein Konsortium französischer Finanziers mit der Einnahme. Bei aller Rivalität verband diese zivilen Organe französischer Besatzungspolitik jedoch eine Gemeinsamkeit: Ebensowenig wie ihr österreichisches Pendant konnten sie ihre fiskalischen Ziele realisieren und verloren damit ihre Raison d'être, so daß die Auflösung dieser Organisationen bzw. bei den Österreichern 1759 der Verzicht auf ihren Anteil an der fiskalischen Ausbeutung der preußischen Gebiete die logische Folge war.

Wenngleich nach 1794 die Komplikation einer Aufteilung von Kompetenzen zwischen zwei Besatzungsmächten fehlte, gelang den Franzosen auch jetzt keine erfolgreiche Tätigkeit ihrer zivilen Besatzungsbehörden.[65] Zwar zeichneten 1794 mit den Volksrepräsentanten zivile Kontrollorgane der Pariser Zentrale bei den Armeen zu-

61 Vgl. etwa die Auseinandersetzungen Louvois' mit Turenne und Condé: Louis André, Michel Le Tellier et Louvois, Paris 1942 (ND Genf 1974) S. 227 ff.

62 Hötzsch (wie Anm. 17) S. 489 f.

63 Grundsätzlich zum engen Konnex von Militär- und Zivilverwaltung bei der Entstehung dieses Beamtentypus immer noch Otto Hintze, Der Commissarius und seine Bedeutung in der allgemeinen Verwaltungsgeschichte (1910), wieder abgedruckt in: Ders., Staat und Verfassung. Gesammelte Abhandlungen zur allgemeinen Verfassungsgeschichte, hg. von Gerhard Oestreich, Göttingen ³1970, S. 242–274; Peter Lundgreen, Gegensatz und Verschmelzung von *alter* und *neuer* Bürokratie im Ancien Régime: Ein Vergleich von Frankreich und Preußen (1974), wieder abgedruckt in: Ernst Hinrichs (Hg.), Absolutismus, Frankfurt a. M. 1988, S. 162–180. Zu den Armeeintendanten des Siebenjährigen Krieges vgl. Carl (wie Anm. 23) S. 154–158.

64 Artikel 13 f. der Militärkonvention vom 28. Februar 1757, zit. bei Rudolf Graf Khevenhüller-Metsch, Hanns Schlitter (Hg.), Aus der Zeit Maria Theresias. Tagebuch des Fürsten Johann Josef Khevenhüller-Metsch, kaiserlichen Obersthofmeisters, 7 Bde., Wien 1907–1925, hier: Bd. 4, S. 369 f.

65 Knappe und kompetente Darstellungen der verwaltungsgeschichtlichen Zusammenhänge bei Molitor (wie Anm. 6) S. 33–61, und Dufraisse (wie Anm. 39) S. 79–89, sowie ausführlich bei Käss (wie Anm. 36); vgl. auch das Überblicksschema bei Andrae (wie Anm. 6) S. 66 f.

gleich für die Besatzungspolitik verantwortlich[66], so daß damit eine Einheitlichkeit des Handelns gewahrt schien, und auch die Einrichtung einer Zentralverwaltung in Aachen mit sieben nachgeordneten Bezirksverwaltungen bedeutete angesichts der territorialen Vielfalt der Rheinlande fraglos eine rationalere Verwaltungsgliederung. Doch konnte weder das Verhältnis der zivilen Verwaltung zum Militär befriedigend geregelt, noch eine zivile Kontrolle des Requisitions- und Versorgungswesens durchgesetzt werden.[67] Das Revirement der Besatzungsbehörden vom 17. Mai 1796 suchte dem durch eine strikte Trennung von zivilem und militärischem Bereich Rechnung zu tragen: Der Directeur général in Aachen und sein Verwaltungsstab sollten sich als neue Verwaltungsspitze aus der Militärversorgung heraushalten, während die Kriegskommissare sich nicht in zivile Angelegenheiten einmischen durften; die Einnahmen der Direktion, namentlich aus dem Domanialbesitz und den Geldkontributionen, sollten nunmehr direkt an das Pariser Schatzamt und nicht mehr an die Armeekassen fließen.[68]

Da sich jedoch auch dieses System nicht auszahlte, reagierten die Franzosen 1797 mit einer abrupten Kehrtwende ihrer Besatzungspolitik, die mit dem Namen des Generals Lazare Hoche verbunden ist. Als kommandierender General am Niederrhein zugleich mit umfassenden Vollmachten für die Zivilverwaltung ausgestattet, forderte er eine Abkehr vom bislang praktizierten System ziviler Besatzungsbehörden. Begründet wurde dies mit ihrer fiskalischen Ineffizienz, für die Hoche die Inkompetenz der ortsunkundigen Beamten und den verbreiteten passiven Widerstand gegen die französisch dominierten Verwaltungsorgane verantwortlich machte.[69] Er schwenkte deshalb ganz auf die Linie einer typischen Besatzungspolitik des Ancien Régime ein: Die Eingriffe der Franzosen auf der oberen und teilweise auch mittleren Verwaltungsebene[70] wurden revidiert und ausdrücklich die Einsetzung der vorfranzösischen Verwaltungsorgane angeordnet. Lediglich den jeweiligen territorialen Oberbehörden sollten französische Kontrolleure an die Seite gestellt werden, die neue zentrale französische Besatzungsbehörde, die »Mittelkommission« mit Sitz in Bonn, sich dagegen auf Koordinationsaufgaben beschränken. Auch Hoche orientierte sich an der Zielsetzung größtmöglichen Ertrages, der nun wieder ohne Umwege über Paris der Armee zukommen sollte. Selbst vor problematischen Rückgriffen auf die Praxis des Ancien Régimes schreckte er nicht zurück: Weil er auf schnellen Eingang von Bargeld zum Unterhalt der Armee angewiesen war, betraute er gegen eine entsprechende Abschlagsumme ein Regieunternehmen[71] mit der Einnahme der eingehenden Gelder, dessen Chef sein Schwager Durbach wurde. Die Problematik einer solchen Zwischenschaltung von Privatunternehmern im Staatsauftrag, die wechselseitige Korrumpierung als Krebsübel der Finanzverfassung des Ancien

66 Molitor (wie Anm. 6) S. 39 f.

67 Ibid. S. 36.

68 Ibid. S. 48 f.; Käss (wie Anm. 36) S. 45; Dufraisse (wie Anm. 39) S. 84 f.

69 Hansen (wie Anm. 28) Bd. 3, S. 878 f. (Hoche an Direktorium, 2. Febr. 1797).

70 Vgl. für Kurköln die Übersicht bei Andrae (wie Anm. 6) S. 66; die lokalen Verwaltungsorgane der Ämter und Gemeinden blieben auch unter französischer Besatzungsherrschaft weitgehend unangetastet.

71 Im Unterschied zur Verpachtung wurden in einem Regiekontrakt den Unternehmern die Rahmenbedingungen ihrer Tätigkeit – Zahl der Angestellten, Höhe der Besoldung, Budget – vorgeschrieben.

Régimes, war bei einem ähnlichen Projekt während des Siebenjährigen Krieges vorexerziert geworden: 1760 hatten die kommandierenden Generäle am Niederrhein, Voyer und Grollier, den Versuch eines gewissen L'Abadie unterstützt, die Einkünfte der besetzten Gebiete als Generalregisseur auszubeuten.[72] Immerhin war Hoche so konsequent, die Regie seines Schwagers aufzulösen, als offenbar wurde, daß dieser sein Versprechen, die Einkünfte der Rheinlande kostengünstiger auszubeuten, nicht einlösen konnte.

Nirgends jedoch treten Parallelen zwischen Siebenjährigem Krieg und Revolutionskriegen deutlicher zutage als bei den langfristigen Kontributionsverträgen, zu denen die französische Besatzungsmacht schließlich in den preußischen Gebieten Zuflucht nahm. In Form monatlich oder jährlich fixierter Zahlungen flossen damit den Franzosen zwar die Steuereinnahmen dieser Provinzen zu, doch fixierten diese Verträge zugleich Umfang und Form aller zusätzlichen Lieferungen und Dienste und beschränkten Eingriffe der Besatzungsmacht in die Provinzialverwaltung. Eine solche Regelung machte zivile Besatzungsbehörden weitgehend überflüssig.

Sowohl 1759 als auch 1797 ging die Initiative von den betroffenen Provinzen selbst aus[73], weil durch solche langfristigen vertraglichen Regelungen eine finanzielle Planung möglich, den ungeregelten und unkoordinierten Requisitionen des Militärs ein Riegel vorgeschoben und die Kontinuität der regionalen Verwaltungsorgane gesichert wurde. Die »Berechenbarkeit« einer vertraglichen Lösung war zugleich der Grund, weshalb sich die Besatzungsmacht auf eine solche Fixierung der Abgaben einließ, die die regionalen Repräsentanten der besetzten preußischen Provinzen – Beamtenschaft und Stände – als Vertragspartner aufwertete. Schließlich konnten diese nun nur noch schwer die Bemühungen der Besatzungsmacht um effiziente Eintreibung der Kontributionen unterlaufen.[74] Außerdem führte eine Normalisierung der finanziellen Situation dazu, daß zum Nutzen der Besatzungsmacht Provinzen und Privatleute wieder über Kredit verfügten.

Vor allem aber lag es sowohl im Interesse der Besatzungsmacht als auch der besetzten Territorien, auf diese Weise den Wirkungskreis französischer Akteure vor Ort einzuschränken: *Jeder Tag der längeren Dauer einer willkürlichen räuberischen verderbten Landesverwaltung in den Händen der unwissenden und verkäuflichen* (sic) *französischen Agenten vermehrt das Leiden von 100 000 treuen Untertanen und die Zerrüttung des Wohlstands dieser Länder auf unberechenbare Weise.*[75] Gerade die französische Okkupationspolitik krankte daran, daß Kriegskommissare, kommandierende Offiziere, Lieferanten und deren Mitarbeiter und schließlich die Magazinverwalter Schlüsselfiguren in einem Korruptionssystem ungeheuren Ausmaßes waren. Im Kern liefen die im großen Maßstab betriebenen Korruptionspraktiken darauf hinaus, Naturallieferungen in Geldzahlungen zu transformieren, fiskalische und versorgungstechnisch Aspekte also so miteinander zu vermengen, daß persönliche Bereicherung möglich wurde. Im Siebenjährigen Krieg richtete sich dieses Verfahren zunächst vor allem gegen die Österreicher: Da die Naturallieferungen

72 Carl (wie Anm. 23) S. 227–231.
73 Ibid. S. 188 f.; Steffens (wie Anm. 32) S. 432.
74 Beispiele dafür bei Carl (wie Anm. 23) S. 99–105 und Steffens (wie Anm. 32) S. 450.
75 Stein an Heinitz, 10. Jan. 1797, zit. bei Steffens (wie Anm. 32) S. 430.

proportional und nicht wie die Geldkontributionen paritätisch zwischen den Besatzungsmächten geteilt wurden, schrieben die französischen Kommissare überhöhte Naturalkontributionen in den besetzten Gebieten aus; da die Provinzen oder einzelne Gemeinden diese in den bewußt eng gesteckten Fristen nicht aufbringen konnten, wurden die Naturalkontributionen entweder gleich in Geld berechnet oder Lieferanten zwischengeschaltet, die gegen überhöhte Preise die geforderten Lieferungen realisierten. Sie konnten dies umso eher, als sie oft mit den Kommissaren oder Militärs unter einer Decke steckten, deshalb vorab über Umfang und Art der Lieferung informiert waren und sich den Gewinn dann auch untereinander teilten.[76]

Weil die schlechte Versorgungslage die Franzosen 1794 von Anfang an zu einer rücksichtslosen Requisitionspolitik zwang, konnten Kommissare und Militärs in noch größerem Maße als 1757 Mittel finden, sich zu Lasten der besetzten Provinzen und letztlich auch auf Kosten des Staates zu bereichern. Die Methoden blieben die gleichen: *Eben die vorerwähnte Art der Gemeinden, ihre in Waaren zu machenden Lieferungen mit Geld gutzumachen, war und ist ihr Verderben. Glaubte die Gemeinde durch Geld der ersten Requisition loszuseyn, so war schon eine zweite da, indem das Bedürfnis der Armee doch befriedigt seyn mußte; folglich war das Geld für die erste Requisition weggeworfen.*[77] Auch hier führte ein solches System dezentralisierter Kontributionszahlungen dazu, daß die von den Besatzungsbehörden als Kriegssteuern konzipierten, zentral ausgeschriebenen Kontributionen auf ein bereits weitgehend von Bargeld entleertes Land trafen und deshalb in keinem Fall vollständig einliefen.[78]

Es nutzte den preußischen Provinzen allerdings wenig, daß man durch die Erfahrungen des Siebenjährigen Krieges gewitzter als im übrigen Rheinland war und Naturalforderungen möglichst ohne Einschaltung von Lieferanten direkt auf die Gemeinden umlegte,[79] denn auch so stand den Franzosen eine breite Palette an Mitteln zu persönlicher Bereicherung zur Verfügung. Am verheerendsten wirkten sich im Winter 1794/1795 die Assignaten aus. Verschaffte sich im Ancien Régime die Besatzungsmacht Vorteile, indem sie Münztarife erließ, die die eigenen Münzen gegenüber der Landeswährung aufwertete,[80] so radikalisierten die Revolutionsheere dies durch den Zwangskurs für die wertlosen Assignaten. Der besonders gewinn- und

76 Carl (wie Anm. 23) S. 109 ff., 171 ff.

77 [J. G. D.], Enthüllung des Raub- und Plünderungssystems der Kommissare der preußischen, österreichischen und neufränkischen Armeen, Paris, Berlin, Wien 1799, S. 132. Der anonyme Verfasser war nach eigener Aussage ein in Wesel lebender Koblenzer. Die Vermengung von Natural- und Geldforderungen ließ sich auch umkehren, indem die Kriegskommissare bei der ersten Requisition zunächst auf Geldzahlungen verzichteten, damit die Gemeinden bereitwilliger lieferten, dann aber umgehend Geldkontributionen folgen ließen. Vgl. etwa das Vorgehen des Kommissars Bourbotte im Trierischen 1794 nach seinem eigenen Bericht vom 29. Aug. 1794, zit. bei Hansen (wie Anm. 28) Bd. 2, S. 212, sowie bei Smets (wie Anm. 6) S. 92.

78 Vgl. dazu auch Andrae (wie Anm. 6) S. 200: «Diese Vorwegnahme der Abschöpfung ökonomischer Leistungen des Landes durch die Requisitionen vereitelte die geordnete Aufbringung der Kontribution und blieb während der gesamten Besatzungszeit eine Grundkonstante, die den Wirkungszusammenhang der Kriegslasten untereinander bestimmte.«

79 Adolf Klein, Justus Bockemühl (Hg.), 1770–1815. Weltgeschichte am Rhein erlebt. Erinnerungen des Rheinländers Christoph Wilhelm Heinrich Sethe aus der Zeit des europäischen Umbruchs, Köln 1973, S. 113 f.

80 Carl (wie Anm. 23) S. 124 f.

korruptionsträchtige Schlüsselbereich der Fourageversorgung, die Betrugsmanöver der Magazinverwalter, schließlich der rücksichtslose Holzschlag als Möglichkeit schnellen Profits schälen sich als Kernbestandteile eines korrupten Besatzungssystems sowohl im Siebenjährigen Krieg als auch in den Revolutionskriegen heraus.[81] Vergleichbare Verhältnisse waren dem Versorgungswesen der preußischen oder österreichischen Armeen keineswegs fremd,[82] doch verstärkten sie sich bei den Franzosen unter den Bedingungen einer Okkupation: *Dies Spiel der Commissare gieng vorzüglich gut in den eroberten Ländern, es kostete nur einen Federzug ..., um sich eine Menge Geld geben lassen zu können ....*[83]

Die langfristig terminierten Kontributionsverträge kanalisierten dieses Treiben, weil sich dabei französische Zentralinstanzen und besetzte Provinzen auf Kosten dieser Zwischeninstanzen einigten. Es lag nicht nur in den preußischen Provinzen, sondern im gesamten Rheinland in der Logik des Hoche'schen Systems, deshalb bei der Verwaltung und der geregelten Ausbeutung des Besatzungsgebietes wieder auf die angestammten einheimischen Behörden zurückzugreifen.

Mit dem Besatzungssystem des Jahres 1797 enden allerdings in den preußischen Provinzen die Parallelen zum Ancien Régime. Im Siebenjährigen Krieg war die Politik der Besatzungsmächte ebenso wie die Frankreichs zwischen 1794 und 1797 auf maximale Ausbeutung, nicht jedoch auf Annexion gerichtet, und gerade die Pläne eines cisrhenanischen Satellitenstaates liegen noch durchaus in der Logik eines solchen Besatzungssystems. Der Staatsstreich vom 18. Fructidor und die daraufhin einsetzende konsequente Politik der Verwaltungsvereinheitlichung nach französischem Vorbild orientierte sich hingegen an der politischen Zielsetzung einer Annexion. Daß die französische Verwaltung sich bei der Bewältigung dieser Aufgabe nunmehr als vergleichsweise erfolgreich erwies,[84] läßt sich jedoch immer noch mit dem Verweis auf die militärischen Rahmenbedingungen begründen. War schon für die Besatzungspolitik des Jahres 1797 unter Hoche Voraussetzung, daß Versorgungszwänge für die Truppen in den Hintergrund traten, so erst recht für Rudler, daß eine Scheidung militärischer und ziviler Bereiche durchgesetzt werden konnte.[85] Er konnte sein ambitioniertes Programm realisieren, weil der Friede zu Campo Formio am 17. Oktober 1797 den Kriegszustand vorläufig beendete; die Wiederaufnahme des Krieges im Februar 1799, die am Mittel- und Oberrhein auch die linksrheinischen Gebiete zeitweilig wieder in unmittelbare Nähe zum Kriegsgeschehen brachte, brachte seine Nachfolger jedoch umgehend wieder in Schwierigkeiten und trug zum Scheitern des Regierungskommissars Lakanal 1799 bei.[86]

81 Ibid. 210 ff.; für die Revolutionskriege einschlägig vor allem die obengenannte Schrift von 1799, Enthüllung (wie Anm. 77), deren Autor seine Detailkenntnisse als Mitarbeiter eines französischen Fouragelieferanten erworben hat. Vgl. zu den vorgenannten Punkten v. a. S. 21 ff., 48 ff., 81, 132.

82 Bei seinem Vergleich der verschiedenen Armeen kommt der Verfasser der »Enthüllung« sogar zu dem Schluß, nach 1792 sei die Bestechlichkeit nirgends so groß gewesen wie bei den preußischen Magazinverwaltern und Kommissaren – ein Grund für die finanziellen Probleme Preußens, denn diese Praktiken seien zu Lasten des Staatsschatzes gegangen. Ibid. S. 96–100.

83 Ibid. S. 88 f.

84 Molitor (wie Anm. 6) S. 60.

85 Rudler unterstand dem Justizministerium, jegliche zivile Kompetenz des Militärs wurde aufgehoben. Ibid. S. 56.

86 Vgl. Hansen (wie Anm. 28) Bd. 4, S. 1211–1216, 1223–1229.

Der Vergleich französischer Okkupationspraxis im Siebenjährigen Krieg und in den Revolutionskriegen läßt die Abhängigkeit der Verwaltungspraxis vom situativen Kontext deutlich werden. Erst in einem Stadium der militärischen Auseinandersetzung, in dem die unmittelbaren Erfordernisse der Truppenversorgung – der Aufgabenbereich der Militärintendanz und ihrer nachgeordneten Organe – nicht mehr Priorität besaßen, hatte eine längerfristig orientierte Politik geregelter finanzieller Ausbeutung eine Chance.[87] Ob eine solche Annäherung an Friedensbedingungen in eine längerfristige vertragliche Vereinbarung oder eine Annexionspolitik mündete, war dann eine politische Frage. Den Franzosen gelang es – auch bedingt durch die militärische Lage – im Siebenjährigen Krieg und in den Revolutionskriegen jeweils erst spät – 1759 bzw. 1796/97 –, die Konkurrenz ziviler und militärischer Organisationsstrukturen zu bereinigen.

Für die Okkupationen in den 1670er Jahren sind dagegen viel weniger polykratische Strukturen charakteristisch, weil dort nur der Intendant für die Koordinierung der Ausbeutung der besetzten Gebiete verantwortlich zeichnete. Zivile fiskalische Aspekte und solche der Armeeversorgung wurden damit nicht auf konkurrierende Verwaltungsorgane verteilt. Der Intendant konnte deshalb besser konkurrierende Intentionen der Militärversorgung und fiskalischer Ausbeutung miteinander vereinbaren, vor allem sie dem jeweiligen Kontext anpassen, während die gleichzeitige Tätigkeit von Militärverwaltung und zivilen Besatzungsbehörden zu Konkurrenz und Verwaltungschaos führte. Die ursprüngliche Intention, daß eine zivile Besatzungsverwaltung eine geregeltere und damit intensivere Ausbeutung bewerkstelligen sollte, verkehrte sich so in ihr Gegenteil. Beispiele dafür bieten im Ancien Régime jedoch nicht nur die Franzosen am Niederrhein im 18. Jahrhundert, sondern auch eine erfolgreiche Militär- und Verwaltungsmacht wie Preußen: Während die Preußen bei der Besetzung Schlesiens 1740/1741 die Intendanturbehörde – das Generalfeldkriegskommissariat – mit den Funktionen einer Besatzungsverwaltung betrauten, deren Chefs dann zu Leitern der zivilen Nachfolgebehörden im annektierten Schlesien wurden,[88] machten sie nach 1756 in Sachsen mit dem Modell der Aufteilung der Kompetenzen auf eine zivile Besatzungsregierung und Intendanturbehörden keine guten Erfahrungen.[89] Eine solch kontraproduktive Verbindung von Militär und Verwaltung ist jedoch offenkundig kein Charakteristikum, das sich auf Okkupationsperioden des 18. Jahrhunderts beschränkt.[90]

87 Vgl. für andere von den Franzosen besetzte Gebiete Blanning (wie Anm. 6) S. 128 f.

88 Harm Klueting, Die politisch-administrative Integration Preußisch-Schlesiens unter Friedrich II., in: Peter Baumgart (Hg.), Kontinuität und Wandel. Schlesien zwischen Österreich und Preußen, Sigmaringen 1990 (Schlesische Forschungen 4) S. 41–63, hier: S. 46–50.

89 Reinhold Koser, Die preußischen Finanzen im Siebenjährigen Krieg, in: Forschungen zur Brandenburgisch-Preußischen Geschichte 13 (1900) S. 153–217, 329–375, hier: S. 156 f.; Carl (wie Anm. 23) S. 199 f. Die zivile Besatzungsbehörde, das Feldkriegsdirektorium, wurde Ende 1759 nach Versetzung ihres Chefs Borcke den Intendanturbehörden unterstellt. Verweisen ließe sich auch auf die Probleme der österreichischen Besatzungsregierung in Bayern nach 1704.

90 Vgl. für die französische Besatzungspolitik nach 1945 die Hinweise bei Hudemann (wie Anm. 4) S. 438 f., 444, und Wolfrum (wie Anm. 4) S. 577 f.

»Notregierungen« unter der Besatzungsherrschaft – Repräsentationsorgane der besetzten Territorien

Verwaltungsgeschichtliche Fragestellungen einer Okkupationszeit eröffnen schließlich auch die Möglichkeit, die Perspektive zu wechseln, denn der Grad an Effizienz einer Besatzungsmacht hängt nicht nur von der Organisationsstruktur ihrer eigenen Verwaltungsorgane ab. Effektive Kontrolle eines besetzten Gebietes bedarf eines Mindestmaßes an Kooperation mit lokalen Behörden und Institutionen, um eine wenigstens rudimentäre Kontinuität der Verwaltung zu gewährleisten.[91] Die Repräsentanten der besetzten preußischen Gebiete – soweit sie vor Ort geblieben waren und von der Besatzungsmacht nicht an der Fortsetzung ihrer Tätigkeit gehindert wurden – sahen sich damit vor die Entscheidung gestellt, in welchem Maße die Forderungen der Feinde erfüllt und dazu mit ihnen kooperiert werden mußte.

Die Besatzungsmacht zielte mit ihren Versuchen, bestimmte Beamte zu einer engeren Mitarbeit zu bewegen, vor allem auf die Kassenrendanten landesherrlicher Einnahmen, mit deren Hilfe Einblicke in die als Arcana gehüteten Etats und damit Aufschluß über die finanzielle Leistungsfähigkeit der besetzten Territorien gewonnen werden konnten. 1672/73 gelang dies nicht, weil die meisten der nachgeordneten Einnehmer sich entsprechenden Ansinnen durch die Flucht entzogen, obgleich der französische Intendant de Beaulieu ihnen mit Konfiskation des Besitzes drohte.[92] 1757 vermochten die Österreicher immerhin, den Landrenteieinnehmer Meinertzhagen, der eine der beiden Zentralkassen Kleve-Marks verwaltete, mit der Führung ihrer Okkupationskasse zu betrauen,[93] und auch während der Revolutionskriege stellten sich vereinzelt Rendanten wie der ehemalige Kassierer bei der preußischen Domänenkasse Vincke oder sein Xantener Kollege Houben 1795 in den Dienst der Franzosen.[94] Doch blieben dies Ausnahmen: Zu keinem Zeitpunkt gelang es den Franzosen oder im Siebenjährigen Krieg den Österreichern,[95] in größerem Umfang führende Mitglieder der lokalen Beamtenschaft zu offener Kollaboration zu gewinnen.

91 Die aus pragmatischen Gründen begrenzten Eingriffe einer Besatzungsmacht in die hergebrachten lokalen Verwaltungsstrukturen formuliert das moderne Völkerrecht als Norm. Vgl. dazu Strupp (wie Anm. 45) S. 162–164; Christopher Greenwood, The Administration of Occupied Territories in International Law, in: Emma Playfair (Hg.), International Law and the Administration of Occupied Territories. Two Decades of Israeli Occupation of the West Bank and Gaza Strip, Oxford 1992, S. 241–266.

92 Hötzsch (wie Anm. 17) S. 490 f.

93 Anton v. Meinertzhagen stammte nicht aus Kleve, sondern aus Köln; über seinen Vater, den Bankier Gerhard v. Meinertzhagen, wickelte das französische Kriegsministerium seine Zahlungen an die Armee in Deutschland ab – der Sohn war deshalb schon früh auch von den Franzosen als kooperatives Mitglied der klevischen Beamtenschaft ins Auge gefaßt worden. Er vermochte jedoch den Vorwurf der Pflichtverletzung gegen seinen Landesherrn – modern: der Kollaboration – abzuwenden, weil er 1758 den Preußen bei der kurzzeitigen Befreiung Kleves die Etats der Besatzungsregierung aushändigte. Carl (wie Anm. 23) S. 113.

94 Steffens (wie Anm. 32) S. 422; Sabine Graumann, Französische Verwaltung am Niederrhein. Das Roerdepartement 1798–1814, Essen 1990 (Düsseldorfer Schriften zur neueren Landesgeschichte 27) S. 42, 175 f.

95 Zu den wenigen Ausnahmen vgl. Carl (wie Anm. 23) S. 302 ff.

Indem aber zugleich auch der legitime Landesherr in den besetzten Provinzen nur noch höchst eingeschränkt Einfluß auf das provinziale Geschehen nehmen konnte, wurde die Okkupation zum Testfall auf die internen provinzialen Machtverhältnisse. Am Niederrhein hieß dies konkret: Welche Rolle spielten unter diesen Voraussetzungen die Stände als traditionelle Repräsentanten der Provinzen und welche die verbliebenen landesherrlichen Beamten als Stellvertreter einer Politik, die in Friedenszeiten den konkurrierenden Einfluß der Stände zurückzudrängen versuchte? Gerade die preußischen Provinzen am Niederrhein sind – bei allen Unterschieden im Detail[96] – doch ein Paradebeispiel für diese Grundkonstellation absolutistischer Herrschaftspraxis. Die jeweiligen Besatzungssituationen werfen ein Schlaglicht auf den langfristigen Prozeß der Entmachtung der Stände durch das landesherrliche Beamtentum, weisen aber auch die Grenzen dieser Entwicklung im Ancien Regime – selbst für das exponierte preußische Beispiel – auf.

1672 waren die klevischen Stände von vornherein auf sich alleine gestellt, weil die Vertreter der landesherrlichen Zentralbehörde, die Geheimen Regierungsräte, in die Niederlande flüchteten. Indes war damit die Finanzverwaltung der Provinz kaum tangiert, da die Stände durch ihr Steuerbewilligungsrecht und die eigenständige Repartierung der ausgehandelten Summen neben den landesherrlichen Domänen die zweite Säule der Finanzverfassung waren. Nachdem der Kommunikationsfluß zum Landesherrn abgebrochen war, mußten sie ohne ausdrückliche Weisung mit den Franzosen über die Höhe der Kontributionen verhandeln. Weil der Kurfürst nach 1675 einen weiteren Einfall der Franzosen nicht verhindern konnte, einigten sich Landesherr und Stände bei den Kontributionsverhandlungen der Jahre 1675–1678 hingegen auf eine Arbeitsteilung: Die Stände handelten zwar jetzt mit ausdrücklicher Erlaubnis des Landesherrn, doch hielt man nach außen die Fiktion aufrecht, als gingen sie selbständig vor. Sie verbürgten sich dabei den Franzosen gegenüber für die Zahlung der akkordierten Summen, wofür ihnen der Kurfürst das Recht zugestand, diese als Steuern im Lande zu erheben.[97]

Während also in den 1670er Jahren die Stände in Notzeiten Verantwortung für die Provinz übernehmen konnten, weisen die Diskussionen um ihre Rolle angesichts der bevorstehenden Invasion der preußischen Provinzen am Niederrhein 1757 auf eine nachhaltige Änderung im provinzialen Kräftegefüge hin. Aus der Finanzverwaltung waren die Stände unter Friedrich Wilhelm I. weitgehend herausgedrängt worden, neben die Regierung war als provinziale Finanzbehörde die Kriegs- und Domänenkammer getreten, und die in ihren Funktionen geschwächte Regierung wurde auch nicht mehr von landtagsfähigen Adelsfamilien besetzt.[98] Im Unterschied

96 Dazu v.a. die in Anm. 14 zitierte Literatur (CARSTEN, OPGENOORTH, VAN HAEFTEN), sowie HÖTZSCH (Anm. 17); allgemein Volker PRESS, Kriege und Krisen, München 1991 (Neue Deutsche Geschichte 5) S. 362 ff.; zum 18. Jahrhundert Leo WOLLENHAUPT, Die cleve-märkischen Landstände im 18. Jahrhundert, Berlin 1924.

97 HÖTZSCH (wie Anm. 17) S. 347 f., 556 ff.

98 Als Folge der Coccejischen Reformen zog sich der landständische Adel 1749 aus der Regierung zurück, in der nunmehr Familien dominierten, die – wenn überhaupt – erst in landesherrlichen Diensten unter den Hohenzollern nobilitiert worden waren. Jürgen KLOOSTERHUIS, Fürsten, Räte, Untertanen. Die Grafschaft Mark, ihre lokalen Verwaltungsorgane und die Regierung zu Kleve, in: Der Märker 35 (1986) S. 3–25, 76–87, 104–117, 147–164.

zu den Vorstellungen des klevischen Kammerpräsidenten v. Bessel, der zur Wahrung der Verwaltungskontinuität lediglich eine Deputation aus Behördenvertretern zurücklassen wollte, bestanden die Stände auf einer angemessenen Berücksichtigung. Sie konnten dies schließlich durchsetzen, weil in einem zentralen Bereich ihre Mitarbeit unumgänglich war: Zur Zeichnung von Obligationen bei voraussehbarer Verschuldung der Provinz mußten sie hinzugezogen werden, denn ihr Kredit galt immer noch mehr als der des Landesherrn oder seiner Beamten.[99] Erst die Einbindung von Ständemitgliedern machte aus einer Behördendeputation eine »Landesdeputation«.[100] In Berlin registrierte man jedoch deren selbständiges Handeln mit großem Unbehagen, so daß sie bei der kurzfristigen Befreiung der Provinz im Sommer 1758 förmlich aufgelöst wurde. Doch kam man nicht umhin, nach Rückkehr der Franzosen im Herbst 1758 Ständevertreter wieder kontinuierlich an den Landesangelegenheiten zu beteiligen. Als die Provinzen am Niederrhein schließlich 1759 erstmals mit den Franzosen einen auf ein Jahr terminierten Kontributionsvertrag abschlossen, vermittelte das ranghöchste Mitglied der geldrischen Stände, der Marquis von Hoensbroech, den Vertragsabschluß.

Auch 1794 stellte sich die Frage, wie eine »Notregierung« unter der Besatzungsmacht zusammengesetzt sein sollte. Zwar beließen die Preußen im unbesetzten rechtsrheinischen Wesel Behördendeputationen, doch bestritten die Franzosen ihnen selbst nach dem Friedensschluß von 1795 ein Weisungsrecht für nachgeordnete Verwaltungsorgane links des Rheines.[101] Im Unterschied zu 1757 hatte der Landesherr jedoch keine Vorkehrungen getroffen, damit eine Landesdeputation aus zurückgebliebenen Beamten und Ständevertretern unter der Besatzungsmacht Verwaltungskontinuität sicherstellte. Dies zwang die verbliebenen Repräsentanten der besetzten Gebiete zu selbständigen Lösungen. Weil die Besatzungsmacht den Umsturz altständischer Ordnung und Republikanismus als Programm auf ihre Fahnen geschrieben hatte, konnten die Stände nicht erneut ihre traditionelle Rolle als legitime Repräsentanten ihrer Provinzen spielen. Zwar wurden sie nicht förmlich aufgehoben, doch als sich die geldrischen Stände Ende 1795 zu einem Landtag versam-

99 Grundlegend zur Bedeutung der Stände für das Kreditwesen der jeweiligen Territorien Volker Press, Steuern, Kredit und Repräsentation. Zum Problem der Ständebildung ohne Adel, in: Zeitschrift für Historische Forschung 2 (1975) S. 59–94; zur Kreditfunktion der Stände in den preußischen Westprovinzen Carl (wie Anm. 23) S. 257–274.

100 Die Einbindung der Ständevertreter in solche Landesdeputationen finden wir auch in anderen preußischen Provinzen, die nach 1757 besetzt wurden, etwa in Ostfriesland, während in Preußisch-Geldern die Stände alleine, ohne jede Mitwirkung der Beamten, die Verwaltungsarbeit leisteten. Die geldrischen Stände vermochten diese Position sogar über das Kriegsende hinaus zu wahren: 1770 verpachtete ihnen der preußische Staat die gesamten Einnahmen der Provinz gegen Zahlung eines jährlichen Fixums. Georg Rohde, Die Reformen Friedrichs des Großen in der Verfassung und Verwaltung des Herzogtums Geldern 1763–1770, Diss. Göttingen 1913, S. 31–52; Gregor Hövelmann, Geldern – Preußens Maasprovinz (1713–1794), in: Rheinische Vierteljahrsblätter 50 (1986) S. 131–149, hier: S. 142 f.

101 Steffens (wie Anm. 32) S. 407 f.; der Friedensschluß ermöglichte immerhin wieder nahezu ungehinderte Kommunikation über den Rhein hinweg, so daß enge informelle Kontakte zu den Behördendeputationen im Rechtsrheinischen möglich waren. Erst 1797 wechselte nach den Vereinbarungen mit Hoche eine Regierungsdeputation ins linksrheinische Kleve.

meln wollten, wurde ihnen dies als *un attentat à la tranquillité publique et à la sûreté des armées* ausgelegt und untersagt.[102]

In Geldern und in Moers orientierte man sich trotzdem 1794 bei der Bildung von »Notregierungen«, die auf möglichst breiter Basis die Provinz repräsentieren sollten, an den ständischen Strukturen der Vorkriegszeit.[103] In Kleve beschritt man hingegen bemerkenswerte neue Wege, bei denen Johann Peter Friedrich v. Forell, Syndikus der landtagsfähigen klevischen Städte und zugleich Angehöriger einer etablierten Beamtenfamilie, eine Schlüsselrolle spielte.[104] Mit preußischen Beamten, die aus persönlichen Gründen vor Ort geblieben waren, schloß er sich zu einem unautorisierten Gremium provinzialer Selbsthilfe zusammen, dessen Mitglieder sich den Titel »Landesvorsteher« zulegten. Ende Oktober versammelten sich 78 Vertreter kommunaler Körperschaften – Magistratsmitglieder, Einnehmer der Ämtersteuern, aber auch Vertreter der Klöster -, um gemeinsam mit diesen »Landesvorstehern« das Steuer- und Lieferungswesen zu koordinieren. Dieses Gremium, das in seiner Funktion, nicht aber seiner Zusammensetzung an die Landesdeputation des Jahres 1757 anknüpfte, blieb zunächst Episode, weil die Franzosen im November 1794 mit der Bezirksverwaltung in Geldern und nachgeordneten Kantonen Mittelinstanzen für die preußischen Provinzen schufen, die die Aktivitäten der provinzialen »Notregierungen« zunächst überflüssig machten.[105] Das Unvermögen der Besatzungsmacht, eine geregelte Verwaltung zu etablieren, das in den preußischen Provinzen durch die wachsende Renitenz der nachgeordneten lokalen Beamten aufgrund des zwiespältigen Status der Provinz noch verstärkt wurde, verschaffte solchen Selbsthilfebestrebungen Ende 1795 jedoch neuen Auftrieb. Diesmal ging die Bewegung zunächst von den kommunalen Selbstverwaltungskörperschaften aus, die sich für Verhandlungen mit den Franzosen über eine Konvention nach dem Vorbild von 1759 aussprachen. Daraufhin konstituierte sich erneut im Januar 1796 in Kleve aus eigenem Antrieb eine »Landesdeputation« aus dem Kreise der Honoratioren der Provinz. Es finden sich zwar darunter die Namen wichtiger Vertreter des landtagsfähigen Adels (v. Loë, v. Hertefelde, v. Wylich) und der alteingesessenen Beamtenfamilien (Focke, Hopman, v. Hymmen, v. Forell, v. Diest), doch knüpfte diese Zusammensetzung an keinerlei traditionelles Vorbild an: Ausdrücklich wurde darauf verwiesen, daß auf Landtagsfähigkeit keine Rücksicht genommen worden sei, sondern lediglich auf »Verdienste zum Besten des Landes« – die Landesdeputation des Jahres 1796 legitimierte sich also weder durch Rückgriff auf eine ständische Tradition, noch durch die Autorität des Landesherrn.[106]

102 Hansen (wie Anm. 28) Bd. 3, S. 732, Anm. 1.

103 In Geldern wurde das ständische Administrationskollegium zunächst nicht aufgehoben, in Moers setzte sich eine »Landeskommission« aus Landtagsdeputierten unter Vorsitz des preußischen Kammerdeputatus Scheele zusammen. Traditionell waren hier Vertreter der Bauernschaft an den Landständen beteiligt. Steffens (wie Anm. 32) S. 409.

104 Zum folgenden ibid. S. 409 ff.

105 Einige der alten Beamten, darunter auch Forell, wurden zeitweilig in diese neuen Verwaltungsorgane aufgenommen. Ibid. S. 411, Anm. 22.

106 Ibid. S. 425, Anm. 55; die Deputierten ließen die Protokolle ihrer Zusammenkünfte bei den wichtigsten nachgeordneten Verwaltungsorganen und Unterbeamten zur Kenntnisnahme und Bestätigung zirkulieren.

Die klevischen Experimente um eine Ausweitung und Modernisierung ständischer Partizipation fügen sich ein in eine Vorgeschichte der preußischen Reformen, die mit dem Namen des Freiherrn vom Stein verknüpft ist. Stein amtierte seit 1793 als kleve-märkischer Kammerpräsident, bevor er 1796 zum Oberpräsidenten aller Kammern der rheinisch-westfälischen Provinzen wurde – die besetzten Provinzen unterstanden also seinem Ressort. Die Steuerreform in der Grafschaft Mark von 1791, die Stein als dortiger Kammerdirektor in die Wege leitete, ist noch jüngst als ein frühes Beispiel für Steins Konzept einer Beteiligung lokaler Eliten an der Verwaltung mit dem Ziel einer effektiven Verwaltungsreform gewertet worden.[107] Zudem war die Ausweitung ständischer Partizipation eine zentrale Forderung der Nassauer Denkschrift von 1807.[108] Bemerkenswert an den klevischen Vorgängen von 1795 ist nun, daß Steins Reaktion auf die Eigeninitiative regionaler Repräsentanten, in einer offenkundigen Notsituation Verantwortung zu übernehmen und bei der Repräsentation der Provinz traditionelle ständische Schranken hinter sich zu lassen, von deutlichem Mißtrauen geprägt war: Die preußischen Oberbehörden stießen sich an dem Terminus »Landesdeputation«, der Erinnerungen an das allzu selbständige Handeln der Vorgänger von 1757 aufkommen ließ, und beharrten darauf, daß diese Landesdeputation eine den Weisungen von Kammer und Regierung nachgeordnete Institution bleiben müsse.[109]

Daß das Mißtrauen der Bürokratie gegenüber eigenständigen Organen regionaler Repräsentation eine Konstante der Besatzungssituationen in den preußischen Provinzen bis zu den Revolutionskriegen blieb, wurde schließlich noch einmal demonstriert, als mit Hoche ein letztes Mal das Ancien Régime an den Niederrhein zurückkehrte. Am 5. Februar 1797 genehmigte auf Vorschlag des für die Westprovinzen zuständigen Ministers Heinitz Friedrich Wilhelm II. die Bildung einer Landesdeputation, die sich aus ständischen Vertretern der drei linksrheinischen Provinzen und Mitgliedern der klevischen Kammer und Regierung zusammensetzen sollte.[110] Vorbild war die Zusammenarbeit von Landständen und Behördenvertretern unter französischer Besatzung nach 1759. Auch diesmal war es deren wesentliche Funktion, mit den Franzosen eine Konvention abzuschließen, um durch Zahlung eines monatlichen Fixums Einnahmen und Verwaltung der Provinz wieder so weit als möglich in eigene Verantwortung zu übernehmen. Als dieses Ziel im Juli nach Verhandlungen mit Hoche erreicht war, wurde die Deputation sogar zum leitenden Verwaltungsgremium umgestaltet, das in zwei Ausschüsse, einen ständischen und einen »bürokratischen« aus Mitgliedern der preußischen Landesbehörden, gegliedert werden sollte.

107 Stefan GORISSEN, Die Steuerreform in der Grafschaft Mark 1791. Ein Modell für die Stein-Hardenbergschen Reformen? in: Stefan BRAKENSIEK u.a. (Hg.), Kultur und Staat in der Provinz. Perspektiven und Erträge der Regionalgeschichte, Bielefeld 1992 (Studien zur Regionalgeschichte 2) S. 189–212, v.a. 209–211. Gorissens Kennzeichnung von Körperschaften kommunaler Selbstverwaltung (Amts- und Erbentage) als »ständische Institutionen« ist allerdings zu undifferenziert. Vgl. Harm KLUETING, Erbentage in Kleve-Mark, in: Parliaments, Estates & Representation 7 (1987) S. 41–49.

108 Aus der zahlreichen Literatur zu Steins Konzeptionen sei verwiesen auf Gerhard RITTER, Stein. Eine politische Biographie, Stuttgart ^{4}1981, S. 113 f., 184–197.

109 STEFFENS (wie Anm. 32) S. 424 f.

110 Ibid. S. 432 f. Der offizielle Titel lautete »Deputation der Landesbehörden und der Landstände«.

Darüber jedoch kam es, gleichsam in letzter Stunde des preußischen Ancien Régime am Niederrhein, noch einmal zum Grundsatzstreit: Die Ständevertreter kritisierten das Übergewicht der Beamten, die als »engere Deputation« die Verwaltungsaufgaben monopolisierten und die ständischen Vertreter aus der Verwaltung herauszuhalten suchten. Dahinter stand keineswegs der Anspruch der Stände, sich als alleinige Regenten des Landes mit der täglichen Verwaltungsroutine zu belasten: Nur mit erkennbarem Widerwillen hatten die klevischen Stände während der französischen Besetzung 1672/1673 die gesamte Regierungsverantwortung übernommen,[111] und sich 1757 dem Drängen der Österreicher, die alleinige Verantwortung für das Wohl der Provinz zu übernehmen, hartnäckig widersetzt.[112] Allerdings beanspruchten sie sehr wohl, in die Entscheidungsprozesse miteinbezogen zu werden, und nicht nur eine Rolle als Erfüllungsgehilfen der Bürokratie zu spielen.

Auch dies entsprach wie die Verbreiterung und Modernisierung ständischer Partizipation Konzeptionen, die Stein später selbst energisch verfochten hat.[113] Obwohl er das »segensreiche« Wirken ständischer Organe während der Okkupation des Siebenjährigen Krieges hervorgehoben hat,[114] hat er doch in den Auseinandersetzungen 1797 den Primat der Bürokratie und damit Grenzen ständischer Partizipation verfochten. Sein engster Mitarbeiter Sack brachte es auf den Punkt: *Es wird bloß eine Deputation gebildet, um die Konvention zu schließen, nicht aber zu regieren.*[115] Nützlich waren die Stände aus der Perspektive der lokalen Bürokratie nur insofern, als man sie instrumentalisieren und in heiklen Problemen bei der Besatzungsmacht »vorschieben« konnte. In der Tat belegen die voraufgehenden Okkupationen, daß dies für die Beamten ein bequemer Weg war, Loyalitätskonflikten aus dem Weg zu gehen: Die Ständevertreter mußten mit der Besatzungsmacht über die Höhe der Besatzungslasten verhandeln, während die verbliebenen Beamten viel eher Distanz wahren oder sogar passiven Widerstand leisten konnten. Der Unmut sowohl des Großen Kurfürsten als auch seines Urenkels nach dem Abzug der Franzosen über die hohe Verschuldung der Provinzen richtete sich vornehmlich gegen die Stände.[116] Wohl haben sich Steins spätere Partizipationskonzeptionen durchaus an seinen Verwaltungserfahrungen in den westlichen Provinzen orientiert, aber damit auch den instrumentellen Charakter dieser Partizipation für eine effizientere Verwaltung nicht verleugnen können.

111 Hötzsch (wie Anm. 17) S. 480.

112 Carl (wie Anm. 23) S. 104.

113 Herbert Obenaus, Verwaltung und ständische Repräsentation in den Reformen des Freiherrn vom Stein, in: Jahrbuch für die Geschichte Mittel- und Ostdeutschlands 18 (1969) S. 130–179, hier: S. 132–136.

114 Freiherr vom Stein, Briefe und amtliche Schriften, bearb. v. Erich Botzenhart, neu hg. von Walther Hubatsch, Bd. 1, Stuttgart 1957, S. 366 f.; Rohde (wie Anm. 100) S. 52; den oft zitierten positiven Passagen über die geldrischen Stände unter der französischen Besatzung stehen jedoch auch sehr kritische Urteile über mangelnde Bemühungen um eine Entschuldung der Provinz in der Nachkriegszeit gegenüber. Vgl. Immediatbericht Stein 42. 11. 1793, abgedr. bei Steffens (Anm. 32) S. 460–463.

115 Sack an Stein, 7. März 1797, zit. ibid. S. 438.

116 Hötzsch (Anm. 17) S. 578; Acta Borussica. Die Behördenorganisation und die allgemeine Staatsverwaltung Preußens im 18. Jahrhundert, Bd. 13, bearb. v. Ernst Posner, Berlin 1932, S. 533.

Konfessionszugehörigkeit und Einquartierungswesen als Bereiche differenzierter »Feindwahrnehmung«

Lassen sich bei den administrativen Lösungsversuchen zur Bewältigung der Besatzungszeit Kontinuitätslinien zwischen den einzelnen Besatzungsepochen ziehen, so scheint die Abkehr von der überkommenen Ordnung und der »Bruch des gesellschaftlichen Bewußtseins«[117] durch die Französische Revolution von vornherein die Möglichkeit einzuschränken, erfahrungsgeschichtliche Kontinuitätslinien zwischen den jeweiligen Besatzungszeiten nachzuziehen. Zweifellos führt die ideologische Komponente der Revolutionskriege zu einer neuen Qualität von Besatzungsherrschaft, da die Besatzungsmacht versuchte, für diese ideologischen Ziele breitere Zustimmung zu finden und damit die Loyalitätsproblematik für die Untertanen quantitativ und qualitativ über das hergebrachte Maß verschärft wurde. Die Politisierung der Bevölkerung während der Revolutionszeit schlägt sich in Quellenbeständen nieder, für die es im Ancien Régime keine Parallele gibt: Bei aller Problematik der Interpretation eröffnen die Quellen zur cisrhenanischen Agitation 1797[118] oder die Réunionsadressen[119] doch einen Zugang zu kollektiven Reaktionen auf die französische Revolutionspropaganda, während die Petitionen der Jahre 1794 bis 1798 eine ergiebige Quelle für die konkreten Auswirkungen der Besatzungslasten darstellen.[120]

Trotzdem legt eine Okkupationssituation gleichförmige Erfahrungsmuster nahe. So haben die Erlebnisse von Ausbeutung und steten Kriegslasten die kollektive Wahrnehmung der Franzosen als Besatzungsmacht auch am Niederrhein nachhaltig geprägt. Die Abneigung der Bevölkerung gegen sie überwiege, so das Fazit des französischen Gouverneurs von Wesel im Siebenjährigen Krieg, Langeron, *par esprit de party, et peut-être encore plus par les maux qu'ils en sont essuyés.*[121] Dabei formten vor allem die Umstände der Invasion und des Beginns der Besatzungsperiode – das massenhafte Auftreten feindlicher Soldaten, Versorgungspobleme, Requisitionen, gelegentliche Übergriffe, schließlich die Kontributionen – das Bild der Besatzungszeit als einer kollektiven Leidenszeit.[122] Die Wahrnehmungsmuster näherten sich

117 Vgl. dazu Reinhart KOSELLECK, Rolf REICHARDT (Hg.), Die Französische Revolution als Bruch des gesellschaftlichen Bewußtsein, München 1988 (Ancien Régime, Aufklärung und Revolution 15).

118 MOLITOR (wie Anm. 6) S. 131–141.

119 Zu den Réunionsadressen des Jahres 1798 vgl. jetzt noch einmal die Untersuchung von SMETS (wie Anm. 6) 108 ff., sowie die Zusammenstellung bei HANSEN (wie Anm. 28) Bd. 3, S. 659–820.

120 Ihre Auswertung liegt der Studie von ANDRAE (wie Anm. 6) zugrunde.

121 Zitiert bei CARL (wie Anm. 23) S. 242; dieser Aspekt dominiert die Interpretation der Konfrontation der Rheinlande mit revolutionärem Gedankengut bei BLANNING (wie Anm. 6).

122 Vgl. etwa die Darstellung der klevischen und märkischen Ständedeputierten vom Leiden der Provinzen 1672/1673: HÖTZSCH (wie Anm. 17) S. 952–961; vgl. für die Jahre 1757 bis 1759 das retrospektive Urteil der Stände und Kollegien bei Joseph OPPENHOFF, Klevisch-märkische Kriegslasten im Siebenjährigen Krieg, in: Annalen des Historischen Vereins für den Niederrhein 127 (1935) S. 51; auch in Kopstadts Erinnerungen an die französische Besetzung der Stadt Kleve dominieren die Eindrücke der ersten Besatzungsmonate, vgl. [J. A. KOPSTADT], Über Cleve. In Briefen an einen Freund aus den Jahren 1811 und 1814, Frankfurt a. M. 1822, S. 98–134; einen aufschlußreichen Indikator für das übrige Rheinland bietet die Quantität des Petitionsaufkommens, das im Februar 1795 seinen absoluten Höhepunkt erreichte. ANDRAE (wie Anm. 6) S. 35–37. Diese Beobachtung bestätigt auch HUDEMANN für die französische Besatzungszeit nach 1945: (wie Anm. 4) S. 434 f.

denen von Naturkatastrophen an, zumal wenn besonders kritische Besatzungsphasen wie der Winter 1757/1758 und besonders der Winter 1794/1795 mit extremen Witterungsverhältnissen zusammenfielen und die krisenhaften Begleiterscheinungen der Subsistenz- und Teuerungskrise noch verschärften.[123]

Neuere Untersuchungen zu französischen Besatzungsperioden im Rheinland haben indes versucht, den Antagonismus von französischen Besatzern und Zivilbevölkerung mit seiner Tendenz zur Verfestigung von Feindbildstereotypen[124] zu differenzieren.[125] Sucht man nach Faktoren, die unter den Bedingungen des Ancien Régime am preußischen Niederrhein einer fast zwangsläufigen Fixierung dieses Gegensatzes entgegenwirken konnten, so lassen sich dafür Beobachtungen aus zwei ganz unterschiedlichen Bereichen herausgreifen: a) die Konfessionszugehörigkeit vermochte, kollektive Einstellungen zu den Besatzern zu differenzieren; b) eine Veralltäglichung der Beziehungen als logische Folge einer Besatzungssituation erlaubte persönliche Kontakte und individuelle Erfahrungen, die einen Kontrapunkt zum Freund-Feind-Schema bilden konnten. Im Mittelpunkt stehen dabei die Umstände der Einquartierung als Schnittpunkt der Lebenswelt von Bürgern und Soldaten.

Die preußischen Gebiete am Niederrhein nahmen schon deshalb im Alten Reich eine Sonderstellung ein, weil hier alle drei Konfessionen koexistierten. Deren Zusammenleben blieb jedoch keineswegs konfliktfrei, weil beispielsweise im Herzogtum Kleve die katholische Mehrheit von politischer Macht weitgehend ausgeschlossen wurde und sowohl die städtischen Magistrate als auch die Gremien der Provinzialverwaltung von Mitgliedern der reformierten und lutherischen Minderheit monopolisiert wurden. Auf die latenten konfessionellen Spannungen wirkte die Anwesenheit einer katholischen Besatzungsmacht deshalb polarisierend ein: Sowohl 1672/1673 als auch nach 1757 lassen sich deutliche Anzeichen dafür finden, daß Katholiken mit der französischen Besatzungsmacht sympathisierten, während diese Konstellation die Anhänglichkeit von Lutheranern und Reformierten an das Haus Hohenzollern nur bekräftigen konnte. Die Konfession funktionierte als Wahrnehmungsfilter, der eindeutige Freund-Feind Projektionen auf die Besatzungsmacht unterlaufen konnte.

Weil 1672 Katholiken im Klevischen offenbar vereinzelte Eingriffe der Franzosen in das Kirchenwesen zu ihren Gunsten begrüßten und Ludwig XIV. schon als »unsern König« bezeichneten,[126] gerieten sie schnell unter einen generellen Kollabora-

123 Carl (wie Anm. 23) S. 185 f., 323; zum »Hungerwinter« 1794/1795 am Niederrhein Steffens (wie Anm. 32) S. 413 f., sowie die Schilderungen bei Kopstadt (wie Anm. 122) S. 120 f., 124 und Sethe: Klein, Bockemühl (wie Anm. 79) S. 110–112; vgl. auch Kraus (wie Anm. 6) S. 91 f.

124 Wolfrum (wie Anm. 4) S. 575 ff. Zu den wechselseitigen Stereotypen und deren nationalistischer Verfestigung nach 1792 jetzt Michael Jeismann, Das Vaterland der Feinde. Studien zum nationalen Feindbegriff und Selbstverständnis in Deutschland und Frankreich 1792–1918, Stuttgart 1992, S. 133–158; vgl. allgemein dazu auch Wolfgang Leiner, Das Deutschlandbild in der französischen Literatur, Darmstadt [2]1991.

125 Für die Besetzung der Rheinlande nach 1794 beispielsweise Molitor (wie Anm. 6) und Andrae (wie Anm. 6) S. 230–236 sowie der von Molitor und Hüttenberger herausgegebene Sammelband (wie Anm. 5); für die französischen Okkupationen im 20. Jahrhundert sei auf die beiden Studien von Hudemann und Wolfrum (wie Anm. 4) verwiesen.

126 Hötzsch (wie Anm. 17) S. 471.

tionsverdacht.[127] Aus dem Siebenjährigen Krieg liegen für die besetzten preußischen Gebiete sowohl von französischer als auch von preußischer Seite autobiographische Zeugnisse vor, die die konfessionelle Vorprägung politischer Loyalitäten gleichfalls bestätigen,[128] obwohl sich die Besatzungsmächte auf diesem heiklen Gebiet betont zurückhielten. Zudem illustrieren zahlreiche Einzelbeobachtungen diese Kontinuität.[129] Während im katholischen Geldern die Beziehungen zu den französischen Besatzern vergleichweise spannungsfrei blieben und Freiwillige für die Armee rekrutiert werden konnten, flackerten im Klevischen Konflikte immer wieder auf – allerdings weniger mit den Besatzern, als vielmehr der Konfessionsparteien untereinander: Unmittelbar nach dem Einmarsch kam es in mehreren Orten zu konfessionell bedingten Ausschreitungen, die Fronleichnamsprozessionen wurden demonstrativ aufwendig begangen, und bei ihrer kurzzeitigen Rückkehr nach Kleve 1758 mußte die preußische Regierung ein Mandat gegen »Religionsbeschimpfungen« erlassen.[130] Plakate, die 1760 in Kleve zum Aufruhr anstachelten, richteten sich nicht gegen die Besatzungsmächte, sondern gegen die einheimischen Beamten als Repräsentanten der protestantischen Führungsschicht. Die Versuche der Katholiken, soziale Benachteiligungen, etwa im Bildungswesen, unter der Besatzungsherrschaft zu korrigieren, wurden nach dem Krieg umgehend zurückgenommen.[131]

Daß konfessionelle Affinitäten die Beziehungen zu einer Besatzungsmacht beeinflußten, läßt sich auch für andere Besatzungssituationen im Ancien Régime nachweisen, so etwa für die preußische Okkupation Schlesiens 1740/1741[132] und Sachsens nach 1757[133] oder die katholischer Territorien in Westfalen durch die Alliierten Preußens nach 1758.[134] Im Herzogtum Berg, wo die Konfessions- und Machtverhältnisse nahezu spiegelverkehrt zu denen des Herzogtums Kleve lagen, glichen die

127 *Wir haben mächtige starcke feinde von außen und die Verrähters in unserm busen.* Statthalter Johann Moritz an klevische Regierung, zit. ibid. S. 479.

128 Aufschlußreich die Aufzeichnungen des Weseler Gouverneurs im Siebenjährigen Krieg, Langeron, die in der Bibliothèque Nationale Paris, fonds franç. nouv. acquisitions 367–369 und im Stadtarchiv Wesel, Bestand Langeron, vorliegen. Vgl. Horst CARL, Wesel im Siebenjährigen Krieg, in: PRIEUR (wie Anm. 15) Bd. 2, S. 279–294, hier: 289 ff. Zu konfessionell geprägten Loyalitäten in Krefeld v. a. Das Tagebuch des Abraham Ter Meer (1758–1769), bearb. v. Gottfried BUSCHBELL, Krefeld 1936 (Krefelder Archiv 3) S. 31–33, 211, 217.

129 CARL (wie Anm. 23) S. 368–371.

130 Johann Joseph SCOTTI (Hg.), Sammlung der Gesetze und Verordnungen, welche in dem Herzogthum Cleve und in der Grafschaft Mark ... ergangen sind, 5 Theile, Düsseldorf 1826, hier: Th. 3, Nr. 1741.

131 Robert SCHOLTEN, Zur Geschichte der Stadt Cleve, Cleve 1905, S. 331; vgl. auch Walther TUCKERMANN, Die Lage der Weseler Lutheraner und Katholiken im 17. und 18. Jahrhundert, in: Alfred HERRMANN (Hg.), Beiträge zur Geschichte des Herzogtums Kleve, Köln 1909, S. 387–402. Aufschlußreich für das Selbstverständnis der protestantischen Führungsschicht KOPSTADT (wie Anm. 122) S. 54–70.

132 Vgl etwa Samuel B. CARSTEDT, Zwischen Schwert und Pflugschar. Ausgewählter Nachdruck der »Atzendorfer Chronik«, bearb. v. Eduard STEGMANN, Nachdruck der Ausgabe Magdeburg 1928, hg. v. Jürgen KLOOSTERHUIS, Paderborn 1989 (Quellen und Schriften zur Militärgeschichte 3) S. 239 f.

133 Alfred HEINZE, Dresden im Siebenjährigen Kriege, Dresden 1885 (Mitteilungen des Vereins für Geschichte und Topographie Dresdens und seiner Umgebung 5/6) S. 157, 173.

134 Rudolfine Freiin von OER, Residenzstadt ohne Hof (1719–1802), in: Geschichte der Stadt Münster, hg. von Franz-Josef JAKOBI, Bd. 1, Münster 1993, S. 365–409, hier: S. 381 f.

konfessionellen Reaktionsmuster in Besatzungszeiten denen in den preußischen Provinzen am Niederrhein – allerdings unter umgekehrtem konfessionellen Vorzeichen.[135] Es ist in der Forschung strittig, ob die konfessionelle Perspektive auch in der Revolutionssperiode zur Differenzierung der Reaktion auf die Besatzungsmacht geführt hat, weil protestantische Minderheiten im Rheinland gelegentlich eine größere Affinität zur Besatzungsmacht zeigten, oder ob die kirchenfeindliche Ausrichtung der Revolutionäre konfessionelle Unterschiede nivellierte.[136] Die antikirchliche und antikatholische Agitation, die sich dann mit der Annexionspolitik Rudlers nach 1797 auch in der Verwaltungspraxis niederschlug, erschwerte jedoch am Niederrhein zweifellos eine auch nur rudimentäre Affinität der Katholiken zur Besatzungsmacht und ließ damit in diesem Bereich Kontinuitätslinien zu früheren Besatzungszeiten abbrechen.

Zielt die konfessionelle Perspektive auf eine kollektive Wahrnehmungsebene, so sei abschließend auf eine Ebene der Interaktion von Besatzern und Bevölkerung verwiesen, die gleichfalls unter bestimmten Bedingungen eine differenzierte, weil individuelle Wahrnehmung von Angehörigen der Besatzungsmacht erlaubte. Es handelt sich dabei nicht zufällig um das Einquartierungswesen: In keinem anderen Fall griff die Besatzungsmacht wohl so tief in die Privat- und Familiensphäre der Betroffenen ein.[137] Einquartierungen waren kein Spezifikum von Besatzungssituationen, sondern in Zeiten fehlender Kasernierung namentlich in Garnisonsstädten eine gängige Praxis. Das gemeinsame Leben unter einem Dach als »engster und intimster Schnittpunkt von militärischer und ›ziviler‹ Welt«[138] brachte schon in Friedenszeiten ambivalente Erfahrungen mit sich: Aus den erheblichen Einschränkungen für die Quartiergeber und der Konfrontation unterschiedlicher Lebenswelten rührten immer wieder Spannungen her; andererseits arrangierte man sich und konnte das Einquartierungswesen somit auch eine Plattform sozialer Beziehungen werden, die die Welt der Soldaten und Bürger miteinander verknüpfte.[139]

Die Einquartierungsproblematik war in erster Linie ein städtisches Problem, und auch die Besatzungsmacht griff auf die eingespielten städtischen Regelungen zurück. Fraglos bedeutete die massenhafte Zwangseinquartierung, die vor allem beim Einmarsch der Armee auftrat, sich aber in Städten, die wie Kleve wichtige Etappen-

135 Im Siebenjährigen Krieg sympathisierte die protestantische Bevölkerung mit Übergriffen alliierter Soldaten gegen katholische Beamte. Carl Spannagel (Hg.), Barmen im Siebenjährigen Kriege. Eine Beckmannsche Chronik, in: Zeitschrift des Bergischen Geschichtsvereins 26 (1890) S. 102–211, hier: S. 130, 156. In den Revolutionskriegen verschärfte die Anwesenheit der französischen Besatzungsmacht die konfessionellen Reibungen: Klaus Müller, Düsseldorf und das Herzogtum Berg in der Zeit der Französischen Revolution, in: Hüttenberger, Molitor (wie Anm. 5) S. 311–326, hier: 320–326.

136 Molitor (wie Anm. 6) S. 208; Blanning (wie Anm. 6) S. 244–246; Kraus (wie Anm. 6) S. 38, 43. Zur Reaktion in mehrheitlich oder geschlossen protestantischen Gebieten vgl. jetzt Erich Schunk, Französische Revolution und pfälzischer Protestantismus, St. Ingbert 1992 (Saarbrücker Hochschulschriften 19) S. 236 ff.

137 »In Gestalt einquartierter Besatzungssoldaten wurde die Kriegslast für die Bevölkerung am unmittelbarsten spürbar.« Andrae (wie Anm. 6) S. 214.

138 Vgl. jetzt dazu Ralf Pröve, Der Soldat in der ›guten Bürgerstube‹. Das frühneuzeitliche Einquartierungssystem und die sozioökonomischen Folgen, in: Bernhard R. Kroener, Ralf Proeve (Hg.), Cives ac milites. Militär und Gesellschaft im 17. und 18. Jahrhundert (im Druck)

139 Ibid.

orte waren, periodisch wiederholen konnte,[140] oft eine präzedenzlose Belastungsprobe für das jeweilige Einquartierungssystem. Daß die Erfahrungen mit der Einquartierung von Besatzungssoldaten sich im Siebenjährigen Krieg und in den Revolutionskriegen am Niederrhein glichen, lag daran, daß die Modalitäten sich nicht änderten: Befürchtungen gutsituierter klevischer Bürger, die französischen Revolutionssoldaten würden ihre egalitäre Doktrin auch auf das Einquartierungswesen anwenden,[141] erfüllten sich nicht. Wie im Siebenjährigen Krieg wurde die Masse der einfachen Soldaten und des Trosses in die verlassenen oder in die »gemeinen Bürgerhäuser« gelegt,[142] während Offiziere und Angehörige der Militärverwaltung in den besseren Häusern der Stadt logierten. Wer wie der junge Regierungsrat Sethe aus Mangel an Erfahrung ein zu großes Haus gemietet hatte, dessen leerstehende Räume zu starken Einquartierungen einluden, sah in der Besatzungszeit vor allem eine *ununterbrochene Kette von Schrecken, Ärger, Verdruß und Trauer*[143]. Zwar machte auch sein Mitbürger Kopstadt mit einquartierten Soldaten schlechte Erfahrungen und beschönigt diese keineswegs,[144] aber in seinen Erinnerungen nehmen enge und sogar freundschaftliche Beziehungen zu einquartierten französischen Soldaten und Offizieren einen überraschend breiten Raum ein. Der Chef einer Kavallerieabteilung, die im Rahmen von Strafmaßnahmen in Kleve einquartiert wurde,[145] verwandelte sich im Hause Kopstadt zum *Hausgenossen ..., den wir an allen unseren häuslichen und Familien-Ereignissen gern Theil nehmen ließen*.[146]

Kopstadt ist mit diesen positiven Erinnerungen jedoch kein Sonderfall: Der durch die Einquartierung erzwungene enge Kontakt mit Vertretern der Besatzungsmacht ließ bei allen negativen Begleiterscheinungen Differenzierungen zu, die einen Kontrapunkt zu einem starren Freund-Feind-Schema setzen konnten.[147] Auch im Siebenjährigen Krieg läßt sich dies beobachten; folglich zeichnen sich die Urteile der Zeitgenossen über die französischen Besatzer durch ein Bemühen um Abgewogenheit aus, das immer wieder auch Anerkennung für einzelne Vertreter der Besatzungsmacht artikuliert.[148] Gewiß spiegeln solche Urteile in der zeitgenössischen Historiographie oder in autobiographischen Quellen vornehmlich eine schichtenspezi-

140 Kopstadt (wie Anm. 122) S. 102 f.; Klein, Bockemühl (wie Anm. 79) S. 119.

141 Kopstadt (wie Anm. 122) S. 127.

142 Carl (wie Anm. 23) S. 325; Kopstadt (wie Anm. 122) S. 116.

143 Klein, Bockemühl (wie Anm. 79) S. 125.

144 Kopstadt (wie Anm. 122) S.108 f., 140–142.

145 Zur Zwangseinquartierung als Strafmaßnahme, die auch in Friedenszeiten bei Steuerrückständen praktiziert wurde (militärische Exekution), vgl. Carl (wie Anm. 23) S. 221 f.

146 Kopstadt (wie Anm. 122) S. 138; vgl. auch Leopold Bleibtreu, Das Rheinland im Zeitalter der Französischen Revolution. Augenzeugenberichte. Nachdruck der Ausgabe von 1834, hg. v. Wilhelm Schmidt, Bonn 1988, S. 61, 125.

147 Zur Ambivalenz der Einquartierungssituation Andrae (wie Anm. 6) S. 223.

148 Vgl. etwa die Charakterisierung des französischen Gouverneurs Langeron durch den Weseler Bürger Gantesweiler als *feinen und von allem Eigennutz weit entfernten Mann*: Chronik der Stadt Wesel von P. Th. A. Gantesweiler, Wesel 1881, S. 486. Weitere Hinweise bei Carl (wie Anm. 23) S. 238–243, sowie ders., Les meilleurs ennemies du monde ? L'occupation française en Allemagne pendant la guerre de Sept Ans, in: Revue historique des Armées 202 (1996) S. 21–32. In die Literaturgeschichte Eingang gefunden hat die Schilderung französischer Einquartierung im Hause Goethe im Siebenjährigen Krieg: Johann Wolfgang v. Goethe, Dichtung und Wahrheit, Bd. 1, Weimarer Ausgabe, 1898, S. 130 ff.

fische Perspektive wieder[149] und können schon deshalb die Frage, wie repräsentativ solche Erfahrungen gewesen sind, nur eingeschränkt beantworten. Sie dokumentieren jedoch zweifellos, daß die wechselseitigen Kontakte im Besatzungsalltag von Feindbilddenken unbeeinflußt bleiben konnten. Eine gleichsam objektive Bestätigung dafür sind die Heiratsverbindungen zwischen Angehörigen des französischen Militärs und Töchtern führender Beamtenfamilien Kleves im Siebenjährigen Krieg[150] – ein Phänomen, das jedoch weder auf den Kontakt von Eliten beschränkt blieb,[151] noch in den Revolutionskriegen fehlt.[152]

Daß »Normalisierungstendenzen« einer Besatzungszeit als problematisch empfunden und unter Fraternisierungsverdacht gestellt wurden, war jedoch offenbar eine Neuerung revolutionärer Kriegsführung. Carnot suchte einen engeren Kontakt der Soldaten mit den als Feinden betrachteten Einwohnern einzuschränken, weil er befürchtete, daß dies die revolutionäre Gesinnung korrumpieren könnte. Durch häufigen Ortswechsel der Einheiten sollte ein längerer stationärer Aufenthalt an einem Ort verhindert werden,[153] damit nicht längere Einquartierung zur ungewollten Normalisierung der Beziehung mit der Zivilbevölkerung führte. Die klevischen Beispiele legen indes nahe, daß dieses Ziel nicht erreicht wurde. Für spätere Forscher ist allerdings vor dem Hintergrund fixierter nationaler Feindbilder und eigener Erfahrungen mit den Franzosen als Besatzungsmacht offenbar nur noch schwer nachvollziehbar gewesen, wenn sich in autobiographischen Zeugnissen Erfahrungen mit den Besatzern niederschlugen, die eben nicht nur einen Gegensatz markierten. Die Schilderung des Krefelder Industriellen Heinrich von Beckerath, wie ein 1795 einquartierter französischer General in die Familie integriert wurde, und sein abschließendes Urteil: »Viel Freude hat uns dieser gute Mann gemacht, wofür ich ihm noch dankbar bin«, versah der Krefelder Historiker Gottfried Buschbell mit einem aktualisierenden Kommentar, als er 1929 diese Passagen herausgab:«Wo gäbe es unter den seit Ende 1918 im Rheinland stehenden Franzosen einen General oder überhaupt einen Offizier, dem seine Quartiergeber ein ähnliches Zeugnis ausstellen könnten?«[154]

149 Dies gilt auch für die Reiseberichte als wichtige Quelle für den deutsch-französischen Kulturaustausch im 18. Jahrhundert: Thomas Grosser, Les voyageurs allemands en France. Etude de cas et perspectives d'analyse, in: Mondot, Valentin (wie Anm. 2), S. 209–237, v. a. 230–233.

150 Carl (wie Anm. 23) S. 241 f.

151 Vgl. etwa Tagebuch Ter Meer (wie Anm. 128) S. 105, 147, 211.

152 Vgl. in diesem Kontext etwa Jörg Engelbrecht, Adelige Familienkonflikte am Ende des 18. Jahrhunderts. Das »Journal d'Amour« der Louise von Hompesch aus dem Jahre 1797/1798, in: Rheinische Vierteljahrsblätter 53 (1989) S. 152–177. Auslöser des Familienkonfliktes war eine Liaison der Tochter aus adeligem Hause mit einem französischen Revolutionsgeneral. Als angenehme Erinnerung an seine Einquartierung in Kleve 1794 taucht ein Liebesverhältnis in der Autobiographie eines einfachen französischen Soldaten der Revolutionskriege auf: Jacques Jourquin (Hg.), Journal du Capitaine François dit le Dromadaire d' Egypte, Bd. 1, Paris 1984, S. 67.

153 Ein entsprechender Befehl Carnots datierte vom 30. Jan. 1794. Molitor (wie Anm. 6) S. 181, Anm. 12.

154 Gottfried Buschbell, Aus der Franzosenzeit in Krefeld, in: Annalen des Historischen Vereins für den Niederrhein 115 (1929) S. 354–365, hier: S. 356.

Résumé français

Dans l'histoire des relations entre les différents Etats et nations européens on ne constate que rarement un phénomène d'une importance aussi considérable que celui de l'occupation militaire réciproque dans l'histoire des relations franco-allemandes. Le centre de gravité de l'activité d'occupation française a été la Rhénanie; les lourdes conséquences de l'occupation de celle-ci par les armées révolutionnaires après 1794 ont souvent suscité l'attention et ceci même dans la recherche historique la plus récente. Dans cet article, nous utiliserons cet événement non pas comme point de départ mais comme limite temporelle d'une analyse comparative de certains aspects de l'occupation française. Les territoires prussiens de la rive gauche du Rhin servent de champ d'exploration car ils furent périodiquement occupés par les Français: en 1672/1673, 1679/1680, 1757–1763 et 1794–1797 (1801). Les occupations militaires, en tant que variante extrême des relations entre états et en tant que confrontation intensive et problématique entre individus peuvent être comprises comme une constellation dont la configuration est à peu près analogue dans tous les cas de figure, ce qui permet un large spectre d'interrogations d'ordre comparatif. En ce qui concerne l'occupation française de la rive gauche du Rhin, nous avons choisi les questions suivantes: 1.) Problèmes relevant du droit international. 2.) Problèmes concernant la pratique administrative. 3.) Conditions spécifiques des réactions individuelles et collectives de la population.

1) Les occupations françaises en Rhénanie inférieure de Louis XIV jusqu'aux guerres révolutionnaires se caractérisent toutes par une légitimité contestée ou complexe de la puissance d'occupation du point de vue du droit international. Cela permet la critique d'une thèse centrale de Carl Schmitt sur la genèse du droit international moderne; pour celui-ci, les situations d'occupation ont été une des étapes permettant aux Etats modernes d'imposer leur souveraineté. Lors de son occupation de territoires faisant partie de l'Empire, la puissance d'occupation française dut, elle aussi, tenir compte de données complexes relevant du droit public. Ainsi, dès le 18e siècle, s'imposa l'idée moderne selon laquelle l'occupation est une situation provisoire et qu'un règlement définitif ne peut émaner que d'un traité de paix. C'est ainsi que le statut des provinces prussiennes occupées du Rhin inférieur resta en suspens de la paix de Bâle en1795 jusqu'à la cession reconnue sur le plan du droit international, qui fut décidée lors de la paix de Lunéville en 1801.

2) Le contrôle effectif d'un territoire par l'administration de l'occupant est par définition le critère d'une occupation. Cependant, les occupations françaises sur la rive gauche du Rhin après 1757 et après 1794 furent compromises par des structures polycratiques et par la concurrence entre l'autorité militaire et les administrations civiles d'occupation, qui empêchait une gestion efficiente. C'est pourquoi la puissance d'occupation française eut à chaque fois recours à des accords de longue durée avec les provinces occupées, accords qui canalisaient certes la corruption systématique des représentants français sur place, mais qui signifiaient également que l'on renonçait dans une large mesure à mettre en place une administration civile d'occupation propre.

Pour les provinces prussiennes occupées, l'occupation française représenta à chaque fois un test pour les pouvoirs existants. Malgré leur perte de pouvoir, la participation des états aux gouvernements d'état d'urgence durant les périodes d'occupation était inévitable. En même temps, la défiance de la bureaucratie du souverain local et de l'Etat prussien à l'égard de l'autonomie des Etats semble être une constante. Même le baron vom Stein qui, dans ses concepts politiques ultérieurs, accorda un grand rôle à la participation des Etats, partagea ces réserves en tant que président de la Chambre à Kleve, lorsqu'en 1795 et 1797, sous occupation française, il fut question de la composition et de la répartition des attributions des organes représentatifs provinciaux.

3) Si l'on considère les occupations françaises du point de vue de l'histoire empirique, l'éclairage de deux aspects particuliers nous amène à relativiser l'opposition tranchée entre occupants et occupés sous l'Ancien Régime. Dans les territoires multiconfessionnels du Rhin inférieur, la présence des Français en 1672 et après 1757 polarisa les tensions confessionnelles latentes et l'affinité avec les occupants resta très marquée par l'option confessionnelle. En outre, les modalités du cantonnement, qui constitue le point de rencontre essentiel dans la vie des occupants et de la population, permettaient une large palette d'expériences. Des témoignages autobiographiques reflètent tout cet éventail de possibilités: pour certains, loger des soldats était un véritable fardeau, alors que d'autres allaient jusqu'à les intégrer dans leur vie familiale.

Werner Greiling

»DIE NÄCHSTEN NACHRICHTEN AUS FRANKREICH KÖNNTEN ÜBERHAUPT KÜNFTIG WICHTIG WERDEN«[1]

Frankreichberichterstattung und Frankreichbild in Thüringen

Obiges Zitat war im Frühsommer 1788 im 21. Stück eines später höchst erfolgreichen Journals zu lesen, das jene Region, der wir uns hier widmen, schon im Titel nennt. »Der Bote aus Thüringen«, wenige Monate zuvor von dem Pädagogen und Schriftsteller Christian Gotthilf Salzmann gegründet, avancierte zu einem vielgelesenen Periodikum der deutschen Volksaufklärung, das zwei unterschiedliche und dennoch miteinander korrespondierende Bedürfnisse zu befriedigen suchte: Es verbreitete erbauliche, der Aufklärung eines ländlichen und kleinstädtischen Publikums dienende Texte, und es versorgte – soweit dies der wöchentliche Erscheinungsrhythmus erlaubte – seine Leser mit aktuellen Informationen aus dem Heiligen Römischen Reich deutscher Nation und aus einer Reihe anderer europäischer Staaten.[2]

Wie im ersten Jahrgang der Zeitschrift vom Herausgeber und Hauptautor Salzmann vorausgesagt, wurden Nachrichten aus Frankreich in der Tat »künftig wichtig«. Dies führte bereits 1789 dazu, daß die Frankreichberichterstattung im Umfang sprunghaft anstieg. Wie sich dies quantitativ und qualitativ entwickelte, wie dies vom Geschehen in Frankreich beeinflußt wurde und welches Frankreichbild von Salzmanns Zeitschrift und von anderen regionalen Periodika aus der Region Thüringen konstituiert wurde, soll im folgenden skizziert werden.

Dies ist zum einen als Aspekt des französisch-deutschen Kulturtransfers von zentralem Interesse.[3] Nachrichtenübermittlung insgesamt stellt sich aber zugleich als

1 Der Bote aus Thüringen, 1 (1788), 21. Stück, S. 336.

2 Vgl. Roswitha Grosse, Christian Gotthilf Salzmanns »Der Bote aus Thüringen«, Schnepfenthal 1788–1816. Eine Zeitschrift der deutschen literarischen Volksaufklärung an der Wende vom 18. zum 19. Jahrhundert, Frankfurt am Main/Bern/New York/Paris 1989. Grosse analysiert allerdings nur den redaktionellen Teil des Journals. Mit stärkeren Bezügen zur Revolutionsberichterstattung des »Boten« vgl. neuerdings Holger Böning, Zeitungen für das »Volk«. Ein Beitrag zur Entstehung periodischer Schriften für einfache Leser und zur Politisierung der deutschen Öffentlichkeit nach der Französischen Revolution, in: Ders. (Hg.), Französische Revolution und deutsche Öffentlichkeit. Wandlungen in Presse und Alltagskultur am Ende des achtzehnten Jahrhunderts, München/London/New York/Paris 1992, S. 467 ff., bes. S. 490 ff.

3 Zum Phänomen des deutsch-französischen Kulturtransfers vgl. Michel Espagne/Michael Werner, Deutsch-französischer Kulturtransfer im 18. und 19. Jahrhundert. Zu einem neuen interdisziplinären Forschungsprogramm des C.N.R.S., in: FRANCIA. Forschungen zur westeuropäischen Geschichte, 13 (1985), München 1986, S. 502–510. Dies., La construction d'une référence culturelle allemande en France. Genèse et histoire (1750–1914), in: Annales. Economies. Sociétés. Civilisations, 42 (1987), H. 4, Paris 1987, S. 969–992. Dies., Deutsch-französischer Kulturtransfer als Forschungsgegenstand. Eine Problemskizze, in: Transferts. Les relations interculturelles dans l'espace franco-allemand (XVIIIe et XIXe siècle). Textes réunis et présentés par Michel Espagne et Michael Werner, Paris 1988, S. 11–34.

Voraussetzung und Basis politischen Räsonnements in Wort und Schrift dar, liefert doch die Presse eine dichte, durch die Periodizität nicht nur wiederholbare, sondern auch sich diachron verändernde und stetig aktualisierende politische Information. Frankreichberichterstattung als Teil des Nachrichtenangebots stellt damit zugleich ein Element der Politisierung von Aufklärung und Öffentlichkeit dar,[4] wie sie in Deutschland bereits vor 1789 begann, durch die Auseinandersetzung mit der Französischen Revolution jedoch weiter forciert wurde. Damit entstand zugleich eine neue Form des Denkens:

»Kritisierende, räsonierende und rezensierende Beobachtung des Bestehenden und Geschehenden, das am Maßstab der Vernunft und der Nützlichkeit gemessen und dem Urteil der öffentlichen Meinung, also dem Urteil des lesenden, ›aufgeklärten‹ Publikums unterworfen wurde.«[5]

Möglich war dies, weil im ausgehenden 18. Jahrhundert *unter den gebildeten Ständen ... das Zeitungslesen schon lange nicht nur gebräuchlich, sondern selbst ein Bedürfnis* war, die Aufklärung aber auch eine *Allgemeinheit des Zeitungslesens unter denjenigen Ständen, welche wenig oder gar keine wissenschaftliche Kultur haben*, herbeigeführt hatte.[6] Für letztere erlangten insbesondere die Intelligenzblätter, denen wir einen Teil unserer Studie widmen, erhebliche Bedeutung.

Thüringen im 18. Jahrhundert

Thüringen, heute eines der fünf »neuen« Länder der Bundesrepublik Deutschland, war vor 200 Jahren ein territorial und politisch höchst diffuses Gebilde.[7] Die am Ende des 18. Jahrhunderts noch immer beträchtliche Zersplitterung des Heiligen Römischen Reichs deutscher Nation fand hier einen besonders extremen Ausdruck, hatte doch das Fehlen der Primogenitur in den Gesetzen der thüringischen Fürstenhäuser zur Zersplitterung, ja, zur regelrechten Atomisierung der Herrschaften geführt.[8] Im

Eine vorläufige Forschungsbilanz bieten Katharina MIDDELL/Matthias MIDDELL, Forschungen zum Kulturtransfer. Frankreich und Deutschland, in: Grenzgänge. Beiträge zu einer modernen Romanistik, 1 (1994), H. 2, S. 107–122.

4 Die Literatur zu dieser Thematik ist in den letzten Jahren beträchtlich angeschwollen. Vgl. u.a. Hans Erich BÖDEKER/Ulrich HERRMANN (Hg.), Aufklärung als Politisierung – Politisierung der Aufklärung, Hamburg 1987. Werner GREILING, »Wahre Aufklärung bringt freilich diese traurigen Würkungen nicht hervor...«. Zur Politisierung der Aufklärung in Thüringen, in: Hans Erich BÖDEKER/Etienne FRANÇOIS (Hg.), Aufklärung/Lumières und Politik. Zur politischen Kultur der deutschen und französischen Aufklärung, Leipzig 1996.

5 Rudolf VIERHAUS, Politisches Bewußtsein in Deutschland vor 1789, in: DERS., Deutschland im 18. Jahrhundert. Politische Verfassung, soziales Gefüge, geistige Bewegungen, Göttingen 1987, S. 185.

6 Joachim von SCHWARZKOPF, Über Zeitungen. Ein Beitrag zur Staatswissenschaft, Frankfurt am Main 1795, S. 74 f.

7 Vgl. Geschichte Thüringens. Hg. von Hans PATZE/Walter SCHLESINGER, 5. Bd.: Politische Geschichte in der Neuzeit, 1. Teil, 2. Teilbd., Köln/Wien 1984. Außerdem Hans HERZ, Wirtschaftliche und politische Verhältnisse in den Territorialstaaten während der Übergangsperiode vom Feudalismus zum Kapitalismus (1525–1789), in: Wissenschaftliche Zeitschrift der Friedrich-Schiller-Universität Jena, Gesellschaftswissenschaftliche Reihe, 35 (1986), H. 6, S. 599 f. Populär gehalten, doch als Einführung recht informativ: Reinhard JONSCHER, Kleine thüringische Geschichte. Vom Thüringer Reich bis 1945, Jena 1993.

8 Vgl. Willy FLACH, Die staatliche Entwicklung Thüringens in der Neuzeit, in: Zeitschrift des Vereins für Thüringische Geschichte und Altertumskunde, 43. Bd. (NF, 35. Bd.), Jena 1941, S. 6–48.

Jahre 1485 war es zur Leipziger Teilung zwischen den Wettinern gekommen, die die Entwicklung der Folgezeit nachdrücklich prägte. Das noch kurfürstliche ernestinische Sachsen erhielt dabei den südlichen, größeren Teil Thüringens, während der nördliche in den Besitz der Albertiner überging. Nachdem die ernestinischen Wettiner die Kurwürde verloren hatten, erfolgte 1572 eine erneut Teilung ihres Gebietes, und zwar zwischen den Brüdern Johann Friedrich und Johann Wilhelm. Erbschaften, Kauf, Verkauf und neue Aufteilungen führten schließlich 1644 zur Herausbildung der beiden Linien Sachsen-Weimar und Sachsen-Gotha. Von Sachsen-Weimar spalteten sich zeitweise Sachsen-Eisenach (1662–1671), Sachsen-Marksuhl (1672–1741) und Sachsen-Jena (1672–1690) ab. Vom Hause Sachsen-Gotha gingen gar fünf neue Herrschaften aus: Sachsen-Meiningen (1681–1826), Sachsen-Römhild (1681–1710), Sachsen-Eisenberg (1681–1707), Sachsen-Hildburghausen (1680–1826) und Sachsen-Saalfeld (seit 1680), das dann von 1735 bis 1826 mit Coburg das Herzogtum Sachsen-Coburg-Saalfeld bildete.

Tabelle 1: Einwohnerzahlen der thüringischen Staaten um 1800

Sachsen-Weimar-Eisenach	110000
Sachsen-Gotha-Saalfeld	187000
Sachsen-Coburg	61000
Sachsen-Meiningen	48000
Sachsen-Hildburghausen	32000
Schwarzburg-Rudolstadt	58000
Schwarzburg-Sondershausen	45000
Reuß-Greiz	22000
Reuß-Schleiz	24000
Reuß-Lobenstein	15000
Reuß-Ebersdorf	15000

Tabelle 2: Einwohnerzahlen thüringischer Städte um 1800

Erfurt	ca.	17500
Gotha		11300
Gera		11000
Mühlhausen		9300
Nordhausen		8300
Weimar		6500
Jena		4500
Rudolstadt		4000
Greiz		4000
Lobenstein		2300

Ähnlich komplizierte Verhältnisse herrschten im Gebiet der Fürsten von Reuß, wo sich »das Teilungsprinzip im 17. Jahrhundert bis zur Selbstpreisgabe ausgetobt«[9] hatte. Am Ende des 18. Jahrhunderts gaben der Region Thüringen die fünf ernestinischen Herzogtümer Sachsen-Weimar-Eisenach, Sachsen-Gotha-Altenburg, Sachsen-Meiningen, Sachsen-Coburg-Saalfeld und Sachsen-Hildburghausen, die Fürstentümer

9 FLACH, Die staatliche Entwicklung (Anm. 8), S. 21. Vgl. auch die Tabellen 1 und 2.

Schwarzburg-Sondershausen und Schwarzburg-Rudolstadt sowie die reußischen Staaten älterer Linie mit der Residenz Greiz und jüngerer Linie, das sich noch in die Unterlinien Reuß-Gera, Reuß-Schleiz, Reuß-Lobenstein und Reuß-Ebersdorf aufgliederte, das Gepräge.[10] Dazu kamen das kurmainzische Erfurt als größte Stadt Thüringens, die alten Reichsstädte Mühlhausen und Nordhausen sowie thüringischer Teilbesitz von Kursachsen, der preußischen Provinz Sachsen und Hessen-Kassel.

Diese territoriale Vielheit ist dennoch nicht gleichzusetzen mit kleinstaatlicher Misere. Freilich, der Übergang von der agrarisch geprägten Feudalgesellschaft zur kapitalistischen Wirtschaftsweise gestaltete sich in Thüringen sehr langwierig. Ein Ort wie Weimar, um 1800 immerhin Zentrum der deutschen Klassik, galt den Zeitgenossen zu Recht eher als ein Dorf mit Residenz denn als Stadt und war damit ein Spiegelbild des nur zögernd voranschreitenden Urbanisierungsprozesses. Auch die absolutistische Macht- und Prachtentfaltung kleiner thüringischer Fürsten geriet in vielen Fällen lediglich zur Karikatur der großen Vorbilder. Dennoch stellt die Kleinstaaterei in Thüringen zwar nicht die Voraussetzung, wohl aber Milieu und Hintergrund für bemerkenswerte geistige und kulturelle Leistungen von Aufklärung, Klassik und Romantik dar. Hierzu trugen insbesondere die Universitäten in Jena und – wenn auch mehr und mehr im Niedergang begriffen – Erfurt bei. Auch die Erfurter »Akademie gemeinnütziger Wissenschaften« war von einiger Bedeutung für das deutsche Geistesleben. Eine wichtige Rolle spielten zudem mehrere »aufgeklärte« Fürstenhöfe. Unter ihnen ragten zunächst jener in Gotha und seit dem letzten Drittel des 18. Jahrhunderts, in der Regierungszeit Anna Amalias und ihres Sohnes Carl August, der Hof von Sachsen-Weimar-Eisenach heraus.[11]

Trotz der geographischen Ferne spielten für die kulturelle und geistige Entwicklung in Thüringen schon frühzeitig vielfältige Einflüsse aus Frankreich eine Rolle. Dabei waren die Rahmenbedingungen für einen solchen kulturellen Transfer am Beginn des 18. Jahrhunderts keineswegs günstig. Der Streit um die Erbfolge des im Jahre 1700 verstorbenen spanischen Königs Karl II. hatten Frankreich und das Heilige Römische Reich deutscher Nation heftig entzweit. Kaiser Leopold I. erklärte den Krieg gegen die Franzosen am 6. Oktober 1702 zum Reichskrieg. Er untersagte allen seinen Untertanen jegliche *Neutralität, Correspondentz, Gewerb oder Handlung* mit dem Feind. Künftig sollte es *keinem Teutschen, wer der auch und unter was Nahmen oder Vorwand es seyn möge, erlaubt und gestattet seyn, in Frankreich zu verreysen.*[12]

10 Zu Begriff und Problematik von Region vgl. u.a. Peter STEINBACH, Zur Diskussion über den Begriff der »Region« – eine Grundsatzfrage der modernen Landesgeschichte, in: Hessisches Jahrbuch für Landesgeschichte, Bd. 31, Marburg 1981, S. 185 ff. Otto DANN, Die Region als Gegenstand der Geschichtswissenschaft, in: Archiv für Sozialgeschichte, 23 (1983), S. 652–661. Helga SCHULTZ, Überlegungen zur Rolle des Regionalen im Übergang vom Feudalismus zum Kapitalismus, in: Jahrbuch für Regionalgeschichte, Bd. 17/1, Weimar 1990, S. 13 ff.

11 Vgl. u.a. Kurt SCHMIDT (Hg.), Gotha. Das Buch einer deutschen Stadt, 2 Bde., Gotha 1931/38; Helga RASCHKE, Gotha. Die Stadt und ihre Bürger, Horb am Neckar 1992; Fritz HARTUNG, Das Großherzogtum Sachsen unter der Regierung Carl Augusts 1775–1828, Weimar 1923; Walter Horace BRUFORD, Kultur und Gesellschaft im klassischen Weimar 1775–1806, Göttingen 1966; Hans TÜMMLER, Das klassische Weimar und das große Zeitgeschehen, Köln/Wien 1975.

12 Vgl. Kaiserliches Kommissionsdekret über die Kriegsverkündigung gegen Frankreich vom 06. Oktober 1702, in: Heinz DUCHHARDT (Hg.), Quellen zur Verfassungsentwicklung des Heiligen Römischen Reiches deutscher Nation (1495–1806) (= Texte zur Forschung, Bd. 43), Darmstadt 1983, S. 163–165, hier S. 164.

Dennoch existierte kein Land in Europa, das vom frühen 18. Jahrhundert an bis 1806 das Alte Reich so nachhaltig und vielfältig – geistig, kulturell, wirtschaftlich und politisch – beeinflußt hat wie der Nachbar links des Rheins. Einen der markantesten Wirkungsfaktoren stellte die französische Aufklärung dar. In Thüringen waren mehrere Fürsten Anhänger aufklärerischer Ideen und prägten an ihren Höfen ein aufgeklärt-liberales Milieu aus.[13] Zu ihnen zählte beispielsweise Ludwig Friedrich II. (1767–1807), seit 1793 regierender Fürst von Schwarzburg-Rudolstadt. Er kehrte 1790 nach einer mehrmonatigen Bildungsreise durch Frankreich *ganz von Freiheitsgefühl ergriffen und mit den schwärmerischen Phantasien einer dadurch zu bewirkenden vollkommenen Aufklärung* in seine Vaterstadt zurück. *Mit dem besten Willen von der Welt trat ich die Regierung an*, resümierte er später, *welche mir nicht gefiel, sie war ja ganz aristokratisch*.[14]

Schon seit der Mitte der achtziger Jahre hatte Ludwig Friedrich in der Rudolstädter Neustadt im geselligen Zirkel der Familien von Lengefeld und von Beulwitz verkehrt und dort aufgeklärte Publizisten wie Rudolf Zacharias Becker kennengelernt. Am 7. September 1788 war er im Hause Beulwitz Zeuge der ersten Begegnung zwischen Schiller und Goethe. Nach seinem Regierungsantritt initiierte er in Schwarzburg-Rudolstadt vorsichtige Reformen des Hoflebens und der Landesverwaltung.

In markanter Weise zeigte sich die Affinität zur französischen Aufklärung auch im Herzogtum Sachsen-Gotha-Altenburg, wo sich zur Regierungszeit Friedrichs III. (1732–1772) um dessen Gattin Luise Dorothea und ihre Hofdame Franziska von Buchwald ein aufgeklärter Zirkel zu zwangloser Geselligkeit versammelte.[15] Hier las man französisches Schrifttum, insbesondere Texte des in Gotha kultisch verehrten Voltaire. Dieser hatte im April/Mai 1753 auf Schloß Friedenstein geweilt und auch späterhin noch mit Luise Dorothea korrespondiert. Außerdem pflegten die Herzogin und ihr Kreis französische Konversation und arrangierten am höfischen Liebhabertheater die Aufführung von Stücken französischer Autoren wie Racine, Regnard,

13 Zur Gesamtproblematik vgl. Jochen Schlobach, Französische Aufklärung und deutsche Fürsten, in: Zeitschrift für historische Forschung, Bd. 17 (1990), S. 2327–349; ders., Frankreich als Modell: Zur absolutistischen Repräsentationskultur im Deutschland des 18. Jahrhunderts, in: Médiations/Vermittlungen. Aspects des relations franco-allemands du XVIIe siècle à nos jours, Bern 1992, S. 81–95. Zu Thüringen vgl. Werner Greiling, Frankreich-Thüringen. Überlegungen zum französisch-deutschen Kulturtransfer zwischen 1770 und 1815 in regionaler Perspektive, in: Matthias Middell/Michel Espagne (Hg.), Von der Elbe bis an die Seine. Kulturtransfer zwischen Sachsen und Frankreich im 18. und 19. Jahrhundert (= Deutsch-Französische Kulturbibliothek, Bd. 1), Leipzig 1993, S. 160–178. Werner Greiling, Kulturtransfer, Frankreichbild und Frankreichberichterstattung in Thüringen zwischen 1785 und 1815. Eine Problemskizze, in: Jürgen John (Hg.), Kleinstaaten und Kultur in Thüringen vom 16. bis 20. Jahrhundert, Köln/Weimar/Wien 1993, S. 351–370. Werner Greiling, »Einem Volke, welches die Bastille rasirt«. Intelligenzblätter und Kulturtransfer in Thüringen, Bayern und Sachsen, in: Cahiers d'Études Germaniques. Revue Semestrielle, Nr. 28, 1995, S. 115–131.

14 Zit. nach Horst Fleischer, Die Durchsetzung bürgerlich orientierter Kultur und Lebensweise am Rudolstädter Hof zur Regierungszeit des Fürsten Ludwig Friedrich II. (1793–1807), in: Die Französische Revolution 1789 und ihre Wirkungen in Thüringen. Resümee der Konferenz am 11. und 12. Februar 1989 in Jena, Gera o.D. (1990), S. 93 f.

15 Vgl. die – theoretisch und methodisch allerdings wenig anspruchsvolle – Habilschrift von Christoph Köhler, Gotha – eine thüringische Residenz zur Aufklärungszeit. Studien zum geistig-kulturellen Leben unter Ernst II. (1745–1802), Jena 1993, S. 41 ff.

Boissy und natürlich Voltaire. Seit 1775 war Friedrich Melchior Grimm als bevollmächtigter Minister des thüringischen Herzogtums am Hofe des französischen Königs akkreditiert.[16]

Der Hof zu Gotha zählte zu den Abonnenten von Grimms »Correspondance littéraire, philosophique et critique«. Luise Dorotheas Sohn, im Sinne der französischen Aufklärung ausgebildet und erzogen und seit 1772 als Ernst II. an der Spitze des Herzogtums, holte bedeutende Gelehrte und Schriftsteller in seine Residenz. Ernst pflegte eine lebenslange Liebe zu den Naturwissenschaften und Künsten und verstand sich zu Recht als aufgeklärter Fürst. Seine geistige Aufgeschlossenheit und seine wissenschaftlichen Ambitionen, insbesondere auf dem Gebiet der Astronomie, fanden mit der Aufnahme in die Akademien von Lyon und Marseille auch in Frankreich bemerkenswerte Würdigung.[17] Nach 1789 zeigte er eine deutliche Sympathie für die Ideen der Französischen Revolution. Ähnliches läßt sich aus Meiningen vermelden, wo Charlotte Amalie nach dem Tod ihres Gatten Anton Ulrich im Jahre 1763 zu einer aufgeklärten Regentin avancierte und auch ihre Söhne, die späteren Herzöge Karl und Georg I., im Sinne der französischen Aufklärung erziehen ließ.[18]

Die Rezeption französischer Kultur und die Kenntnisnahme des politischen und gesellschaftlichen Geschehens in Frankreich blieb im 18. Jahrhundert allerdings auch in Thüringen nicht auf die höfische Gesellschaft begrenzt. Vertreter bürgerlicher Schichten waren sowohl im Umfeld der zahlreichen Residenzen, mehr und mehr jedoch auch mit eigenen Medien und Institutionen ebenfalls am französisch-deutschen Kulturtransfer beteiligt. Dieser strahlte in zunehmendem Maße selbst auf die städtischen und ländlichen Unterschichten aus. Allgemein konnte man in der Mitte des 18. Jahrhunderts *eine gewisse Neigung entdecken, von denen Dingen, die außer und neben uns geschehen, wir mögen nun mit denselben in einiger Verbindung stehen oder nicht, einige Nachricht zu erhalten, und dieser Trieb erstrecket sich bis auf die untersten Stände der Menschen*[19].

Allerdings vermochten es die Unterschichten nicht, sich durch Lektüre französischer Schriften, durch grenzüberschreitende Korrespondenz oder gar durch Informationsreisen ein eigenes Urteil über das Geschehen in Frankreich zu bilden. Sie waren auf Vermittlung angewiesen, die in Thüringen vor allem von Intelligenzblättern und diversen Wochenschriften geleistet wurde. Während die großen deutschen Zeitungen jener Epoche kaum bis in die abgelegensten Dorfgemeinden gelangten, boten Intelligenzblätter wie die zitierte »Coburger Wöchentliche Anzeige« die Möglichkeit

16 Vgl. Jochen SCHLOBACH, Grimm in Paris. Ein Kulturvermittler zwischen Deutschland und Frankreich in der zweiten Hälfte des 18. Jahrhunderts, in: Deutsche in Frankreich – Franzosen in Deutschland 1715–1789. Institutionelle Verbindungen, soziale Gruppen, Stätten des Austausches. Hg. von Jean MONDOT/Jean-Marie VALENTIN/Jürgen VOSS (= Beihefte der FRANCIA, Bd. 25), Sigmaringen 1992, S. 179–189.

17 Vgl. Jürgen VOSS, Deutsche in französischen Akademien und Franzosen in deutschen Akademien 1700–1800, in: Deutsche in Frankreich – Franzosen in Deutschland (Anm. 16), S. 39–52.

18 Vgl. Werner GREILING, Jena und seine Erhalterstaaten im Einflußfeld der französischen Aufklärung und der Revolution von 1789, in: Friedrich STRACK (Hg.), Evolution des Geistes: Jena um 1800. Natur und Kunst, Philosophie und Wissenschaft im Spannungsfeld der Geschichte, Stuttgart 1994, S. 40–59, bes. S. 42–44.

19 Einleitung von dem Nutzen dieses Blattes, in: Coburger Wöchentliche Anzeige, Nr. 1 vom 01.01.1764, unpag.

zu gleichsam »kollektiver« Lektüre. Dies war auch insofern bedeutsam, da man in Thüringen wie in anderen Regionen nach wie vor von einer eingeschränkten Lese- und Schreibfähigkeit ausgehen muß.[20] Allerdings lassen neuere Untersuchungen zur Signierfähigkeit den Schluß zu, daß die Lesefähigkeit um 1800 selbst bei den ländlichen Unterschichten weit über 50 Prozent lag.[21] In dieser Perspektive gewinnt die Feststellung Madame de Staëls an Glaubwürdigkeit, daß man *sich in Frankreich keine Vorstellung davon machen* könne, *wie verbreitet die Bildung in Deutschland ist*[22].

Nachrichtenwesen und Frankreichberichterstattung in thüringischen Intelligenzblättern

Neben einigen überregional ausgerichteten Zeitschriften der Region Thüringen sollen unter dem Aspekt der Frankreichberichterstattung und des vermittelten Frankreichbildes zunächst die Intelligenzblätter etwas näher beleuchtet werden. Während der Gründer des ersten Intelligenz-Comptoirs in Frankreich, Théophraste Renaudot, den Inhalt der vorher lediglich auf handschriftlichen Listen erfaßten Anzeigen, Angebote und Wünsche bereits seit 1633 auf gedruckten »Feuilles du bureau d'adresse« in Paris verbreitete,[23] kamen im deutschen Sprachraum Intelligenzblätter erstmals zu Beginn des 18. Jahrhunderts heraus.[24] Bekannt sind die »Wöchentlichen Franckfurter Frag- und Anzeigungs-Nachrichten« (1722)[25] und die »Wöchentlichen Hamburger Frag- und Anzeigungs-Nachrichten« (1724). In einigen deutschen Staaten, darunter

20 Zum Grad von Alphabetisierung und »Literarisierung« im 18. und 19. Jahrhundert sowie zur Wirksamkeit der Volksaufklärung gibt es in der Forschung nach wie vor keinen Konsens. Vgl. Rudolf SCHENDA, Volk ohne Buch. Studien zur Sozialgeschichte der populären Lesestoffe 1770–1910, Frankfurt am Main 1970; Etienne FRANÇOIS, Alphabetisierung und Lesefähigkeit in Frankreich und Deutschland um 1800, in: Helmut BERDING/Etienne FRANÇOIS/Hans-Peter ULLMANN (Hg.), Deutschland und Frankreich im Zeitalter der Französischen Revolution, Frankfurt am Main 1988, S. 407–425; Hans MEDICK, Ein Volk »mit« Büchern. Buchbesitz und Buchkultur auf dem Lande am Ende der frühen Neuzeit: Laichingen 1748–1820, in: Hans Erich BÖDECKER (Hg.), Lesekulturen im 18. Jahrhundert (= Aufklärung. Interdisziplinäre Halbjahresschrift zur Erforschung des 18. Jahrhunderts und seiner Wirkungsgeschichte, Jg. 6, H. 1), Hamburg 1992, S. 59 ff.

21 Vgl. das Alphabetisierungsprojekt unter der Leitung von Ernst Hinrichs und Hans Erich Bödeker, das am Max-Planck-Institut für Geschichte Göttingen durchgeführt wird. Für die Mitteilung von Zwischenergebnissen sei Dr. Jens Riederer (Erfurt) herzlich gedankt.

22 Germaine de STAEL, Über Deutschland. Hg. von Anna Mudry, Berlin 1989, S. 106.

23 Vgl. Christian BAILLY (éd.), Mémoires de Théophraste Renaudot, Paris 1981, S. 53–56. Folke DAHL/Fanny PETIBON/ Marguerite BOULET, Les débuts de la presse française. Nouveaux aperçus, Göteborg/Paris 1951. Histoire générale de la presse française. Publiée sous la direction de Claude BELLANGER/Jacques GODECHOT/Pierre GUIRAL/Fernand TERROU, t. I: Des origines à 1814, Paris 1969, S. 83–95.

24 Zum folgenden vgl. Werner GREILING, »Intelligenzblätter« und gesellschaftlicher Wandel in Thüringen. Anzeigenwesen, Nachrichtenvermittlung, Räsonnement und Sozialdisziplinierung, München 1995. Holger BÖNING, Das Intelligenzblatt. Dokumentation zu einer literarisch-publizistischen Gattung der deutschen Aufklärung; Bremen 1991. DERS., Das Intelligenzblatt – eine literarisch-publizistische Gattung des 18. Jahrhunderts, in: Internationales Archiv für Sozialgeschichte der deutschen Literatur, 19 (1994), H. 1, S. 22–34. Friedrich HUNEKE, Die »Lippischen Intelligenzblätter« (Lemgo 1767–1799), Lektüre und gesellschaftliche Erfahrung. Mit einem Vorwort von Neithard Bulst (Forum Lemgo. Schriften zur Stadtgeschichte, H. 4), Bielefeld 1989, S. 207–240.

25 Vgl. Alexander DIETZ, Das Intelligenz-Blatt Frankfurter Frag- und Anzeigungs-Nachrichten 1722–1900, Frankfurt am Main 1922.

in Preußen, wurde die Gründung derartiger Organe vom Staat gefördert, was sowohl mit dem Anzeigenmonopol als auch mit der Möglichkeit zu tun hatte, sich staatlich kontrollierte »Sprachrohre« für amtliche Bekanntmachungen und obrigkeitliche Dekrete zu schaffen.[26]

Der ursprüngliche und lange dominierende Zweck der Intelligenzblätter, nämlich die Veröffentlichung von Anzeigen aus verschiedenen Lebensbereichen, führte dazu, das sie von der Forschung oft fast abfällig behandelt wurden. Empirisch solide und analytisch differenzierte Einzelstudien sind die Ausnahme,[27] Synthesen und Gesamtdarstellungen fehlen fast völlig. Diese »Forschungslücke«[28] soll und kann im Rahmen unseres Aufsatzes nicht geschlossen werden. Allerdings war in Thüringen der Zweck von Intelligenzblättern nicht – wie etwa in Preußen zunächst intendiert – auf eine Funktion als »Informations- und Ordnungsmittel kameralistischer Wirtschaftspolitik«[29] begrenzt. Vielmehr erfüllten hier viele Blätter zugleich Aufgaben der Nachrichtenübermittlung, der Volksaufklärung und eines, wenn auch nur ansatzweisen, öffentlichen Diskurses.[30]

Läßt man mehrere sehr kurzlebige Organe außer acht, bleiben in der Region Thüringen immerhin über ein Dutzend als Intelligenzblätter zu klassifizierende Periodika mit lokaler bzw. regionaler Orientierung, die in der zweiten Hälfte des 18. Jahrhunderts gegründet wurden und jeweils für mehrere Jahrzehnte erschienen.[31] Damit ist Thüringen innerhalb des deutschen Sprachgebietes quantitativ deutlich überrepräsentiert,[32] was nicht zuletzt mit der großen Zahl politisch weitgehend selbständiger Territorien und Städte zusammenhängt. Außerdem erschien in Gotha, nach Jena und Erfurt der wichtigste Verlagsort für das thüringische Zeitschriftenwesen, seit 1791 unter dem Titel »Der Anzeiger« noch ein überregionales Intelligenzblatt, das von Rudolph Zacharias Becker verlegt und redigiert wurde.[33] Von 1794 an veränderte Becker

26 Vgl. Günther OST, Das preußische Intelligenzwerk, in: Forschungen zur Brandenburgischen und Preußischen Geschichte, 43 (1930), S. 44–75, hier S. 48 f.

27 Vgl. HUNEKE, Die »Lippischen Intelligenzblätter« (Anm. 24). Aus der älteren Literatur vgl. Joachim von SCHWARZKOPF, Ueber politische Zeitungen und Intelligenzblätter in Sachsen, Thüringen, Hessen und einigen angränzenden Gebieten, Gotha 1802; August MAASS, Das Münsterische Intelligenzblatt als Zeitung und Zeitspiegel, Inaugural-Dissertation (MS), Münster 1923.

28 Vgl. Gerhardt PETRAT, Das Intelligenzblatt – eine Forschungslücke, in: Elger BLÜHM/Hartwig GEBHARDT (Hg.), Presse und Geschichte – neue Beiträge zur historischen Kommunikationsforschung (= Deutsche Presseforschung, Bd. 26), München 1987, S. 207 ff.

29 HUNEKE, Die »Lippischen Intelligenzblätter« (Anm. 24), S. 28.

30 Vgl. GREILING, »Intelligenzblätter« (Anm. 24), bes. S. 9 ff.

31 Vgl. Tabelle 3. Das erste thüringische Intelligenzblatt, die »Weimarischen Nachrichten und Anfragen« von 1734, überdauerte nur wenige Monate. Danach eröffnete der »Wöchentliche Erfurtische Anfrag- und Nachrichten-Zettul« 1746 eine Gründungswelle, die ihren Höhepunkt in den fünfziger und sechziger Jahren hatte.

32 Huneke verzeichnet in seinem Versuch einer Gesamtübersicht 188 Blätter in 166 deutschen Orten, Böning spricht von 220 Intelligenzblättern im deutschsprachigen Raum. Vgl. HUNEKE, Die »Lippischen Intelligenzblätter« (Anm. 24), S. 207–240. BÖNING, Das Intelligenzblatt. Dokumentation (Anm. 24), S. 2–4. DERS., Das Intelligenzblatt – eine literarisch-publizistische Gattung (Anm. 24), S. 22.

33 Vgl. Reinhart SIEGERT, Aufklärung und Volkslektüre. Exemplarisch dargestellt an Rudolph Zacharias Becker und seinem »Noth- und Hülfsbüchlein«. Mit einer Bibliographie zum Gesamtthema, in: Archiv für Geschichte des Buchwesens, 19 (1978), Sp. 565–1348, bes. Sp. 761 ff.

den Titel seines Periodikums in »Der Reichsanzeiger«, und nachdem das *ehrwürdige, heilig genannte römische Reich deutscher Nation ... ein Opfer der alles verzehrenden Zeit geworden*[34] war, erschien das Blatt als »Allgemeiner Anzeiger der Deutschen«.

Tabelle 3: Intelligenzblätter in Thüringen im 18. Jahrhundert

Gnädigst privilegiertes Altenburgisches Wochenblatt Altenburg, seit 1754
Arnstädtische wöchentliche Anzeigen und Nachrichten Arnstadt, seit 1768 (15. Oktober 1768)
Coburger wöchentliche Anzeige Coburg, seit 1764 (01. Januar 1764)
Eisenachische wöchentliche Nachrichten, von Policey-Gelehrten und andern Sachen Eisenach, seit 1752 (08. Januar 1752)
Wöchentlicher Erfurtischer Anfrag- und Nachrichten-Zettul Erfurt, seit 1746 (22. Januar 1746)
Wöchentliches Frankenhäusisches Intelligenzblatt Frankenhausen, seit 1765 (02. Januar 1765)
Wöchentliche Gothaische Anfragen und Nachrichten Gotha, seit 1751 (05. März 1751)
Gnädigst privilegirtes Greizer Intelligenzblatt Greiz, seit 1774 (21. Mai 1774)
Hildburghäusische Wöchentliche Anzeigen Hildburghausen, seit 1766 (24. März 1766)
Wöchentliche Jenaische Frag- und Anzeigen Jena, seit 1752 (12. Juni 1752)
Lobensteinisches gemeinnütziges Intelligenzblatt Lobenstein, seit 1784 (01. März 1784)
Meiningische wöchentliche Anfrage und Nachrichten Meiningen, seit 1763 (04. Juni 1763)
Mühlhäusisches Wochenblat Mühlhausen, seit 1764
Wöchentliches Nordhäusisches Intelligenzblatt Nordhausen, seit 1766
Rudolstädtische Wöchentliche Anzeigen und Nachrichten Rudolstadt, seit 1769 (21. Februar 1769)
Wöchentliche Weimarische Anzeigen Weimar, seit 1755 (05. April 1755)

In den thüringischen Intelligenzblättern wurde im Laufe der Zeit in vielen Fällen eine Rubrik »Wöchentlicher Zeitungsauszug« eingerichtet, die meist auch Berichte über das Geschehen in Frankreich enthielt. So betonte das »Erfurthische Intelligenz-Blatt«, in dem sich seit 1769 politische Nachrichten finden, die Nützlichkeit von Informationen über *die kleinen Vorfälle*, welche *sich in einem jeden Orte, Stadt, Flecken und Dorfe zutragen. Wie nun die Staatskunst erfordert, daß ein großer Herr auf die Maximen und Handlungen seiner Nachbarn ein wachsames Auge habe, so erfordert*

34 Allgemeiner Anzeiger der Deutschen, Nr. 251 vom 19.09.1806, Sp. 3097 f.

auch öfters die Klugheit, daß ein Bürger bei den Handlungen seines Nachbars und Mitbürgers nicht gleichgültig sei, sondern sich um seine Handlungen bekümmere und guten Gebrauch davon mache.[35] Hier hatte der Herausgeber nicht mehr den Untertan, sondern den selbständig handelnden Bürger im Blick, der für sein Tun selbst verantwortlich ist.

In den Fürstentümern der Schwarzburger präsentierte das »Rudolstädter Wochenblatt« eine – wenn auch vergleichsweise knappe – Rubrik »Zeitungs-Auszug«. Die »Arnstädtischen wöchentlichen Anzeigen und Nachrichten« führten vom ersten Stück an regelmäßig eine relativ ausführliche Abteilung »Zeitungsnachrichten« mit Meldungen aus vielen Ländern Europas. Zusätzlich zum samstäglichen Intelligenzblatt erschien dann seit dem 15. Januar 1794 jeweils mittwochs noch die »Arnstädtische Zeitung«. Damit wollte der Herausgeber Hieronymus Jacob Trommsdorf in einer Zeit sehr umfangreicher Meldungen aus Frankreich verhindern, daß nicht mehr *viele interessante Zeitungsnachrichten, wegen Mangel des Raumes, theils weggelassen, theils verstümmelt gesaget werden mußten*[36]. Wie vorher auch, wurden jeweils die Quellen der Informationen genannt. Ähnlich wie in den »Hildburghäusischen Wöchentlichen Frag- und Anzeigen«, die regelmäßig eine im Umfang schwankende Abteilung »Zeitungs-Extract« enthielten, griff man dazu meist auf überregionale deutsche Tageszeitungen zurück.

Während das »Lobensteinische gemeinnützige Intelligenzblatt«, das für die zwei reußischen Fürstentümer der jüngeren Linie Reuß-Lobenstein und Reuß-Ebersdorf konzipiert war, kaum politische Nachrichten enthielt, konnte man in Reuß älterer Linie regelmäßig Nachrichten aus aller Welt zur Kenntnis nehmen. Das »Gnädigst privilegierte unterhaltend-gemeinnützige Greizer Intelligenzblatt« beinhaltete eine Rubrik »Interessante Neuigkeiten«, die sich ausdrücklich an solche Zeitgenossen adressierte, *die entweder gar keine Zeitung lesen oder sie doch nicht ganz verstehen*[37]. In den neunziger Jahren dann gab es in diesem Blatt eine Abteilung »Politische Nachrichten«, die häufig sogar die jeweilige Ausgabe einleitete.

Die Intelligenzblätter mit politischen Nachrichten berichteten auch vor 1789 über Frankreich. Der Schwerpunkt der Meldungen lag jedoch eher im Osten und Südosten Europas. Erst der Ausbruch der Revolution führte dann in vielen Fällen zu einer deutlichen quantitativen Ausweitung der Frankreichberichterstattung. Greift man eine Reihe der Organe aus dem insgesamt beträchtlichen Quellenkorpus heraus und untersucht sie hinsichtlich ihrer Beiträge über zentrale politische Ereignisse in Frankreich, ergibt sich ein interessantes Bild. So unterrichten acht von vierzehn der untersuchten Blätter ihre Leser vom Sturm auf die Bastille und vom endgültigen Revoluti-

35 Von dem moralischen Nutzen öffentlicher Intelligenzblätter, in: Erfurthisches Intelligenz-Blatt, in Frag- und Anzeigen vor Stadt- und Land-Wirthe, zum Besten des Nahrungsstandes, 1. Stück vom 07.01.1769, S. 5.

36 Hieronymus Jacob Trommsdorf an Fürst Christian Günther von Schwarzburg-Sondershausen vom 24.01.1794, in: Thüringisches Staatsarchiv Rudolstadt, Geheimes Consilium Sondershausen, Nr. 1587, unpag.; vgl. auch Arnstädtische Zeitung nebst wöchentlichen Anzeigen und Nachrichten, 1. Woche, 15.01.1794, S. 1.

37 Vgl. Gnädigst privilegiertes unterhaltend-gemeinnütziges Greizer Intelligenzblatt, Nr. 33 vom 14.08.1789, S. 130 f. Diese Ausgabe enthält den Bericht über den Bastillesturm in Paris.

onsauftakt am 14. Juli 1789.[38] Die restlichen sechs bringen keine derartige Nachricht. Exakt die gleichen Periodika informieren über die Hinrichtung Ludwigs XVI. am 21. Januar 1793, und in ihnen spielt das Revolutionsgeschehen auch insgesamt durchgehend eine Rolle. Der Staatsstreich Napoleons vom 18. Brumaire (09. November 1799), dem wenige Tage später die Verkündung der Konsulatsverfassung folgte, wird dann nur noch von sechs Intelligenzblättern angemerkt.[39] Sowohl der Veröffentlichungszeitpunkt als auch Umfang, Informationsgehalt und Tendenz der Nachrichten sind höchst unterschiedlich.[40]

Die breiteste zeitliche Streuung ist bei der Berichterstattung über den Sturm auf die Bastille festzustellen, liegen doch zwischen der Meldung in den »Arnstädtischen wöchentlichen Anzeigen und Nachrichten« und der Notiz in den »Hildburghäusischen Wöchentlichen Frag- und Anzeigen« immerhin 21 Tage. Letzteres Blatt bildet auch bei den Berichten über die Hinrichtung des französischen Königs das Schlußlicht, genau 14 Tage nach den Nachrichten in den Intelligenzblättern von Coburg, Meiningen und Weimar. Einheitlicher ist das Bild beim 18. Brumaire des Jahres VIII, als man fast überall zwischen dem 14. und 18. Tag nach dem Geschehen informierte. Einzige Ausnahme waren hier die »Jenaischen Wöchentlichen Anzeigen«, die bereits am 20. November im Umfang von vier Spalten von der Machtübernahme durch Napoleon berichteten.[41]

Vergleicht man die Chronologie der Berichterstattung über den Bastillesturm vom 14. Juli 1789 mit den Nachrichten in französischen Gazetten und in überregionalen deutschen Zeitungen,[42] zeigen sich einige der Intelligenzblätter in Thüringen hin-

38 Von den »Eisenachischen wöchentlichen Nachrichten« und von den »Wöchentlichen Jenaischen Frag- und Anzeigen« konnten die Jahrgänge 1789 und 1793 nicht aufgefunden werden. Sie gelten als verschollen. Da in beiden Blättern im Jahrgang 1799 das Geschehen vom 18. Brumaire gemeldet wird, ist anzunehmen, daß sie auch 1789 und 1793 politische Nachrichten aus Frankreich enthielten.

39 Für diesen Jahrgang liegen auch die Intelligenzblätter aus Eisenach und Jena vor, die beide vom Geschehen berichten.

40 Im folgenden werden diese Kürzel verwendet:
Gnädigst privilegiertes Altenburgisches Wochenblatt – **AW**
Arnstädtische Wöchentliche Anzeigen und Nachrichten – **AWAN**
Coburger Wöchentliche Anzeigen – **CWA**
Eisenachische wöchentliche Nachrichten – **EWN**
Wöchentlicher Erfurtischer Anfrag- und Nachrichten-Zettul – **EANZ**
Wöchentliches Frankenhäusisches Intelligenzblatt – **FI**
Wöchentliche Gothaische Anfragen und Nachrichten – **GAN**
Gnädigst privilegiertes Greizer Intelligenzblatt – **GI**
Hildburghäusische Wöchentliche Frag- und Anzeigen – **HWFA**
Wöchentliche Jenaische Frag- und Anzeigen – **JFA**
Lobensteinisches gemeinnütziges Intelligenzblatt – **LGI**
Meiningische Wöchentliche Anfragen und Nachrichten – **MWAN**
Mühlhäusisches Wochenblat – **MW**
Wöchentliches Nordhäusisches Intelligenzblatt – **NI**
Rudolstädtisches Wochenblatt – **RW**
Weimarische Wöchentliche Frag- und Anzeigen – **WFA**.

41 Vgl. JFA, Nr. 92 vom 20.11.1799, S. 341 f.

42 Die deutsche Resonanz auf und die unmittelbare Berichterstattung über den 14. Juli 1789 ist inzwischen gut erforscht. Vgl. u.a. Hans-Jürgen LÜSEBRINK/Rolf REICHARDT, Les récits du quatorze juillet en France et en Allemagne, in: Michel VOVELLE (éd.), L'image de la Révolution Francaise. Communications présentées lors du Congrès Mondial pour le Bicentenaire de la Révolution, vol. I, Paris u.a.

sichtlich ihrer Aktualität durchaus auf der Höhe der Zeit. Selbstverständlich wurde am Ort des Geschehens sofort informiert, etwa in »Le Moniteur«. Er publizierte ausführliche Darlegungen von den Verhandlungen der Nationalversammlung und vom sonstigen Geschehen in der französischen Hauptstadt und brachte bereits am Folgetag eine knappe Meldung von der Bastille.[43] Die Zeitung erschien noch nicht täglich, und so erfuhr auch der Leser des »Moniteur« die ausführlichen Details des Geschehens erst mit einigem Abstand und in Fortsetzung. Der Umfang war mit insgesamt ca. zehn Seiten in Folio allerdings sehr beachtlich.[44] Die »Affiches de Strasbourg« hingegen, deren Profil den thüringischen Intelligenzblättern durchaus ähnelte und die regelmäßig von den Tagungen der Nationalversammlung berichteten, meldeten den Bastillesturm nicht.[45] Und in umgekehrter Richtung scheint der Nachrichtenweg noch beschwerlicher gewesen zu sein. Meldungen aus Deutschland wurden erst ca. 17 bis 22 Tage nach dem Ereignis im »Moniteur« eingerückt.

In Deutschland war es die »Privilegirte Mainzer Zeitung«, die – mit einem Abstand von acht Tagen – die ersten Nachrichten von den Kämpfen um das Pariser Staatsgefängnis publizierte.[46] Von den überregionalen Blättern mit einer gewissen geographischen Nähe zu Thüringen berichtete die Erlanger »Real-Zeitung« erstmals am 24. Juli von der Bastille,[47] während die »Leipziger Zeitungen« ihren Lesern entsprechende Meldungen erstmals am 27. des Monats mitteilten.[48] Die »Berlinischen Nachrichten von Staats- und gelehrten Sachen«, die immerhin dreimal wöchentlich erschienen, brachten erstmalig am 28. Juli, die »Schlesische privilegierte Zeitung« in Breslau, ebenfalls mit drei Ausgaben pro Woche auf dem Markt, sogar noch einen Tag später Informationen vom *quatorze juillet*.[49]

In dieser Gesellschaft kann sich auch das einzige politische Blatt von überregionaler Bedeutung aus Thüringen, die »Privilegirte Gothaische Zeitung«, durchaus sehen lassen. Zunächst mit drei, später mit vier Ausgaben pro Woche erscheinend, nahm hier das politische Geschehen im Ausland und insbesondere in Frankreich lange vor 1789 einen besonderen Platz ein. Von 1789 an publizierte die Zeitung dann ausführliche und sehr aktuelle Nachrichten vom Revolutionsverlauf sowie seit 1792 auch vom Kriegsgeschehen.

1989, S. 315 ff. Hans Erich Bödeker, 1789 dans la presse allemande. Une analyse statistique des reportages dans les journeaux allemands, in: L'image de la Révolution Française, S. 385 ff. Hans-Jürgen Lüsebrink/Rolf Reichardt, Die »Bastille«. Zur Symbolgeschichte von Herrschaft und Freiheit, Frankfurt am Main 1990.

43 Vgl. Gazette Nationale, ou Le Moniteur Universel, Nr. 18 du 13 au 15 juillet 1789, S. 79 f.

44 Vgl. Détails des circonstances qui ont amené la prise de la Bastille, et relation de cet événement, in: Le Moniteur, Nr. 20 du 17 au 20 juillet 1789, S. 85 f.; Nr. 21 du 20 au 23 juillet 1789, S. 89 f.; Nr. 22 du 23 juillet, S. 93 f.; Nr. 23 du 23 au 24 juillet, S. 97 f.; Nr. 24 du 24 au 25 juillet, S. 101–103.

45 Vgl. Affiches de Strasbourg, Nr. 28 vom 15.07.1789; Nr. 29 vom 22.07.1789; Nr. 30 vom 29.07.1789.

46 Vgl. Privilegirte Mainzer Zeitung, Nr. 87 vom 22.07.1789, unpag.

47 Vgl. Real-Zeitung, Nr. 57 vom 24.07.1789, S. 515 f. Wesentlich ausführlicher jedoch war der Bericht in der folgenden Ausgabe, Nr. 58 vom 28.07.1789.

48 Vgl. Leipziger Zeitungen, 144. Stück vom 27.07.1789, S. 857 f.

49 Vgl. Rolf Reichardt, Probleme des kulturellen Transfers der Französischen Revolution in der deutschen Publizistik 1789–1799, in: Böning (Hg.), Französische Revolution und deutsche Öffentlichkeit (Anm. 2), S. 108. Ursula E. Koch/Ute Nawratil/ Detlef SCHRÖTER, Sommer 1789: Französische Revolution und deutsche Zeitungsberichte. Ein Pilotprojekt zur historischen Inhaltsanalyse, in: Böning (Hg.), Französische Revolution und deutsche Öffentlichkeit (Anm. 2), S. 241 f.

Alles kündigt nahe schreckliche Auftritte an,[50] wurde unter dem Datum des 13. Juli in der »Privilegirten Gothaischen Zeitung« aus Paris gemeldet. Diese Prophezeiung bestätigte sich bereits in der folgenden Ausgabe. Am 24. Juli wurde in einem »Schreiben aus Paris, vom 15. Jul.« mitgeteilt, daß *die Bastille [...] vom Volke eingenommen, und der Gouverneur derselben, nebst einem Kanonier, welche beyde auf das Volk Feuer gegeben hatten, enthauptet worden*[51] sei. Im gleichen Stück führte ein zweites »Schreiben aus Paris, vom 15.« das Geschehen näher aus. Ohne vordergründigen Kommentar, ausschließlich auf die Fakten konzentriert, macht die Art der Nachrichtenpräsentation dennoch deutlich, daß die Sympathien der Redaktion nicht dem Gouverneur der Bastille, sondern den Aufständischen galten. Die Schilderung, wie de Launy mehrere hundert Menschen in einen Hinterhalt locken und niederschießen ließ, schließt mit den Worten:

Diese Treulosigkeit wurde sogleich entdeckt, die Bastille darauf förmlich beschossen, und mit stürmender Hand erobert. Launy selbst wurde ergriffen und nach dem Stadthause gebracht, wo er den Kopf verlohr, der nachher durch die ganze Stadt auf einer Stange zur Schau herumgetragen wurde.[52]

Tabelle 4: Frankreich-Berichterstattung in Thüringen

Ereignisse
- Erstürmung der Bastille am 14. Juli 1789 [Bastille]
- Hinrichtung Ludwigs XVI. am 21. Januar 1793 [Ludwig]
- Staatsstreich Napoleons am 09. November 1799 [Napoleon]

Aufgeführt ist die jeweils erste Meldung.

Bastille	Ludwig	Napoleon	
AW	kein Bericht	kein Bericht	kein Bericht
AWAN	25.07. 1789	09.02. 1793	23.11. 1799
CWA	08.08. 1789	02.02. 1793	kein Bericht
EWN	?	?	23.11. 1799
EANZ	kein Bericht	kein Bericht	kein Bericht
FI	kein Bericht	kein Bericht	kein Bericht
GAN	kein Bericht	kein Bericht	kein Bericht
GI	14.08. 1789	08.02. 1793	kein Bericht
HWFA	15.08. 1789	16.02. 1793	23.11. 1799
JFA	?	?	20.11. 1799
LGI	kein Bericht	kein Bericht	kein Bericht
MWAN	01.08. 1789	02.02. 1793	23.11. 1799
MW	29.07. 1789	06.02. 1793	23.11. 1799
NI	kein Bericht	kein Bericht	kein Bericht
RW	28.07. 1789	05.02. 1793	26.11. 1799
WFA	28.07. 1789	02.02. 1793	27.11. 1799
Gothaische Ztg.	24.07. 1789	31.01. 1793	19.11. 1799
Deutsche Ztg.	02.10. 1789	14.02. 1793	21.11. 1799

50 Privilegirte Gothaische Zeitung, 30. Woche, 2. Stück vom 23.07.1789, S. 372.

51 Ebenda, 30. Woche, 3. Stück vom 24.07.1789, S. 378.

52 Ebenda, S. 378.

Die Hinrichtung Ludwigs XVI. war ebenfalls in einem zeitlichen Abstand von nur zehn Tagen, diesmal als knappe »Spitzenmeldung«, eingerückt.[53] In der gleichen Ausgabe wurden die Umstände der Urteilsverkündung sowie die Reaktion des ehemaligen Monarchen dargestellt. Eine weitläufige Erzählung des Geschehens vom 21. Januar blieb einer doppelseitigen Beilage zum wöchentlichen Extrablatt der Gothaischen Zeitung vorbehalten, die am 1. Februar erschien.[54] Und auch mit der nächsten Nummer der Zeitung kam wiederum eine Beilage heraus, in der das Testament Ludwigs publiziert und das Geschehen abschließend kommentiert wurde. Hier war nunmehr vom *Mord des Königs* und *seine[r] erwiesene[n] Unschuld* die Rede. *Schon jetzt und noch nach Jahrhunderten wird Frankreich diesen Zeitpunkt seiner Geschichte so und noch mehr betrauren, als England Karls I. Hinrichtung*.[55]

Vom 18. Brumaire VIII schließlich, der in den Intelligenzblättern vom Umfang her keine allzu große Rolle spielte, brachte das Blatt vom 19. November 1799 an in vier aufeinanderfolgenden Ausgaben präzise Artikel. Darin wurden die politischen Ereignisse gemeldet und authentische Quellen wie das Dekret des Rats der Alten und dessen Adresse an das französische Volk veröffentlicht, das Geschehen jedoch kaum kommentiert.[56] Die weitgehend objektive Berichterstattung erlaubte es dem Leser somit, sich selbst ein Bild von den politischen Vorgängen in Frankreich zu machen.

Hinsichtlich ihrer Aktualität ordnen sich auch die »Gnädigst privilegierte Arnstädtische Zeitung nebst wöchentlichen Anzeigen und Nachrichten«, das »Rudolstädtische Wochenblatt« und die »Weimarischen Wöchentlichen Frag- und Anzeigen« höchst achtbar ein. Wenn Intelligenzblätter wie jene in Arnstadt und in Rudolstadt nur einmal pro Woche erschienen, konnte jedoch keine durchgängig aktuelle Berichterstattung realisiert werden. Dies tut ihrer Bedeutung als oftmals einzigem Nachrichtenträger, vor allem in ländlichen Gegenden, dennoch keinen Abbruch.[57]

Neben der Aktualität der Frankreichberichterstattung sind auch ihr Umfang, das vermittelte Frankreichbild, die politische Tendenz von Nachrichten und Räsonnement und damit das Revolutionsverständnis der einzelnen Blätter sowie der Transfer historisch-politischer Semantik von Bedeutung. Hinsichtlich des Umfangs der Meldungen zeigen sich bei den untersuchten Intelligenzblättern in Thüringen deutliche Unterschiede. Dabei fallen jene Organe, die über die ausgewählten Ereignisse nicht berichteten, dennoch nicht völlig aus unserer Betrachtung heraus. So findet sich etwa im »Lobensteinischen gemeinnützigen Intelligenzblatt«, in dem von 1789 bis 1791 kein Wort über Frankreich und die Revolution fällt und aktuelle Berichterstattung praktisch nicht stattfindet, im 4. Stück von 1792 eine »Übersicht der ehemaligen Gouvernements und der jetzigen 83 Departements in Frankreich«[58]. Eineinhalb Jahre später wurden dann in unmißverständlicher Tendenz knappe Porträts von Barère de Vieuzac, Danton und Robespierre abgedruckt, um *einige Nachrichten von diesen dreien berüchtigten Personen, welche jetzt das Übergewicht in der französischen Nationalkonvention haben und die Herrschenden zu sein scheinen, zu erhalten*.[59]

53 Vgl. ebenda, Nr. 14 vom 31.01.1793, unpag.
54 Beilage zu Nr. 15 der Gothaischen politisch. Zeitung vom 01.02.1793, unpag.
55 Beilage zu Nr. 16 der Gothaischen politisch. Zeitung vom 05.02.1793, unpag.
56 Vgl. Gothaische Privilegierte Zeitung, Nr. 185, 186, 187 und 188 vom 19., 20., 21. und 22.11.1799.
57 Vgl. Tabelle 4. Zu den Abkürzungen vgl. Anm. 40.
58 LGI, 4. Stück vom 28.01.1792, S. 20 f.
59 LGI, 36. Stück vom 07.09.1793, S. 152 ff.

Im »Wöchentlichen Frankenhäusischen Intelligenzblatt« spielten Nachrichtenübermittlung oder gar politisches Räsonement kaum eine Rolle. Falls dies überhaupt in der Intention seines Gründers gelegen haben sollte, wurde dies vom Zensor Christian August Hankel unterbunden. Während man weder über die Erstürmung der Bastille noch über die Hinrichtung Ludwigs XVI. berichtete, begann just am 21. Januar 1793 der Abdruck des Aufsatzes »Die Sächsischen Bauern-Unruhen 1790«,[60] welcher der Forschung in identischer Fassung bislang aus dem konservativen »Revolutions-Almanach« bekannt war. Er folgt in einigen Passagen dem Augenzeugenbericht des sächsischen Offiziers Friedrich Ernst von Liebenroth und wird dem Herausgeber des »Revolutions-Almanachs« Heinrich August Ottokar Reichard zugeschrieben.[61] Dabei paßt das Resümee dieses Textes durchaus ins Profil des »Wöchentlichen Frankenhäusischen Intelligenz-Blattes«, wird hier doch nun ein Bezug zur Französischen Revolution hergestellt:

Indem ich diesen Aufsatz schließe, kann ich mich nicht entbrechen, eine Anmerkung über das auffallende Stillschweigen der meisten deutschen Zeitungen zu machen. Sie, die so eifrig selbst die unverbürgtesten Gerüchte von Volksaufruhr, Meuterei, Revolutions-Greuelen, Ungehorsam u.s.w. verbreiten und nacherzählen (! – W.G.), sie schwiegen so ganz von den schönen ehrenvollen Muster der Kriegszucht und Treue deutscher Krieger, dem Pflichteifer einzelner Untertanen und der Entschlossenheit und Milde des Landesregenten, welcher ein Feuer in der Asche erstickte, das bei einer andern Behandlung leicht in volle Flammen hätte ausbrechen und durch seine Ansteckung ganz Deutschland in den chaotischen Zustand der französischen Anarchie versetzen können. Kaum, daß jene Zeitungen die Tilgung dieser Unruhen mit einem Paar Zeilen bemerkten.[62]

Dort, wo im Juli/August 1789 berichtet wurde, stellt sich das quantitative Minimum mit ca. fünf Zeilen einer eher indirekten Meldung dar. Die »Hildburghäusischen Wöchentlichen Frag- und Anzeigen« orakelten: *Unser Zeitalter ist zu lauter Seltenheiten bestimmt – von Paris bis – Constantinopel.* Unter dem Datum des 30. Juli wurden die Franzosen dann im Zusammenhang mit englischen Getreidelieferungen als ein Volk bezeichnet, *welches so gut für die Freiheit zu fechten weiß und welches die Bastille rasirt*[63]. Im »Greizer Intelligenzblatt« wurde nur relativ allgemein *von schrecklichen Nachrichten aus Frankreich* berichtet.[64] Details zum Pariser Geschehen fehlen, obwohl der Artikel 27 Zeilen umfaßt.

Sehr konkret und ohne Vorbehalte fielen die Meldungen in den »Arnstädtischen Wöchentlichen Anzeigen und Nachrichten« (29 Zeilen) und in den »Weimarischen Wöchentlichen Frag- und Anzeigen« (48 Zeilen) aus.[65] Hier griff man ganz offensichtlich auf eine gemeinsame französische Vorlage zurück. Das »Rudolstädter

60 Die Sächsischen Bauern-Unruhen 1790, in: FI, 4. Stück vom 21.01.1793, Sp. 49–62; 5. Stück vom 28.01.1793, Sp. 65–76.

61 Vgl. Revolutions-Almanach von 1793, Göttingen 1792, S. 58–80. Friedrich Ernst von LIEBENROTH, Fragmente aus meinem Tagebuche, besonders die Sächsischen Bauernunruhen betreffend, Dresden 1791.

62 FI, 5. Stück vom 28.01.1793, Sp. 74 ff.

63 HWFA, Nr. 33 vom 15.08.1789, S. 262 f.

64 GI, Nr. 33 vom 14.08.1789, S. 131.

65 Vgl. die Tabellen 5 und 6.

Tabelle 5: Bericht vom Bastillesturm

WFA, 28.07. 1789

Schreiben aus Paris, den 15. Jul.

Die sämmtlichen Barrieren von Paris sind gegenwärtig mit Bürgerwachen besetzt, und lassen niemand hinaus. Der Dienstag, als der 14te dieses, war sehr stürmisch, weil wir von den Königl. in der umlie-genden Gegend befindlichen Truppen unaufhörlich beunruhigt wurden, so daß die Bürgerschaft Tag und Nacht unter den Waffen bleiben mußte. Die letztere hat sich ohne großen Widerstand des Invalidenhauses bemächtigt, aus welchem sie 100000 Flinten nach dem Rathause bringen lassen, nebst Munition, welche in alle Quartiere der Stadt, wo man sich bewaffnet, vertheilt worden sind.

Die Bürgerschaft begab sich mit einigen Compagnien der Französischen Garden nach der Bastille, um sich der Artillerie und des Pulvers zu bemächtigen. Der Gouverneur derselben erbot sich, sie zu übergeben, und ließ sogleich die Zugbrücke herunter. Als aber ohngefähr 4 bis 500 Menschen hinein waren, ließ er mit der Artillerie auf die Brücke feuern. Man ward der Verrätherey bald inne, und belagerte nun die Bastille förmlich mit Kanonen und Bomben. Man brachte es bald dahin, daß die aufgezogne Brücke herunterfiel, bemächtigte sich des Thors, und zog mit den Waffen in der Hand hinein. Nun ließ der Commandant ein schreckliches Feuer machen, welches viele Menschen tödtete; aber endlich nahm man ihn selbst, so wie seinen Lieutenant gefangen. Nunmehr hörte das Blutbad auf; die Gefangenen wurden ausgeliefert, und die Festung von der Bürgerschaft besetzt. Die beyden Commandanten wurden nackend nach dem Greve geführt, wo man ihnen ohne alle Umstände die Köpfe abschlug, solche auf Pfähle steckte, und im Triumpf nach dem Palais Royal brachte. Da der Prevot der Kaufleute, Hr. Pelletier de Morsont, sich der Verrätherey schuldig gemacht hat, so wurde dieser auch getödtet.

Tabelle 6: Bastillesturm

AWAN, 25.07. 1789

Aus einem andern Schreiben aus Paris, vom 15. Jul.

Die Bürger haben alle Barrieren der Stadt besetzt, und niemand wird von ihnen herausgelassen. Gestern war ein sehr stürmischer Tag: die königl. Truppen, welche in der Nähe standen, haben die Bürgerschaft unaufhörlich beunruhigt, so daß beyde Theile Tag und Nacht unter den Waffen stehen mußten. Die Bürger nahmen ohne großen Widerstand das Invaliden-Hospital ein, sie ließen darauf von daher Munition nebst 100000 Musketen nach dem Stadthause bringen, und vertheilten solche durch die ganze Stadt, in welcher man sich allgemein bewafnete. Die Bürgerschaft in Verbindung mit einigen Kompagnien der französischen Garde, kam an die Bastille um sich des Pulvers und der Kanonen zu bemächtigen. Herr de Launy, Gouverneur derselben, versprach, sich zu ergeben; sogleich wurde die hölzerne Brücke heruntergelassen, und kaum waren 4 oder 500 Menschen hineingedrungen, so ließ er sie durch seine Artillerie sogleich niederschießen. Diese Treulosigkeit wurde sogleich entdeckt, die Bastille darauf förmlich beschossen, und mit stürmender Hand erobert. Launy selbst wurde ergriffen und nach dem Stadthause gebracht, wo er den Kopf verlohr, der nachher durch die ganze Stadt auf einer Stange zur Schau herumgetragen wurde.

Wochenblatt« dagegen schrieb in seinem »Zeitungs-Auszug« recht knapp: *Die Nachrichten aus Paris handeln von gräßlichen Verwirrungen, welche daselbst herrschen.[...] Die Bürgerschaft habe sich der Bastille und des darin befindlichen Pulvers nebst den Kanonen bemächtiget, der Gouverneur davon, welcher die hineindringenden Menschen niederschießen lassen, sey enthauptet worden.*[66]

Die »Meiningischen Wöchentlichen Anfragen und Nachrichten« wiederum meldeten das Geschehen sehr ausführlich und weitgehend zustimmend. Der Herausgeber erweiterte den Umfang des 31. Stücks von sonst vier Seiten auf das Doppelte. Der Artikel gipfelte in dem respektvollen Resümee: *Ereignisse dieser Art sind in der Geschichte nicht selten; was aber gewiß unerhört, das ist die Eroberung einer so fürchterlichen Citadelle, als die Bastille, welche eine Handvoll muthvoller Bürger, der Canonen, der Kugeln und der Bajonette ohngeachtet, in weniger als einer halben Stunde erobert hat.*[67] Insgesamt verhalfen die thüringischen Periodika den Ereignissen des 14. Juli zu einem breiten Echo in der Region. Daran hatten die Intelligenzblätter mit ihrer zum Teil recht dichten und differenzierten Information einen beachtlichen Anteil.

Dennoch zeigte die Berichterstattung über den Bastillesturm sowohl im Umfang als auch in der Tendenz deutliche Unterschiede. Insbesondere die reußischen Staaten fallen durch Zurückhaltung und Ablehnung auf. Offensichtlich herrschte hier eine besonders restriktive Zensurpraxis, die die reußischen Fürsten wenig später noch verschärften. Beleg dafür ist eine Verordnung gegen die »Verbreitung aller zum Aufruhr anfachenden Schriften und Grundsätze« vom 7. Mai 1792, die ausdrücklich auf das Kaiserliche Presseskript vom 3. Dezember 1791 rekurrierte.[68] Unter Androhung *schwerer Geld-, Gefängnis- und Leibes, auch nach Befinden Lebens-Strafe* wurde darin untersagt, *Schriften und Grundsätze irgends auszustreuen, wodurch der Umsturz der gegenwärtigen Reichs- und Landes-Verfassung, oder die Störung der öffentlichen Ruhe befördert werden kann, und welche lediglich dahin geeigenschaftet sind, um einen Empörungsgeist der Unterthanen wider ihre Obrigkeiten zu erregen*. Gedroht wurde den Schriftstellern und Publizisten sowie *allen Buchdruckern, Buchhändlern, Buchbindern, Bücherverleihern, Verlegern und Feilträgern*[69]. In den Intelligenzblättern Sachsen-Coburg-Saalfelds, Sachsen-Meiningens und Sachsen-Weimar-Eisenachs dagegen wurde bemerkenswert ausführlich und aufgeschlossen berichtet. In Sachsen-Gotha übernahm diese Aufgabe die »Privilegierte Gothaische Zeitung«, so daß von den ernestinischen Herzogtümern lediglich Sachsen-Hildburghausen eine gewisse Ausnahme bildete.

Die quantitative Entwicklung der Frankreichberichterstattung in der zweiten Hälfte des 18. Jahrhunderts kann hier nur paradigmatisch analysiert werden. Wir deuten dies für die »Arnstädtischen Wöchentlichen Anzeigen und Nachrichten« an, die bereits seit den sechziger Jahren regelmäßig über eine Rubrik mit aktuellen Meldungen verfügten. Da diese Nachrichten und Kommentare insgesamt im Umfang schwankten, geben wir nur ihren absoluten Wert und die Plazierung an. Der Nachrichtenteil belief sich meist auf etwa die Hälfte einer Ausgabe.

66 RW, 29. Stück vom 28.07.1789, S. 119.

67 MWAN, 31. Stück vom 01.08.1789, S. 131.

68 Vgl. Helmuth Kiesel/Paul Münch, Gesellschaft und Literatur im 18. Jahrhundert. Voraussetzungen und Entstehung des literarischen Markts in Deutschland, München 1977, S. 113.

69 Mandat der Fürsten Reuß ä.L. und Reuß j.L. vom 07.05.1792, in: Thüringisches Staatsarchiv Greiz, G.M.V., Nr. 9, Bl. 31, S. 1–6, hier S. 2 f.

Arnstädtische wöchentliche Anzeigen und Nachrichten

Plazierung

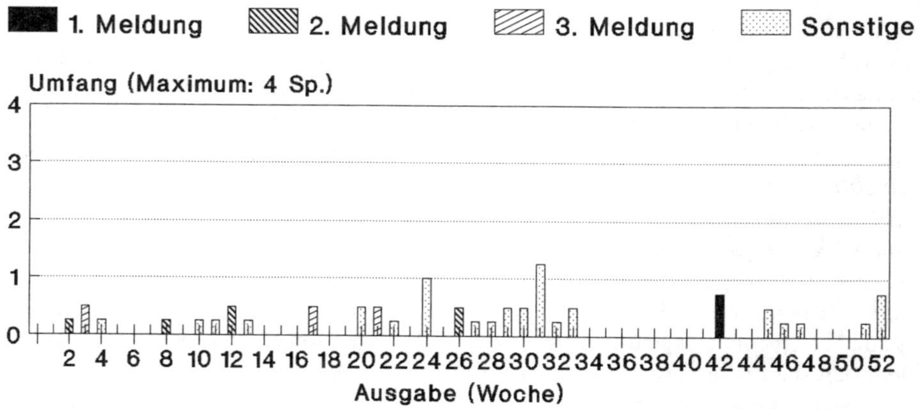

Graphik 1 Frankreichberichterstattung (1769)

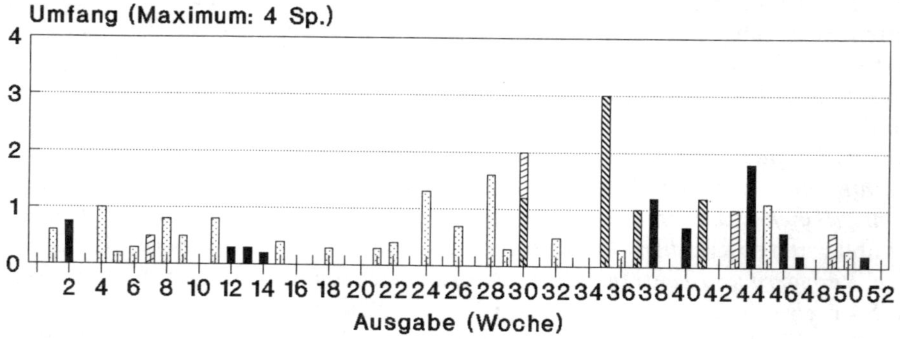

Graphik 2 Frankreichberichterstattung (1779)

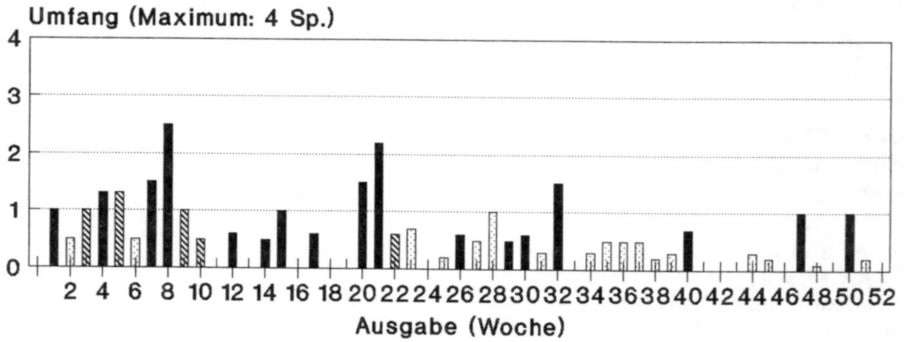

Graphik 3 Frankreichberichterstattung (1788)

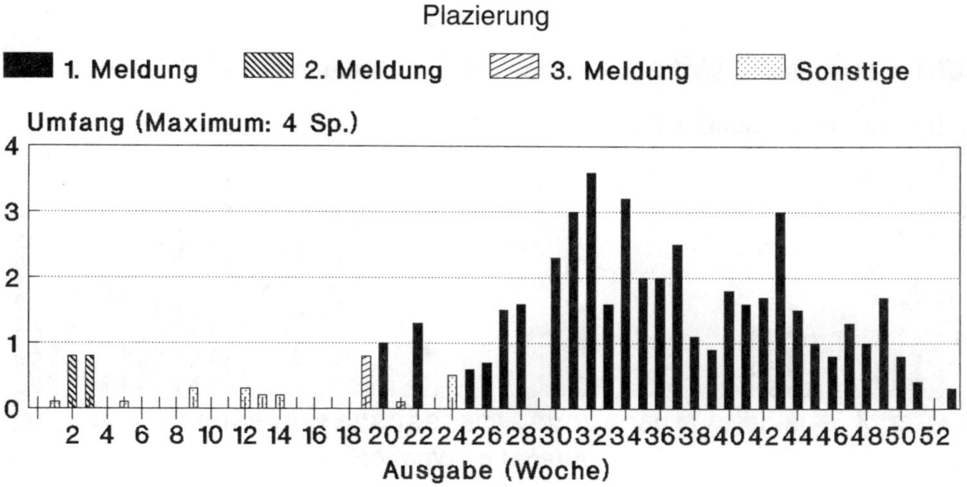

Graphik 4 Frankreichberichterstattung (1789).

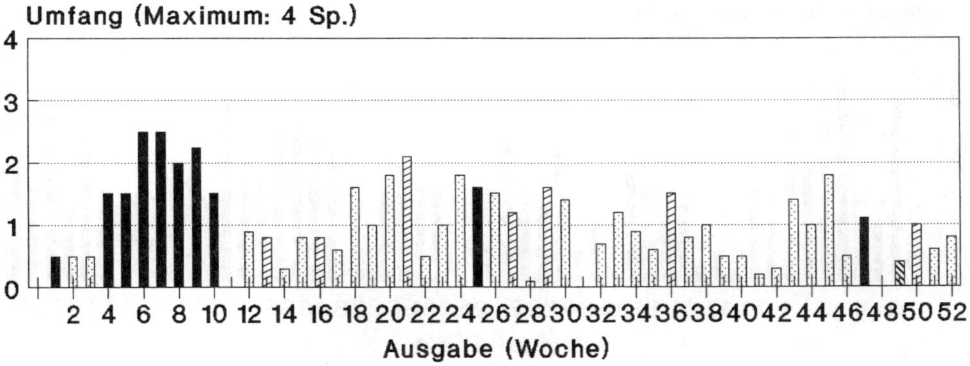

Graphik 5 Frankreichberichterstattung (1790)

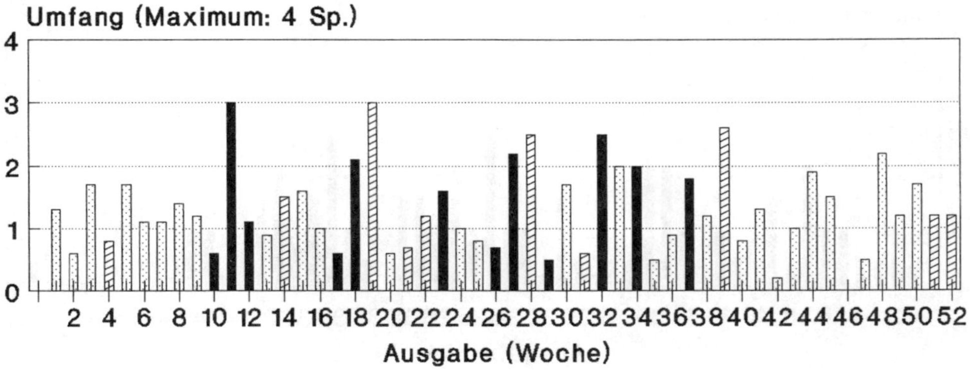

Graphik 6 Frankreichberichterstattung (1791)

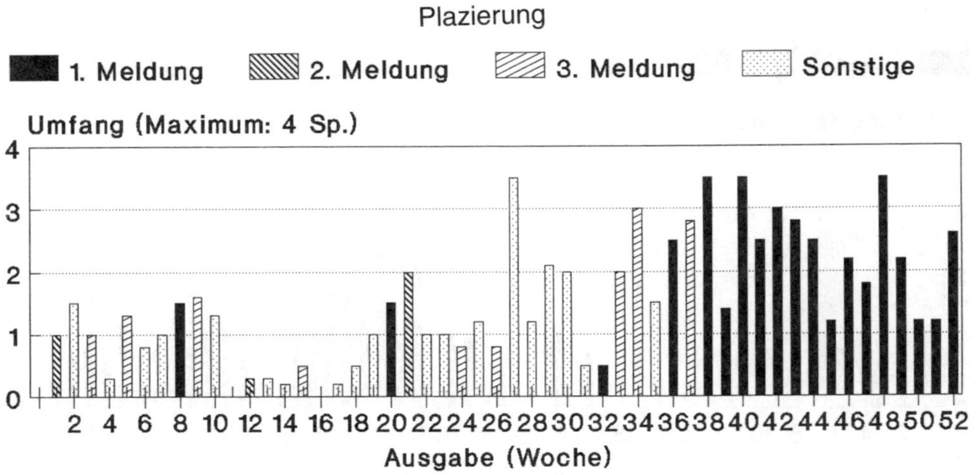

Graphik 7 Frankreichberichterstattung (1792)

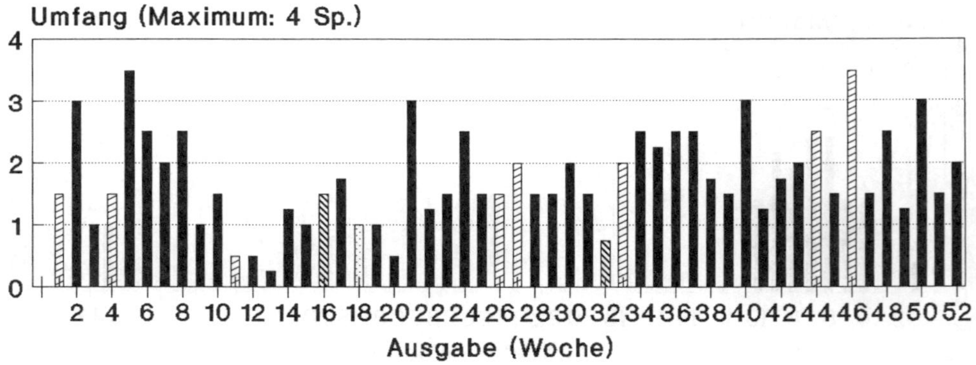

Graphik 8 Frankreichberichterstattung (1793)

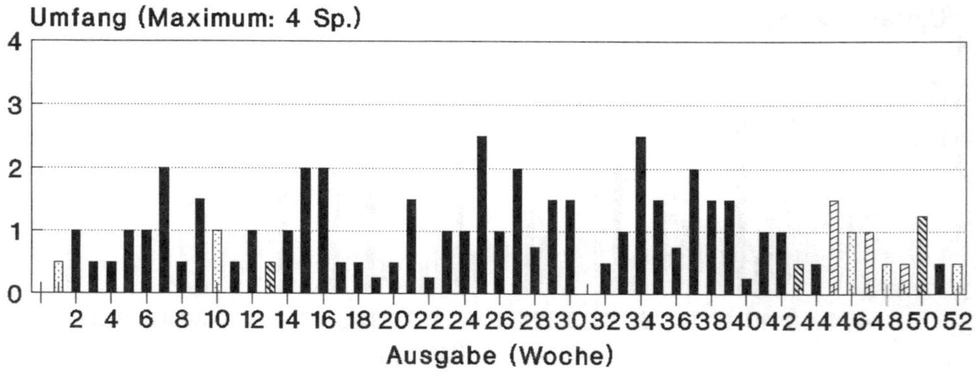

Graphik 9 Frankreichberichterstattung (1795)

Schon frühzeitig tauchten Nachrichten über Frankreich mit einer gewissen Regelmäßigkeit, jedoch nicht allzu ausführlich und vor allem selten als Spitzenmeldung im Arnstädter Intelligenzblatt auf.[70] Bis zum Jahre 1788 hatte sich das nur unwesentlich geändert, und auch in der ersten Hälfte von 1789 blieb dieses Bild fast konstant.[71] Mit einem sehr ausführlichen und informativen Bericht über die Konstituierung der Nationalversammlung am 17. Juni im 27. Stück vom 04. Juli stieg der Umfang dann deutlich an. Die Meldungen über Frankreich, die 1788 und in der ersten Hälfte von 1789 eher verstreut auftauchten, nahmen von Nummer 25 an im Nachrichtenteil den ersten Platz ein. Ausnahmen stellen lediglich die Ausgaben 29 und 52 ohne Frankreichberichte dar. Dabei ist der Artikel über den Bastillesturm allerdings keine »Spitzenmeldung«. Vor ihm stehen in chronologischer Reihenfolge jedoch ausschließlich Berichte aus Paris, und zwar vom 11., 12., 13. und 14. Juli 1789.

Im Jahre 1792, als das Revolutionsgeschehen aus deutscher Sicht in gewisser Weise schon alltäglich geworden war, blieb das Interesse dennoch ungebrochen groß. Die Tendenz der Artikel hatte sich allerdings inzwischen geändert. So wurde in Nummer 34 ausführlich vom Geschehen am 10. August 1792 geschrieben, der dem Blatt zufolge *ein Tag des Abscheues und des Lasters*[72] war. Danach stellten vom 36. Stück an die Innenpolitik Frankreichs sowie das Kriegsgeschehen fast durchgängig und in beträchtlichem Umfang die Spitzenmeldungen. Dieses Bild ändert sich seit 1793 nur allmählich,[73] und selbst nachdem parallel zum Intelligenzblatt noch ein separates Nachrichtenblatt mit ausführlichen Informationen zum Kriegsgeschehen und zur innenpolitischen Situation in Frankreich erschien,[74] blieb der Umfang der Frankreichberichterstattung auch in den »Arnstädtischen Wöchentlichen Anzeigen und Nachrichten«, im eigentlichen Intelligenzblatt also, beachtlich.[75]

Besonders ausführlich wurde über die Hinrichtung Ludwigs XVI. berichtet. Dies erfolgte, trotz deutlicher Parteinahme für den ehemaligen König, mit bemerkenswerter Sachlichkeit.[76] Doch Sympathie und Mitleid bekundeten andere Blätter in Thüringen ebenfalls. Die »Meiningischen Wöchentlichen Anfragen und Nachrichten«, 1789 dem revolutionären Geschehen durchaus wohl gesonnen, verglichen ihn gar mit Heinrich IV.: *Ludwig XVI. König von Frankreich, ehemals wegen der Güte seines Herzens, seinen Tugenden, seiner Liebe für sein Volk, das er glücklich zu machen wünschte, geliebt, ist nicht mehr. Dieser Fürst, den man mit dem schon Jahrhunderte lang noch geliebten König Heinrich IV. verglich, ist von einer Rotte zügelloser Menschen, die sich gegen ihn auflehnten, ermordet worden. Gestern war der schwarze Tag, an dem Frankreichs Schutzgeist sich in Trauer hüllte und über die Verirrungen eines sonst so guten, edlen Volkes seufzte...*[77]

Ähnlich ließen sich die »Hildburghäusischen Wöchentlichen Frag- und Anzeigen« vernehmen, denen Ludwig als ein Fürst galt, *dessen lautere Gesinnungen ein glückli-*

70 Vgl. die Graphiken 1 und 2.
71 Vgl. die Graphiken 3 und 4.
72 AWAN, Nr. 34 vom 25.08.1793, S. 135.
73 Vgl. die Graphiken 5 bis 8.
74 Vgl. Anm. 36.
75 Vgl. die Graphik 9.
76 AWAN, Nr. 5, 6 und 7 vom 01., 09. und 16.02.1793.
77 MWAN, 5. Stück vom 02.02.1793, S. 19.

cheres Loos verdienten. In einem andern Jahrhunderte wäre er das Idol der Franzosen gewesen; in diesem ist er ihr Schlachtopfer geworden![78] Und das »Rudolstädtische Wochenblatt«, auch sonst in seiner Berichterstattung wenig ausführlich, meldete in einem Stück, in dem es auch gereimte »Gedanken über das panische Schrecken vor die Franzosen und die Folgen ihres Daseins. 1792« publizierte, lapidar, daß *das Todesurteil, welches die Franzosen über Ludwig den XVI. ausgesprochen ... den 21. Januar, Mittags um 10 Uhr ... wirklich vollstrecket und diesem unglücklichen König auf der Blutbühne der Kopf abgeschlagen* wurde.[79]

Die Ablehnung des »Königsmords« in den Intelligenzblättern Thüringens war allgemein und uneingeschränkt, die Sympathie für den hingerichteten Monarchen groß.[80] Wie das Coburger Intelligenzblatt meinte, ließ das Geschehen vom 21. Januar 1793 die Achtung *für diese sonst so geschätzte Nation tief unter den Frostpunkt fallen*[81]. *Die Franzosen – versteht sich nicht alle – haben endlich das größte aller Bubenstücke wirklich ausgeübt,*[82] wetterte man in Greiz und dehnte die Kritik **dennoch nicht** auf die gesamte Nation aus. Und im Arnstädter Intelligenzblatt wurde gleich in mehrfachem Anlauf über die französische Nation räsoniert: »*Gallien, das so sehr in seinen Eingeweiden wütet, ist trunken vom Blute der Erschlagenen, und im Rausche seiner Blutgierde lechzet es nach Kühlung und glaubt sie nur im Blute seines Königs zu finden. [...] Die sonst so edle, großmütige französische Nation, die sonst nur in dem Sonnenscheine ihrer Könige lebte, will es auf einmal vergessen, was Ludwig ihr war... Das will diese edle Nation! Doch nein! Nur die Faktionisten in einem respektablen Konvente dieser Nation wollen es.*«[83]

78 HWFA, Nr. 8 vom 16.02.1793, S. 61.

79 RW, 6. Stück vom 05.02.1793, S. 23. Das Gedicht soll hier lediglich in einem Auszug zitiert werden: *Nur ausgesaugtes arm Gesindel/Ergreift so leicht der Freiheitsschwindel,/Den echten freien Deutschen nicht./Wenn gleich verschmitzte Advokaten/Zum Murren und Prozessen raten,/Vergißt er nicht so leicht die Pflicht./Es gibt ja überall wohl Thoren,/Doch geht nicht alles gleich verloren,/Wie mancher jetzt voll Ängsten wähnt,/Wenn einge Schreier lauter schwätzen/Von Ändrung und von Widersetzen,/Daß man sich nach den Franken sehnt (! – W.G.)./Kein glücklich Volk wird rebellieren,/Nur die, so nichts dabei verlieren,/Die setzen alles auf das Spiel.*

80 Vgl. Tabelle 7.

81 CWA, 6. Stück vom 09.02.1793, S. 23.

82 GI, Nr. 6 vom 08.02.1793, S. 21.

83 AWAN, 5. Stück vom 02.02.1793, S. 18 f.

Tabelle 7: Ludwig XVI. in den Berichten von seiner Verurteilung und Hinrichtung

AWAN	–	»der unglückliche Ludwig XVI.«
CWA	–	»der unglückliche König Ludwig XVI.«; »Ludwig der Unglückliche«; »der unschuldig hingerichtete König Ludwig XVI., der Märtyrer seines Volks«
GI	–	»Ludwig XVI. vor wenigen Jahren noch einer der größten uneingeschränktesten, mächtigsten Monarchen – Ludwig XVI. von allen Königen Frankreichs der unschuldigste an der Not und dem Elende, welches den größten Teil der Nation drückte«; »standhaft«
HWFA	–	»dieser unglückliche Monarch, der kein Tyrann war«; »lautere Gesinnungen«
MWAN	–	»Ludwig XVI. ... ehemals wegen seiner Güte seines Herzens, seinen Tugenden, seiner Liebe für das Volk ... geliebt«
RW	–	»dieser unglückliche König«
WFA	–	»der unglückliche letzte König der Franzosen«; »der unglückliche König«

Wie bei einer Vielzahl deutscher Dichter und Schriftsteller markiert die Guillotinierung Ludwigs eine entscheidende Zäsur im Distanzierungsprozeß von der Französischer Revolution.[84] Dies führte aber noch nicht zu einer **grundsätzlichen** Polemik gegen Frankreich und das französische Volk, wie dies in den Jahren der Befreiungskriege gegen Napoleon dann mehrfach der Fall sein sollte. Vielmehr blieb man trotz deutlicher Kritik an der Hinrichtung des ehemaligen französischen Monarchen dennoch bei einem insgesamt positiven Frankreichbild.

Die Intensität der Frankreichberichterstattung ging in den Intelligenzblättern seit 1794/95 etwas zurück, wenngleich die Französische Revolution ein bevorzugtes Nachrichtenthema blieb. Doch richtete sich nunmehr ein besonderes Augenmerk auf das Kriegsgeschehen. Der Anteil an Räsonnement über die politischen Vorgänge an der Seine verringerte sich, und viele Blätter begnügten sich oft mit kurzen, knappen Meldungen ohne besondere Kommentierung. Dieser Eindruck wird in der Berichterstattung über den 18. Brumaire VIII noch erhärtet.

Daß die entsprechende Botschaft im »Rudolstädtischen Wochenblatt« wiederum kurz und trocken ausfiel, verwundert nicht.[85] Zurückhaltend zeigte sich auch das Intelligenzblatt in Hildburghausen, das jetzt als »Hildburghäusisches Wochenblatt« erschien. Kommentarlos wurde hier die Resolution des Rats der 500 abgedruckt, welche in Artikel 2 auch die Namen der provisorischen Konsuln nannte.[86] In Arnstadt erschienen zwei relativ knappe Artikel, in denen die wesentlichen politischen Veränderungen aber präzise beschrieben sowie die Einsetzung der drei Konsuln Sieyès,

84 Vgl. u.a. Deutschland und die Französische Revolution 1789–1806. Hg. von Theo STAMMEN/ Friedrich EBERLE(= Quellen zum politischen Denken der Deutschen im 19. und 20. Jahrhundert. Freiherr vom Stein-Gedächtnisausgabe, Bd. 1), Darmstadt 1988. Claus TRÄGER (Hg.), Die Französische Revolution im Spiegel der deutschen Literatur, Leipzig 1979.

85 Vgl. RW, 46. Stück vom 26.11.1799, S. 184.

86 Hildburghäusisches Wochenblatt, Nr. 48 vom 23.11.1799, S. 195 f.

Roger-Ducos und Bonaparte korrekt gemeldet wurden.[87] Die historische Dimension der politischen Ereignisse in Paris erfaßten die »Weimarischen Wöchentlichen Frag- und Anzeigen« am treffendsten. *In Frankreich hat sich in diesen Tagen abermals eine große Veränderung ereignet, welche für ganz Europa, wenigstens auf einige Jahre, von guten Folgen sein kann*[88], begann am 27. November ihr Bericht. Darin wurden sowohl die Namen der drei Konsuln als auch die besondere Rolle Bonapartes erwähnt. In der übernächsten Ausgabe war dann gar von den *glücklichen Wirkungen der Revolution*[89] des 18. Brumaire für die Innenpolitik zu lesen. Neben der »Privilegirten Gothaischen Zeitung«, die inzwischen mit vier Ausgaben pro Woche erschien, brachte das Intelligenzblatt in Meiningen die umfangreichsten Berichte zum 18./19. Brumaire in Thüringen. Am 23. November und erneut eine Woche später erschienen dort ausführliche, allerdings wenig engagierte Meldungen. Als Quellen wurden die Bamberger und die Frankfurter Zeitung genannt.[90]

In sprachlicher Hinsicht waren die thüringischen Intelligenzblätter um eine möglichst allgemeine Verständlichkeit bemüht. So fanden etwa bei der Berichterstattung über die Revolution die neuen politischen Begriffe nur sparsame Verwendung, wurden dann jedoch meist recht unvoreingenommen eingesetzt. Lediglich die Guillotine erfuhr im Zusammenhang mit der Hinrichtung Ludwigs XVI. pejorative Umschreibungen. Während in den »Weimarischen Wöchentlichen Frag- und Anzeigen« schlicht vom *Schaffot*[91] und in den »Arnstädtischen wöchentlichen Anzeigen und Nachrichten« von der *Guillotine*[92] die Rede war, nannte es das »Greizer Intelligenzblatt« die *berüchtigte Köpfmaschine*[93], das »Rudolstädter Wochenblatt« die »Blutbühne«[94] und die »Coburger Wöchentliche Anzeige« das *Blutgerüste*[95].

Konnte man beim gebildeten Publikum in Deutschland, an das sich etwa die historisch-politischen Zeitschriften richteten, von guten Kenntnissen der Terminologie der Revolution und ihrer politischen Grundfragen ausgehen,[96] erschien in den Intelligenzblättern ähnlich wie in den Zeitschriften der Volksaufklärung manches noch der Erklärung bedürftig.[97] So wurden selbst im »Lobensteinischen gemeinnützigen Intelligenzblatt«, in dem keine aktuelle Berichterstattung über die Revolution erfolgte, Begriffe wie »Jacobins«, »Feuillants«, »Cordeliers«, »Meneurs«, »Barreau« und

87 AWAN, 47. Stück vom 23.11.1799, S. 375 f. Die Artikel sind mit »Paris, v. 10. Nov.« und »Paris, vom 12. Nov.« datiert.

88 WFA, Nr. 95 vom 27.11.1799, S. 384.

89 WFA, Nr. 97 vom 04.12.1799, S. 391 f.

90 MWAN, 47. Stück vom 23.11.1799, S. 192 ff.

91 WFA, Nr. 10 vom 02.02.1793, S. 40.

92 AWAN, 6. Stück vom 09.02.1793, S. 22.

93 GI, Nr. 6 vom 08.02.1793, S. 23.

94 RW, 6. Stück vom 05.02.1793, S. 23.

95 CWA, Nr. 5 vom 02.02.1793, S. 20.

96 Vgl. Ahcène Abdelfettah, Die Rezeption der Französischen Revolution durch den deutschen öffentlichen Sprachgebrauch. Untersucht an ausgewählten historisch-politischen Zeitschriften (1789–1802), Heidelberg 1989, S. 279. Abdelfettah konstatiert auf der Grundlage seines Quellenkorpus' drei Phasen der Wortübernahmen aus Frankreich, nämlich 1789 bis 1792 (45 %), 1793 bis 1795 (43 %) und 1796 bis 1802 (12 %). Den Höhepunkt bei der Übernahme politischer Begriffe benennt er mit dem Jahr 1794.

97 Vgl. hierzu die Darlegungen zum Journal »Der Bote aus Thüringen«.

»Cours souveraines« erläutert.[98] Dabei gingen in die Erklärung derart zentraler Termini der Revolution natürlich auch Wertungen der politischen Konstellationen ein. *In der Straße der Cordeliers*, hieß es beispielsweise, *rottete sich ein ausgewählter Haufe der frechsten an Ränken, List, Klugheit, Bosheit, Stärke des Körpers, vorzüglich der Lunge sich Auszeichnenden zusammen, und hießen von der Section, zu der sie gehörten, Cordeliers. Diese sind es, dem Frankreich die Zerrüttung seines politischen Systems und so viele 1000 Menschen ihren Tod zu verdanken haben. In diese Section nahm man nun alle Leute auf, die Mangel genug an Menschengefühl hatten, um mit dem Leben und Gute ihres Nebenmenschen spielen zu können.*[99] Weitaus sympathischer waren dem Redakteur offensichtlich die *Feuillants*, die, wie er schrieb, *eine Frankreich angemessene Regierungsform* und *einen König mit so ausgedehnter Macht als nötig* anstrebten, *um das Wohl des Reichs, den Ruhm der Nation zu befördern*[100].

Insgesamt kann man den thüringischen Intelligenzblättern auch über die Bastille-Nachrichten hinaus eine informative Frankreichberichterstattung bescheinigen. Ihre oftmals geringere Aktualität im Vergleich mit den großen deutschen Zeitungen ist auf den meist nur wöchentlichen Erscheinungsrhythmus und auf die große geographische Entfernung zurückzuführen. Außerdem schränkte die Tatsache, daß die Meldungen in der Mehrzahl nicht aus französischen Quellen geschöpft, sondern diversen deutschen Blättern entnommen wurden, die Authentizität der Nachrichten etwas ein. Frankreichberichterstattung blieb zwischen 1789 und 1799 zudem fast ausschließlich auf das politische Geschehen konzentriert, Kunst und Kultur, Wirtschaft, Mode u.ä. wurden weitgehend ausgespart. Andererseits gingen einige Intelligenzblätter schon deutlich über eine reine Nachrichtenvermittlung hinaus, kommentierten die Vorgänge und räsonierten über das Geschehen.

Frankreich erschien als eine wohlhabende, in der zivilisatorischen Entwicklung weit fortgeschrittene Nation, deren Grad an Aufgeklärtheit allerdings mit zunehmender Radikalisierung der Revolution und besonders im Kontext der Hinrichtung Ludwigs XVI. – zumindest rhetorisch – in Frage gestellt wurde. Auch ursprünglich revolutionsfreundliche Organe sprachen jetzt von *dieser vermeint aufgeklärten Nation*[101]. Insgesamt wurde den Lesern in Thüringen jedoch trotz zunehmender Revolutionskritik ein eindeutig positives Frankreichbild vermittelt. Dies wurde immer dann besonders deutlich, wenn man meinte, daß sowohl die radikalen Tendenzen der *terreur* als auch das Streben nach militärischer Expansion beendet seien. Als Beispiel dafür mag ein Resümee stehen, das im November 1799 im zeitlichen Umfeld des 18. Brumaire im »Greizer Intelligenzblatt« gezogen wurde:

In Frankreich kommt man auch allmählich von seinem Freiheitstaumel zurück. Das Volk verabscheut alle Übertreibung und Mißbrauch der Freiheit, weil es die Notwendigkeit einer guten Ordnung und Ruhe jetzt zu fühlen anfängt, die Losung – Maßregeln – große Maßregeln setzt es jetzt in Schrecken, weil es sich nur zu sehr erinnert, daß sie nie etwas anders als Maßregeln des allgemeinen Ruins waren. Das französische Volk will keine Eroberungen mehr, aber eben so wenig will es unterjocht sein,

98 LGI, 36. Stück vom 07.09.1793, S. 152 f.
99 LGI, 36. Stück vom 07.09.1793, S. 153.
100 LGI, 36. Stück vom 07.09.1793, S. 152.
101 CWA, 5. Stück vom 02.02.1793, S. 20.

es will nicht länger sein Blut und seine Schätze aufopfern, andern Völkern eine Regierung und eine Art von Freiheit zu geben, welche ihnen zu geben es nicht das Recht hat und die sie selbst nicht verlangen, allein eben so wenig wird es leiden, daß man die Ausübung seiner Souveränität im geringsten beeinträchtigt, mit einem Wort – es will in seinen Siegen fortfahren, wenn ihr Zweck – Friede ist – aber – allein um des Friedens willen. Dies ist die allgemeine Stimmung des französischen Volks. Möchte sie doch bald zu einem allgemeinen Frieden führen![102]

Frankreichberichterstattung in gelehrten Journalen und überregionalen Wochenschriften Thüringens

Die Region Thüringen mit so bedeutenden Verlagsorten wie Jena, Erfurt, Gotha, Weimar und Altenburg[103] brachte im letzten Drittel des 18. und zu Beginn des 19. Jahrhunderts neben den in der Forschung bislang wenig beachteten Intelligenzblättern auch eine Reihe von Zeitungen, Journalen und Wochenschriften mit überregionaler Bedeutung hervor. Oft spielte hier der Bezug auf Frankreich infolge spezifischer thematischer Ausrichtung eine besondere Rolle. Ohne Anspruch auf Vollständigkeit sollen einige dieser Periodika knapp beleuchtet werden. Im Anschluß daran wollen wir die Frankreichberichterstattung und das Frankreichbild in den »Cahiers de lecture«, in den Journalen »Der Bote aus Thüringen« und »London und Paris« sowie in den »Deutschen Blättern« etwas ausführlicher analysieren.

Im Verlag von Karl Wilhelm Ettinger, der 1783 mit seinem »Gothaischen gemeinnützlichen Wochenblatt«[104] schon nach vier Jahrgängen an der Konkurrenz der etablierten »Wöchentlichen Gothaischen Anfragen und Nachrichten« gescheitert war, erschienen mit dem »Nouveau Mercure de France« (1775–1777; 1777 als »Mercure françois), den »Cahiers de lecture« und den »Gothaischen gelehrten Zeitungen« Periodika, in denen die Frankreichthematik einen wichtigen oder gar den zentralen Platz einnahm. Die seit 1774 von Emanuel Christoph Klüpfel herausgegebenen »Gothaischen gelehrten Zeitungen«, die zeitweise noch den Nebentitel »Ausländische Literatur« führten, enthielten keine politischen Nachrichten, sondern ausschließlich knapp kommentierte Anzeigen literarischer und publizistischer Neuerscheinungen.[105] In dem wöchentlichen Journal mit jeweils acht Seiten wurde ausführlich über die französische Verlagsproduktion, insbesondere in Paris und Straßburg, informiert. Seit 1789 spielte dann auch das Schrifttum zur Französischen Revolution eine gewichtige Rolle, so daß dem Blatt für den französisch-deutschen Kulturtransfer insgesamt beträchtliche Bedeutung zukommt. Das Frankreichbild, das der intellektuellen

102 GI, Nr. 47 vom 15.11.1799, S. 180.

103 Die Geschichte von Verlagswesen und Buchhandel in der »Provinz« ist noch immer nicht ausreichend erforscht. Vgl. u.a. Johann GOLDFRIEDRICH, Geschichte des deutschen Buchhandels, Bd. 3: Vom Beginn der klassischen Literaturperiode bis zum Beginn der Fremdherrschaft (1740–1804), Leipzig 1909. DERS., Geschichte des deutschen Buchhandels, Bd. 4: Vom Beginn der Fremdherrschaft bis zur Reform des Börsenvereins im neuen Deutschen Reiche (1805–1889), Leipzig 1913. Reinhard WITTMANN, Geschichte des deutschen Buchhandels. Ein Überblick, München 1991. Friedrich LÜTGE, Geschichte des Jenaer Buchhandels einschließlich der Buchdruckereien, Jena 1929. Otto KÜTTLER/Irmgard PREUSS (Hg.), Drucke Gothaer Verleger 1750–1850, Gotha 1965.

104 Gotha 1779–1783.

105 Gothaische gelehrte Zeitungen. Hg. von Emanuel Christoph KLÜPFEL, Gotha 1774–1804.

Leserschaft hier vermittelt wurde, war jenes von der aufgeklärten, in Wissenschaften, Künsten und gesellschaftlicher Entwicklung weit vorangeschrittenen Nation.

Das »Journal des Luxus und der Moden«[106], dessen Gründung nach dem Vorbild des Pariser »Cabinet des Modes« bereits ein Ergebnis des französisch-deutschen Kulturtransfers darstellte, trug in besonderem Maße zur Verbreitung von Alltagskultur bei und erreichte breiteste Leserkreise. Dagegen widmeten sich die »Allgemeine Literatur-Zeitung«,[107] die »Allgemeinen Geographischen Ephemeriden«[108] und die »Nemesis«[109], allesamt aus dem Verlag des Landes-Industrie-Comptoirs von Friedrich Justin Bertuch,[110] spezielleren Themenfeldern. Dennoch stellten auch diese thüringischen Periodika ein reiches Material über französische Kultur und Politik bereit. Eine der wichtigsten Zeitschriften, die im letzten Drittel des 18. Jahrhunderts in Thüringen redigiert und verlegt wurde, war aber Christoph Martin Wielands »Der Teutsche Merkur«[111].

Das Blatt, wenige Monate nach dem Sturm auf die Bastille in »Der Neue Teutsche Merkur« unbenannt, reüssierte wie andere Organe dieser Art nicht durch die Aktualität seiner Nachrichten. Dem stand der lediglich monatliche Erscheinungsrhythmus entgegen. Die beachtliche Resonanz, die der »Merkur« vor allem im Zusammenhang mit der Französischen Revolution fand, und seine gleichsam meinungsbildende Rolle, die er zeitweise spielte, sind vielmehr einer Mischung aus Information, originalen Zitaten und ausführlichem, kritisch abwägendem Kommentar geschuldet.

Der Herausgeber Wieland informierte sich aus erster Hand. Er las den »Moniteur« und das »Journal de Paris«, die ausführlich von den Debatten der Nationalversammlung berichteten, aber auch Blätter wie die royalistischen »Actes des Apôtres« und das konservative »Journal politique et national«.[112] Bereits im Septemberheft 1789 des »Merkur« läßt Wieland einen »Walther« und einen »Adelstan« im fiktiven Dialog »Über die Rechtmäßigkeit des Gebrauchs, welchen die Französische Revolution dermalen von ihrer Aufklärung und Stärke macht«, debattieren.[113] In direkter Reaktion auf den Bastillesturm meint Adelstan, daß die Nationalversammlung in Frankreich ihre Kompetenzen überschritten und sich der Gewalttätigkeit und des Aufruhrs

106 Journal der Moden (ab Jg. 2: Journal des Luxus und der Moden). Hg. Friedrich Justin Bertuch/Georg Melchior Kraus, Weimar 1786–1827. Vgl. Ruth Wies, Das Journal des Luxus und der Moden (1786–1827), ein Spiegel kultureller Strömungen der Goethezeit, Diss. (MS), München 1953.

107 Allgemeine Literatur-Zeitung. Hg. Christian Gottfried Schütz/Friedrich Justin Bertuch/Gottlieb Hufeland, Jena 1785–1803.

108 Allgemeine Geographische Ephemeriden, Weimar 1798–1815.

109 Nemesis. Zeitschrift für Politik und Geschichte. Hg. Heinrich Luden, Weimar 1814–1818.

110 Vgl. Siglinde Hohenstein, Friedrich Justin Bertuch (1747–1822) – bewundert, beneidet, umstritten. Übersetzer mit Verdiensten. Dichter ohne Talent. In Weimar kluger Verwalter der fürstlichen Privatschatulle, erfolgreicher Herausgeber und Verleger, Freund Goethes. Ein Kapitalist und Philanthrop der Aufklärung, Berlin/New York 1989.

111 Der Teutsche Merkur. Hg. Christoph Martin Wieland, Weimar 1773–1789; Der Neue Teutsche Merkur. Hg. Christoph Martin Wieland zusammen mit Karl Leonhard Reinhold/Karl August Böttiger, Weimar 1790–1810.

112 Vgl. Gonthier-Louis Fink, Wieland und die Französische Revolution, in: Deutsche Literatur und Französische Revolution. Sieben Studien, Göttingen 1974, S. 5 ff.

113 Der Teutsche Merkur, September 1789, S. 225 ff. Im folgenden zitieren wir nach Christoph Martin Wieland, Politische Schriften, insbesondere zur Französischen Revolution, 3 Bde., Nördlingen 1988.

schuldig gemacht habe. Für Walther sind die Ereignisse von der Einberufung der Generalstände bis zum 14. Juli dagegen Reaktionen auf eine politische Krise, also ein rechtmäßiger Gebrauch der Aufklärung und Stärke der Nation. Walthers Sympathie gehört dem dritten Stand, gegen den *der gesammte Adel mit der gesammten hohen Klerisey ... nur ein sehr kleines Häufchen*[114] ausmache, und Wieland wiederum steht im wesentlichen auf Walthers Position, dessen Argumentation er sorgfältiger ausführt als jene Adelstans und von dem er hofft, daß dessen prorevolutionäre Meinung recht behalten werde.

Ins Oktoberheft rückte Wieland dann eine »Kosmopolitische Adresse an die französische Nationalversammlung« ein und stellte *die Frage aller Fragen: ›worauf gründet sich das Recht der Franzosen, im Jahre 1789. ihre alte Constitution von Grund aus umzustürzen und eine ganz neue zu errichten?‹*[115] Auch hier bezog er gewissermaßen eine Walther-Position, ohne jedoch schwarzweiß zu malen oder im Freudentaumel die kritische Sicht beiseite zu legen. Vielmehr warnte er davor, die Aristokratie gegen eine *demokratische Oligarchie* zu tauschen und anstatt von einem einzigen König nun *von zwölfhundert kleinen Melks ... an der Nase geführt zu werden.*[116]

Indem Wieland mit Sympathie und Verständnis, aber auch mit kühler Distanz bei den Parisern ein *Freiheitsfieber* diagnostizierte, das *die vom Freiheitstaumel ergriffene Nation* blind mache gegen die Gefahren eines neuen Despotismus,[117] hoffte er doch zugleich auf den Sieg von Vernunft und Aufklärung. Und auch in den Aufsätzen der folgenden Monate machte Wieland stets seine Sympathie deutlich, wenn er in Frankreich die Verwirklichung aufklärerischer Grundsätze konstatieren konnte.

Wielands Art, bei der Beurteilung des Geschehens in Frankreich von festen Prämissen auszugehen, verschärfte zwangsläufig sein kritisches Räsonnement. Seine Haltung lief in der politischen Praxis auf eine liberale Position hinaus, die die Akteure in Frankreich schon bald hinter sich gelassen hatten. Die Dynamik der Revolution nahm keine Rücksicht auf die staatstheoretischen und politischen Anschauungen der Aufklärung, die Wieland zudem aus dem Blickpunkt seiner kleinstaatlichen Umwelt und zugleich aus der Perspektive des kosmopolitischen Weltbürgers artikulierte. Hinzu kommt, daß Wieland seit 1790 mit einer Verschärfung der Zensurbestimmungen in Deutschland rechnete und in seiner eigenen Publizistik das realisierte, was er auch anderen Autoren des »Teutschen Merkur« riet, nämlich *so wenig Vorliebe für die neue Constitution Frankreichs und für die sogenannte demokratische Parthey ... zu zeigen als nur immer möglich, sondern sich gänzlich in den Gränzen der kaltblütigsten historischen Unpartheylichkeit zu halten.*[118]

So mochte manches, was Wieland veröffentlichte, einem revolutionären Enthusiasten im Feuer des Geschehens recht papieren erscheinen. Zudem ermöglichte ihm die mit Vorliebe verwendete dialogische Schreibart ein solches Maß an argumentativer Rede und Gegenrede, das es nicht leicht ist, die Position des Verfassers exakt zu fixieren. *Wieland, glaub ich, wird doch von niemandem unter die Klasse der sogenannten*

114 Wieland, Politische Schriften (Anm. 113), Bd. 2, S. 22.
115 Wieland, Politische Schriften (Anm. 113), Bd. 2, S. 29.
116 Wieland, Politische Schriften (Anm. 113), Bd. 2, S. 40.
117 Wieland, Politische Schriften (Anm. 113), Bd. 2, S. 36.
118 Wieland an Gerhard Anton von Halem vom 30.11.1790, in: Wielands Briefwechsel, hg. von der Akademie der Wissenschaften Berlin, Bd. 10.1, Berlin 1992, S. 426.

teutschen Jakobiner gezählt werden,[119] notierte völlig zu Recht Georg Friedrich Rebmann. Doch gelesen wurde Wieland von Rebmann und Reichard, von Freunden und Feinden der Revolution. Er selbst schrieb für und gegen die Franzosen, für und gegen die Deutschen, gegen Dogmatiker und gegen idealistische Schwärmer, gegen konservative wie gegen revolutionäre Eiferer.[120] Seine Beiträge im »Merkur« warben für Vernunft und Besonnenheit, für Natur- und Bürgerrechte. Folgerichtig räumte er einer Verfassung höchste Priorität ein und plädierte nachdrücklich für Gewaltenteilung, für persönliche Freiheitsrechte, Unverletzlichkeit von Person und Eigentum jeden Bürgers sowie für eine gerechte Verteilung der Pflichten gegenüber dem Gemeinwesen.[121]

Wielands Artikel und Aufsätze gründeten im Gedankengut der französischen und deutschen, ja, der europäischen Aufklärung überhaupt. Bei Prüfung der politischen Vorgänge in Frankreich setzte er einen hohen Maßstab an. Auch bei vermeintlichen Sternstunden des Geschehens, etwa nach Verkündigung der Republik, mahnte er eine kritische Beleuchtung aller Umstände und Hintergründe an.[122] Noch im März 1794 betonte Wieland im »Merkur« zudem, daß er auch im Deutschen Reich *gar viele Dinge gern anders und besser haben* mochte als bisher, wenngleich er einräumte, daß dort *Staatsverfassung und Volkscharakter so beschaffen* seien, *daß ein allgemeiner Aufstand zwar beinahe nicht denkbar* wäre.[123] Und selbst in seinem letzten Artikel zum unmittelbaren Zeitgeschehen, veröffentlicht im Juni 1794, stellte er nicht die Exzesse der Jakobiner oder andere »reißerische« Themen in den Mittelpunkt, sondern räsonierte nüchtern »Über Krieg und Frieden«, hoffend, daß in der Politik Frankreichs und seiner europäischen Gegner letztlich *Friede ... das Ziel sei*[124].

Wieland schwor der Revolution nicht grundsätzlich ab, sondern richtete seine Kritik an die französische Nation. *Ein Volk, das frei sein will und in zwei vollen Jahren noch nicht gelernt hat, daß Freiheit, ohne unbedingten und unbegrenzten Gehorsam gegen die Gesetze, in der Theorie ein Unding, und in Praxi ein unendlichmal schändlicherer und verderblicherer Zustand ist als asiatische Sklaverei ... ein solches Volk ist, aufs gelindeste zu reden, zur Freiheit noch nicht reif*,[125] schrieb er schon im Juni 1791. In der öffentlichen Wirkung lief seine Publizistik auf eine kritische Distanzierung von den revolutionären Vorgängen in Frankreich bei gleichzeitig deutlicher Kritik am Ancien régime hinaus.

Kurz vor den Ereignissen des 9. Thermidor stellte Wieland seine publizistischen Kommentare zur Französischen Revolution ein. Zugleich traf er in diesen Wochen Vorbereitungen, dem »Merkur« ein etwas anderes Profil zu geben und Karl August Böttiger an der Herausgabe zu beteiligen.[126] Der Dichter hatte die Revolution stets als

119 Georg Friedrich REBMANN, »Wahrheiten ohne Schminke«, in: DERS., Werke und Briefe in drei Bänden. Hg. von Hedwig VOEGT/ Werner GREILING/Wolfgang RITSCHEL, Bd. 1, Berlin 1990, S. 270.

120 Vgl. Fritz MARTINI, Christoph Martin Wieland: Meine Antworten. Aufsätze über die Französische Revolution 1789–1793, Marbach am Neckar 1983, S. 132 ff.

121 WIELAND, Politische Schriften (Anm. 113), Bd. 2, S. 47.

122 Vgl. WIELAND, Politische Schriften (Anm. 113), Bd. 3, S. 1 ff.

123 WIELAND, Politische Schriften (Anm. 113), Bd. 3, S. 274 f.

124 WIELAND, Politische Schriften (Anm. 113), Bd. 3, S. 310.

125 WIELAND, Politische Schriften (Anm. 113), Bd. 2, S. 314.

126 Vgl. WIELAND an Karl August BÖTTIGER vom 17.07.1794, in: Wielands Briefwechsel. Hg. von der Berlin-Brandenburgischen Akademie der Wissenschaften, Band 12.1, Berlin 1993, S. 277 ff.

praktische Verwirklichung von Aufklärung beurteilt, quasi als philosophisches Experiment. Dies hatte seinen Blick für rechtliche und staatstheoretische Fragen geschärft, seinem Verständnis für die realen gesellschaftlichen Umstände und für das Handeln einzelner Politiker aber mitunter auch Grenzen gesetzt. Jetzt sah er keinen aufklärerischen Konsens mehr zwischen dem deutschen Beobachter im fernen Weimar und den politischen Akteuren an der Seine. Gegenwart und nahe Zukunft betrachtete er eher pessimistisch. In Frankreich hatte man die Toleranz der Aufklärung beiseite gelegt, während der Publizist bis zuletzt Tugenden wie Vernunft, Besonnenheit und Sachlichkeit demonstrierte. Wieland bewies einen politischen Scharfblick und ein kritisches Urteilsvermögen, die ihn in dieser Hinsicht an die Spitze seiner Weggefährten der Weimarer Klassik stellten und den »Merkur« heraushoben aus der Masse des publizistischen Pro und Kontra in Deutschland zur Französischen Revolution. Dies ist wohl zugleich der Schlüssel für seine bemerkenswerte, oft nur widerwillig eingestandene Wirkung bei den Zeitgenossen, die weitaus größer war als die an sich schon respektable Zahl von zirka 1.200 Abonnenten.[127]

Monatsheft für Frankreich-Freunde: Die »Cahiers de lecture«

Gleichsam zu einem »Spezialorgan« des französisch-deutschen Kulturtransfers avancierten die »Cahiers de lecture« von Heinrich August Ottokar Reichard.[128] Dieses Journal, das der Gothaer Bibliothekar, zeitweilige Theaterleiter und produktive Publizist zunächst im Selbstverlag, dann kurzzeitig in Dessau und schließlich bei Ettinger in Gotha herausbrachte, erschien von 1784 bis 1794 und hatte 1796, diesmal im Verlag des Weimarer »Landes-Industrie-Comptoirs« von Friedrich Justin Bertuch, noch »ein kurzzeitiges Nachspiel.[129]

Heinrich August Ottokar Reichard hatte bereits in den Jahren von 1775 bis 1777 an dem bei Ettinger verlegten »Nouveau Mercure de France« mitgearbeitet, als dessen Herausgeber er in der wissenschaftlichen Literatur auch genannt wird.[130] Reichards eigenen Angaben zufolge kam die Schrift, zu der auch Friedrich Melchior Grimm beitrug, jedoch unter den Auspizien von Emanuel Christoph Klüpfel auf den Markt.[131] Dem »Mercure« folgte 1782 ein »Journal de lecture«. Beide sind in Absicht und Profil als Vorläufer der »Cahiers de lecture« anzusehen.

Die Intention, französisches Kulturgut auch in Deutschland zugänglich zu machen, verknüpfte sich bei Reichard mit einem ausgeprägten Sprach- und Stilbewußtsein, das die Rezeptionsgewohnheiten der anvisierten Leserschaft zu berücksichtigen

127 Vgl. Paul HOCKS/Peter SCHMIDT, Literarische und politische Zeitschriften 1789–1805. Von der politischen Revolution zur Literaturrevolution, Stuttgart 1975, S. 12 ff.

128 Vgl. H.A.O. REICHARD. (1751–1828). Seine Selbstbiographie, überarbeitet und herausgegeben von Hermann UHDE, Stuttgart 1877.

129 »Cahiers de lecture«, Gotha bei Karl Wilhelm Ettinger 1784–1794; »Nouveaux Cahiers de lecture«, Weimar 1796. Statt des Monatsheftes kamen mehrfach auch Doppelhefte mit stärkerem Umfang heraus.

130 Vgl. Joachim KIRCHNER, Die Zeitschriften des deutschen Sprachgebietes von den Anfängen bis 1830. Mit einem Titelregister von Edith Chorherr (= Bibliographie der Zeitschriften des deutschen Sprachgebietes bis 1900, Bd. 1), Stuttgart 1969, S. 251. Jean SGARD (éd.), Dictionnaire des Journaux 1600–1789, Paris 1991, S. 917 f.

131 Vgl. REICHARD, Seine Selbstbiographie (Anm. 128), S. 151.

suchte. Das »Journal de lecture« erschien von 1782 an in Monatsheften, von denen jeweils drei zu einem Quartalsband zusammengefaßt und durchgehend paginiert wurden.[132] Die komplett in französischer Sprache abgefaßte Zeitschrift war in erster Linie für den deutschen Markt bestimmt, konnte aber auch in Frankreich bezogen werden.[133] Mit vielerlei Aufsätzen, Briefen und Textauszügen aus der Feder französischer Autoren erwies sie sich als ein Organ des französisch-deutschen Kulturtransfers. Die besondere Affinität Reichards zur französischen Aufklärung zeigte sich in jenen Jahren nicht nur in der Auswahl der Beiträge, sondern auch in den Illustrationen für die Journale. Während der »Nouveau Mercure de France« seinen Lesern unter anderem Porträts von d'Helvétius, Diderot, Rousseau, Marmontel, Raynal, d'Alembert und Montesquieu präsentiert hatte, ließ der Herausgeber den zweiten Quartalsband des »Journal de lecture« mit einer Darstellung von Voltaires Schloß in Ferney schmücken.[134]

Mit den »Cahiers de lecture« sollte den Lesern ein Angebot an ausgewählter, meist zeitgenössischer französischsprachiger Lektüre gemacht werden. Beim Herausgeber setzte dies eine genaue Kenntnis der literarischen Entwicklungen und der verlegerischen Aktivitäten in Frankreich sowie gründliche französische Sprachkenntnisse voraus. Insofern war das Zeitschriftenprojekt zugleich Stimulator autodidaktischer Studien Reichards zur Sprache und Literatur der Franzosen und für ihn mit einem beachtlichen Bildungseffekt verbunden. Mit gewissen Einschränkungen hinsichtlich der Zugeständnisse, die er ans Publikum machen zu müssen glaubte, zeigt die Inhaltsanalyse einzelner Jahrgänge der »Cahiers de lecture« auch die literarischen Vorlieben ihres Herausgebers.

Die Zeitschrift war auf zwölf Hefte pro Jahr konzipiert, wobei jeweils vier Stücke einen Band bildeten. Sie wurde zu einem Pränumerationspreis von vier Reichstalern pro Jahrgang angeboten. Schon von der ersten Ausgabe an wurden unter den zwei Hauptrubriken »Manuscrits« und »Fragmens ou extraits de livres« eine Reihe sehr interessanter Texte ans Publikum gebracht, die in lockerer Folge von Notenbeispielen und in jedem Band von einem Kupferstich ergänzt wurden. Letztere zeigten als Vorsatzblatt meist schillernde Figuren des Zeitgeschehens wie Raynal und Pilâtre de Rozier (1784), Blanchard (1785), Cagliostro, Montgolfier und Mesmer (1786) oder Necker (1788). Dabei blieb die Auswahl nicht auf Frankreich beschränkt, sondern bezog – etwa mit Fox und Pitt – auch Persönlichkeiten der englischen Politik ein.

Bei den in den »Cahiers de lecture« präsentierten Texten handelt es sich um Aufsätze, Erzählungen und Anekdoten, Auszüge aus Lebens- und Reisebeschreibungen, um Teile von Romanen und aus Stücken der Pariser Bühnen, aber auch um Sprichwörter und Gedichte. Als Gewährsmann in Frankreich und emsiger Informant wirkte Friedrich Melchior Grimm an dem Projekt mit.[135] Grimm war seit 1775 als Gesandter Sachsen-Gothas am Hof von Versailles akkreditiert und hatte schon in den Jahrzehnten zuvor neben seiner literarischen Tätigkeit auch regen Kontakt zur Gothaer Residenz unterhalten, wo man seine »Correspondance littéraire, philosophique et

132 Vgl. Avis, in: Journal de Lecture, 1. Heft, Gotha 1782, unpag. Der Preis betrug vier Taler für den Jahrgang.

133 Vgl. Sgard (éd.), Dictionnaire des Journaux (Anm. 130), S. 601.

134 Vgl. Vue du Chateau de Ferney, in: Journal de Lecture, Bd. 2, Gotha 1782, Vorsatzblatt.

135 Vgl. Reichard, Selbstbiographie (Anm. 128), S. 151.

critique« abonnierte. Seit der Mitte des 18. Jahrhunderts war er einer der wichtigsten kulturellen Mittler zwischen Frankreich und Deutschland überhaupt,[136] wohin er als entschiedener Gegner der Revolution später zurückkehrte.[137] Reichard knüpfte außerdem Kontakte mit einer Reihe jener Autoren, von denen er Texte veröffentlichte. Dabei richtete sich das Journal nicht ausschließlich an das deutsche, sondern wiederum auch an das französische Publikum, wurde doch ausdrücklich für beide Länder ein Subskriptionsangebot unterbreitet. Für Deutschland bezifferte es sich auf einen Dukaten pro Jahrgang, für Frankreich auf zwölf Livres.[138]

Ohne das Material hier im ganzen auszubreiten, kann den »Cahiers de lecture« eine kompetente und interessante Auswahl bescheinigt werden. Der Herausgeber, die Gothaer Hofgesellschaft und der »Berater« Grimm waren aufklärungsfreundlich bzw. selbst Aufklärer, was sich auch im Lektüreangebot widerspiegelt. Zeugnis davon legen Texte wie »Voyage de M. de Voltaire à Berlin«[139], »Aux manes de Diderot«[140] und eine Folge von Briefen über Rousseau aus der Feder Germaine de Staëls ab. Die Betrachtungen der Verfasserin, die ausdrücklich als geborene Necker vorgestellt wurde, erstreckten sich im Jahrgang 1789 über fünf Hefte.[141] Die regelmäßigen »Agenda de Paris« boten zudem auch vergleichsweise aktuelle Informationen aus dem kulturellen Leben in der Seinemetropole und waren wohl – zumindest in einem weiten Sinne – von Grimms »Correspondance littéraire« inspiriert.

Im Juni 1789 hatte der Herausgeber orakelt: *Das Laster und die Verderbniß der Sitten werden so weit getrieben, daß die schüchterne Tugend es nicht wagen darf sich zu zeigen, ohne lächerlich gemacht zu werden.*[142] Dies liest sich schon wie eine Ahnung vom Ausbruch der Französischen Revolution, die dann im Doppelheft IX/X des gleichen Jahres in die »Cahiers de lecture« Einzug hält, mit einem Porträt des Marquis de Lafayette als *Commandant de la milice Parisienne* auf dem inneren Titelblatt und selbstverständlich mit einem Bericht über den Bastilleturm,[143] der als Auszug aus dem damals vielverbreiteten und mehrfach ins Deutsche übersetzten Pamphlet »La Bastille Dévoilée« gekennzeichnet war.[144] Doch auch in den nächsten Monaten änderte sich das Profil des Journals nicht, wenngleich der neuen politischen Situation in Frankreich mit weiteren informativen Texten Rechnung getragen wurde. Zu ihnen zählen beispielsweise eine recht ausführliche »Notice des principales feuilles périodiques de

136 Grimms Anteil an den »Cahiers de lecture« im einzelnen zu verifizieren, ist noch Desiderat. Aus der reichhaltigen Literatur zu Grimm vgl. insbesondere SCHLOBACH, Grimm in Paris (Anm. 16), S. 179–189. Vgl. auch Edmond SCHERER, Melchior Grimm, l'homme de lettres, le factotum, le diplomate, Paris 1887.

137 Grimm starb 1807 in Gotha.

138 Vgl. Avis, in: Cahiers de Lecture, Nr. XI/1785, Titelblatt.

139 Vgl. Cahiers de Lecture, Nr. XII/1785, S. 404–412.

140 Cahiers de Lecture,, Nr. X und XI/1788, S. 107–126.

141 Vgl. Lettres sur les ouvrages & le charactère de J.J. Rousseau par M. la baronne de Stael née Necker, in: Cahiers de lecture, Nr. V/1789, S. 36 ff.; VI/1789, S. 15 ff.; VII/1789, S. 27 ff.; VIII/1789, S. 25 ff.; IX und X/1789, S. 17 ff.

142 Cahiers de lecture, Nr. VI/1789, S. 98.

143 Vgl. Récit authentique de la prise, ou plutôt de la reddition de la Bastille, in: Cahiers de lecture, Nr. IX und X/1789, S. 112 ff.

144 Vgl. LÜSEBRINK/REICHARDT, Die »Bastille« (Anm. 42), S. 203–221, bes. S. 211. Ein weiterer Auszug aus »La Bastille Dévoilé« folgte im Doppelheft XI/XII der »Cahiers de Lecture« unter dem Titel »Déscription et régime intérieur de la Bastille« (S. 201–258).

Paris«[145], »Quelques apperçus sur les causes de la révolution actuelle en France«[146] und »Quelques vues sur les suites probables de la révolution présente en France«[147], allesamt im Jahrgang 1790.

Vom Beginn ihres Erscheinens an stellten die »Cahiers de lecture« ein Periodikum mit ausgesprochen kultureller Prägung dar. Ihre Besonderheit auf dem deutschen Zeitschriftenmarkt bestand darin, daß in ihnen in französischer Sprache fast ausnahmslos literarische Texte sowie Aufsätze und Fragmente über französische Literatur und Kultur, über das Theaterleben etc. veröffentlicht wurden. Dabei blieben philosophische und politische Themen keineswegs rigoros ausgegrenzt. Diese Offenheit war schon dem Wesen der Aufklärung geschuldet und lag auch in der Absicht des Herausgebers. Die eigentliche Tagespolitik erhielt jedoch erst seit der Revolution einen eigenständigen Platz.

Dabei bildeten politische Themen auch nach dem Sturm auf die Bastille zunächst keineswegs den Schwerpunkt der »Cahiers de lecture«. Dennoch nahm die Präsenz tagespolitischer Texte seit 1790 deutlich zu. Da auch jetzt nur originale Arbeiten veröffentlicht wurden, ein Kommentar des Herausgebers dagegen höchstens indirekt und vergleichsweise knapp mittels Fußnoten erfolgte, bot sich allein durch die Auswahl der Beiträge eine gewisse Möglichkeit, eigene politische Präferenzen anzudeuten.

Wie oben gezeigt, edierte Reichard in den »Cahiers de lecture« Dokumente zu verschiedenen Aspekten des revolutionären Umbruchs. Frühzeitig bezog er aber auch selbst publizistisch Stellung.[148] Ende 1792 trat er zusätzlich mit dem »Revolutions-Almanach« an die Öffentlichkeit, einem zeitschriftenähnlichen Jahrbuch, welches das wirkungsvollste und bekannteste seiner Periodika wurde. Der »Revolutions-Almanach« erschien allerdings nicht in Thüringen, sondern kam in Göttingen im Verlag von Johann Christian Dieterich heraus. Er brachte dem francophilen Herausgeber der »Cahiers de lecture« den Ruf eines reaktionären, revolutionsfeindlichen Obskuranten ein.[149]

Transfert triangulaire? Das Journal »London und Paris«

Die Betrachtung der Zeitschrift »London und Paris« verdeutlicht, daß die aufgeklärten, gebildeten Bürger am Ende des 18. Jahrhunderts bereits von einem grundsätzlichen Zusammenhang der europäischen Ereignisse ausgingen. Das von Friedrich Justin Bertuch verlegte Journal teilte das Andere als das Zukunftsträchtige mit, das aus

145 Vgl. Cahiers de lecture, Nr. II/1790, S. 121–129.

146 Vgl. Cahiers de lecture, Nr. III/1790, S. 215–228.

147 Vgl. Cahiers de lecture, Nr. V/1790, S. 3–12.

148 Vgl. etwa Heinrich August Ottokar REICHARD, Zuruf eines Deutschen an patriotische Schweizer, Deutschland 1790. DERS., Ein fein Gespräch zwischen zwei Nachbars- und Bauersleuten, über Rebellion, Obrigkeit und jetzige Zeitläufte, mit schönen Stellen aus Dr. Martin Luthers und anderer frommen Männer Schriften. Anderen zum Frommen und Nutzen herausgegeben und im Druck ergangen von Einem Bürger- und Bauernfreunde. Gedruckt in diesem Jahr.

149 Vgl. etwa Georg Friedrich REBMANN, Ueber den deutschen Clootismus, in: Das neue graue Ungeheuer, 1. Stück, Upsala 1796, S. 51–65.

dieser Progressivität seine publizistische Bedeutung bezog. Ausgangspunkte des Neuen, Mitteilenswerten waren dem »Plan und Ankündigung« des Journals zufolge jene europäischen Hauptstädte, die dem Periodikum auch den Titel gaben:

Das papierne Zeitalter erstickt fast unter allen Journalen und Zeitungsblättern. Und alle diese Welt= und Zeitkunde, die sich in so viele größere und kleinere Canäle ergießt, strömt eigentlich nur aus zwey Hauptquellen. London und Paris haben sich, wie die zwey ältern Söhne des Kronos, in die Welt getheilt, und bevölkern nun das Reich des dritten Bruders um die Wette durch ihren Zwist. Alle übrigen Hauptstädte Europens sind freywillig in die zweyte Ordnung zurückgetreten. Von London und Paris gehen die Schläge aus, die in Philadelphia und Calcutta, an der Newa und in der Capstadt oft eher gefühlt werden, als der empfindlichste Electrometer den politischen Beobachtern ihr Ausströmen bemerkbar machen konnte.[150]

Ähnlich wie bei den »Cahiers de lecture« war für das Journal »London und Paris« Kulturtransfer, hier in der doppelten Perspektive einer Berichterstattung aus Frankreich *und* England, gleichsam Programm. Die Zeitschrift schließe *sich an alle an, die statistischen, politischen oder weltbürgerlichen Inhalts sind*, notierten Verleger und Redakteur. *Sie will bloß vergnügen, scherzen, erzählen, was heute in Paris, gestern in London zu sehen war*[151]. Dabei folge man hinsichtlich des Nachrichtentransfers aus der Seine-Metropole Vorbildern wie Louis Sébastien Merciers »Tableau de Paris«, dem Werk »Über Paris und die Paris« von Friedrich Schulz oder auch dem Journal »Frankreich. Aus den Briefen Deutscher Männer in Paris«.[152]

Das in sechswöchigem Rhythmus erscheinende Blatt kam zunächst in Weimar, später in Halle und sodann in Rudolstadt heraus.[153] Trotz mehrfach wechselndem Titel blieb die Berichterstattung aus Frankreich durchgängig ein zentraler Bestandteil des Journals. Und trotz des relativ hohen Preises – das Abonnement für den Jahrgang kostete sechs Reichstaler und acht Groschen – war die Auflage beachtlich. Im Jahre 1808 erreichte sie beispielsweise eine Höhe von 1250 Exemplaren.[154] Der Umfang eines Heftes betrug im Durchschnitt etwa 100 Seiten, wovon rund die Hälfte, mitunter aber auch mehr als zwei Drittel auf die Texte aus und über Frankreich entfielen. Jeweils vier Hefte wurden zu einem Band zusammengefaßt. Zwei Bände bildeten somit einen Jahrgang des Journals. Die Redaktion lag zunächst in den Händen des vielseitigen Publizisten Karl August Böttiger, seit 1804 besorgte sie Friedrich Justin Bertuchs Sohn Karl Bertuch.

150 Plan und Ankündigung, in: London und Paris, 1 (1798), 1. Stück, S. 3–11, hier S. 3 f.

151 Ebenda, S. 7. Vgl. auch Goethe- und Schiller-Archiv Weimar, Nachlaß Friedrich Justin Bertuch, 06/5540.

152 Vgl. London und Paris, 1(1798), 1. Stück, S. 5.

153 London und Paris, Weimar 1798–1803; Halle 1804–1807; Rudolstadt 1808 und 1810, Paris, Wien und London. Ein fortgehendes Panorama dieser drei Hauptstädte, Rudolstadt 1811/12; Paris und Wien, Rudolstadt 1812/13; London, Paris und Wien, Rudolstadt 1815. Die Jahrgänge 1809 und 1814 fehlen. Vgl. auch Gotthard BRANDLER, Friedrich Justin Bertuch und sein Journal »London und Paris«. London und Paris und die Journalliteratur um 1800, in: Greizer Studien, Greiz 1989, S. 128–145.

154 Vgl. Albrecht von HEINEMANN, Ein Kaufmann der Goethezeit. Friedrich Johann Justin Bertuchs Leben und Werk, Weimar 1955, S. 118.

Vom ersten Heft an lieferte das Journal ein facettenreiches Bild vom Leben und Treiben in Paris. Hier wurden »Flugblätter des Factionsgeistes«[155] ebenso mitgeteilt wie Informationen über »Oeffentliche Vergnügungs=Plätze«,[156] Notizen über »Oeffentliche Mädchen«[157] oder ein Bericht von der »Feyer des Festes der Volks-Souverainetät«.[158] Diese breite thematische Streuung wurde auch in der Folge durchgehalten, wobei die Artikel und Aufsätze fast ausnahmslos aktuell, lebensnah und authentisch wirken. Meist stammten sie aus der Feder von Korrespondenten, die in Paris ansässig waren oder sich zeitweilig dort aufhielten. Der Plan des Journals nannte *zwey Männer, beyde Teutsche*, die *lauter Originalaufsätze* liefern würden.[159] Die häufig gewählte Briefform gestattete dabei eine sehr persönliche Sicht auf die berichteten Sachverhalte.

Im »Plan und Ankündigung« von »London und Paris« war zu lesen, das Journal *hütet sich vor der Politik als vor einer Sphinx. Alle Staatsverhandlungen, alle politischen Raisonnements, alles, was in die zwey großen Hauptrubriken, Krieg und Frieden, gehört, liegt außer ihrem Plane.*[160] Diesem Prinzip wurde die Redaktion der Zeitschrift schon vom zweiten Heft an untreu, und zwar durchaus zum Nutzen der Leser. Unter dem Titel »Allgemeine politische Ansichten« wurde die Situation im Frankreich des Jahres 1798 geschildert, mit mancherlei Kritik im Detail, jedoch mit grundsätzlicher Sympathie für die Politik des Direktoriums:

Indessen geht das Direktorium immer seinen festen, kühnen aber auch ziemlich militärischen Gang fort, und läßt sich durch nichts irre machen, oder von seinen Planen abführen. Es dringt so z.B. mit Macht auf die Einführung aller bisher dekretirten republikanischen Anstalten, und da es sein Interesse ist, die Republik recht zu befestigen, so ist dies auch wohl eines der wichtigsten Dinge, die ihm angelegen seyn müssen.[161] Der Verfasser plädierte für Mäßigung und Vernunft und betonte, *daß es jedes vernünftigen Franzosen erstes Interesse ist, (seine politischen Meinungen mögen nun seyn, wie sie wollen) keine Erschütterungen im Gouvernement zu wünschen, – ohne zu bedenken, daß bey neuen politischen Stürmen jeder, der noch etwas aus dem großen Sturme gerettet hat, Gefahr läuft, vollends damit zu scheitern, und daß bey fortdaurendem heitern Wetter jeder doch wenigstens das Gerettete noch erhalten könne, und daß hingegen Uneinigkeit unter den Gewalthabern nothwendig äußerst nachtheilige Folgen haben müße.*[162]

Diese Worten deuten die Grundtendenz jener Berichte in »London und Paris« an, die sich mit dem politischen Geschehen in Frankreich und seiner Hauptstadt befassen. Oft zeigen sich Sympathie und ernsthafte Sorge um das Schicksal der französischen Nation. Dem stellt sich mitunter auch ironische Distanz an die Seite. So wird etwa in einem Bericht über das Fest zum Jahrestag des Sturms auf die Bastille im Jahre 1798 betont, daß der große Zulauf auf das Marsfeld nicht etwa *auf Rechnung des Bür-*

155 Vgl. London und Paris, 1 (1798), 1. Stück, S. 41 ff.
156 Vgl. ebenda, S. 49 ff.
157 Vgl. ebenda, S. 65 ff.
158 Vgl. ebenda, S. 60 ff.
159 Plan und Ankündigung (Anm. 150), S. 9.
160 Ebenda, S. 7.
161 London und Paris, 1 (1798), 2. Stück, S. 152–159, hier S. 156 f.
162 Ebenda, S. 158.

gersinns und anderer schönklingender Phrasen zu schreiben sei. Der *Charakter der Pariser und ihre Neu- und Gaffgierde*[163] würden diese vielmehr zu jedem großen Fest strömen lassen, und zudem habe die Massen in diesem Falle die Aussicht auf einen Umzug dressierter Elefanten und das Aufsteigen eines Heißluftballons noch besonders angelockt.[164] Das vorzeitige Verbrennen der Montgolfière lieferte dem Verfasser dann die Pointe zu einem metaphorischen Kommentar:

«*Welcher Unterschied zwischen dem Pariser am 14. Jul. 1789 und dem Pariser am 14. Jul. 1798! Dort greift er zu den Waffen, und glaubt mit der Bastille auch jede Art von Tyranney zerstört zu haben; – hier steht er auf demselben Marsfelde, ist schon seit 3 Jahren entwaffnet, und kommt jetzt, um sich die Langeweile durch Flinten- und Kanonenschüsse und – einen verbrannten Ballon vertreiben zu lassen!*[165]

In diesem Aufsatz über das Fest zum 14. Juli deutet sich auch das Selbstverständnis der Berichterstatter in »London und Paris« an. *Die politischen Zeitungen werden Ihnen gesagt haben, daß eine außerordentliche Menschenmenge am 14. Julius auf dem Champ de Mars [...] versammelt war*, beginnt der Text und setzt damit beim Leser die Kenntnis der Fakten schon voraus. Das von den Tageszeitungen bereits aktuell Berichtete sollte also kommentiert und mit Hintergrundinformationen angereichert, Politisches sollte zu Kulturellem und zum Alltagsgeschehen in Beziehung gesetzt werden. *Selbst die glaubwürdigsten Berichte officieller Tageblätter, wie unbefriedigend und abgerissen sind sie, da sie höchsten nur den letzten Erfolg, selten oder nie das eigentliche Warum? und Wodurch? angeben*,[166] meinte man bereits im ersten Stück des Blattes. Diese Erörterung von Zusammenhängen, von Ursachen und Wirkungen sollte dem Leser nicht zuletzt den Weg zu eigener Reflexion weisen.

Über die Jahre stellte »London und Paris« ein »einzigartiges, lebendiges sozial- und kulturgeschichtliches Dokument des Alltagslebens in den beiden europäischen Metropolen im Übergang vom 18. zum 19. Jahrhundert«[167] dar. Den Texten wurden *die bedeutendsten Plane und Zeichnungen, die sinnreichsten Carrikaturen und Spottbilder und die gangsbarsten Songs und Vaudevilles* beigegeben, die einerseits in London und andererseits in Paris *die Neuigkeit des Tages ausmachen*.[168] Dieser Einsatz des Mediums Bild verlieh auch dem Nachrichten- und Kulturtransfer eine zusätzliche Dimension, die zu jener Zeit nur wenige Blätter in der Qualität und dem Umfang wie das Journal »London und Paris« enthielten.[169]

163 London und Paris, 1 (1798), 6. Stück, S. 139–152, hier S. 139.
164 Ebenda, S. 140 f.
165 Ebenda, S. 148.
166 Plan und Ankündigung (Anm. 150), S. 4.
167 Heinz Brüggemann, »Aber schickt keinen Poeten nach London!«. Großstadt und literarische Wahrnehmung im 18. und 19. Jahrhundert, Reinbek bei Hamburg 1985, S. 208.
168 Plan und Ankündigung (Anm. 150), S. 9.
169 Vgl. Wolfgang Hans Stein, Die Zeitung als neues bildpublizistisches Medium. Die Revolutionskarikaturen der Neuwieder »Politischen Gespräche der Todten« 1789–1804, in: FRANCIA, Bd. 19/2 (1992), S. 95–157. In der Region Thüringen sind das »Journal des Luxus und der Moden« aus dem Industrie-Comptoir von Bertuch sowie Reichards »Revolutions-Almanach« zeitgenössische Beispiele für Periodika mit regelmäßigen Bildbeilagen, wobei letzterer – wie oben angeführt – nicht in Thüringen, sondern bei Dieterich in Göttingen verlegt wurde.

Nach den Ereignissen vom 18./19. Brumaire VIII nahm der Politikanteil in »London und Paris« eher noch zu,[170] und wiederholt war nun neben dem innenpolitischen Geschehen in Frankreich auch von den ersten Männern im Staat die Rede.[171] Hierbei rückte Napoleon Bonaparte zunehmend ins Zentrum der Meldungen. *Sieyès, der fast immer hier lebte und die Lage der Dinge kennt, und Bonaparte's heller Blick und Gewandtheit in den Geschäften, die er schon so oft zeigte, berechtigten allerdings zu nicht gemeinen Erwartungen*,[172] meinte man bereits kurz nach Errichtung des Konsulats. Daß fünf Jahre später die Kaiserkrönung Bonapartes dann auch in »London und Paris« ausführlich gewürdigt wurde,[173] verwundert also nicht.

Insgesamt konstituierte die Berichterstattung in der Bertuch'schen Zeitschrift ein durchgängig positives Frankreichbild. Dies ist nicht zuletzt deshalb sehr bemerkenswert, da sich die Beziehungen zwischen Deutschland und Frankreich in jenen eineinhalb Jahrzehnten sehr dynamisch entwickelten. Anders als die thüringischen Intelligenzblätter richtete sich das Journal in erster Linie aber an ein gebildetes Publikum, was nicht zuletzt dazu führte, daß man »London und Paris« weit über die Grenzen Thüringens hinaus rezipierte. Bertuchs eigenen Angaben zufolge wurde die Zeitschrift *in Wien, Berlin, Petersburg, Stockholm, Copenhagen und andern Residenzen mehr sogar am Hofe mit Vergnügen gelesen*[174].

»Der Bote aus Thüringen«. Frankreichberichterstattung und Volksaufklärung

»Der Bote aus Thüringen«, aus dem wir eingangs zitierten,[175] wurde bereits ein Dezennium vor Bertuchs Journal »London und Paris« gegründet. Er erschien seit 1788 im »Verlag der Buchhandlung der Erziehungsanstalt« Schnepfenthal, einem kleinen Ort im Herzogtum Sachsen-Gotha-Altenburg. Hier wurden auch pädagogische Werke des Herausgebers Christian Gotthilf Salzmann und einiger seiner Mitarbeiter, unter ihnen Johann Christoph Friedrich GutsMuths, verlegt. Die Absicht des Blattes bestand darin, *nicht nur den Lesern durch Zeitungsnachrichten die wichtigsten Neuigkeiten, die auf unserer Erde sich zutragen, zu melden, sondern ihnen auch guten Rat zu geben, wie sie sich vor Krankheiten verwahren, ihre Kinder gut ziehen, eine vergnügte Ehe führen, vor Zank und Prozeß sicher sein und überhaupt in ihren Hütten ein frohes Leben führen können*.[176] Hierzu ließ Salzmann einen fiktiven Boten, der auf dem Titelblatt auch abgebildet war, durchs Land wandern und sein Publikum mit erbaulichen, aufklärerischen Informationen sowie mit aktuellen Nachrichten zum Zwecke unterhaltsamer Belehrung versorgen.

170 Vgl. Blicke auf Paris nach der Revolution vom 19. Brumaire, in: London und Paris, 2 (1799), 8. Stück, S. 328 ff.

171 Vgl. Ueber Sieyès, in: Ebenda, 3 (1800), 1. Stück, S. 56 ff.; Blicke auf das Privatleben der Konsuln Cambaceres und Le Brun, in: Ebenda, 3 (1800), 6. Stück, S. 125 ff.

172 Blicke auf Paris nach der Revolution vom 19. Brumaire, in: Ebenda, 2 (1799), 8. Stück, S. 328 f.

173 Vgl. Schilderung der Feierlichkeiten bei der Kaiserkrönung in Paris, in. Ebenda, 7 (1804), 4. Stück, S. 349 ff.; Dankfest für Bonaparte's Erhebung zum Kaiserthron in der Hauptsynagoge zu Paris gefeiert, in: Ebenda, 5. Stück, S. 42 ff.

174 Goethe- und Schiller-Archiv Weimar, Nachlaß Bertuch, 06/5539, Bl. 86.

175 Vgl. Anm. 1.

176 Der Bote aus Thüringen (im folgenden: BT), 1 (1788), 51. Stück, S. 810.

Vorbild war die Zeitschrift »Das räsonierende Dorfkonvent«, die unter der Herausgeberschaft des Volksaufklärers Johann Adam Christian Thon seit 1786 in Erfurt erschien.[177] Wie im »Dorfkonvent« wurde im »Boten« nicht nur unterhalten und informiert, sondern auch räsoniert. Was darunter zu verstehen sei, war schon im ersten Stück des »Dorfkonvent« von 1786 erläutert worden. *Räsonniren heißt auf teutsch: durch Hülfe der Vernunft gesund urtheilen.*[178] In Salzmanns Journal erfolgte dies in erster Linie im Rahmen eines fiktiven Dialogs zwischen der Figur des wandernden Boten und einem Wirt, der von jenem mit Neuigkeiten versorgt wurde. Gelegentlich beteiligte sich auch noch eine dritte Person an diesem Gespräch. Der eigentliche Nachrichtenteil umfaßte anfangs lediglich ein bis zwei Seiten. Vom 6. Stück des ersten Jahrgangs an bildete sich jedoch ein Schema heraus, das der Wochenschrift fast drei Jahrzehnte lang das Gepräge gab: Einem etwa achtseitigen redaktionellen Teil folgte ein Nachrichtenteil gleichen Umfangs.

Die Relationen innerhalb des sechzehnseitigen Periodikums waren zunächst nicht stabil. Auch gab es gelegentlich eine Überleitung vom redaktionellen zum Nachrichtenteil wie im 6. Stück, in dem der fiktive Bote zum Wirt spricht: *Wenn er noch etwas aus den Zeitungen hören will; so komme er gleich mit zurück, Herr Gevatter!*[179] Später dann entwickelten sich beide Teile völlig selbständig und konnten vom Leser auch separat bezogen werden. Eine informative Studie zum redaktionellen Teil dieser herausragenden Zeitschrift der deutschen Volksaufklärung liegt mit der Arbeit von Roswitha Grosse vor.[180] Eine umfassende Analyse seines Nachrichtenteils steht noch aus.

Bereits im Gründungsjahrgang wurde wiederholt über Frankreich berichtet.[181] Der Ausbruch der Revolution stellte jedoch für den »Boten aus Thüringen« schon im zweiten Jahr seiner Existenz eine markante Zäsur dar. Von da an avancierte das Geschehen in Frankreich für lange Zeit zum zentralen politischen Thema des Nachrichtenteils, das zudem, literarisch oder einfach nur räsonierend dargeboten, sehr häufig im redaktionellen Teil wieder aufgegriffen wurde. Dabei machte der Herausgeber aus seiner Zustimmung zu den Zielen der Revolution kein Hehl, wenngleich er für eine vorläufig beizubehaltende aufgeklärte Monarchie eintrat.

Im Jahr 1788 besteht der Nachrichtenteil des »Boten aus Thüringen« zu knapp fünf Prozent aus Berichten über Frankreich. Die Thematik ist in 22 von 52 Stücken des Jahrgangs enthalten. Es dominieren Beiträge vom Balkan und aus der Türkei, aus Polen, Österreich und Skandinavien. Seit 1789 wird die Frankreichberichterstattung dann jedoch permanent und steigt auch quantitativ steil an, auf Anteile über 50 Prozent. Das revolutionäre Frankreich avanciert zum bevorzugten politischen Thema der Zeitschrift – fast ausnahmslos beginnt der Nachrichtenteil mit Meldungen über Frankreich – und hält diesen Spitzenplatz über einen langen Zeitraum. Im Jahre 1792

177 Vgl. Böning, Zeitungen für das »Volk« (Anm. 2), S. 476 ff.

178 Zit. nach Böning, Zeitungen für das »Volk« (Anm. 2), S. 519.

179 BT, 1 (1788), 6. Stück, S. 90.

180 Vgl. Anm. 2.

181 Zum folgenden vgl. Greiling, Kulturtransfer, Frankreichbild und Frankreichberichterstattung in Thüringen (Anm. 13), S. 351–370, hier S. 364–369. Werner Greiling/Matthias Middell, Frankreich-Berichterstattung in deutschen Zeitungen. Kursachsen und Thüringen zur Zeit der Französischen Revolution, in: Hans-Jürgen Lüsebrink/Rolf Reichardt (Hg.), Kulturtransfer im Epochenumbruch. Frankreich-Deutschland 1770–1815 (im Druck).

bestimmen die mit der Revolution im Zusammenhang stehenden Berichte den Nachrichtenteil fast vollständig. Dabei liegt der Schwerpunkt schon auf der Außenpolitik, also den Kriegsnachrichten.

In zunehmendem Maße verwendet Salzmann auch das Vokabular der Französischen Revolution. Dabei tauchten 1788 zunächst noch die Institutionen und Begriffe des Ancien régime auf, beispielsweise die *parlements* und die *lettres de cachet*, etwas zurückhaltend als *Verhaftsbriefe* übersetzt. Ludwig XVI. gilt Salzmann noch als *der gütige König*[182], welchem er die im Volke verhaßten Minister gegenüberstellt. In der Folge erweitert sich das Korpus der aus dem Französischen übernommenen und übersetzten Neologismen. *Bastille*, *Nationalversammlung*, *Nationalgarde*, *Distrikt*, *Département* sind seit 1789/90 Bestandteil der politischen Sprache des »*Boten*«. 1791 kommen *Constitution* und *Assignate* dazu, ein Jahr später *Piken*, *Jacobiner*, *Maire*, *Garde de corps*, *Faction*, *Föderierte*, *Contre Revolution* und *Convent*. Die Berichterstattung bleibt aufs Ganze gesehen ausführlich, immer mit populären Erklärungen und pädagogischen Hinweisen angereichert. Eine allmählich größer werdende Distanz zum Geschehen in Frankreich deutet sich in Wortverbindungen wie *Jacobiner-Unruhen* und *Jacobiner-Pöbel* an, zeigt sich aber auch in direkten Kommentaren. Damit hält das Revolutionsgeschehen verstärkt Einzug in den redaktionellen Teil des »Boten« und bleibt nicht der weitgehend objektiven Berichterstattung im Nachrichtenteil vorbehalten. Gespräche zwischen dem wandernden Boten und einem Wirt, die häufig den Rahmen für allerlei aufklärerische Verhaltensregeln bieten, zeigen ein gewisses Verständnis für das Aufbegehren des französischen Volkes, warnen jedoch die Bevölkerung Thüringens zugleich vor Versuchen, dem Beispiel der *Rebellen in Frankreich* nachzueifern.[183]

Seit 1793/94 zeigt sich eine zunehmend kritische Tendenz gegenüber den Jakobinern, gegenüber dem *Beelzebub Robespierre*[184] und dem revolutionären Geschehen insgesamt. Dem diente auch eine literarische Verarbeitung der Revolutionsthematik, an der sich Salzmann unter Verwendung des Schildbürgersujets versuchte. In seinem Text bricht in einem fernab gelegenen Land, das seit Menschengedenken unter bösen und schlechten Regenten leidet, wo Mätressenwirtschaft herrscht und jeder, der sich dagegen auflehnt, in einem schrecklichen Gefängnis, der *Spadille* endet, eine Revolution aus. Man pflanzt Freiheitsbäume und singt fröhliche Lieder, doch schon bald treibt ein unruhiger Kopf namens Hans Rübezahl die Revolutionäre in gefährliche Bahnen. Dieser Fortsetzungsroman, der seit Januar 1793 erschien, liest sich als unzweideutige Warnung an die thüringische Bevölkerung, es den Franzosen nicht gleich zu tun.[185] Salzmann folgt dabei der auch andernorts zu beobachtenden These, wonach das Überschreiten des reformerisch-girondistischen Niveaus dem politischen Voluntarismus einzelner, nicht jedoch der revolutionären Dynamik entsprang. Dies mochte die Überzeugung von einem allgemeinen Reformbedarf gegen jene offen gegenrevolutionäre Argumentation absichern, die die *terreur* von 1793/94 als eine direkte Folge von 1789 darstellte.

182 BT, 1 (1788), 11. Stück, S. 175.
183 BT, 2 (1789), 38. Stück, S. 297 ff.
184 BT, 7 (1794), 51. Stück, S. 403.
185 BT, 6 (1793), 1. Stück ff.

Insgesamt blieb der Herausgeber des »Boten« jedoch zurückhaltend und um eine differenzierte Darstellung der politischen Wandlungen in Frankreich bemüht. Das zeigt sich immer dann, wenn er eine umfassende Deutung zu geben versucht. Dennoch verfestigte sich bei Salzmann 1792 die Meinung, daß man in Frankreich durch die Revolution *im Fortgange zum Guten um sehr vieles zurückgeworfen*[186] werde. So tat er denn auch die Ankündigung des französischen Nationalkonvents, den Völkern bei ihrem Kampf um Wiedererlangung der Freiheit helfen zu wollen, mit einer etwas schiefen Metapher ab. Während die Franzosen ehedem die Unterdrückung mit einer Last von 100 Zentnern gepeinigt habe, betrage die Bürde der deutschen Untertanen im Vergleich dazu gerade fünf Zentner, resultierend aus der natürlichen Unvollkommenheit aller Regierungen. *Diese 5 Zentner lassen sich vielleicht durch bloße gütige Vorstellungen vom Nacken wegbringen, ohne daß Pulver und Blei dazu zu schlagen braucht.*[187]

Dieser Gedanke taucht in Variationen auch in der Folge weiter auf. Salzmann meint, daß Frankreich durch die heftige Unterdrückung keine andere Möglichkeit als die der Revolution gehabt habe, aber dennoch zu weit gegangen sei. *Die Franzosen waren so hart gedrückt, daß sie es nicht länger aushalten konnten, sondern genötigt wurden, ihre Regierung umzuändern. Das geht uns und unsern Fürsten nichts an.*[188] Und auch während der Jakobinerdiktatur differenzierte der Autor weiterhin, da er nicht glauben wollte, *daß ein ganzes Volk so barbarisch sein könnte*[189]. Im Frühherbst 1795 schließlich schrieb Salzmann: *Seitdem Robespierre und Consorten geköpft, ersäuft, gefangen oder in Untätigkeit gesetzt worden sind, gibt der Nationalkonvent einen Beweis nach dem andern von Weisheit und Menschlichkeit.*[190]

Aus seiner Reserviertheit gegenüber der Entwicklung in Frankreich und insbesondere bezüglich des republikanischen Prinzips machten der »Bote« und sein geistiger Vater kein Hehl. *Ich glaube, die Franzosen hätten einander aufgerieben, wenn ihr Staat beständig eine Republik geblieben wäre*[191], ließ Salzmann den Boten im ersten Stück des Jahres 1802 räsonieren. Mit Errichtung des Konsulatssystems unter Napoleon sei man in Frankreich jedoch de facto zur Monarchie zurückgekehrt, und es sei *recht gut für Frankreich und Europa, wenn dort lange einer regiert*[192].

Insgesamt gelingt Salzmann mit der Kombination aus redaktionellem und Nachrichtenteil eine gründliche Information seiner Leser über das Geschehen in Frankreich. Konkretes Wissen, das Räsonnement des Herausgebers und der fiktive Dialog zwischen Boten und Wirt boten alle Voraussetzungen für einen aktiven und konstruktiven Diskurs über den Zustand von Staat und Gesellschaft sowie über die Notwendigkeit und Möglichkeit reformerischer Veränderungen. Daß dies über die Jahre ohne Zensureingriffe möglich war, ist sowohl ein Beleg für das aufgeklärt-liberale politische Regiment unter Herzog Ernst II. von Sachsen-Gotha-Altenburg als auch für

186 BT, 5 (1792), 38. Stück, S. 598.
187 BT, 5 (1792), 51. Stück, S. 814.
188 BT, 6 (1793), 7. Stück, S. 52.
189 BT, 6 (1793), 46. Stück, S. 361.
190 BT, 8 (1795), 35. Stück, S. 553.
191 BT, 15 (1802), 1. Stück, S. 3.
192 BT, 15 (1802), 1. Stück, S. 4.

die Tatsache, daß Salzmann – in einer Art von Selbstzensur – die Grenzen des Denk- und Druckbaren nicht überschritt.

Die bemerkenswerte inhaltliche Substanz und die publizistische Qualität des »Boten aus Thüringen« sind um so höher zu bewerten, als dieser sich ausdrücklich an einfache Leute, an den Handwerker und Landmann wandte.[193] Er zählte zu den wenigen Unternehmen der literarischen Volksaufklärung,[194] die den Leser aus den Unterschichten auch tatsächlich erreichten. So notierte Joachim von Schwarzkopf 1795, daß *fast alle Canäle, wodurch dem gemeinen Bürger und Landmann eine vernünftige Aufklärung zugeführt werden könnte, noch immer mit Schlamm angefüllt* seien. *Bisher geschah durch Zeitungen für die Classen von bäurischer Cultur sehr wenig beförderliches*, schrieb er weiter, um dann »Salzmann's reichbeladenen Bote aus Thüringen«[195] von dieser Kritik ausdrücklich auszunehmen.

Hier ist auch nichts von einer »verhältnismäßigen« Aufklärung zu erkennen, die Unterschichten und Gebildete auf unterschiedliche Weise bedient.[196] Keineswegs wird stereotyp Gehorsam gegenüber der Obrigkeit gepredigt. Zwar schreibt Salzmann, daß es *der liebe Gott haben will, daß wir der Obrigkeit gehorchen*[197]. Die Möglichkeit jedoch, daß ein Fürst seiner Aufgabe nicht gewachsen sein könnte oder sie nur schlecht ausführt, gehörte durchaus zu jenen Gedankenspielen, an denen Salzmann seine Leser teilhaben ließ. An der Entwicklung dieses neuartigen, meinungsbildenden Journalismus hatte die Frankreichberichterstattung als Katalysator wesentlichen Anteil.

Die Selbstverständlichkeit, mit der der Herausgeber das Legitimitätsprinzip beim Machtantritt Napoleons beiseite ließ, wurde schon zitiert.[198] Die Meldungen und Berichte von der Revolution distanzierten sich von deren Dynamik, dienten aber zugleich dazu, die Grenzen der Bedrückung genauer zu bezeichnen, hinter denen nur noch revolutionäre Lösungen möglich und gerechtfertigt erscheinen. Andererseits werden dem Leser wiederholt auch landeskundliche Kenntnisse über Frankreich vermittelt, bei denen – wie in einem vierzehnseitigen Aufsatz im Jahrgang 1792 – durchgängig auch auf die der Revolution geschuldeten Veränderungen rekurriert wird.[199]

Auch komplizierte Vorgänge des Geschehens in Frankreich und Europa werden im »Boten« klar und bildhaft erläutert. Mehrfach werden Landkarten beigegeben, um genaue geographische Vorstellungen von den Schauplätzen politischer und militärischer Ereignisse vermitteln zu können.[200] Salzmann zeigt sich als ein eminent politi-

193 Vgl. BT, 1 (1788), 26. Stück, S. 413–416.

194 Vgl. Volker WEHRMANN, Volksaufklärung, in: Ulrich HERRMANN (Hg.), Das pädagogische Jahrhundert. Volksaufklärung und Erziehung zur Armut im 18. Jahrhundert in Deutschland, Weinheim/Basel 1981, S. 143–153. Holger BÖNING/Reinhart SIEGERT, Volksaufklärung. Biobibliographisches Handbuch zur Popularisierung aufklärerischen Denkens im deutschen Sprachraum von den Anfängen bis 1850, Bd. 1: Die Genese der Volksaufklärung und ihre Entwicklung bis 1780, Stuttgart/Bad Cannstatt 1990.

195 SCHWARZKOPF, Ueber Zeitungen (wie Anm. 6), S. 122.

196 Vgl. BÖNING, Zeitungen für das »Volk« (Anm. 2), S. 467–426, hier S. 499.

197 BT, 18 (1805), 45. Stück, S. 356.

198 Vgl. Anm. 192.

199 Vgl. BT, 5 (1792), 37. Stück, S. 577–583; 38. Stück, S. 593–600.

200 Vgl. BT, 1 (1788), 26. Stück, S. 416. Ein Beispiel dafür ist die »Kleine Kriegs-Charte, reichend von Utrecht bis Turin und von Dünkirchen bis Castel«, die den Abonnenten am Ende des Jahrgangs 1794 geliefert wurde. Der oben zitierten landeskundlichen Darstellung Frankreichs war ebenfalls eine Karte beigegeben.

sierter Aufklärer und wird hierbei stark von der Französischen Revolution geprägt. *Es ist schon seit einigen Jahren mein liebstes Geschäfte gewesen zur Verbreitung der Aufklärung das Meynige beizutragen, oder mit dran zu arbeiten, daß die Menschen verständiger würden: weil ich überzeuget bin, daß nur dann mehr Glückseligkeit auf die Erde kommen wird, wann mehr gesunder Menschenverstand auf derselben wirkt*,[201] schrieb er bereits 1794.

»Deutsche Blätter«. Nationalismus von Frankreichs Gnaden

Im »Boten aus Thüringen« war die kritische Distanz zur französischen Nation auch während der Jakobinerdiktatur und zur Zeit der Befreiungskriege alles in allem vergleichsweise gering geblieben. Zwischen 1813 und 1816 kam jedoch eine Zeitschrift heraus, deren Hauptanliegen gleichsam in der Auseinandersetzung mit Napoleon und mit Frankreich insgesamt bestand. Die »Deutschen Blätter«, so der programmatische Titel, wurden von Friedrich Arnold Brockhaus verlegt und erschienen seit dem 14. Oktober 1813. Redigiert wurden sie in Altenburg, also im gleichen Herzogtum wie »Der Bote aus Thüringen«. Der Druck erfolgte in der dortigen Hofbuchdruckerei Pierer und teilweise auch bei Teubner in Leipzig.[202] Die Expedition hatte Brockhaus der schnelleren Arbeit wegen von der 11. Nummer an ebenfalls nach Leipzig verlagert.[203] Die »Deutschen Blätter« erschienen zunächst fast täglich, später mit vier und seit Mai 1814 mit drei Ausgaben pro Woche. Die Auflage erreichte die für damalige Verhältnisse beträchtliche Zahl von 4000 Exemplaren.[204]

Brockhaus' Periodikum wollte *keine Zeitung seyn*, sondern verstand sich als *ein politisches Volksblatt*, »das in *allen* Ländern deutscher Zunge mit Theilnahme kann gelesen werden«[205]. Die »Deutschen Blätter« verfolgten das Ziel, *Gemeinsinn zu erwecken, die deutsche Nationalwürde zu erheben, Haß gegen fremde Unterjochung und Vertrauen zu uns selbst einzuflößen*[206]. Hatten sich jene Zeitschriften und Intelligenzblätter in Thüringen, die einen politischen Nachrichtenteil enthielten, spätestens seit 1789 gezielt der Berichterstattung aus Frankreich gewidmet und dabei in beträchtlichem Umfang auch die französische Presse als Quelle genutzt, erhoben die »Deutschen Blätter« gleichsam das Gegenteil zum publizistischen Prinzip. Sie wollten sich *ein besonderes Geschäft daraus machen, das systematische Lügengewebe der*

201 BT, 7 (1794), 40. Stück, S. 313.

202 Brockhaus hatte sich unmittelbar vor der Völkerschlacht bei Leipzig, als sich das Große Hauptquartier in Altenburg befand, vom Fürsten von Schwarzenberg einen förmlichen Befehl zur Herausgabe der Zeitung geben lassen, welcher die Berechtigung einschloß, die amtlichen Heeresberichte veröffentlichen zu dürfen. Wegen der wesentlich milderen Zensur im Herzogtum Sachsen-Altenburg hielt Brockhaus dann an dem Verlagsort fest. Vgl. Karl SCHNEIDER, Beiträge zur Geschichte der politischen Zensur im Herzogtum Sachsen-Altenburg in der ersten Hälfte des 19. Jahrhunderts, Teil I, in: Zeitschrift des Vereins für Thüringische Geschichte und Altertumskunde, 37. Bd., Jena 1931, S. 416–464, hier bes. S. 417–424.

203 Vgl. Deutsche Blätter. Hg. von F.A. BROCKHAUS (im folgenden: DB), Nr. 17 v. 27.10.1813, S. 136.

204 Vgl. Heinrich Eduard BROCKHAUS, Die Firma F.A. Brockhaus von der Begründung bis zum hundertjährigen Jubiläum. 1805–1905, Leipzig 1905, S. 26 f.

205 Erklärung der Redaction der Deutschen Blätter, in: DB, Nr. 31 v. 13.11.1813, S. 265–268, hier S. 265 f.

206 Ebenda, S. 267.

französischen Nachrichten zu entwirren und die Sophismen ihrer diplomatischen Verhandlungen zu widerlegen.[207]

Wenige Tage nach Gründung des Brockhausschen Periodikums fand die Völkerschlacht bei Leipzig statt. Durch die geographische Nähe zum Kriegsschauplatz und die guten Beziehungen des Verlegers zum Hauptquartier der alliierten Truppen gelang es den »Deutschen Blättern«, die ersten authentischen Nachrichten vom Geschehen zu veröffentlichen.[208] Parallel dazu erschien ein mehrteiliger Artikel über die Auflösung des Rheinbundes.[209] In beiden Serien zeigte sich von Beginn an eine nationalistische und antifranzösische, vor allem aber antinapoleonische Tendenz. Damit sind die »Deutschen Blätter« aus dem Verlag F.A. Brockhaus auch ein spezifischer Beleg für die ideengeschichtliche Zäsur, die die Völkerschlacht bei Leipzig hinsichtlich des französisch-deutschen Kulturtransfers markiert. Zugleich sprach sich in ihnen die Hoffnung auf innenpolitische Veränderungen aus: *Deutschland wird eine deutsche Verfassung erhalten!*[210]

In der Folge lieferten die Blätter eine kontinuierlich dichte Berichterstattung vom Kriegsverlauf. Dabei wurden die Meldungen immer wieder durch politische Reflexionen, aber auch durch Rezensionen und literarische Texte ergänzt. Hierzu zählten insbesondere Gedichte des »deutschen Jünglings« Theodor Körner,[211] der im Kampf gegen die Franzosen gefallen war. Die Grundposition des Periodikums bis zum Ende des ersten Erscheinungsjahres läßt sich an einem Zitat aus einer englischen Quelle festmachen, das am 24.12. 1813 in der Rubrik »Politische Ansichten« eingerückt war: *Hängt denn die französische Nation so unabänderlich eng mit Bonaparte zusammen? Ist er denn nicht in Frankreich verhaßt? Werden die Franzosen so leicht die verlangten 280000 Conscribirten aufstellen? Ja wir hoffen und vertrauen, daß die französische Nation das Mittel ergreifen werde, sich selbst Gerechtigkeit zu verschaffen, und ihre Verbindung mit civilisirten Völkern wieder anzuknüpfen. Und sollten sie nicht Muth oder Tugend genug zu einem solchen Entschluß besitzen; nun so halten wir fest an unserm Grundsatz: Kein Friede mit Bonaparte!*[212]

Das von F.A. Brockhaus herausgegebene Journal avancierte nun gleichsam zu einem »Zentralorgan« der Auseinandersetzung mit Napoleon und mit Frankreich insgesamt. *Die deutschen Blätter haben es zuerst gewagt, den so finstern und blutdürstigen Charakter des Tyrannen zu enthüllen,*[213] notierte der Redakteur voller Stolz in der Ausgabe vom 23. April 1814. Napoleon galt ihm als *die überreife, letzte Todesfrucht des ungeheuern Giftbaums, genannt französische Revolution!*[214] In einer großen Anzahl eigener Beiträge und in Auszügen aus anderen Schriften wurde wieder

207 Ebenda, S. 268. Vgl. auch Über die französischen Nachrichten, in: DB, Nr. 17 v. 27.10.1813, S. 134–136; Nr. 18 v. 28.10.1813, S. 138–140.

208 Vgl. Heftige Canonade bei Leipzig am 16. Oct., in: DB, Nr. 3 v. 17.10.1813; Vorläufige Berichte über die Schlachten v. 16.–18. Oct. bei Leipzig, in: DB, Nr. 5 v. 19.10.1813; Vorläufiger Bericht von dem großen Sieg der Alliierten bei Leipzig, in: DB, Nr. 7 v. 21.10.1813.

209 Vgl. Was ist (war) der rheinische Bund?, in: DB, Nr. 3, 4 und 6 v. 17.10., 18.10. und 20.10.1813.

210 Ebenda, S. 48.

211 Vgl. DB, Nr. 34 v. 19.11.1813, S. 323–327; Nr. 43 v. 4.12.1813, S. 441–451.

212 DB, Nr. 54 v. 24.12.1813. S. 623 f.

213 Paris und Napoleon Bonaparte am letzten Tage des März im Jahre 1814, in: DB, Nr. 121 v. 23.04.1814, S. 421 (Fußnote).

214 Ebenda, S. 420 f.

und wieder über den Kaiser der Franzosen, seinen tiefen Sturz und über *das Verhältnis, in welchem Buonaparte's Verbrechen zu den Verlusten Frankreichs stehen*,[215] räsoniert. Hierbei ließ man vereinzelt auch kritische französische Stimmen zu Wort kommen.[216]

In den 254 Nummern der »Deutschen Blätter«, die zwischen dem 14. Oktober 1813 und dem 13. April 1815 erschienen, wird zwar regelmäßig aus und über Frankreich berichtet, doch entspricht das vermittelte Frankreichbild nicht jenem von Zeitschriften wie »London und Paris« oder dem »Boten aus Thüringen«. Der Blick auf den Nachbarn links des Rheins wurde zunehmend von machtpolitischen Interessen gelenkt, beispielsweise von der Frage des künftigen Verhältnisses zwischen Deutschland und Frankreich einschließlich des zwischenstaatlichen Grenzverlaufs.[217] In diesem Zusammenhang erschien es den Blättern *nicht undienlich, alle die Eroberungen und Länderräubereien Frankreichs, welche auf Deutschland so großen Einfluß haben [...] dem Publico bekannt zu machen*.[218]

Bezüglich der französischen Innenpolitik beließ man es schon bald nicht mehr dabei, die Maßregeln und Prinzipien der Vergangenheit zu geißeln, etwa die Etablierung des Rheinbundes und die Einführung des »Code Civil«, sondern man übte auch heftige Kritik an den aktuellen Tendenzen in Frankreich. So wurde die »Charte constitutionnelle« regelrecht verspottet.[219] Bei vergleichsweise neutralen Informationen, etwa über die Bevölkerungsentwicklung in Frankreich, vergaß man es wiederum nicht, an die *beispiellosen Schrecken und Zerstörungen*[220] der Revolution zu erinnern. Rezensionen galten vornehmlich Publikationen mit antifranzösischem Impetus, etwa einem *geist- und gemüthvollen Schriftchen*, das *Frankreichs Sprach- und Geistestyrannei über Europa* thematisierte.[221]

Insgesamt wird deutlich, daß die Frankreichberichterstattung in den »Deutschen Blättern« Ende 1814 zunehmend aggressiver wurde. Die Polemik richtete sich nicht mehr nur gegen Napoleon, sondern bezog die französische Nation vielfach expressis verbis mit ein. Francophile Deutsche galten der Zeitschrift als *Zwitter oder Bastarde*.[222] *Wer aber das Franzosenthum liebt, [...] der liebt etwas Schlechtes, und wirft sich an die Schlechtigkeit hin*.[223] Immer weniger diente diese antifranzösische Publizistik dazu, wirklich über Frankreich zu informieren. Vielmehr zielte sie auf ein neues

215 Was kosten Frankreich Bonaparte's Verbrechen?, in: DB, Nr. 144 v. 14.06.1814, S. 145–151, hier S. 150. Der Text folgt dem Artikel »The crimes of Buonaparte« aus der »Times«, Nr. 9137 von 1814. Vgl. auch Napoleons Resignation, in: DB, Nr. 135 v. 24.05.1814, S. 1–8.

216 Vgl. etwa das mehrseitige Resümee über Chateaubriands Schrift »De Buonaparte, des Bourbons«, in: DB, Nr. 136 v. 26.05.1814, S. 17 ff.

217 Vgl. Ueber natürliche Gränzen, in: DB, Nr. 57 v. 29.12.1813, S. 33–42; Welches ist die echte und natürliche Gränze zwischen Deutschland und Frankreich?, in: DB, Nr. 75 v. 2.02.1814, S. 338–341.

218 Ländermasse, welche Frankreich seit der Revolution an sich gerissen hat, in: DB, Nr. 66 v. 17.01.1814, S. 183–189, hier S. 183.

219 Vgl. Von der neuen Constitution des französischen Reichs, in: DB, Nr. 131 v. 14.05.1814, S. 590–592.

220 Ueber Frankreichs gegenwärtigen Bevölkerungsstand und neueste Volkslisten, in: DB, Nr. 167 v. 6.08.1814, S. 513–520, hier S. 520.

221 Vgl. DB, Nr. 167 v. 6.08.1814, S. 521–523.

222 Die Franzosenfreunde in Deutschland, in: DB, Neue Folge, 8. Stück, S. 113–128; 9. Stück, S. 135–141, hier S. 114.

223 Ebenda, S. 115. Vgl. auch Die Buonapartisten in Deutschland, in: DB, Neue Folge, 5. Stück, S. 65–73.

Selbstwertgefühl der Deutschen, wollte sie ein deutsches Nationalbewußtsein etablieren. Damit standen die »Deutschen Blätter« in den letzten Monaten ihrer Existenz auf einer ähnlichen Position wie Ernst Moritz Arndt und Friedrich Ludwig Jahn, die ihrerseits die identitätsstiftende Funktion der antinapoleonischen und antifranzösischen Publizistik für die deutsche Nationsbildung zu nutzen verstanden, zugleich aber erheblich zum sich ausbreitenden Chauvinismus und Franzosenhaß beitrugen.[224]

Zusammenfassung

Als Fazit bleibt festzuhalten, daß in der Region Thüringen trotz der beträchtlichen geographischen Distanz in der zweiten Hälfte des 18. und zu Beginn des 19. Jahrhunderts in bemerkenswerter Dichte und Objektivität über Frankreich berichtet wurde. Aus der Perspektive der zahlreichen Periodika heißt dies zugleich, daß für sie das Geschehen links des Rheins über Jahrzehnte das wichtigste außenpolitische Themenfeld darstellte. Das allgemeine Interesse für die Aufklärung und für französische Kultur wurde seit 1789 noch von einem starken politischen Informationsbedürfnis übertroffen. Verbreitet wurden die Nachrichten vom Geschehen an der Seine durch zahlreiche Intelligenzblätter und durch profilierte Zeitschriften, die zum Teil weit über Thüringen hinauswirkten. Einige der Intelligenzblätter, vor allem aber die einzige überregional bedeutsame Tageszeitung Thüringens in dieser Zeit, die »Privilegirte gothaische Zeitung«, konnten sich auch hinsichtlich ihrer Aktualität mit den Blättern aus anderen deutschen Territorien durchaus messen.

Die Vielzahl und Vielgestaltigkeit der thüringischen Periodika sorgte dafür, daß Nachrichten aus und über Frankreich praktisch alle Teile der Bevölkerung erreichten. Von den Privilegierten und Gebildeten wurden auch überregionale deutsche Zeitungen und französische Blätter wie »Le Moniteur« gelesen. Herzog Carl August von Sachsen-Weimar beispielsweise hatte 1793 *die Anschaffung des Moniteur's und der Gazette de france, nach allen Jahrgängen, für die Bibliothek*[225] angeordnet. Die Intelligenzblätter hingegen dienten oft auch den ländlichen und städtischen Unterschichten zur Lektüre. Aufmerksame Zeitgenossen haben einen beträchtlichen *Lesetrieb* auch *unter denjenigen Ständen, welche wenig oder gar keine wissenschaftliche Kultur haben*,[226] konstatiert. Auch sie interessierten sich vor allem für die Französische Revolution, die in volkstümlichen Blättern wie dem »Boten aus Thüringen« mit Sympathie und weitgehender Objektivität dargestellt wurde. Überhaupt vermittelte die Masse der Periodika von Frankreich lange Zeit das Bild einer aufgeklärten, in der politischen Kultur fortgeschrittenen Nation.

Die Obrigkeit in den thüringischen Territorialstaaten hatte die ausführliche Frankreichberichterstattung über eine lange Zeit toleriert, wobei auf einige Unterschiede,

224 Vgl. Thomas NIPPERDEY, Deutsche Geschichte 1800–1866. Bürgerwelt und starker Staat, München 1991, S. 300; Bernd SPIES (Hg.), Die Erhebung gegen Napoleon 1806–1814/15 (= Quellen zum politischen Denken der Deutschen im 19. und 20. Jahrhundert. Freiherr vom Stein-Gedächtnisausgabe, Bd. 2), Darmstadt 1981.

225 Carl August an Christian Friedrich Schnauß v. 8.07.1793, in: Thüringisches Hauptstaatsarchiv Weimar, Hausarchiv A, XIX, Nr. 111 b.

226 SCHWARZKOPF, Ueber Zeitungen (wie Anm. 6), S. 74 f.

etwa hinsichtlich des politischen Regiments in den Fürstentümern Reuß, bereits verwiesen wurde. So erscheint es fast als kurios, daß es ausgerechnet Napoleon war, der das Zeitungs- und Zeitschriftenwesen dieser Region zu beschränken suchte. Mit Beginn der französischen Herrschaft – die thüringischen Staaten waren nach der Schlacht bei Jena und Auerstedt dem Rheinbund beigetreten – sollte die Veröffentlichung von politischen Nachrichten eingestellt werden. Im Jahre 1809 erließ der französische Geschäftsträger in Frankfurt am Main, Théobald Bacher, ein Zirkular an die Regierungen. Darin wurde der schlechte Geist in vielen deutschen Zeitungen beklagt und jedem Redakteur Bestrafung angedroht, falls er etwas gegen die politischen Interessen des Rheinbundes oder des Kaisers der Franzosen veröffentliche.[227] Herzog Carl August verfügte daraufhin am 16. Februar 1809, *daß auch in den hiesigen Hrz. Landen jeder Zeitungsschreiber, welcher in das von ihm redigierte öffentliche Blatt einen Artikel aufnimmt, der nicht dem Sinne des politischen Interesses des erhabenen Protektors u. der confödierten Staaten angemessen ist, dafür persönlich verantwortlich seyn, sein desfalsiges Privilegium verlieren, u. daß folglich die von ihm verlegte Zeitschrift unterdrückt werden soll.*[228] Wenig später wurden dann nochmals *sämtliche Bewohner des hiesigen Landes* öffentlich verwarnt, *nicht allein der Verbreitung von Gerüchten über politische und Kriegsbegebenheiten sich zu enthalten, sondern auch die Gespräche über solche Gegenstände an öffentlichen Orten und in größern Gesellschaften ganz zu vermeiden*[229].

Daß aus dem *erhabenen Protektor* Napoleon in der Lesart einiger thüringischer Periodika schon wenige Jahre später ein finsterer und blutdürstiger Tyrann wurde,[230] haben wir am Beispiel der »Deutschen Blätter« gezeigt. Die Berichterstattung über Frankreich diente in einigen Zeitschriften seit 1813 nicht mehr in erster Linie dazu, das Interesse an französischer Kultur und Aufklärung sowie ein spezifisches Nachrichtenbedürfnis zu befriedigen, sondern die deutsche Nation von den Franzosen abzugrenzen. So verwundert es nicht, daß sich unzählige Artikel mit »Deutschlands Naturgrenze gegen Frankreich« befaßten und daß die unterschiedlichsten Prinzipien der Abgrenzung zwischen beiden Staaten erörtert wurden.[231] Auch wenn sich einige Journale in dieser Hinsicht noch zurückhaltend äußerten bzw. ihr Erscheinen um 1815 einstellten, wandelte sich das Bild von Frankreich im 19. Jahrhundert doch auch in thüringischer Perspektive deutlich. *Frankreich ist ein schönes fruchtbares Land,*[232] hatte Christian Gotthilf Salzmann 1792 notiert. *Die Franzosen gehörten immer zu den besten Leuten in Europa.*[233] Reichlich zwei Jahrzehnte später galt Frankreich auch in Thüringen vielfach in erster Linie als »das Vaterland der Feinde«[234].

227 Vgl. die Kopie des Circulaire vom 1.02.1809, in: Thüringisches Hauptstaatsarchiv Weimar, Polizeisachen, B. 5384 a, Bl. 11.

228 Ebenda, Bl. 12.

229 Weimarisches Wochenblatt, Nr. 34 v. 29.04.1810, S. 149.

230 Vgl. Anm. 213.

231 Vgl. Deutschlands Naturgrenze gegen Frankreich, wie sie uns der künftige dritte punische Krieg geben muß, in: DB, Neue Folge, 10. Stück, S. 157–160.

232 Der Bote aus Thüringen, 5 (1792), 38. Stück, S. 594.

233 Ebenda, S. 597.

234 Vgl. Michael Jeismann, Das Vaterland der Feinde. Studien zum nationalen Feindbegriff und Selbstverständnis in Deutschland und Frankreich 1792–1918, Stuttgart 1992.

Résumé français

La Thuringe, région historique du centre de l'Allemagne, avait il y a 200 ans une configuration territoriale et politique extrêmement diffuse. A la fin du XVIIIe siècle cette région était composée des cinq duchés de la branche Ernestine de Saxe: Saxe-Weimar-Eisenach, Saxe-Gotha-Altenburg, Saxe-Meiningen, Saxe-Coburg-Saalfeld et Saxe-Hildburghausen. S'y ajoutaient les principautés de Schwarzburg-Sondershausen et de Schwarzburg-Rudolstadt ainsi que les Etats reussiens. Reuß-Gera, Reuß-Schleiz, Reuß-Lobenstein et Reuß-Ebersdorf appartenaient à la branche cadette, la branche ainée ayant sa résidence à Greiz. Erfurt qui était sous la dépendance de l'Electeur de Mayence, était la plus grande ville de Thuringe; de plus, les vieilles villes d'Empire Mühlhausen et Nordhausen, la partie thuringienne de la Saxe électorale, (à savoir) la province prussienne de Saxe et Hessen-Kassel appartenaient à cette région.

Vers 1800, la ville double de Weimar-Iéna devint le centre du classicisme allemand. L'important dévéloppement culturel en Thuringe fut marqué par de multiples influences françaises. Plusieurs princes imposèrent des idées issues des Lumières et à leur cour-même se développa un milieu libéral et éclairé. En fait, au XVIIIe siècle et au début du XIXe, la réception de la culture française et l'intérêt pour les événements politiques et sociaux français ne se limitaient pas à la société de cour. Des représentants des classes bourgeoises étaient eux-aussi impliqués dans le transfert culturel franco-allemand, se trouvant dans la sphère d'influence des nombreuses résidences princières ou bien par l'intermédiaire de leur propres médias ou de leurs propres institutions. Même les couches inférieures, qu'elles soient urbaines ou rurales, furent de plus en plus touchées par ce transfert culturel franco-allemand.

Malgré la distance géographique, on pouvait, en Thuringe, se procurer des informations sur la France d'une densité et d'une objectivité remarquables. Pour de nombreux périodiques thuringiens, les événements de la rive gauche du Rhin représentèrent pendant des décennies le champ thématique le plus important dans le domaine de la politique étrangère. A partir de 1789, l'intérêt général pour les Lumières et pour la culture française fut dépassé en intensité par la très forte demande d'informations d'ordre politique. Les nouvelles furent diffusées par de multiples journaux du type des »affiches« et par des revues de haut niveau dont la zone d'influence dépassait parfois largement la Thuringe. Certains de ces »Intelligenzblätter« ainsi que la »Privilegirte gothaische Zeitung« pouvaient tout à fait se mesurer aux journaux des autres territoires allemands sur le plan de l'actualité de leurs informations.

La plupart des périodiques véhiculèrent longtemps de la France l'image d'une nation éclairée et évoluée sur le plan de la culture politique. Mais à partir de 1815 cela se modifia très nettement. Devenus de plus en plus anti-napoléoniens et même généralement anti-français, les journalistes eurent de moins en moins tendance à donner des informations objectives sur la France. Leur but fut plutôt de donner aux Allemands le sentiment de leur propre valeur. En se démarquant de la France, l'objectif fut alors de constituer un nouveau sentiment national allemand. Les informations sur la France proposées par les journaux de Thuringe eurent alors aussi pour fonction de susciter un réflexe identitaire chez les Allemands et contribuèrent du même coup à répandre le chauvinisme et la haine des Français.

Joachim von der Thüsen

»Die Lava der Revolution fliesst majestätisch« Vulkanische Metaphorik zur Zeit der Französischen Revolution

Naturmetapher und Revolution: erste Überlegungen

Das Wort ›Revolution‹ ist selbst eine Metapher. Im Mittelalter und in der frühen Neuzeit bezog sich ›Revolution‹ ausschließlich auf Vorgänge in der Natur. Der Titel von Kopernikus' astronomischem Hauptwerk, »De revolutionibus orbium coelestium« (1543), zeigt die wichtigste der alten Bedeutungen an: *revolutiones* sind die Kreisbewegungen der Himmelskörper, wiederkehrende und berechenbare Vorgänge in Raum und Zeit. In dieser lateinischen Form des Wortes ist – wie auch im französischen Plural *révolutions* – die alte Bedeutung um 1800 noch präsent.

Erst spät entsteht der politische Begriff der Revolution. Zwar wird schon in der italienischen Renaissance das Wort *rivoluzione* auf die politischen Turbulenzen der Zeit bezogen, doch allgemein setzt sich ›Revolution‹ in seiner politischen Bedeutung erst vom Ende des 17. Jahrhunderts an durch. Die Übernahme des naturgeschichtlichen Begriffs in den politischen Wortschatz hat Folgen: zunächst werden auch politische Revolutionen als Kreisbewegungen gedacht.[1] So ist die *Glorious Revolution*, mit der im 17. Jahrhundert der Bürgerkrieg in England sein Ende findet, für viele Zeitgenossen noch Teil einer *revolutio*, eines Kreislaufs. Das Geschehen stellt sich ihnen als Bewegung dar, die von der absoluten Monarchie über parlamentarische Regierungsform und Diktatur in die monarchische Staatsordnung zurückführt. Thomas Hobbes: *I have seen in this revolution a circular motion.*[2] Das entspricht der tief wurzelnden Überzeugung einer ewig in sich kreisenden menschlichen Geschichte. In den Worten Reinhart Kosellecks:

> Aller Wechsel der Dinge, rerum commutatio, rerum conversio, vermochte es nicht, etwas prinzipiell anderes in die politische Welt einzuführen. Die geschichtliche Erfahrung blieb eingelassen in ihre gleichsam naturalen Vorgegebenheiten, und wie die Jahreszeiten in ihrem Wechsel die immer gleichen sind, so blieben die Menschen als politische Wesen zurückgebunden in einen Wandel, der nichts Neues unter der Sonne hervorlockte.[3]

1 Siehe Karl Griewank, Der neuzeitliche Revolutionsbegriff. Entstehung und Entwicklung, Weimar 1955, S. 171–180, und Hannah Arendt, On Revolution, New York 1963, S. 35f. Siehe jetzt auch Horst Günther, Revolution, in: Historisches Wörterbuch der Philosophie, hg. J. Ritter und K. Gründer, Darmstadt 1971ff., Band 8 [1992], Sp. 957–973.

2 Zitiert nach Reinhart Koselleck, Historische Kriterien des neuzeitlichen Revolutionsbegriffs, in: Vergangene Zukunft. Zur Semantik geschichtlicher Zeiten, Frankfurt 1979, S. 71.

3 Ibid. S. 70.

Auch das späte 18. Jahrhundert kann noch von den ›Revolutionen der Reiche‹ sprechen, die nach einem bestimmten historischen Schema aufeinander folgen und stets zur Wiederkehr eines früheren Zustands führen.

Doch das 18. Jahrhundert kennt zugleich den Gedanken, daß am Ende einer historischen Revolution das grundsätzlich Neue steht. Gerade den Aufklärern erscheint im Rückblick die *Glorious Revolution* nicht mehr nur als das Einmünden ins Alte, sondern als bleibende Veränderung.[4] Mit dem Verlust der Bedeutung von Kreislauf und Rückkehr entfernt sich der politische Begriff der Revolution von der Naturgeschichte. Seine metaphorische Dimension schwächt sich ab. Doch halten die meisten Aufklärer an der Vorstellung von Stetigkeit in der historischen Bewegung fest. Nicht als gewaltsamen Schub, sondern nur als langsame und kontinuierliche Entwicklung denkt (und erhofft) sich die Aufklärung die historische Veränderung. Damit rückt ›Revolution‹ in die Nähe von ›Evolution‹.[5]

Im Jahre 1789 wird die evolutionäre Definition von ›Revolution‹ mit einem Schlag unbrauchbar: in das moderne Wortverständnis geht unwiderruflich die Erfahrung gewaltsamer Veränderung ein. Mit den Ereignissen vom Juni und Juli 1789 – Konstituierung des Dritten Standes zur Nationalversammlung, Schwur im Ballhaus, Sturm auf die Bastille – bildet sich bei den Beteiligten das Bewußtsein der Nicht-Umkehrbarkeit der Geschichte. Dieses ›Nicht-mehr-Zurück‹ wird auch im weiteren Verlauf des Jahres 1789 in symbolischen Akten eingefordert: in der Erklärung der Menschenrechte am 26. August und in der erzwungenen Übersiedlung des Monarchen von Versailles nach Paris am 6. Oktober.

Zu einer der wichtigsten Erfahrungen wird, daß die Geschichte machbar ist. Keine göttliche Macht lenkt die Geschicke der Menschen mehr, sondern es sind die Menschen selbst, die ihr Los bestimmen. Rückblickend sagt Hegel:

Solange die Sonne am Firmamente steht und die Planeten um sie herum kreisen, war das nicht gesehen worden, daß der Mensch sich auf den Kopf, das ist auf den Gedanken stellt und die Wirklichkeit nach diesem erbaut.[6]

Hegels Bild der Sonne und der sie umkreisenden Planeten beschwört noch einmal die kosmische Ordnung und den unverrückbaren Lauf der Dinge in der Natur. Doch von diesem Immergleichen hat die menschliche Geschichte sich nun abgekoppelt. Der Natur, die ihm befiehlt, stets auf zwei Beinen zu gehen, kündigt der Mensch den Gehorsam auf. Nicht Natur, sondern der Gedanke regiert die geschichtliche Welt.

In dem Augenblick, in dem menschliche Geschichte sich für immer dem Naturkontext zu entwinden scheint, häufen sich die Naturmetaphern. Auf den ersten Blick ist dies paradox. Doch die Zeitgenossen besitzen für die Bewältigung des unerhörten Ereignisses keine neuen Deutungsmuster. Zur Verfügung stehen lediglich die alten Darstellungsformen: das episodische Erzählen und die metaphorische Rede. Das Erzählen hält etwas von dem Erstaunen, der Freude und dem Schrecken fest, von denen

4 Siehe Karl-Heinz Bender, Revolutionen. Die Entstehung des politischen Revolutionsbegriffs in Frankreich zwischen Mittelalter und Aufklärung, München 1977, 135ff.

5 Vgl. Griewank (wie Anm. 1) S. 193–213 und Koselleck (wie Anm. 2) S. 74f.

6 Georg Friedrich Wilhelm Hegel, Vorlesungen über die Philosophie der Weltgeschichte [1822/23–1830/31], in: Werke, hg. Eva Moldenhauer und K.M. Michel, 1986ff., Band 12, S. 529.

die Beobachter der Ereignisse in Paris erfaßt werden – doch der Gesamtvorgang bleibt ohne innere Vorstellung. Das Gesamtereignis der Revolution, das sich in der Geschichte mit nichts anderem vergleichen läßt, wird von den Zeitgenossen als ein eigenmächtiges und dem individuellen Willen entzogenes Geschehen erfahren. Diesem schwer Faßlichen verschafft die metaphorische Rede Bezugspunkte: was in der Menschheitsgeschichte an nichts erinnert, erhält in der Naturgeschichte einen Horizont der Erinnerung.[7]

Allerdings handelt es sich um ein dynamisches Reich der Natur: am Ende des 18. Jahrhunderts ist der Newtonsche Kosmos bereits weitgehend verlassen. Während Umwälzungen im Sinn von *revolutio* sich mit planetarischem Gleichmaß vollziehen, sind Umwälzungen im Sinn von ›Umsturz‹ und *bouleversement* nur auf eine Natur zu beziehen, zu deren Kennzeichen auch katastrophische Gewalt und Unvorhersehbarkeit gehören. Noch in dieser schwer zu ergründenden Gestalt aber erzeugt Natur ein eigentümliches Vertrauen. Wie kaum ein anderer Leitbegriff des 18. Jahrhunderts enthält Natur ein Versprechen der Sinnfülle. Die Folge ist, daß sich allem, was an Natur erinnert, etwas von deren prinzipieller Sinnhaltigkeit mitteilt. *Die besten menschlichen Operationen sind diejenigen, welche die Operationen der Natur am getreulichsten nachahmen*, sagt der junge Wilhelm von Humboldt im Blick auf die Revolution.[8]

Die Naturmetapher wird auf lange Zeit zu einem der erfolgreichsten Instrumente der Darstellung der Französischen Revolution. Erst mit den großen historiographischen Werken über die Revolution – beginnend mit Thiers (1823) und Mignet (1824) – erhält die metaphorische Darstellung zunehmend Konkurrenz: in der begrifflichen Deutung. Doch verschwindet die Naturmetapher auch danach nicht. Wie hoch ihre Leistungsfähigkeit selbst um 1850 noch veranschlagt wird, zeigt die Revolutionsdarstellung Michelets.

Auch Hegels Beschreibung der neuen, vom Gedanken bestimmten Welt kann nicht auf die naturale Analogie verzichten: *Es war dieses somit ein herrlicher Sonnenaufgang*. Während Hegel mit seinem ersten Bild – feststehende Sonne und kreisende Planeten – noch den physikalischen Kosmos zitiert, greift er hier zur Alltagsmetapher. Sie hat den Vorteil, daß sie über eine Wiederkehr nichts aussagt, stattdessen die Einmaligkeit des Vorgangs betont: dem Sonnenaufgang geht eine einzige lange Nacht voraus.

›Sonne‹ und ›Sonnenaufgang‹ gehören zu den Naturbildern, die bereits von der ersten Stunde der Revolution an im Umlauf sind.[9] In ihnen setzt sich die Symbolik der Aufklärung fort. Besonders häufig treten die Bilder der Hoffnung in den Jahren 1789 und 1790 auf, in jener Phase der gemäßigten Ziele also, in der die Monarchie noch reformierbar erscheint. Auch Hegel beschwört diese Dimension der Revolution: durch

7 Zur kognitiven Leistung von Metaphern in komplexen Erfahrungszusammenhängen grundsätzlich: Hans Blumenberg, Schiffbruch mit Zuschauer. Paradigma einer Daseinsmetapher, Frankfurt 1979, S. 77–93, und George Lakoff, Mark Turner, More than Cool Reason. A Field Guide to Poetic Metaphor, Chicago/London 1989.

8 Wobei er ausdrücklich den *gewiß notwendige[n], mit Verderben begleitete[n] Ausbruch tobender Vulkane* nennt – wenngleich er selbst hofft, daß die politische Erneuerung sich an vegetative Vorbilder hält: *der Keim, welchen die Erde still und unbemerkt empfängt* (Ideen zu einem Versuch, die Grenzen der Wirksamkeit des Staats zu bestimmen [1792], in: Werke, hg. A. Flitner und K. Giel, 5 Bände, Stuttgart 1960–1981, Band 1, S. 58).

9 Vgl. Jean Starobinski, 1789: Les emblèmes de la raison, Paris 1979, S. 31–37.

den Befreiungsakt der Revolution sei es zu *erhabener Rührung* gekommen.[10] Doch das Vokabular der Versöhnung, das sich aus dem Bildschatz der Aufklärung speist, nimmt sich vergleichsweise bescheiden aus neben der wuchernden Metaphorik des Katastrophischen.

Die Verwendung von Metaphern der Naturgewalt für geschichtliche Vorgänge hat zur Zeit der Französischen Revolution bereits eine lange Vorgeschichte. Seit jeher greifen die Chronisten von Aufständen und Kriegen zu Sprachfiguren, die sie dem Wortschatz religiös-apokalyptischer Schriften und der – von ihnen geprägten – Anschauung von Naturgewalt verdanken. Revolten und massenhafte Gewalt erscheinen als ›Feuer‹, ›Sturm‹, ›Flut‹ oder ›Erdbeben‹.[11] Traditionell ist diese Metaphorik Teil einer Sprache der Abwehr, die scharf und axiomatisch zwischen schützenswerter Ordnung und gefährlicher Verwüstung unterscheidet. Mit dem Beginn der Französischen Revolution dagegen verliert sich der eindeutig wertende Gestus. Die Naturmetapher ist kein verläßlicher moralischer Index mehr.

Erstaunlich und neu ist, daß die katastrophischen Metaphern zum festen Bestandteil der Reden und Schriften der historischen Akteure selbst werden. Wie vorher schon in der rebellischen Rede des deutschen Sturm und Drang, so wird nun auch in der Sprache der französischen Revolutionäre die zerstörerische Kraft der Natur ins Positiv-Energetische umgedeutet. Diese Entwicklung ist vor allem eine Folge der ästhetischen Aufwertung von Gewalt, die sich im Lauf des 18. Jahrhunderts vollzogen hatte: die Wende zum Erhabenen hatte dem Schrecken die Würde des Ästhetischen verliehen. Die Revolutionäre sind beherrscht von dem Gedanken, daß ihre Taten einem sublimen Geschehen zugehören, an dem jeder Versuch individueller Steuerung scheitern muß.

Camille Desmoulins spricht vom *torrent révolutionnaire*, dem zu widerstehen unmöglich sei. Wer aber zum Fürsprecher des reißenden Flusses wird, begreift sich nicht mehr als Wesen, das zu freiem Handeln fähig ist.[12] Im Winter 1793/94 ruft der Jakobiner Collot d'Herbois aus: »Einige wollen die revolutionäre Bewegung mäßigen. Wie? Läßt sich ein Sturm denn lenken? Die Revolution ist ein Sturm. Wir können und dürfen seine Bewegung nicht zügeln.«[13] Das führt zu einem Dilemma: den Revolutionären beginnen ihre eigenen Aktionen, die nun Teil der katastrophisch sich verselbständigenden Geschichte werden, fremd gegenüberzutreten. Die Folge ist, daß im Frühjahr und Sommer 1794 – als die politischen Ereignisse sich beschleunigen – unter den Revolutionären eine eigentümliche Hoffnungslosigkeit um sich greift. Die Furcht, daß die nicht mehr steuerbare Revolution ihr Ziel verfehlen könnte, führt zu einem Gefühl der Zukunftsohnmacht, von dem zunächst die Gruppe um Danton,

10 *Eine erhabene Rührung hat in jener Zeit geherrscht, ein Enthusiasmus hat die Welt durchschauert, als sei es zur wirklichen Versöhnung des Göttlichen mit der Welt nun erst gekommen*, HEGEL (wie Anm. 6), Band 12, S. 529.

11 Siehe hierzu vor allem Melvin LASKY, Utopia and Revolution. On the Origins of a Metaphor, London 1976, S. 218–59, und Alexander DEMANDT, Metaphern für Geschichte. Sprachbilder und Gleichnisse im historisch-politischen Denken, München, S. 135–139 und S. 168–176.

12 Siehe hierzu ARENDT (wie Anm. 1) S. 42f.

13 Zitiert nach R.R. PALMER, Twelve Who Ruled. The Year of the Terror in the French Revolution, Princeton 1970, S. 129. Nun (Anfang 1794) ist es gerade Desmoulins, der zur Mäßigung aufruft.

schließlich aber auch Robespierre und Saint-Just befallen werden.[14] Damit gerät jenes andere sublime Szenario, von dem Hegel spricht, völlig aus dem Blick: die Erhabenheit des Gedankens, die gerade aus alter Naturverfallenheit befreien sollte.

›Erdbeben, Erschütterung‹: die seismischen Bilder

Kaum ein Ereignis der ersten Revolutionsjahre hat die Phantasie der Zeitgenossen so sehr beflügelt wie der Sturm auf die Bastille. Da die Bastille schon lange vor dem 14. Juli 1789 zum Monument der Grausamkeit und absolutistischen Willkür erklärt worden war, griff die symbolisierende Deutung rasch um sich: mit der Erstürmung der Bastille, hieß es, war die Unmenschlichkeit des alten Systems selbst zu Fall gebracht worden. Daß die Bastille in Wirklichkeit schon seit langem nicht mehr der grausame Kerker war, zu dem eine im 18. Jahrhundert stark anwachsende Literatur der Anklage sie erklärt hatte, wirkte sich in der Symbolbildung von 1789 nicht aus.[15] In Deutschland dichtete Schubart (er hatte eine ›Reliquie‹ der Bastille, d.h. einen Stein aus ihren Trümmern, erhalten):

Dank Dir, o Freund, aus voller Herzensfülle,
Für die Reliquie der greulichen Bastille,
Die freier Bürger starke Hand
Zermalmend warf in Schutt und Sand.
Zertrümmert ist die Schauerklause,
Die einst, o Voltaire, dich in dumpfe Nacht verschloß.[16]

Es wurde zur verbreiteten Redeweise, daß die Bastille zum Einsturz gebracht worden war. In Wirklichkeit freilich vollzog sich die Zerstörung des Gefängnisses nur langsam; noch am 14. Juli 1790, als die Pariser Bevölkerung den ersten Jahrestag der Erstürmung feierte, waren die schweren Grundmauern nicht völlig geschleift.

Nachdem im Jahre 1790 auch in Marseille drei Forts erobert worden waren, hieß es im Brief des Marseiller Stadtrates an die Pariser Revolutionsklubs: »Ihr, tapfere Pariser, habt den ersten Schlag gegen den Koloß des Despotismus geführt. […] Wir haben nicht mehr getan, als euerem Beispiel zu folgen. Mit eueren Fesseln sind auch die unseren gefallen. Ohne die gewaltige Erschütterung, die vom Fall der Bastille ausging, hätten wir diese drohenden Bollwerke, diese Schlupfwinkel der Tyrannei vielleicht niemals vernichtet.«[17]

Durch die enge symbolische Verbindung zwischen Bastille und Ancien Régime weitete sich das Bild des gefallenen Bauwerks rasch auf das zum Einsturz gebrachte

14 Siehe Carol Blum, Rousseau and the Republic of Virtue, Ithaca, N.Y., 1986, S. 227. Vgl. auch Lynn Hunt über das Tragödienmuster in der Selbstinterpretation der Jakobiner: Politics, Culture, and Class in the French Revolution, Berkeley 1984, S. 35–38.

15 Siehe vor allem Hans-Jürgen Lüsebrink und Rolf Reichardt, Die ›Bastille‹. Zur Symbolgeschichte von Herrschaft und Freiheit, Frankfurt 1989.

16 C.F.D. Schubart, Auf eine Bastilltrümmer von der Kerkerthüre Voltaire's (1789), in: Epochen der deutschen Lyrik, Band 6: 1770–1800, hg. G. Pickerodt, München 1970, S. 231.

17 »Lettre du club des amis des droits de l'homme...«, in: L'Observateur Marseillais, 5.6.1790, zitiert nach Lüsebrink/Reichardt (wie Anm. 15) S. 200.

Ancien Régime aus, das nun selber als gefallener *Koloß* und zerstörtes *gotisches Raubschloß* erschien. Gekoppelt an die dem Jahrhundert geläufigen seismischen Vorstellungen von Erdbeben und ihren in großer Entfernung spürbaren Folgen, eröffneten die Bilder von Fall und Erschütterung ein besonders fruchtbares Metaphernfeld. Es war die Rede davon, daß nicht nur in den französischen Provinzen, sondern überall in Europa die Erschütterung von Paris zu spüren war. »Alle französischen Einrichtungen stürzten mit Getöse zusammen, und die Rückwirkung dieser großen Bewegung erschütterte ganz Europa.«[18]

Die Erdbebenmetapher wurde im revolutionären Jahrzehnt zu einer der verbreitetsten Figuren politischer Rede überhaupt. Allerdings fällt auf, daß sie – anders als die Vulkanmetapher, der sie nahesteht – einen etwas größeren Erfolg im Ausland hatte als bei den Revolutionären selbst. Gerade die Fernwirkung von Erdbeben ließ die Metapher Revolutionsfreunden und Revolutionskritikern in Europa gleichermaßen passend erscheinen. Edmund Burke schrieb:

> *Many parts of Europe are in open disorder. In many others there is a hollow murmuring under ground; a confused movement is felt, that threatens a general earthquake in the political world.*[19]

In Deutschland sprach man davon, daß der ›Einsturz‹ des absolutistischen Regimes nun auch die deutschen Fürstentümer ›erzittern‹ lasse. *Throne erbeben, Königszepter entfallen den Händen.*[20] Eine besondere Plausibilität gewann die Erdbebenmetapher für Goethe: während des Frankreichsfeldzuges *bebte* die Erde *im ganz eigentlichsten Sinne*. Die *ungeheure Erschütterung*, die er 1792 erfuhr, war zugleich das Beben der Erde während der Kanonade von Valmy.[21] Am Ende des Jahrzehnts war die Metapher dann so sehr Allgemeingut geworden, daß Friedrich Schlegel in seinem 424. Athenäumsfragment ihren Erkenntniswert in Zweifel zog.[22]

In der Revolutionspublizistik tauchen neben *trembler* und *tremblement* immer wieder auch *ébranler* und *ébranlement* (›erschüttern‹, ›Erschütterung‹) auf. Für die Revolutionäre war an der seismischen Metaphorik anziehend, daß terrestrisches und

18 Fantin Desodoards, in: Revolution im Zeugenstand. Frankreich 1789–1799, hg. Walter Markov, 2 Bände, Frankfurt, Band 1, S. 130. Palloy, der für den Bastille-Abbruch verantwortliche Unternehmer, rief vor dem Konvent aus: »Der donnernde Sturz der Bastille hat alle Bastillen der Welt in ihren Grundfesten erschüttert; alle Könige auf ihrem Thron sind bleich geworden. [...] Mögen eines Tages alle Bastillen Europas unter meinen Schlägen fallen!« (Pétition faite à la barre de la Convention nationale, le 9 août 1793, zitiert nach Lüsebrink/Reichardt [wie Anm. 15], S. 191.)

19 Edmund Burke, Reflections on the Revolution in France [1790], Harmondsworth 1988, S. 265.

20 E. A. Sörgel, Patriotische Vorlesungen (1793), in: Die Französische Revolution im Spiegel der deutschen Literatur, hg. Claus Träger, Leipzig 1975, S. 722.

21 Johann Wolfgang Goethe, Campagne in Frankreich. 1792 [1822/29], in: Werke, Hamburger Ausgabe in 14 Bänden, München 1976, Band 10, S. 233 und 235.

22 Inzwischen genügen Metapher und Synekdoche nicht mehr; Schlegel sucht nach dem literarischen Gattungsmodell zukünftiger Darstellung der Revolution: *Man kann die französische Revoluzion als das größte und merkwürdigste Phänomen der Staatengeschichte betrachten, als ein fast universelles Erdbeben, eine unermeßliche Überschwemmung in der politischen Welt; oder als ein Urbild der Revoluzionen, als die Revoluzion schlechthin. Das sind die gewöhnlichen Gesichtspunkte. Man kann sie aber auch betrachten als [...] die furchtbarste Groteske des Zeitalters, wo die tiefsinnigsten Vorurtheile und die gewaltsamsten Ahndungen desselben in ein grauses Chaos gemischt, zu einer ungeheuren Tragikomödie der Menschheit so bizarr als möglich verwebt sind.* Athenäum (1798), Nachdr. Darmstadt 1960, Band 1, S. 309f.

menschliches Beben semantisch dicht beieinander liegen. Der Mensch kann ›beben‹ und ›zittern‹ und damit einer inneren Bewegung Ausdruck geben. ›Beben‹, ›Zittern‹ sind Symptome der Angst. Aber der Mensch zittert nicht nur vor einer physischen Übermacht, sondern auch vor dem Heiligen oder allgemein: vor einer überlegenen moralischen Instanz (hier kann ›zittern‹ in ›erschauern‹, *trembler* in *frémir* übergehen). In der Literatur der Aufklärung waren diese Bedeutungen des Zitterns und Bebens immer wieder hervorgekehrt worden. Vor allem in den populären Gattungen kam es nach 1770 zu einer Inflation formelhafter Imperative, zu denen auch die Ausrufe »zittre, Schurke« und »bebt, Tyrannen« gehörten (die dann zu Konstanten in der Melodramatik des 19. Jahrhunderts wurden). Die Sprache der Revolution, in der sich Einschüchterung mit moralischem Appell verbindet, übernimmt solche Formeln. So wird ein Ausruf wie *tremblez, tyrans!* zum festen Bestandteil der Revolutionsreden, aber auch der Revolutionslyrik (u.a. der »Marseillaise«) und des Revolutionstheaters.[23] In Wendungen der Revolutionsredner wie *les ennemis tremblent dans leur fondement* gehen Physiologie und Geologie enge metaphorische Bindungen ein.

Daß die Vorstellung eines Erdbebens – auch wenn es sich nur um ein figürliches handelte – überhaupt begrüßt werden konnte, wie es im Jahr 1789 überwiegend geschah, bleibt allerdings erstaunlich. Hatte nicht das Erdbeben von Lissabon noch 1755 universelle Ängste in Europa ausgelöst? Der Optimismus der Aufklärung war ins Wanken geraten, eine Debatte über die göttliche Vorsehung und das Wesen der Natur entfacht worden. Dieser philosophische Streit war keineswegs zu einem befriedigenden Ende gebracht worden. Allerdings war die Debatte um 1789 schon weitgehend verstummt: die jüngere Generation hatte an ihr nicht mehr teilgenommen. Aufgewachsen in der Zeit nach der ›Zäsur von Lissabon‹, fühlten die nach 1750 Geborenen sich gleichsam entlassen aus der Suche nach Stetigkeit in der Geschichte und Benevolenz in der Natur. Sie entwickelten neue Naturvorstellungen, in denen Zerstörung und Wohltat dicht beieinander lagen. So konnte eine positive Metaphorik der Erderschütterung entstehen: man wünschte das soziale und politische Beben herbei. ›Die alten Mauern‹ sollten ›fallen‹. Normen, Standesgrenzen und absolutistische Institutionen verursachten künstliche Scheidungen und galten als Wände, die die Menschen voneinander trennten. Auch auf andere Gebiete griff der Wunsch nach dem Fall der Mauern über: *Tombez, tombez, murailles!* rief Mercier und meinte das klassische System der literarischen Gattungen.[24] In solchen Erschütterungsphantasien wurde die gewalttätige Natur zur hilfreichen Macht.[25]

Rousseau war einer der wichtigsten Mentoren dieser Wunschvorstellungen gewesen. Gerade Rousseau hatte das trennende Hindernis (*obstacle*) zwischen den Menschen verwünscht und einen künftigen Zustand der Ungeschiedenheit und Klarheit (*transparence*) herbeigesehnt.[26] Allerdings war es auch Rousseau, der sich in der De-

23 Es gab sogar eine Zeitung mit dem Titel »Tremblez!«, die von Hébert redigiert wurde.

24 Sébastien MERCIER, Du Théâtre, ou Nouvel essai sur l'art dramatique, Amsterdam 1773, S. 76.

25 An anderer Stelle habe ich die motivische Linie untersucht, die hier beginnt und die über die Revolutionsmetaphorik bis zu Kleists »Erdbeben in Chili« führt: The Shaking Walls of Convention. Popular Sentimentalism and Heinrich von Kleist's First Tale, in: Convention and Innovation in Literature, hg. von Th. D'HAEN, R. GRÜBEL und H. LETHEN, Amsterdam/Philadelphia 1989, S. 123–149.

26 Grundlegend analysiert in Jean STAROBINSKI, Jean-Jacques Rousseau. La transparence et l'obstacle, nouvelle éd., Paris 1971.

batte über das Erdbeben von 1755 seinen Glauben an eine gütige Natur nicht hatte nehmen lassen. Sein Denken marginalisierte die Gewalt in der Natur. Für Rousseau stand außer Frage, daß der Weg in die menschliche Ungeschiedenheit die Form gewaltfreier Sezession haben müsse. In diesem Punkt nahm ihn die spätere Generation nicht ernst – und geriet damit in ein Dilemma.

Es waren vor allem ausländische Beobachter, die mit dem Bild des Erdbebens auf das Gewaltproblem hinwiesen. Denn wenn die Mauern nicht durch behutsames Abtragen, sondern durch ein revolutionäres Erdbeben fallen sollten, dann war nicht ausgemacht, wo diese Gewalt enden würde. Das Hoffnungsbild, daß die Wirkungen der katastrophischen Gewalt begrenzt bleiben würden, war in sich widersprüchlich. Begrub ein Erdbeben nicht alles in seinem Bereich, Freund wie Feind? Dem republikanisch gesinnten, metaphernfreudigen Jean Paul gelang das schöne Bild:

Aber desto schlimmer, wenn die ungestüme Notwendigkeit spricht, nicht die lange sanfte Freiheit; wenn nicht der fromme Kirchner, sondern ein Erdbeben die Glocken läutet.[27]

Während hier noch geschichtliche Notwendigkeit geltend gemacht wird, forderten Revolutionskritiker wie der aufklärerische Volksschriftsteller Rudolf Zacharias Becker ein deutlicheres Abrücken von aller politischen Gewalt. Für Becker war *der Ausgang gewaltsamer Erschütterungen der Staaten ungewiß*. Der Mensch darf kein *Menschenblut [...] vergießen, außer im Falle der Notwehr*; vielmehr solle er es allein *der Vorsehung überlassen, die Erde durch dieses heroische Mittel, wie durch Pest und Erdbeben, eines Teils ihrer Bewohner zu entladen, wenn sie es für nötig erachtet.*[28] Der Volksaufklärer will darauf hinwirken, daß alle politische Macht der natürlichen unähnlich wird.

Die Revolutionäre selbst bevorzugten ›klassischere‹ Bilder, um das Dilemma der entfesselten Gewalt darzustellen. Immer wieder benutzten sie das Bild vom Sturm auf hoher See, der in Orkan und Schiffbruch enden kann.[29] Oder sie wiesen in mythischen Bildern auf die Grundambivalenz der revolutionären Bewegung hin: während die Revolution ein ›saturnisches Zeitalter‹ des Glücks verspricht, zeigt Saturn sich in der Gestalt jener anderen Überlieferung, dem Schreckensmythos. Es sei zu befürchten,

27 Freiheitsbüchlein, in: Sämtliche Werke, Abt. II: Jugendwerke und vermischte Schriften, München 1976, Band 2, S. 847.

28 Vorlesungen über die Pflichten und Rechte des Menschen (1792), in: Die Französische Revolution im Spiegel der deutschen Literatur (wie Anm. 20) S. 196f. und 200.

29 So etwa Mirabeau am 23.12.1790: »Wohin wird dieses Fahrzeug verschlagen werden, das vom Blitz getroffen ist und vom Sturm gepeitscht wird? ich weiß es nicht; aber wenn ich selbst dem Schiffbruch dieser Nation entrinne ...« (in: Briefe aus der Französischen Revolution, hg. Gustav Landauer, Berlin/DDR 1985, Band 1, S. 93). Zur metaphorischen Tradition Demandt (wie Anm. 11) S. 190–98 und Blumenberg (wie Anm. 7). – Grundsätzlich kann von der revolutionären Sturmmetapher (in all ihren Varianten) gesagt werden, was Rétat nach dem Studium der Zeitschrift »Révolutions de Paris« feststellte: »Aucune image n'est plus fréquente que celle de l'orage ou de la tempête« (Pierre Rétat, Forme et discours d'un journal révolutionnaire. Les Révolutions de Paris en 1789, in: L'Instrument périodique. La fonction de la presse au XVIIIe siècle, hg. C. Labrosse und P. Rétat, Lyon 1985, S. 160).

daß die Revolution »wie Saturn« ihre Kinder verschlinge, sagte der Girondist Vergniaud in einer berühmten Rede.[30]

Während die Bildgrafik der Revolution so gut wie keine Bilder von Erdbeben zeigte, näherte sich die Malkunst der Revolutionsjahre dem Erdbebenthema an: in den Gemälden von Hubert Robert. Robert hatte sich bereits vor 1789 einen Namen als Maler von Ruinen gemacht.[31] Während der Revolution nahm sich Robert wie kein anderer Künstler seines Ranges eines neuen Themas an: des Abbruchs von Bauten, der von den Revolutionsorganen verfügt wurde. Von Robert stammen Gemälde wie ›Der Abbruch der Bastille‹ (1789) und ›Die Zerstörung eines Tempels‹ (ca. 1792). Fällt bei diesen Bildern schon die gewählte Perspektive auf, die den enormen Größenunterschied zwischen arbeitenden Menschen und riesigen Mauern betont, so ist in dem Gemälde, das den Louvre als Ruine darstellt (›Grande Galerie en Ruine‹, 1796), schließlich überhaupt keine zerstörende Hand mehr sichtbar. Während doch gerade der Louvre als öffentliches Museum ab 1793 ein neues Existenzrecht erhalten hatte, wird er durch Roberts Zukunftsblick melancholisch eingereiht in die Serie verfallener Herrschaftsbauten. Bei dieser ins Endlose fortgeschriebenen Zerstörung werden die historischen Akteure unauffindbar. So zieht Robert aus der naturalen Gleichung der Revolutionsrhetorik die extreme Konsequenz: als Mächte der Zerstörung werden Geschichte und einebnende Natur ununterscheidbar.

›La terrible Montagne‹

Daß Revolutionen ausbrechen wie Vulkane, daß sie unaufhaltsamen Glutströmen vergleichbar sind: dies ist ein dem 19. und dem 20. Jahrhundert geläufiger Vergleich. Zu Beginn der Französischen Revolution aber war die Metaphorik des Vulkanausbruchs noch kaum entwickelt – im Gegensatz zur Metaphorik des Erdbebens. Erst im Fortgang der Revolution wurde der Vulkan zur Figur politischer Rede.

Es ist leicht zu begreifen, warum es der Vulkanmetapher zunächst an Popularität mangelte. Während Bilder wie ›Sturm‹, ›Unwetter‹, ›Überschwemmung‹, ›Feuer‹ eine jedermann zugängliche Anschauungsbasis hatten – selbst das Lissaboner Erdbeben war noch in großer Enfernung spürbar gewesen und hatte die Londoner Glocken läuten lassen –, blieb der Vulkan für Mittel- und Westeuropäer eine entlegene Naturerscheinung. Zwar war die Vorstellung vom Vulkan inzwischen nicht mehr nur Italienreisenden und Lesern von Reiseliteratur zugänglich – es gab auch populäres Bildmaterial über den Vesuv –, doch lag es im wahrsten Sinne nicht nahe, bei der Darstellung des historisch Neuen auf vulkanische Erscheinungen zurückzugreifen. Anders war es bei dem neapolitanischen Aufstand des Masaniello im Jahre 1647 gewesen: hier hatte

30 Pierre Vergniaud hielt seine Rede am 13.3.1793 im Konvent. Der Satz lautete: *Alors, citoyens, il a été permis de craindre que la révolution, comme Saturne dévorant successivement tous ses enfants, n'engendrât enfin le despotisme avec les calamités qui l'accompagnent* (Moniteur, 16.3.1793, réimpression Paris 1840 ff., Band 15, S. 702).

31 Siehe dazu Jutta HELD, Tendances subversives dans l'art français des années précédants la Révolution, in: Les Images de la Révolution française, hg. M. VOVELLE, Paris 1988, S. 13–17.

der Chronist wie selbstverständlich auf die vulkanische Qualität der Revolte gegen die spanische Herrschaft hingewiesen.[32]

Hinzu kam die Schwierigkeit, den Vulkan überhaupt als etwas anderes zu betrachten denn als Höllenschlund; die Eingemeindung des Vulkans ins Reich des Erhabenen, die uns heute so selbstverständlich erscheint, war am Ende des 18. Jahrhunderts von vielen überhaupt noch nicht vollzogen worden.[33] Das erschwerte den Gebrauch des Vulkanbildes, wenn es darum ging, an der Revolution anderes hervorzuheben als nur ihre verderbenbringende Wirkung.

Zunächst gab es Vorstellungsbrücken. Nicht nur die frühe Erdbeben-Metaphorik konnte mit der Vorstellung des Vulkanischen verbunden werden, auch die häufige Rede vom Ausbruch der Revolution bereitete der Vulkanmetapher den Weg. Allerdings war gerade das Wort ›Ausbruch‹ in seiner Bedeutung wenig spezifisch. Der semantische Bereich von ›Ausbruch‹ (*éruption*) reichte vom Medizinisch-Biologischen (Vorgänge in der Vegetation, menschliche Krankheiten) bis zum Psychologischen (Enthemmung der Gefühle) und stellte keine genaue Vorstellung physikalischer oder gar geologischer Prozesse bereit.[34] Doch in der Nachbarschaft der Metaphern ›Explosion‹ und ›Gärung‹ (zum Beispiel: ›schon lange hatte es im Volk gegärt‹) wurde ›Ausbruch‹ zur chemischen Metapher und deutete eine radikalere und bedrohliche Form der Gewalt an.

Ein weiterer Wegbereiter war die Feuermetapher. ›Feuer‹ war nicht nur ein altes Bild des Aufruhrs, sondern das Wort bezeichnete auch ganz reale Ereignisse der Revolution selbst. In gewissem Sinn setzte die Französische Revolution sogar mit dem Feuer ein, denn eine der ersten revolutionären Handlungen bestand im Anzünden der Pariser Zollhäuser (*barrières*) in der Nacht vom 12. auf den 13. Juli 1789. Vierzig der insgesamt 54 Zollwachen fielen den Flammen zum Opfer. Auch im weiteren Verlauf des Sommers 1789 wurden Brände gelegt, vor allem während der *Grande Peur*, als Bauern die Schlösser des Landadels stürmten, um die verhaßten Rechtsdokumente über Abgaben und Herrschaftsdienste zu vernichten.

32 In der Darstellung Melvin Laskys: »›Now in this prodigious Revolution‹, Howell writes in his preface to ›Parthenopoeia‹ (1654), a history of the Kingdom of Naples which paid pointed attention to Masaniello's great uprising, ›there were many things of extraordinary remark that are considerable...‹ He noted ›the heat of the Air‹ and ›the sulphurous quality and heat‹ of the Italian soil which caused ›Incendiums and Earthquakes,‹ and he went on to correlate the geology with the politics‹« (Lasky [wie Anm. 11] S. 242). – Von hier führt eine direkte Linie bis in die italienische Gegenwart. Besonders häufig ist das politische Vulkansymbol im Italien des 19. Jahrhunderts; es wird u.a. von Buonarroti, Manzini und Garibaldi verwendet (James H. BILLINGTON, Fire in the Minds of Men, London 1980, S. 106, 147, 151). Als z.B. Garibaldi 1833 am Befreiungskrieg in Uruguay teilnimmt, kämpft seine Italienische Legion unter einer Fahne, die einen Vulkan auf schwarzem Grund zeigt.

33 Wie schwierig sich die Überwindung des Bedrohlichen durch das Ästhetische vollzog, zeigt noch das Beispiel des Romans »Corinne ou l'Italie« (1807) von Madame DE STAËL. In den Worten der Romanheldin: *Toutes les autres montagnes, en nous rapprochant du ciel, semblent nous élever au-dessus de la vie terrestre; mais ici je ne sens que du trouble et de l'effroi: il me semble voir la nature traitée comme un criminel, et condamnée, comme un être dépravé [...]* (nouvelle éd., Paris o.J., S. 281). Weitere Materialien zur Geschichte der ›ästhetischen Eroberung‹ des Vulkans in meinem Aufsatz: Juliette at the Volcano. Reflections on the Sadean Journey, in: Studies in Eighteenth-Century Culture 22 (1992) 87–103. (Auf den Zusammenhang von künstlerischer und wissenschaftlicher Erkundung vulkanischer Phänomene wird meine für 1997 geplante Monografie zur Wahrnehmung des Vulkans im 18. Jahrhundert eingehen.)

34 GRIMMS Wörterbuch: »ausbrechen«, »Ausbruch«; LITTRÉ, Dictionnaire: »éruption«.

Das Feuer war denn auch in einem so wörtlichen Sinn Teil der Revolution, daß man zögern könnte, von einer Revolutionsmetapher zu sprechen. Als Revolutionsbild tendiert ›Feuer‹ zur Synekdoche: die Eingängigkeit der Sprachfigur basiert darauf, daß ein Teilaspekt auf das Ganze bezogen wird. Doch durch die Übertragung des Konkreten aufs Abstrakte bleibt auch diese Figur letztlich eine Metapher. Die eigentümliche Zwischenstellung des Feuerbildes zeigt ein früher Ausspruch von Desmoulins an, dem ›Mann der ersten Stunde‹; er spricht beim Anblick der brennenden Zollgebäude vom »um sich greifenden Feuer« der Revolution.[35]

Es ist auch Camille Desmoulins, der am 16. Juli 1789 – und damit wohl als erster – das Vulkanbild auf einen Vorgang der Französischen Revolution bezieht. In einem Brief an seinen Vater berichtet Desmoulins von den ersten Tagen der Revolution:

Im Palais Royal jagten sich die heftigsten Aufrufe mit ungeheurer Schnelligkeit, die heftigsten Redner sprangen auf die Tische, entflammten die Köpfe ihrer Zuhörer, die sich um sie drängten, um sich anschließend wie die brennende Lava eines Vulkans in der Stadt auszubreiten.[36]

Noch ist allerdings nicht das Gesamtereignis gemeint. Desmoulins Bild der brennenden Lava stützt sich auf das Wort *volcaniser*, das bereits bei Buffon zu finden ist und als Metapher *têtes volcanisées* die Erhitzung der Gemüter meint.[37]

Erste Gleichsetzungen von Revolution und Vulkan finden sich im Herbst 1789. Die spontane Gewalt der Ereignisse des 5. und 6. Oktober erscheint im Kommentar der Zeitschrift »Révolutions nationales« als Lavaausbruch. Im Rückblick auf die Julitage sieht der Kommentator auch dort vergleichbare Kräfte am Werk:

> *Nous avons vu, le 14 juillet, la terrible et foudroyante irruption du volcan, nous avions cru voir cesser l'explosion; le voilà qui, de nouveau, vomit par tourbillon, de la lave enflammée qui nous fait redouter d'autres secousses.*[38]

In Deutschland begrüßt Schubart die Französische Revolution in der Hoffnung, daß *das Beispiel* [Frankreichs] *wie unterirdisches Feuer durch alle Adern des Erdkreises flockt.*[39] Auch hier kündigt sich mit der traditionellen geologischen Sicht auf das tellu-

35 Landauer (wie Anm. 29), Band 1, S. 102. Ähnlich in der revolutionären Praxis verankert ist der benachbarte Ausdruck ›Explosion‹ (Einsatz von Feuerwaffen, Sprengungen etc.). Den übertragenen Gebrauch zeigt z.B. die Prophezeiung Mirabeaus an, daß »in Deutschland die Explosion viel später kommen wird als bei einer Nation, bei der alles dramatisch und momentan ist« (3.12.1789, ibid. S. 77). Eine Schrift, die aus dem Kreis der Hébertisten hervorgeht, heißt »L'Explosion«.

36 Zitiert nach Lüsebrink/Reichardt (wie Anm. 15) S. 69.

37 Zwei spätere Beispiele: Chabot nimmt Marat im Jakobinerklub in Schutz, denn er sei kein *tête volcanisée* (in: Ferdinand Brunot, Histoire de la langue française des origines à 1900 [Band 9: La Révolution et l'Empire, Paris 1937; Band 10: La langue classique dans la tourmente, Paris 1939], Band 10, S. 63). Am 25.7.1793 schreibt der Polizeibeobachter Cailhava d'Estandoux an seinen Minister: *Je suis arrivé à Carcassonne dans un moment où la crainte de voir anéantir la République avait volcanisé toutes les têtes* (in: Jacques Cellard, ›Ah! ça ira, ça ira ...‹ Les mots que nous devons à la Révolution, Paris 1985, S. 79).

38 3.–7.10.1793. Zitiert nach Rétat (wie Anm. 29) S. 164.

39 20.10.1789. In: Die Französische Revolution in Deutschland. Zeitgenössische Texte deutscher Autoren, hg. Friedrich Eberle und Theo Stammen, Stuttgart 1989, S. 165.

rische Feuer die Vorstellung der Revolution als Vulkan an. Doch sind solche Beispiele vulkanischer Metaphorik im Jahr 1789 noch außerordentlich selten.

Häufigere Verwendung findet die Vulkanmetapher der Revolution erst im Jahre 1792. Das »Feuille du Jour« schreibt über den Jahrestag des Ballhausschwurs (1789), daß halb Paris auf den Beinen gewesen sei:

> »In welcher anderen Stadt als Paris würde man gleichzeitig zwei gegen das Gesetz meuternde Faubourgs [...] erleben, und andererseits die Hälfte der Bevölkerung gleichgültig gegenüber dem, was sich in einem Stadtteil abspielt, der vom ihrigen weit abliegt? Dort geht jeder seiner Beschäftigung nach, als ob alles ruhig wäre. Jede Straßenecke ist mit 30 blauen, gelben oder roten Plakaten bepflastert, die Possen für den Abend versprechen, und 3000 Müßiggänger richten ihren Tageslauf danach ein, [...] während ein schrecklicher Vulkan unter ihren Füßen tobt«.[40]

Die Beschreibung der nichtsahnenden oder leichtfertigen Festteilnehmer, die sich ihrer Bedrohung ›von unten‹ nicht bewußt sind, wird sich im 19. Jahrhundert in der bekannten Redewendung festsetzen: *Nous dansons sur un volcan*.[41] Auch von Robespierre ist ein ähnlicher Ausspruch überliefert – *Nous marchons sur un volcan* –, der nun allerdings jede Leichtfertigkeit hinter sich läßt und eher von bewußt risikovollem Handeln zeugt.[42]

Wie sehr die Revolutionäre den Vulkan als Bild der Bedrohung und nicht von vornherein schon als erhabene Rechtfertigung der eigenen Gewalt sehen, zeigt die Rede vom *volcan dangereux*. In einer Konventsrede des Girondisten Journu-Auber heißt es im Jahre 1792: *c'est un volcan qui vomit des flammes, mais écartez les matériaux combustibles qui l'alimentent et il ne tardera pas s'éteindre*.[43] Während des Aufstandes in der Vendée schreibt Saint-Just: *L'éruption de la Vendée s'est accrue*,[44] und Barère ruft im Nationalkonvent aus:

> *Citoyens, l'inexplicable Vendée existe encore, et les efforts des républicains ont été jusqu'à présent insuffisants contre les brigandages et les complots de ces royalistes. La Vendée, ce creuset où s'épure la population nationale, devrait être brisé depuis longtemps, et il menace encore de devenir un volcan dangereux*.[45]

40 Feuille du Jour, 21.6.1792, in: Markov (wie Anm. 18) Band 1, S. 218.

41 Zuerst am Vorabend der Julirevolution 1830, als Ausspruch von Salvandy auf einem Pariser Ball, der zu Ehren des Königs von Neapel gegeben wurde (Littré, Dictionnaire [1878], S. 2534).

42 Die Zuschreibung ist allerdings nicht gesichert. Möglicherweise stammt der Ausruf von Billaud-Varenne, einem anderen Mitglied des Wohlfahrtsausschusses (der seinerseits von Saint-Just zitiert wird, Juli 1794). Siehe W. Feldmann, Randglossen zum neuen Büchmann, Zeitschrift für deutsche Wortforschung 12 (1910) S. 86.

43 Brunot (wie Anm. 37) Band 10, S. 73. Vgl. auch die Worte von Collot d'Herbois im Jakobinerklub am 12.1.1794 (23. Nivôse II): *Nous sommes entrés aujourd'hui dans la conscience de Pitt, dans ce volcan qui vomit tous les crimes; nous avons traversé cette lave mortifère et pestilentielle; allons maintenant sur le cratère du volcan, je veux parler du gouvernement anglais* (ibid. S. 77).

44 Rapport sur le gouvernement révolutionnaire jusqu'à la paix (10.10.1793), in: L.-A.-L. de Saint-Just, Théorie politique, hg. Alain Liénard, Paris 1976, S. 240.

45 Rapport sur la Vendée, fait au nom du comité de salut public, dans la séance du 1er octobre, Moniteur, 7.10.1793.

Während die Hitze des Schmelztiegels begrüßt wird, weil sie die Nation läutert, ist offenbar von diesem Vulkan nur Zerstörung und Verunreinigung zu erwarten. Auch danach bleibt Barère im Bild, wenn er sagt, daß das Unerklärliche der Vendée vor allem darin bestehe, daß sie eigentlich keine Munition und Waffen mehr haben dürfe, daß ihr Brandherd sich aber ständig nähre – Folge der Ausrüstung durch die englische Flotte und eines vermuteten Paktierens mit Abtrünnigen der Revolutionsarmee.

Gerade die Ereignisse in der Vendée führen zur Verwendung vulkanischer Bilder. Allerdings schwankt hier die Wertung ständig. Zunächst werden der Aufstand und der anfängliche Erfolg der Vendéens zur schwer einzudämmenden Lava eines verderbenbringenden Vulkans erklärt; er gefährde die Einheit der Revolution und ihre Errungenschaften. Dann aber wird vor allem die Strafexpedition der revolutionären Armee als der in seiner Furchtbarkeit notwendige und erhabene Vulkanausbruch gesehen.[46]

Daß der Vulkan in der Rede der Revolutionäre zum Bild der Revolution selbst wird, hängt vor allem mit dem zentralen Symbol der radikalen Fraktion im Nationalkonvent zusammen: dem Berg. Mit dem Aufstieg der ›Montagne‹ zur einflußreichsten politischen Kraft nimmt auch die Neigung der Redner in den Clubs und im Nationalkonvent zu, das Wort ›Berg‹ metaphorisch und symbolisch zu gebrauchen. Für die Rhetorik der Jakobiner ist es eine willkommene Fügung, daß sie sich im Nationalkonvent auf den obersten Rängen befinden. In ihren Reden nutzen sie die positiven Konnotationen des Berges und des erhöhten Standortes: Klarsicht, Überblick, strategische Überlegenheit. Robespierre, der sich bis in die Diktion seiner Reden von Rousseau leiten läßt, übernimmt auch dessen Deutung des Berges als des Ortes der Entrückung und der erhabenen Zivilisationsferne:

»Wer den Tumult der Städte flieht, um sich zum Gipfel der Berge zu erheben, spürt, wie die Ruhe der Natur seine Seele durchdringt, und mit dem Horizont erweitern sich seine Gedanken«.[47]

Ihren Widerpart sieht die Bergpartei im ›Marais‹, dem ›Sumpf‹, zu dem sie die Mehrheit der gemäßigten Abgeordneten rechnet. Der ›Sumpf‹ ist in der Rhetorik der Bergpartei ein Ort der Orientierungslosigkeit und des blinden Kompromisses. Hoch über diese Niederungen erhebt sich die ›Montagne‹, der Berg, der die ›sublimen Ideen‹ der Freiheit und der Tugend verteidigt.

In den Jahren 1793 und 1794 wird dieser Berg zum anschaulichen Symbol: es gibt zwischen dem Frühjahr 1793 und dem Ende der Jakobinerherrschaft am 27. Juli 1794 (9. Thermidor II) kaum eine Revolutionsfeier, für die nicht ein Berg errichtet würde.[48] Fast immer sind diese Berge bepflanzt; meist handelt es sich um massive Aufschüttungen, die eine beträchtliche Höhe erreichen können. Allerdings gibt es auch Berge, die

46 Siehe hierzu das Vendée-Zitat Georg Forsters weiter unten.

47 Défenseur de la Constitution, zitiert nach Blum (wie Anm. 14) S. 250, 252.

48 Zwar gibt es schon seit 1790 Revolutionsfeiern, in denen auch Berge errichtet werden, doch geschieht dies in den ersten Jahren eher sporadisch. Siehe das Kapitel »Heilige Berge« in: Hans-Christian und Elke Harten, Die Versöhnung mit der Natur: Gärten, Freiheitsbäume, republikanische Wälder, heilige Berge und Tugendparks in der Französischen Revolution, Reinbek 1989, S. 127–40. Grundlegend zur Symbolik des Raumes während der Revolutionsfeiern Mona Ozouf, La Fête révolutionnaire 1789–1799, Paris 1976.

(in Teilen) aus Holz, Tuch und Gips konstruiert werden. Die Prozession während einer ›Fête de la Révolution‹ endet gewöhnlich am Berg, von dem Ansprachen und Gesänge erschallen. Berge werden sogar im Inneren von Kirchen errichtet, wenn während der ›Fête de la Raison‹ am 10. November 1793 die Orte des ›Aberglaubens‹ umfunktioniert werden zu Kultstätten der Vernunft.

Der Berg der Revolutionsfeiern erscheint vor allem als Ort des erneuerten Lebens. Doch die Tatsache, daß dieser Berg nicht nur begrünt ist, sondern oft auch felsig und steil, verleiht ihm Züge des Erhabenen. An den vaterländischen Altären, die sich auf den künstlichen Bergen befinden, werden öffentlich Gelöbnisse abgelegt und Kinder im neuen republikanischen Geist getauft. Der Berg wird zum sakralen Ort: auf ihm brennt das ›heilige Feuer‹, das in allen Herzen den Geist der Revolution entzünden soll.

Auch Reden im Konvent können ganz im Zeichen dieser Revolutionsriten und ihrer Symbolik stehen: *Enfin, le feu sacré qui brille sur la montagne, ce boulevard de la liberté publique, par l'extrême ›réfrangibilité de rayons régénérateurs‹, développe dans tous les cœurs les germes de l'esprit révolutionnaire; sa force sans cesse agissante et ›centrifuge‹ doit un jour embraser l'un et l'autre hémisphère.*[49]

Besonders wirksam wird die Rede vom heiligen Berg, wenn sie sich mit älteren religiösen Vorstellungen verbindet: die erhabene ›Montagne‹ wird zum neuen Sinai erklärt. Wie Moses auf dem Berg Sinai die Zehn Gebote empfangen hatte, um sie dem Volk Israel zu bringen, so erhält das französische Volk Gesetze und Dekrete vom ›heiligen Berg‹ der Revolution. Bereits im Oktober 1792 sagt Garnier de Saintes im Jakobinerklub: *Moïse sur une ›montagne‹ fut chercher ses lois; la ›Montagne‹ de la Convention donnera aussi des lois à la France.*[50] Entsprechend heißt ein Katalog von politischen Geboten, der im Winter 1792/93 erscheint, »Commandements révolutionnaires de la Montagne, Sinaï des Français«. Eine willkommene Assoziation des alttestamentarischen Berges ist außerdem, daß sich am Sinai die Erneuerung des Bundes vollzogen hatte: hier war die Auserwähltheit des Volkes, das den ›wahren Glauben‹ hatte und sich auf einer entbehrungsreichen Wanderschaft befand, bekräftigt worden.

Auf diese Weise wird die Abstraktheit des Rousseauschen Berges in das verständlichere Idiom einer bekannten biblischen Erzählung überführt. Die von der klassischen Rhetorik geprägte und zum griechisch-römischen Exempel neigende Sprache der Abgeordneten bedarf solcher Übersetzungen ins Christlich-Volkstümliche.[51] Daß man sich der Kluft bewußt ist, zeigt ein Ausspruch aus dem Jahr 1791: man solle in der Sprache der Leute reden, die vom Fanatismus geschlagen seien (*accablés de fanatisme*).[52]

49 Adresse de la Société populaire de Beaufort (Maine-et-Loire) à la Convention, in: Brunot (wie Anm. 37) Band 10, S. 65.

50 Brunot (wie Anm. 37) Band 9, S. 632. Brunot hält dies für den frühesten Beleg der Verknüpfung von ›Montagne‹ und ›Sinaï‹.

51 Siehe hierzu Ronald Paulson, Representations of Revolution (1789–1820), New Haven 1983, S. 24–26. Problematisch dagegen, weil undifferenziert, die traditionelle Einschätzung, die sich auch bei Hunt findet: »The new social contract needed no analogy to Biblical covenants; it was grounded in reason and the natural rights of man. Revolutionaries [...] turned to Roman and Greek models for inspiration« (Hunt [wie Anm. 14] S. 28). – Zur Religion als einer »source of metaphor«: E.H. Gombrich, The Tradition of General Knowledge, in: Ideals and Idols, Oxford 1979, S. 11f. Bei Gombrich auch Grundsätzliches zur Bedeutung gemeinschaftlicher Metaphernreservoirs für eine Kultur; desgleichen bei Lakoff/Turner (wie Anm. 7).

52 Brunot (wie Anm. 37) Band 9, S. 631.

Vom Sommer 1793 an wird der Berg zum zentralen Symbol der Revolution: nach dem Ausschluß der Gironde aus dem Konvent am 31. Mai herrscht die Bergpartei praktisch unumschränkt. Damit verschärfen sich die Bildkonnotationen des Berges. Der Berg ist nicht mehr nur Ort der Gesetzgebung, sondern von ihm geht nun auch alle Gewalt aus. Er wird zur ›terrible Montagne‹. Es sind insbesondere die Vorstellungen des zornigen Bebens und des sich über die Gegner ergießenden Strafgerichts, die dem erhabenen Berg der Revolution vulkanische Eigenschaften zuweisen. Schon am 8. Juli 1792 hatte Billaud-Varenne im Jakobinerklub ausgerufen: *Comment ne pas craindre que la ›montagne‹ ne soit ébranlée que pour mieux engloutir la ›plaine‹?*[53]

Die Abgeordneten der ›Ebene‹ und des ›Sumpfes‹ sind bereits von der Macht ausgeschlossen, als am 11. August 1793 ein neuer Gegner ausgemacht wird. Es ist der Föderalismus, der Einheit und Fortbestehen des Revolutionsstaates bedroht. Gemeint sind vor allem die Aufständischen in Lyon, in Toulon und in der Vendée.

> *Ah! nos camarades, nos amis, nous sentons trop pour pouvoir parler beaucoup: qu'ils tremblent, ceux qui ont voulu fédéraliser la France! Nous avons juré l'unité de la république, et ce serment sera l'arrêt de mort de tous les intrigants, de tous les traitres et de tous les conspirateurs. Le Marais n'est plus; nous ne formons ici qu'une énorme et terrible Montagne qui va vomir ses feux sur tous les royalistes et les suppôts de la tyrannie.*
> *Périssent les libellistes infames qui ont calomnié Paris! la mort seule peut expier un forfait aussi grand.*[54]

Am 5. September wird offiziell die Schreckensherrschaft verkündet: *Il faut mettre la terreur à l'ordre du jour*. Im verschärften politischen Klima des Herbstes 1793 soll die Revolution wehrbar und unnachgiebig erscheinen. Zwei Tage nach der Erklärung der ›Terreur‹ zur Maxime politischen Handelns kommt es zu einer Eingabe im Konvent, in deren Metaphorik nun sogar der Berg Sinai zum Vulkan wird.

> *Et vous, Montagne à jamais célèbre dans les pages de l'histoire, soyez le Sinaï des Français! lancez au milieu des foudres les décrets éternels de la justice et de la volonté du peuple! Inébranlable au milieu des orages amoncelés de l'aristocratie, agitez-vous et tressaillez à la voix du peuple. Assez longtemps le feu concentré de l'amour du bien public a bouillonné dans vos flancs, qu'il fasse une irruption violente! Montagne sainte! devenez un volcan dont les laves brûlantes détruisent à jamais l‹espoir du méchant, et calcinent les cœurs où se trouve encore l'idée de la royauté. Plus de quartier, plus de miséricorde aux traitres; (non! non! s'écrie-t-on à la fois dans toutes les parties de la salle.) si nous ne les dévançons pas, ils nous dévanceront. Jetons entre eux et nous la barrière de l'éternité. (Applaudissements.)*[55]

53 Zitiert nach Brunot (wie Anm. 37) Band 9, S. 770.
54 Moniteur, 13. August 1793.
55 Moniteur, 7. September 1793.

Zunächst scheint es sich um einen jener überraschenden Bildsprünge zu handeln, die im synkretistischen Kosmos der revolutionären Symbolik keineswegs selten sind. Auch in der Bildgrafik der Revolution kommt es immer wieder zur Anhäufung völlig heterogener Elemente.[56] Doch bei näherer Betrachtung zeigt sich, daß die Metaphorik der Konventsrede bestimmte Elemente der mosaischen Erzählung beim Wort nimmt. In der Bibel ist die schreckenerregende Annäherung Gottes nicht nur von Rauch, sondern auch von Feuer und Beben begleitet: »Der ganze Berg Sinai aber rauchte, darum daß der Herr herab auf den Berg fuhr mit Feuer; und sein Rauch ging auf wie ein Rauch vom Ofen, daß der ganze Berg sehr bebte« (2. Mose 19, 18). Zweifellos ist der Sinai des Alten Testaments kein Vulkan, doch ist gerade diese Stelle eine der wenigen in der Bibel, die überhaupt Spuren seismischer und vulkanischer Bildlichkeit enthält. Die Suche nach der Legitimation des Bildes findet so den größtmöglichen Nenner: den biblischen Sprachschatz, der allen Zuhörern gegenwärtig ist. Er soll dem Schrecken die Aura des Heiligen verleihen. In der Geschichte der Französischen Revolution ist dies der Augenblick, in dem die Vulkanmetapher Allgemeingut zu werden beginnt.

Der Vulkan auf dem Theater

Erstaunlich ist, daß der Vulkan zur Zeit der Französischen Revolution nur als Metapher, kaum aber als bildliches Symbol präsent ist. Anders als die Metaphern ›Sturm‹, ›Unwetter‹ und ›Blitz‹ wird die Vulkanmetapher nicht zum Symbol in der revolutionären Bildgrafik. In dieser Hinsicht teilt sie das Schicksal der Erdbebenmetapher. In der Bildpublizistik erscheint zwar der Berg Sinai, doch zeigt er keine eindeutig vulkanischen Attribute; die Abbildung des Sinai beschränkt sich auf Gesetzestafeln, blendend helles Licht, Rauch und Blitz. Nur im Ausland – und dann auch erst spät – kommt es sporadisch zu bildlichen Darstellungen des Vulkans als Revolutionssymbol.[57]

Auch in den Inszenierungen der Revolutionsfeste sucht man vergebens nach der Bildlichkeit des Vulkans. Die Frage ist, ob es nicht gerade hier nahe gelegen hätte, einem der zahlreichen künstlichen Berge eine vulkanische Gestalt zu geben. Doch ging es in den Revolutionsfeiern nur selten darum, den Berg als Ort des Schreckens er-

56 Siehe hierzu E.H. Gombrich, The Dream of Reason: Symbolism of the French Revolution, in: The British Journal for Eighteenth-Century Studies 2 (1979) S. 187–205 und insbesondere Klaus Herding, Visual Codes in the Graphic Art of the French Revolution, in: French Caricature and the French Revolution, 1789–1799, Los Angeles 1989, S. 83–100.

57 Geht man von diesem Mangel an ikonischer Präsenz – und der im Grunde ja auch recht begrenzten Anzahl der Textbelege – aus, dann wird man es voreilig finden, wenn Jürgen Link den Vulkan als »das natürliche Revolutionssymbol par excellence« bezeichnet (Jürgen Link, Die Revolution im System der Kollektivsymbolik. Elemente einer Grammatik interdiskursiver Ereignisse, in: Französische Revolution und deutsche Literatur, hg. Karl Eibl, Hamburg 1986, S. 21). Links Einschätzung verdankt sich vor allem dem Blick des 19. Jahrhunderts. Zweifellos ist der Vulkan ein Kollektivsymbol im Sinne Links, ihm fehlt aber die zentrale Stellung, die etwa ›Bastille‹ oder ›Unwetter‹ in der Revolutionspublizistik einnahmen.

scheinen zu lassen.[58] Das Fest zeigte nur am Rande die gewalttätige Gegenwart, denn diese war eine notwendige und bald schon zu verlassende Zwischenzeit; das Fest war Vorgriff auf die Zukunft. Im utopischen Raum der Revolutionsfeier war der Berg vor allem Ort der Versöhnung und des erneuerten Lebens.

Am ehesten konnte der Eindruck des Vulkanischen noch in der Revolutionsarchitektur entstehen. An der Bildlichkeit des Vulkans partizipierten zum Beispiel die rauchenden Grabpyramiden, die für die Märtyrer der Revolution errichtet wurden. Viele der sich im Bildfeld des Düster-Erhabenen bewegenden Entwurfszeichnungen für Krematorien und Grabmonumente erinnern an die Kontur eines rauchenden Vulkans.[59] Eine erstaunliche Nähe zum Umriß eines Vulkans wies Boullées Entwurf für den Newtonschen Kenotaph auf. Die Form des Kenotaphs selbst war sphärisch und sollte kosmische Ganzheit repräsentieren, doch im unteren Teil der Aufsichtzeichnung wird durch die eigenartige Schattierung von Treppe und rauchendem Altar das Bild eines Vulkans sichtbar.

In seiner entscheidenden Gestalt allerdings – als eruptive Naturgewalt – war auch hier der Vulkan nicht zu sehen. Diese zu zeigen, blieb einem Theaterstück vorbehalten: am 17. Oktober 1793 kam es auf der Bühne des Théâtre de la République zu einem spektakulären ›Vulkanausbruch‹.

Das Stück hieß »Le Jugement dernier des rois« und stammte von Pierre-Sylvain Maréchal, einem jener zahlreichen kleineren literarischen Talente und selbsternannten Philosophen, die in den Jahren vor der Revolution nicht recht Fuß hatten fassen können.[60] Nach Anfängen in der Idyllentradition (er nannte sich zunächst Berger Sylvain) hatte Maréchal am Vorabend der Revolution einen Almanach verfaßt, in dem die Tage nicht mehr die Namen von Heiligen, sondern von historischen Figuren trugen. Diese radikale Unternehmung, die auf Fabre d'Eglantines späteren Revolutionskalender vorauswies, trug dem Autor eine Gefängnisstrafe ein.

Maréchals Stunde kam, als einen Tag nach der Hinrichtung von Marie Antoinette sein »Jugement dernier des rois« in Premiere ging.[61] Der Einakter hatte einen durch-

58 Als Ausnahme muß deswegen der Plan der Stadtverwaltung in Orléans gewertet werden, einen Berg als »Monument des Schreckens« zu errichten: der Berg sollte eine »furchtbare Schädelstätte« werden, »unter seinen Erdmassen sollten die Gebeine von Feinden der Republik verscharrt werden. Eine Notiz vom 3. Pluviôse II (22. Januar 1794) unterrichtet uns über dieses Vorhaben: ›Um [diesen Plan] auszuführen, sollte auf dem Platz ein Loch ausgehoben werden, das 24 Fuß im Quadrat mißt und 12 Fuß tief ist. Dieses Fundament des geplanten Berges soll die Gebeine aller Verdächtigen und aller Aristokraten der Stadt aufnehmen ...‹« (Harten, Harten [wie Anm. 48] S. 134).

59 Es gibt auch eine symbolgeschichtliche Beziehung von Pyramide und Vulkan: Pyramide als (hohler) Berg des Todes; Pyramidenform als Kombination der alchimistischen Zeichen für Feuer (Dreieck) und Erde (Viereck). Trotzdem sind die Bedeutungshorizonte von Pyramide und Vulkan im 18. Jh. verschieden, so daß hier von mehr als einer assoziativen Bildbeziehung kaum gesprochen werden kann.

60 Siehe Robert Darnton, The High Enlightenment and the Low Life of Literature in Prerevolutionary France, in: Past and Present 51 (Mai 1971) S. 81–115 und Gudrun Gersmann, Im Schatten der Bastille. Die Welt der Schriftsteller, Kolporteure und Buchhändler am Vorabend der Französischen Revolution, Stuttgart 1993.

61 In die Sekundärliteratur hat sich ein Datumsfehler eingeschlichen: oft wird der 18. Oktober als Premierendatum angegeben. Vgl. aber die Angabe »26 vendémiaire« (= 17. Oktober) im »Moniteur« und bei Maurice Dommanget, Sylvain Maréchal. L'égalitaire. »L'homme sans Dieu«. Sa vie, son œuvre (1750–1803), Paris 1950, S. 260.

schlagenden Erfolg und wurde in der Folge noch 25 mal in Paris gegeben. Da auch Bühnen anderer Städte das Stück aufführten, wurde es insgesamt von mehr als 100000 Menschen gesehen.[62]

Am 30. Oktober 1793 veröffentlichte der »Moniteur« den folgenden Bericht:

THÉÂTRE DE LA RÉPUBLIQUE.

Un bon cultivateur des environs de Versailles a le malheur d'avoir une jolie fille qui plaît à l'un des courtisans du roi de France; on lui enlève son enfant; il la réclame; on le charge sur un vaisseau qui le jette dans une ile déserte et volcanisée.

Il y a vingt ans qu'il habite ce triste séjour; il a gravé sur une pierre, au bas du volcan, qu'il vaut mieux être voisin d'un volcan que d'un roi. Il a pour amis des sauvages qui, avant son arrivée dans l'île, venaient rendre leur hommage au volcan comme à un dieu. Il les éclaire, il les instruit en leur parlant par signes; car ils n'ont pu apprendre sa langue. Les sauvages ont voulu le choisir pour roi; mais il a rejeté ce titre odieux. Cependant un vaisseau aborde dans l'île; une troupe d'Européens descend et apprend au vieillard l'étonnante révolution qui a commencé dans son pays, et qui a fait le tour de l'Europe. Tous les peuples ont repris leurs droits; tous les rois ont été détrônés; et dans l'assemblée de la république universelle, tenue à Paris, il a été arrêté que tous les mangeurs d'hommes seraient déportés dans une île déserte. Le vieillard embrasse ses frères, et leur dit que son île est très bonne pour recevoir la cargaison de leur vaisseau. Alors un sans-culotte de chaque pays amène successivement les rois d'Autriche, de Prusse, d'Angleterre, d'Espagne, de Naples, de Pologne, le Saint-Père et l'impératrice de toutes les Russies. On les abandonne; ils se querellent, ils se reprochent mutuellement des fautes dont ils sont tous coupables; ils se battent pour une barrique de biscuit de mer qu'on leur a laissée par charité, lorsque le volcan les met tous d'accord en les engloutissant.

Tel est le Dernier Jugement des rois, prophétie en 1 acte, donnée au théâtre de la République, le 26 vendémiaire avec le plus grand succès.

L'auteur, qu'on a demandé à grands cris, est le citoyen Sylvain Maréchal, philosophe longtemps avant la révolution, avantageusement connu par beaucoup de productions littéraires, entre autres par l'Almanach des Honnêtes Gens, qui lui valut, dans le temps des lettres de cachet, la brûlure par arrêt de la cour.[63]

»Le Jugement dernier« wurde als ein Stück zur richtigen Zeit empfunden. Der fröhliche Untergang der europäischen Könige in Maréchals Stück schuf ein Gegengewicht zu der eigentümlich gedrückten Stimmung, die Augenzeugen zufolge bei der Hinrichtung Marie Antoinettes am Tag zuvor geherrscht hatte. Trotz der Unbeliebtheit von Marie Antoinette in der französischen Bevölkerung war die Hinrichtung kaum auf Billigung oder gar Enthusiasmus gestoßen. Auf dem Theater nun zeigten die

62 Siehe DOMMANGET (wie Anm. 61) S. 262–265 und Daniel HAMICHE, Le Théâtre et la Révolution. La lutte des classes au théâtre en 1789 et 1793, Paris 1973, S. 175–177.

63 Réimpression Paris 1840ff., Band 18, S. 288.

Monarchen durch ihr grotesk ichsüchtiges Verhalten, daß sie allesamt kein besseres Los verdienten. Unter ihnen waren Kaiser Franz II., der Neffe von Marie Antoinette, und die Zarin Katharina, deren lasziven Ruf das Stück bekräftigte – was noch einmal die Witze und obszönen Karikaturen, die während der Revolution über Marie Antoinette in Umlauf waren, ins Gedächtnis rief.

Daß das Stück die Mächtigen Europas auf burleske Weise vom Erdboden verschwinden ließ, war zum Zeitpunkt der Aufführung eine wichtige Form des Spotts. Die noch immer starken Gegner der Revolution erschienen nun klein und leicht besiegbar. Zwar stellten sich erste Erfolge der Revolutionstruppen an den Fronten ein, doch es sollte noch mehr als ein halbes Jahr dauern, bis die Heilige Allianz keine wirkliche Bedrohung mehr darstellte.

Wie sehr »Le Jugement dernier« als Waffe im Kampf gegen das antirevolutionäre Europa begriffen wurde, zeigt der Beschluß des Wohlfahrtsausschusses, 6000 Exemplare des Textes für die Revolutionsarmee drucken und an die Front schicken zu lassen. Darüber hinaus wurde dem Théâtre de la République bewilligt, bei seinen Aufführungen zwanzig Pfund Salpeter und zwanzig Pfund Schießpulver zu verbrauchen: der Vulkanausbruch am Ende des Stücks sollte auf die Zuschauer einen unauslöschlichen Eindruck machen.[64] Auch hier hatten die Überlegungen eine strategische Dimension, denn gerade im Herbst 1793 fehlte es den kämpfenden Truppen an Munition; nur ein Drittel des benötigten Pulvers war vorhanden. Inzwischen war die Bevölkerung aufgerufen worden, in alle Keller und Gewölbe hinabzusteigen, um den für die Pulverherstellung nötigen Salpeter von den Wänden abzukratzen. In dieser Situation entschied der Wohlfahrtsausschuß, daß ein Teil des knappen Gutes ins Theater umgelenkt werden sollte. Sein symbolischer Einsatz war ebenso wichtig geworden wie sein militärischer.

Maréchal hatte das Thema des Gerichts über die Könige zum ersten Mal im Jahre 1788 behandelt, in einer Episode seines Buches »Apologues modernes à l'usage du Dauphin«. Auch dort werden die Monarchen auf eine einsame Insel gebracht, auf der sie schließlich zugrunde gehen. Allerdings fehlt der Vulkan: die Könige zerfleischen sich selbst. Sieht man genauer hin, dann ist auch im Theaterstück von 1793 der Vulkan für die Handlung nicht wirklich nötig. In ihrem zänkischen Egoismus sind auch hier die Könige bereits dabei, sich gegenseitig umzubringen, als der Vulkan mit einem ungeheuren Schlag ausbricht und die Erde sich auftut, um die Streitenden zu verschlingen.

Als Maréchal sein Stück schreibt, ist ›der Vulkan‹ bereits zu einem wichtigen Instrument der revolutionären Rede geworden. Inzwischen dient das Vulkanbild dazu, Gewalt zu legitimieren. So ist der Vulkanausbruch in »Le Jugement dernier« das Signal des Einverständnisses mit der extremen Tat des Königsmordes, deren Rechtfertigungen im juristischen Diskurs – die widersprüchlichen Anklagereden gegen Ludwig XVI. zeigen es – immer wieder mißlingen.[65] Das Zeichen der Natur schließt die Lücke in der argumentativen Rede der Revolution.

64 Beschluß vom 29. Brumaire (19.11.1793), zitiert bei HAMICHE (wie Anm. 62) S. 174.

65 Im Jakobinerklub wurde gefordert, das Stück sollte zum ersten Jahrestag der Hinrichtung Ludwigs XVI., am 21.1.1794, von allen Pariser Theatern gespielt werden. Dazu kam es freilich nicht (HAMICHE [wie Anm. 62] S. 175).

Um so eigenartiger ist es, daß Maréchal zu Beginn seines Stückes den Vulkan nur als verderbenbringende Macht darstellt. Gewiß, das Motto des auf die Insel verbannten einsamen Alten lautet: »Es ist besser, zum Nachbarn einen Vulkan als einen König zu haben.«[66] Doch geht es hier nur um ein Abwägen: gegenüber der monarchischen Bosheit, die bewußt den Schwachen trifft, bedeutet die unbewußte Zerstörungskraft der Natur, der alle gleichermaßen zum Opfer fallen können, das erträglichere Los. Weil der Vulkan für den Alten eben doch nur die dunkle und vernichtende Kraft ist, bringt er die Wilden von ihrem Vulkankult ab und lehrt sie, die Sonne zu verehren. So kommen die Eingeborenen der Nachbarinsel jeden Morgen zu dem Alten, um mit ihm zusammen der aufgehenden Sonne zu huldigen. Dieser aufgeklärte Kult des Lichts, der die dunklen und chthonischen Kräfte der Natur schlichtweg vergißt, steht freilich im Widerspruch zur Logik des Stückes, in dem gerade das Ganze der Natur verehrt wird.[67]

Doch wäre es wohl falsch, an Maréchals ›Prophetie‹ allzu strenge Maßstäbe der Konsistenz zu legen. Gerade weil das Stück nicht mehr sein will als ein Stück im Geist der Sansculotten, liegt seine Leistung auf einem anderen Gebiet. Es ergänzt nämlich die bedeutungsschwangeren Revolutionsfeiern, die sich der Natur nur andächtig und in zeremonialisierter Form nähern. Mona Ozouf hat gezeigt, daß es neben diesen Feiern auch andere, spontanere Feste gab, in denen die Formen karnevalisiert waren.[68] Bei diesen oft ländlichen Feiern bediente man sich der Bräuche traditioneller Umkehrungsfeste, setzte Masken auf, stellte Fürsten und Priester in verunglimpfendem Spiel dar, verbrannte Puppen und ließ das Ganze in Tanz und Gelächter enden.

Maréchals Stück schlägt sich auf diese karnevaleske Seite des revolutionären Fests. Der strengen Choreographie der offiziellen Revolutionsfeiern antwortet die Burleske, die der Pantomime und der Improvisation Platz einräumt. Der eigentümlichen Verneinung des Körpers, die für die Revolutionsfeiern charakteristisch ist (Tugendrhetorik, weihevoller Gesang, Aufzug weißgekleideter Jungfrauen etc.), setzt »Le Jugement dernier« ein körperbetontes, sinnliches Spiel entgegen.[69] Und der Vulkan, der in den Revolutionsfeiern keinen Platz hat, darf in Maréchals Prophetie ›auftreten‹. Hier wird der Berg zur Macht der Verkehrung selbst: nicht heiliger und unwandelbarer Ort, sondern wilde und proteische Kraft, die die Geringen schont und die Großen in einer Schreckenskomödie vernichtet.

66 *Il vaut mieux avoir pour voisin/ Un volcan qu'un roi./ Liberté ... Egalité*. Sylvain Maréchal, Le Jugement dernier des rois. Prophétie [1793], in: Théâtre du XVIIIe siècle, hg. J. Truchet, Paris 1974, Band 2, S. 1310.

67 Zur Funktion der Natur in Maréchals Stück siehe auch Jacques Proust, De Maréchal à Maïakovsky. Contribution à l'étude du théâtre révolutionnaire, in: Studies in Eighteenth-Century French Literature, Presented to Robert Niklaus, Exeter 1975, S. 221.

68 Ozouf (wie Anm. 48) S. 260–316.

69 Andere Texte Maréchals wichen weit weniger vom offiziellen Stil der Revolutionsfeste ab. Er scheint Texte für Revolutionsfeiern verfaßt zu haben, und im November 1793 schrieb er das Libretto für die Oper »La Fête de la Raison«. Es ist für Maréchal allerdings bezeichnend, daß er mit dieser Oper gerade an die radikalste aller Revolutionsfeiern erinnerte. Zur Oper und zu Maréchals Atheismus siehe Dommanget (wie Anm. 61) S. 274–283. Allgemein zu den mannigfachen (personellen und stilistischen) Verbindungen zwischen Revolutionstheater und Revolutionsfeier: Marvin Carlson, The Theatre of the French Revolution, Ithaca 1966.

Schreckensbild und Tugendrhetorik

Vielleicht war es die Verbreitung des Vulkanbilds durch Maréchals wirksame Darstellung, die dazu führte, daß schließlich selbst Robespierre die Vulkanmetapher benutzte. In seiner letzten Rede im Konvent blickte er zurück:

> *Une juste indignation, comprimée par la terreur, fermentait sourdement dans tous les cœurs; une éruption terrible, inévitable, bouillonnait dans les entrailles du volcan, tandis que de petits philosophes jouaient stupidement sur sa cime avec de grands scélérats.*[70]

Hier werden verschiedene Elemente der metaphorischen Tradition zu einer komplexen Vorstellung verbunden. Darunter leidet allerdings die Stimmigkeit der Metapher. Der bildliche Vorgang beginnt mit der »Gärung« in den Herzen und führt bis zum »schrecklichen, unvermeidlichen Ausbruch«, der gleichwohl nur »im Innern« des Vulkans »kocht« und daher die »kleinen Philosophen« und »großen Schurken« auf dem Vulkangipfel weiterspielen läßt.

Ein Grund für die mangelnde Kohärenz des Bildes liegt sicher auch darin, daß Robespierre sich hier auf ein sonst wenig betretenes Gebiet wagt: in seinen Reden vermeidet er fast durchweg die entfaltete Metapher. Seine Rhetorik des Erhabenen neigt zur Knappheit. So spricht er gelegentlich vom *torrent de la révolution* und von den *circonstances orageuses*,[71] mit Vorliebe aber redet er in Wendungen, deren metaphorischer Gehalt gering ist: *énergie du peuple*, *sublime vertu* und *cause sacrée*.[72]

Gerade weil die ›Terreur‹ für Robespierre eng an die Tugend gebunden ist und dazu dienen soll, dieser zum Sieg zu verhelfen, dürfen die Taten des Schreckens nicht unrein sein. So eignet sich das ambivalente Bild des Vulkans, das Assoziationen von Schmutz und unkontrollierter Wut mit sich führt, kaum dazu, der ›Terreur‹ den Glanz und die Durchschaubarkeit zu verleihen, die sie in Robespierres Augen stets haben muß. Dem dichotomischen Denken Robespierres, das scharf zwischen dem Reich der Tugend und dem des Lasters unterscheidet, muß die Vorstellung der amorphen Kraft des Vulkans im Grunde fremd bleiben. Das – häufig gebrauchte – Bild des gewaltsamen Schnittes steht seinem Denken näher: das Schwert der Gesetze (*le glaive des loix*) fährt blitzend und in berechenbarer Bewegung nieder, um die Tugend für immer vom Laster zu trennen.[73]

Ihren Höhepunkt erreicht die Verknappung der Ausdrucksmittel in den Reden Saint-Justs. Von Saint-Just stammt der Ausspruch, daß es unmöglich sei, »ohne Lakonismus« zu regieren. Wortemacherei sei ein Übel der vergangenen Welt und eine Eigenschaft der Sprache von Aristokraten.[74] Entsprechend selten kommt es in Saint-

70 Robespierre hielt die Rede am 8. Thermidor [26. Juli 1794]. »Contre les factions nouvelles et les députés corrompus«, Œuvres, hg. Marc BOULOISEAU und Albert SOBOUL, Paris 1967, Band 10, S. 560.

71 Œuvres (wie Anm. 70), Band 10, S. 574; Band 9, S. 112.

72 Siehe Joëlle TAMINE, Les métaphores chez Robespierre et Saint-Just, in: Langue française 15 (1972) S. 48.

73 Siehe Helmut KESSLER, Terreur. Ideologie und Nomenklatur der revolutionären Gewaltanwendung in Frankreich von 1770 bis 1794, München 1973, S. 53, 56f.

74 Siehe BLUM (wie Anm. 14) S. 188. Büchner wird Barère in »Dantons Tod« sagen lassen, daß in Saint-Justs *Perioden [...] jedes Komma ein Säbelhieb und jeder Punkt ein abgeschlagner Kopf ist!* Albert Camus wird die Redeweise Saint-Justs dessen *style guillotine* nennen.

Justs politischen Reden denn auch zu einer entfalteten Metaphorik. Doch Saint-Justs Sprachideal ist gespalten: das bildfreudige Verfahren, das er sich in seinen Reden versagt, gesteht er sich an anderer Stelle zu – in seinen literarischen Werken.

Am deutlichsten fällt dieser Unterschied bei einem Werk ins Auge, das Saint-Just am Vorabend der Revolution verfaßt hatte: »Organt, poème aux vingt chants«. Vom dichterischen Ehrgeiz getrieben, war der einundzwanzigjährige Saint-Just im Frühjahr 1789 nach Paris gereist, um sein Epos zum Druck zu befördern.[75] »Organt«, eine ›epopée satirique‹ von mehr als 7800 Versen, war ein heterogenes Werk, dem man noch am ehesten gerecht wird, wenn man es in der Nachbarschaft zu den scharfzüngigen und libertinistischen Schriften sieht, die in den letzten Jahren des Ancien Régime außerordentlich verbreitet waren.[76] Aufgrund seiner Kritik an König und Kirche wurde »Organt« bei den Buchhändlern beschlagnahmt und erlangte zunächst kaum Bekanntheit. Als das Werk 1792 erneut erschien, geschah dies ohne Wissen des Verfassers: ein politischer Gegner hatte den Rest der 1789 nicht verkauften Auflage unter die Leute gebracht. Auf dem neuen Titelblatt wurde das Werk als *poème lubrique* apostrophiert und trug dem Verfasser denn auch den Ruf der Schlüpfrigkeit ein. Doch es scheint, daß »Organt« trotz seiner obszönen Episoden – berüchtigt war eine Vergewaltigungsszene im Nonnenkloster – der Reputation des jungen Konventsabgeordneten, der sich Robespierre und seinem Tugendidealismus anzuschließen begann, nicht nachhaltig zu schaden vermochte.

In seinem Epos hatte Saint-Just einen ausbrechenden Vulkan mit politischer Gewalt (*Terreur*) gleichgesetzt. Der Protagonist Antoine Organt, der zur Zeit Karls des Großen eine Welt der Abenteuer durchstreift, befindet sich gegen Ende seiner Wanderungen am Krater des Ätna.

La coeur ému d'un saint frémissement
Il contemplait ces roches chancelantes
Du mont Etna les entrailles brûlantes;
Débris pompeux où siège la Terreur:
Sur un abîme on la voit égarée
En mesurant sa noire profondeur
De farfadets, de spectres entourée
Près d'elle on voit les songes voltigeans
Toutes les nuits la Terreur les disperse
Pour effrayer le sommeil des tyrans.
Par des bûchers, par des couteaus sanglans,
Et ranimer le vautour qui les perce.
Dans le sommeil, elle rend aux ingrats
Le sentiment d'une amitié trahie
Et le tableau du bienfait qui s'oublie.[77]

75 »Organt« erschien Anfang Mai 1789. Weitere Informationen zur Publikationsgeschichte bei Jörg Monar, Saint-Just. Sohn, Denker, und Protagonist der Revolution, Bonn 1993, S. 119ff. Dort auch eine ausführliche Charakterisierung des Werks, ebenso bei Bernard Vinot, Saint-Just, Paris 1985, S. 60–72.

76 Darnton spricht von den *Rousseau des ruisseaux*. Insofern steht der Verfasser des »Organt« dem vorrevolutionären ›philosophe‹ Maréchal nahe.

77 In: A. Ollivier, Saint-Just et la force des choses, Paris 1954, S. 55.

Hier – wie auch an anderen Stellen des Epos – geht die Wahrnehmung der sichtbaren Welt in die Vision über. Die *Terreur*, die in den heißen ›Eingeweiden‹ des Vulkans ihren Sitz hat, bringt die flatternden Träume hervor, die in jeder Nacht ausgesandt werden, um die Tyrannen im Schlaf zu schrecken. Der Vulkan, der den Tyrannen die Bilder ihrer eigenen Taten – Scheiterhaufen und blutige Messer – schickt, erhält Züge einer rächenden Instanz. Organt begegnet hier einer Macht, die der begrenzten Kraft der despotischen Herrscher unendlich überlegen ist – eine deutliche Vorwegnahme der revolutionären Naturmetaphorik mit ihrer Suggestion der Unwidersetzlichkeit.

Noch ist es allerdings eine phantasmatische Welt, die die Tyrannen schreckt: die *Terreur* im »Organt« ist lediglich eine mythische und noch keine historische Größe. Allerdings stellt sich die Frage, ob für den Politiker Saint-Just die *Terreur* je ganz zu einer wünschenswerten historischen Kraft wird. Bereits den Sturm auf die Bastille sieht Saint-Just als einen unkontrolliert triebhaften Akt; er spricht von der »Revolte der Sklaven«. Auffallend ist auch, daß er, der doch in seinen beiden letzten Jahren als Vollstrecker der Revolution gilt – Michelet wird ihn den »Erzengel des Todes« nennen[78] – in seinen Reden das Wort *terreur* so gut wie nie verwendet. An die Stelle von *terreur* tritt bei Saint-Just fast ausschließlich *justice*.[79] Die frühe Gleichsetzung mit den dämonischen und wilden Aspekten der Natur wirft offenbar ihre Schatten auf den politischen Begriff der *Terreur*. Einen besonders scharfen Kontrast bildet die Undurchschaubarkeit der *Terreur* mit Saint-Justs utopischen Vorstellungen, wie er sie in den »Fragments d'Institutions républicaines« niedergelegte.[80] Das Bild, das hier vom Endzustand der Revolution entworfen wird, kennt Natur allein in der Form einer brüderlich-harmonischen Gemeinschaft. Hauptmerkmale dieser zukünftigen Lebensform sind Kontrolle und Transparenz; für ein im Unbewußten verankertes impulsives Verhalten ist in dieser Welt kein Platz.

Bedenkt man die außerordentliche Zurückhaltung, die der Redner und politische Schriftsteller Saint-Just gegenüber der Naturmetapher zeigt, dann befremdet es auf den ersten Blick, daß gerade Saint-Just in Büchners Drama »Dantons Tod« eine Rede hält, in der die metaphorische Gewalt triumphiert. Die Rede wird während der Sitzung des Nationalkonvents gehalten, in der die Abgeordneten darüber entscheiden, ob der inzwischen verhaftete Danton noch einmal vor dem Konvent sprechen dürfe. Robespierre hat bereits abgeraten, als auch Saint-Just das Wort ergreift: *Da alle unter gleichen Verhältnissen geschaffen werden, so sind alle gleich, die Unterschiede abgerechnet, welche die Natur selbst gemacht hat; es darf daher jeder Vorzüge und darf daher keiner Vorrechte haben, weder ein einzelner noch eine geringere oder größere Klasse von Individuen.* Diesem Teil der Rede geht bei Büchner die Passage mit der berühmten Gleichsetzung der Revolution mit der Naturgewalt voraus:

> *Die Natur folgt ruhig und unwiderstehlich ihren Gesetzen; der Mensch wird vernichtet, wo er mit ihnen in Konflikt kommt. Eine Änderung in den Bestandteilen der Luft, ein Auflodern des tellurischen Feuers, ein Schwanken in dem Gleichgewicht einer Wassermasse und eine Seuche, ein vulkanischer Ausbruch, eine Überschwemmung begraben Tausende.*

78 Jules Michelet, Histoire de la Révolution française [1847–53], 2 Bände, Paris 1952, Band 2, S. 803.
79 Siehe hierzu Kessler (wie Anm. 73) S. 110f. und Monar (wie Anm. 75) S. 689f.
80 Entstanden 1794. Saint-Just (wie Anm. 44) S. 247–311.

Was ist das Resultat? Eine unbedeutende im großen ganzen kaum bemerkbare Veränderung der physischen Natur, die fast spurlos vorübergegangen sein würde, wenn nicht Leichen auf ihrem Wege lägen.

Ich frage nun: Soll die moralische Natur in ihren Revolutionen mehr Rücksicht nehmen als die physische? Soll eine Idee nicht ebensogut wie ein Gesetz der Physik vernichten dürfen, was sich ihr widersetzt? Soll überhaupt ein Ereignis, was die ganze Gestaltung der moralischen Natur, das heißt der Menschheit, umändert, nicht durch Blut gehen dürfen? Der Weltgeist bedient sich in der geistigen Sphäre unserer Arme ebenso, wie er in der physischen Vulkane und Wasserfluten gebraucht. Was liegt daran, ob sie an einer Seuche oder an der Revolution sterben?[81]

Büchner, der sich in der vorangegangenen Rede Robespierres noch an den Wortlaut seiner Quellen gehalten hatte, weicht mit den Worten, die er Saint-Just sprechen läßt, von dessen historischer Rede im Konvent völlig ab. Gerade die kosmischen Erweiterungen des Erhabenen, die Büchner seiner Dramenfigur zuschreibt, lassen sich beim historischen Saint-Just nicht finden.

Doch stimmt die Furchtbarkeit des gedanklichen Gestus, die Büchner vorführt, durchaus mit der des Revolutionärs Saint-Just im Jahr 1794 überein. *La force des choses nous conduit peut-être à des résultats auxquels nous n'avons point pensé.*[82] Der historische Saint-Just meint es ernst mit der Auslöschung alles Individuellen zugunsten der Idee. Die von ihm beschworene zukünftige Gemeinschaft ist nur um den Preis einer vollständigen moralischen Läuterung zu erreichen, an der die Mehrheit der Zeitgenossen freilich scheitern muß. In den Jahren 1793 und 1794 erreicht die revolutionäre Rhetorik bei Saint-Just eine geradezu schwindelnde Höhe des Erhabenen. In der Rede keines anderen Revolutionärs wird die Forderung nach menschlichem Mitgefühl so abstrakt, bei keinem andern verschwindet die lebendige Gegenwart so sehr vor der idealen Zukunft. Aller Glanz gehört dieser kommenden Zeit, für die in Saint-Justs Augen kein Opfer zu groß ist – auch nicht der Verlust des eigenen Lebens.

Forster oder die Verzweiflung im Erhabenen

Nicht nur in der Rede Saint-Justs, auch an zwei anderen Stellen in »Dantons Tod« findet sich die Vulkanmetapher. *Die Lava der Revolution fließt* sagen sowohl Mercier wie Collot d'Herbois in Büchners Drama.[83] Es ist nicht ganz zufällig, daß es bei Büchner nur die Politiker mit dichterischen Ambitionen sind, die das Vulkanbild verwenden; alle drei Figuren sind literarisch aktive Persönlichkeiten der Revolution.[84] Denn die Vulkanmetapher hat eine eigentümliche Sonderstellung in der Rhetorik der Revo-

81 Georg BÜCHNER, Danton's Tod. Ein Drama [1835], hg. Th. M. MAYER, in: Georg BÜCHNER, Dantons Tod. Die Trauerarbeit im Schönen. Ein Theater-Lesebuch, hg. P. v. BECKER, Frankfurt 1980, S. 49.

82 Zitiert nach VINOT (wie Anm. 75) S. 287.

83 BÜCHNER (wie Anm. 81) S. 54, 59.

84 Collot d'Herbois, ein Mitglied des Wohlfahrtsausschusses, verfaßte Theaterstücke; ursprünglich war er Schauspieler. Sébastien Mercier, Dramatiker und Theatertheoretiker, gehörte als Girondist dem Nationalkonvent an und wurde 1793 inhaftiert. Während Büchners Collot d'Herbois das Wort *Die Lava der Revolution fließt* mit *hohlem Pathos* ausspricht, zitiert Mercier den Satz allerdings kritisch und wendet ihn gegen die mitgefangenen Dantonisten als deren eigene politische *Phrase*.

lution: als gewagteste unter den Naturmetaphern hat sie gleichsam einen avantgardistischen Zug. Das Wort ›Vulkan‹ beschwört eins der menschenfernsten unter allen Bildern der Revolution. Während in anderen Naturmetaphern die moralische Dimension selten ganz verschwindet, enthüllt das Bild des Vulkans die extreme Gleichgültigkeit einer lebensfernen Macht. Auf das Unwetter folgt in der Rhetorik der Revolution oft die Idylle, auf die Überschwemmung die Fruchbarkeit, und selbst das Erdbeben enthält noch das Versprechen einer der Natur zurückgegebenen Kulturwelt. Die Fruchtbarkeit, die die Lava des Vulkans zu bringen vermag, bleibt dagegen, da ihre Erfahrbarkeit die menschliche Lebensspanne weit überschreitet, im Grunde jenseits aller Vorstellung. So wirkt das Vulkanbild vor allem durch seine extreme Entrückung aus Kultur und Lebenszyklus: schärfer als in den anderen Naturbildern der Revolution drückt sich in ihm die Lebensvergessenheit des Erhabenen aus. Dies aber macht die besondere ästhetische Faszination des Vulkanbildes aus, gerade in einer Zeit, die mit den Grenzen der moralischen Dimension von Literatur zu experimentieren beginnt.[85]

In diesem Zusammenhang ist es kaum überraschend, daß es Georg Forster ist, der sich von allen deutschen Revolutionären am stärksten von der Vulkanmetaphorik der Revolution fesseln läßt. Gerade in Forster verbindet sich politischer Enthusiasmus mit einem bedeutenden schriftstellerischen Talent. Hinzu kommt das wissenschaftliche Interesse an Naturerscheinungen. Georg Forster war von seinem Vater auf die zweite Weltumsegelung des Captain Cook mitgenommen worden und hatte als junger Wissenschaftler die Verschiedenheit der Naturphänomene und menschlichen Lebensformen beobachtet und kommentiert. Doch bereits während dieser Reise hatte sich ein weiteres Interesse gezeigt: das am ästhetischen Genuß einer von Menschen entblößten Landschaft.

Im Dezember 1773 erlebt Forster die Erhabenheit des südlichen Eismeers.[86] Ein halbes Jahr später, während der Fahrt durch die Neuen Hebriden, sieht Forster zum ersten Mal einen aktiven Vulkan. Schon die nächtliche Annäherung des Schiffes an die Insel Tanna wird zum Erlebnis: Forster wird *unterschiedne Feuer gewahr, darunter das eine stosweise in die Höhe schlug.*[87] In den darauf folgenden Tagen erkundet Forster diesen Vulkan, wobei sich wissenschaftliche Beobachtung (Sammeln von Lava, Messen der Bodentemperatur) und ästhetische Wahrnehmung verbinden: *Das aufbrennende Feuer desselben verschaffte uns jedesmal ein angenehmes und zugleich prächtiges Schauspiel. Es theilte dem Rauche, der in dicken Wolken kräuselnd emporstieg, wechselsweise, die glänzendsten Schattirungen von gelber, Orange-Scharlach- und Purpur-Farbe mit, welche endlich in ein röthliches Grau und dunkleres Braun verloschen. So oft ein solcher Flammen-Auswurf erfolgte, so oft ward auch die ganze*

85 Wie sehr Geschichte im Vulkanbild zum ästhetischen Phänomen wird, thematisiert Wilhelm von Humboldt später in seinen »Betrachtungen über die Weltgeschichte« (1812/14): *Wo ein Krater einstürzt, ein Vulkan sich erhebt, hängt sich Schönheit oder Erhabenheit um seine Formen* (Über die Aufgaben des Geschichtsschreibers, Leipzig 1919, S. 44).

86 Vom Mast des Schiffs aus werden *168 Eis-Inseln* gezählt, *darunter manche eine halbe Meile lang und keine von geringern Umfange war, als das Schiff. Dies stellte einen großen und fürchterlichen Anblick dar. Es schien, als ob wir die Trümmern einer zerstörten Welt, oder, nach den Beschreibungen der Dichter gewisse Gegenden der Hölle vor uns sähen ...* (Reise um die Welt [1778/80], hg. G. Steiner, Frankfurt 1983, S. 464).

87 Ibid. S. 724.

waldigte Gegend des Berges plötzlich durch ein gold- und purpurfarbnes Licht erhellet, welches die verschiedenen Gruppen von Bäumen, nach Maaßgabe ihrer Entfernung, bald lebhafter, bald sanfter colorirte.[88]

Als Revolutionsmetapher erscheint die Vorstellung des Vulkans zunächst in einem Brief Forsters an den Buchhändler Voß (21. Dezember 1792): *Der Vulkan Frankreichs könnte Deutschland vor dem Erdbeben sichern.*[89] Hier wird Frankreich unter dem Eindruck der Vorgänge vom August und September 1792 als der Schauplatz explosiver Gewalt gedeutet, die die Entstehung der Republik notwendig begleitet. Es sind gängige geologische Vorstellungen des 18. Jahrhunderts, auf die sich Forster bezieht: es bedarf der Lösung des unterirdischen Druckes durch einen Vulkanausbruch, um ein großes Gebiet vor verheerenden Erdbeben zu schützen.[90] Forsters Hoffnung ist, daß die politische Erneuerung in Europa sich ohne Chaos und Gewalt vollziehen wird, wenn der Druck sich in einem lokalen Schauspiel der Energie entladen kann.

Während seines zweiten Aufenthalts im revolutionären Paris (ab März 1793) ist Forster, der aufgrund des Kriegsgeschehens nicht nach Mainz zurückkehren kann, zur politischen Tatenlosigkeit verurteilt. Zu den wenigen offiziellen Handlungen, die Forster in Paris verrichtet, gehört die Eingabe an den Nationalkonvent, die den Geltungsbereich der französischen Verfassung auf das Gebiet der Mainzer Republik ausdehnen soll. Der Text übernimmt die Sinai-Gleichung der Revolutionsrhetorik: der Konvent ist auch für Forster der *nouveau Sinaï d'où la raison des peuples allait faire entendre ses tonnèrres.*[91]

Während Forster in Paris auf eine *Aufgabe* wartet, schreibt er eine Vielzahl von Kommentaren zur Revolution, die er in seinen Briefen und in den »Parisischen Um-

88 Ibid. S. 744. Von Forsters anhaltendem Interesse an vulkanischen Phänomenen zeugen auch andere Beschreibungen der »Reise um die Welt«, z.B. der Osterinsel (S. 478) und der Insel Asuncion (S. 974–77). Bei der Übertragung des englischen Texts der »Reise« ins Deutsche hat Forster zeitweise einen vulkanologisch kundigen Mitübersetzer, den Schriftsteller und Geologen Rudolf Erich Raspe. – In Forsters Mainzer Zeit fällt dann die Bitte an Alexander von Humboldt (1789), die Basaltgesteine des Rheintals geologisch zu untersuchen (Klaus Harpprecht, Georg Forster oder Die Liebe zur Welt. Eine Biographie. Reinbek 1987, S. 433). Als Forster ein Jahr später mit dem jungen Humboldt zur Reise durch Holland, Belgien und Frankreich aufbricht, sucht er – neben den politischen Eindrücken – das ästhetische Erlebnis der Natur. Wichtige Erfahrungen des Erhabenen sind für Forster der Besuch unterirdischer Höhlen in Belgien und die Wiederbegegnung mit dem Meer. (Siehe hierzu auch K. Julku, La Conception de la révolution chez Georg Forster, Annales historiques de la Révolution française 40 [1968] S. 227–51.)

89 Georg Forster, Sämtliche Schriften, Tagebücher, Briefe, hg. G. Steiner u.a., Berlin/DDR 1959ff., Band 17, S. 279. Vgl. auch Forsters allegorischen Einschub in den Aufsatz über das Föderationsfest 1790: ein alter Einsiedler habe beim Ausbruch des Vesuv gesagt: »Dieser Ausbruch rettet Kalabrien vor dem Untergang.«

90 Vgl. die Passage in D'Holbachs Encyclopédie-Artikel: *Les volcans doivent etre regardés [...] comme des cheminées par lesquelles elle se débarasse des matieres embrasées qui dévorent son sein. [...] sans cela ces agents produiroient sur notre globe des révolutions bien plus terribles que celles que nous voyons opérer aux tremblemens de terre* (Volcans, in: Encyclopédie ou Dictionnaire raisonné des sciences, des arts et des métiers, Nachdr. Stuttgart-Bad Cannstatt 1967, Band 16, S. 443).

91 Lettre de Georg Forster, député à la Convention Rhéno-Germanique, en date du 17 de ce mois [juillet 1793], par laquelle, au nom des Allemands libres de Mayence et des rives du Rhin, il déclare adopter la Constitution, zitiert nach Hans-Jürgen Lüsebrink, »Paris reste toujours notre carte et vous avez perdu«. Georg Forster et Adam Lux dans la France révolutionnaire, in: Revue de littérature comparée 62 (1989), S. 467.

rissen« niederlegt.[92] Überraschend ist, wie oft sich Forster vom Alltag der Revolution enttäuscht zeigt. Inzwischen fällt es ihm schwer, noch etwas von dem vernunftbestimmten Enthusiasmus zu entdecken, den er während seines ersten Besuchs im revolutionären Paris im Juli 1790 wahrgenommen hatte. *[A]lles ist blinde leidenschaftliche Wut, rasender Partheigeist und schnelles Aufbrausen, das nie zu vernünftigen ruhigen Resultaten gelangt.*[93] Doch Forster hält trotz seiner Kritik an der Leidenschaft und dem Egoismus der Akteure an der Notwendigkeit revolutionärer Gewalt fest. *[W]illkommen, Revolution, mit allen deinen Übeln und Greueln!*, heißt es im Brief vom 9. November 1793.[94]

Schon Friedrich Schlegel erkannte in seinem Forster-Essay die eigenartige Doppelperspektive, aus der Forster die Pariser Ereignisse wahrnahm und kommentierte. Forster habe die Revolution aus dem Blickwinkel des beobachtenden Deutschen dargestellt, an anderen Stellen aber einem deutschen Publikum die Sache der Franzosen nahebringen wollen und sich dort mit ihr viel stärker identifiziert.[95] Es ist diese Spannung aus Identifikation und Abstand, die in Forsters letzten Schriften zu einem ständigen Registerwechsel führt. Dadurch wird auch das folgende Zitat bis zu einem gewissen Grad relativiert, das – isoliert betrachtet – an Furchtbarkeit wohl kaum zu überbieten ist:

> *Wir haben die Vendee nun ausgerottet, und so werden wir ausrotten, was sich uns widersetzt. Es ist eher an keine Ausgleichung zu denken, als bis man bittend zu uns kommt. Die Lava der Revolution fließt majestätisch und schont nichts mehr. Wer vermag sie abzugraben?*[96]

In extremer Identifikation begrüßt Forster hier die *Terreur*, die sich gegen die aufständische Vendée richtet. Das Bild des ausbrechenden Vulkans steht im Bedeutungshorizont der Entvölkerung: der Lavastrom der Revolution macht aus der bewohnten Kulturlandschaft die Tabula rasa. Die Lava, der eine *majestätische* Qualität zugesprochen wird, erscheint im Kontext einer unbefragten Ästhetik der Macht. Der potentiellen Frage nach der moralischen Legitimation wird durch das Bild des sich selbst genügenden Erhabenen in diesem Vorgang kein Raum gegeben. Was als eine Tat des freien Willens beginnt und für einen kurzen Augenblick die Möglichkeit der menschlichen Reaktion offenläßt (*bis man bittend zu uns kommt*), endet mit der Abdankung des handelnden Subjekts. Denn der Satz *Wer vermag sie abzugraben?* weist ja nicht nur auf die Unfähigkeit der ›Vendéens‹, der gegen sie in Gang gesetzten Vernichtung Einhalt zu gebieten, sondern auch auf die Unmöglichkeit des Eingreifens durch die Revolutionäre selbst.[97] Die Naturmetapher macht diesen Vorgang kenntlich: die

92 In einem der ersten Pariser Briefe an seine Frau erweitert Forster die ältere Analogie von Charakter und Vulkan zum politischen Vergleich: *Der kleine Schwabe Kerner sprüht Freiheit wie ein Vulkan und ist originell und gutherzig, wie ein junger Schwabe seyn muß, er hat Kopf und Energie. Dazu ist er Dr. der Medizin* (Sämtliche Schriften [wie Anm. 89] Band 17, S. 357).

93 Brief an Therese Forster vom 8.4.1793 (ibid. S. 341).

94 Ibid. S. 357.

95 Schlegel, Georg Forster, in: Kritische Schriften, hg. W. Rasch, zweite, erweiterte Auflage, München 1964, S. 334.

96 Brief an Therese Forster vom 24.10.1793 (Sämtliche Schriften [wie Anm. 89] Band 17, S. 461).

97 Tatsächlich gab es zusätzlich zu der verordneten Grausamkeit in der Vendée viele verselbständigte Aktionen. Zu ihnen zählen die berüchtigten Massaker durch Ertränken, die *noyades*.

Metapher entzieht das Tun dem »Wir«-Subjekt und läßt es als einen allem Menschlichen entfremdeten Prozeß enden.[98]

Daß sich Forster dieser Problematik bewußt ist, zeigen andere Briefe, so auch eine Passage über die Rache an den aufständischen Royalisten in Lyon:

> *Die lyoner Nachrichten mögen leider wahr seyn! Die Revolution ist ein Orkan, wer kann ihn hemmen? Ein Mensch, durch sie in Thätigkeit gesetzt, kann Dinge thun, die man in der Nachwelt nicht vor Entsetzlichkeit begreift. Aber der Gesichtspunkt der Gerechtigkeit ist hier für Sterbliche zu hoch. Was geschieht, m u ß geschehen. Ist der Sturm vorbei, so mögen sich die Überbleibenden erholen, und der Stille freuen, die darauf folgt.*[99]

Auch hier stellt Forster die rhetorische Frage, wer denn der Naturkraft Einhalt gebieten könne. Allerdings entsteht im Blick auf Lyon nicht die gleiche Zustimmung zur schrankenlosen Gewalt wie im Brief über die Vendée. Nun wird auch die Frage der Rechtfertigung der Vergeltungsaktionen aufgeworfen, und die Taten des einzelnen werden nicht gänzlich von naturhafter Gewalt gelöscht. Damit ist das Gewissen nicht von vornherein stillgelegt – auch wenn es in den Augenblicken des erhabenen Einklangs von Mensch und Orkan eine inadäquate Instanz wird. Am Ende freilich folgt auf den Sturm nur die Stille: ist die revolutionäre Handlung beendet, beginnt keine Zeit des politischen Urteils und der moralischen Bewertung, sondern nur eine Zeit der Erholung.

Die katastrophische Metapher wird für Forster zum einzig adäquaten Mittel der Darstellung.[100] Das mag überraschen, wenn man bedenkt, mit welch großem Interesse bereits der junge Georg Forster der Verschiedenheit menschlicher Handlungsweisen und Kulturen nachgespürt hatte und wie leistungsfähig seine schon früh entfaltete Kunst der anthropologischen Beschreibung war. Doch auch seine weitgehend unvoreingenommene Anthropologie bleibt letztlich eine vernunftbestimmte Menschenkunde – an den Vorgängen der Revolution muß sie scheitern. Für Forster ist es die Diskrepanz zwischen der Humanität des revolutionären Impulses und der Entsetzlichkeit des revolutionären Tuns, die sich jeder Begrifflichkeit entzieht. Vom Menschen selbst gehen Kräfte aus, die nicht mehr unter den Kategorien der Moral und Vernunft, sondern nur noch unter dem Aspekt der Gesetzlichkeit materialer Prozesse zu fassen sind. Bewußtloses Tun, Entfesselung und synergetischer Effekt weisen in ein anderes Reich als das der aufgeklärten Seelen- und Menschenkunde: die Revolution stürzt *wie eine Schneelawine mit beschleunigter Geschwindigkeit dahin*, gewinnt

98 An anderen Stellen ist Forsters Identifikation mit dem Vulkanischen der Revolution geringer: *Ihr seht, daß der Vulkan noch nicht schweigt; noch bebt die Erde unter unsern Füßen, noch ist der Boden glühend. Aber daß die Republik bestehe, das ist keinem Zweifel unterworfen* (zitiert nach HARPPRECHT [wie Anm. 88] S. 19). Dies ist das konventionellere Bild der Bedrohung von unten.

99 Brief vom 28.12.1793 an Therese Forster und L.F. Huber (Sämtliche Schriften [wie Anm. 89] Band 17, S. 498).

100 Vgl. auch Hans-Otto RÖSSERS Studie, in der die Übereinstimmung der Naturanalogie in Forsters »Parisischen Umrissen« und in Büchners Saint-Just-Rede ausführlich behandelt wird: Das Maximum des politischen Verstandes. Georg Forsters »Parisische Umrisse« und die St. Just-Rede in Büchners »Dantons Tod«, Artes Liberales (Fakultät für Human- und Sozialwissenschaften, Universität Iwate, Japan) 49 (1991), S. 117–146.

an Masse und *vernichtet jeden Widerstand auf ihrem Wege*[101]. Dem Naturforscher und Revolutionär Forster geht an der Naturanalogie die ungeheure Komplexität auf, die für katastrophische Ereignisse in Natur und Geschichte gleichermaßen kennzeichnend ist. Sie in *ihren eigenthümlichen Gesetzen kennen* zu wollen, ist ein ebenso vergeblicher Wunsch wie das Verlangen nach ihrer Steuerung.

Übrig bleibt eine kaum deutbare Energie, deren Manifestationen als erhabene Erscheinungen erlebt werden können, die aber auf die konkreten Glückshoffnungen des einzelnen nicht antwortet. Die letzten Äußerungen Georg Forsters sind beherrscht von der Verzweiflung, die aus dieser Entfremdung herrührt. Am 10. Januar 1794 stirbt Forster vereinsamt in Paris.[102]

Der erloschene Vulkan

Obwohl die Geschichtsperiode, die mit dem Sturz Robespierres und seiner Anhänger am 27. Juli 1794 (9. Thermidor II) einsetzt, durchaus noch als revolutionäre Phase anzusehen ist, erfahren die Franzosen den ›Thermidor‹ als eine Zeit, in der ›der Vulkan erloschen ist‹. Zwar hört die ›Montagne‹ nicht sofort auf zu existieren, doch ihr politischer Einfluß geht stark zurück. Auch der Symbolik der ›Montagne‹ sagen die Thermidorianer den Kampf an: während der revolutionären Feiern des Thermidor dürfen keine Berge mehr errichtet werden, und was von den Bergen früherer Revolutionsfeste noch vorhanden ist, wird abgetragen.[103]

Die Thermidorianer entfesseln gegen die ›Montagne‹ eine Polemik, die sich vor allem der gefährlichen Konnotationen des Berges bedient. Damit wird der Vulkan, der vorher so oft erhabene Eigenschaften angenommen hatte, einsinnig zum verderbenbringenden Krater erklärt: *Montagne [...], ta crête n' offre plus que le cratère horrible d'un volcan dont le sein a vomi cette lave dévorante de fléaux et de crimes* steht im Entwurf einer Rede für den Konvent im Februar 1795.[104] Und im April des gleichen Jahres heißt es in einer Rede der Sociétés Populaires de Cuisery et de Bergues: *Cette crête volcanique ne vomira donc plus la terreur et la mort, lave dévorante ne détruira plus les productions d'un sol fertile.*[105] *La Crête,* der zerklüftete und ausgebrannte Gipfel, ist nun alles, was vom einst majestätischen Berg übriggeblieben ist. *Crête* wird zum geflügelten Wort, das im Kreuzfeuer der Reden ähnlich negativ verwendet wird wie *Marais* zur Zeit der Schreckensherrschaft.

Den Thermidorianern erscheint der Vulkan als gefährliches Mahnmal einer Zeit, die zerstört hatte, ohne genau zu wissen, was an die Stelle des Zerstörten treten sollte.

101 Parisische Umrisse, Sämtliche Schriften (wie Anm. 89) Band 10, 1. Teilband, S. 596.

102 Er stirbt, geschwächt von seiner alten Skorbutkrankheit, an einer Lungenentzündung.

103 Ihre Zerstörung wird im Dekret vom 20. Februar 1795 (2. Ventôse III) verfügt.

104 20. Pluviôse III. Zitiert nach Françoise BRUNEL, Crête/crétois (an III). Comment peut-on être crétois?, in: Dictionnaire des usages socio-politiques (1770–1815), Fasc. 1: Désignants socio-politiques, hg. Institut National de la Langue Française, Paris 1985, S. 63.

105 20. Germinal III. Ibid., S. 64. In Deutschland dagegen sehen manche auch den Thermidor noch als verderbenbringenden Vulkan (denn weder haben die Thermidorianer der Revolution abgeschworen, noch haben sie die Kriegshandlungen eingestellt). Vgl. Chr. L. NEUFFERS Anklage: *Ein Vulkan bist du, verderbenschwanger, / Welcher endlos in der Tiefe gärt / Und mit Feuerstürmen Städt' und Anger / Weitumher verschüttet und verheert.* (»An Gallien« [1795], in: Literatur und Politik in Deutschland während der Französischen Revolution, hg. H. ZIMMERMANN, Stuttgart 1984, S. 55.)

Nach einer Phase sublimer Aufstiege ist nun eine Zeit angebrochen, in der keine übermenschlichen Anstrengungen mehr verlangt werden. Der Blick aus der Ebene ist nicht mehr der die Energie verklärende Blick, sondern einer, der die Bedürfnisse des Alltags neu entdeckt. Die Wahrnehmung befreit sich vom Zwang erhabener Ästhetisierung. Geradezu erleichtert ergreifen die Thermidorianer die Möglichkeit, vom Vulkan wieder in einer Sprache der Moral und nicht mehr der Ästhetik sprechen zu können.

Doch die erhabene Erfahrung der Revolution hatte Bedürfnisse und Phantasien in Gang gesetzt, die mit dem Thermidor keineswegs verschwunden waren. In der Romantik sollte man sich solcher Wünsche und Phantasien erinnern.[106] Künstler und Intellektuelle der ersten Hälfte des 19. Jahrhunderts sahen sich beengt vom Geist der Nützlichkeit und fühlten sich abgestoßen von der Banalität, mit der die ›bourgeoisie victorieuse‹ alle Lebensformen bedrohte. Vor allem die zweite Romantikergeneration zeigte sich ergriffen von der Größe und Intensität der Erfahrung, die gerade im Paris der neunziger Jahre für kurze Zeit möglich gewesen war. Es waren die geschichtsschreibenden Autoren dieser Generation, insbesondere Carlyle, Michelet und Hugo, die für die schwer deutbaren Geschehnisse der Revolution erneut auf die Naturmetapher zurückgriffen. Der aktive Vulkan erschien ihnen als höchstes Bild kollektiver Energie und als faszinierendes Symbol gewaltsamer Veränderung. Wenn Michelet die Gestalt Dantons oder den Club des Cordeliers ins Bild des Vulkans faßte oder wenn Hugo das Vernichtungsfeuer in der Vendée als glühende Lava beschrieb, wurde die schon totgesagte Dimension des Erhabenen in der Geschichte erneut beschworen.[107]

Résumé français

Les contemporains de la Révolution française ne disposaient d'aucune grille d'interprétation à la mesure de cet événement inouï. Ils ne pouvaient puiser que dans les vieilles formes de représentation: le récit par épisode et le discours métaphorique. Le récit restituait en partie la surprise, la joie et la frayeur qui saisirent les observateurs des événements parisiens - le déroulement d'ensemble toutefois restait dépourvu de représentation. L'événement révolutionnaire global, historiquement incomparable, fut connu des contemporains comme un événement souverain et soustrait à la volonté individuelle. A cette chose difficile à saisir, le discours métaphorique donna des points de repère: ce qui n'éveillait aucun souvenir de l'histoire humaine fut pris dans la perspective des souvenirs de l‹histoire naturelle.

Le nouveau et l'étonnant étaient que les acteurs de l'histoire eux-mêmes employaient eux aussi des métaphores telles que le feu, le déluge, l'inondation, le tremblement de terre et l'éruption volcanique. La langue des révolutionnaires transformait la force dévastatrice de la nature en énergie positive. C'est là un processus que l'on peut considérer comme la conséquence de cette valorisation de la violence dans l'esthétique du XVIIIe siècle. Les révolutionnaires étaient possédés par l'idée que leurs actes servaient un événement sublime qu'aucun individu n‹était en mesure de guider. Ce faisant, leur discours identifiait le dilemme de leur action, qui apparut au grand jour lors du règne de la Terreur: en 1793/94, les révolutionnaires commençaient à ne plus reconnaître leurs propres actions qui s'étaient inscrites dans l'histoire au moment où celle-ci se déchaînait.

106 Zur ungebrochenen Tradition der Verklärung von *énergie* siehe Michel Delon, L'Idée de l'énergie au tournant des lumières (1770–1820), Paris 1988.

107 Jules Michelet (wie Anm. 78) Band 1, S. 497, S. 499–505, S. 1024f. Victor Hugo, Quatre-vingt treize [1874], Paris 1963, 5. Buch, 1. Kap. (Auch in seinen Gedichten zeigt Hugo sich auffallend fasziniert vom Vulkanbild.)

Au début de la Révolution française, la métaphore de l'éruption volcanique n'était qu'embryonnaire, contrairement à celle du tremblement de terre. Le volcan ne devint un sujet du discours politique que plus tard. A l'automne 1789, on commence à assimiler de façon sporadique la révolution au volcan, mais ce n'est qu'à partir de 1792 que les images volcaniques prolifèrent. Et encore, même à ce moment-là, ladite métaphore ne fut jamais aussi populaire que les autres métaphores naturelles. C'est seulement à partir du XIXe siècle que le volcan devint l'emblème révolutionnaire par excellence.

La métaphore du volcan doit son succès (relatif) à sa proximité par rapport au symbole central du groupe parlementaire radical: la Montagne. Le parti des Montagnards se développant au point de devenir la force politique la plus influente, les orateurs des clubs et de la Convention Nationale eurent de plus en plus tendance à employer le mot «montagne« au sens métaphorique et symbolique. A partir de l'été 1793, les connotations emblématiques de la montagne s'accentuent. La montagne n'est plus seulement le lieu qui dispense la loi (»Sinaï«), elle est aussi la source de toutes les violences. Elle devient la »terrible montagne«. Ce sont en particulier les images du tremblement de colère et du Tribunal déversant ses condamnations sur les opposants qui confèrent ses qualités volcaniques à la montagne sublime de la révolution. Parmi les orateurs qui ont recours à la métaphore du volcan, on trouve Billaud-Varenne, Barère, Chaumette et Robespierre. A l'automne de 1793, elle se multiplie de façon étonnante. Ce phénomène est renforcé par un événement théâtral concomitant: *Le jugement dernier des rois*, une pièce »sans-culotte« de Sylvain Maréchal alors très applaudie s'achève sur une spectaculaire éruption volcanique au milieu de la scène.

Par rapport aux autres représentations naturelles de la rhétorique révolutionnaire, la métaphore du volcan occupe une place à part. Plus audacieuse que les autres, elle a un côté avant-gardiste. Le mot »volcan« évoque une des images de la révolution les plus éloignées de l'humain. Alors que dans les autres métaphores naturelles, il est rare que la dimension morale disparaisse totalement, l'image du volcan dévoile l'extrême indifférence d'une puissance étrangère à la vie. Dans la rhétorique révolutionnaire, la scène idyllique succède au mauvais temps, la moisson à l'inondation; même le tremblement de terre contient encore la promesse d'une civilisation rendue à la nature. L'image du volcan puise donc avant tout son effet dans son extrême détachement de la culture et du cycle de la vie: elle exprime plus fortement qu'aucune autre représentation naturelle de la révolution l'oubli de la vie qui est la marque du sublime.

C'est cette dimension de l'image volcanique qui a aussi fasciné le jacobin allemand Georg Forster. Lorsque Forster séjourne à Paris en 1793/94, la métaphore de la catastrophe naturelle est à ses yeux le seul moyen de représentation adéquat. Pour lui, c'est l'écart entre l'humanité de l'impulsion révolutionnaire et l'horreur de l'action révolutionnaire qui échappe à l'entendement. De l'homme émanent des forces que l'on ne peut plus saisir en termes de morale et de raison mais uniquement sous l'aspect de processus matériels conformes.

Thermidor, la phase révolutionnaire qui succéda à la chute de Robespierre, se présente pour les contemporains comme le moment où »le volcan est éteint«. Contre les derniers Montagnards est déclenchée une polémique qui vise avant tout les connotations dangereuses de la montagne. Pour les Thermidoriens, le volcan autrefois actif ne revêt plus que le sens de cratère funeste. Après une phase d'élévation sublime semble poindre une époque qui ne réclame plus l'effort surhumain. La perception se libère de la contrainte de l'esthétisation sublime.

Mais l'expérience sublime de la révolution avait éveillé des besoins et des rêves qui ne disparurent nullement avec Thermidor. A l'époque romantique, on se souvint de ces désirs et de ces rêves. De nouveau, on en vint à un emploi positif de la métaphore politique du volcan. Les romantiques furent saisis par l'énergie des actes et l'intensité de l'expérience vécue que le Paris des années 1790 avait justement rendu possibles.

René Boudard

EXPÉRIENCES FRANÇAISES DANS L'EUROPE NAPOLÉONIENNE: L'UNIVERSITÉ IMPÉRIALE DANS LES DÉPARTEMENTS BELGES ENTRE 1801 ET 1814

Seconde Partie*

La création des Lycées impériaux dans les Départements belges

Les Ecoles centrales qui fonctionnaient dans les Départements belges furent comme partout ailleurs fermées dès qu'il fût décidé qu'elles seraient remplacées par les Lycées. Bien entendu, les villes qui possédaient une Ecole centrale, à commencer par Bruxelles, Gand et Louvain ne manquèrent pas de revendiquer par la voie de leurs assemblées communales et du Préfet, l'installation de ces nouveaux établissements d'enseignement secondaire avec lesquels on espérait remplacer avantageusement les Ecoles centrales, dont les défauts alimentaient les critiques le plus souvent justifiées bien que elles ne fussent pas dépourvues de qualités.

La création d'un Lycée à Bruxelles

Dès le 16 fructidor de l'an X, la municipalité de Bruxelles avait chargé un de ses membres, Boschaert, de rédiger à l'intention du Gouvernement consulaire un document très complet et très précis afin d'obtenir le plus rapidement possible un Lycée, indispensable à leurs yeux pour assurer un enseignement que la disparition des anciens collèges avait remis en question malgré la présence dans la ville et ailleurs de ces Ecoles secondaires dont la qualité variait trop souvent malgré les efforts du Gouvernement pour leur assurer les garanties suffisantes à donner un enseignement convenable.

Ce document intitulé »Considérations en faveur de la ville de Bruxelles pour l'établissement d'un Lycée dans son sein« reprend tous les motifs avancés par le Gouvernement consulaire pour justifier la création des Lycées: l'intérêt reconnu par tous de la loi du 6 floréal an X qui suscite les demandes de la plupart des villes importantes désireuses de posséder un de ces nouveaux établissements d'Instruction *affirme le rédacteur qui reconnaît que cette hâte est justifiée par la limitation des créations envisagées.* Il parle de mettre ainsi un terme *à la noble émulation des rivalités.* Il ajoute aussi que *le Gouvernement doit recueillir les lumières, se hâter de faire un choix et dissiper ses incertitudes en déterminant ses préférences.* Le conseiller Boschaert indique sur la fin le but de son mémoire, tout simplement indiquer au Gouvernement les principes généraux d'après lesquels les Lycées doivent être fixés,

* La première partie a été publiée dans Francia 22/2 (1995) p. 133–151.

appliquer ces principes à la ville de Bruxelles et enfin répondre aux objections que pourraient élever les voix de la concurrence. On le constate, l'apparition de ces nouveaux établissements d'enseignement secondaire suscite un intérêt des plus vifs dans la capitale bruxelloise qui entend bien affirmer son identité réelle.

Viennent ensuite les considérations techniques et particulières qui militent en faveur de cette création qui, pour les conseillers communaux est vivement souhaitée et amplement justifiée. Avant tout il faut recueillir l'héritage des Ecoles centrales, tout au moins les avantages qu'elles présentaient, sans oublier les griefs réels qu'on leur adressait. Les buts recherchés par le Gouvernement consulaire semblaient parfaitement justifiés: applanir l'entrée de ces nouveaux établissements d'Instruction à la plus grande partie de la jeunesse française, ce qui ne pouvait de toutes façons être le cas. Mais Bruxelles remplissait les conditions requises pour obtenir un Lycée, tant par sa situation de grande ville, capitale économique et linguistique, possédant une administration supérieure et des ressources permettant de satisfaire aux frais de premier établissement. Les élèves externes ne pouvaient, en aucun cas entraîner une diminution de la présence des élèves pensionnaires et le Lycée devait nécessairement bénéficier de tout l'apport scientifique et culturel de l'Ecole centrale qui fonctionnait auparavant. Tout ceci devait suffire pour donner à Bruxelles toutes ses chances pour que ce Lycée lui soit accordé sans discussions et atermoiements[16].

Et le Rédacteur ne manque pas d'affirmer que la ville de Bruxelles peut invoquer avec succès chacun des principes énumérés précédemment afin de s'en prévaloir pour obtenir un Lycée. Il passe tout de suite à la démonstration avec une certaine véhémence qui prouve à quel point la réalisation de ce souhait lui tient à cœur et pas seulement à lui ...

C'est une ville centrale par rapport à l'arrondissement du Tribunal d'Appel qui siège dans son sein. C'est la ville la plus peuplée de cet arrondissement, elle compte au moins 70000 individus. Depuis Prairial de l'An 5, elle possède une Ecole centrale. Elle est dotée d'une bibliothèque nombreuse et bien choisie, la plus considérable de la République, peut-être après les bibliothèques de Paris. On y trouve un cabinet de physique, un cabinet d'histoire naturelle et un jardin botanique précieux. Et pour compléter la flatteuse description des ressources culturelles et scientifiques de sa ville, Boschaert, non sans fierté, annonçait *qu'en ce moment même, des tableaux des plus grands maîtres étaient accordés à la ville par le Gouvernement pour embellir la collection commencée* ... Non sans intention, il rappelait que de vaines réclamations s'étaient élevées lors de la création de l'Ecole centrale et que l'intérêt privé fut obligé de se taire. *Or cette Ecole a subsisté avec le plus grand éclat*; il regrette qu'elle n'ait pas été maintenue et à ce propos il n'hésite pas à critiquer le Gouvernement consulaire d'avoir décidé leur suppression ... Il estime, en effet, que *l'instabilité en matière d'instruction publique comporte de graves inconvénients* et n'hésite pas à exprimer le vœu *que Bruxelles qui possède une sorte de Lycée sous le nom d'Ecole centrale doit conserver cet établissement d'Instruction si elle ne veut pas connaître les inconvénients qu'il signalait plus haut* ..., ce qui est pour le moins audacieux! Il est vrai qu'il croit bon d'ajouter, pour rattraper sa bévue, que

16 A. N. F. 17. 1564. Considérations rédigées par le chargé de pouvoirs BOSCHAERT en faveur de la ville de Bruxelles. Imprimerie Lemaire. AN 10. 14 pages.

la création ou mieux la présence d'un établissement d'instruction, Ecole centrale ou Lycée, peu importe, ne pourra que prospérer sous le regard protecteur et vigilant d'un Tribunal supérieur comme l'est à ses yeux le Tribunal d'Appel. Et il se plaît à évoquer *les regards paternels des magistrats, leur compétence aussi pour apprécier les efforts aboutissant à la formation des talents ... qui semblent y naître et s'y déployer avec une vigueur nouvelle.* Il affirme même que l'émulation peut exister ailleurs mais sans parvenir à ce degré d'intensité ... ni à la naissance de grands effets ...

Après ce morceau d'éloquence dont on ne peut pas manquer de dire qu'il soit pour le moins intempestif, le sieur Boschaert, sans aucune gêne apparente, proposait pour accueillir cet établissement d'Instruction ou mieux *cette nouvelle Ecole, le cy-devant Collège Thérésien,* destiné par l'Impératrice Marie-Thérèse à l'Instruction publique et préparé à très grands frais à cet objet. Il prévoit même *pour ce bâtiment qui a l'avantage de se situer à côté de l'Ecole centrale, la possibilité d'installer tout ce qui peut constituer une Ecole spéciale si le Gouvernement avait l'intention d'en établir une à côté du Lycée.* Et *cet ensemble, à son avis, permettrait de réunir dans une même enceinte tous les éléments de l'instruction la plus libérale et la plus complète ...*

Le conseiller songeait aussi à *l'ancienne abbaye de Caudenberg* qui avait accueilli les Bureaux de l'Administration départementale de la Dyle en spécifiant qu'elle avait été précédemment choisie par le *Conseil privé de l'Empereur ...*[17].

Toujours selon Boschaert, seule une ville de l'importance de Bruxelles *peut présenter des propositions aussi sérieuses ce qui amène à se méfier des propositions que pourraient hasarder d'autres villes du même arrondissement qui ne pourraient se prévaloir des mêmes ressources ...*

Même les frais de mise en activité du nouveau Lycée sont calculés par ce personnage hors du commun! Il les fixe à 125 000 francs au total pour un effectif de 400 élèves. Et la Municipalité n'aurait aucune peine à trouver une telle somme, et comme le terme moyen des pensions était fixé par la loi du 6 floréal An X à 700 francs, la commune de Bruxelles offrait de descendre ce prix à 600 francs. Après quoi, cette brillante démonstration des intentions bruxelloise étant achevée, il était facile de prétendre que la Cité réunissait bien tous les caractères exigés par l'installation d'un établissement de ce genre qui l'emporterait aisément sur toutes les prétentions de villes rivales assez hardies pour se mettre sur les rangs ...

C'est précisément cet examen de possibles concurrentes que le Conseiller Boschaert situe dans la troisième partie de ses »Considérations«. On sent bien que c'est là, à ses yeux, une préoccupation des plus sérieuses ... et qu'elle doit être partagée avec bon nombre de ses compatriotes. N'est-ce pas Louvain dont il s'agit? La suite du document ne permet guère le doute à ce sujet. La rivale est de poids. Pouvait-elle conserver quelques chances sérieuses de disputer victorieusement à Bruxelles une suprématie administrative et culturelle qu'elle avait détenue sans contesté pendant si longtemps dans les siècles précédents.

C'est bien de cette rivalité qu'il s'agit, lorsque dans le premier alinéa de la troisième partie de son mémoire, Boschaert affirme sans le moindre préambule que *lorsqu'en l'An 5, il a été question d'organiser une Ecole centrale dans le Département de la Dyle c'est la ville de Louvain qui a jeté le gant à la ville de Bruxelles et lui a vivement*

17 A. N. F. 17. Considérations en faveur de la ville de Bruxelles ... An X. 14 pages 1564.

disputé cet établissement, en faisant valoir tous les motifs capables de balancer les titres de Bruxelles. Ils furent alors jugés insuffisants et l'Instruction publique s'est réjouie du triomphe de sa rivale ... En conséquence, ajoutait le conseiller Boschaert, *Comme les Lycées vont remplacer aujourd'hui les Ecoles centrales, Louvain veut une fois encore contester à Bruxelles l'établissement d'un Lycée.* Et il allègue aussitôt que les droits des villes qui possèdent une Ecole centrale ne sauraient être remis en question et que Louvain ne saurait se prévaloir ni d'un droit nouveau ni d'aucun titre qui pourrait s'ajouter à ceux qu'elle avait cherché à avancer alors ... Il rappelle qu'en toutes circonstances Louvain a cherché à faire admettre que depuis plusieurs siècles elle possède toutes les parties de l'Enseignement ... Cette supériorité indéniable gêne beaucoup les Bruxellois, car leur porte-parole est alors obligé d'invoquer la force des choses pour justifier la préférence en faveur de sa thèse. Ses propos qui posent les questions et alignent les réponses témoignent assez de cette rivalité féroce qui oppose les deux cités car ils sont d'une incroyable virulence ...

Quels sont les arguments opposés par Louvain? Ils sont évidemment très valables, mais leur seul défaut est de les puiser dans un passé qui ne manque pas de lustre ni de vérité. Ne prétend-elle pas posséder plus de 40 collèges propres à accueillir le Lycée ainsi que toutes les organisations et institutions destinées à accompagner cette création? Ce à quoi Bruxelles répond *que sans être aussi riche en collèges, elle a, dans son enceinte tout ce qui peut contribuer à la formation d'un Lycée*[18].

Ces »Considérations« montrent à quel point Bruxelles entend acquérir dans le domaine de l'Instruction publique et de la culture une prééminence absolue sur toute autre cité des Départements belges et supplanter Louvain qui au cours des siècles avait eu le mérite de tenir ce rang avec le lustre que l'on sait, à travers les vicissitudes qu'elle connut alors. Et pour essayer de minimiser ce rayonnement culturel de la ville rivale, Boschaert n'hésite pas à rapporter dans ce mémoire l'opinion tendancieuse que les collèges de Louvain servaient en grande partie à la Faculté de Théologie, ce qui lui permet de dire *qu'on y enseignait des points directement opposés à la Déclaration du Clergé de France en 1682* ... Sans doute avec l'arrière pensée que le Concordat qui intervenait à peu près à la date où il rédigeait ses »Considérations« reflétait des préoccupations analogues concernant l'Eglise de France. Et comme Louvain affirme, non sans force, qu'elle souhaite ou tout au moins envisage pour ses collèges une autre destination, celle d'entrepôts commerciaux ou d'ateliers de manufactures, elle rappelle en même temps *que la translation faite par Joseph II de quelques parties de son Université à la ville de Bruxelles n'eut aucun succès et que cette tentative ne fut point goûtée par les Belges*. Louvain entendait par ce rappel faire allusion *au transfert par l'Empereur, des études de Droit, de Médecine, de Philosophie et de mathématiques à Bruxelles pour peu de temps* ... A quoi Bruxelles rétorquait que les études dans les disciplines précitées avaient alors connu un accroissement qu'elles n'avaient jamais connu à Louvain ...

Dans les pages qui suivent, le plaidoyer de Boschaert observe toujours cette même forme de débat: accumuler tous les arguments susceptibles d'affirmer toujours plus la position avantageuse d'une ville de 70000 habitants sur une petite cité qui en comptait à peine 20000. Quant aux ressources, celles de Bruxelles sont au moins

18 A. N. F. 17. 1564. Considérations en faveur de la ville de Bruxelles et de la création d'un Lycée Ib.

égales et même supérieures à celles de sa rivale et le Conseiller s'évertue à démontrer que *les Lettres et les Arts ainsi que les Sciences se plaisent dans les villes peuplées et que c'est toujours là qu'ils ont établi leur empire.* Et d'affirmer que si l'émulation anime leurs progrès, il n'y a pas d'émulation dans l'isolement, et qu'en conséquence et tout naturellement *les sciences et les arts sont appelés à Bruxelles et que c'est là que l'Instruction publique doit répandre leurs faveurs sur ceux qui aiment à les cultiver.* Et de mettre en lumière le rôle de Bruxelles qui a toujours été destinée à recevoir les établissements consacrés à cette même propagation des Arts et des Sciences ... et cela à toutes les époques où les Conseils législatifs et le Gouvernement s'en sont occupés ... *pour conclure tout simplement* que la Cité a toujours marché sur la même ligne que les grandes communes de la République, dont elle est en effet, l'honorable et digne émule ...

Boschaert croit même bon d'ajouter, *in fine,* que si les destinées de Louvain sont moins brillantes elles n'en sont peut-être que plus heureuses, grâce à l'industrie et au commerce dont le développement peut réparer toutes les pertes ... *Et dans un élan qui se veut généreux et sincère, le conseiller adjure Louvain de ne pas dédaigner ce destin qui lui permettra d'employer ses ressources à acquérir une prospérité qui laissera loin derrière elle les regrets qu'elle a gardés de son ancienne Université* ...

Et les perspectives ouvertes à Louvain, selon cet intarissable défendeur des intérêts bruxellois, permettent de penser que les intérêts des deux rivales ne sauraient se confondre. Elles disposent de chances qui leur sont propres ... ce qui sous-entend que Louvain devra s'en satisfaire et que les luttes passées seront rapidement oubliées ... Est-ce là une vision qui a l'agrément de Louvain? Rien n'est moins sûr ...[19].

Et à la date du jour complémentaire de l'An X, le citoyen Boschaert ayant terminé la rédaction de son mémoire, l'adressait au Premier Consul, au nom de la Commune de Bruxelles. Sans doute, en demandant la création d'un Lycée dans cette ville voyait-il une puissante incitation *à l'épanouissement des Lettres et des Arts et surtout une sorte de dédommagement pour ses concitoyens éprouvés par des pertes immenses.* Et comme on ne saurait oublier César, le conseiller pense *qu'il leur sera doux de devoir ce bienfait au Héros qui après leur avoir procuré la paix a daigné s'occuper du soin de leur bonheur* ...

Le mythe du Sauveur concernait donc également les gens et leurs conditions de vie, à Bruxelles comme partout ailleurs ...[20].

Cette création d'un Lycée impérial ne semble pas avoir suffi aux ambitions des membres du Conseil communal de Bruxelles puisqu'en Frimaire de l'An XII, donc, deux années après que l'installation du Lycée eût été décidée, ils demandaient à Fourcroy, *chargé de la surveillance et de la Direction de l'Instruction publique,* d'y adjoindre deux écoles secondaires. La réponse au Conseil, devenu municipal, est un refus motivé *par le fait que Bruxelles va avoir un Lycée et qu'il y aurait des inconvénients à élever en même temps d'autres établissements d'Instruction, car il en pourrait résulter une rivalité préjudiciable aux intérêts du Lycée.* De plus, il y a à Bruxelles deux écoles particulières qui seront érigées en écoles secondaires. Suivait

19 A. N. F. 17. 1564. Passim. Considérations en faveur de la ville de Bruxelles et de la création d'un Lycée.
20 A. N. F. 17. 1564. Considérations en faveur de la ville de Bruxelles pour l'établissement d'un Lycée dans son sein.

l'invitation à persuader le Préfet de renvoyer à d'autres temps le projet formé par le Conseil Municipal de la Cité.

En vendémiaire de la même année, une autre demande concernant la création de deux écoles secondaires reçut de Fourcroy le même accueil mais le refus était beaucoup plus sec avec la remarque que *le Lycée pouvait accueillir un certain nombre d'élèves externes*. Le Directeur priait le conseiller Boschaert de faire savoir au Maire que sa demande devait être restreinte à un seul établissement et que le local devait être proposé et agréé avant par les deux parties.

Déjà, à cette époque, on perçoit aisément le dessein qui s'imposera quelques années plus tard lors de la création de l'Université impériale: mettre en tutelle tous les établissements d'enseignement qui ne seraient pas des Lycées ou des collèges d'Etat. Le plan devait se préciser avant 1808, ainsi qu'on le sait.

Les Lycées: Bruxelles

L'organisation des Lycées dans les départements de l'ex-Belgique fut comme partout ailleurs sur le territoire de ce qu'était la République consulaire puis l'Empire français, longue et difficile. Sur ce point, les »Considérations« du conseiller Boschaert et de ses collègues peuvent faire figures de propos inconsidérés quand on dut passer à l'exécution des promesses faites au nom de la Commune de Bruxelles lors du dépôt des candidatures à la création de ces établissements nouveaux qui se substituaient aux Ecoles centrales définitivement condamnées.

C'est un arrêté pris à Saint-Cloud le 24 vendémiaire de l'An XI qui fixe les conditions de la création de cet établissement en même temps qu'il décidait de la fermeture des Ecoles centrales installées sur le territoire de l'ancienne Belgique, à savoir celles de Bruxelles, de Mons, et d'Anvers qui devaient cesser leur activité à partir du 1er nivôse. Mais la création du Lycée de Bruxelles devait avoir lieu *dans le cours de l'An XI* et il était prévu de le loger dans l'abbaye de Candenberg. Le Préfet, dès la réception de l'arrêté de la création du Lycée devait faire mettre les scellés sur les bibliothèques, cabinets et autres dépôts appartenant aux dites Ecoles centrales. On confiait le soin à la Municipalité de Bruxelles de prendre les mesures convenables pour que le *Lycée soit pourvu conformément à l'état ci-joint* de tout ce qui sera nécessaire pour y recevoir 100 élèves et 50 de plus en germinal prochain. Enfin, la commission chargée de l'organisation de cet établissement, devait se rendre à Bruxelles avant la fin du présent mois, avec la tâche de prendre les dispositions préparatoires pour organiser le Lycée. Elle interrogera les professeurs des Ecoles centrales et tous les citoyens qui se présentent, de quelque département qu'ils soient et elle enverra au Ministre de l'Intérieur son rapport et sa proposition de nomination, en nombre double, conformément à l'article 19 de la Loi du II floréal An X.

Il était également prévu que la même Commission inspecterait toutes les écoles des cinq départements qui sont déclarées Ecoles secondaires, en conséquence de l'arrêté du 4 messidor An X. L'article 8 donnait également à la Commission le soin de fixer le nombre des élèves que devait recevoir chaque département, et lui demandait de *faire une présentation double* avant de la transmettre au Ministre avant le 1er frimaire pour que les élèves choisis puissent entrer au Lycée le 1er nivôse. On doit marquer quelque étonnement en lisant l'article 9 qui précise *que le Ministre de l'Intérieur désignera 30 élèves du Prytanée de Paris qui seront transférés et rendus le 1er nivôse au Lycée de Bruxelles.*

Et pour aider à comprendre le style impérieux de cet arrêté, suivait la signature du Premier Consul, suivie de celles de Maret et de Chaptal. On peut observer que l'organisation est vivement conduite et que les délais accordés aux exécutants sont très réduits. Ici, l'existence des Ecoles centrales et des Ecoles secondaires sur un territoire que les Français ont organisé depuis déjà quelques années et considérant que les habitants francophones doivent nécessairement être considérés comme des compatriotes, ne permet que peu de comparaisons avec les départements créés dans les régions d'Italie annexées à la France. De même les mesures prises par l'Autriche ancienne souveraine des pays belges dans le domaine de l'Instruction, tout comme à Genève donnent aux structures universitaires une physionomie particulière. Il a fallu, là comme en Suisse, composer avec des populations souvent peu disposées à accepter des innovations et à les assimiler[21].

Il nous paraît évident que la volonté de doter Bruxelles de structures universitaires très complètes ait animé ceux qui dès 1806 mirent tout en œuvre pour obtenir ce résultat. Une véritable consécration pour une ville qui fait figure et prend rang de capitale régionale. Si le local du Lycée est déjà trouvé, ce ne fut pas toujours le cas ailleurs ainsi qu'on ne l'ignore pas, sans doute dut-on rechercher des administrateurs et des enseignants, et si apparemment les candidatures se manifestèrent de manière satisfaisante, il fallut certainement aux autorités chargées de choisir les plus qualifiés un discernement et une fermeté exemplaires. Mais si l'on examine attentivement les notices qui retracent le curriculum vitae de la plupart des professeurs nommés en 1806 et dans les années suivantes on peut conclure que beaucoup d'entre eux avaient précédemment enseigné sous des appellations diverses et dans des établissements qui en général étaient des collèges ou, plus récemment les Ecoles centrales. Pour des enseignements qui au fur et à mesure vont nécessairement changer de nature, de méthodes et d'esprit, il va falloir utiliser en Belgique comme en bien d'autres régions, des hommes qui, dans les années antérieures avaient été régents de collèges et connaissaient donc exclusivement les disciplines et la pédagogie anciennes. Fort heureusement, certains avaient acquis un savoir et une expérience non négligeables dans les collèges créés par les Autrichiens, tel ce »Collège Thérésien« qui fonctionnait à Bruxelles au moment de l'arrivée des Français. De plus, bien qu'ils fussent en majorité des religieux, tous les professeurs n'étaient pas des gens d'Eglise. On peut citer à ce propos, un certain Lebroussard, né dans l'Oise, élève du Collège de Beauvais puis professeur à ce même établissement avant d'enseigner à l'Ecole centrale après un passage, à partir de 1784, au »Collège Thérésien«; il fut nommé au Lycée pour y assurer l'enseignement des langues anciennes. Mais les nominations se succédèrent jusqu'au début de mars 1810 et tous les professeurs n'étaient pas pris dans les départements belges, certains venaient de Paris tel ce Mauger qui devait enseigner à Bruxelles la première année de grammaire et n'avait pas rejoint le Lycée de Bruges où il avait été nommé auparavant. Les tâtonnements sont nombreux et malheureusement durables: et, dès les revers subis par la Grande Armée, en 1813, la

21 A. N. L'Université de Bruxelles (1564. F. 17). Correspondance avec le Grand-Maître et arrêté du Premier Consul établissant le Lycée impérial de Bruxelles.

confusion apparaît, non seulement dans les lycées mais aussi à l'Université de Bruxelles et dans les collèges. Mais avant cette date, il faut se résigner à noter une altération progressive dans l'établissement: *Etudes faibles et languissantes bien que plusieurs professeurs ne manquent ni de zèle ni de talent*, écrivaient Rendu et Lefèvre-Gineau, au terme d'une inspection. La pédagogie est considérée comme peu favorable aux progrès des élèves car il existe *un partage des deux genres de classes de l'après-midi entre les langues anciennes et les mathématiques*. De là, dans ce rapport, une autre cause de *langueur* que l'on décèle dans les études: l'abus des leçons particulières, des répétitions intéressées de la part des fonctionnaires du Lycée. C'est là si l'on en croit les deux auteurs de ce document, un véritable scandale. Mais il y a mieux: *Plusieurs professeurs et le Censeur lui-même, se sont permis d'ajouter à leurs fonctions publiques des occupations mercenaires. Tous ces abus apparaissent aux deux Inspecteurs comme destructeurs de toute émulation*. Enfin, il faut prêter une attention très marquée *aux murmures des parents contre l'insuffisance de l'enseignement du Lycée. Ils estiment nécessaire de devoir compléter cet enseignement, à la fois insuffisant et obligatoire par des répétitions chèrement vendues. De là également,* selon Rendu et son collègue *de honteux soupçons que les professeurs eux-mêmes pouvaient bien être tentés de spéculer sur la faiblesse de ceux de leurs élèves, qui étaient en état de payer des leçons particulières*[22].

Et nous apprenons également que *ce genre d'abus provient d'une injustice manifeste envers les instituteurs qui achètent leur état par un diplôme, étant tenus d'envoyer leurs élèves aux leçons publiques du Lycée en payant pour eux une rétribution dont profitent les professeurs et ils se voient donc en conséquence enlever la ressource des répétitions, la seule que les décrets leur laissent désormais*. C'est à ce propos que les deux inspecteurs souhaitent *que les diverses classes de fonctionnaires doivent être renfermées dans leurs attributions respectives, afin de ne pas léser leurs intérêts respectifs*. Plus tard, lors de la mise en marche de l'Université impériale, cette mesure devait être étendue à toutes les Ecoles secondaires tenues par des ecclésiastiques dans les agglomérations où fonctionnaient un Lycée ou un collège officiels, puisque les maîtres, anciens enseignants dans les petits séminaires ne purent reprendre leurs leçons dans ces collèges devenus seulement des internats, et durent se limiter à faire figure de répétiteurs.

A Bruxelles, le Lycée dut accueillir les élèves du collège qui fonctionnait et pour obéir à cette règle il fallut non seulement des locaux mais aussi des maîtres et c'est précisément ce que le Proviseur fait connaître au Recteur en novembre 1812. Soixante à soixante dix élèves seront donc dirigés vers le Lycée et les plus avancés sont en classe de grammaire; plusieurs commencent seulement à étudier le français et ne connaissent que l'idiome du pays.

La situation est la même pour quelques élèves d'institutions et de pensionnats que les chefs d'établissements sont obligés de nous envoyer, ajoute le Proviseur. Donc, il y a nécessité de recruter un nouveau maître élémentaire possédant la langue flamande car il n'y a personne dans le Lycée qui soit capable d'enseigner le français par le flamand.

22 A. N. F. 17. 1563. Lycée de Bruxelles. Etudes et Disciplines. Juillet 1813. Il n'est pas sans intérêt de penser à propos de ce Collège Thérésien, aux Ecoles Léopoldines qui fonctionnaient vers 1790 en Toscane.

La place créée sera attribuée à M. Guise ancien Directeur du dit collège, *si S.E. daigne le nommer et je Vous prie de le désigner à S.E.* écrit le Proviseur qui ajoute *Le Lycée ferait en lui une excellente acquisition et les élèves seraient en bonnes mains.*

Mais *ce nouvel ordre de choses* comme le nomme le Proviseur, ne devait commencer qu'au 1er janvier 1813 et il reste peu de temps pour préparer un local pour la nouvelle classe. Il est également parlé des rétributions *universitaires et nous savons à ce propos que celle que versait M. Guise était de 5 francs par élève alors qu'au Lycée elle est de neuf francs.* Tout est minutieusement relevé: car les élèves ont payé les mensualités du trimestre en octobre et les professeurs du collège les ont sans doute dépensées, on ne peut donc leur demander d'en restituer une partie. Et de conclure qu'il ne subsistera aucun embarras si ces messieurs peuvent continuer leurs leçons jusqu'à la fin de décembre.

Il serait peu excusable de ne pas mentionner le rôle important pris par le Bureau du Lycée dans l'administration de l'établissement. Outre le rôle purement administratif qui lui était propre, le Bureau du Lycée grâce sans doute à la présence de personnalités comme le Préfet Mouchard de Chaban, du Maire de la ville de Mérode et aussi celle du Procureur général *en la Cour d'Appel*, Lattens jouit d'une autorité tout à fait exceptionnelle dès son installation.

Ses interventions se situent au plus haut niveau si nous en jugeons par la lettre qu'adressèrent au Directeur Général Fourcroy en janvier 1806, les membres cités plus haut, tous membres du Bureau du Lycée de Bruxelles. Il s'agissait bien d'informer ce haut personnage et de solliciter son attention au sujet de certaines nominations par lui prises quelque temps auparavant et de lui demander de les réviser, c'est-à-dire de les annuler ...[23].

Il s'agissait d'attirer l'attention de Fourcroy sur le cas du professeur Lallemand, très considéré par ses capacités et son savoir, chargé de l'enseignement des mathématiques transcendantes au Lycée avant de devenir vers 1811 Doyen de la Faculté des sciences et correspondant de l'Institut. Le professeur avait fait l'objet d'une mutation au Lycée de Reims ce qui souleva les protestations du Bureau d'administration du Lycée où figuraient, on le sait, outre le Préfet Mouchard de Chaban, le maire de Mérode, le Premier Président Lattend, un autre haut magistrat, Beyts, Procureur général auprès de la Cour d'Appel. Cette présence de hauts magistrats dans le bureau d'administration d'un Lycée ne présente rien d'insolite, mais sert à comprendre l'importance de celui de Bruxelles et à expliquer le caractère de ses interventions quand il était amené à élever des protestations ou à présenter des requêtes. Nous sommes assez mal informés sur les motifs qui avaient amené Fourcroy à procéder à cette mutation du professeur Lallemand, mais il y a lieu de croire que des pressions sans doute d'ordre politique n'étaient pas étrangères à ce déplacement. Ce qui explique la chaleur avec laquelle les signataires de la réponse faite au nom des Bruxellois par les personnages mentionnés plus haut, s'expriment en usant même d'une violence verbale assez inaccoutumée. *Si des subalternes avaient eu l'intention de détruire dans la ci-devant Belgique le seul enseignement des mathématiques qui y existe à présent, d'après la loi, ils n'eussent pas agi autrement que de vous demander*

23 A. N. F. 17. 1563. Lettre écrite par les membres du Bureau d'administration du Lycée de Bruxelles au Directeur Général de l'Instruction publique Fourcroy.

Monsieur cette lettre. Ils n'eussent pas pu combiner toutes ces circonstances d'une manière plus décourageante tant pour le zèle des professeurs de mathématique que pour le nôtre.

Ils demandent fermement au Directeur général de leur accorder son appui *car il faut que cette année encore et dans cette partie de l'enseignement du Lycée, comme dans les autres, la loi soit exécutée et nous y tenons la main car, et avant tout, le professeur Lallemand est nécessaire à Bruxelles surtout dans les circonstances où un autre professeur est définitivement absent.*

Les rédacteurs de cette réponse passent ensuite en revue les arguments avancés par Fourcroy pour donner un semblant de justification à la mutation du professeur *qui a effectivement eu des querelles avec M. le Proviseur.* Mais ils affirment aussitôt *qu'ils sont là et qu'à leurs yeux, il est trop utile au Lycée de Bruxelles puisque jamais l'enseignement des hautes mathématiques n'aura si bien existé ici quand tous les élèves pourront suivre ... Les mathématiques nous sont trop utiles et leur enseignement est dans les vœux de toutes les classes de la société en ce Pays ...*[24].

Après quoi les signataires de cette lettre faisaient observer à Fourcroy que *le professeur Lallemand n'avait jamais fait acte d'accepter sa chaire de Reims. Mais il y a mieux! Ils reprochent au Directeur Général d'avoir en quelque sorte opté en leurs lieux et place et pris une décision qu'il était seul capable de prendre, puisqu'ils considèrent déjà que la chaire occupée au Lycée de Bruxelles est classée comme vacante.* Et la conclusion est très simple et souhaite apparemment de sauver la face ... La religion de Fourcroy aura été surprise à cet égard alors qu'il eût suffi pour la rectifier que les signataires eussent pu le prévenir auparavant ...[25].

L'affaire évoquée ici concernant le professeur Lallemand montre à quel point la ville de Bruxelles avait à cœur de recruter et de maintenir les professeurs capables de conférer à ses établissements d'instruction la qualité de l'enseignement et aussi les conditions indispensables pour attirer les élèves des familles de la capitale régionale. Comme partout ailleurs dans l'Empire français, une place importante est faite aux prêtres et anciens religieux dans les nouveaux Lycées. Les décrets impériaux qui les affectaient dans les nouveaux établissements nous offrent presque toujours avec le curriculum vitae des intéressés, un tableau assez complet de leurs études. Germain Bert, un prêtre a appartenu à l'ordre de Saint Benoit; il a fait ses études à Braine-le-Château et dans un autre collège *pour y apprendre la langue flamande.* Après la dissolution de l'Ordre, il *entra dans le saint ministère* et exerça donc à Bruxelles et c'est en qualité d'aumônier qu'il sera nommé au Lycée de Bruxelles en juillet 1811. Quant à Lebroussard il a enseigné la rhétorique au collège royal de Gand et, en 1784, au Collège Thérésien à Bruxelles, il passa ensuite à l'Ecole centrale de la même ville

24 Pays de négoce et de trafic maritime, centres de culture et de technique, carrefours commerciaux, les villes flamandes envisagent les problèmes des enseignements scientifiques, tout comme Gênes par exemple et se préoccupent de la »Nautique« et des transactions et opérations bancaires.

25 A. N. F. 17. Correspondance du Bureau d'administration du Lycée de Bruxelles avec le Directeur Général de l'Instruction publique. Janvier 1806. Voir: Université impériale, fiche concernant Nicolas Lallement: né en 1739, a enseigné au Collège de Charleville, ensuite à l'Université de Reims. A enseigné les mathématiques à Reims pendant 34 ans, avant la Révolution, puis la physique, la chimie et ensuite les mathématiques à l'Ecole centrale de la Marne et les mathématiques transcendantes au Lycée de Bruxelles. Pourvu du grade de docteur-ès-sciences.

pour être appelé en 1810 au Lycée de Bruxelles comme professeur de rhétorique. Toujours dans les années 1810 et 1811.

Parfois l'intervention des députés au Corps législatif, notamment celles de Langlois, Septenville et Mafschaert, ou encore celle d'un préfet devenu sénateur comme Pontécoulant, sont déterminantes pour diriger vers le Lycée ou les Facultés, récemment créées, des maîtres dont la compétence ne fait aucun doute: Ce fut le cas de Rouillé qui avant d'entrer à l'Université, avait préalablement acquis une certaine notoriété comme homme de lettres. Il n'obtint, dans un premier temps qu'une chaire de latin en 4e et en 3e, mais ses protecteurs souhaitent que Fontanes lui donne un poste qui corresponde à ses mérites, et leur lettre à leur »Président« du Corps législatif, témoigne de leur entière estime à l'égard de Rouillé[26].

Les administrateurs

A la direction du Lycée, le Proviseur Hahn ne manquait ni des qualités ni des talents indispensables à un chef d'établissement aussi important, nouvellement créé et dont les structures restaient à roder. Il lui fallait faire preuve d'autorité et d'initiative en une période qui apportait des innovations certes, mais avec pas mal d'incertitudes sur leurs chances de réussite. Que devait-on attendre de la part de ces anciens régents rompus à des méthodes jusqu'alors immuables? Devait-on espérer qu'ils comprendraient le sens et la portée des nouveaux principes qui animeraient désormais l'enseignement et plus spécialement les Lycées devenus les creusets d'une éducation nouvelle et des récentes découvertes dans les domaines des sciences appliquées? Si nous parcourons les diverses pièces éminant des Inspecteurs généraux de l'Université qui sur ce point si important, nous fournissent les informations susceptibles de nous renseigner il faut bien dire, que dans les pays de l'ex-Belgique comme dans les autres parties de l'Empire, notre attente risque d'être déçue. L'exemple du professeur Lallemand peut nous apparaître un peu exceptionnel car il semble bien que ses capacités et ses connaissances l'étaient aussi, mais il était né en 1739.

Les leçons de mathématiques élémentaires sont données quatre fois par semaine et les élèves des 1ère et 2ème années d'Humanités soit pensionnaires soit externes sont tenus de suivre exactement ces cours qui durent chacun deux heures et demie. S'y ajoutaient, pour ces mêmes classes et pour les disciplines littéraires huit leçons hebdomadaires, du lundi au samedi, sauf le jeudi. Un article concernait les cours donnés en classe de rhétorique: en tout 7 par semaine, avec un cours de trigonométrie qui durait deux heures le mercredi soir. Cet horaire de deux heures était appliqué très souvent l'après-midi ainsi que dans les matinées. Parfois en effet l'après-midi, on disait le soir, les »leçons« duraient deux heures et demie *parce qu'il était indispensable de rendre les mouvements plus réguliers et la surveillance plus facile*. Il en était ainsi tous les après-midis du lundi, du mardi, du vendredi et du samedi, jours où avaient lieu les cours de mathématiques élémentaires. Ces horaires apparaissent donc moins chargés que ceux d'aujourd'hui, mais les progrès constants des disciplines scientifiques au cours des années qui suivirent devaient nécessiter un plus grand nombre de cours.

26 A. N. F. IV. 1564. Lettre du Grand-Maître au Recteur de Bruxelles, avec l'état des études, sur le rapport des Inspecteurs généraux composant la Commission de 1813.

La discipline paraît bien avoir été plutôt rigoureuse à Bruxelles comme dans tous les autres Lycées de cette époque et pendant tout le siècle: Tout ce que nous savons par les rapports qui sont arrivés jusqu'à nous ne laissent aucun doute sur ce point, la discipline militaire ayant en somme pénétré dans les établissements créés sous le consulat et sous l'Empire, ainsi qu'on le sait, puisque jusque dans les années 1930 au moins, l'usage du tambour, manié par le concierge continuait à sévir pour diffuser les avis de l'Administration aux élèves, dans les cours. Aucune absence des élèves ne pouvait être tolérée et ils devaient chaque fois donner au Censeur une cause légitime pour la justifier. Les punitions telles que les arrêts et un travail supplémentaire sanctionnaient le premier manquement mais le second se voyait réprimé avec une peine plus forte et *à la troisième les statuts et les décrets appliquaient l'exclusion pure et simple.*

Le Proviseur Hahn devait demeurer à son poste jusqu'en 1814, semble-t-il, mais nous sommes peu informés sur son activité et les quelques renseignements parvenus jusqu'à nous confirment l'impression de sérieux et de compétence qu'il donne dès le début de sa présence au Lycée. En juin 1812, le Recteur Van Hulthem, dans une lettre à Fontanes, ne marchandait pas ses éloges au Proviseur, *il remplit tous ses devoirs de la meilleure manière et comme il a puissamment contribué au rétablissement du Lycée, j'espère que Votre Excellence voudra bien lui accorder l'autorisation dont il a besoin pour se rendre à Paris pendant les vacances,* concluait-il. Pour le censeur Empis, le Recteur sollicitait une faveur analogue en signalant au Grand-Maître que *le Proviseur assurerait le service de M. Empis pendant son absence.*

Auparavant, en septembre 1810, le Proviseur Hahn avait sollicité le titre d'officier d'académie et le Recteur proposait de signer le projet d'arrêté pour le cas où cette promotion lui serait accordée. A ce propos nous apprenons que le candidat a 30 ans de services dans l'Instruction publique, y compris les dix-sept années d'interruption *par suite des circonstances de la révolution*. Et il est également fait mention des éloges que lui valurent les visites des Inspecteurs généraux, au cours des années passées.

La gestion du Lycée

Elle est évoquée dès le début de son installation et reflète bien les tâtonnements qui en marquèrent l'organisation. Le Procureur-gèrant M. de Quabert qui gérait le Lycée en janvier 1806 n'avait même pas versé la caution habituelle et il avait avec lui, *pour ses écritures* un *écrivain*, salarié. On compte *des domestiques assujettis aux règles de la maison pour les entrées et sorties*, donc avec un billet du Proviseur ou du Censeur. Le veilleur sera supprimé et remplacé par un domestique, à tour de rôle. Le fourrier, ancêtre du »factotum« sera nommé dans chaque division et veillera aux réparations, mais les frais seront mis sur le compte des élèves. La gestion apparaît assez compliquée au cours des premières années de fonctionnement. En 1813, le déficit de cette gestion est tel qu'il fallut recourir à des mesures de rigueur et réformer certaines attributions des responsables. Le Proviseur se plaignait alors de ne pouvoir acheter au comptant en s'adressant aux bonnes et principales sources et en abondonnant quelques fournisseurs. La section de comptabilité ne découvrit aucune trace de malversations mais seulement beaucoup de négligences[27].

On note également un manque de surveillance tant en ce qui concerne les denrés et les marchandises qui font l'objet de gaspillages que pour les mémoires des ouvriers qui ont travaillé pour la maison, et en particulier celui des maçons, de trois menusisiers, du serrurier, du chaudronnier, de l'étaignier et du domestique. *Et comme on a modifié l'ordre de la comptabilité depuis le 1er janvier dernier il est proposé au Conseil d'admettre encore cette fois-ci les comptes du Lycée de Bruxelles moyennant les explications fournies par le Proviseur.* On demande en même temps au Grand-Maître de mettre à la disposition du Lycée, une fois au courant, des fonds qui seraient avancés, ainsi que l'on a procédé pour le Lycée de Gand. Et il est souligné que ce Lycée, une fois que cette mesure lui fut appliquée a, peu de temps après, connu des résultats satisfaisants. Mais cette remise en ordre a été due, pour une grande part *à l'excellente administration du Proviseur du Lycée de Gand. Il y a donc lieu d'espérer des résultats analogues pour le Lycée de Bruxelles si le Proviseur veut y coopérer sérieusement.*

Les salles de classes du Lycée sont décrites comme *trop petites pour pouvoir y donner des leçons publiques* dit le Recteur dans une lettre du 10 mai 1810 adressée à Fontanes et cela à propos d'une suggestion qui lui avait été faite par le préfet La Tour du Pin qui n'avait pu exécuter les réparations en temps voulu, par manque de crédits, afin d'accueillir dans d'autres locaux les cours publics qui étaient prévus. La crainte de voir ces cours publics sans auditoires suffisants et en conséquence *une semblable défaveur intervenoit sur le commencement de l'académie* alarmait au plus haut point le Recteur aux prises avec de multiples difficultés dont la moindre n'était pas le retard considérable pris par l'installation de cette Université qui devait être un franc succès pour une date prévue et irréversible.

Toute cette réorganisation de l'Enseignement sous l'égide de l'Université impériale constituait, on s'en rend bien compte, un souci constant pour les hommes chargés de l'instituer: on remarquera aussi que les bâtiments choisis pour loger les Lycées étaient tous des locaux offerts par les anciens collèges ou les anciens édifices religieux. Aucune construction en quelque lieu que ce soit mais des aménagements plus ou moins réussis après des incertitudes sur l'endroit le plus adapté ou le plus facile à transformer en bâtiments scolaires. Quand on songe aux multiples fluctuations du choix des administrateurs qui oscillait entre des monastères ou des abbayes, selon le bon vouloir des autorités militaires qui avaient la priorité pour s'attribuer tous les édifices qui à leurs yeux étaient indispensables comme casernes, on peut avoir une idée tout à fait suffisante des difficultés rencontrées par les autorités de la nouvelle Université impériale pour faire valoir leurs droits à une installation convenable. Et ces difficultés existaient aussi dans les villes de modeste importance quand il s'agissait de prendre possession de bâtiments qui avaient appartenu aux ordres religieux enseignants au temps de l'Ancien Régime. Nous verrons plus loin ce qu'il en fut dans des villes telles que Louvain[28].

27 A. N. F. 17. 1563. Séance du conseil scientifique du 25 mars 1813.
28 A. N. F. 17. 1563. Le Recteur au Grand-Maître. Lettre du 8 mai 1810.

Les activités dans les Lycées et les programmes

Les programmes doivent être approuvés par le Conseil académique ainsi que le fixe une décision du 17 novembre 1812. Mais on s'aperçoit que la mise en place de toutes les structures scolaires se fait très lentement, signe évident que les difficultés rencontrées ne permettent pas une accélération qui eût été cependant bien indispensable. Le secrétaire Louis Péron, ex-contrôleur archiviste du Prytanée de Louvain est nommé à cette date alors que le Recteur Van Hulthem a cédé son poste à Raene, qui sera le dernier à occuper ces fonctions avant le départ des Français.

Peu auparavant, le 9 juin 1812, le Conseil académique a été installé et lors de la séance inaugurale, le Recteur constatait que *l'Instruction publique s'est réorganisée insensiblement*. En fait, le plus souvent, on n'a guère le choix pour nommer le personnel enseignant et les difficultés paraissent avoir fréquemment empêché l'organisation des cours dans les classes de 5ᵉ et de 6ᵉ du Lycée: les maîtres, surtout dans les matières concernant le calcul et en général les mathématiques ne réussissent pas à appliquer les règlements édictés par la Commission générale de l'Enseignement à Paris dans les années 1806 et 1808, et le niveau insuffisant des élèves semble être la cause de ces confusions.

La connaissance de la langue flamande

Quant à la connaissance du flamand une lettre du Proviseur Hahn nous permet de connaître quelques éléments de cette question qui, de temps à autre sollicite l'attention des chefs d'établissements mais aussi celle du Recteur et du Grand-Maître. A propos de l'entrée au Lycée *de 70 élèves jusqu'alors inscrits à l'établissement connu sous le titre de Collège de Bruxelles, le Proviseur signale avec un certain embarras que les plus avancés ne pourront entrer qu'en Grammaire, que plusieurs autres ne font que commencer l'étude de la langue française et ne connaissent que l'idiome du Pays. Il en est malheureusement de même de quelques autres institutions et de pensionnats que les chefs sont obligés de m'envoyer dès qu'ils ont neuf ans accomplis ... Ce qui me contraint à demander un nouveau maître élémentaire possédant la langue flamande.* Et comme personne, dans le Lycée n'est capable *d'enseigner le français par le flamand*, le Proviseur présente un certain Guise qui est tout simplement le Directeur du Collège de Bruxelles qui nous occupe, et après un entretien préalable avec lui, le Proviseur lui a demandé son acceptation qu'il a aisément obtenue, aussi est-il très heureux de communiquer cette décision au Recteur afin que le Grand-Maître procède à sa nomination. Le Lycée ferait en l'accueillant une excellente acquisition et les élèves seraient en bonnes mains.

On constate que l'enseignement du français, obligatoire dans les nouveaux établissements connaît quelques difficultés quand il s'agit de trouver des maîtres capables d'initier les élèves qui, jusqu'alors, pratiquaient exclusivement le flamand. Cette façon autoritaire d'assimiler les enfants des familles flamandes ne paraît donc pas avoir été pratiquée dans le passé par la Monarchie autrichienne, les Français ne suivaient pas la même voie tolérante ce qui ne saurait surprendre quand on connaît quels principes inspiraient la nouvelle organisation universitaire et scolaire. Par la suite, aurait-on pu s'attendre à des réticences ou à un refus très net de la population concernée? Rien ne semble l'indiquer mais, en 1812, il serait prématuré d'émettre une appréciation sur ce sujet, car c'est en fait la période de début de la mise en place des nouvelles institutions universitaires et les gens qui sont choqués ou hostiles à ces mesures ne se manifestent pas encore. Ils n'auront pas à le faire puisque le déclin de l'Empire français commence avec ces années là[29].

Exercices publics et Distribution des prix

En 1811 également, le Recteur fait part à Fontanes de ses expériences sur l'opportunité de faire revivre dans les trois lycées »de l'arrondissement académique« l'ancien usage des *Exercices littéraires et des distributions des prix*, sans oublier les collèges ...

Le Recteur leur trouve une grande utilité *parce qu'ils excitent l'émulation des élèves, leur font faire une répétition générale de ce qu'ils ont appris pendant le cours de l'année et les accoutument à se présenter et à parler en public ... ce même public est à même de juger la qualité de ce que ces élèves ont appris et des progrès qu'ils ont faits.*

Ces exercices se sont faits à Bruxelles pendant quatre jours du 6 au 10 août, le matin à partir de 10 heures jusqu'à 1 heure et l'après-midi entre 3 et 7 heures ... Le Recteur présent à ces »Exercices« fait savoir qu'il a interrogé certains élèves et les a trouvés *en général assez fermes sur les principes: Ils expliquent les auteurs avec clarté et ont paru les bien entendre*. Quelques unes des remarques du Recteur méritent d'être rapportées: il prétend avoir trouvé *qu'ils prononçaient beaucoup mieux le latin en observant les longues et les brèves et aussi qu'ils avaient abandonné en grande partie le ton dur et soldatesque qu'il avait remarqué dans les années précédentes.* Mais il ne cache pas *qu'il reste encore bien des choses à faire pour y porter les études à un degré de perfection auquel il souhaite de les voir parvenir.* Et il dit *que ce sera là l'objet des conférences qu'il aura avec les professeurs après les vacances pour y faire opérer les changements nécessaires.* Mais rien qui n'ait déjà été pratiqué lors de ces séances d'Exercices des années d'avant la Révolution, on explique comme autrefois les *endroits les plus difficiles de Cicéron, de Virgile, d'Horace et de Juvénal.*

Le Recteur Van Hulthem revient sur une mesure qui à l'époque fut diversement appréciée, celle qui portait obligation pour les institutions et pensionnats particuliers de faire suivre les cours des Lycées et des établissements publics par leurs propres élèves. Cette mesure qui touchait les petits séminaires donc une majorité d'évêques qui considéraient que leur autorité sur les futurs prêtres étaient, de ce fait, gravement atteinte, ils ne manquèrent pas, en maints endroits d'exprimer leur désaccord, parfois d'une manière feutrée ou, plus rarement avec une certaine véhémence. Mais le Recteur, comme il le devait, s'en tient à relever les avantages de cette contrainte en marquant qu'il y a là une source d'émulation, *une lutte honorable* écrit-il, *entre ceux qui y étaient déjà et les nouveaux arrivés ces derniers ayant obtenu des prix et des accessits à la fin de l'année.*

Il ne manque pas de célébrer l'activité du Proviseur Hahn et du censeur Landreville qui depuis deux ans ont apporté à la maison même des améliorations remarquables: La discipline s'est affermie, les devoirs de la Religion y ont été plus exactement observés et un grand nombre d'élèves externes ont fréquenté le Lycée. Ce qu'il

29 A. N. F. 17. 1563. Correspondance du Lycée de Bruxelles avec le Grand-Maître.

signale aussi, *concernant la confiance publique presque nulle auparavant et maintenant entièrement rétablie*, mériterait une confirmation moins engagée ... même si l'éloge des professeurs qui vivent ensemble avec le Proviseur dans la meilleure concorde se veut rassurant[30].

Le Recteur insiste beaucoup sur *l'excellence de l'enseignement des mathématiques* et souligne au passage que les élèves de la classe de rhétorique ont suivi en même temps le cours de mathématiques spéciales, ce que le règlement ne permet pas. Ces élèves auraient donc dû attendre l'année suivante pour y participer, ce qui, à ses yeux est un abus regrettable, car en donnant trop de temps aux Sciences il est impossible qu'ils n'aient pas négligé l'étude des Lettres.

Mais il ne cache pas que les réponses des élèves au Commissaire chargé d'inspecter leur classe furent excellentes et n'omet pas de signaler que deux élèves de la classe de mathématiques spéciales se sont présentés cette année au concours de l'Ecole Polytechnique et ne paraissent pas manquer des connaissances nécessaires pour y entrer.

On peut penser que le Lycée de Bruxelles constituait aux yeux des autorités une sorte d'établissement pilote pour tous ceux de l'Académie de la Dyle comme pour les autres départements belges. La Distribution des prix continue donc à rester une manifestation destinée, comme bien des années auparavant à étaler les témoignages d'intérêt que portent les notables à un établissement d'instruction créé ou repris par le Gouvernement dans un secteur que les années antérieures, entre 1789 et 1800, ont montré dans un état complet de délabrement et de désorganisation. Partout, non seulement à Bruxelles mais à Liège, à Gand, à Bruges, ainsi que dans les collèges de moindre importance, ces cérémonies eurent lieu, avec moins de solennité qu'à Bruxelles peut-être mais avec une assistance de plus en plus importante d'une année à l'autre. Cette constatation concerne une ville comme Liège car le Recteur ne manque pas dans son rapport au Grand-Maître de relever avec empressement que la salle, l'année précédente, en 1810 sans doute, était presque vide *alors qu'en 1812 elle était trop petite puisque la présence des personnalités militaires, civiles, ecclésiastiques comme aussi celle des notables la remplissait entièrement*. Quel sens peut-on donner à ce revirement? Sans doute la confiance bien mince en 1810 s'est-elle manifestée l'année suivante, suscitée par les réalisations de la nouvelle Université impériale à une époque ou le Grand Empire imposait, avec une persévérance certaine et ses principes et ses buts, bien éloignés d'un quelconque libéralisme.

Les Distributions de prix et les concours annuels

Et sur ces mêmes distributions de prix nous pouvons lire, non sans quelque surprise, dans un prospectus daté du 24 février 1812, rédigé par le même Recteur Van Hulthem, qu'elles auront lieu, chaque année, et qu'à cette occasion, il sera prononcé un discours en latin dont la matière sera déterminée. Et, en cette année 1812, ce discours traitera »de l'utilité de la connaissance de la langue latine«. Ce qui, il faut le reconnaître n'introduit pas une grande nouveauté quand on se souvient de la ferveur soutenue avec laquelle tout au long du XVIIIe siècle on pratiquait des exercices du

30 A. N. F. 17. 1564. Correspondance du Recteur avec le Grand-Maître de l'Université.

même genre, tous empruntés à la littérature latine et aux modèles qu'elle proposait. On ne se bornait pas au discours latin car il était également prévu de récompenser le meilleur auteur du meilleur poème en vers latins hexamètres et c'était aussi l'occasion de décerner à l'Université impériale un éloge appuyé puisqu'il s'agissait de disserter ou mieux de chanter les mérites *de l'érection de la dite Université qui restaurait les études.*

Et pour assurer un bon équilibre à ce genre de joutes littéraires on proposait en plus des deux premiers exercices celui du »Dialogue«, afin de présenter un choix susceptible d'attirer les lettres qui ne manquaient pas, on le sait, à l'époque d'un néo-classicisme qui n'en finissait pas[31].

Ces concours étaient ouverts non seulement aux professeurs des Lycées et collèges mais *aussi aux amateurs de la littérature latine nés dans les sept départements de l'arrondissement académique de Bruxelles ou qui y font leur séjour ...* Et le discours, le poème et le dialogue qui seront jugés dignes des prix seront imprimés aux frais de l'Académie et transmis à S. E. le Grand-Maître de l'Université ainsi qu'aux préfets, aux maires des villes où se trouve un Lycée ou un collège ainsi qu'aux Proviseurs des Lycées et aux Principaux des Collèges.

En reprenant des habitudes pratiquées au siècle précédent n'était-ce pas renouer imprudemment avec des principes et un esprit que d'aucuns ramènent facilement à ceux qui animaient certains éducateurs et en premier lieu les Pères de la Compagnie de Jésus, chassés d'un peu partout par les amis des Lumières? Est-ce que la nouvelle Université n'avait pas pour mission principale de promouvoir avec l'esprit nouveau tout ce que ce dernier pouvait apporter en donnant à la »Science nouvelle« ce qu'elle promettait avec ses découvertes scientifiques et ses acquisitions philosophiques et politiques? C'était bien là le but recherché par les nouveaux législateurs qui gouvernaient le Pays depuis le lendemain du 18 brumaire et en premier lieu de celui qui comptait bien faire apprécier aux citoyens les acquisitions et les conquêtes procurées par les hommes de la Révolution. L'intention profonde et à ses yeux nécessaire n'était-elle pas de faire en sorte que l'Ecole préparât des citoyens pour l'Etat, et en la circonstance pour l'Empereur et son système de Gouvernement? Mais, tout au début de ce siècle qui devait être si fécond en découvertes scientifiques fondamentales, la page n'est pas encore tournée. Ce sont encore les mêmes matières qui intéressaient les clercs, à être enseignées dans les nouveaux Lycées et dans les collèges qui eux, ont gardé la même physionomie qu'avant la Révolution. L'Histoire demande à être rénovée, moins d'histoire ancienne mais des connaissances précises sur l'histoire politique de l'Europe pour les futurs dirigeants des différents pays européens quand ils devront assumer leur rôle si déterminant pour l'avenir de leurs patries respectives. Quant aux sciences on ne le voit que trop, seules les connaissances mathématiques semblent parvenues à un niveau d'études qui tient compte des progrès réalisés au cours des années antérieures. Il faut, là aussi, attendre les développements qui se réaliseront dans les domaines de la chimie et de la physique pour voir inscrits dans les programmes du Lycée de Bruxelles comme dans ceux qui sont créés en ces années cruciales, les principes et les applications des découvertes qui vont se succéder par la

31 A. N. F. 17. 1564. Académie de Bruxelles, Prospectus du 24 février 1812, rédigé par le Recteur Van Hulthem.

suite. La routine qui sévit encore souverainement dans les établissements de l'enseignement secondaire subsistera encore pendant de longues années même si quelques innovations telles que l'étude des langues étrangères les plus courantes font une modeste apparition, beaucoup plus tard, à l'époque où les départements belges du Grand Empire français seront unifiées dans une libre Belgique[32].

La création et l'organisation des Lycées dans les Départements belges Le Lycée de Gand

A Gand, la requête destinée à obtenir un Lycée impérial ne fut pas rédigée par un membre du Conseil communal mais par le Préfet. Il ne faut pas en déduire que l'esprit de persuasion aussi bien que la solidité des arguments avancés par ce haut fonctionnaire avaient moins de valeur que ceux qui inspirèrent le Conseiller Boschaert et les Bruxellois, car ce Préfet de l'Escaut se nommait Faipoult, ce qui, à notre avis, constituait une chance supplémentaire pour une demande de ce genre.

C'était bien en effet une »demande« que ce survivant de la période révolutionnaire, un des personnages les plus connus de Bonaparte, envoyait au citoyen Roederer, chargé de diriger l'»Instruction publique« par le Gouvernement consulaire qui venait d'accéder au pouvoir le 18 brumaire. Le nouveau Préfet, expérimenté, cultivé, rompu à toutes les pratiques de la politique et à toutes les formes de l'Administration, possédait les qualités les plus éminentes d'un homme qui dans un récent passé avait connu les changements les plus radicaux et les risques les plus redoutables. La charge qui lui avait été confiée à Gand ne dut pas décevoir par ses résultats ceux qui la lui avaient confiée et, en premier lieu le Premier Consul qui avait eu, en Ligurie, lors des événements de mai 1797, tout le loisir de mettre à l'épreuve ses talents de diplomate et de propagandiste expérimenté.

Son mémoire pour obtenir un Lycée à Gand est un plaidoyer remarquable et un modèle du genre mais aussi un compte rendu d'enquête fort complet sur les caractères humains et économiques de la cité et de sa région, ce qui constitue une précieuse source d'information[33].

Il approuve sans réserves l'intention du Gouvernement de donner à l'»Instruction publique« une nouvelle organisation plus conforme aux changements d'une société qui commence à ressentir les nécessaires conséquences des progrès qui se manifestent

32 Se référer à ce qu'écrivait La Chalotais dans son Essai d'Education nationale, 1763.

33 Guillaume Faipoult de Maisoncelles était parisien et c'est à Paris qu'il mourra le 20 octobre 1817. Capitaine du génie, il est ingénieur et architecte à Paris en 1789. Au début de la Revolution il entre au club des Jacobins en 1791 et, en mars de cette même année il est nommé secrétaire général du Ministère de l'Intérieur, mais il disparaît lors du procès des Girondins pour reparaître au 9 thermidor. Un »essai sur les finances« lui vaut d'être nommé ministre des Finances en octobre 1795, mais il doit quitter ce poste en février 1796. C'est alors qu'il est nommé ministre de France auprès de la République de Gênes et il y exerce à merveille ses talents de propagandiste des idées révolutionnaires en attendant de susciter les émeutes qui, en mai 1797, font disparaître la République oligarchique, remplacée aussitôt par la République ligurienne. Il a brillamment secondé les projets du général Bonaparte qui désirait ce changement. Il passa ensuite à Rome pour y organiser la nouvelle République romaine avant d'être chargé de remettre de l'ordre dans les Finances de la République cisalpine, à Milan, en 1798. Puis il revient à Rome pour en faire expulser Championnet, accusé de prévarications. Sa nomination comme préfet de l'Escaut et sa présence à Anvers se situent entre mars 1800 et octobre 1808.

dans les secteurs de l'économie, de l'industrie et des découvertes scientifiques. Comme il suppose que Roederer, une des chevilles ouvrières du Coup d'Etat de Brumaire disposera d'une assez considérable autorité ou tout au moins d'une influence personnelle suffisante dans le choix des dispositions qui seront adoptées, il lui paraît opportun de lui faire connaître l'état de l'»Instruction publique« dans ce département de l'Escaut qu'il doit gérer et surtout de la place qu'elle doit y occuper. Il pense que Roederer doit connaître *le genre et les idées habituelles du peuple* ainsi que *la position de Gand par rapport au partage que l'on fera de toute la France en grandes divisions territoriales pour donner à chacune sous une dénomination quelconque un établissement d'instruction de premier ordre.*

Ses propos sur l'organisation des écoles primaires rejoignent ceux que nous connaissons; ils sont donc assez désabusés mais reflètent parfaitement l'opinion des gens de l'époque. »Elles se sont multipliées«, assure-t-il, »mais sans produire les effets qu'on en attendait. Le Préfet nous donne les raisons de cet échec, sans pour autant s'en lamenter.« On a voulu, en Belgique comme ailleurs et sans doute plus qu'ailleurs, donner aux communes rurales des instituteurs peu connus des familles donc peu estimés parce que ne jouissant pas de leur confiance. Comme en beaucoup d'autres régions du Territoire national, les enfants furent donc confiés aux anciens maîtres d'école qui se trouvaient un peu partout et continuaient à être rétribués par les parents. Ils ont donc appris à lire et à écrire secrètement. Enfin, le Préfet signale aussi que beaucoup de ces maîtres ont enseigné le français par routine et que les deux cinquièmes de la population lisent, écrivent et comptent passablement. Il nous informe toujours à propos de ces instituteurs clandestins qu'ils ne témoignent aucun attachement aux lois françaises parce que la plupart obéissent aux conseils de quelque prêtre insoumis. Mais il espère bien, et il fait évidemment allusion à la signature du Concordat, que ces principes de dissidence à la fois politiques et religieux disparaîtront bientôt et que ces individus seront alors utiles sans être suspects.

Suivaient d'autres considérations qui démontrent comment les enfants des ruraux et des ouvriers pouvaient se contenter des programmes de connaissances enseignées dans les écoles primaires. Ces éléments, selon Faipoult, suffisaient amplement à cette *jeunesse des champs et des villes;* il ajoutait *que le peuple belge a peut-être plus que les habitants des autres régions de France l'occasion d'employer ces connaissances dans les champs et dans les fabriques …*

Si *ces élémens de connaissances* conviennent à l'enseignement élémentaire des enfants des classes pauvres, il n'en saurait être de même pour ceux des classes aisées. Sur ce point également, les opinions ne varient guère en France, on le sait puisque l'indifférence du Gouvernement entre 1802 et 1815 confirme pleinement ce que nous savons. De même, la principale préoccupation de l'Empereur se porte sur l'enseignement secondaire, puisque c'est dans les Lycées que sera formée l'élite de la Nation: *les littérateurs, les savants, les administrateurs, les juges, les négociants et des manufacturiers éclairés.* Il convient donc d'assurer à cette classe, pour l'éducation de ses enfants *des connaissances positives et la défense du prestige des préjugés*[34].

34 A. N. F. 17. 1565. Demande de l'établissement d'un Lycée à Gand présentée par Faipoult, préfet de l'Escaut.

Il croit bon d'indiquer quelle était la situation de l'Ecole centrale qui groupait 250 élèves et attirait un nombre assez considérable de lecteurs dans sa bibliothèque. Il ne manque pas de faire l'éloge de l'enseignement scientifique dispensé par l'Ecole et vante la richesse du Jardin botanique en soulignant le grand intérêt porté par les agriculteurs du Département à toutes les plantes exotiques qui enrichissent les serres. Il est heureux d'affirmer *que l'agriculture est ici la première du monde* et en citant Arthur Young, il pense sans doute que ce rappel fera plaisir à Roederer qui connaît parfaitement les ouvrages de ce célèbre auteur et qui est donc un bon juge. Il n'hésite pas à en venir aux détails en informant son interlocuteur *que les propriétés sont dans le Département de l'Escaut entourées d'arbres que la Nature a donnés au Canada et à l'Ukraine et,* il relève *que dans le voisinage du fleuve ils se sont multipliés comme les arbres indigènes.*

Après avoir célébré les mérites de la Bibliothèque et ceux du Musée de peinture, le Préfet en vient à préciser ce qu'il entendait bien faire connaître à Roederer, à savoir »l'attachement profond des Gantois pour tout ce qui touchait aux sciences physiques, chimiques et mathématiques parce que la vie économique de leur région est essentiellement axée sur l'agriculture, les manifactures et le commerce«. En conclusion, il écrivait *il fallait bien que cette opinion ait fait de grands progrès puisqu'elle avait pu l'emporter sur l'attachement exclusif que les Belges ont pour les écoles tenues par les prêtres.* Et de rappeler qu'en 1781, l'Empereur Joseph II avait imposé à ces mêmes écoles *un enseignement plus convenable aux lumières de ce siècle et qu'il avait alors fondé ici même un collège appelé Collège royal.*

Faipoult parle alors de cet établissement assez proche pour lui des Ecoles centrales auxquelles il ne marchanda jamais sa sympathie. Ce Collège royal *possédait une organisation assez bien conçue, les professeurs étaient tous laïques et très éclairés* ce qui explique sans doute pourquoi les familles dédaignèrent un enseignement offert par des étrangers à l'ordre ecclésiastique et ce Collège royal bien que protégé et bien doté n'eut jamais plus de 120 à 150 élèves alors que l'Ecole centrale en a plus de 250 et il faut bien attribuer uniquement ce succès à la conviction qu'ont les habitants *que la nature de son enseignement présente des points d'utilité qui leur étaient inconnus jusqu'ici* ... Il est donc tout à fait indiqué, écrivait encore Faipoult *après cette démonstration, d'imaginer que le Gouvernement continuera à donner aux Belges ce qu'ils chérissent, ce qu'ils chérissent à juste titre, donc un moyen accru d'instruction et ce sont ces lois nouvelles qui seront votées sur l'initiative du Premier Consul, des législateurs, du Ministre et de Vous même ... qui nous apporteront avec de nouveaux règlements internes, les utiles établissements qui se substitueront aux Ecoles centrales ...*

Tout ce long préambule, sorte de rétrospective des écoles et établissements d'instruction qui s'étaient succédés depuis 1789, cachait assez mal l'inquiétude du Préfet de ne pas être assuré de voir s'établir un Lycée à Gand et il le dit sans se soucier de dissimuler ses craintes. Il se fait l'écho des rumeurs colportées par des gens convaincus que le Lycée, pour l'ancienne Belgique sera celui que l'on ouvrira à Bruxelles. Gand serait pourvu seulement *d'un établissement secondaire*, donc d'un collège, tout comme Louvain déchue de sa splendeur passée.

Faipoult doit donc se contenter de ces bruits qui, ainsi qu'on les qualifie généralement, apparaissent sans fondement et il essaie de les réfuter avec les moyens dont il dispose, mais cette ignorance des intentions du Gouvernement qu'il représente paraît tout à fait insolite.

Car il affirme avec force *que les Consuls ne peuvent refuser un Lycée à cette ville, digne sous tous les rapports de fixer leur attention et leur bienveillance, mais ce Lycée ne saurait suffire à neuf départements si, comme on l'a assuré le projet est de faire 30 Lycées ou établissements de premier ordre dans la République, on aura un Lycée pour chaque million d'habitants, ou à peu près. Or, les départements de la Belgique sont si peuplés que deux suffisent pour donner toute cette population. Les départements de l'Escaut et de la Dyle en offrent une de 4075000. Les départements de la Dyle, des Deux-Nèthes, de Jemmapes et de la Meuse inférieure réunis en ont une de 1200000. Ces six départements devraient avoir deux Lycées, l'un à Bruxelles et l'autre à Gand*[35].

Et de revenir sur les renseignements fournis dans un précédent paragraphe sur l'état général de ce département de l'Escaut et de son chef-lieu. Faipoult reprend les éloges déjà décernés à l'Ecole centrale de Gand: Emplacement exceptionnellement propice, population urbaine très importante, puisqu'elle atteint 60000 habitants, importance considérable d'un trafic commercial et en conséquence nécessité de former et d'instruire la jeunesse en ce domaine essentiel. Tous ces détails militent pour que le Gouvernement consulaire prenne en considération la demande impérieuse du nouveau Préfet de l'Escaut qui sait excellemment choisir les arguments propres à entraîner une adhésion de ceux, qui à Paris, connaissent le poids des responsabilités et savent apprécier le degré et la sincérité des convictions quand elles sont inspirées par la compétence et l'expérience.

De ces deux dernières qualités, Faipoult n'est certes pas dépourvu! On ne saurait oublier les enseignements qu'il a tirés de son séjour à Gênes et des situations délicates qu'il a gérées. N'est-ce pas dans le grand port ligure qu'il a appris les exigences de la formation techniques et professionnelles pour gérer les affaires et les faire prospérer. Il n'ignore pas quelle attention accordaient les gens des affaires et de la Banque à la formation indispensable de la jeunesse. Il retrouve à Gand, les préoccupations analogues et s'en inspire pour intéresser le citoyen Roederer au succès de sa démarche.

Mais son intéressement pour la réussite de son projet d'installation au chef-lieu du Département qu'il administre, d'un Lycée important, aborde un rappel, celui d'un passé qui ne le laisse pas indifférent puisqu'il renforce ses vues personnelles. Cette observation, ainsi qu'il la désigne s'adresse fort habilement au personnage qui, dans son esprit devrait présenter favorablement aux Consuls, cette »Demande« à laquelle il confie le succès final aux intérêts de la cité. Il estime que »personne n'est plus à même que Roederer, de sentir l'importance de ce rappel de *l'ancienne domination espagnole soumise d'une façon étrange à l'influence ecclésiastique*. Et il s'en prend à l'Université de Louvain: *cette fameuse Université qui n'a pas peu contribué à créer cette influence et à la maintenir, aussi, en matière d'instruction, il est quelques parties sur lesquelles on est bien moins avancé qu'on ne l'était avant la Révolution dans beaucoup de provinces de la France. Si les prêtres sont ici plus puissants qu'ailleurs il faut une force plus grande pour leur faire équilibre, cette force ne peut exister que*

35 A.N. Demande de l'établissement d'un Lycée à Gand … F.17. 1565.

dans l'enseignement et même dans celui du premier ordre. Et la conclusion vient d'elle-même. Loin donc de mettre moins de Lycées dans la Belgique que dans l'ancien territoire français, comparaison faite de l'étendue et de la population il convient d'y en mettre plus. Et in cauda venenum: *Je vous dirai enfin que l'on vient de réunir les deux départements de l'Escaut et de la Lys pour en faire un diocèse, je vous demande la même chose pour un Lycée.* Faipoult résume alors brièvement les points forts de son memorandum car en fait c'est bien de cela qu'il s'agit avec une autre pointe acérée contre l'Eglise belge et *l'attachement aveugle porté aux prêtres* qui exige qu'on fortifie toujours plus l'enseignement au lieu de l'affaiblir. Salut et respect au citoyen Roederer, ainsi qu'il se doit. La ville de Gand aura donc son Lycée, la cause est entendue, elle le sera si bien que Liège et Bruges bénéficiront de ce cri d'alarme poussé par un administrateur choisi et nommé par les Brumairiens mais qui se souvient parfaitement de l'enseignement idéologique de la Révolution[36].

Peu de temps après avoir envoyé à Roederer le mémoire concernant l'éventuelle création d'un Lycée dans le Département de l'Escaut et plus spécialement à Gand le préfet Faipoult précisait dans une lettre adressée au Directeur de l'Instruction publique les motifs qui avaient inspiré sa démarche. Cette lettre écrite le 27 prairial de l'An X, nous informe que la demande émanait du Conseil général du Département et que Faipoult avait été sollicité pour la présenter à Roederer qu'il devait fort bien connaître. *Ce Conseil attache une grande importance à l'établissement d'un Lycée dans ce Département et je vous demande de prendre ma demande en considération* écrivait-il, et il ajoutait: *Je vous ai exposé dans ma lettre du 24 germinal tous les motifs qui justifiaient cette demande et tous sont de la plus exacte vérité... et méritent votre attention particulière.*

Nous pensons que la création du Lycée fut accordée un peu plus tard, le 15 frimaire de l'An 12, exactement, et que l'on se préoccupa alors de nommer les administrateurs et les professeurs. Nous notons ici une nouvelle participation de Faipoult à cette étape décisive de l'installation de l'établissement car il a recommandé à Fourcroy qui a succédé à Roederer, pour le poste de proviseur, un ancien professeur de physique à l'Ecole centrale nommé Beytz. Nous trouvons également, à cette occasion, d'autres noms de candidats, un certain Lageard est proposé comme censeur, il s'agit d'un ancien élève de l'Ecole Polytechnique qui enseignait la physique et la chimie à l'Ecole centrale du Pas-de-Calais! Il est également rappelé que ce même personnage avait été nommé au Lycée de Douai après avoir dirigé une Ecole secondaire et »qu'il s'agissait d'un père de famille de toute confiance«. Il semble donc vrai que les futurs maîtres recherchés pour enseigner dans les Lycées aient été, dès le début choisis avec soin, quand on avait la possibilité de la faire, ce qui n'était pas toujours le cas dans d'autres régions.

Mais si l'on en juge par une pièce de correspondance, une lettre du 29 avril 1806, écrite par le Président de la Cour de Justice criminelle du Département de l'Escaut au Directeur Fourcroy, à laquelle se sont associés quatre membres du Jury d'Instruction du même Département, on peut manifester quelques craintes sur la durée des délais que nécessite cette organisation du Lycée. Le Président de la Cour de Justice

36 A. N. F. 17. 1565. Demande présentée par le Préfet Faipoult afin d'obtenir l'installation d'un Lycée à Gand.

criminelle aborde la question sans aucune précaution oratoire, en déclarant que: Plusieurs habitants de ce Département se sont présentés à lui pour obtenir des renseignements sur l'établissement du Lycée de Gand et il ne dissimule guère son embarras. Bien entendu il a parlé à ses visiteurs *de la sagesse profonde et de la bienfaisance paternelle de Sa Majesté l'Empereur,* mais rien n'a pu rassurer des gens à qui on avait promis un Lycée afin de pouvoir y envoyer leurs enfants. Et ils paraissent bien décidés à révéler ce que tout le monde sait mais que personne ne révèle: *L'instruction publique est absolument paralysée dans ces contrées, pour ne pas dire nulle ... On y trouve de mauvaises écoles élémentaires ...* Or ces gens-là sont persuadés qu'il est nécessaire d'attacher au Gouvernement la jeunesse de ce Département par les principes et l'instruction que de bons professeurs peuvent lui inculquer. Seul un Lycée bien composé peut opérer ce résultat avantageux.

Et le Président rend hommage à Fourcroy, *qui mieux que personne peut apprécier cette vérité, puisque ses lumières et ses talents le placent au premier rang des sages de l'Empire*. Suivent les éloges et l'encens que l'on adresse ordinairement à un homme que l'on estime capable d'apporter une solution à des problèmes de cette importance ... avec un rappel de son savoir, de ses connaissances et de ses talents ...[37].

Il n'observe d'ailleurs aucune règle de modestie pour lui révéler ses talents personnels dans les sciences et dans les domaines littéraire et artistique ... et tous les mérites dont il fait étalage sont dus à son application et à son travail affirme-t-il, en assurant avoir consacré ses jours à se perfectionner en jurisprudence.

L'Organisation du Lycée de Gand en 1810

Ce que nous savons sur ce point essentiel nous est fourni par les rapports écrits par l'Inspecteur d'Académie Van Leempoel au cours de ses tournées dans le Département de l'Escaut et, il est juste de reconnaître à ce document une importance exceptionnelle car les détails qu'il nous offre font revivre la vie et le fonctionnement d'un Lycée dans les premiers temps de sa création, dans les années 1810 et 1813. Un tableau vivant, pittoresque représentatif de toutes les vicissitudes, des tâtonnements et des difficultés qui surgissaient quotidiennement en un domaine tout nouveau, très complexe et inspiré par des principes peu ressemblant avec ceux connus et pratiqués par ceux qui géraient les établissements d'instruction du XVIIIe siècle.

De cette tâche et des sacrifices de toutes sortes qu'elle devait connaître nous trouvons en effet la preuve dans les différents témoignages laissés par tous ceux qui furent consultés par l'Inspecteur Van Leempoel: *C'est Beytz qui a monté le Lycée et qui a dû lutter contre tous les obstacles physiques et moraux qui ont entravé son établissement*, écrivait-il. Il ajoutait aussitôt *que plusieurs personnes en place le lui avaient assuré.* Il se dit convaincu *que ces obstacles étaient nombreux et susceptibles d'opposer une forte résistance*, ce qui rendait encore plus méritoire la tâche de monsieur Beytz qui avait su triompher sur toute la ligne *pour que le système d'éducation voulu par l'Empereur soit exécuté ponctuellement et que les ordres et les règlements du Grand Maître et du Recteur de Bruxelles soient toujours observés*, affirmait-il. Cette opinion favorable du travail accompli par le Proviseur était

37 A. N. F. 17. 1565. Correspondance avec la Direction de l'Instruction publique.

également partagée, et cela se conçoit, par tous ceux qui, à Gand, l'avaient vu à l'œuvre: le Préfet Faipoult, le Député au Corps legislatif, de La Faille, également ancien maire de Gand, et le Président du Tribunal criminel, sans compter, toutes les personnes les plus respectables de la ville, *de tout état et de toutes classes* comme le porte le rapport.

Un Proviseur, créateur et organisateur de son établissement? Nous n'en connaissons que quelques uns: en Italie, Ferrari de Castelnuovo, organisateur du Lycée de Gênes après avoir exercé comme censeur à celui d'Alexandrie. Certes il s'agissait d'un homme exceptionnellement doué, venu du corps de la magistrature, très cultivé et d'une haute compétence professionnelle, mais peut-être à cause des multiples qualités exigées par l'administration d'établissements d'instruction très différents des anciens tant par leurs principes que par leurs méthodes, on doit admettre qu'ils étaient rares et précieux. D'ailleurs leurs manières et leurs procédés comme leurs exigences se ressemblent étrangement: ils veulent choisir leurs collaborateurs, y compris les professeurs, ce qui se comprend assez si l'on songe à la pénurie d'éducateurs capables de comprendre et d'appliquer ce qui leur était demandé par le Pouvoir. Certes on peut toujours prétendre qu'il s'agissait de former des hommes dévoués au régime politique et aux institutions nouvelles, mais nous devons remarquer que ces nouveaux établissements sont restés en place, à peu près intacts dans leurs principes et dans leurs buts au cours de deux siècles ou presque[38].

Devaient sortir des Lycées impériaux des élites de maîtres et d'élèves, afin de constituer les cadres de l'Administration napoléonienne et avec l'institution de l'agrégation, les chaires les plus importantes passeront enfin entre les mains de maîtres dont la formation scientifique représente la nouveauté essentielle sans oublier pourtant l'humanisme traditionnel. La discipline, l'uniformité des programmes, l'institution des bourses d'études accordées par l'Etat et non pas comme auparavant par de riches particuliers, tout cela tend à éliminer progressivement l'enseignement donné dans les petits séminaires ou les écoles secondaires qui ne resteront pas longtemps autonomes et en marge des Lycées impériaux.

Dans ces nouveaux établissements dont Fourcroy a longuement créé et perfectionné les rouages, on a remplacé les préfets de discipline des anciens collèges par des censeurs, chargés de maintenir et d'exercer dans le Lycée une discipline sans faiblesse proche de celle qui régnait dans les casernes, ainsi qu'on le sait.

Or, au nouveau Lycée créé et administré par le Proviseur Beytz, a été nommé un censeur d'un type et d'un caractère assez exceptionnels pour justifier ici une description sommaire d'un portrait dont Balzac aurait su tirer profit. Mais une question se pose: Qui donc a pu nommer un personnage semblable dans un Lycée qui réclamait, peut-être plus que tout autre, un discernement et une prudence exemplaires? L'Empereur savait le plus souvent désigner, tout au début, certainement, des fonctionnaires, tant administrateurs que professeurs, dignes de son choix. Aussi avons-nous le droit de demeurer surpris de trouver ici un homme qui, sauf erreur a dû laisser dans les mémoires des élèves et sans doute dans celles de tous ceux qui eurent à le connaître et à l'apprécier, un souvenir impérissable.

38 A.N. F.17. 1565. Rapport de la première tournée de l'Inspecteur d'académie de Bruxelles, Van Leempoel, dans le Département de l'Escaut.

Monsieur Sounet de la Miloudière, ecclésiastique de son état, était censeur de l'établissement depuis trois mois lorsque l'inspecteur Van Leempoel y effectua sa première tournée d'inspection, mais la façon dont il en parle dans son rapport éclaire mieux que n'importe quelle autre pièce de correspondance la physionomie et le comportement de cet homme. Succédant à un censeur nommé provisoirement, mais de réputation particulièrement sévère dans l'exercice de ses fonctions il commença par se présenter comme *le réformateur d'une maison de désolation*, et disait hautement qu'il avait été envoyé pour cela, que c'était bien le motif pour lequel on l'avait engagé à se contenter momentanément de cette place de Censeur.

Mais tout en prenant les airs d'un réformateur des mœurs, il a pris une route singulière, écrit Van Leempoel. *Il a voulu abolir toutes les punitions et il répétait à chaque instant aux élèves qu'ils avaient été jusqu'ici gouvernés par des tyrans mais que lui était envoyé pour les gouverner comme un tendre père conduit ses enfants ... uniquement par la douceur, la raison et le sentiment.* Il blâmait ouvertement la dureté des maîtres d'études devant les élèves et si les maîtres avaient imposé une peine il en dispensait ceux qui l'avaient encourue ... interdisant à ces maîtres de faire usage de la faculté d'infliger des punitions que le règlement leur accorde, sans sa permission et son aveu ... Hésitant à employer la rigueur il différait toujours de deux ou trois jours le moment de punir et disait alors que la faute était oubliée ... et que l'on punirait en cas de récidive. Nous apprenons, en cette occasion, que lors des promenades, des chefs d'escouade notaient les élèves qui s'émancipaient et que cette pratique existait dans plusieurs lycées ... Cet excellent censeur poussait la mansuétude jusqu'à les traiter de *vils espions et dénonciateurs de leurs frères*[39].

Il versait sans ménagement et devant les élèves son mépris sur l'Instructeur qui en même temps s'acquittait des fonctions de surveillant, le tournait en ridicule. En un mot, *ce Censeur faisait absolument tout ce qu'il fallait pour paralyser la discipline et désorienter la maison.*

Nous assistons également à ce qui se déroulait *à la table commune* au cours des repas, le midi et le soir: *Le Censeur, tout en répétant sans cesse que ce n'était pas pour lui qu'il parlait, que lui se contentait de tout et était disposé à tout souffrir, ne cessait de se plaindre de tout, d'accuser constamment le Proviseur, de lui prêter les intentions les plus perfides et de rendre la vie commune insupportable par ses jérémiades et ses aigreurs continuelles.*

Van Leempoel estime *que le Proviseur a eu peut-être tort de laisser prendre tant d'empire au Censeur, mais au ton assuré et comme inspiré que prenait le Censeur, il ne savait trop qu'en penser, au point de croire possible qu'il eût une mission secrète quelconque. Il a cru devoir observer tranquillement le développement de ce début et il a cédé bien ou mal aux instances réitérées du Censeur de diriger momentanément la discipline de la maison.*

Et l'Inspecteur présente les résultats de cette étrange méthode en affirmant *qu'à son arrivée, il avait trouvé la discipline tout à fait rétrogradée et relâchée ... Les élèves se moquaient de leurs instructeurs et de leurs maîtres d'étude alors que les professeurs eux-mêmes se ressentaient dans leurs classes de ce relâchement ... Et après avoir écouté tout le monde, interrogé quelques élèves et pris les renseignements*

39 A. N. F. 17. 1565. Rapport de la première tournée de l'inspecteur d'Académie ... Ibid.

nécessaires, j'ai prié le Proviseur de ne plus croire à la mission secrète de M. de la Miloudière et de reprendre lentement mais avec fermeté, les rênes de la discipline, écrit Van Leempoel dans son rapport, après avoir décidé de l'attitude à adopter avec les deux administrateurs. Quant au Censeur, il le pria tout simplement de renoncer à sa prétendue méthode de gouverner des élèves du Lycée sans user de punitions. Et pour être plus convainquant il ajoutait *qu'ayant dirigé lui-même pendant plus de vingt ans la jeunesse, il avait acquis quelques notions de discipline, qu'il n'était pas plus bourreau qu'un autre mais qu'il savait très bien que des paroles mielleuses ne suffisaient pas pour gouverner un Lycée et encore: moins pour réformer, ce qu'il appelait une maison de désolation.* Et pour ne laisser dans son discours aucune équivoque, il lui intima l'ordre *de ne plus empêcher les sergents chefs-d'escouade de maintenir l'ordre pendant les promenades et de permettre aux maîtres-d'études de faire usage des punitions dont le règlement leur a accordé la faculté.*

Et comme M. de la Miloudière tentait de se justifier, l'Inspecteur l'engagea à s'occuper uniquement des tâches qui lui incombaient, après l'avoir assuré qu'il avait donné le même conseil au Proviseur. Il devait *se décharger d'un fardeau que dorénavant il ne devait pas porter tout seul et se borner à l'avenir au cercle de ses devoirs en laissant au chef la direction suprême de la maison.* Il ajoutait même à ses recommandations le conseil impératif *d'accorder aux maîtres d'études ainsi qu'aux instructeurs l'autorité et les égards dont ils avaient besoin pour remplir leurs fonctions avec succès* ... Puis, *in fine*, cette phrase assez inattendue mais néanmoins très compréhensible dans une région aussi attachée à la religion: *Je dois à la vérité de déclarer que l'évêque de Gand m'a recommandé M. de la Miloudière comme un homme ayant des mœurs et de la religion*[40].

Les administrateurs

M. de la Miloudière ne devait pas demeurer en fonctions pendant très longtemps après le passage de l'Inspecteur d'Académie Van Leempoel. Sans doute le Proviseur Beytz dut-il vivement regretter que le candidat qu'il avait présenté tout au début de l'ouverture du Lycée n'ait pas été nommé. Il s'agissait d'un ancien élève de l'Ecole Polytechnique, ancien professeur à l'Ecole centrale du Pas-de-Calais, *père de famille et de toute confiance* non d'un partisan convaincu de méthodes d'éducation puisées dans »l'Emile« ...

M. Bayard qui remplaça de la Miloudière, fut nommé, en 1812, au poste de Proviseur de M. Beytz alors que ce dernier devenait le deuxième Inspecteur d'Académie des Départements belges. Dès lors les nominations aux postes administratifs du Lycée de Gand se succédèrent sans autre incident. Le Procureur-Gérant changea de titre en ces années-là pour adopter celui d'Econome et ce n'est qu'en 1947 que ce dernier devint Intendant universitaire.

40 A. N. F. 17. 1565. Rapport Van Leempoel ... Ibid. S'agissait-il vraiment d'une mission secrète? Cet ecclésiastique avait fort bien pu être mandaté pour enlever à la discipline des nouveaux Lycées cette raideur militaire qui en fut précisément le signe indiscutable.

Le corps professoral

Dès l'installation du Lycée, le recrutement des professeurs se révéla particulièrement ardu. Un peu partout, pour enseigner dans les nouveaux établissements on recrute parmi les anciens régents quand ils ne sont pas trop âgés et susceptibles de rendre encore des services. Ce sont essentiellement des ecclésiastiques, donc des régents de collèges dispersés par la Révolution et proches de cette retraite que le Gouvernement leur accorde généreusement. On a recours, chaque fois que cela est possible aux professeurs des ex-Ecoles centrales qui en bien des cas sont eux-mêmes issus des anciens collèges. Certains, enfin, mais pour une moindre part sont d'anciens magistrats et les anciens militaires qui ont quitté leurs corps soit à cause de blessures ou à l'expiration de leur engagement complètent ce recrutement d'enseignants assez disparate.

La présence dans un établissement de maîtres aussi différents par leur origine et leur formation ne pouvait en aucune manière réjouir le Premier Consul dont les plans pour un système d'éducation national excluaient toute hétérogénéité dans le corps professoral ainsi que le prouve l'existence des pensionnats académiques et de l'Ecole normale supérieure. Le besoin d'instruire la jeunesse explique également le grand nombre de ces petits collèges qui ont été créés même dans des petites villes pendant la période du Directoire et ensuite tout au long des années qui du 18 brumaire vont jusqu'en 1806 environ. Les familles ne savent où envoyer leurs enfants pour leur donner cette formation secondaire qui fait cruellement défaut, la qualité de cette multitude de collèges ou de petits séminaires étant très différente, bien entendu. D'autant que cette époque voit l'éclosion scientifique s'accélérer et qu'en littérature le néo-classicisme joue un rôle déterminant puisque les découvertes de l'archéologie gréco-romaine se succèdent et donnent aux modes, au mobilier et à l'architecture leur cachet et leur style très particuliers.

Ce qui est certain et ne saurait être contesté reste cette recherche d'un système éducatif demeurée vaine dans les années antérieures pour réclamer une application sérieuse de la part de ceux dont la mission est de le définir et de la rattacher à des buts d'ordre social et politique. C'est le dessein de Napoléon de constituer un corps de fonctionnaires voués à l'Instruction de la jeunesse qui se réalisera en quelques étapes pour aboutir à la création des universités et des académies, à partir de 1808[41].

Les professeurs

En décembre 1809, un état nous fournit les noms des professeurs qui exercent dans l'établissement depuis plusieurs années. Nous n'entendons pas insister sur les divers grades alors en vigueur: professeurs de premier ordre, de deuxième ordre etc., sans compter les agrégés-professeurs. Ce qui nous paraît intéressant concerne surtout, selon nous, les origines de ces maîtres et les caractères essentiels de leurs personnalités respectives.

Le professeur de rhétorique, un certain Jean Tessèdre figure en tête de la liste car il est le seul professeur de premier ordre. Il est né à Saint-Flour et possède le doctorat

41 A. N. F. 17. 1565. Ibid.

-ès-lettres. Marié, deux enfants, il est logé dans une cour séparée du Lycée. Auparavant, il enseignait les mathématiques au collège de Saint-Flour et, au Lycée de Gand, il enseigne provisoirement dans la deuxième classe d'humanités, par suite du départ de son collègue chargé de cette classe. Mais l'Inspecteur Van Leempoel s'empresse de noter que tout rentrera dans l'ordre à la rentrée des vacances. Ce rapport est d'ailleurs intéressant au premier plan pour permettre de connaître toutes les particularités en usage dans le corps professoral, dans les programmes et dans le genre de vie qui régit un établissement de ce genre.

Cet inspecteur d'Académie est d'ailleurs bourré de scrupules: *Il a estimé inconvenant, pour une première visite, d'examiner directement les professeurs, surtout ayant tant d'autres choses à traiter avec eux, mais il affirme néanmoins être certain que tous sont en état de remplir leurs fonctions avec honneur.*

Cet état de décembre 1809, mentionne une douzaine de noms, avec trois chaires scientifiques: sciences physiques, mathématiques élémentaires et mathématiques spéciales. Naturellement, l'Inspecteur Van Leempoel, donne sur chacun de ces maîtres des indications qui permettent par exemple de juger si le célibat imposé par les règlements en vigueur dans les Lycées impériaux du début est observé. La plupart sont jeunes, vingt-neuf ans pour Louis-Joseph Lacroix né à Pontoise, Girard Peyrecare, né à Condom en a quarante et un, il a été doctrinaire et enseigne depuis longtemps[42]. Le professeur de première année de grammaire, Duplantier, est originaire de Sainte-Sévère, dans l'Indre, âgé de 50 ans, il est marié. Le professeur de philosophie, un certain Dellard, était oratorien, âgé de 50 ans, il est candidat à la chaire de philosophie dont le titulaire n'a pas encore été nommé. Il a déjà enseigné cette discipline à Poitiers et a même donné des cours de mathématiques à Versailles.

Puis, dans ce même rapport, apparaît, sous la plume du même rédacteur, le portrait d'un homme qui, à d'autres époques n'aurait sans doute pas exercé ses fonctions pendant très longtemps. Il s'agit d'un certain Clèreau, homme jeune, il a trente ans, originaire de Montargis, il occupait la chaire de mathématiques spéciales, avec talent. Mais on ne peut envier le Lycée de Gand d'avoir recruté un personnage de cette sorte, bien qu'il ait été recommandé avec assez de chaleur par l'Evêque de Gand comme ayant des mœurs et de la religion. *Il n'y a qu'une voix sur son compte* écrit Van Leempoel: *Il a été complice avec un professeur qui a quitté le Lycée dans la rédaction d'une chanson infâme contre le chef de la Maison, qu'il a ensuite distribuée aux élèves du Lycée. Très violent, très emporté et très grossier dans ses propos.*

Sur ce point précis, l'Inspecteur rapporte que plusieurs témoins lui ont affirmé que lors de son passage, le Censeur ayant dit *que la bombe allait éclater*, il lui a répondu *qu'il était entouré d'une canaille de plats valets du Proviseur, mais que bientôt il serait désencanaillé*[43].

L'Inspecteur tenta en vain *d'entretenir de façon sérieuse* M. Clèreau sur ses procédés et ses façons d'agir, *mais il le trouva si peu mesuré envers lui avec un air narguant et si provocant qu'il n'a pas cru devoir se compromettre* avoue-t-il. Mais, et on doit vraiment admirer et sa patience et sa mansuétude, il a cru devoir lui faire une

42 Frère de la Doctrine chrétienne.
43 A. N. F. 17. 1565. Rapport de la première tournée de l'Inspecteur d'Académie Van Leempoel. Ibid.

visite après cet entretien et on n'a aucune peine à le croire sincère quand il laisse échapper *qu'il ne l'a pas trouvé et que c'est là peut-être son bonheur.*

On a peine à croire qu'un pareil personnage ait pu s'attarder dans cette carrière, surtout quand on sait que des gens tels que l'Inspecteur de Coiffier et Ambroise Rendu prenaient une part active à la nomination des professeurs qui enseignèrent au Lycée de Gand et aux autres principaux établissements d'instruction de ces départements *belges*. Comment un prélat aussi important que l'Evêque de Gand pouvait-il recommander aux autorités des sujets aussi peu recommandables que ce Cléreau, en affirmant *qu'il avait des mœurs et de la religion*. Quand on sait que l'Empereur attachait une très grande importance au choix des nouveaux professeurs on est en droit de penser que la pénurie de maîtres valables n'était pas un vain mot. Laisser dans un Lycée un fonctionnaire qui appartenait à un corps dont l'importance lui semblait primordiale, puisqu'il y voyait une sorte de congrégation de laïcs voués aux tâches de l'Enseignement alors qu'il était manifestement un fauteur de troubles et de perturbation graves ne nous paraît pas concevable.

En effet, cette présence d'un individu tel que Cléreau dans un Lycée de grande ville entraînait pour plusieurs de ses collègues des conséquences très fâcheuses: La plupart des professeurs qui prenaient leurs repas de midi à la table commune du Lycée s'en étaient retirés pour ne pas être injuriés ou invectivés. Le professeur de Deuxième année d'Humanités, Broussard, très connu pour ses dons de poète avouait à l'Inspecteur qu'il avait dû cesser de prendre ses repas à la table commune pour éviter des scènes désagréables, non seulement avec Cléreau mais aussi avec le Censeur. Le professeur de mathématiques élémentaires, Piette, s'est vu provoquer en duel par Cléreau et n'a pas cru devoir participer aux repas servis au Lycée. La même aventure est arrivée au professeur de physique Dellard. Bref, personne n'ose plus braver ce trublion et on reste confondu devant l'inertie du chef de l'établissement aussi bien que de celle de l'Inspecteur Van Leempoel.

De ce même rapport d'inspection du Lycée de Gand nous retenons que certains professeurs sont mariés, quatre au total, qu'ils logent dans des locaux appartenant au Lycée ou situés à proximité de l'établissement. Les couples et leurs familles sont en général dans des maisons particulières mais n'habitent pas vraiment dans les logements qui dépendent du Lycée. D'autre part, plusieurs de ces maîtres sont interchangeables, font des suppléances dans des classes dont l'enseignement est très différent de leur discipline particulière. On sent bien que l'époque révolutionnaire a complètement désarticulé le cursus studiorum issu du XVIIe siècle. Il sera difficile d'en établir un nouveau et les ordres de l'Administration supérieure ne pourront pas toujours trouver une application entière et satisfaisante pour ceux qui entendent les imposer, par manque de moyens humains et matériels. Les débuts de la grande aventure lancée par l'Empereur dans le pays pour revivifier l'Instruction et l'Education connaîtront bien des défaillances et des difficultés. Il sera difficile de procéder à la substitution des professeurs âgés et imbus de méthodes surannées par de nouveaux maîtres issus des nouvelles facultés, même si la formation aux principes et à une pédagogie renovés est abrégée au maximum. On verra encore longtemps traîner sur les états administratifs les qualificatifs et titres d'agrégé-professeur ... en attendant les agrégés de l'Université[44].

44 A. N. F. 17. 1565. Rapport d'inspection de 1809 ... Ibid.

Les années qui marquent le début des créations de Lycées dans les départements belges sont remarquables par les changements continuels qui surviennent à un rythme très rapide et par la diversité d'origine des maîtres choisis pour y assurer l'enseignement. Les présences indésirables que nous notons tant à Bruxelles qu'à Gand ou à Bruges disparaissent après 1811, tout comme *les événements fâcheux* qui surviennent périodiquement dans ces mêmes établissements ... L'administration de ces Lycées ne fut pas toujours à la hauteur en ces moments difficiles alors que les rapports humains parmi le personnel n'offraient pas assez le visage de la cordialité ainsi qu'une unité de vues exemplaire.

Le Proviseur Beytz quitta assez rapidement ses fonctions au Lycée de Gand pour devenir, d'abord Inspecteur d'Académie, puis avant la fin de l'Empire, Inspecteur Général de l'Instruction publique. Le censeur Bayard qui avait remplacé le sieur de la Mélhoudière avait été nommé Proviseur et titularisé; mais tout au long des années 1811 et 1812, la valse des professeurs avait été continuelle. C'était là un point préoccupant qui excluait toute forme de stabilité et entravait ainsi les efforts déployés par le Grand-Maître pour assurer au Lycée une amélioration constante dans la valeur de l'enseignement et le recrutement des élèves.

Les effectifs, malheureusement, n'affichaient pas une progression très satisfaisante. Au quatrième trimestre de 1811, on comptait un total de 125 élèves après deux années de fontionnement, les élèves internes formant la part la plus importante de cette majorité lycéenne, mais *les élèves du Gouvernement*, donc les boursiers, l'emportent par le nombre sur *les élèves communaux* et *les élèves particuliers*.

En 1812, une légère augmentation, 157 élèves et en 1813 les effectifs se maintiennent malgré les revers militaires qui fatalement entraînent une désaffection qui pour ne pas être apparente deviendra réelle au fur et à mesure qu'ils gagneront en fréquence et en gravité. Il est juste de noter que les Lycées des Départements belges demeureront; jusqu'à la fin bien gérés et relativement calmes.

Quelle origine ont ces élèves des premières années de cette création d'établissements nouveaux? Comme les états nous livrent les dates de naissance des enfants ainsi que les fonctions et le type des métiers exercés par leurs pères, il est relativement facile de s'en faire une idée: Jean François Renault est né à Londres, il est externe et son père est orfèvre dans la cité; Charles Amédée Pinard, âgé de dix ans est né à Auxerre et son pere est propriétaire alors que Jean Barbançon qui a onze ans est bruxellois de naissance, son père étant juge au Tribunal de première instance. Charles Bachelier est né à Abbeville et son père est avocat. Quant à Ruuzette et Camus nès respectivement à Metz et à Neufchâteau, ils sont fils d'officiers. D'autres sont nés à Montargis, à Paris, à Liège ou dans les environs de Gand. Ils sont fils de cultivateurs, de fabricants de papier, ou d'artistes. Beaucoup d'entre eux sont fils de fonctionnaires et boursiers du Gouvernement. On note la présence d'assez nombreux élèves dont les pères exercent des professions libérales. Les collèges en revanche accueillent les enfants des notables, des gens riches, des bourgeois, des négociants dans une région où la toute puissance du Clergé est notoire[45].

C'est vers cette époque, donc en septembre 1813, que le proviseur Bayard ainsi que ses collègues de Bruxelles et de Bruges songent à solliciter du Grand-Maître les

45 A. N. F. 19. 1565. Université impériale de Bruxelles. Liste des élèves au Lycée de Gand.

récompenses auxquelles ils estiment que leurs fonctions leur donnent droit. Et nous nous bornerons à citer la réponse de Fontanes au Proviseur Bayard: Apres avoir rendu justice à son mérite, il l'assure qu'il se souviendra avec intérêt de sa requête pour obtenir le titre d'officier de l'Université lorsque l'ancienneté de ses services lui permettra de lui offrir cette récompense. *Ce qui constitue pour nous une preuve évidente du prestige que cette décoration possédait déjà à cette date là.*

Le Lycée de Bruges

Bruges fut dotée d'un Lycée dès que Bonaparte eut décidé de procéder à leur création pour remplacer les Ecoles centrales. Le Préfet de la Lys en informa le Maire de cette ville dès que lui fut communiqué l'arrêté des consuls du 8 pluviôse de l'an XI. Le Maire était également invité à mettre à exécution l'offre faite par son Conseil municipal, lorsque ce dernier avait sollicité l'installation d'un tel établissement à Bruges, à savoir de pourvoir aux dépenses *de premier établissement* afin d'activer par tous les moyens qui étaient en son pouvoir la prompte confection des fournitures demandées par le Gouvernement.

Et le Préfet ne manquait pas d'exhorter le Maire à témoigner sa reconnaissance *du bienfait qui lui était accordé comme une récompense de son zèle personnel pour le progrès de l'instruction publique*. L'arrêté adressé au Préfet était signé de Bonaparte, de Maret, secrétaire d'Etat et aussi de Chaptal, ministre de l'Intérieur et bien entendu du Directeur de l'Instruction publique, Fourcroy dont le chef hiérarchique était le précédent personnage. Quant au Préfet du Département de la Lys, de Viny, il est assez peu connu et fut nommé quelque temps plus tard au Sénat.

L'arrêté qui ordonne la création du Lycée ressemble à la plupart des actes de cette nature: *le Lycée sera créé dans le cours de l'an XIII, dans les locaux précédemment occupés par l'Ecole centrale. La ville de Bruges s'engageait à ce que l'établissement soit pourvu de tout ce qui sera nécessaire pour recevoir cent élèves le 1er frimaire et 50 de plus le 1er pluviôse*. Enfin la commission chargée de l'organisation du Lycée se rendra à Bruges avant la fin de vendémiaire. Cette même commission prendra les dispositions préparatoires tant pour le local que pour l'organisation du Lycée. Nous croyons comprendre qu'elle aura également à s'inquiéter du choix des professeurs et, sur ce point précis, *elle devra interroger les professeurs de l'Ecole centrale et également tous les citoyens qui se présenteront de quelque département qu'ils soient*. Après quoi elle fera parvenir au Ministre de l'Intérieur un rapport et ses propositions de nomination ... ainsi que l'exige l'article 19 de la loi du 11 floréal An 10.

Le travail de cette commission ne se borne pas seulement à s'occuper du seul Lycée *car elle devra inspecter toutes les écoles du Département qui sont déclarées écoles secondaires conformément à un arrêté du 4 messidor An 10*. Elle devra même désigner le nombre des élèves que doit accueillir le Département de la Lys, en se référant à un tableau précis. Comme pour les professeurs, les élèves désignés seront présentés sur une liste double à la date du 15 brumaire et après l'approbation du Ministre, ils devront entrer au Lycée dès le 1er frimaire. Tout est, dès l'origine, ainsi qu'on le voit, rigoureusement prévu dans les moindres détails, même cet apport de trente élèves qui du Prytanée devront eux aussi entrer au nouveau Lycée. Les administrateurs de l'établissement, le Proviseur, le Censeur et le Procureur-gérant devront être présents dans l'établissement dès la fin de vendémiaire.

Les soucis majeurs s'affirment dans ces instructions du Ministre aux préfets des départements belges: pourvoir aux postes d'enseignants par un recrutement élargi et étendu à tout le territoire de la République et ce qui est sans doute plus préoccupant encore, celui des élèves afin de former un noyau auquel, par la suite, s'ajouteront, avec les boursiers, les fils des notables de la ville. D'après le tableau annexé au dossier, il semble que dès l'ouverture de l'établissement on ait compté une cinquantaine de ces boursiers[46].

Dans le même temps où le Gouvernement prenait un arrêté organisant le Lycée, il prévoyait l'aménagement et l'organisation des Bibliothèques. Il s'agissait tout simplement d'un transfert de la bibliothèque de l'Ecole Centrale sur laquelle avaient été apposés les scellés, ainsi que le prescrivait l'arrêté du 24 vendémiaire qui mettait fin à l'activité de ces mêmes Ecoles. On doit noter que les bibliothèques, lors de la création d'un établissement d'instruction gardent un intérêt primordial pour ceux qui gèrent et occupent une simple école, un modeste collège ou un Lycée impérial. Cela se conçoit puisque les livres sont encore rares et par conséquent difficiles à se procurer. A Bruges comme dans la plupart des villes, la Bibliothèque est confiée aux soins de la Municipalité qui doit également la pourvoir d'un conservateur, rétribué par elle, et un inventaire très exact est dressé, envoyé au Préfet et transmis au Ministre de l'Intérieur.

L'Organisation du Lycée

Quelques pièces de correspondance, des états, des circulaires permettent de suivre les progrès réalisés en ce domaine très important, puisqu'il s'agit d'apporter aux dossiers de la réussite ou de l'échec les précisions qui illustrent le mécanisme lié à l'instauration des rouages de la nouvelle Université de France. Ainsi que nous l'avons évoquée plus haut, la préoccupation essentielle était de donner aux Lycées des effectifs scolaires convenables. Bruges avait donc, dans un premier temps reçu avis de la nomination de 32 élèves et, un peu plus tard, *sur le rapport des inspecteurs généraux s'y ajoutèrent 44 boursiers.* Aussi, le Proviseur revient-il à la charge auprès du Maire de Bruges *pour que cet établissement soit pourvu de fournitures suffisantes pour répondre à cette augmentation des effectifs.* Et il avance des chiffres: 60 à 70 matelas et traversins, de 50 à 60 paillasses, de 120 à 140 couvertures etc. ... Et on mentionne également l'augmentation du mobilier des salles d'études, dont 24 bancs et 12 tables semblables à celles qui existent dans les salles d'études. Enfin, pour le réfectoire, le Proviseur réclame des couverts complets correspondants au nombre des élèves nommés et il insiste sur l'urgence de tout ce qu'il réclame, se réservant de faire connaître ultérieurement à la Municipalité les besoins du Lycée. Le ton de cette lettre est peu courtois et même menaçant puisqu'il avertit le Maire que s'il ne lui est pas possible de fournir sur le champ toutes *ces fournitures* il a reçu l'ordre exprès des Inspecteurs généraux, d'en référer directement à S. E. le Grand-Maître et au Ministre de l'Intérieur. Et, menace suprême: *afin que les intentions de S. M. l'Empereur et Roi*

46 Stadsarchief de Bruges: Lycée et Athénée; de l'an V à 1828.

soient remplies avant d'avouer *qu'il se trouve personnellement dans la position la plus cruelle*. Car le Proviseur redoute que des élèves puissent arriver sans être au préalable annoncés, ce qui entraînerait pour lui et pour son établissement une situation qu'il juge déshonorante! Et de supplier, »in fine«, le Maire de faire cesser cet embarras extrême dans lequel il se trouve[47].

Car on s'intéresse de très près à envoyer au Lycée de Bruges le nombre d'élèves propre à donner à l'établissement une réputation enviable. Ne faut-il pas rivaliser sur ce point essentiel avec les Lycées de Bruxelles, de Gand, de Liège et ceux qui ne tarderont pas à être créés dans les autres départements belges? L'Inspection générale des Etudes s'y emploie activement et en 1810, les professeurs sollicitent pour leurs propres enfants les bourses créées par l'Administration universitaire et l'Inspection des Etudes recommande avec chaleur à la bienveillance du Grand Maître, le jeune Masson, fils du professeur de Seconde d'Humanités. Il a déjà obtenu une bourse aux 3/4: *Le père sollicite une bourse entière et l'enfant en est digne par ses dispositions et sa conduite. Il a eu les premiers prix et il est constamment le premier de sa classe.*

Même cas pour M. Bastion, *agrégé Professeur* qui demande pour son fils la même faveur. Mais il y a aussi des cas de situations de famille qui motivent d'autres sollicitations, tel celui de madame Bacton, mère de 8 enfants dont deux sont au Lycée, demi-pensionnaires. Elle demande donc pour ces deux élèves une bourse complète ... ou à défaut une demi-bourse et offre même de *placer son deuxième fils à pension entière*. Nous ignorons, en ces débuts de l'organisation universitaire impériale les nuances qui existaient entre les boursiers et si d'autres conditions étaient requises pour prétendre à les obtenir, mais il est certain que l'attrait de ces bourses pour les élèves qui fréquentaient le Lycée comme pensionnaires ou demi-pensionnaires était un moyen de disputer la clientèle scolaire aux établissements privés, pensionnats, institutions et collèges privés. Il fallait, avant tout, songer à fournir aux Lycées déjà créés des effectifs suffisamment étoffés pour en faire des pépinières naturelles d'excellents sujets propres à assurer le recrutement des fonctionnaires pour un Gouvernement dont ils seraient en somme les agents dévoués[48].

Le recrutement du corps professoral

Il a toujours été fort important et a donné lieu à des tractations et à des interventions sans doute plus impératives tout au début parce qu'il n'existait pas d'autres sources que celles que les années précédentes avaient offertes, donc, les ecclésiastiques, les professeurs ou régents de collèges, les enseignants qui avaient fait l'expérience des Ecoles centrales, ainsi que des fonctionnaires, des ingénieurs, des botanistes, des juristes ou même des officiers dégagés de leurs obligations militaires à cause de leurs blessures ou de leurs goûts, quand cela leur était possible.

Les tableaux du personnel que nous avons pu consulter montrent que la majorité des professeurs, en 1812, sont des laïcs, on peut même dire qu'ils l'emportent complètement puisque seul l'aumônier est, comme il se doit un ecclésiastique.

Le Proviseur Lacroix, né en 1775 à Pontoise a exercé dans une Ecole secondaire à

47 Stadsarchief de Bruges: Instruction publique an Và 1819. Communiqué par le Docteur A. Vandewalle, Archiviste en Chef.

48 Fonds d'Archives municipales de Bruges.

Rouen pendant dix ans. Il possède une licence de sciences ainsi que le doctorat ès lettres. Par la suite il a été professeur suppléant de mathématiques au Lycée de Rouen puis il a enseigné la première année d'Humanités au Lycée de Gand avant d'être nommé Censeur au Lycée de Bruges et d'accéder aux fonctions de Proviseur au même établissement en février 1812.

Quant au Censeur Lemaire, titularisé aux mêmes dates que le Proviseur, il est originaire de Sainghin-en-Weppes où il est né en 1769. Il est célibataire et laïc, possède une licence-ès-sciences, a été maître d'études et surveillant à Douai, puis maître de pension à Marchiennes et professeur de première année d'Humanités au Lycée de Liège[49].

Le personnel enseignant en 1812

Hubert Charles

Le professeur de rhétorique est jeune, né en 1790 il a été nommé en 1811 au Lycée de Bruges après avoir exercé comme suppléant de mathématiques au Lycée de Cahors où il a également enseigné les humanités, puis à Napoléonville dans la même discipline. Il est originaire de Cléry, dans la Somme. A 22 ans, ce jeune homme semble promis à une brillante carrière si l'on considère son âge et l'importance de sa chaire. Il possède une licence-ès-lettres ...

Deschamps Nicolas

Le professeur de deuxième année d'humanités, originaire de Saint-Dizier, dans la Haute-Marne est âgé de 43 ans. Il est mentionné comme laïc, mais il a appartenu à la congrégation de l'Oratoire comme maître de pension et ensuite il est entré dans l'armée et a été officier. Professeur suppléant à Douai après avoir été maître d'études, il a ensuite enseigné comme professeur de deuxième année de grammaire à Napoléonville.

Béranger Parfait

Originaire de Rougy, dans l'Aisne en 1783. Possède une licence de lettres. A été nommé professeur de 1ère année d'Humanités au Lycée de Bruges où il avait précédemment enseigné en 1ère année d'Humanités. Il était classé comme laïc et célibataire.

Aubert Mathurin

Un parisien de 21 ans, professeur de 1ère année de grammaire au Lycée de Bruges où il avait été nommé récemment. Son premier poste donc ...

Roquebrune Hyacinthe

Né en Laute-Garonne (Hauterive), en 1769. Marié, sans enfant, Licencié-ès-lettres. A exercé comme professeur de 5ème et 6ème au collège secondaire de Saint-Maient et comme professeur de 2ème année de grammaire au Lycée de Rodez.

Duhaffont Charles

Né à Givet, dans les Ardennes. Présente la particularité d'être élève à l'Ecoles Normale. Possède une licence-ès-lettres et une de Sciences. Nommé à Bruges en

49 Ibidem. Tableaux du personnel du Lycée de Bruges. 1812.

septembre 1812. A 21 ans, il enseigne les mathématiques spéciales au Lycée de Bruges.

Viennent ensuite sept autres maîtres tous plus jeunes que ceux que nous avons cités précédemment. Ce sont en grande majorité des maîtres d'études ou des maîtres élémentaires, à l'exception d'un seul.

Dereusse Aimé

Un breton de Dinant, né en 1788. Laïc et célibataire. Professeur de mathématiques élémentaires au Lycée de Bruges depuis septembre 1810, après avoir été maître d'études à cet établissement. Ses diplômes ne sont pas indiqués.

Thugnet Louis

Né dans la Meuse. Maître élémentaire. Laïc et célibataire.

Hahn Antoine

Né à Aix-la-Chapelle en 1783. Maître d'études et surveillant.

Clerfeyt Henry

Né à Mons en février 1793, est également maître d'études, ainsi que Simonard né à Grandémy (Jemmapes) en 1792 comme Deffontaines également né dans ce département en 1781. Un autre: maître d'études n'a pas été confirmé par le Grand-Maître, un certain Gaultier Dutailly né à Moncontour dans les Côtes-du-Nord[50].

L'examen de ces tableaux du personnel administratif et enseignant présent, en 1812 au Lycée de Bruges, appelle quelques remarques susceptibles de nous éclairer sur les aspects du recrutement, de la compétence et de l'âge des différents professeurs et maîtres d'études présents à cette époque. Les maîtres ne sont pas recrutés en majorité dans le pays belge ni même dans les départements du nord de la France puisque quelques uns sont originaires du Tarn-et-Garonne, de Paris ou des Côtes-du-Nord.

Leur âge peut également surprendre si l'on s'en tient à l'opinion assez répandue que les anciens régents des collèges occupèrent une place prépondérante dans le corps enseignant des Lycées tout au moins pendant quelques années. Or les jeunes professeurs âgés d'une vingtaine d'années enseignent dans les chaires très importantes telles que celles de mathématiques élémentaires ou spéciales, avec des titres universitaires récemment revus, licences de lettres et de sciences ou même doctorat. L'évolution des sciences physiques et chimiques ainsi que les mathématiques n'ont-elles pas progressé au cours des années qui marquent la fin du XVIIIe siècle? On peut donc voir ici une reconnaissance de leur importance accrue tout au long des années de la fin de ce siècle et qui va s'accentuer au XIXe. C'est là un des principes essentiels avancés par les créateurs de l'Université impériale qui, d'ailleurs a déjà été appliqué lors de la création des Ecoles centrales par le Gouvernement du Directoire.

Les professeurs laïcs et célibataires sont également très prisés par le règlement élaboré par les créateurs de 14 universités napoléoniennes puisqu'on souhaite que ces moines d'un nouveau genre ne soient accaparés ni par les soucis familiaux ni par une trop grande liberté qui pourraient les distraire de leur tâche. On a prétendu, non sans quelque raison que cette formation destinée jadis à assurer la pérennité de la conscience religieuse chez les élèves d'un ordre enseignant célèbre avait beaucoup

50 Tabelaux figurant dans un dossier des Archives nationales.

influencé les décisions prises par l'Empereur et les hommes qui l'avaient aidé et conseillé dans l'élaboration de l'Université nouvelle qui portait en effet le double reflet de la discipline militaire et de la rigueur monacale. Et nous retrouvons au Lycée de Bruges les aspects essentiels de la doctrine impériale qui, évoquant l'habileté des Jésuites dans le domaine de l'éducation les désignait comme *un corps admirable d'enseignement ou plutôt d'éducation. Sans songer à les rétablir* ajoutait l'Empereur *tâchons de profiter de leur expérience et de retrouver un corps enseignant ayant leur habileté.* Aussi ne peut-on pas être surpris lorsque dans un autre passage, Napoléon souhaitait que ces mêmes membres du corps enseignant *devront épouser l'instruction comme leurs devanciers épousaient l'Eglise*. Sur plusieurs de ces points essentiels les Lycées des départements belges auraient pu servir d'exemples malgré les imperfections et les bavures dont la présence était due, il faut bien l'admettre à certains individus qui, manifestement n'avaient pas leur place dans ces établissements.

Une lettre du Recteur au Grand-Maître qui avait provoqué une réponse de ce dernier nous fait connaître *que des scènes scandaleuses ont eu lieu à la table commune du Lycée de Bruges*. Fontanes rappelle à ce propos que les exemples qu'il a dû faire dans cet établissement en 1811 n'ont pas suffi pour ramener les anciens professeurs à l'ordre, à la décence et à l'amour de leurs devoirs. *Et le Grand-Maître songe aux Inspecteurs Généraux qui vont commencer incessamment leurs tournées annuelles. Ils sont tout désignés pour vérifier sur les lieux à quel point les sieurs Laloux, Dérense et Béranger se sont rendus coupables*[51].

Et les ordres du Grand-Maître au Recteur sont formels. *Vous voudrez bien ordonner au Proviseur de Bruges,* écrit-il *de suspendre la table commune et d'exercer sur la conduite des auteurs de ces nouveaux troubles une surveillance spéciale et vous l'autoriserez à remplacer provisoirement et sur le champ celui qui se permettrait encore de troubler l'ordre ou de manquer aux lois de la décence, sauf à vous en rendre compte*. Et le Recteur est prié *de faire passer courrier par courrier ces instructions au Proviseur et à en rendre compte au Grand-Maître sur le champ*.

Sans doute s'agit-il de troubles de même nature que ceux que nous avons signalés ci-dessus au Lycée de Gand et qui prenaient leur origine au cours des repas pris en commun par les professeurs célibataires qui le désiraient. Souvent même, et c'était le cas à Gand, le censeur figurait parmi eux. Des bavardages, des diversités d'opinion sur toutes sortes de sujets, la jalousie aussi, toutes ces raisons expliquent que cette pratique n'avait pas apporté les facteurs de tolérance réciproque et de convivialité que souhaitaient ceux, qui à la tête de l'Université mise en place quatre ans auparavant, auraient voulu voir se réaliser le monopole que l'Empereur avait décidé d'imposer à la nouvelle institution. Mais on avait compté sans les conséquences que ce système devait immanquablement créer puisque des hommes qui n'étaient ni des militaires ni des moines étaient appelés à partager, bien incomplètement d'ailleurs une profession qui, tout au moins pour la majeure partie d'entre eux, n'était pas, dans les débuts, choisie par vocation. On comprend mieux quelles difficultés dût surmonter l'Université napoléonienne entre 1808 et 1814, pour s'organiser matériellement et se doter d'un personnel homogène ... par sa formation et par ses méthodes. Là aussi, le temps

51 A. N. AF. 17. 1563. Lettre du Grand-Maître au Recteur de l'Académie de Bruxelles à propos du Lycée de Bruges.

manqua et d'autres qui recueillirent l'héritage, bon gré mal gré, ne devaient pas poursuivre le même chemin ni reprendre les mêmes conceptions.

Le Collège de Louvain

Quand on a passé en revue les Lycées de Bruxelles, de Gand et de Bruges, une question se pose: Que devient Louvain toute auréolée de la gloire de son brillant passé? Et quand on parle de Bruxelles, et des autres villes importantes de Belgique, on reste surpris de ne pas trouver sur Louvain, tout ou partie de ce qui a été fait ailleurs, ce qui peut sembler à n'importe quel observateur impartial un oubli peu excusable concernant une ville dont le rayonnement culturel était présent à toutes les mémoires.

On se souvient alors d'un certain rapport rédigé par le conseiller communal de Bruxelles, le sieur Boschaert, au nom de toutes les notabilités de cette région, afin d'obtenir pour sa ville, un Lycée qui aurait pu être attribué à Louvain. Comme la priorité dans la création de ces établissements revenait aux villes pourvues d'une Cour d'Appel, la loi devait forcément favoriser Bruxelles, d'autant plus que Louvain était alors une petite ville de 20000 habitants et que Bruxelles faisait figure de capitale avec une population de 70000 âmes.

Néanmoins, la lutte avait été chaude car Louvain, naguère siège d'une université de réputation universelle depuis tant de siècles, pouvait, à juste titre briguer l'honneur d'avoir un Lycée. Certes, si on lit la description de la ville de Louvain dans la géographie de Croizat, de 1812, il n'y a place pour aucune illusion. Sale, désagréable, mal située, Louvain n'est vraiment pas flattée! Et pourtant le Conseil municipal de la vieille Cité n'avait pas ménagé ses efforts pour réaliser une présentation de candidature tout à fait convaincante. La réunion prévue pour débattre de cet important sujet avait été provoquée par le Préfet qui avait reçu une lettre du Directeur de l'Instruction publique.

Effectivement, le Conseiller d'Etat mandait au Préfet de la Dyle *que la ville de Louvain était du nombre des villes où le Gouvernement serait disposé à établir un Lycée mais qu'il désirerait connaître le degré d'intérêt que la commune peut attacher à cet établissement et les moyens qu'elle pourrait offrir pour en opérer l'accélération.*

On voyait grand à Paris puisque le Directeur demandait *si la ville renfermait un local disponible qui soit propre à contenir 400 à 500 pensionnaires? et à quel prix il faudrait fixer la pension pour qu'elle fournit convenablement à l'entretien des élèves? et le coût des réparations, distributions nécessaires pour établir le pensionnat dans un local ainsi que les classes fixées par la Loi.*

Et le questionnaire prenait rapidement des proportions considérables: La Commune ferait-elle l'avance des frais du premier établissement, à savoir ceux de distribution et aménagements intérieurs, la fourniture du mobilier nécessaire pour nourrir, coucher et chauffer le pensionnat et dans le cas où cette avance serait consentie, accepterait-on de rembourser en 15 ou 20 ans sur le profit de l'établissement[52]?

52 A. N. F. 17. 1563. Extrait du registre des délibérations du Conseil municipal de la ville de Louvain. 21 messidor. An X.

Après quoi, le Préfet s'adressait au Maire en soulignant l'importance de l'établissement et des questions faites par le Conseiller, il s'agit de Roederer, en lui indiquant que le *titre IV de la loi du II floréal, l'éclairera sur l'objet des diverses questions qui lui sont soumises*. Il lui demande de répondre sans retard aux délibérations du Conseil municipal.

La décision fut prise sur le champ et le Conseil, ouï la lecture de la lettre du sous-Préfet et les diverses questions qu'elle contenait sur l'établissement d'un Lycée dans la ville de Louvain: *Considérant que les établissements d'instruction publique qui existaient autrefois en cette ville ont toujours été un grand moyen de prospérité pour les habitants dont plusieurs s'étaient consacrés à des professions, que l'absence de ces établissements réduit à une inactivité ruineuse.*

Que l'existence des écoles publiques à Louvain rendroit à leur ancien usage une foule de bâtiments que la sollicitude de nos ancêtres avait consacrés à cet usage. Et qu'ainsi serait établi un nouveau foyer de l'instruction publique dans le lieu où tous les habitants de la Belgique avaient coutume d'envoyer leurs enfants, ce qui peut contribuer puissamment au succès des assemblées nouvelles:

Déclare que le rétablissement des écoles de tous genres est un des plus grands bienfaits que la ville de Louvain puisse obtenir du Gouvernement, qu'en conséquence il reçoit avec autant d'intérêt que de reconnaissance la proposition qui lui est faite pour l'établissement d'un Lycée.

Restait à préciser la capacité de la cité à faire les avances indispensables qui excédaient bien entendu les ressources disponibles dans le moment même où elles étaient nécessaires, mais le Conseil espérait surmonter cet obstacle grâce à la confiance et au crédit dont l'administration jouit auprès des habitants et dont elle a reçu en diverses occasions les preuves les plus éclatantes.

Quelles furent les propositions de la Commune de Louvain pour l'établissement de ce Lycée que le Gouvernement lui offrait?

La question du local était facile à régler si l'on songe aux bâtiments disponibles après la disparition des collèges qui naguère fonctionnaient à Louvain. Aussi n'a-t-on que l'embarras du choix à en croire le Maire qui propose *un local pour ainsi dire fait exprès et unique qui comprend l'enclos de trois anciens collèges qui se touchent dans l'intérieur car en perçant simplement les murs on y trouve un pensionnat tout fait pour 500 élèves et même plus s'il le faut indépendamment du logement des supérieurs et des professeurs* ... Et de souligner que ce local *a l'avantage de sa situation dans le plus beau quartier de la ville et celui d'avoir des cours et des jardins précieux. A quelques pas de là, dans la même rue, se trouve le bâtiment de l'ancienne Université connu sous le nom des Halles, où sont, outre plusieurs salles, quatre grandes et belles classes publiques pour toutes les sciences et une Bibliothèque magnifique*[53].

Quant au prix annuel de la pension, la réponse était sans équivoque: *Louvain ne connaît pas la vie chère, les denrées de première nécessité se trouvent aisément et à bon marché (...) Donc, 500 francs suffiront pour entretenir convenablement un élève.*

De même les réparations et les aménagements dans les locaux proposés sont évalués à 25000 francs. Et le Conseil accepte sans hésiter de faire les avances pour couvrir les frais indiqués plus haut ainsi que de livrer les bâtiments les clés sur les

53 A. N. F. 17. 1563. Délibération du Conseil municipal de Louvain, séance du 21 messidor. An X.

portes. *Et le travail sera exécuté* un mois après la demande si le Gouvernement veut bien confier la direction des travaux à l'Administration de la Ville ... *Le même Conseil accepte également de se charger des avances nécessaires destinées à payer les frais de premier établissement, proposant un remboursement annuel et assuré de 4000 francs dont le premier paiement interviendrait le 1er vendémiaire de l'An XIII ... jusqu'au remboursement complet des sommes avancées ...*

On ne pouvait mieux répondre à la proposition du Gouvernement d'autant plus que le Conseil municipal révèle *qu'il existe encore dans cette ville plusieurs collèges disponibles, un Jardin des Plantes conservé et soigneusement entretenu ainsi qu'un laboratoire de chimie avec une salle pour les démonstrations anatomiques.*

L'institution d'une Ecole secondaire, »Le Collège«

Apparemment ces offres ne suffirent pas pour bénéficier des intentions du Gouvernement afin de donner à Louvain le Lycée qu'elle souhaitait obtenir. Mais sans doute la candidature de Gand fut-elle retenue grâce au chiffre de sa population ainsi que nous l'avons relevé plus haut. La ville dut se contenter d'une Ecole secondaire qui fut organisée dans les bâtiments du Couvent du Saint-Esprit dit »le Grand Collège«. Dans l'arrêté, il est spécifié *que la Ville de Louvain possédait autrefois une des plus belles universités qui ait existé et qu'elle se trouvait à présent dépourvue de tout moyen d'instruction. La concession qu'elle réclame semble plutôt un geste de dédommagement des pertes éprouvées qu'une faveur*[54].

Dès le 23 fructidor An 12, le corps professoral fut constitué avec les candidats dont les noms furent retenus pour occuper les diverses fonctions à cette Ecole secondaire qui, par la suite fut toujours désignée comme Collège.

Il semble bien que ces choix furent dictés, le plus souvent par la nécessité de recruter de toute urgence des régents en faisant appel à toutes sortes de personnes ce qui n'a rien de surprenant puisqu'on le sait, la situation était la même dans beaucoup d'autres établissements de cette nature. Il n'est que de parcourir la liste de ces candidats agréés par le Bureau d'administration de l'Ecole pour s'en persuader. On propose comme Directeur Michel Van den Belen, juge de paix à Louvain, et en second François Desgranges, ci-devant professeur de Théologie et économe de l'Abbaye de Malone. Comme professeur de lettres Philippe Louchard, surveillant au Lycée de Bruxelles et pour enseigner la classe de 3e P.J. Humblin, Instituteur particulier à Malines. Pour les classes de 6e et 5e, J. F. Lacan ci-devant professeur de 6e et 5e; pour les mathématiques Joseph Laurent, ancien professeur de 2e et 4e à Louvain avec comme concurrent, Steys Kal, employé dans les administrations à Bruxelles.

De ce Collège nous connaissons quelques détails intéressants glanés à travers les compte-rendus et les rapports, également grâce aux descriptions des Distributions de prix. Celle de 1812, époque où les notables de Louvain demandent au Gouvernement la transformation du Collège en Lycée nous livre des renseignements très valables. Il convient de noter tout d'abord que la cérémonie s'est déroulée dans le Grand Vestibule de l'Hôtel-de-Ville, au milieu d'un concours, nombreux de spectateurs. M. Vasse, Inspecteur de l'Académie de Bruxelles en assurait la présidence, de concert

54 A. N. F. 19. Registre des délibérations du Gouvernement de la République. 1563.

avec le Maire de Louvain, M. Plaschaert, *chevalier de l'Empire et Membre de la Légion d'Honneur ainsi que député au Corps législatif*. Quant au professeur chargé de prononcer le discours traditionnel, Lambert Boddeus, il occupait la chaire de rhétorique et devait célébrer les mérites et l'utilité de la langue latine en un discours latin *dont il est dit que l'auditoire y trouva beaucoup d'intérêt*. Nous devons remarquer que l'Inspecteur d'Académie lui a répondu *par un discours français* qui démontrait excellemment le secours que sont amenés à se prêter réciproquement l'étude des sciences et celles des Lettres en relevant les avantages qui en découlaient.

On le constate, il est évident que l'on cherche à ne pas donner ici un spécimen ordinaire des discours prononcés au cours des fameux »Exercices littéraires« dans les collèges de naguère. L'Inspecteur ajouta *qu'étant à portée par ses fonctions de juger du mérite et l'importance de l'enseignement professé dans les divers collèges, depuis leur rétablissement, il devait avouer que celui de Louvain était un de ceux où les progrès des élèves attestaient le mieux l'excellence de l'enseignement et les talents des professeurs et, qu'à cet égard, le collège de Louvain ne devait le céder à aucun autre collège de l'intérieur de l'Empire*. Propos obligés de politesse et de courtoisie? Sans doute, mais nous ne trouvons dans ce texte aucune dissonance ni aucune remarque qui pouvait faire songer à une quelconque rivalité entre les langues française et flamande même si l'on aborde le champ des comparaisons entre auteurs latins et français: entre Virgile et Delille, Phèdre à La Fontaine, et Horace à Boileau.

Bien entendu, la fin du discours évoque le règne du Grand Homme par qui sont rassemblés tous les genres de gloire. La culture de la raison, tout ce qui embellit la société et augmente la gloire nationale doit obtenir les mêmes honneurs.

Sans doute le moment était-il arrivé où, sans risquer un refus trop catégorique on pouvait, à Louvain, entrevoir la transformation du Collège en Lycée ... On ne manquera pas cette occasion[55].

Cette demande d'un Lycée pour la ville de Louvain, nous la retrouvons dans une lettre adressée par le Maire de la ville, Boschaert, le 6 mars 1812, *au comte de Fontanes, sénateur et Grand-Maître de l'Université impériale*. Le Maire lui rappelle les bontés qu'il lui a témoignées dans les années passées *dans les fonctions publiques qu'il exerce en ce moment*, et il passe aussitôt à l'objet de sa démarche: La ville de Louvain désire très vivement se voir attribuer un Lycée et elle pense avoir des droits incontestables à cette réalisation d'après les dispositions du décret impérial du 15 novembre 1811. Les titres de Louvain à cette attribution ont été réunis dans un rapport remis au Recteur de l'Académie de Bruxelles *d'une manière aussi lumineuse que détaillée ainsi que l'énumération des nombreux motifs qui expliquent non seulement son bon droit mais aussi sa priorité*.

Et le Maire commente avec brio toutes les justes raisons de la prétention de sa ville à la création d'un Lycée qui lui a été refusé en 1802, ce qui amène parfois sous sa plume quelques réflexions amères en rappelant ces années d'exclusion. Il dit aussi que le Recteur lui a promis son appui, mais il a préféré s'adresser directement à lui pour lui demander une protection qu'il estime capitale en une circonstance aussi importante puisqu'il s'agit en fait *d'assurer à bien des égards, le bien de la cité dont les intérêts lui sont confiés*.

55 A. N. F. 17. 1563. Instruction publique: Collège de Louvain. Imp. G. P. J. Michel, rue de la Monnaie.

Les mérites de Louvain

Il évoque, une fois de plus, car c'est bien sur ce point que le terrain est le plus solide, le glorieux passé de la ville, centre culturel de premier ordre avec son Université unanimement appréciée et mondialement connue. Il est difficile d'évincer cet argument et il appuie longuement sur le lustre qu'il conférait à Louvain. La ville fut un des premiers foyers de lumières dans un siècle d'ignorance et si le corps savant auquel elle dut si longtemps sa prospérité ne suivit pas d'un pas égal les progrès des connaissances humaines on ne peut toutefois lui refuser le mérite réel d'avoir contribué à la civilisation de l'Europe et d'avoir donné beaucoup de citoyens utiles et quelques hommes distingués. *S'il reconnaît que les Belles-Lettres y ont été faiblement cultivées, il estime que c'est là un malheur que cette ville partage avec toute la Belgique et l'établissement qu'elle réclame suffira pour y faire naître le goût d'une saine littérature.* Il ne manque pas d'affirmer que Louvain possède sur toutes les villes qui réclament un Lycée un avantage que l'esprit de rivalité même ne peut lui contester c'est son ancienne réputation qui doit infailliblement lui attirer un grand nombre d'élèves que V. E. daigne protéger et l'on verra bientôt accourir dans ses murs une foule de jeunes gens empressés de chercher l'instruction à la source où leurs pères l'ont puisée autrefois.

Telle est, Monsieur le Comte, l'affaire que je prends la liberté de recommander à Votre Excellence avec toute la chaleur que mérite l'importance du sujet et la confiance que m'inspire le souvenir de vos bontés.

Sans nul doute, Louvain aurait eu gain de cause si le plaidoyer du Maire Boschaert avait eu la chance d'être étudié, car enlever à cette ville célèbre une Université dont le prestige laissait à tant de Belges une inconsolable nostalgie exigeait une réparation que la création d'un Lycée impérial ne semble pas devoir pleinement satisfaire. Mais cette lettre a été écrite en mars 1812 et, huit mois plus tard l'Empereur connaissait avec les revers militaires de Russie, des exigences plus impérieuses et des initiatives d'un autre ordre[56].

Nous n'avons pas abordé ce qui concernait les Ecoles secondaires ecclésiastiques non plus que les pensionnats et les institutions privées car, il est évident que par le canal des Bureaux d'administration les prêtres étaient présents dans ces derniers établissements par le personnel enseignant. Enfin lors de la crise aiguë de 1811 entre la France et le Saint-Siège, des mesures restrictives furent prises qui accrurent la mainmise de l'Etat sur ce type d'établissements et réduisirent complètement l'activité de leur enseignement en les obligeant à envoyer leurs élèves suivre les cours du Lycée ou du collège communal de la ville où ces pensionnats ou institutions privés avaient jusqu'alors dispensé l'instruction.

On ne peut affirmer que cet enseignement était donné par des maîtres qui étaient tous acquis aux idées clés de la Révolution française, mais il est également juste de remarquer que les Lycées, ceux de Bruxelles et de Gand en particulier, accueillirent des hommes de grande valeur malgré toutes les difficultés à recruter des professeurs décidés à satisfaire aux vues de l'Empereur dans la mutation des principes et de la pédagogie.

56 A. N. F. 17. 1563. Lettre du Maire de Louvain au comte de Fontanes pour demander la création d'un Lycée à Louvain.

Les Ecoles secondaires et les petits Collèges: Oudenarde

Ainsi qu'on a pu le constater plus haut, il n'était pas besoin de mener une campagne d'information auprès des populations pour les persuader des bienfaits de l'instruction et de les inciter à demander à leur Maire, au Préfet du Département, voire au Directeur chargé de l'Instruction publique à Paris, de procéder à des créations d'établissements d'enseignement dans leurs localités.

Mais le plus souvent, les Municipalités se faisaient un devoir d'adresser aux autorités supérieures ces demandes qui correspondaient au sentiment général de la population. Au début, les Ecoles secondaires se créent un peu partout avec la bienveillante autorisation du Recteur et du Grand-Maître, avant de devenir des Collèges, au fur et à mesure que prend corps l'Université impériale sur tout le territoire, à partir de 1802.

Le Collège d'Oudenarde est de ceux-là: Le 15 novembre 1810, Fontanes a pris un arrêté pour organiser l'établissement, nommer les maîtres qui doivent y assurer l'enseignement et en assurer la gestion et l'administration.

A ce propos nous devons relever la sollicitude marquée que le Grand-Maître apporte à la recherche, au choix et à la présence d'un *maître de langue française: C'est un point important*, écrit-il, et il recommande une concertation avec le Maire pour créer *une chaire d'éléments de langue française* et aussi pour choisir un sujet qui paraîtra propre à occuper cette chaire et fixer le traitement qui serait alloué à *ce nouveau régent*. Et c'est un certain Dubois qui est nommé Principal du collège tout en assurant l'enseignement dans les deux classes d'Humanités, mais les difficultés matérielles apparaissent alors et ne tarderont pas à mettre en péril l'organisation de l'établissement.

En 1812, le Collège d'Oudenarde commence à donner certaines préoccupations quant à la situation financière et aussi par l'affaiblissement de la discipline, ce qui avait sans tarder attiré l'attention des parents dont les remarques avaient été confortées par le Maire et son conseil municipal et transmises au Recteur et au Grand-Maître. Les fonds que la ville espérait obtenir pour l'exercice de 1812 furent rayés de son budget et la somme versée fut seulement de 1200 francs. Voici en quels termes on juge l'établissement: *Un collège mal organisé, sans nulle discipline (...) courbé sous un poids considérable et marchant vers un anéantissement certain.* Les nouveaux membres du Bureau n'ont pris jusqu'à ce jour aucune mesure convenable pour éviter la ruine d'un établissement si intéressant ... Et de rappeler avec une grande amertume *que cette Ecole secondaire est placée dans une ville où, de tout temps les études ont fleuri et attiré un grand concours d'élèves.* On ne manque pas d'évoquer la situation du lieu, l'importance du commerce aussi, pour des habitants qui sont essentiellement des marchands et des négociants. Mais les membres du nouveau Bureau ne surent pas remettre les choses en ordre ni redresser la situation: un des régents, Coppi, adressa au Grand-Maître directement une démission dont il n'informa ni le Recteur, ni le Principal. Le Principal, Van Goethelm, en fit de même quelques jours après, si bien que la rentrée de 1812 vit le Collège d'Oudenarde privé de chef d'établissement et de son principal régent. Les résultats furent néfastes au collège et, par un heureux hasard, l'Inspecteur d'Académie, Van Trier, qui se trouvait en tournée dans la région, fut informé de cette situation par le Bureau d'administration et parvint, à grande peine il est vrai, à faire revenir Van Goelthem et Coppi sur leur décision. Ils acceptèrent d'assurer provisoirement leur service jusqu'à ce que le Grand-Maître ait décidé de procéder à une réorganisation du Collège[57].

On assista alors à une véritable mobilisation des membres du Conseil municipal et des habitants concernés par cette situation vraiment étrange: à force de sollicitations et d'instances, le Bureau parvint à retenir cinq internes et une douzaine d'élèves externes, avec l'espoir de garder ainsi un noyau pour conserver le Collège. Cet espoir était bien mince parce que *le budget de 1813, même s'il avait été plus important que celui de 1812 ne pouvait guère changer les choses: le versement de ces fonds était généralement tardif,* ainsi que le dit le Maire, et ne pouvait parvenir en temps utile pour constituer une ressource efficace en 1813 ... Et il en tirait la conclusion que *pour le cas où le Gouvernement viendrait à allouer ces subsides ce ne sera qu'en 1814 que le Collège pourra en ressentir les effets réels.*

Le seul remède serait donc de permettre à l'établissement de se soutenir pendant une année entière et aucun des administrateurs ne sait comment y parvenir et calmer l'impatience des parents car, les élèves une fois partis, il ne faut plus songer au rétablissement du Collège[58].

On pourrait donc penser que le sort du Collège d'Oudenarde est réglé et que nul cherche plus à lutter contre les obstacles qui paraissent tout à fait insurmontables et pourtant, par le plus grand des hasards une solution que l'on peut qualifier de providentielle se dessine tout à coup. Un certain Maquaire qui dirigeait une Ecole secondaire à Gand, *avantageusement connu dans toute la Belgique* selon l'opinion du Maire d'Oudenarde, offre de prendre en main *l'administration économique* du Collège, donc sa gestion. Il est certain que des contacts furent pris avec ce Maquaire, mais nous ne savons pas exactement par qui. Le fait est certain, ce Directeur de pensionnat, connu et estimé depuis dix ans non seulement à Gand mais aussi dans toute la région, accepta de s'occuper de relever l'établissement *à perte comme à gain,* sans secours et sans avance de la part de la ville d'Oudenarde et cela jusqu'au moment où le Gouvernement allouerait les fonds indispensables dans le budget de la commune ... Mieux encore, ce généreux mécène s'engageait à fournir la literie, les meubles et tous les approvisionnements de ménage au prix d'une pension de 450 francs par an.

Il eut été insensé de refuser une telle offre et le Bureau d'Administration du Collège d'Oudenarde s'empressa de saisir cette véritable bouée de sauvetage et d'accepter l'offre de M. Maquaire en avisant aussitôt le Recteur Van Hulthem et en le priant de présenter ce projet, *de suite* à l'homologation de S. E. le Grand-Maître.

Les perspectives redeviennent réjouissantes pour les habitants d'Oudenarde car le Maire a été informé qu'au 1er janvier prochain, arriveraient au Collège une quarantaine de pensionnaires et, naturellement, les parents qui avaient dû envoyer leurs enfants dans des établissements d'instruction de l'extérieur, envisagèrent avec empressement de les rappeler chez eux ... Mieux encore, les »étrangers« demandè-

57 A. N. F. 17. 1563. Mémoire adressé par le Maire et la commune d'Oudenarde au Grand-Maître de l'Université (9 décembre 1812).

58 A. N. F. 17. 1563. Des situations semblables existaient aussi dans certains Lycées. Voir: Les débuts du Lycée de Reims et le provisorat de L. S. Berton (1804–1808) par Georges Clause, dans les Mémoires de la Société d'africulture, commerce, sciences et arts du Département de la Marne. Année 1956. Châlons-sur-Marne.

rent des places pour leurs enfants. Tout semblait donc arrangé et la joie était de mise[59].

Alors que tout paraissait évoluer vers une solution favorable aux intérêts du Collège et de ses défenseurs grâce au geste aussi inattendu que généreux du sieur Maquaire, et que l'établissement était en voie de reprendre ses activités, un contretemps fâcheux faillit bien tout remettre en question.

Selon toute vraisemblance, le Grand-Maître avait, de son côté, recherché un moyen de remédier aux difficultés que connaissait le Collège mais il n'eut pas connaissance en temps voulu de la proposition Maquaire aux habitants d'Oudenarde et vers la fin de novembre 1812 il avait nommé comme Principal du Collège un certain Dubois qui dès le 5 décembre arriva à Oudenarde. Inutile de dire que sa présence suscita une certaine gêne chez les gens du lieu et en particulier auprès du Maire et de ses conseillers, sans oublier les membres du Bureau de l'établissement. Bien entendu, le Maire ne perdit pas de temps pour informer le Grand-Maître du trouble que causait cette nomination qui se révélait intempestive alors que quelques jours plus tôt elle eût été accueillie avec faveur.

Ce n'est pas écrivait-il *qu'on ait une opinion défavorable sur Monsieur Dubois et que l'on doute de ses facultés et de ses talents, mais M. Maquaire est généralement connu dans toute la Belgique, il jouit de toute la confiance des parents, il parle la langue du pays et son long séjour dans le Département de l'Escaut l'a pour ainsi dire naturalisé. Enfin il est dans le caractère du Belge de se livrer difficilement à des inconnus. Telles sont dans le pays les dispositions des esprits et du public en général.*

Le Maire faisait ensuite état de ses réflexions pour finalement suggérer au Grand-Maître une mesure qui selon lui devait avoir le mérite de concilier les intérêts du Collège et les vœux de la population.

Il lui proposait tout simplement de nommer Monsieur Maquaire Principal de l'établissement et de le laisser exécuter les projets qui devaient le remettre sur pied. C'est ce qu'il écrivait au Grand-Maître: *Sans nous arrêter Monseigneur, à de telles dispositions, – celles du public énoncées plus haut, – nous croyons cependant de notre devoir, comme administrateur et conseil de la ville, de prier V. E. de vouloir bien peser dans sa sagesse, si dans le cas présent, il ne serait pas plus avantageux, sous tous les rapports pour notre collège, d'en nommer monsieur Maquaire Principal. Et nous ne pouvons vous dissimuler que sans cela, il serait fort à craindre d'après les dispositions des esprits, que notre collège, loin de se relever, finisse par s'anéantir définitivement.*

Le Maire rappelait alors les difficultés insurmontables auxquelles se heurteraient un grand nombre de parents *s'ils persistaient à vouloir assurer l'instruction de leurs enfants en assumant les frais qu'entraînerait leur envoi dans des écoles privées de l'extérieur alors qu'ils ont l'avantage d'en posséder une à Oudenarde.* Et il proposait, pour hâter le dénouement et pour éviter à M. Dubois les désagréments de son déplacement, de le dédommager de ses frais de voyage[60]!

C'est dans une lettre de l'Inspecteur général Ambroise Rendu qu'il est possible de trouver quelques informations sur la manière d'aborder et de résoudre les problèmes spécifiques des Ecoles secondaires et des petits collèges quand ils se présentent et

59 Ibidem. Mémoire adressé par le Maire d'Oudenarde au Grand-Maître Fontanes. Page 5.
60 A. N. F. 17. 1563. Mémoire adressé par le Maire d'Oudenarde au Grand-Maître.

aussi sur celle concernant l'accueil et les dispositions que réservent l'Université, le Grand-Maître et les Recteurs en particulier à ces suggestions et à ces propositions que leur soumettent les notables et les membres du Clergé[61].

Car ce plan de redressement existe bien! Ambroise Rendu l'a proposé pour instaurer solidement l'instruction publique dans les départements belges, pour y substituer ce que l'on peut, à juste titre, considérer comme les points forts, ceux qui aideront les principes de la nouvelle université de France à donner à l'ensemble des établissements d'enseignement une unité dans les méthodes et dans les fins, sans négliger les spécificités du pays. *Un des premiers soins pour toute cette contrée sera de placer dans chaque collège au moins un fonctionnaire qui sache et la langue française et la langue flamande. C'est la une raison majeure qui impose d'admettre à l'Ecole normale des jeunes gens de ce pays. Nous espérons en présenter quelques une et, d'avance nous sollicitons pour eux la bienveillance de Votre Excellence.* Voilà en quels termes Ambroise Rendu s'adresse au Grand-Maître.

Et pour en revenir au cas du collège d'Oudenarde on envisagea de remplacer M. Dubois sacrifié aux exigences des parents et de certains ecclésiastiques par *un instituteur de Gand*, un certain Coquilhat, donc un collègue de Maquaire. Il postule cette place sans être du pays, mais il l'habite depuis vingt ans et il y connaît des personnes considérables! Il peut se prévaloir de l'appui de M. le sous-Préfet qui goûte assez ce projet ainsi que nous en informe encore l'Inspecteur Général Rendu mais tout le monde est d'accord pour affirmer que rien de solide ne peut être tenté jusqu'aux vacances pour remettre de l'ordre dans le collège sinon annoncer que l'on tentera d'instaurer de nouvelles méthodes pour y parvenir.

Néanmoins ces suggestions ne peuvent aboutir sans que les effectifs scolaires soient réconstitués, car ils sont nettement insuffisants pour permettre au sieur Maquaire de relever l'établissement et de son côté, le Grand-Maître n'a pas voulu nommer Principal un ecclésiastique ainsi qu'il en avait été prié ni même accepter cet *instituteur de Gand* qui semblait rallier les suffrages. A vrai dire, les réformes que M. Rendu envisage dans son plan, n'ont que de minces chances d'aboutir et les changements préconisés ne sont pas pour demain.

Un fait demeure, la coexistence des langues, vieux problème, encore présent particulier à la Belgique d'alors unie aux provinces hollandaises. Certes, en d'autres régions réunies à l'Empire français, en Toscane, en Piémont pour ne citer que ces deux provinces italiennes, on a fréquemment cédé à la tentation de privilégier le français, malgré les recommandations de l'Empereur. Qui ne se souvient des fanfaronnages de sa sœur Elisa Baciocchi, lorsqu'elle prétendait *enseigner le français à ses Français de Lucques*. L'Empereur goûtait assez peu ce genre de vantardises, ridicules, mais de surcroît dangereuses. Il n'entendait pas voir disparaître la langue italienne qu'il parlait et aimait.

Sans pousser trop loin la comparaison, il est néanmoins permis de rappeler qu'en Toscane comme en Belgique, les princes de la Maison de Habsbourg ont toujours montré partout où ils ont gouverné, une prédilection certaine pour la culture et l'éducation laissant ici comme là des habitudes et des souvenirs durables. Peut-être aussi eût-il été habile de faire preuve envers les habitants d'une certaine modération

61 A. N. F. 17. 1564. Lettre de l'Inspecteur général Ambroise Rendu au Grand-Maître. 10 juillet 1813.

et aussi de les convier à une participation discrète dans l'aménagement des disciplines et dans la tâche de recruter les régents si difficiles à trouver et à garder en place? C'est justement ce que souhaitait Ambroise Rendu.

Notons également ce souci de voir entrer dans les bureaux d'administration de ces mêmes collèges et Ecoles secondaires, certains parents d'élèves particulièrement soucieux d'assurer la bonne marche et la réussite de l'établissement. N'était-ce pas une preuve évidente de l'importance qu'attachait le Gouvernement impérial à ménager les notables afin de les associer au maintien du Régime? On ne peut donc pas s'étonner de l'action entreprise par Ambroise Rendu et certains de ses collègues afin de seconder les vues de l'Empereur.

Il a été affirmé *qu'une grève scolaire générale et une levée de boucliers n'auraient pu être évitées, non seulement en Belgique mais aussi en d'autres régions si la rigueur instituée par le Gouvernement impérial dans l'Université eût été observée*. Sans nous prononcer sur ce point, il faut cependant admettre que la nouvelle discipline observée dans les Lycées impériaux récemment créés, ne fut pas appliquée dans les Ecoles secondaires et les petits collèges. Sans doute par un souci de se ménager les parents l'Empereur ne voulut-il pas marquer son intention de donner aux générations qui sortiraient des établissements secondaires l'esprit de l'ordre nouveau destiné à former les futures classes dirigeantes. Mais était-il bien indiqué de s'aliéner les parents en cherchant un champ d'application en dehors des Lycées? C'est là une attitude qu'il fit observer jusqu'à la fin de la présence française dans les collèges des Départements belges ainsi qu'il est possible de la vérifier en observant le fonctionnement de quelques uns de ces établissements. Ce qui explique sans doute un certain flottement dans la gestion et l'administration de ces petits collèges.

Ces expériences qui conduisirent l'Empereur à tenter ainsi de gagner la moyenne bourgeoisie furent-elles concluantes? Il est risqué de répondre par l'affirmative, le temps fut trop mesuré mais ce qui est plus réel demeure l'esprit de conciliation qui existait entre les Bureaux d'administration de ces collèges et le Grand-Maître, sans oublier les Inspecteurs généraux. La sollicitude et la bienveillance des collaborateurs de Fontanes ne devait jamais se démentir, et pas seulement dans les Départements de l'ancienne Belgique.

Quelques uns de ces collèges méritent une courte étude car, en ces années-là ils accueillaient la majeure partie de la population scolaire et ils continueront à le faire pendant toute la durée de l'Empire puisque les Lycées n'étaient pas assez nombreux et nécessitaient des moyens considérables d'organisation et de gestion. Celui d'Oudenarde nous a paru être typique de ceux qui fonctionnaient depuis tant d'années en Belgique pour y maintenir la diffusion de l'instruction aux fils de la classe des bourgeois d'affaires et des riches marchands. On ne saurait oublier non plus que l'Eglise et ses exigences morales dût exercer, dans ce secteur une influence non négligeable[62].

62 Voir la lettre de l'Inspecteur Ambroise Rendu au Grand-Maître. 10 juillet 1813. A. N. F. 17. 1564. Voir également l'ouvrage d'André LATREILLE, L'Ere napoléonienne, Paris 1970, p. 189 ss.

Un petit collège du Brabant: Nivelles

C'est un collège du même type que celui d'Oudenarde, avec le processus ordinaire: remplacement de l'ancien collège, par une école privée secondaire puis transformation en collège dépendant de l'Université. La première initiative pour obtenir du Gouvernement un établissement d'Instruction revient à un certain Blanfort qui s'était adressé au Ministre de l'Intérieur pour obtenir l'autorisation d'installer son école dans le *local de l'ancien collège*.

Effectivement, dans une lettre du 21 vendémiaire, An XII, *Blanfort se plaignait* au Ministre des *entraves qui lui sont suscitées par le Conseil municipal de la Commune de Nivelles et causent sa ruine en rendant illusoires les vues sages du Gouvernement*. De leur côté, le Maire, au nom du Conseil et aussi le représentant du Bureau d'administration de l'établissement, affirmaient *que l'expérience ayant prouvé l'impossibilité où se trouvait le citoyen Blanfort*, par défaut de moyens pécuniaires de donner à un tel établissement toute l'étendue que réclame l'importance de l'objet et l'intérêt de la commune, ils avaient pris, le 30 pluviôse dernier la décision de solliciter la concession du local occupé par Blanfort pour y établir aux frais de la ville et sous son inspection une Ecole secondaire et c'était là l'objet de leur lettre? ... Ils exprimaient également la conviction que c'était une mesure de ce genre qui avait quelques chances de *rendre à la ville de Nivelles l'avantage dont elle jouissait autrefois sous le rapport de l'Instruction*, que le local de l'ancien collège réunissait tout ce que *l'on peut souhaiter dans un établissement de cette nature ainsi que le prouve le procès-verbal dressé dans le temps*. Enfin, pour emporter la décision, ils informaient le Ministre que *ce bâtiment n'avait jamais été domanial, ni aliéné, ni même exposé à la vente et jamais concédé à un autre service public*.

On retrouve donc là tous les arguments utilisés pour ouvrir un établissement d'instruction conforme aux désirs de la population qui a gardé, on le sent bien, un souvenir nostalgique de son vieux collège. Rien d'anormal ni de surprenant puisque nous retrouvons fréquemment ailleurs, et en particulier dans les provinces françaises le même sentiment et le même attachement à ces vieux collèges dont l'évocation entraîne aussitôt les habitants à entreprendre toutes les demarches qui peuvent conduire à une résurrection ... Les vieux collèges ont la peau dure, même après l'expérience des Ecoles centrales, on retrouve leurs défenseurs sur des positions inchangées.

Et les protestations du sieur Blanfort demeurèrent sans échos puisque à cette date, le 21 vendémiaire de l'An XIII le sous-préfet de l'arrondissement de Nivelles donne son avis sur les mérites respectifs des candidats aux postes de professeurs à l'Ecole secondaire de la ville de Nivelles, en accord avec les membres du Bureau d'administration de cet établissement. Le citoyen Tison, outre qu'il est plus instruit que l'autre candidat – il s'agissait de Paul-Albert de la Fontaine –, il est seul en état d'établir un pensionnat.

Mais, à la même date donc le 27 vendémiaire de l'An XII, et dans le même dossier, se trouvent les observations du Préfet Doulcet de Pontécoulant et elles ont le grand mérite de nous permettre de nous faire une opinion sur la façon dont les postes de directeurs et de professeurs étaient accordés dans ces petits établissements entièrement confiés aux municipalités et aux parents des élèves[63].

63 A. N. F. 17. 1564. Dossier relatif aux nominations dans le collège de Nivelles en l'an Douze ...

Le Préfet estime qu'il est de son devoir de prévenir le Ministre de la façon peu régulière avec laquelle on a procédé aux nominations du personnel enseignant à l'Ecole secondaire de Nivelles, précédemment simple maison d'éducation privée, dont le directeur était le citoyen Blanfort. Or, sa candidature au poste de principal n'a pas été retenue par le Bureau d'administration de la nouvelle Ecole secondaire communale ainsi qu'il a été dit plus haut, et le Préfet en a été surpris, mais il semble bien que cette élimination d'un homme installé depuis de longues années déjà à Nivelles l'ait également irrité et il en donne les raisons.

Antérieurement à l'arrêté du 27 vendémiaire, écrit-il, *la maison d'éducation du citoyen Blanfort, à Nivelles, avait été érigée en Ecole secondaire par arrêté du Gouvernement. Celle qui vient d'être accordée à la Commune anéantit nécessairement la sienne, il était donc naturel de croire que le Bureau d'administration aurait désigné le citoyen Blanfort (qui a d'ailleurs toutes les qualités requises) pour remplir une des places de professeur, mais le Bureau d'administration à qui j'ai fait observer cet oubli, a voilé le motif d'une animosité particulière, du prétexte de la résolution qui a été prise d'exclure du nombre des candidats les individus mariés, ce qui paraît contraire à l'esprit de la Loi sur l'organisation de l'instruction.*

Ainsi donc, et contrairement à l'opinion favorable émise par le sous-Préfet Berlaimont, le Préfet Doulcet de Pontécoulant blâmait la décision prise par le Bureau d'administration de l'Ecole secondaire de la commune de Nivelles qui écartait la candidature du citoyen Blanfort de la liste des nominations possibles dans le nouvel établissement. On demeure frappé par l'insistance avec laquelle Blanfort informait le Ministre de ses ennuis avec la Commune et le Bureau d'administration du collège. Il le suppliait *de lui accorder la direction de ce collège sur les témoignages favorables que lui valaient sa conduite comme ancien professeur et comme père de famille attaché inviolablement au Gouvernement.* Il ne manquait pas de mentionner que »quelques jours auparavant la Société de Littérature de Bruxelles l'avait accueilli comme membre associé, honneur que lui avaient valu quelques pièces de poésie française parues récemment.« Une autre opinion favorable à Blanfort avait été transmise par le sous-Préfet: N'avait-il pas exercé comme directeur et professeur dans cette maison d'éducation transformée en Ecole secondaire et cela pendant onze ans, avec l'aide de son fils elle avait été parfaitement gérée. Enfin, nous sommes fixés sur les vrais motifs qui l'ont fait écarter par les membres du Bureau d'administration, par le même sous-Préfet qui avoue à Pontécoulant que *Blanfort n'a pu être nommé à l'Ecole secondaire communale de Nivelles qui est entièrement composée de prêtres et que le but était d'anéantir son école particulière.* Nous voici donc confronté au même obstacle que nous avons rencontré précédemment à Oudenarde. Que deviendra Blanfort à qui on retire son gagne-pain? Il a demandé à déposer sa candidature sur le tableau de l'Ecole de Tirlemont en espérant qu'avec les bons témoignages qu'il a fournis, *S.E. le Ministre de l'Intérieur daignera l'appuyer*[64].

Sans doute, les petits établissements qui restent entre les mains des particuliers, même quand ils deviennent des établissements communaux, subissent-ils indirecte-

64 A.N. F.17. Le règlement appliqué dans les Lycées impériaux ne s'appliquait en effet qu'à ces seuls établissements. Le célibat était prévu pour conserver au corps enseignant une apparence d'ordre monastique analogue au caractère des anciens ordres religieux. Cette exigence ne devait pas être durable.

ment l'influence du clergé, tout puissant en Belgique. Ils veillent donc constamment à maintenir une certaine indépendance face à l'autorité grandissante de l'Etat dans le domaine, essentiel pour eux, de l'Instruction publique.

Dans les deux cas présents, Oudenarde et Nivelles, ici comme là, nous devons noter l'intention d'éliminer tous les maîtres qui, aux yeux des parents et de l'Eglise, ne présentent pas les garanties suffisantes pour assurer aux établissements une liberté qui les préserverait du contrôle de l'Etat. Nous pensons que l'Université impériale ne souffrira pas que les collèges et les écoles secondaires doivent échapper à ce monopole de fait qui, forcément introduit une notion de laïcité et d'égalité dans le choix des enseignants.

Ce conflit nous le retrouvons aussi en Italie, mais les conditions sont tout à fait différentes, sauf en ce qui concerne les Ecoles secondaires ecclésiastiques qui, en fait, sont des petits séminaires. Des congrégations enseignantes telles que les Ecoles Pies que l'on ménage parce que les maîtres de la nouvelle Université sont encore trop peu nombreux et doivent donc être remplacés temporairement par les religieux Scolopes, imposent des précautions. Rien de tel dans les Départements belges: les populations, habituées à envoyer leurs enfants dans des petits collèges locaux ou dans des institutions religieuses tenteront donc de préserver cette sorte de statut et l'on sait que ce n'est pas là le but recherché par la politique impériale en matière *d'instruction*. On continuera donc à éliminer par des moyens peu conformes à la justice et à l'égalité, les maîtres qui seront suspects par leurs opinions ou leur idéologie. C'est ce qui a eu lieu à Oudenarde et à Nivelles[65].

Cette préférence des familles pour les Ecoles tenues par des prêtres constitutionnels ou les Frères de la Doctrine chrétienne, jureurs ou non, est à noter à partir de 1798. Cette tendance s'accentuera dans les années qui suivent, d'abord par suite du réveil religieux, dû, pour une bonne part à la constitution de l'an III qui reconnaissait la liberté d'enseigner et aussi à ce que l'on nomme la loi Daunou[66]. La signature du Concordat devait compléter cette préférence parfaitement explicable de la part de populations acquises depuis toujours à l'action de l'Eglise catholique.

Par la suite, il fallut attendre 1808 date de l'installation de l'Université impériale pour trouver, concernant Nivelles, une demande de diplôme présentée par l'Ecole secondaire communale. Dans une lettre, le Maire, au nom du Conseil municipal, rappelait au Préfet que le décret impérial du 17 septembre 1808 prévoyait le contrôle de l'Université impériale sur tout l'enseignement public et sur tout le territoire de l'Empire français. Il y était également prescrit que cet enseignement devait être uniforme, que tous les membres de l'Université devaient se conformer aux mêmes règlements et que *tous les établissements d'instruction avaient l'obligation de se munir d'un diplôme exprès du Grand-Maître s'ils voulaient continuer à exister*.

Cette mise en demeure fit une grande impression sur les conseillers municipaux de Nivelles qui avaient obtenu la création de leur Ecole secondaire et tenaient à la conserver pour leur ville. Le Maire demande donc au sous-Préfet se réclamer sans tarder cette pièce indispensable *afin que l'enseignement à l'Ecole ne souffre aucune interruption*. De son côté, le sous-Préfet estime que la ville de Nivelles ayant été

65 A. N. F. 17. 1564. Dossier relatif aux nominations dans le collège de Nivelles. 27 vendémiaire AN 12.

66 La loi Daunou autorisait les municipalités à ouvrir des collèges. Elle organisait les Ecoles centrales, au dessus des écoles élémentaires.

autorisée par l'arrêté du Gouvernement, le 27 vendémiaire de l'an XII à établir une Ecole secondaire, *l'octroi du diplôme ne peut lui être refusé*.

Mais la nomination du Directeur continue à être la difficulté majeure à laquelle on se heurte pour assurer le fonctionnement correct de l'établissement. Le Préfet reste très préoccupé sur ce point capital: Le sieur Tison, nommé en 1804, a été remplacé par un certain Bartel mais en 1808, le 26 septembre exactement, ce dernier démissionne et tout le monde est bien embarrassé pour lui donner un successeur. Fourcroy encore Directeur Général de l'Instruction publique fournit un rapport au Ministre de l'Intérieur pour lui signaler la candidature d'un sieur Piéret, prêtre, fort recommandé par le préfet de la Dyle, et le seul à s'être présenté, précise-t-il en même temps qu'*il déplore la rareté des sujets* et *leur manque de valeur professionnelle*. Le sieur Piéret ne resta pas très longtemps dans ce poste car, l'année suivante, en juillet, nouvelle démission et nouvelles recherches d'un Directeur pour l'Ecole: un certain Engelbert est réfusé par le préfet *à cause de la conduite de cet individu dans cette Ecole*. C'est le 17 juillet qu'un certain Bondain ci-devant chanoine du Chapitre de Nivelles, professeur de 6ème et de 5ème pendant plusieurs années, est jugé avoir les qualités requises pour remplir cette fonction de Directeur. *Il est invité à occuper ce poste dès ce jour, pour ne pas laisser cette place vacante*.

Autre remarque, qui concerne la discipline et les mœurs: il s'agit en l'occurence d'une tentative de corruption de fonctionnaire, donc d'une affaire grave: Le sieur Berthels, professeur à l'Ecole secondaire de Nivelles, invite un des chefs de service des Bureaux de la Préfecture, et au moyen d'une récompense, à faire un rapport favorable sur une réclamation qu'il avait présentée, le Préfet estimant que cet individu dont les principes sont aussi relâchés n'est pas propre à l'éducation de la jeunesse[67].

Conclusion

Dans le cadre limité de cette étude nous avons tenté de montrer que dans les premières années du Consulat l'enseignement s'était ranimé dans les Départements belges pendant que les écoles secondaires et les petits collèges ou institutions privés reprenaient une grande importance par la nécessité pour la population de pourvoir à l'instruction d'une jeunesse qui depuis l'arrivée des Français ne disposait plus de collèges ou d'établissements d'enseignement, tout comme, du reste, la majeure partie du territoire de la République. Les Ecoles centrales créées dans ces mêmes départements ayant été supprimées en 1802, il fallut, comme partout en France les remplacer et des Lycées furent donc créés dans les villes importantes, à Bruxelles, à Bruges, à Gand, à Liège et à Anvers. Il est également procédé à l'établissement de collèges communaux ou privés et, dans ce secteur, les incitations on le sait, ne manquèrent pas de la part du Gouvernement, entre 1802 et 1808.

Or, à partir du 1er janvier 1809, l'Empereur avait décidé *que l'Enseignement public devait être confié exclusivement à l'Université et que n'importe quel établissement d'instruction qui, à cette date ne serait pas muni d'un diplôme exprès du Grand-*

67 Collège de Nivelles: 11 juillet 1809; le préfet de la Dyle à Fontanes, et 26 septembre 1808.

Maître cesserait d'exister. Cette prétention de l'Empereur à régenter, à des fins politiques tout ce qui concernait sur le territoire l'éducation et l'instruction souleva bien entendu une inquiétude considérable parmi la population en général et les catholiques en particulier, car il est incontestable que les principes et les vues affichées par la Révolution française tout au long de la présence de nos troupes en Belgique ne pouvait plaire à une grande partie de ce pays. Certes les réticences avaient beaucoup perdu de leurs virulence au fur et à mesure que les années s'écoulèrent et que le régime politique s'affirmait, en prenant des mesures aussi spectaculaires que le rétablissement de la religion catholique sanctionnée par le Concordat de 1802, mais ces intentions parfaitement exprimées d'une mainmise sur l'enseignement au détriment de l'autorité de l'Eglise exclue impérativement par le Gouvernement impérial suscita dans les Départements belges une crainte très réelle et très légitime. Sans doute, dans un premier temps, l'impression favorable que produisit la signature du Concordat incita-t-elle les maires et les conseils communaux des villes les plus importantes à solliciter du Gouvernement consulaire, puis impérial la faveur de posséder un Lycée et pour les localités moins importantes un collège communal. Mais il semble bien qu'en Belgique les parents d'élèves aient conservé une participation active à la gestion des établissements scolaires par le truchement de Bureaux d'administration qui leur laissaient plus qu'un simple regard: mais aussi une certaine liberté dans le choix des professeurs et des chefs d'établissements, même si ce choix devait être confirmé par le Grand-Maître. Cette activité des Bureaux d'administration fut presque toujours favorisée par des gens qui en étaient membres et bien vus du Grand-Maître par leur appartenance passée ou présente à des assemblées telles que le Corps législatif ou le Sénat. Enfin, on ne saurait cacher que l'attitude du Grand-Maître, à partir de 1808 fut analogue à celle adoptée par les Directeurs qui l'avaient précédé dans ces fonctions, Roederer ou Fourcroy. Il ne faut pas oublier non plus d'autres personnages influents, l'Inspecteur général Beytz en particulier, et tout ceci concourt à comprendre pourquoi, malgré certaines résistances, le processus du monopole de l'enseignement dans ces Départements belges se déroula jusqu'en 1814 sans incidents majeurs ... Sans doute en usa-t-on ailleurs, dans les Départements d'au delà les Alpes par exemple en employant des procédés plutôt feutrés[68].

Il restait à définir la position de l'Empereur à l'égard de la langue flamande parlée dans les provinces du même nom. Sans doute songea-t-il sérieusement à une francisation qui ne pouvait guère réjouir les populations. On sait qu'une expérience de ce genre fut tentée dans les départements italiens réunis à l'Empire français, notamment en Ligurie et en Toscane, sans beaucoup de succès il faut bien le reconnaître puisque la pénétration française devait se borner à un vernis du vocabulaire administratif qui n'alla guère plus loin que le »buro«, la »mairie« et »le maire«, à Gênes par exemple. En Belgique, il en fut tout autrement: des villes comme Gand connurent des plaques de rues et même des enseignes de boutiques rédigées en français. On alla jusqu'à interdire toutes les activités dans la presse et même sur les scènes de théâtres quand elles employaient le flamand, sauf exceptions mineures.

68 A. N. F. 17. 1563. Demande d'un diplôme pour l'Ecole secondaire communale de Nivelles. 30 novembre 1808.

Mais en Belgique comme partout ailleurs, le temps manqua à la réussite de cette réforme intempestive et peu excusable, comme à d'autres du même type. Et nous devons nous réjouir de cet échec. La mise en place des institutions devait-elle s'annoncer par des tentatives d'invasion linguistique et culturelle? Il n'en fut rien, heureusement car les conséquences eussent été funestes pour une culture et une civilisation qui comptent parmi les plus brillantes d'Europe. Le prestige de l'Empereur en eût-il été accru? Nous ne le pensons pas mais cette entreprise ne lui aurait certainement pas valu un regain d'estime et de gratitude de la part des populations concernées. Et il est surprenant de voir les inspirateurs de ce détestable projet, rechercher pour les Lycées et Collèges récemment créés par leurs soins, des professeurs qui, grâce à leur connaissance de l'idiome flamand enseigneraient le français à leurs élèves. Cette recommandation figure sur diverses circulaires et il a été fait allusion plus haut à cette curieuse méthode[69].

Malgré cette menace qui pesait sur une bonne partie du territoir belge, on ne saurait nier le ralliement de cette population tout au long du règne et principalement pendant les quelques années qui marquèrent l'apogée de la puissance du Grand Empire, donc vers 1811. Si certains historiens belges devaient, par la suite, juger cette présence française comme le passage d'une domination étrangère d'autres admirent que cette même présence fut utile et bienfaisante pour les intérêts de la Belgique, sans pour autant estimer que les Belges étaient des sujets français. Pas plus que les Piémontais et les Toscans. Il était sans doute flatteur d'appartenir, en apparence du moins et sans doute temporairement, à »la Grande Nation«, dans le cadre politique du Grand Empire. Mais nous ne savons pas exactement dans quelle mesure les habitants des territoires belges »réunis« à la France restèrent attachés à la France et à l'Empereur, en quelles proportions aussi ... Ce que l'on peut affirmer, c'est que lors des revers qui suivirent la retraite de Russie et même au moment des Cent Jours et de Waterloo, les Belges manifestèrent encore leur attachement et leur fidélité à la France. Le fait est assez rare ailleurs pour mériter d'être mentionné en ce qui touche la Belgique.

Si l'on veut tenter une remarque avec un autre département »réuni«, celui du Léman et l'importante Université de Genève et l'appliquer dans une certaine mesure à celle de Bruxelles, il convient de relever qu'ici comme là, les autorités locales aidèrent financièrement le Gouvernement impérial à créer et à entretenir les établissements scolaires tant chez les Helvètes que chez les Belges. Certes »la Société économique« genevoise, dont l'existence séculaire se traduisait par des ressources financières considérables à l'époque du rattachement à la France devait conserver, grâce à cette opulence une certaine autonomie universitaire ou tout au moins plusieurs de ses spécificités antérieures. Le Pays belge, grâce à des ressources considérables que lui valait une prospérité économique très importante, fut également capable d'aider et les créations et l'entretien des Lycées et Collèges ce qui soulagea d'autant le Gouvernement[70].

Outre l'importance capitale de ce facteur financier dans la création et le développement des nouvelles structures universitaires et scolaires en cette période napoléo-

69 R. Devlesshouver, Historiographie de Napoléon en Belgique au XXe siècle.
70 H. Pirenne, Histoire de Belgique t. VI Bruxelles 1926; et A. N. F. 17. 1563.

nienne, il y a lieu d'ajouter un autre élément déterminant, celui de l'appui prêté par des hommes qui appartenaient au monde politique assez nombreux en pays belge annexé comme ailleurs, en Italie, notamment en Piémont, en Toscane, à Rome même. Ils apparaissent chaque fois qu'à Bruxelles, et dans tous les départements où les murs de la nouvelle Université s'élèvent pour aider ceux qui, sur le plan local travaillent à donner à cette institution impériale toute l'autorité, toute sa dimension aussi, et y faire pénétrer de nouvelles règles à tous les échelons.

On peut parler à ce propos et dans ce rôle de personnages comme Roederer et Faipoult, de Fourcroy aussi avant de nommer le Grand-Maître en personne. Nous trouvons aussi associés à cet appui bien nécessaire l'équipe d'inspecteurs généraux qui s'étoffa progressivement et qui comprenait des savants tels que Cuvier et plusieurs de ses collègues comme Ambroise Rendu, Coiffier et les hommes qui du Rectorat où ils avaient été nommés tout d'abords s'élevèrent à ces fonctions d'autorité, tel Beitz au Pays belge.

Les liens qui unissaient certains professeurs ou administrateurs aux personnalités du Gouvernement remontaient aux années antérieures, surtout vers 1808 quand l'Université impériale devint une »Institution chargée exclusivement de l'enseignement et de l'Education publique dans tout l'Empire« selon la définition de la loi du 10 mai 1806. Ils avaient été collègues au Corps législatif ou au Tribunat et au Sénat. Ils entretinrent des rapports très ouverts qui profitèrent sans aucun doute à l'organisation des Universités. A Genève, notamment, l'Université riche en hommes éminents et en savants de renommée mondiale obtint, grâce à ces rapports privilégiés de nombreux avantages pour l'Université de Genève et pour d'autres établissements. Il en fut de même pour Bruxelles tant pour l'Université que pour les différents Lycées et collèges. Il n'est que de consulter la correspondance avec le Recteur ou même avec plusieurs professeurs pour en être certain.

On pensa, à un certain moment, au Gouvernement, que les dépenses considérables engagées pour mettre sur pied la nouvelle Université dans tout l'Empire seraient couvertes par les droits universitaires et notamment par la rétribution du Vingtième qui, dans la pensée de l'Empereur, devait procurer une bonne part de ce financement, mais tout au contraire, la mesure devint très impopulaire et rencontra chez les chefs d'établissements un manque de zèle évident dû aux réticences des assujettis. Enfin, la notion de monopole universitaire recherchée par Napoléon et qui devait englober non seulement les Universités mais l'enseignement public tout entier, ne fut jamais complètement réalisée: tutelle et contrôle furent les deux mesures à être appliquées sans défaillances. Sans doute ne fut-il pas possible d'aller plus loin. La floraison des collèges et des pensionnats privés dans les Départements belges constitue la preuve évidente de ce que nous affirmons ici. Sans être éliminés des établissements d'instruction, les prêtres et les religieux furent, au pays belge comme ailleurs, réduits à observer les nouvelles mesures et à admettre le contrôle très strict de l'Etat impérial exercé par le corps des inspecteurs d'académie ainsi qu'on le constate en parcourant les dossiers de la correspondance entre le Grand-Maître et les Recteurs ou les chefs d'établissements[71].

Quant à la Culture, il semble qu'une société que nous trouvons établie à Gand, en

71 A.N. F.17. 1563.

1810, fournisse un échantillon de ce qui existait alors dans une des principales villes des départements belges. Il s'agit d'une »Société de Litterature« placée sous le triple patronage du Préfet, du secrétaire Général et du Maire de la ville. Ils ont donc comme tâche principale de surveiller les activités des administrateurs et de s'assurer qu'ils respectent strictement les limites que le Pouvoir impérial a fixées pour ce genre parallèle à l'activité des établissements de l'Instruction publique proprement dite. Les programmes sont très complets: des conférences qui, chaque jour, traitent des différentes parties de l'Instruction telles que la grammaire générale, la logique, la Rhétorique, la Mythologie, l'explication des auteurs anciens, l'Histoire, la Géographie, les Mathématiques, la Physique, les Langues étrangères aussi.

Les différents cours étaient établis à mesure que le nombre des sociétaires augmentait et lorsque l'Administration le jugera convenable. Il semble qu'une sorte de cabinet de lecture fonctionnait également puisque l'Administration prenait des abonnements à tel nombre de feuilles littéraires nationales et étrangères et procédait à l'achat de tel nombre d'ouvrages de sciences et de littérature dans la mesure où ses moyens le lui permettaient.

Une bibliothèque était prévue *puisque l'Administration devait fournir à la Société un fonds d'ouvrages et les membres s'engageaient également à donner à la Bibliothèque les livres qui progressivement pourront être lus par tous les sociétaires.*

Les administrateurs et les animateurs de cette société qui nous paraît être une sorte d'Université populaire avec des cours publics dans toutes les branches essentielles du savoir de base étaient Coquilhat, Roelanss et Lesbroussart, les deux derniers enseignaient au Lycée et aussi à la Faculté des Lettres de Bruxelles où Lesbroussart enseignait les Lettres françaises. Nous ne pouvons fournir aucun détail sur l'éventuelle survie de cette Société après le départ des Français[72].

Il apparaît bien que le Préfet, le Secrétaire général et le Maire sont les représentants de l'Administration mais aussi ceux de l'Etat et du Régime puisque ces trois personnages sont nécessairement choisis et nommés par l'Empereur.

Une dernière question, d'un autre genre celle-là: elle concerne la survie, voire la permanence de ce que l'on pourrait considérer comme la marque d'une influence de l'esprit français puisque les vingt années pendant lesquelles le pays belge vécut la présence française coïncide avec un mouvement d'idées révolutionnaires terriblement exceptionnel pour des gens habitués à un pouvoir autrichien complètement différent sur tous les points puisque fondé sur les principes et les lois d'une monarchie séculaire. Nous ne trouvons pas chez les historiens belges des appréciations susceptibles de nous éclairer franchement sur ce problème ou, plus exactement, les avis divergent à un degré tel qu'il est difficile de se faire une opinion vraiment solide. Sans doute est-il permis de penser que le souffle de liberté qui anima la »nation belge« en 1830 correspondait à des espérances qui avaient pu prendre naissance tout au long de cette présence française de vingt années qui avaient bouleversé l'Europe ...

N'est-ce pas là, après tout l'héritage essentiel que laissaient les Français dans tous les pays qui avaient été »réunis« à la Grande Nation? Pourquoi la Belgique aurait-elle constitué une exception après avoir connu tant de mutations à travers les siècles?

72 A. N. F. 17. 1563. Règlement général de la Société de Littérature érigée à Gand (1810). Pages 91–98.

Zur Forschungsgeschichte und Methodendiskussion

Jean Meyer

TROIS MANIÈRES DE VOIR L'HISTOIRE DE FRANCE

Quasi coup sour coup, voici trois livres destinés au grand public allemand qui se veulent présenter qui une »petite histoire de France«[1], qui une »Histoire de France de Henri IV jusqu'aux temps présents«[2], qui, enfin un survol commode des souverains »qui ont fait la France«[3]. Le premier et le dernier de ces ouvrages sont collectifs, le second l'œuvre d'un historien: Peter Schunck, professeur à l'Université de Mayence. C'est d'ailleurs aussi un collègue de Mayence, Peter Hartmann, qui a orchestré le scénario des chefs d'Etat français. Tous deux ont longtemps résidé à Paris: ainsi se profile derrière ces auteurs l'ombre portée de l'Intitut Historique de Paris. Autant de livres, autant de points de vue divers. La petite histoire de France éditée par la célèbre firme Reclam de Stuttgart se veut, et est histoire d'une nation, de sa naissance, amplement commentée par Bernd Schneidmüller, du Moyen-Age à nos jours, de Clovis à Mitterand. Schunck préfère un éclairage résolument axé sur les relations francoallemandes, de Richelieu à De Gaulle, le passé devant éclairer le présent. Il s'agit, suivant une belle formule, d'informer le lecteur allemand sur »l'ami étranger«, en fixant le projecteur sur le rôle que l'Allemagne (ou les Allemagnes d'antant?) ont joué dans le devenir français. Troisième option: la longue liste des chefs d'Etat français rappelle, on ne peut plus opportunément, que ce sont le dynasties qui ont créé nos nations européennes, et la France en particulier. L'histoire de France ne commence nullement à la Révolution, et voici longtemps que Tocqueville diagnostiquait la continuité de »l'Ancien Régime« aux mouvances et avatars politiques d'après 1789. Propos, on le voit, nettement »typés«, et autant d'angles d'éclairage qui ont la vertu majeure de nous faire réfléchir nous-mêmes. Car, faut-il le dire? L'historien se doit d'être, suivant le mot de Norbert Elias, celui »qui n'a pas peur de ce qu'il découvre«. Et l'on découvre beaucoup dans la comparaison de ces trois livres.

Il va de soi que, à l'instar de tout ouvrage collectif, on a affaire à des réussites inégales: mais n'en est-il pas de même pur les œuvres purement personnelles, nul – osons le dire – ne pouvant dominer totalement sujet aussi immense? Bien entendu encore, les références bi-

1 Heinz-Gerhard Haupt, Ernst Hinrichs, Stefan Martens, Heribert Müller, Bernd Schneidmüller, Charlotte Tacke, Kleine Geschichte Frankreichs, éditeur: Ernst Hinrichs, Stuttgart (Philippe Reclam Junior) 1994, 472 pages, index de personnes.

2 Peter Schunck, Geschichte Frankreichs von Heinrich IV. bis zur Gegenwart, Munich–Zürich (Piper) 1994, 702 pages, chronologie, index. La ventilation par nombre de pages privilégie largement la Ve République pendant et après De Gaulle jusqu'aux élection de 1992 (près de 20 % du total). Le XVIIe siècle se contente de 10 %, le XVIIIe siècle avec les pre'ludes de la Révolution de 8 %, la Révolution elle-même de près de 10 %, alors que la première moitié du XIXe siècle jusqu'en 1870 n'atteint à peine 7 % le Second Empire compris, Quant à la Troisième République, de 1870 à 1940 totalise 18 %, la seconde guerre mondiale 8 % – comme la Révolution ... Pareil découpage exigerait de longs commentaires.

3 Peter Claus Hartmann, Französische Könige und Kaiser der Neuzeit von Ludwig XII. bis zu Napoleon III., 1498–1870, Munich (Beck Verlag) 1994.

bliographiques sont inégales et surprendront plus d'un historien français. Celle de la collection de poche est succinte, suivant la formule même de la collection: bibliographie spécialisée suivant les époques et les auteurs: 8 bibliographies pour 5 auteurs. Celle d'un Peter Schunck reprend, comme il est naturel, beaucoup de titres. Celles des divers chefs d'Etat français sont, par nécessité, fortement individualisées, tant par le sujet traité que par les auteurs traitants. On remarquera la forte tendance, particulièrement patente chez Schunck, de faire appel à des nombreux journalistes, de Catherine Nay à J. Lacouture. Cet appel, normal pour le XXe siècle, est plus indirect pour l'histoire du XIXe siècle, et plus encore pour l'histoire »moderne«. On comprendra donc que nous sommes en présence de trois histoires résolument politiques, avec tout juste ce qu'il faut d'allusions á l'économie ou à l'histoire militaire: »depuis la disparition des deux systèmes de puissance installés à la fin de la deuxième guerre mondiale, l'idée de l'Etat national a, en Europe, regagné de sa puissance«, constate notre collègue. E. Hinrichs. Et d'avancer une prédiction: »L'Europe, ce concept incompréhensible sans la longue histoire pluriséculaire des familles européennes, demourera encore, dans l'avenir, une Europe des Nations«. Ce qui justifie le propos en défintif appliquable aux trois ouvrages:

> »c'est pourquoi la connaissance de l'histoire de chaque nation européenne, de comparer les principaux épisodes et aussi leurs caractéristiques spécifiques, est obligation pour quiconque de tous ceux qui veulent connaître et comprendre l'histoire européenne«.

Notons, en passant, l'inflexion que connaît toute une partie de l'activité éditoriale à propos de l'histoire européenne: aux histoires »européennes« de la décennie passée correspondent maintenant des histoires nationales plus ou moins bien intégrées dans le contexte soit d'une Europe globale, soit spécifiquement axées sur le rôle de l'affrontement franco-allemand. Surgit ainsi la problématique: France-Allemagne »ennemies héréditaires« ou non? Klaus Malettke, dans sa contribution à l'histoire de ces rois qui ont fait la France (de Louis XII à Napoléon III), souligne, à notre avis, à juste titre, combien la vision de l'ennemi »héréditaire« de l'autre côte du Rhin est tardive, émanation au surplus chronologiequement décalée et très inégale suivant les strates sociales, du XIXe siècle nationaliste des deux bords. D'où la réinterprétation, souvent sous-jacente sous d'autres plumes, des guerres des XVIIe et XVIIIe siècles. Elles ont été côté français, vécues comme dirigées contre les Habsbourg, et non le »Reich« allemand. Implicitement cependant, la vieille problématique, nation allemande contre nation française, se profile parfois au fil de certaines pages de certains auteurs. Question primordiale, car, ces livres ne s'adressent pas en premier lieu aux spécialistes ... mais aux étudiants, collégiens et public lettré, qui veulent s'informer rapidement, de manière imagée sur l'histoire de notre voisin, »soit en un survol général, soit sur telle ou telle époque particulière«. But éminemment actuel. Il a, ce me semble, en ces trois ouvrages très différents l'un de l'autre, un double avantage: 1) se créé, par nécessité, cette distanciation que Norbert Elias considérait comme l'une des conditions majeures de toute connaissance historique (et sociologique) – oserons nous rappeler qu'elle était déjà l'exigence de Simmel? – et ce faisant, 2) par la multiplicité des auteurs même, démontre, à l'évidence, que l'évolution historique n'est pas linéaire, qu'en dépit de Tocqueville, il n'existe pas de croissance exponentielle continue vers un centralisme décidément tabou majeur (et injustifié, au moins partiellement?), que le processus du devenir historique n'est que le résultat, en lui-même passablement illogique et contradictoire, des jeux des lignes de faille qui marquent nos histoire respectives, des fractures béantes ou masquées, des oppositions larvées ou criantes qui font l'infinie diversité des devenirs de nos pays. Michelet rappelait que »France est diversité« plus, sans doute que n'importe quel pays d'Europe (du moins centrale et occidentale). E. Hinrichs énumère en son court, mais magistral exposé d'introduction: révolution et contre-révolution, Paris versus provinces, diversités féodales (et plus encore urbaines) contre centralisme monarchique (et impérial, et jacobin), Nord contre Sud – contraste si peu revendiqué par l'historiographie française courante – régions martitimes ou du moins côtières contre la »France profonde« de tous les »intérieurs«, villes et campagnes etc.

Utiles rappels. Les tendances actuelles, par un commode consensus d'essence un peu trop journalistique, privilégient les périodes récentes, et, comme il est trop naturel, celles du XXe siècle, et principalement d'après la seconde guerre mondiale. Il en résule une certaine politisation: l'histoire future ratifiera-t-elle, ou non? Le partage quantitatif de ces trois livres est révélateur: Schunck part de Henri IV, décidement à la mode (mais qui cite cette admirable roman de Heinrich Mann: »Heinrich der Vierte«?, quels qu'aient été ses implications politiques – d'ailleurs parfaitement légimtimes entre 1933 et 1939?). L'histoire des rois est, naturellement, étroitement tributaire de leur succession, c'est-à-dire de leur longévité propre, longévité naturelle chez nos rois héréditaires, longévité politique depuis 1789 en fonction des défaites politiques ou du jeu de la démocratie parlementaire des XIXe et XXe siècles. Le regroupement opéré par la »petite histoire de France« est plus »équitable«: 26 % du texte au Moyen-Age formateur de l'idendité nationale (ce qui n'est que logique), 27 % pour l'histoire moderne proprement dite, près de 30 % pour l'histoire du XXe siècle. Seule »anomalie«, le XIXe siècle, de 1815 à 1914, n'occupe que 11 % du total, ce qui est un peu maigre pour l'importance qu'il a eu. Ce jeu des éclairages, volontaire ou résultant du choix et de l'option choisie, ne manquera pas de fournir quelques sujets de réflexion. Est-il besoin d'ajouter que les trois ouvrages comportent, comme il n'est pas toujours logique en France, à la fois tableaux chronologiques – voire généalogiques –, index détaillés, s'ils ne comportent pas de notes. Ces tableaux sont très utiles, même pour des étudiants français. Ceux de Peter Schunck sont très détaillés pour le XXe siècle, signalant pour la IIIe République, à défaut des successifs chefs de gouvernement, du moins les noms des présidents de la République, puis, pour les IVe et Ve Républiques, aussi ceux des premiers ministres. N'insistons pas: tous ces ouvrages sont, on serait tenté de dire par nature, d'abord des instruments de travail, utilisables, parfois même en leur domaine d'étroite spécialisation, par des historiens de profession. Nul doute que les étudiants allemands ne disposent donc d'excellents instruments d'initiation, tels que l'on en souhaiterait d'équivalents pour nos apprentis historiens français (et pas seulement pour eux). L'ouvrage collectif sous forme de biographies successives de »nos maîtres« d'autrefois et de hier offre une bonne introduction à une histoire moins dépersonnalisée qu'elle n'a trop souvent été. Ces intitiations sont plus ou moins approfondies, en fonction des orientations choisies: se complètent, et, heureusement, s'opposent parfois sur nombre de sujets – ce qui, face à une certaine pente de facilité inhérente non seulement à nos étudiants respectifs, mais aussi de nous tous, ne peut que susciter des réflexions peut-être salutaires, pour peu que l'on ne soit pas totalement insensible à la pensée, voire aux »préjugés« d'autrui.

Demeure cependant question de fond: la biographie, le survol général de longues périodes, l'histoire résolument axée sur une problématique exposent à des raccourcis, nécessitent des synthèses, reposant, qu'on le veuille ou non, à des choix orientés par ses préférences personnelles tout comme à ses connaissances précisis. Et qui n'a pas de lacunes? On ne sera donc pas nécessairement d'accord avec telle ou telle vue, tel ou tel »jugement«. Et quand donc cesserons-nous de nous comporter comme des »juges de la vallée de Josaphat« (Lucien Fevre)? Par nécessité, par la pente naturelle des choses, demeurent en ces tableaux bien des vues peut-être dépassées, trop classiques ou traditionnelles. Notre époque est, ce me semble, celles des tentatives de réhabilitations, qui ne manquent, surtout pas en matière de biographies, de semi-hagiographies (ou de contre hagiographies, où l'on règle ses comptes politiques par »héros«, ou »anti-héros« interposés). La distanciation, propre, par nécessité, aux historiens étrangers, évite bien de ces faux-pas spécifiques à nous autres, Français, englués en nos disputes séculaires ou non. Demeurent cependant des paragraphes susceptibles de créer quelques étonnements, en dépit du »détail« évoqué par des ouvrages récents. Si une réhabilitation politique de Louis XVI me demeure, personnellement, plutôt problématique, en dépit d'ajouts rectificatifs indispensables à une caricature d'origine révolutionnaire, il faudra, sans pourtant revenir au Voltaire de »l'histoire de Louis XV«, décrire un jour mieux le gouvernement réel de Louis XV, autrement complexe qu'on ne le dit encore partout. Les historiens allemands ne sont pas en cause: c'est, d'abord et essentiellement, notre faute. A force de négliger l'histoire politique, l'on s'expose à des retours de bâton. Et c'est l'une des leçons majeures, implicites, de ces trois histoires parallèles. On n'en est heureusement, plus au politique »pur«. Tous nos collègues allemands, et ils sont ici tous éminents, savent bien faire la part des hasards et des nécessités, de l'économique et du mental sous-jacent. Car autant et plus, peut-être, que le modèle français de l'école des »Annales«, ils sont, et ont été influencés, par les leçons de quelques grands émigrés trop longtemps négligés, comme, justement, Norbert Elias. J'écris ces lignes au Z.I.F de Bielefeld, où il fut, six ans durant, le grand initiateur (méconnu, au moins dans ce rôle, en France).

Ce sont là trois »manuels«, sobres, utiles, excellents instruments d'initiation. Il conviendrait, sans doute, de les compléter par des équivalents d'ordre économique, sociaux, et tenir compte, plus qu'il n'a été possible en ces trois ouvrages, de dimensions déjà imposantes (700 pages pour le Schunck, 472 pour le livre de la collection Reclam, 500 pages pour l'histoire personnalisée de nos principaux dirigeants), des grands courants de pensée politique. Vœux que l'on souhatterait pouvoir étendre à l'historiographie. Non que nos manuels soient médiocres. Mais à vouloir trop embrasser, on étreint mal. Le contexte permet cependant d'éviter les anachronismes. L'histoire vit de nos visions d'aujourdhui: excellente manière de renouveller les problématiques. Encore ne faut-il pas transférer nos jugements moraux sur le passé, car ceux-ci même évoluent plus encore qu'on ne le dit, plus dynamiquement que bien d'autres facteurs de l'histoire. Nos critères ne valent que pour nous. En ce domaine, les trois livres, en dépit de quelques dérapages, sont modèles. Lisons-les, quitte à ne pas être toujours d'accord.

Ilja Mieck

NEUE FORSCHUNGEN ZUR BARTHOLOMÄUSNACHT*

Im Umfeld des 400. Jahrestages der Bartholomäusnacht von 1572 sind zahlreiche Veröffentlichungen zu diesem spektakulären Ereignis erschienen, teils als Einzelpublikationen in Buch- oder Aufsatzform, teils im Rahmen von Tagungsbänden, in denen die Ergebnisse wissenschaftlicher und kommemorativer Veranstaltungen, die damals stattfanden, zusammengefaßt wurden.[1] Auch in den folgenden Jahren hat das Interesse der Historiker und der Öffentlichkeit an diesem singulären Phänomen der französischen Geschichte nicht nachgelassen.

Dabei fällt auf, daß, etwas pointiert formuliert, bei vielen Tagungen, die seinerzeit der Bartholomäusnacht gewidmet waren, »über die Bartholomäusnacht selbst kaum gesprochen« wurde,[2] weil über die Forschungslage zur Mordaktion weitgehend Einigkeit zu bestehen schien; deshalb wurde der eigentliche Ausgangspunkt des vielfältig untersuchten Gesamtkomplexes, das Massaker selbst, kaum noch einer quellenmäßig gesicherten analytischen Betrachtung unterzogen, obwohl es dringend geboten gewesen wäre. Immerhin gab es schon in den späten 70er Jahren entsprechende Hinweise; manche Historiker hielten es für »geradezu vermessen, behaupten zu wollen, daß die ›histoire événementielle‹ der Bartholomäusnacht hinreichend erforscht sei«.[3]

Da dieses offenkundige Forschungsdesiderat auch in den 80er Jahren weitgehend ignoriert wurde, hielt die wissenschaftliche Literatur ziemlich einmütig an der historiographischen Tradition der letzten Jahrzehnte fest, die eine »préméditation« der Bartholomäusnacht ablehnte, das Attentat auf Coligny aber in erster Linie der »eifersüchtigen« Katharina von Medici anlastete, die sich nach dem Scheitern des Anschlags kompromittiert fühlte, ihrem

* Besprechung von:
(1) Denis Crouzet, Les guerriers de Dieu. La violence au temps des troubles de religion (vers 1525 – vers 1610), 2 Bde., Seyssel (Champ Vallon) 1990, 793 u. 738 S.
(2) Jean-Louis Bourgeon, L'assassinat de Coligny (= Travaux d'histoire éthico-politique, tom. 51), Genf (Droz) 1992, 135 S.
(3) Hermann Schreiber, Die Bartholomäusnacht. Die »Pariser Bluthochzeit« und die Flucht der Hugenotten. Um ein aktuelles Vorwort ergänzte Neuauflage (= Ullstein Buch Nr. 35489: Sachbuch 1290), Frankfurt a.M./Berlin (Ullstein) 1994, 326 S.
(4) Denis Crouzet, La nuit de la Saint-Barthélemy. Un rêve perdu de la Renaissance, Paris (Fayard) 1994, 659 S.
(5) Jean-Louis Bourgeon, Charles IX devant la Saint-Barthélemy (= Travaux d'histoire éthico-politique, tom. 55), Genf (Droz) 1995, 208 S.

1 Eine knappe Übersicht der vielfältigen Aktivitäten gibt Ilja Mieck, Die Bartholomäusnacht als sozialer Konflikt, in: Klaus Malettke (Hg.), Soziale und politische Konflikte im Frankreich des Ancien Régime (= Einzelveröffentlichungen der Historischen Kommission zu Berlin, Bd. 32), Berlin 1982, S. 1–4.

2 Diese Feststellung findet sich in einer Rezension zu Alfred Soman (Hg.), The Massacre of St. Bartholomew, Den Haag 1974, in: Historische Zeitschrift 223 (1976), S. 162.

3 Mieck, Bartholomäusnacht als sozialer Konflikt, S. 4.

Sohn Karl daraufhin den Befehl zum Kollektivmassaker (»Qu'on les tue tous!«) abrang und danach mit einigen Vertrauten eine begrenzte Mordaktion an einigen Hugenottenführern plante, die sich dann aber der Kontrolle entziehen sollte.

*

Dieser Auffassung widersprach Denis Crouzet, als er im Rahmen seiner zweibändigen Arbeit von 1990 über die Gewalt im 16. Jahrhundert auch die Bartholomäusnacht untersuchte.[4] Während für eine Würdigung des Gesamtwerkes aus thematischen Gründen auf einige Rezensionen verwiesen werden muß,[5] interessiert im Rahmen dieses Forschungsberichts die Einschätzung der Bartholomäusnacht. Im Gegensatz zur bisherigen Interpretation vertrat Crouzet die These, daß sich die Krone im August 1572 in einer Phase der außenpolitischen Neuorientierung befunden habe und sich deshalb gegen eine von einigen Hugenottenführern ausgehende »revolutionäre« Drohung zur Wehr setzen mußte, der man sonst schutzlos ausgesetzt gewesen wäre. Dementsprechend habe die Hauptverantwortlichkeit für die Bartholomäusnacht nach wie vor, wenn auch aus anderen Gründen, beim französischen König gelegen.

Schon in einer Rezension wurde darauf hingewiesen, daß Crouzets »curiously dull analysis of St. Bartholomew's seem less likely to inspire future researchers«,[6] bevor auch ein französischer Kollege diese Auffassung scharf kritisierte.[7] In seinem weiter unten zu besprechenden Werk hat Crouzet diese These erheblich modifiziert.[8]

*

Gegen den traditionellen Forschungsstand, der mit einigen Nuancierungen bis 1990 als *communis opinio* der internationalen Geschichtswissenschaft galt, opponierte seit den späten 80er Jahren der durch seine wegweisende Studie »Les Colbert avant Colbert« von 1973 bekannt gewordene Jean-Louis Bourgeon. Mehrere Artikel, darunter der umfangreiche »Pilot-Aufsatz« von 1989[9] ließen bereits ahnen, was dem Autor vorschwebte: Eine völlige Neubewertung der Bartholomäusnacht.[10] Dabei stützte er seine Argumentation, wie das 1992 vorgelegte Bändchen über das Attentat auf Coligny zeigt,[11] ausschließlich auf die kritische Auswertung derjenigen Quellen, die als unmittelbare Zeitzeugnisse gelten können. Damit befreite er seine Darstellung von dem ganzen Wust apokrypher, gefälschter, tendenziöser und apologetischer Schriften, die seit Jahrhunderten mehr zur Verschleierung als zur Erhellung der Vorgänge beigetragen haben. Im Rahmen dieser Untersuchung hat sich Bourgeon

4 (1), Bd. 2, S. 13–120. Dabei gelingt es Crouzet ausgezeichnet, die sich seit dem Edikt von St.Germain ständig verschärfenden atmosphärischen Spannungen und die daraus resultierende latente Gewaltbereitschaft der Religionsparteien zu verdeutlichen. Wichtigste Quellengrundlage dieses umfangreichen Werkes, das ein Rezensent »more suggestive than conclusive« nannte, ist jedoch nur die veröffentlichte konfessionell-politische Publizistik.

5 Annales du Midi 103 (1991), S. 380–383; The 16th Century Journal 22 (1991), S. 557 f.; Social History 17 (1992), S. 117–120.

6 William Monter, Rez. von (1), in: The 16th Century Journal 22 (1991), S. 558.

7 (2), S. 14, Anm. 7.

8 Siehe unten S. 208–212.

9 Jean-Louis Bourgeon, Pour une histoire, enfin, de la Saint-Barthélemy, in: Revue historique 282 (1989), S. 83–142. Der erste Aufsatz Bourgeons zu diesem Thema stammt aus dem Jahre 1987.

10 Daß diese Forschungen schon ein Echo in der »klassischen« Geschichtsschreibung finden, zeigt z.B. Jean Meyer, Frankreich im Zeitalter des Absolutismus 1515–1789 (= Geschichte Frankreichs, Bd.3), Stuttgart 1990, S. 190. In der französischen Ausgabe von 1985 ist der Hinweis auf die Forschungen von J.-L.Bourgeon noch nicht enthalten.

11 (2), passim.

auch wiederholt mit der These von Crouzet, die er nicht für tragfähig hält, auseinandergesetzt.[12]

Erstes Ergebnis dieses ohne Zweifel höchst verdienstvollen Befreiungsschlages ist eine grundlegende Neuinterpretation des Attentats auf Coligny, an dessen Beseitigung die französische Krone, so die einleuchtende These von Bourgeon, nicht das geringste Interesse hatte; die Urheber des Anschlags saßen ganz woanders: »L'âme du complot n'est autre que Philippe II dont ... il faut saluer le génie politique« (58); bedenkt man die vielen politischen Vorteile, die sich für Philipp II. aus einer (geglückten) Ermordung Colignys ergeben hätten, kann man dieser Auffassung wohl zustimmen. Aber Bourgeon geht, mit guten Gründen, noch weiter: »C'est donc le duc d'Albe que je suspecte plus particulièrement d'avoir télécommandé le meurtre de l'Amiral, avec la participation active d'une poignée de guisards ultra-catholiques« (49).

Hinsichtlich der Bartholomäusnacht argumentiert Bourgeon zunächst *ex negativo*: Es ist viel leichter zu sagen, wie es nicht war, als präzise Aussagen darüber zu treffen, was wirklich geschah. Das betrifft einmal die Vorgänge nach dem Attentat auf Coligny, vor allem aber die zweifellos entscheidenden Beratungen im Louvre in der Nacht zum 24. August: »Impossible de percer l'obscurité des faits entre 1 h et 3 h du matin: la chronologie de cette nuit reste impénétrable, aucun témoin n'est un guide sûr« (110). Unter diesem Vorbehalt entwickelt Bourgeon eine These, die den bisherigen Annahmen diametral widerspricht und sich auf drei Kernpunkte reduzieren läßt:

1. »La Saint-Barthélemy constitue un coup de maître pour Philippe II. ... Au petit jeu diplomatique ... Charles IX n'était pas de taille contre son adversaire. ... c'est Philippe II qui, par un chantage à la guerre, force ce même roi à laisser sous ses yeux assassiner Coligny« (122). 2. Während sich der spanische König damit begnügte, die diplomatischen Fäden zu ziehen, übernahmen seine Parteigänger in Paris, die Guises, die konkrete Vorbereitung der Aktion. Am Nachmittag des 23. August, so die These Bourgeons, dürften die Guises beschlossen haben, »de passer à l'action«; gleichzeitig begannen ihre Anhänger »systématiquement d'exciter la population parisienne«, so daß Bourgeon – mit der präzisen Zeitangabe wohl etwas zu weit gehend – zu der Aussage kommt: »Je suis donc tenté de dater de ce samedi 23 août à 16 h. le début de la préparation insurrectionnelle de la Saint-Barthélemy« (86). 3. Weil die städtische Miliz, die eigentlich für Ruhe und Ordnung in der Stadt sorgen sollte, die königlichen Befehle nicht ausführte, sondern der Krone für ihre ungeliebte Politik eine Lektion erteilen wollte, kam es zu dem – von den Guises initiierten und von der Bürgermiliz getragenen – revolutionären Ausbruch, dem die Krone fassungslos und hilflos gegenüberstand.

Ganz neu sieht Bourgeon die Rolle des Königs: »Le roi apparaissait de plus en plus seul, de plus en plus impuissant, abandonné de toutes les autorités, municipale, juridique, religieuse et militaire. Un choix dramatique se posait à lui« (108). In dieser Situation gab Karl IX. nach: »Sauf à compromettre son trône et sa dynastie, il ne lui restait qu'à se renier et à capituler. ... La mort dans l'âme, il a fini par ceder aux objurgations de son Conseil, et pris la décision de ne pas bouger, de laisser se dérouler l'inévitable« (109). Für diese »démission momentanée« trägt Karl IX. allein die Verantwortung, wenn sie vielleicht auch unausweichlich war. Von der die Literatur beherrschenden »Generalvollmacht« des Königs, dann solle man doch alle Hugenotten töten, läßt diese These nichts mehr übrig: »Tragédie royale, défaite royale, mensonge royal, la Saint-Barthélemy est tout – sauf un crime royal« (122).

Diese Machtlosigkeit des Königtums ist zwar schon früher erkannt worden,[13] doch ist die Perspektive nun eine ganz andere: Da weder Karl IX., »un pauvre petit roitelet de rien du

12 Vgl. ebd., S. 132 (Register).

13 Ilja Mieck, Die Bartholomäusnacht als Forschungsproblem. Kritische Bestandsaufnahme und neue Aspekte, in: Historische Zeitschrift 216 (1973), S. 73–110, hier S. 106 f.

tout« (122), noch Katharina von Medici an der Planung des Massakers beteiligt waren, ist die ihnen lange zugeschriebene Rolle des Zauberlehrlings absolut unzutreffend. Die Bartholomäusnacht war die Antwort der intransigenten Hauptstadt auf eine »politique, religieuse, fiscale et étrangère, mise en œuvre depuis deux ans, que Paris rejette en bloc« (127).

Daß hinter dieser Lektion, die eine streng katholische und seit Monaten fanatisierte Bevölkerung ihrem ungeliebten König erteilte (105: »donner ... une salutaire leçon à ce méchant petit roi, si peu catholique et si 'tyrannique'«), auch soziale Motive standen, wird man nicht bestreiten können. Die langwierigen, den materiellen Besitzstand der Betroffenen aufs engste tangierenden Auseinandersetzungen um die zahlreichen Konfiskationen von Hab und Gut, von Ämtern und Würden sowie die in den Friedensedikten vorgeschriebenen Restitutionen und Wiedergutmachungen bildeten einen höchst explosiven sozialen Sprengsatz.[14] Es gehört zu den vielen Merkwürdigkeiten der Forschung zur Bartholomäusnacht, daß sie diesem Aspekt, auf den vor Jahren schon der Journalist, Schriftsteller, Kommunalpolitiker und Amateurhistoriker Jacques Debu-Bridel hingewiesen hat,[15] bisher nicht ernsthaft nachgegangen ist, obwohl seine These inzwischen durch mehrere nachweisbare konkrete Einzelfälle von Konfiskationen, verweigerten oder erfolgten Restitutionen, Ämterübertragungen und -rückgaben erhärtet werden konnte.[16] Daß Bourgeon zu dieser Problemstellung meint, die Forschung »s'aventure dans des considérations sociales qui me paraissent douteuses« (100, mit Anm.25) ist zwar sein gutes Recht; eine Begründung für seine Ansicht liefert er allerdings nicht.

Andererseits räumt er ein, daß sich nicht die gesamte städtische Miliz entweder an dem Massaker beteiligt oder auch nur die ihr übertragenen Ordnungsaufgaben verweigert habe, sondern spricht von einer »probable noyautage de certaines compagnies par le parti dévot« (105). Mit dieser Einschränkung (und dem Hinweis auf die ungeklärten »menées d'un Claude Marcel« [ebd.]), nähert er sich einer anderen These, wonach eine von Marcel rekrutierte Hilfstruppe die Hauptverantwortung für das Massaker trage.[17] Wenig überzeugend ist, daß Bourgeon die höchst problematische Behauptung wieder aufwärmt, die Miliz sei mit vorgefertigten Listen von Haus zu Haus gegangen, um die Exekutionen durchzuführen, und als Kronzeugen dafür ausgerechnet den Genfer Prediger Simon Goulart nennt, dessen Glaubwürdigkeit mehr als fraglich ist.[18]

Ob die Gesamtmiliz (Bourgeon) oder die von Marcel geführte Hilfstruppe (Mieck) für den revolutionären Ausbruch verantwortlich zu machen ist, bleibt also strittig. Einigkeit besteht dagegen hinsichtlich der sozialen Zusammensetzung beider Gruppen: Zu den Terror- und Mordkommandos gehörten in erster Linie »non de gens douteux«, sondern – nach Bourgeon – »de braves et honorables bourgeois appartenant à la très officielle milice parisienne« beziehungsweise – nach Mieck – Angehörige einer gut situierten Schicht, deren gemeinsames Merkmal darin bestand, daß sie in den 60er Jahren »Vermögen, Stellung, Prestige und Einkünfte auf Kosten flüchtiger oder hingerichteter Hugenotten erheblich vermehrt hatte«.[19]

14 Ebd., S. 93–101.

15 Jacques Debu-Bridel, Les journées de Paris, tom. 2: De Louis XI à Henri IV. La Réforme, la Saint-Barthélemy, la Ligue, Paris 1961, S. 205 ff. Über Autor und Werk vgl. Mieck, Bartholomäusnacht als Forschungsproblem, S. 89 f. (mit den Anm. 64–67).

16 Beispiele für Konfiskationen und Amtsenthebungen, die 1568/69 ihren Höhepunkt erreichten, sowie für die sich daraus nach 1570 ergebenden Probleme bei Mieck, Bartholomäusnacht als Forschungsproblem, S. 94–101.

17 Ebd., S. 100 ff.

18 (2), S. 85 (mit Anm. 38) und S. 117 (mit Anm. 25). Zur Skepsis gegenüber den Behauptungen Goularts vgl. Mieck, Bartholomäusnacht als sozialer Konflikt, S. 16–18.

19 Die beiden Zitate: (2), S. 100; Mieck, Bartholomäusnacht als Forschungsproblem, S. 96. Ähnlich auch Debu-Bridel, Les journées, tom. 2, S. 152.

Sehr genaue, prosopographisch orientierte Forschungen, wie sie auch Bourgeon zur Klärung des Verhältnisses der Miliz zu den Guises fordert,[20] sind unabdingbar, um vielleicht eines Tages eine klarere Antwort auf die Frage der unmittelbaren Verantwortlichkeit geben zu können. Auch die von Bourgeon vorgenommene Gesamtbewertung der Bartholomäusnacht müßte zu weiteren Forschungen anregen. Die Bemerkung, daß ihre Geschichte lange verschleiert wurde, »d'abord par ses gouvernants, puis par des générations d'historiens, vrais moutons de Panurge« (121), wird sicher Widerspruch hervorrufen, ist aber nicht unberechtigt, wenn man die wissenschaftliche Seriosität früherer Publikationen genauer betrachtet und die oft dubiosen Quellen einer strengen Kritik unterzieht. Aus einem solchen Anspruch heraus formuliert Bourgeon seine Schlußfolgerung: »J'affirme donc que la Saint-Barthélemy ... ne peut se ramener à une simple geste enthousiaste de violence mystique: c'est tout autant un sursaut bien conscient de violence politique. Et Paris ne sera pas près d'oublier cette rude leçon infligée au roi. Cette émancipation de toute une capitale, cette rupture du traditionnel contrat d'obéissance ouvre une ère nouvelle dans l'histoire non seulement de Paris, mais des guerres de Religion, inaugurant une longue parenthèse anarchique« (119).

*

Zwei Jahre nach der Publikation des Buches von Bourgeon erschien auf dem deutschen Büchermarkt ein vom renommierten Ullstein-Verlag als »Sachbuch« bezeichnetes Bändchen, das im Rahmen einer bis ins 19. Jahrhundert reichenden Geschichte der Hugenotten, soweit sie nach Preußen-Deutschland geflüchtet waren, auch die Bartholomäusnacht behandelt.[21] Der Titel »Bartholomäusnacht« ist also irreführend und beruht zweifellos auf rein kommerziellen Überlegungen. Dennoch soll das Buch im Rahmen dieser Miszelle erwähnt werden, obwohl es sich dabei um keine Forschungsarbeit handelt. Es ist aber, wenn man vom Titel ausgeht, die erste monographische Darstellung der Bartholomäusnacht in deutscher Sprache, seit vor Jahren die Übersetzung des Werkes von Erlanger[22] vorgelegt wurde.

Das gilt übrigens auch für die Erstauflage, die 1983 erschien, allerdings unter einem Titel, der dem Inhalt des Buches sehr viel besser entsprach: »Auf den Spuren der Hugenotten.« Im Vorfeld des weltweit gefeierten »Hugenottenjahres« 1985 erhoffte sich der damals verantwortliche Paul List Verlag wohl einen ebenso guten Absatz dieses Buches wie elf Jahre später der Ullstein-Verlag, als er dasselbe Buch unter dem Titel »Bartholomäusnacht« herausbrachte.

Hermann Schreiber ist ein in Wien 1944 promovierter Historiker, der den Professorentitel trägt und heute »als freier Schriftsteller und Sachbuchautor« in München lebt. Das eigens für die Neuauflage verfaßte Vorwort vom September 1994, in dem die Qualität »des großen Historienfilms LA REINE MARGOT« über alle Maßen gelobt wird, läßt schon ahnen, was den Leser erwartet: Ein romanhaft ausgemaltes Schreckensszenario, das durch einige zeitgenössische Zitate wissenschaftlichen Anspruch erhebt, aber nicht einlöst.

Dazu kommen zahlreiche falsche Angaben und eine von der Forschung eines halben Jahrhunderts unbeeindruckte Gesamteinschätzung der Bartholomäusnacht: »Alle diese Maßnahmen lassen eindeutig erkennen, daß die große Mordnacht von langer Hand vorbereitet wurde und keine Affekthandlung der Mutter des Königs, ebensowenig aber auch die Folge

20 (2), S. 82: »... il y faudrait de minutieuses et patientes recherches concernant les cadres de cette milice, tous évidemment susceptibles d'être attachés de longue date par des liens de clientèle à la maison de Guise.«

21 (3), S. 55–74: Die Bartholomäusnacht. Entsprechend der Thematik dieser Miszelle beschränkt sich die Rezension auf dieses Kapitel. Unverändert blieb bei der Neuauflage von 1994 (!) die Bemerkung über den »inzwischen in die Sowjetunion einbezogenen« Staat Litauen (S. 275).

22 Philippe ERLANGER, Bartholomäusnacht. Die Pariser Bluthochzeit am 24. August 1572, München 1966.

einer plötzlichen Krise in den Beziehungen zwischen dem Admiral und dem König war. Hier sehen wir düstere Kräfte am Werk...« (62). Schon die Hochzeitsfeier, die bereits am 4. August (statt richtig am 18.) begonnen haben soll, »paßt ganz und gar nicht zu dem im geheimen längst geplanten großen Morden« (64).

Das Attentat auf Coligny, das eine völlig neue Situation schuf, wird gar nicht erwähnt; stattdessen soll der »erste Schuß der Bartholomäusnacht« schon am 21. August gefallen sein (55); auch stammt das (erste) königliche Edikt, das Morden sofort einzustellen, nicht vom 30. (ebd.), sondern vom 24. August mittags. Es bleibt auch das Geheimnis des Autors, wieso die Bartholomäusnacht »das Haus Bourbon anstelle der Valois auf den Thron gebracht hat« (57); ebensowenig ist Heinrich von Navarra »durch diese Bluthochzeit zum Thronfolger geworden« (72); schließlich hatte der König noch zwei jüngere Brüder, darunter den Herzog von Anjou, der sich – laut Schreiber – »inmitten der Blutströme, inmitten der Leichen, die auf der Seine am Louvreschloß vorbeifließen, mit Fressen, Saufen und Huren« (73) vergnügte.

Die Beispiele, die man aus dem vorangehenden Kapitel, in dem die frühen Bürgerkriegsjahre beschrieben werden, noch ergänzen könnte, mögen genügen. Man kann nur hoffen, daß dieses Machwerk, das vermutlich an der Seite des Films zu hohen Absatzzahlen segeln sollte, möglichst wenige Leser gefunden hat. Es ist aber auch vom Verlag im Grunde unverantwortlich, der Öffentlichkeit ein derartiges »Sachbuch« zu präsentieren, bei dem ein halbwegs informierter Lektor auf den ersten Blick erkennen muß, daß es den Erwartungen, Wissenschaft in vereinfachter, aber zuverlässiger Weise zu vermitteln, nicht genügt.

*

Von einem Buch, das zwei Jahre nach dem aufregenden Bändchen von Jean-Louis Bourgeon erscheint und auf mehr als 650 Seiten die Bartholomäusnacht behandelt, erwartet die internationale Geschichtswissenschaft nicht zuletzt eine Auseinandersetzung mit dessen Thesen. Daß diese Diskussion offensichtlich nicht stattfindet, ist die erste Enttäuschung, die sich bei der etwas mühseligen Lektüre des gewichtigen Werkes von Denis Crouzet einstellt.[23] Die Vermutung, der Verfasser habe das Buch nicht mehr einarbeiten können, ist jedoch falsch: es steht (mit dem falschen Erscheinungsjahr 1972) im Literaturverzeichnis und taucht gelegentlich in den Anmerkungen auf,[24] wird aber weder im (bekanntlich immer zuletzt geschriebenen) Vorwort (9–13), wo man es am ehesten erwarten könnte, noch in den einleitenden »Préliminaires: Les trames d'un passé« (15–26; Untertitel steht nicht im Inhaltsverzeichnis) erwähnt. Ein Nachwort, das dafür ebenfalls in Frage gekommen wäre,[25] hat das Buch nicht, da der »Épilogue. Une trame de l'imaginaire« (533–547) den Text abschließt.

Der nächste Schritt, vielleicht über das Inhaltsverzeichnis nähere Aufschlüsse über neue Fragestellungen oder Schwerpunkte des Buches zu erhalten, bringt die zweite Enttäuschung: Sowohl die fünf Hauptabschnitte als auch fast alle der 38 Kapitel tragen zwar wohlklingende, aber wenig konkrete Überschriften, die über den Inhalt so gut wie nichts aussagen. Niemand kann beispielsweise wissen, was ihn in den beiden ersten Abschnitten »Un événement sans histoire« (30–99) und »Une histoire sans événement« (100–183) erwartet; auch die Kapitelüberschriften helfen da kaum weiter (z.B. Kap.8: »Une nouvelle Jézabel: la trame secrète de la ›barbarie‹«, 124–141). Die in viele Überschriften eingebauten Quellenzitate komplizieren die Sache noch; so heißt das Kapitel 1, in dem es, jedenfalls partiell, um die Zahl der Opfer geht: »›Sans cesse, sans fin, les corps‹: L'infini de la mort« (30–38).

23 (4), passim.
24 Vgl. dazu die Ausführungen weiter unten.
25 Diesen Weg wählte Bourgeon, um in seinem neuen Buch, das so gut wie abgeschlossen war, den speziell Interessierten seine Meinung zu dem Werk von Crouzet mitzuteilen: (5), S. 185–202: »Sur un livre de Denis Crouzet.« Die Erstveröffentlichung dieses Textes erfolgte in der Revue historique 290 (1994), S. 189–204.

Zum Glück wird der Aufbau des Buches in der »Introduction« ausführlich erläutert. Es empfiehlt sich daher bei der Lektüre, immer wieder mal zurückzublättern, um festzustellen, in welchen größeren Zusammenhang der jeweilige Gedankengang einzuordnen ist. Nicht selten wird der Leser überrascht sein, welche Aspekte und Perspektiven beleuchtet werden müssen, um der Bartholomäusnacht in ihrer vielschichtigen Problematik gerecht werden zu können.

Didaktisch nicht gerade geschickt, doch sehr zu begrüßen, kommt Denis Crouzet bereits in der Einführung auf seine zentrale These zu sprechen, die auch den Untertitel des Buches erklärt: Katharina von Medici und Karl IX. verstanden sich als die großen Architekten einer konfessionellen Koexistenzpolitik. Obwohl Crouzet derart profane Begriffe lieber vermeidet, ist diese Einschätzung der Politik der französischen Krone zumindest im Hinblick auf Katharina von Medici keineswegs neu.[26] Crouzet sieht darin nun – zweifellos viel eindrucksvoller – »une œuvre néoplatonicienne de concorde« (10) und zugleich »un des derniers rêves de la Renaissance, le rêve de concorde« (9) von Mutter und Sohn, die das Unmögliche versuchten, innerhalb einer »royauté magicienne« (was immer das sein mag) »la réunion ou la fusion des contraires dans la paix d'une œuvre philosophique« (ebd.) zu erreichen. Diese Utopie zerbrach in der Bartholomäusnacht, als die geplante »›exécution‹ limitée à quelques chefs militaires de la Réforme fut transmuée en une immense ›barbarie‹« (12), für die der »prince-philosophe« Karl IX., »qu'il n'avait ni méditée ni préméditée« (Rückentitel), schließlich die Verantwortung übernahm. Es war in diesem Kontext »que la nuit de la Saint-Barthélemy fut l'instant d'un rêve perdu de la Renaissance« (12).

Was dieser Traum mit der Renaissance zu tun haben soll, wird leider nicht erörtert. Wenn man an die wilden Polemiken der konfessionell zerstrittenen Parteien denkt, dürfte sich eine solche erasmianische Gelassenheit auf einen sehr begrenzten Kreis humanistischer Gelehrter beschränkt haben; Michel de l'Hospital mag dazu gehört haben; vielleicht auch Katharina, bestimmt aber aus anderen Motiven; Karl IX. ebenfalls, wenn überhaupt, weniger aus Überzeugung denn aus Motiven der Staatsräson.[27] Da Crouzet sein Werk ausdrücklich als »un livre sur l'harmonie, la ›tolérance‹ et l'espoir« (9) verstanden sehen will, wäre es sicher sinnvoller gewesen, die konfessionelle Ausgleichspolitik nicht als verspäteten Renaissance-Traum zu interpretieren, sondern als frühe Form einer von Staats wegen praktizierten Toleranzpolitik anzusehen, wie es seit dem Standardwerk von Lecler,[28] das Crouzet aber nicht benutzt hat, üblicherweise geschieht.

Geht man nun, nachdem die erste Neugier gestillt ist, die einzelnen Kapitel des Buches durch, so fällt generell dreierlei auf: Zu jedem nur erdenklichen Neben-, Teil- oder Sonderthema hat Denis Crouzet eine Fülle von (gedrucktem) Material zusammengetragen, das er in aller Ausführlichkeit ausbreitet. Das geschieht eher additiv als quellenkritisch, wobei er ihm besonders wichtig erscheinende Quellenstellen kursiv setzt und mit einem Sternchen versieht. Wer den entsprechenden Hinweis auf S. 31 überlesen hat, wundert sich 500 Seiten lang[29] über diese Sternchen, die eine präzise Quellenanalyse allerdings nicht ersetzen können.

26 Übereinstimmend in dieser Bewertung beispielsweise Ilja MIECK, Die Entstehung des modernen Frankreich 1450–1610. Strukturen, Institutionen, Entwicklungen, Stuttgart/Berlin/Köln/Mainz 1982, S. 262–264, und Lucien BÉLY, La France moderne 1498–1789, Paris 1994, S. 178: Die Unterzeichnung des Heiratskontrakts am 11. April 1572 war »en apparence le signe d'une réconciliation religieuse au sein même de la famille royale«.

27 Zu dieser Einschätzung des Königs gelangt Jean-Louis Bourgeon in seinem zweiten Buch, siehe unten S. 212f.

28 Joseph LECLERC, Geschichte der Religionsfreiheit im Zeitalter der Reformation, Stuttgart 1965, Bd. 2, S. 98 ff. Die Beurteilung der Politik Katharinas nach 1570 ist inzwischen zu korrigieren, da Leclerc noch von ihrer seitdem zumindest relativierten Haupt-Verantwortlichkeit für das Massaker ausging.

29 Der Textteil des Buches endet auf S. 547.

Obwohl Crouzet die immer vernachlässigte Problematik der Bartholomäusnacht in der Provinz ebenfalls nur sporadisch behandelt, berichtet er über das berüchtigte Massaker von Meaux, wo der »vague de purification« 70 Reformierte zum Opfer gefallen sein sollen (418 f.), ohne auch nur mit einem Wort auf die in diesem Fall besonders prekäre Quellenlage, die gleichermaßen auch für La Charité-sur-Loire gilt, einzugehen, auf die schon vor Jahren eindringlich hingewiesen wurde.[30]

Das zweite Phänomen, das sich durch das ganze Buch zieht, ist die geradezu imperialistische Vereinnahmung aller möglichen Bereiche für die Bartholomäusnacht. Dieses (immer gut dokumentierte) Ausgreifen, das mitunter bis in die Kunstgeschichte hineinreicht und manche Entwicklungen jahrzehntelang zurückverfolgt, hat Bourgeon zu dem Stoßseufzer veranlaßt: »A la page 267, on se rapproche enfin de la Saint-Barthélemy«[31] – allerdings, so muß man hinzufügen, »en ce sens où l'histoire aurait pu être dépendante, dans sa gestation, d'une intervention finalisée des acteurs du conflit politico-religieux« (268).

Einen Höhepunkt erfährt diese Vorliebe für »originelle«, in Wirklichkeit eher artifizielle Deutungsversuche im Kapitel 20 (»La politique racontée par l'histoire d'un roi chasseur«, 295–306). Daß die Jagd, psychologisch gesehen, durchaus kompensatorischen Charakter haben kann, wird man gern zugeben, aber Denis Crouzet sieht mehr darin: Die Jagd ist nicht nur »une autre métaphore de la royauté christique, sacrificielle, de la Renaissance néoplatonicienne, dans laquelle le souverain livre un combat de tous les instants contre Satan pour le salut de son peuple, d'un peuple que Dieu lui a confié« (301), sie ist auch »l'expérience ontologique du roi-philosophe, du souverain initié aux mystères de la connaissance. Le cerf est le double du roi…, le cerf est la figure de l'éternité, il porte en lui la loi de la vie« (304). Ausgangspunkt dieser Jagdbetrachtungen, deren Erklärungswert für die Bartholomäusnacht doch etwas fragwürdig scheint, ist übrigens ein Text von Claude Haton, »grand collectionneur de bruits et d'images« (297).

Die dritte generelle Bemerkung betrifft die Diktion, der es nicht eben selten an begrifflicher Präzision mangelt. Die »monarchie magicienne« Karls IX. wurde schon erwähnt; was darunter zu verstehen ist, soll der dritte Abschnitt (»L'idéal d'un règne de l'amour«) zeigen: »Il met en valeur une idéologie néoplatonicienne qui fit du souverain un prince-philosophe, détenteur unique de la connaissance des secrets de l'harmonie universelle et veillant en tous instants à maintenir son pouvoir dans une sphère du mystère« (11). Im vierten Teil (»La quête de l'âge d'or«) wird diese These fortgeführt: »Le mysticisme monarchique du roi initié (= Karl IX.) est en pleine représentation de soi dans le cours de l'histoire qui précède le massacre de la Saint-Barthélemy. Maître du Temps et donc de la connaissance, Charles IX place savamment l'autorité dans une sphère d'indéfinition qui est la condition même de l'ordre de l'Amour« (321 f.). Daß eben dieser prince-philosophe die Bartholomäusnacht, die für seine gesamte Politik eine veritable Katastrophe bedeutete, ausgelöst haben soll, ist in der Tat erstaunlich; »comprenne qui pourra!« sagt Bourgeon dazu.[32]

Das Werk von Denis Crouzet ist trotz seiner 650 Seiten nicht das abschließende Buch über die Bartholomäusnacht. Das liegt einmal daran, daß der Autor nicht beansprucht, »la vérité du massacre de la Saint-Barthélemy« zu rekonstruieren, sondern nur »une vérité possible entre d'autres vérités possibles« zu präsentieren (13); vor allem aber daran, daß zu viele Aspekte, worauf auch Bourgeon völlig zu Recht hinweist,[33] ganz und gar unberücksichtigt

30 Mieck, Bartholomäusnacht als sozialer Konflikt, S. 18 f. Woher Crouzet die Zahl »70« hat, ist auch unklar; der einzige darüber vorhandene Text nennt eine viel höhere Opferzahl.

31 (5), S. 190.

32 (5), S. 202.

33 Ebd., S.201: »Rien sur la détresse des finances publiques et les problèmes fiscaux, rien sur l'état d'esprit de l'armée, rien sur les griefs du Parlement, rien sur les clientèles des Guises ni l'implantation de leur ›ligue‹ à Paris, rien sur la rupture morale avec Rome, peu de choses sur la tension diplomatique avec l'Espagne.«

bleiben; angesichts der evidenten Staats- und Gesellschaftskrise in der zweiten Hälfte des 16. Jahrhunderts gewinnt das Diktum von Jean Meyer, betrachtet man das Werk von Crouzet, besondere Bedeutung: »Man kann diese Epoche nicht von ihrem dramatischen ökonomischen Hintergrund trennen.«[34]

Erst bei der gründlichen, schrittweisen Lektüre des Buches stößt man auf einige Passagen, die sich mit den Thesen von Bourgeon auseinandersetzen.[35] Entsprechend seiner ganz anderen Konzeption von der Bartholomäusnacht weist sie Crouzet selbstverständlich zurück, ist aber in seiner Argumentation in vielen Fällen weniger überzeugend. Den (berechtigten) Hinweis, daß es für die von Bourgeon vorgeschlagene Zeitangabe (86: »samedi 23 août à 16 h.«) »aucune source pertinente« gibt, läßt sich Crouzet natürlich nicht entgehen (599, Anm. 10), doch bewegt er sich auf genauso unsicherem Boden, wenn er von einem »conseil informel« spricht, »qui aurait décidé du massacre et qui se serait tenu dans les jardins des Tuileries sans doute en fin d'après-midi, entre cinq et sept heures«(390); auf Druck von Tavannes und Retz sei dort ein Präventivschlag beschlossen worden »prévoyant une exécution limitée aux seuls chefs militaires du protestantisme« (392).[36]

Mit dieser ganz und gar traditionellen Einschätzung verbindet Crouzet nun seine schon 1990 vorgetragene (und kritisierte) These. Seine Hauptquelle für die revolutionäre Verschwörung einiger Hugenottenführer zum Sturz des Königtums ist ein Pamphlet eines (ehemals?) calvinistischen Predigers.[37] Dieser Text »montre précisément (sic!), que la tuerie du 24 août n'est pas advenue pour des raisons religieuses. Ce qui a été décisif, c'est qu'à l'intérieur de la Réforme française des hommes conspiraient contre le roi … en transformant un phénomène religieux en une mécanique de déstabilisation politique« (469). Die (durch einen Eid miteinander verbundenen) Verschwörer hatten sich sogar ein Codewort, »La Cause«, ausgedacht, um die geplante Gewaltaktion zu verschleiern. Die Männer, die sich um Coligny, »ce prince de la Cause«, scharten, »étaient une bande catilinaire; ils n'étaient pas des croyants poussés…, mais un ramassis de larrons et meurtriers rassemblés par l'espérance du butin« (470). Nach diesem Bericht eines Kronzeugen für eine in der Tat revolutionäre Konspiration, von der Charpentier sogar das Gründungsdatum, den 13. März 1569, überliefert, gegen den von der »concorde« träumenden König[38] ist für Crouzet alles klar: »Voici enfin dévoilée la vérité du conflit qui a déchiré la France et qui s'est résolu dans la Saint-Barthélemy: la violence prit sa source dans une conspiration ourdie contre les représentants d'une race élue de Dieu pour régner sur la France et son peuple« (470); »Charles IX eut donc raison de prévenir cette violence qui n'était que l'expression d'un athéisme effrayant« (471).

Die Behauptung, Karl IX. sei durch seinen Präventivschlag einer von Coligny seit langem vorbereiteten Verschwörung zuvorgekommen, fand sehr bald ihren festen Platz in der propagandistischen Kampagne der royalistischen Rechtfertigung, die unmittelbar nach der Bar-

34 Meyer, Frankreich, S. 188.

35 (4), insbesondere S. 430–444: Kapitel 30 (mit den teilweise sehr ausführlichen Anmerkungen auf S. 603–606). Andere Stellen, an denen die Kontroverse angesprochen wird, finden sich auf S.552/13, 581/1, 584/2, 592/42, 593/43, 599/10 und 610/6.

36 Gelegentlichen Bemerkungen (390: »Si réellement ce conseil eut lieu…«) kann man entnehmen, daß es auch für Crouzet selbst Zweifel an seiner Interpretation gibt. Aber statt eine rigorose Quellenkritik vorzunehmen, benutzt und zitiert er jeweils den Text, der seine These am besten zu stützen scheint. Da dies meist in der konjunktivischen Form erfolgt, bleibt letzten Endes (fast) immer ein Hintertürchen offen.

37 Mit seiner Schrift »Lettre de Pierre Charpentier…« von 1572 wollte der Verfasser (»jurisconsulte«) wohl die Öffentlichkeit davon überzeugen, daß die Masse der Reformierten mit den politischen Machenschaften der Hugenottenführer, die »la Cause« erstrebten, nichts zu tun hatten.

38 An anderer Stelle weist Crouzet allerdings darauf hin, daß an der Glaubwürdigkeit dieses Textes jedenfalls im Hinblick auf die »préméditation« der Bartholomäusnacht zu zweifeln sei (137); die Verschwörung als solche sieht er wohl dennoch als gegeben an.

tholomäusnacht begann und die lange Zeit auch von vielen Historikern geglaubt wurde. Dabei bot die Ende 1572 erschienene Schrift Charpentiers eine hochwillkommene Materialsammlung, die genüßlich ausgeschlachtet werden konnte. Denis Crouzet hat dazu einige interessante Einzelheiten geliefert (375); daß er aber eine Erklärung des Gesamtphänomens 'Bartholomäusnacht' auf die nicht überprüften Aussagen eines Pamphletisten stützt, dürfte mit einer quellenkritischen Textanalyse wenig vereinbar sein.

Da es noch andere Punkte gibt, in denen sich die Auffassungen von Bourgeon und Crouzet unterscheiden und es im Rahmen dieser Abhandlung nicht möglich ist, auf die verschiedenen Aspekte der Kontroverse einzugehen, kann an dieser Stelle nur empfohlen werden, sich mit den Überlegungen der beiden Gelehrten, in denen sie auf die Argumente und Thesen des anderen eingehen, durch die Lektüre ihrer Bücher vertraut zu machen.

In der Einleitung charakterisiert Denis Crouzet sein Werk als »une enquête policière dans un lointain et sombre passé ... avec tout ce qu'il peut y avoir d'artifice et de présomption à vouloir redonner vie à un temps qui n'est plus depuis longtemps« (11). Vergleicht man das Buch von Crouzet, dem Bourgeon »évidemment (une) disproportion entre la taille de cet ouvrage et le résultat atteint« bescheinigt,[39] mit einer anderen, ebenfalls sehr umfangreichen »Enquête«, die vor einigen Jahren erschienen ist,[40] kommt man doch zu dem Schluß, daß die Untersuchung über Ludwig XVI. nicht nur spannender zu lesen, sondern auch wissenschaftlich ertragreicher war.

*

Als letztes Buch ist »le second volet d'un diptyque« (Rückentitel) zu erwähnen, das Jean-Louis Bourgeon – als Ergänzung seiner Arbeit über das Coligny-Attentat[41] – 1994 publiziert hat.[42] In einer Zeit, »où le papier est cher, et le temps du lecteur précieux«,[43] hebt sich der Band mit seinen 208 Seiten wohltuend von anderen Werken ab. Zentraler Gegenstand der Untersuchung ist die Zeit nach der eigentlichen Bartholomäusnacht, doch ist es unausweichlich, daß Bourgeon zu Beginn seines Buches noch einmal auf die wohl nie mit letzter Klarheit zu erhellenden Vorgänge in der Nacht vom 23. zum 24. August eingeht und auch die Quellenlage anspricht: »On n'a aucun témoignage sérieux sur les faits et gestes du roi (pas plus que sur ceux d'aucun de ses proches) pendant la nuit qui précéda la Saint-Barthélemy« (19).

Ausgehend von dieser Feststellung analysiert Bourgeon im ersten Kapitel (»Amère défaite«) die wenigen zeitgenössischen Texte, von denen man vielleicht halbwegs zuverlässige Aufschlüsse erwarten kann. Daraus entwickelt er die ersten Bausteine für seine bereits im Coligny-Buch verfochtene zentrale These, daß Karl IX. keineswegs für die Bartholomäusnacht verantwortlich ist: »Loin d'avoir déclenché la Saint-Barthélemy, la royauté l'a au contraire subie de plein fouet et eut bien du mal à ne pas être balayée par une lame de fond aussi soudaine qu'irrésistible« (12). Positiv zu bewerten ist – im Gegensatz zu dem bisher dominierenden »absurde erreur du jugement historique« – »le courage politique qu'il fallut à Charles IX pour ne pas céder complètement à la pression de l'Espagne, au complot des Guises et au fanatisme borné des bourgeois parisiens« (ebd.). Es versteht sich von selbst, daß diese drei Triebkräfte von der weiteren Forschung, etwa im Hinblick auf die Rolle der Guises oder die Haltung Marcels, noch anders gewichtet werden können (ebd., Anm.4).

Bei der Neubewertung der Politik und der Persönlichkeit Karls IX. hütet sich Bourgeon vor neuer Einseitigkeit. So betont er, daß der König »n'a pas eu le courage physique ni moral

39 (5), S. 201. Ähnliche Überlegungen finden sich auch in den Rezensionen zu dem 1500-Seiten-Werk Crouzets von 1990 (siehe oben Anm. 5).

40 Paul et Pierrette GIRAULT DE COURSAC, Enquête sur le procès du roi Louis XVI, Paris 1982.

41 Siehe oben S. 2ff.

42 (5), passim.

43 Ebd., S. 187.

de s'opposer jusqu'au bout à tous ceux qui, les armes à la main, lui réclamait la tête de Coligny et des principaux chefs huguenots«; allerdings: »S'y refuser pouvait lui coûter son trône« (29). Auch müssen seine politischen Aussagen sorgfältig auf ihre propagandistischen Ziele untersucht werden, denn »plus que dans le sang, la Saint-Barthélemy baigne dans le mensonge« (16): »Finalement, tout le monde ment, catholiques et protestants, les bourreaux et leurs victimes, les Guises vainqueurs et le roi vaincu. Mais tout bien considéré, celui qui ment le moins, c'est encore Charles IX, du moins pendant un court entracte: les 24 et 25 août 1572« (17).

Die folgenden Kapitel untersuchen die Frage, wie sich der König aus dieser Falle zu befreien und neue Handlungsfreiheit zu gewinnen versuchte. Dabei blieben die Zielvorstellungen des Königs unverändert: »Son seul objectif, et primordial intérêt, est de maintenir à tout prix la paix civile sans laquelle (il le sait depuis les tristes années 1568–1570) son royaume est ingouvernable, de nul rapport financier et militairement impuissant« (60, Anm.40).

Nach der Bartholomäusnacht war der Weg dahin schwieriger als je zuvor. Er war nicht gradlinig, sondern mußte der sich von Tag zu Tag verändernden Situation angepaßt werden. Die minutiöse Rekonstruktion dieser Chronologie, deren Komplexität soweit möglich aus den Quellen erklärt wird, wirkt im ganzen überzeugend. Im Gegensatz zu seinem Coligny-Buch (und übrigens auch zum Werk von Denis Crouzet) kann Bourgeon seine Argumentation diesmal zum Teil auf bisher unveröffentlichte Archivalien, vor allem Briefe, stützen. Andererseits zitiert er recht häufig, auch wenn es nicht um inserierte Quellenstücke geht, die »Mémoires de l'Estat de France sous Charles Neufiesme«, obwohl der Verfasser Simon Goulart nicht gerade als objektiver Zeitgenosse gelten kann. Auch das Massaker von Meaux, auf dessen problematische Überlieferung schon hingewiesen wurde,[44] wird zusammen mit den anderen Provinzstädten, in denen Protestanten ermordet wurden, kommentarlos erwähnt (58). Das erklärt sich durch die beiden Versäumnisse, die für die Historiographie der Bartholomäusnacht charakteristisch sind: sowohl die Abläufe an den Tagen nach dem 24. August als auch die Ereignisse in der Provinz wurden sträflich vernachlässigt. Bourgeon hat – für das erste Desiderat – den richtigen Weg gewiesen; eine quellenkritische Untersuchung des zweiten steht noch aus.

Es erscheint fraglich, ob die Gesamtbewertung der französischen Regierungspolitik in der zweiten Hälfte des 16. Jahrhunderts, so wie sie Bourgeon vorschlägt, widerspruchslos akzeptiert wird. Abgesehen von seiner Neuinterpretation der Bartholomäusnacht, die durchaus plausibel erscheint, erscheint die nachstehend zitierte Passage, gemessen an der Realität, etwas übertrieben: »On ne répétera jamais assez que c'est d'abord grâce à Catherine de Médicis et à ses enfants si la France a pu vivre pendant plus d'un siècle, de 1561 à 1685, sous le stimulant régime du dualisme religieux« (60). Die von den Religionswirren und speziell von der Bartholomäusnacht Betroffenen haben diese Ereignisse sicher nicht als positive Auswirkungen eines »stimulant régime« angesehen.

Das Buch von Bourgeon endet mit einer »Conclusion«, in der die wesentlichen Ergebnisse seiner Forschungen knapp, aber deutlich zusammengefaßt werden. Das angehängte Kapitel, in dem er das neue Werk von Crouzet kommentiert, wurde bereits erwähnt.[45] Obwohl er sich dessen Auffassung nicht anschließen kann, respektiert er sie: »Libre ensuite à Denis Crouzet de ne pas me suivre...: il en a parfaitement le droit et, de mon côté, je maintiens mon hypothèse« (193).

Auch nach vierhundert Jahren ist die Bartholomäusnacht noch immer von höchster Forschungsaktualität. Es ist das Verdienst von Jean-Louis Bourgeon, eine Debatte, die längst beendet schien, wieder eröffnet zu haben. Nicht alle Forschungskorrekturen, die er in seinen

44 Siehe oben S. 210.
45 Siehe oben S.208 (mit Anm. 25).

zahlreichen Publikationen zum Thema vorgeschlagen hat, dürften sich, so wird man wohl vermuten dürfen, auf die Dauer durchsetzen. Gleichwohl ist durch die Forschungsarbeiten der letzten Jahrzehnte, die in diesem Bericht vorgestellt wurden, die Debatte über die Bartholomäusnacht neu entfacht worden. Bourgeon hat für diese historiographisch aufregende Situation eine gute Formulierung gefunden: »A travers nos divergences, le public pourra mesurer à quel point, quatre siècles après, la Saint-Barthélemy reste encore un objet de débat entre historiens« (185).

Miszellen

Andreas Imhoff

ZUM BÄUERLICHEN LEBEN IM ELSASS 1648–1789

Das Elsaß gehört zu jenen Regionen Frankreichs, deren ländliche Vergangenheit besonders gut erforscht ist. Eine Zusammenstellung der bislang vorliegenden Beiträge zur »histoire rurale« dieser Grenzregion ergäbe eine stattliche Bibliographie. Aus der großen Anzahl besagter Publikationen sticht das Werk von Jean-Michel Boehler[1] schon durch sein Äußeres hervor. Mit seinen fast zweieinhalbtausend Seiten, einem 4200 (!) Titel umfassenden Literaturverzeichnis und einer Auflistung der ausgewerteten Primärquellen, die allein 40 Seiten für sich beansprucht, hat es einen nahezu monströsen Umfang. Die Rezension solch einer Arbeit ist in zweierlei Hinsicht schwierig. Zum einen stellt sich das Problem, die Fülle der Ergebnisse auf einer begrenzten Seitenzahl angemessen zu würdigen – ein nahezu hoffnungsloses Unterfangen. Zum anderen besteht natürlich die Gefahr, daß der Rezensent vor dem Werk quasi in Ehrfurcht erstarrt und aus Furcht, der Beckmesserei beschuldigt zu werden, sich jedweder Kritik von vornherein enthält. Lassen wir uns also nicht von der reinen Masse des Dargebotenen blenden und versuchen wir – soweit dies natürlich möglich ist – zu einem objektiven Urteil zu gelangen.

Der seit 1976 an der Universität Straßburg lehrende Autor verfolgt mit seiner Arbeit das ehrgeizige Ziel, die ländliche Lebenswelt seiner Heimat zwischen Westfälischem Frieden und Französischer Revolution möglichst umfassend zu beschreiben. Räumlich beschränkt sich die Untersuchung dabei auf die stark vom Ackerbau geprägte Rheinebene. Die elsässische Vorhügelzone samt dem sich westlich daran anschließenden Randgebirge der Vogesen bleiben folglich ausgeklammert. Dem Verfasser erscheint dies angebracht, denn jene vom Weinbau bzw. von der Waldwirtschaft beherrschten Teile des Elsaß »constituent indéniablement un autre monde« (S. 5). Gleichermaßen ist übrigens der naturräumlichen Gliederung der Pfalz, die der elsässischen sehr ähnelt, in einer jüngst erschienen landeskundlichen Reihe Rechnung getragen worden.[2]

Daß der Autor seine Untersuchung auf ein noch einigermaßen überschaubares Gebiet begrenzt, versetzt ihn erst in die Lage, die Vielfalt der wirtschaftlichen, sozialen, religiösen, demographischen, rechtlichen und anderen Faktoren zu berücksichtigen, die die bäuerliche Welt seiner Vorfahren konstituierten. Und diese ländliche Gesellschaft im Weichbild des Rheins hat im Verlauf von knapp 150 Jahren bekanntlich tiefgreifende Veränderungen durchgemacht. Die Hauptfrage, der der Verfasser nachgeht, kreist um eben diese Entwicklung. Konkret will er eruieren, wie es möglich war, daß die nach dem Ende des Dreißigjährigen Krieges zahlenmäßig stark dezimierte und in ihren Grundfesten erschütterte Landbevölkerung sich am Vorabend der Revolution mit Problemen der Überbevölkerung konfrontiert

1 Jean-Michel Boehler, Une société rurale en milieu rhénan: La paysannerie de la plaine d'Alsace (1648–1789), 3 Bde., Strasbourg 1994, 2468 S. (Presses universitaires de Strasbourg).

2 Michael Geiger, Günter Preuss, Karl-Heinz Rothenberger (Hg.): Der Pfälzerwald. Porträt einer Landschaft. Landau 1987; dies.: Der Rhein und die Pfälzische Rheinebene. Landau 1991; dies: Die Weinstraße. Porträt einer Landschaft. Landau 1991; dies: Westrich und Pfälzer Bergland. Landau 1993.

sah. Sein Anliegen ist es aber auch, jene Elemente der Kontinuität herauszuarbeiten, die die elsässische Gesellschaft prägten und ihr zu ihrer Originalität verhalfen.

Um diese und andere Fragen zu beantworten, hat der Autor Quellen ausgewertet, die sowohl durch ihre Quantität als auch durch ihre Vielfalt den Rahmen dessen sprengen, was ein einzelner Bearbeiter üblicherweise zu erbringen vermag. Die große Bandbreite des herangezogenen Materials reicht von trockenen Statistiken der Intendanten bis hin zu unterhaltsamen Reisebeschreibungen, umfaßt serielle Quellen wie Steuerverzeichnisse, Kirchenbücher und Nachlaßinventare ebenso wie interessante Einzelbelege.

Die Fülle der schriftlichen Zeugnisse darf freilich nicht über ein großes methodisches Problem hinwegtäuschen. Es erwächst direkt aus der Quellenlage. Diese ist nämlich so disparat, daß der Autor meist nur Aussagen treffen kann, die für einige wenige, zumeist ein und derselben Herrschaft zugehörende Gemeinden Gültigkeit besitzen. Dennoch will der Autor natürlich Strukturen und ihre Veränderungen für den gesamten Untersuchungsraum aufzeigen. Er muß daher von Einzelergebnissen auf das Ganze schließen. Der Autor ist sich dieser Problematik sehr wohl bewußt und zieht aus ihr seine Konsequenz, wenn er ankündigt: »La griserie mystificatrice du quantitatif cédera la place à une part d'intuition et d'approche impressioniste du réel.« (S. 13) Boehler hält sich weitgehend an sein Versprechen. Nur selten erliegt er der – zugegebenermaßen großen – Versuchung, einer dünnen Datenbasis mittels einer fragwürdigen Zahlenakrobatik doch noch irgendwelche weiterreichende Erkenntisse abzuringen. Dessen ungeachtet enthält das Werk Hunderte von Statistiken, wobei der Autor immer wieder auf ihre begrenzte Aussagekraft hinweist und sie mit Vorbehalten interpretiert. Leider sind diese Übersichten zum Teil so überladen, daß viele Leser sie wohl gar nicht näher in Augenschein nehmen werden.

Boehlers Arbeit besteht aus vier großen Teilen. Zwei entfallen auf den ersten, die beiden anderen auf den zweiten Band. Der dritte Band enthält das umfangreiche Literatur- und Quellenverzeichnis, eine reiche Materialsammlung und ein Register.

Im ersten Teil analysiert der Verfasser die klimatischen, naturräumlichen und historischen Rahmenbedingungen, unter denen sich das bäuerliche Leben in der elsässischen Rheinebene seit 1648 abspielte. Zuächst wird dem Leser eine ausführliche Beschreibung des am Oberrhein sowohl kontinental als auch atlantisch geprägten Klimas und dessen Schwankungen präsentiert. In diesem Zusammenhang macht Boehler deutlich, daß Kälteeinbrüche im Frühjahr oder verregnete Sommer wegen der Vielfalt der im Elsaß angebauten Nutzpflanzen nur selten zu allgemeinen Mißernten führten. Es wäre jedoch verfehlt, den Elsaß-Reisenden Goethe und Young zu glauben, die in ihren Berichten von großer Fruchtbarkeit aller Orten schwärmten. Gewiß waren die mit Löß bedeckten Hügel und Terrassen in der Rheinebene äußerst fruchtbar und wurden deshalb schon früh besiedelt. Weit weniger ergiebig waren hingegen die zwischen den Lößplatten liegenden Schwemmfächer der von Westen nach dem Rhein zustrebenden Bäche. Größtenteils waren diese Sandböden erst gar nicht gerodet worden – man denke an den Hagenauer Forst – oder wurden ähnlich wie die sumpfige, stets von Hochwasser bedrohte Rheinniederung als Grünland genutzt. Den sehr unterschiedlichen Bodenbedingungen waren die elsässischen Bauern jedoch keineswegs auf Gedeih und Verderb ausgesetzt. So versuchten die Bewohner der weniger fruchtbaren Gebiete durch nichtlandwirtschaftliche Nebentätigkeiten und den Anbau verschiedener, den Bodenverhältnissen angepaßter Kulturen ihren Lebensunterhalt zu bestreiten. Interessanterweise waren sie dadurch besser vor Agrarkrisen gefeiht als die Bauern des fruchtbaren Kochersberggebiets. Dort hatte man sich ganz auf den Getreideanbau spezialisiert und sich dadurch in starke Abhängigkeit von den klimatischen Gegebenheiten begeben.

In weiteren Unterkapiteln befaßt sich der Autor mit den weitreichenden Folgen des Dreißigjährigen Krieges. Nach vorsichtigen Schätzungen muß der Bevölkerungsverlust im Zuge des Krieges zwischen einem Drittel und der Hälfte betragen haben. Wenngleich »pour destructrice qu'elle fût, la guerre n'a pas affecté le tissu villageois dans son ensemble, ni dans sa totalité« (S. 172), so hinterließen die Kriegsgreuel doch tiefe Spuren in der elsässischen Agrarwirtschaft der folgenden Jahrzehnte. Der Autor hat errechnet, daß um 1648 zwischen der Hälfte und zwei Drittel der landwirtschaftlichen Fläche des Elsaß nicht mehr bestellt wurde. In wirtschaftlicher Hinsicht hatten vor allem die selbständigen Bauern unter den längerwirkenden Folgen der Kriegsgeschehnisse zu leiden. Bedingt durch den Arbeitskräftemangel in der zweiten Jahrhunderthälfte mußten jene »laboureurs« ihrem Gesinde einerseits relativ hohe Löhne zahlen. Andererseits waren die Agrarpreise wegen der gesunkenen Nachfrage niedrig. Die geringen Profite, die sie aufgrund der niedrigen Erträge ihrer Ländereien erzielten, taten ein übriges hinzu, daß ein Großteil der elsässischen Bauern sich hoch verschulden mußten. Bei den Gläubigern handelte es sich dabei zunächst oft um Städter, später in der Regel um Angehörige der ländlichen Oberschicht.

Wie in den anderen vom Dreißigjährigen Krieg betroffenen Regionen hat es auch im Elsaß nicht an Versuchen von seiten der Grund- und Landesherren gefehlt, dem durch die Notzeit hervorgerufenen Rückgang der Einnahmen aus Steuern und Abgaben Einhalt zu gebieten. Daß hierzu eine gezielte »Peuplierungspolitik« zählte, dürfte Legion sein. Boehler beleuchtet ihre wichtigsten Aspekte und deckt bei dieser Gelegenheit einige Fehleinschätzungen der elsässischen Geschichtsforschung auf. Unter anderem kann er nachweisen, daß der Anteil der Zuwanderung von außen bei der Wiederherstellung der Bevölkerung nach 1648 nicht so bedeutend war, wie allgemein angenommen.

Die materiellen und finanziellen Begünstigungen, die den Zuwanderern eingeräumt wurden, zeugen deutlich von der schwachen Position der Grundherren zu jener Zeit. Von der Gunst der Stunde profitierte aber auch die elsässische Altbevölkerung. Nicht selten waren die Fälle, in denen Bauern, ungeklärte Besitz- und Rechtsverhältnisse ausnutzend, sich Grund und Boden aneigneten. Anderen wieder gelang es zumindest, den Grundherren günstige Erbpachtverträge abzuringen. Diese »générosité intéressée du seigneur-propriétaire« (S. 260) sollte allerdings nur von kurzer Dauer sein. Die Grundherren änderten ihre Haltung, als sich in den 90er Jahren erste Erfolge beim Wiederaufbau des Elsaß einstellten. Nun waren sie es, die die Bedingungen diktierten. Die spürbare Zunahme von zeitlich befristeten Pachtverträgen und ihr Zugriff auf entfremdeten Besitz beweisen dies. Mit einer Darstellung, wie es der Obrigkeit gelang, die althergebrachte Ordnung auch im religiösen, sittlichen und schulischen Bereich wiederherzustellen, endet der erste Teil des Werkes.

Der zweite Teil stellt eine großangelegte Untersuchung der demographischen und wirtschaftlichen Strukturen sowie deren Veränderungen nach 1648 dar. In den Mittelpunkt der demographischen Studie stellt der Autor sinnvollerweise den einzigartigen Bevölkerungsanstieg im Elsaß zwischen 1725 und 1765. Diese »explosion démographique« (S. 372) war es schließlich, die maßgeblich zur Zuspitzung der wirtschaftlichen und sozialen Probleme im letzten Drittel des 18. Jahrhunderts beitragen sollte.

Das Wachstum einer Bevölkerung zu erklären, ist angesichts der Vielzahl der zu berücksichtigenden, sich gegenseitig beeinflussenden Faktoren äußerst schwierig. Boehler geht dieses Problem mit der ihm eigenen Gründlichkeit an. Er erarbeitet dabei eine Fülle von Hypothesen und Modellen, die für Historiker-Demographen zwar nicht immer neu sein dürften, wegen der Klarheit seiner Gedankengänge aber allemal Beachtung verdienen. Als erwiesen sieht er es an, daß die Voraussetzung für den Bevölkerungsanstieg in der zweiten Hälfte des 17. und den beiden ersten Jahrzehnten des 18. Jahrhunderts geschaffen wurden. In dieser nur von einem langsamen Wachstum begleiteten Rekuperationsphase verjüngte sich die elsässische Bevölkerung infolge eines nicht zuletzt durch die Zuwanderer hervorgerufenen Heiratsbooms nachhaltig. Die überaus zahlreichen Kinder, die damals geboren wurden, sollten dann 20 bis 30 Jahre später das eigentliche Bevölkerungswachstum auslösen. Der rapide Anstieg der elsässischen Bevölkerungszahl nach 1725 ist somit als ein eigendynamischer Struktureffekt zu verstehen, der auf dem Altersaufbau der Bewohnerschaft beruhte. Den Einfluß der demographischen Zwischengrößen (Fruchtbarkeit, Sterblichkeit, Wanderungen) auf die genannte Entwicklung stuft der Autor hingegen als weniger bedeutend ein: »C'est en effet le nombre des reproducteurs potentiels plus que leur comportement (ce dernier n'est pas sensiblement différent des autres régions françaises) qui constitue l'atout majeur de la population rurale alsacienne«. (S. 412)

Für die Mehrheit der elsässischen Bauern wirkte sich der Bevölkerungsanstieg äußerst negativ auf die Chancen wirtschaftlichen Reüssierens aus. In mehreren Unterkapiteln über die Besitzstrukturen kann der Verfasser dies auch zahlenmäßig belegen. Zwar war im Elsaß der Anteil des bäuerlichen Eigenbesitzes größer als in anderen französischen Regionen. Durch den mit dem Bevölkerungswachstum einhergegangenen Anstieg der Grundstückspreise sah sich jedoch ein Großteil der Bauern von der Erwerbsmöglichkeit hinreichend großer Besitzungen ausgeschlossen. Folgerichtig nahm der Anteil der Zwerg- und Kleinbetriebe zu. Boehler hat errechnet, daß in der zweiten Hälfte des 18. Jahrhunderts nur ein Drittel der Bauernfamilien ganz von ihren landwirtschaftlichen Erträgen leben konnten. Nutznießer der zunehmenden Bodenverknappung waren neben den finanzkräftigen Stadtbürgern die wohlhabenden Bauern. Sie waren natürlich in der Lage, die hohen Grundstückspreise zu bezahlen und konnten so nahezu nach Belieben ihren Besitz mehren und arrondieren. Die Kluft zwischen arm und reich wurde im Elsaß demzufolge immer größer.

Eine Agrarrevolution – und das paßt in das recht düstere Bild von den Lebensumständen der Kleinbauern – hat im Elsaß des 18. Jahrhunderts zudem nicht stattgefunden. Der Verfasser räumt zwar ein, daß auf dem Agrarsektor zahlreiche Fortschritte erzielt wurden. Es waren dabei die Bewohner der weniger von der Natur begünstigten Gebiete der elsässischen Rheinebene, die sich zuerst für Verbesserungen in der Landwirtschaft interessiert hatten. Insgesamt betrachtet könne man jedoch die Summe der positiven Veränderungen nicht als »révolution agricole« im eigentlichen Sinn bezeichnen. Hierzu führt Boehler u. a. an, daß der Gesamtumfang der landwirtschaftlichen Nutzfläche gewiß nach 1700 dank intensiver Rodungstätigkeiten angewachsen, die Brache jedoch längst nicht verschwunden war. Auch die Aufteilung der Allmenden gegen Ende des Jahrhunderts führte nicht zu einer nachhaltigen Verbesserung der Einkommenssituation der breiten Masse der Landbevölkerung. Denn bei den Versteigerungen der Parzellen konnte sich vor allem die wirtschaftliche Elite bereichern. Wohl am deutlichsten aber zeigt sich die Begrenztheit der Fortschritte in der Tatsache, daß die landwirtschaftliche Produktion nicht mit dem Bevölkerungswachstum Schritt halten konnte. Dementsprechend stiegen die Erträge nicht so stark wie die Grundstückspreise und Grundrenten an.

Die Frage, welche Auswirkungen die wirtschaftlichen Rahmenbedingungen auf das soziale Gefüge hatten, ist eines der Anliegen des dritten Teils. Ganz allgemein ausgedrückt werden hier die wesentlichen Merkmale des ländlichen Miteinanderlebens unter die Lupe genommen. Präziser läßt sich der annähernd 600 Seiten umfassende Teil nicht betiteln, weil auch er mit einer ungeheueren Themenvielfalt aufwartet. Verständlicherweise können an dieser Stelle deshalb nur einige wenige Punkte angesprochen werden.

Zunächst beschreibt der Autor die sozialen Strukturen und Hierarchien auf dem flachen Land. Als Quellengrundlage dienen ihm dabei nicht nur die üblichen Steuerverzeichnisse, sondern auch einige hundert Nachlaßinventare. Wenngleich jene »inventaires après décès« nicht das gesamte soziale Spektrum abdecken, so sind sie doch aufgrund ihrer wertvollen Zusatzinformationen eine Bereicherung für die Studie. Aus der Untersuchung geht klar hervor, daß im ländlichen Bereich des Elsaß das soziale Gefüge längst nicht die Uniformität und Rigidität besaß, die ihr im allgemeinen beigemessen wurde. Zum einen konnte die soziale Wirklichkeit von Region zu Region ganz unterschiedlich aussehen. Während zum Beispiel im reichen Kochersberggebiet des 18. Jahrhunderts eine sehr differenzierte, aber doch recht ausgeglichene Sozialstruktur vorzufinden ist, waren in unmittelbarer Rheinnähe die sozialen Unterschiede stärker ausgeprägt. Zum anderen herrschte selbst innerhalb der einzelnen Berufsgruppen eine große Bandbreite, was die soziale Position ihrer Angehörigen anbelangte. So besaßen die spannfähigen Bauern des Dorfes Furdenheim im Jahr 1781 zwischen zwei und neun Zugpferde. Andernorts lebten manche »laboureurs« in so ärmlichen Verhältnissen, daß sie sich in sozio-ökonomischer Hinsicht nicht von tagelöhnernden »manouvriers« unterschieden. Einen wirklichen Gegensatz zwischen beiden Gruppen hat es nach Auffassung des Autors auch gar nicht gegeben. In ihrer Rolle als Arbeitgeber bzw. Arbeitnehmer seien sie im täglichen Leben zu stark aufeinander angewiesen gewesen.

Das Zahlenverhältnis zwischen »laboureurs« und »manouvriers« unterlag jedoch merklichen Schwankungen. Es variierte nicht nur nach der Art der Bodennutzung (in den stärker vom arbeitskräfteintensiven Weinbau geprägten Gebieten dominierten die Handfröhner), sondern veränderte sich auch temporär. Nach dem Dreißigjährigen Krieg hatte das Überangebot an Agrarflächen zunächst die Niederlassung von spannfähigen Bauern begünstigt. Das änderte sich mit der zunehmenden Verknappung des verfügbaren Landbesitzes. Da es für Zuwanderer immer schwieriger wurde, einen eigenen Hof zu gründen, stieg im Verlauf des 18. Jahrunderts der Anteil der Tagelöhner im Elsaß stetig an. Ab 1750 scheint er jenen der »laboureurs« überflügelt zu haben.

Nicht nur der Anteil der unterbäuerlichen Schicht nahm demnach zu. Als eine weitere Folge der schwierigen Situation auf dem Agrarsektor verbuchten handwerkliche Berufe einen verstärkten Zulauf auf dem Land. Bezeichnenderweise galt dies jedoch nicht für Handwerksberufe, die direkt von der Landwirtschaft abhingen. Nach Boehler könnte dies ein Grund für die wenigen technischen Fortschritte in der Landwirtschaft gewesen sein. Wenngleich bei den Landhandwerkern Einkommen und Vermögen sehr breit streuten, lebten nur wenige von ihnen in Armut. In der Regel betrieben sie etwas Landwirtschaft im Nebenerwerb und konnten so Einkommenseinbußen leichter auffangen.

Im weiteren Verlauf des dritten Teils werden Lebensweise und -bedingungen einiger typischer Vertreter der ländlichen Oberschicht beschrieben, nämlich die des Müllers, des Postmeisters, des Gastwirtes und natürlich die des über umfangreichen Grundbesitz verfügenden Bauern. Ihre Porträts sind mit einer ebenso großen Akribie gezeichnet wie die des Lehrers und des Pfarrers. Letztere erweckten Boehlers Aufmerksamkeit, weil sie in der Dorfgemeinschaft eine gewisse Sonderstellung einnahmen.

Nicht zuletzt rührte der Reichtum der Oberschicht vom Geldverleih her. Die zunehmende Verschuldung der elsässischen Kleinbauern ist denn auch eines der Themen, denen sich der Verfasser bei der Darstellung des eklatanten Verarmungsprozesses auf dem Land widmet. Es kennzeichnete dabei die wirtschaftliche Lage der Kleinbauern, daß sie keineswegs Geld für Investitionen aufnahmen, sondern sich verschulden mußten, um zu überleben.

Unter dem Thema »intégration et exclusion« werden im folgenden die sozialen Beziehungen innerhalb der Familie und der Dorfgemeinschaft untersucht. In diesem Zusammenhang beleuchtet der Autor die Stellung der einzelnen Familienmitglieder und beschäftigt sich mit dem Phänomen des starken Zusammenhalts innerhalb der elsässischen Gemeinden. Abschließend konzentriert sich Boehler auf die Lebensumstände jener Personengruppen, die wie die Adligen aus der ländlichen Gesellschaft herausgehoben waren, bzw. wie die Armen, Juden und Wiedertäufer an ihrem Rand lebten.

Erwies es sich bis zu diesem Punkt der Boehler'schen Arbeit bereits als ungemein schwierig, einerseits die Rezension in ihrem Umfang nicht ausufern zu lassen, andererseits sowohl einen kleinen Überblick über die behandelten Probleme zu geben, als auch einige wichtige Ergebnisse zu referieren, so ist dieses Spagat im vierten Teil nicht mehr möglich. Zu groß ist einfach die Anzahl der Aspekte, die im Rahmen einer beeindruckenden Dokumentation und Analyse der materiellen und kulturellen Lebenswelt der elsässischen Bauern aufgegriffen werden. Nach den menschlichen Grundbedürfnissen vorgehend, beschäftigt sich der Verfasser zunächst mit den Bereichen »Wohnen« (Hausformen, verwendete Materialien beim Hausbau, Mobiliar, regionale und sozio-ökonomische Unterschiede), »Kleidung« (Grundelemente der männlichen und weiblichen Tracht, Modetrends), »Essen« (Eßgeschirr, Eßgewohnheiten) und »Gesundheitspflege« (Krankheiten, Todesursachen, hygienische Verhältnisse, medizinische Versorgung).

Anschließend wendet er sich den Bereichen »Bildung« und »Kultur« zu. Ausführlich wird dabei die seit dem Ende des 17. Jahrhunderts konstant fortschreitende Alphabetisierung auf dem flachen Land gewürdigt, ebenso das vor allem auf die Vermittlung moralischer und religiöser Inhalte ausgerichtete Schulwesen und die Volksfrömmigkeit. Die Rolle der Feste in der elsässischen Volkskultur steht am Ende einer Arbeit, von der Georges Livet in seiner Einleitung sagt, sie sei eine »œuvre fondamentale«. In der Tat handelt es sich bei ihr um eine einzigartige Regionalstudie, die in quantitativer und qualitativer Hinsicht neue Maßstäbe setzt.

Jürgen Voss

ZUR NEUAUFLAGE VON GEORGES GRENTES »DICTIONNAIRE DES LETTRES FRANÇAISES: LE XVIIIe SIÈCLE«[1]

Der von Kardinal Georges Grente herausgegebene und 1936 konzipierte »Dictionnaire des lettres françaises« ist von 1951 bis 1972 mit Bänden zum Mittelalter, dem 16., 17., 18. und 19. Jahrhundert erschienen. Schon als junger Historiker habe ich in den 60er Jahren an den Universitäten Heidelberg und Mannheim feststellen müssen, daß dieses überaus nützliche Nachschlagewerk zwar Kennern vertraut ist, dieser Klassiker unter den französischen Hilfsmitteln aber bei weitem nicht überall den Forschern bekannt und auch greifbar war.

Da das Werk schon länger vergriffen ist, hat sich der Verlag zur Neuausgabe der Bände zum 16., 17., 18. und 19. Jahrhundert entschlossen; der Band zum Mittelalter ist bereits 1992 in der Neubearbeitung erschienen[2]. Die von François Moureau (Sorbonne) und seinen Mitarbeitern besorgte Neuausgabe zum 18. Jahrhundert liegt nun als erster dieser Bände zur Neuzeit vor. Herausgeber und Verlag haben das Werk, das in der Erstausgabe aus 2 Bänden in Quartformat bestand, nun in einer einbändigen, handlichen Ausführung in Großoktavformat gebracht.

Bei der Herstellung der Neuausgabe gab es die Möglichkeit, entweder einen Neudruck zu bringen oder den Weg einer langwierigen generellen Neubearbeitung zu gehen. Da aber der »Dictionnaire« von Georges Grente in seiner Substanz unerreicht ist, hat François Moureau aus guten Gründen einen Mittelweg beschritten und stehengebliebene Druckfehler getilgt, bisher nicht existierende Sachartikel ergänzt (z.B. Allemagne, Femme, Franc-maçons, Jansénisme), einzelne Artikel neu konzipiert (z.B. Arts et Lettres), etliche erweitert (z.B. Montesquieu, Prévost, Rousseau, Sade).

Bei der Einleitung und fast allen Artikeln wurde die bibliographische Information auf den neuesten Stand gebracht[3], eine nicht gerade leichte Aufgabe, denn die Forschung hat ja seit 1960, als die beiden Bände zum 18. Jahrhundert erstmals herauskamen, in Frankreich und darüberhinaus doch eine beachtliche Zahl von wichtigen Studien und Aufsätzen vorgelegt. Dies wird auch aus den Nachträgen des Herausgebers zu den einleitenden »Indications bibliographiques« sehr gut deutlich.

Der Umfang der Neubearbeitung ist im Vergleich zur Erstausgabe um über 100 Seiten gewachsen. Einige in der ersten Auflage noch nicht erfaßte Personen sind nun vertreten (z.B. Adanson, Adhémar, Alliot, aber auch durchaus berechtigt Liselotte von der Pfalz als Zeitzeuge des späten Ludwig XIV. und der Regence unter dem Stichwort »Palatine«).

Andererseits wollte der Herausgeber legitimerweise den Charakter des »Grente« nicht verändern. Wo schon findet man rasche und präzise Informationen über die zahlreichen und ebenso tüchtigen französischen Gelehrten des 18. Jahrhunderts und ihre Werke, wo zuver-

1 Zugleich Besprechung von: Dictionnaire des lettres françaises,publié sous la direction du Cardinal Georges Grente: Le XVIIIe siècle, édition revue et mise à jour sous la direction de François Moureau, Paris (Fayard) 1995, LXVI+1371 S.

2 Dictionnaire des lettres françaises. Le Moyen Age, édition entièrement revue et mise à jour sous la direction de Geneviève Hasenlohr et Michel Zink, Paris (Fayard) 1992, 1506 S.

3 Dies wird durch eckige Klammern markiert.

lässige Angaben über den 30bändigen »Grand Vocabulaire Français« 1767–1774 (S. 533), der einen ausgezeichneten Spiegel der politisch-sozialen Sprache der französischen Spätaufklärung bietet, wo kann man rasch und bündig Hinweise zur kulturellen Bedeutung des Café Procope (S.1074) finden oder über den im Ausland in seiner Dimension nicht immer gebührend wahrgenommenen »Esprit de la Regence« (S. 1094)?

Den Artikel über die »Universalité de la langue française« sollten sich unbedingt auch die Diplomatiehistoriker ansehen, denn sie erfahren hier auf knappem Raum, seit wann und bei welchen Friedensverträgen das Französische eingesetzt wurde und wie lange es noch eine Koexistenz mit dem Latein als Diplomatensprache gab.

Erfaßt sind bei den Personen auch Ausländer, die in französischer Sprache publiziert haben wie der Schwede Arckenholtz, der Ire Hamilton, der Pole Potocki, der Italiener Servandoni, der Russe Stroganof oder der Holländer Van Effen. Hier in der Francia ist es angezeigt, auf die Deutschen zu verweisen, die im Dictionnaire eine Würdigung erfahren, weil sie in französischer Sprache publiziert haben oder in Frankreich tätig gewesen sind. Neben Friedrich dem Großen und Melchior Grimm wird dabei auf eine Reihe von Autoren verwiesen, die heute allenfalls Spezialisten bekannt sind wie der Kölner Diplomat Graf Belderbusch, der Illustrator Baron von Eisenberg, der Dramaturg und Übersetzer Grossmann, der preußische Minister von Hertzberg, der Trierer Weihbischof Hontheim, die Übersetzer Huber und Junker, der Astronom Kies, Graf Lamberg, der Mediziner Mesmer, Baron von Pöllnitz oder der Historiker Schannat.

Hier hätte man vielleicht auch den gebürtigen Florentiner Cosimo Alessandro Collini (1727–1806) einbeziehen können, der zeitweise Sekretär Voltaires war und daher bisher vor allem durch seine Memoiren »Mon séjour auprès de Voltaire« (1807) bekannt ist. Aber ebenso wichtig wie diese Memoiren Collinis sind meines Erachtens seine »Lettres sur les Allemands« (1790), die erste Landeskunde Deutschlands in französischer Sprache, womit Collini zugleich auch einen bisher kaum beachteten Vorläufer von Madame de Staël und ihrem Werk »De l'Allemagne« darstellt. Die Französische Revolution und die damit verbundene Interessenverlagerung auf politische Fragen hat dafür gesorgt, daß diesem wohlinformierten Buch in Frankreich praktisch kein Echo beschieden war[4].

Schon die Mitarbeiter von Georges Grente hatten Schwierigkeiten mit den Lebensdaten des französischen Hofdichters Karl Theodors von der Pfalz, Caux de Cappeval (als Todesdatum wird 1774 angegeben). Aber Cappeval tritt noch 1786 beim Heidelberger Universitätsjubiläum mit seiner »Ode sur le jubilé séculaire que célèbre l'université de Heidelberg« in Erscheinung[5]. Die lokale Tradition nennt als Todesdatum von Cappeval 1793[6].

Holbach (S.601) wurde in Edesheim in der Pfalz geboren (nicht in Hidelsheim – hier handelt es sich eindeutig um einen Druckfehler) und gebildete Pfälzer sind heute noch stolz darauf[7]. Bei dem jurisconsulte Chrétien-Frédéric Pfeffel aus Colmar wurde aus Versehen eine

4 Zu Collini insgesamt siehe demnächst die Mannheimer Dissertation meines Schülers Jörg Kreutz, C.A. Collini, Wirken und Werk. Auf die Bezüge von Collinis »Lettres sur les Allemands« zur Kurpfalz hat vor kurzem Klaus Heitmann hingewiesen: »Die Erinnerung an Mannheim wird mir ewig teuer bleiben«.Cosimo Alessandro Collini über die Kurpfalz in seinen ›Lettres sur les Allemands‹, in: Mannheimer Geschichtsblätter N.F. 1(1994) S.207–224.

5 gedruckt in Mannheim; siehe Heinz Veitenheimer, Druckort Mannheim. Mannheimer Verleger und ihre Drucke von 1608–1803, Frankfurt 1996 Nr.739.

6 Siehe Friedrich Walter, Geschichte Mannheims von den ersten Anfängen bis zum Übergang an Baden (1802), Mannheim 1907, S.628.

7 Siehe Hartmut Harthausen, Hans Merker, Hans Schröter, Paul Thiry von Holbach, Philosoph der Aufklärung 1723–1789. Katalog zur Ausstellung vom 11.6.–2.7.1989 auf dem Hambacher Schloß anläßlich des zweihundertsten Todesjahres, Speyer 1989 (mit mehreren Abbildungen).

Literaturangabe ergänzt, die nicht ihn sondern seinen Bruder, den blinden Dichter deutscher Sprache und Leiter der Colmarer Militärakademie Gottlieb Konrad Pfeffel (1736–1809) betrifft[8].

Der jurisconsulte Ch. F. Pfeffel wurde nach seinem Studium in Straßburg juristischer Beistand des sächsischen Gesandten Loos in Paris, übernahm dann 1751 das Amt eines Legationssekretärs in Dresden, wechselte 1758 in französischen Dienst als Legationsrat an den Reichstag in Regensburg. Von 1763–1768 leitete er als Direktor die historische Klasse der Bayerischen Akademie der Wissenschaften und wurde in dieser Funktion der Begründer der großen Quellenedition »Monumenta Boica«. 1768 übernahm er Aufgaben im Versailler Außenministerium und wurde dort einer der wichtigsten Berater des Ministers Vergennes. Von 1783–1788 publizierte Pfeffel in der einflußreichsten politischen Zeitschrift im Reich, den »Staatsanzeigen« Schlözers, unter dem Pseudonym des Austrasiers zahlreiche wohlinformierende Aufsätze über das vorrevolutionäre Frankreich. Pfeffels »Abrégé chronologique de l'histoire et du droit public d'Allemagne« von 1754 (3. Auflage 1776) ist die beste, vor dem 19. Jahrhundert erschienene französische Darstellung der deutschen Geschichte. Pfeffel mußte in der Revolutionszeit emigrieren, war aber dann ab 1799 Talleyrand eine unersetzliche Hilfe beim Wiederaufbau des von den französischen Revolutionswirren geprägten diplomatischen Dienstes.[9]

Diese beiläufigen Ergänzungen berühren nur die Peripherie des französischen Kulturraumes, denn es ist nicht immer einfach, sich über diesen Personenkreis außerhalb der Region rasch und verbindlich Information zu verschaffen.

Daß im »Dictionnaire« die großen Autoren des 18. Jahrhunderts wie Bayle, Beaumarchais, Buffon, Chenier, Condillac, Condorcet, Diderot, Fontenelle, Lesage, Mably, Marivaux, Montesquieu, Massillon, Raynal, Retif de la Bretonne, Rousseau, Vauvenargues und Voltaire eine entsprechend ausführliche Würdigung erfahren, ist naheliegend. Aber die Qualität des Werkes besteht auch darin, daß es heute vergessene und nur sehr schwer in den allgemeinen biographischen Nachschlagewerken erfaßbare Autoren präsentiert. Beim Artikel »Stanislas« erfährt man alles Wichtige über die höfische Kultur in Nancy um die Mitte des Jahrhunderts.

Ebenso sind die Sachartikel gute Einführungen in den jeweiligen Fragenkreis (z.B. zu den Akademien, Almanachen, den einzelnen Zeitschriften, der Buchgeschichte oder auch zu Rolle und Mythos der Bastille im 18. Jahrhundert, zum Cartesianismus, zu den chansons und der Marseillaise, zu den Bezügen von »médecine et lettres«, aber auch zur Encyclopédie méthodique). Der Artikel zur Französischen Revolution wertet das reichhaltige Schrifttum des Bicentenaire aus; auch beim Artikel über Robespierre ist das neueste Schrifttum sehr gut ausgewählt.

Für Historiker sind auch die Artikel über den zeitweiligen französischen Kriegsminister Saint-Germain sowie über den Herzog von Saint-Simon von Belang. Darüberhinaus werden Politiker wie Choiseul als Protektor von Literatur und Bildung, Turgot und Necker ebenso erfaßt wie die Ökonomen Mirabeau, Quesnel und Parmentier, der in Frankreich den Anbau der Kartoffel vorangetrieben hat.

8 Über den Dichter Pfeffel, der ab 1789 auch prorevolutionäre Gedichte und Lieder schrieb, siehe den Ausstellungskatalog: Gottlieb Konrad Pfeffel. Satiriker und Philantrop, Karlsruhe 1986.

9 Zu seinen diplomatischen Stationen bis 1784 vgl. Ludwig Bergsträsser, Christian Friedrich Pfeffels politische Tätigkeit im französischen Dienste 1758–1784, Heidelberg 1906. Zu seinem Wirken an der Münchner Akademie vgl. Ludwig Hammermayer, Gründungs-und Frühgeschichte der Bayerischen Akademie der Wissenschaften, Lassleben 1959; zu seinen Beiträgen in Schlözers »Staatsanzeigen« vgl. Jürgen Voss, Schlözer und Frankreich, in: J. Voss, Deutsch-französische Beziehungen im Spannungsfeld von Absolutismus, Aufklärung und Revolution, Bonn 1992, S.257–270, hier S.262–266. Eine Biographie Pfeffels zählt zu den Desiderata.

Ich hoffe, aus diesen Ausführungen ist deutlich geworden, welche Bedeutung der vorliegende »dictionnaire« nicht nur für Romanisten[10], sondern auch für Historiker einnimmt. Mediävisten und Hilfswissenschaftler werden hier fündig, um die meist benediktinischen Gelehrten zu erfassen, denen sie oft die einzige Überlieferung einer Urkunde oder anderer Texte der frühen Jahrhunderte verdanken[11].

Die deutschen »Dix-Huitièmistes« beneiden ihre französischen Kollegen, denn es ist nicht absehbar, wann für den deutschen Kulturraum ein entsprechend ausführliches und gediegenes Nachschlagewerk vorliegen wird wie der »Dictionnaire des lettres françaises«, von dem François Moureau eine überzeugende Neubearbeitung vorgelegt hat.

10 Auf die rein literarhistorischen Aspekte gehe ich hier nicht weiter ein.

11 Der Dictionnaire enthält z.B. längere Artikel zur »Gallia Christiana« und dem Begründer der Paläographie Montfaucon.

Rezensionen

Visions sur le développement des Etats européens. Théories et historiographies de l'Etat moderne. Actes du colloque organisé par la Fondation européenne de la science et l'Ecole française de Rome, Rome, 18–31 mars 1990, édité par Wim BLOCKMANS et Jean-Philippe GENET, Rome (Ecole française de Rome/Palais Farnèse) 1993, VIII–321 p. (Collection de l'Ecole française de Rome, 171).

Dieser Band dokumentiert die 17 Beiträge der von der »Fondation européenne de la science« und der »Ecole française de Rome« im März 1990 in Rom veranstalteten Plenarkonferenz im Rahmen des Forschungsprogramms »Origins of the Modern State in Europe 1300–1800«. Die Publikation, die Wim Blockmans mit einem Überblick über Forschungsstand und -perspektiven einleitet, gliedert sich, wie der Untertitel bereits signalisiert, in die beiden Themenblöcke Theorien und Historiographien.

So untersucht zunächst Claude NICOLET am Beispiel Fustel de Coulanges, Denis SERRIGNYS, Theodor MOMMSENS und R. von IHERINGS, wie die Staatstheorie im vorigen Jahrhundert in Frankreich und Deutschland unter der Rückblende auf das römische Staatswesen der Antike entwickelt wurde und zugleich zeitgenössische Aspekte spiegelte. Aus soziologischer Perspektive diskutiert Walter G. RUNCIMAN anhand der unterschiedlichen Formation der englischen und französischen Monarchie, wie sich Gesellschaften in einem der natürlichen Selektion analogen Prozeß entwickeln. Rudolf VIERHAUS präsentiert Reflexionen über den Staat am Ende des 20. Jahrhunderts, fragt unter anderem, »ob die Steuerungskapazitäten des demokratischen Staates westlicher Prägung angesichts des rapiden sozialen und kulturellen Wandels in der modernen Welt überhaupt noch ausreichen« und sieht die Gefahr, »daß der Staat als administratives System und die nationale Gesellschaft auseinanderdriften oder aber der Staat gleichsam zur Beute der Parteien wird«. Im Zeichen der Krisenphänomene des bislang so außerordentlich erfolgreichen liberal-demokratischen Nationalstaates ergibt sich auch das Problem, »ob die Steuerungskapazitäten des modernen Staates, wie er in den Demokratien des Westens existiert, heute und morgen noch ausreichen, Sicherheit, Recht und Freiheit zu gewährleisten. Angesichts der wachsenden Beanspruchung der Sozial- und Vorsorgefunktion des Staates, zugleich aber auch des offensichtlich nachlassenden Interesses in der Bevölkerung am Staat, seiner Verfassung und seiner Institutionen zugunsten von Gruppen-, lokalen und regionalen Interessen, deren Divergenz den Staat »unregierbar« zu machen droht, lassen sich Zweifel nicht unterdrücken.«

Hans DAALDER zeichnet nach einem Blick auf Frankreich, England und Preußen fünf verschiedene Zugangswege zur Staatsformation nach und analysiert die Rolle der Bürokratie im Prozeß der Staatswerdung und Demokratisierung. Während Guiseppe GALASSOS Aufsatz unter dem Motto »Stato e storiografia nella cultura del seculo XX« steht und Maurice GODELIER Karl Marx' Auffassungen über Stände, Klassen und Staat Revue passieren läßt, erörtert Charles Tilly unter den Auspizien von Zwang und Kapital die unterschiedlichen Wege zur Staatsbildung in Europa.

Der zweite Abschnitt des Bandes bietet facettenreiche Überblicke über die Sicht des Staates in den nationalen Historiographien, wie die Beiträge über Großbritannien (Michael BENTLEY), Deutschland (Wolfgang WEBER), die Länder der Habsburger Monarchie (Robert

J. W. Evans), Spanien (Pablo Fernández Albaladejo), Polen (Antoni Maczak), Schweden (Rolf Torstendahl), die Schweiz (Guy P. Marchal) sowie Frankreich (Charles-Olivier Carbonell) eindrucksvoll beweisen. Die durch Jean-Philippe Genets Bilanz abgerundete Publikation unterstreicht erneut den Nutzen vergleichender, über die nationalen Grenzpfähle und Forschungstraditionen hinausreichender Studien.

Wolfgang Müller, Kaiserslautern

Hagen Schulze, Staat und Nation in der europäischen Geschichte, München (C. H. Beck) 1994, 376 S. (Reihe »Europa bauen«).

Avec Otto Dann (Cologne), Hagen Schulze est en Allemagne l'un des historiens qui ont complètement renouvelé la réflexion sur les origines et la nature du nationalisme, et sur son inscription dans l'apparition et le développement des Etats nationaux. L'un comme l'autre, ils se sont libérés des présupposés idéologiques qui, il y a peu encore (et pas seulement en Allemagne) voyaient dans l'Etat national le *telos* d'une évolution prédéterminée par des facteurs exclusivement ethno-linguistiques, culturels, sociaux, voire religieux. On sait maintenant que tout phénomène historique est multidimensionnel, et qu'il est très osé de chercher une »nécessité« dans les combinaisons qui le produisent. L'historien doit être modeste, et sa première tâche est d'interroger ... l'histoire, c'est-à-dire de constater ce qui s'est passé et d'élucider l'enchaînement des phénomènes, pour essayer ensuite de répondre aux redoutables questions du pourquoi et du comment.

Dans un style remarquablement concret (ce qui n'exclut pas, lorsqu'elles sont nécessaires, les définitions théoriques précises), H. S. établit un bilan des connaissances actuelles sur l'histoire de l'Etat et de la Nation comme entités structurant la carte européenne. En quatre chapitres (»Etats«, »Nations«, »Etats nationaux«, »Nations, Etats et Europe«), il examine comment s'est constitué l'Etat national moderne et la place qui sera la sienne dans l'Europe actuellement en gestation. L'idée directrice est que l'Etat national s'est peu à peu imposé comme la seule forme de souveraineté organisée capable de concilier les tendances centrifuges liées à la diversité des intérêts, des cultures, des origines ethniques, des conditions sociales. Si l'*Etat* forge (lentement) les structures institutionnelles qui unifient l'administration tout en créant, au fil des siècles, un cadre juridique qui assure la sécurité du sujet devenu citoyen, la *nation* est la source qui légitime le pouvoir de l'Etat. Le problème est celui de la définition de la nation: le ciment en est-il uniquement culturel, social, politique ou autre? Privilégier l'un des éléments, c'est récuser la diversité et l'idée qu'une *nation* peut réunir plusieurs *peuples* – et c'est dès lors rendre possible la dérive du nationalisme. H. S. analyse tous les modèles fournis par l'histoire européenne et aboutit à la conclusion que l'identification peuple/nation (dont il situe les origines au confluent de l'époque révolutionnaire et du début de l'ère industrielle) a été le tremplin à partir duquel s'est édifié l'Etat national moderne, successivement »révolutionnaire« (1815–1871), »impérial« (1871–1914), enfin »total« (1914–1945). Mais du fait que ces réalisations s'appuyaient sur une seule définition de la nation qui excluait – avec plus ou moins de rigueur – toutes les autres, l'identification du »peuple« à la »nation« était porteuse de conflits, dont le XXe siècle a produit la forme achevée et monstrueuse. Le nationalisme a été promu au statut de seule idéologie d'intégration possible au sein de l'Etat national – avant de subir en 1945 une défaite spectaculaire (que nul n'osera cependant dire définitive, car rien ne l'est en histoire), non seulement militaire, mais morale.

Ces analyses permettent de trouver le dénominateur commun qui explique que des Etats aussi radicalement différents que l'Allemagne de Bismarck, l'Angleterre, la République française, l'Italie de Mussolini ou l'Allemagne de Hitler aient pu se qualifier de »nationaux«. H. S. ne pratique pas pour autant l'amalgame théorique, et il sait parfaitement utiliser les résultats fournis par l'histoire politique, sociale ou diplomatique pour établir les différenciations qui s'imposent et resituer la gestation des affects nationalistes dans leur cadre spécifique. Ainsi peut-il constater, par exemple, que le national-socialisme inscrit sa conception de l'État national non seulement dans les rancœurs qu'il nourrissait à l'égard des démocraties victorieuses en 1918, mais dans un substrat plus profond constitué aussi bien par un antisémitisme bien antérieur à Hitler (et pas uniquement allemand) que par des théories politiques développées dès le début du XIXe siècle. Selon H. S., l'»Etat national total« de type hitlérien apporte la preuve du danger mortel que fait courir à l'humanité la conjonction d'une idéologie et d'un pouvoir. Définir la nation à partir de ses »ennemis«, c'est lui refuser ce qui devrait être sa fonction première: l'intégration des différences.

C'est précisément le problème qui se pose à l'Europe actuellement en construction. H. S. ne la voit pas autrement (au moins à court et à moyen terme) que comme une »Europe des nations« – thèse assurément réaliste: car la nation étant, en fin de compte, d'abord affaire de sentiments, d'habitudes, de solidarités parfois séculaires, on n'imagine guère qu'il soit possible de lui substituer du jour au lendemain d'autres sentiments, d'autres habitudes, d'autres solidarités, à moins que ce ne soit par la force, laquelle engendre toujours les massacres. H. S. plaide pour l'idée d'une continuité de l'idée nationale. Mais il n'en fait pas le principe d'une histoire inscrite dans les rêves du passé. Selon lui, les Européens doivent travailler à intégrer progressivement leur identité nationale, encore atomisée, dans une identité européenne. L'histoire est là pour enseigner que tout est possible, parce que tout change. Conclusion optimiste, donc, qui a le mérite de soulever un débat fondamental du présent. Mais l'histoire a-t-elle jamais enseigné quoi que ce soit ...?

Pierre-André Bois, Reims

Heinz Duchhardt, Richard A. Jackson, David Sturdy (Hg.), European Monarchy. Its Evolution and Practice from Roman Antiquity to Modern Times, Stuttgart (Franz Steiner) 1992, 222 S., Abb.

Die in diesem Band vereinigten Aufsätze stellen eine Auswahl von Vorträgen dar, die 1990 auf der von der Vereinigung Majestas in Paris organisierten Zweiten Internationalen Konferenz über Herrschertum gehalten wurden. In seiner Einleitung (Introduction, S. 1–15) erläutert Richard Jackson die Ziele der Vereinigung und gibt anschließend eine Übersicht über Forschungen der letzten Jahre zum Thema Königtum/Herrschertum, für das er ein zunehmendes Interesse feststellt. Thema der Pariser Konferenz war das Erscheinungsbild der Monarchie aus der Sicht der Herrschenden wie der Beherrschten. Der zeitliche Rahmen der Beiträge reicht dabei vom zweiten vorchristlichen Jahrhundert bis zum Ende des neunzehnten, der geographische von Rom bis Norwegen und von Frankreich bis Rußland.

Was die einzelnen Beiträge miteinander verbindet, ist neben der Perspektive des Herrschertums von oben und von unten (Jackson S. 7 spricht von »interesting dichotomy«) vor allem der interdisziplinäre Ansatz, der Aspekten der Verfassungs-, Sozial-, Kunst- und politischen Geschichte gleichermaßen Raum gibt. An der Spitze steht mit dem Aufsatz von Edmond Frézouls (De la *maiestas populi Romani* à la majesté impériale, S. 17–25) sinnvollerweise die Untersuchung über einen Zentralbegriff des Herrschertums, der aus der verfassungsrechtlichen Situation der römischen Republik entwickelt später auf die Person der römischen Kaiser und von da in weiterer Folge auf den europäischen Herrscher schlechthin übertragen wurde. Dem Erscheinungsbild des Königtums in Mittelalter und Neuzeit sind die Beiträge von Brigitte Bedos-Rezak (Ritual in the Royal Chancery: Text, Image, and the Representation of Kingship in Medieval French Diplomas 700–1200, S. 27–40), Lawrence M. Bryant (Politics, Ceremonies, and Embodiments of Majesty in Henry II's France, S. 127–154) und David E. Barclay (Ritual, Ceremonial, an the »Invention« of a Monarchical Tradition in Nineteenth-Century Prussia, S. 207–220) gewidmet, Bedos-Rezak untersucht dabei den Gebrauch des Siegels als herrschaftlichen Symbols, das bis ins 10. Jahrhundert dem Königtum vorbehalten blieb, während Bryant die Darstellung Heinrichs II. von Frankreich als gallischen Herkules' als versteckte Kritik der französischen Humanisten an der auf Gewaltlösungen ausgerichteten Politik des Königs nachweist.

Wesentliches Merkmal des Herrschertums ist nicht zuletzt sein aus heidnischen wie christlichen Wurzeln gespeister sakraler Charakter, der in einer Reihe von Beiträgen im Mittelpunkt steht. So kann Sverre BAGGE (Kingship in Medieval Norway. Ideal and Reality, S. 41–52) zeigen, daß kirchliche Krönung und vor allem Salbung der norwegischen Könige einen wesentlichen Anteil an der Entwicklung einer starken monarchischen Gewalt hatten. Der gute Herrscher stellt die Verbindung zwischen dem Dasein Christi auf Erden und seiner endzeitlichen Herrschaft dar und empfängt daraus die Legitimation seiner Herrschaft, die ihm auch seine thaumaturgischen Fähigkeiten sowie die Hoffnung auf den Fortbestand seines Geschlechts verleiht. Donna SADLER (The King as Subject, the King as Author: Art and Politics of Louis IX, S. 53–68) findet diesen Gedanken im Programm der Fassade der Kathedrale von Reims ebenso ausgedrückt wie in dem von Ludwig dem Heiligen in Auftrag gegebenen Fürstenspiegel oder den Glasfenstern der Sainte Chapelle bis hin zu den Bemühungen, Karolinger und Kapetinger durch die gemeinsame Grablege in Saint-Denis in einer einzigen Familie zu vereinen. Sadlers Beitrag schlägt die Brücke zu den Ausführungen von Hermann WEBER (Das »Toucher Royal« in Frankreich zur Zeit Heinrichs IV. und Ludwigs XIII., S. 155–170) und David J. STURDY (The Royal Touch in England, S. 171–184) über die Wunderheilungen der englischen und französischen Könige. Auch sie hatten die Aufgabe, den göttlichen Ursprung und damit die Unantastbarkeit der Legitimität des Königs zu demonstrieren, was nicht zuletzt in der bevorzugten Ausübung des »Toucher Royal« durch den Stuartkönig Karl II. zum Ausdruck kommt. Die im Zulauf zu diesen Wunderheilungen aber auch in ihrer skeptischen Beurteilung zum Ausdruck kommende Reaktion ist zugleich ein anderes Beispiel für die in dem vorliegenden Band angestrebte Dichotomie eines Herrschertums von oben und von unten. Den göttlichen Ursprung des Herrschertums unterstreicht auch das von Michael S. FLIER (The Iconography of Royal Procession: Ivan the Terrible and the Muscovite Palm Sunday Ritual, S. 109–125) beschriebene russische Palmsonntagszeremoniell, in dem der Zar zu Fuß den auf einem Esel sitzenden Patriarchen führt. Flier sieht darin einen Versuch, die Rolle des Zaren als Vertreter Christi zu betonen, der seine Herde in das neue Jerusalem führt, das seinerseits mit Moskau identifiziert wird.

Die restlichen Beiträge, die hier nicht vollständig vorgestellt werden können, sind zwar für sich genommen durchaus interessant, lassen sich aber weniger einem Gesamtkonzept einordnen. Das gilt etwa für die Untersuchung des zeitgenössischen und nachzeitlichen Bildes des ungarischen Königs Matthias Corvinus durch Marianna D. BIRNBAUM (Matthias Corvinus in Humanist and Popular Perspective, S. 99–107), die in ihren einleitenden Bemerkungen außerdem doch wohl Geschichte mit Geschichten verwechselt, aber auch für Armin WOLFS Beschreibung einer Bilderhandschrift der Österreichischen Nationalbibliothek (Ein »Comic« für den Kaiser, S. 184–193). Die Vermutung, daß die Handschrift zur Lektüre für Franz Stephan und Maria Theresia bestimmt war, weil »es den Majestäten zu langweilig oder zu zeitraubend gewesen (wäre), ... sich ... in die dicken Folianten früherer Wahl-Diarien und in staatsrechtliche Traktate einzuarbeiten« (S. 189), scheint mir doch wenig überzeugend; vor allem hätte man hier den politischen Hintergrund der Wahlverhandlungen in die Betrachtungen miteinbeziehen müssen. Besitzt somit der Band insgesamt hinsichtlich seiner Konzeption auch nicht immer jene Dichte und Kohärenz, wie sie Jackson in seiner Einleitung (S. 7) glauben machen will, so enthält er doch eine Fülle von Anregungen und nachdenkenswerten Überlegungen. Auch hier gilt die Devise: Wer vieles bringt, wird manchem etwas bringen.

Leopold AUER, Wien

Jeroen DUINDAM, Myths of Power. Norbert Elias and the Early Modern European Court, Amsterdam (University Press) o. J. [1995], 234 S.

Der »Prozeß der Zivilisation« ist eine Schimäre (des 19. Jahrhunderts); die »Figurationsanalyse« als ein Konzept, Macht durch Untersuchung von Beziehungsgeflechten zu erfassen, bleibt anregend, wenn dabei auf die Gegenseitigkeit der Austauschbeziehungen geachtet wird. So ließe sich der methodisch-theoretische Ertrag in einer Kurzformel zusammenfassen, den Duindam aus seiner systematischen Gegenüberstellung von Norbert Elias' Deutung der Hofgesellschaft mit den Ergebnissen der letzten 50 Jahre historischer Forschung zieht.

Das historiographische Ergebnis im engeren Sinn ist für das Werk »Die höfische Gesellschaft« vernichtend und wird unter dem Titel: »Der Teufelskreislauf bricht zusammen« (S. 181) resümiert. Schon in diesem Titel wird auf eine wesentliche theoretische Schwäche von Elias' Werk hingewiesen: Die Domestizierung des Adels ist bei ihm gleichermaßen Voraussetzung und Ergebnis der königlichen Sittenreform am Hof.

Demgegenüber war nach Duinhams überzeugender Beweisführung der Adel keineswegs so schwach und manipulierbar, wie ihn Elias darstellt, womit dessen Argumentation ihren Ausgangspunkt verliert. Alle Tendenzen zur Verhöflichung am Hof können auch als taktische Möglichkeiten der Adeligen gedeutet werden, ihre Interessen dort durchzusetzen. Elias unterschätze außerdem die Bedeutung des (adeligen) Stammbaums als der weiterbestehenden Grundlage jeglicher Statuszuweisung, die auch Ludwig XIV. respektiert habe. Unsicherheit und Mobilität am Hof überschätze er folglich. Die Beschreibung der Rolle der Bourgeoisie am Hof sei ganz unbefriedigend, denn deren Spitzen seien immer relativ problemlos durch Konnubium kooptiert worden, während die Distanz zwischen Hof- und Landadel viel größer war als die zwischen Bourgeoisie und Adel. Die Analyse aller Hoffraktionen zeige außerdem überdeutlich, daß jede Vertreter der unterschiedlichen Gruppen umfaßte, während keine einen Schwerpunkt in einem bestimmten Stand hatte.

Elias und von Kruedener, dessen Deutung des absolutistischen Hofes Duindam gleichwertig mitbehandelt, lösen beide nicht ihren Anspruch ein, ein Modell zu konstruieren, in dem der königliche Wille eine untergeordnete Rolle spielt. Das war ja der von Elias behauptete entscheidende »Fortschritt« gegenüber M. Weber, daß Elias nicht mehr Rationalisierungspotentiale oder die intentionale Lebensführung, sondern die ungeplanten Nebenwirkungen historischer Prozesse zum Angelpunkt seiner Theorie machte. Vielmehr beschreibe Elias an entscheidenden Stellen die Fähigkeit des Königs, das Zeremoniell zu manipulieren, als konstitutiv für die »Verhöflichung der Krieger«. So vereinen sich letztlich teleologische Deutungsmuster einer Geschichte der Staatsentstehung und der Sitten mit dem Handeln »des Königs« und »der Monarchie«. Es ist eine ähnliche Vermischung von Weltgeist, Staatsformbeschreibung und Personendeutung, die auch das Sozialdisziplinierungsparadigma kennzeichnet (dazu demnächst W. Freitag). Aber die Chronologie des Umgangs mit dem Hofzeremoniell z. B. zeigt im europäischen Vergleich, daß Karl V. souveräner mit dem Zeremoniell als Ludwig XV. umging, während Phillipp III. sich von ihm stärker eingeschränkt fühlte als Ludwig XVI. Die von von Kruedener und Elias beschriebenen Mechanismen existierten nur dank einer Mischung aus funktionalistischer und intentionalistischer Argumentation. Dabei bleibt natürlich die These des Übergangs vom Selbstzwang zum Fremdzwang ebenso unbelegbar, wie sie bei Elias im Detail wenig ausgearbeitet ist.

Die sachlichen und inhaltlichen Fehlkonzeptionen von Elias werden aus der Entstehungsgeschichte des Werkes verständlich. Elias Quellenauswahl und -gewichtung ist einseitig, so daß er gewissermaßen Saint-Simon nur »ausschreibt« und damit zum Sprachrohr einer frustrierten Adelsgruppe wird. Elias Kritik an den Historikern verträgt sich schlecht mit seiner Praxis, bereits bei der Werkentstehung meist überholte Literatur verwendet zu haben. Bei der für die Ausgabe 1969 neugeschriebenen Einleitung hat er die inzwischen entstandene Forschung souverän ignoriert. Das Werk wurde trotzdem gern von Historikern in den

1970er und 1980er Jahren rezipiert, weil es entgegen den Tendenzen zu Spezialisierung und Vorsicht bei der Interpretation in der »Historikerzunft« dieser einen großen Deutungsentwurf anbot, den manche dann eilfertig mit Material »verifizierten«.

Duindams Studie zeichnet sich in Fortsetzung der von Winterling zum Hof des Kölner Kurfürsten geleisteten Pionierkritik an Elias nun durch die viel breitere Materialbasis aus, die Frankreich, das Deutsche Reich und die Habsburger Höfe in Wien und Madrid entsprechend der Forschungslage fast gleichwertig berücksichtigt. In Bezug auf die Rolle der Adeligen bei der Staatsbildung und am Hof, das Hofleben, das Zeremoniell, die Hierarchien und Konflikte sowie auf die Zivilisierung durch den Hof präsentiert Duindam jeweils »das Modell« und die historische Empirie, so daß dieses Buch ein Musterbeispiel theoriegeleiteter Historiographie ist. Das Buch kann für die zukünftige Forschung nicht zuletzt deshalb die Standards setzen, weil der Autor die internationale Forschung in mehreren Sprachen souverän überblickt. Sein neuer Deutungsvorschlag für den frühneuzeitlichen Hof soll hier nicht verraten werden, damit möglichst viele Historiker dieses exzellente Buch zur Hand nehmen. Für die weitere Nutzung des Werks von Elias empfiehlt sich nach den Falsifikationen im Bezug auf die Zivilisierung insgesamt (H. P. Duerr), das Frauenhaus (Schuster), die Gewalt (Dinges), Nacktheit und Scham (Jütte) und nun auch umfassend zum Hof für äußerste Zurückhaltung.

Martin Dinges, Stuttgart

Peter Dinzelbacher (Hg.), Europäische Mentalitätsgeschichte. Hauptthemen in Einzeldarstellungen, Stuttgart (Alfred Kröner Verlag) 1993, XXXVIII – 663 S. (Kröners Taschenausgabe, 469).

Globalement, deux définitions de l'histoire des mentalités ont cours. La première met l'accent sur la dimension psychique de l'activité humaine (l'imaginaire, les motivations, l'expérience, l'inconscient), l'autre s'intéresse davantage aux dimensions historiques des champs sociaux d'activité humaine (pouvoir, parenté, institutions sociales, âges de la vie, sexualité, etc.). Ces deux grands courants se prévalent souvent d'alliances différentes: la psychologie, la philosophie, la sémiologie ou l'histoire de l'art dans le premier cas, l'anthropologie sociale ou culturelle, la sociologie ou la démographie dans le second. Le premier courant se préoccupe d'une définition aussi précise que possible du champ couvert par l'histoire des mentalités, ses alliances et ses méthodes, l'autre courant se sent plus libre à cet égard – ses tenants considèrent la notion d'histoire des mentalités plutôt comme un concept neutre, capable d'attirer l'attention aux dimensions sociales, culturelles ou mentales difficiles à capter dans les champs disciplinaires existants. En gros, le premier courant a maintenant tendance à s'éclipser derrière le second, qui se profile comme une anthropologie culturelle globalisante du passé.

Le dictionnaire d'histoire des mentalités publié sous la rédaction de Peter Dinzelbacher reflète cette ambiguïté profonde, tout en s'inscrivant clairement dans le premier des deux courants. Il embrasse, d'une part, une série cohérente de notions relevant du champ des mentalités historiques (individu, religiosité, peur, espace, temps, etc.), d'autre part il englobe tout un secteur résiduel de l'histoire sociale et culturelle. L'article Nature, par exemple, comprend aussi bien l'attitude de l'homme envers la nature que son action en faveur de l'environnement. Bien sûr, il est quasiment impossible de séparer ces deux dimensions, le psychique ou le culturel d'une part, et le social de l'autre. Mais ne serait-il pas plus prudent de confondre le moins possible l'attitude collective (ou *habitus*) avec l'activité sociale et culturelle tout court, qui s'inscrit plus clairement dans le champ politique et économique? L'on comprend donc la réticence de nombreux historiens et chercheurs en sciences sociales devant un champ disciplinaire aussi flou, aux méthodes et concepts aussi vagues, et la tendance parmi les historiens eux-mêmes à rebaptiser ce champ avec un nom disciplinaire consacré: anthropologie historique, histoire culturelle, etc.

Le maître d'œuvre de ce petit dictionnaire se montre conscient de ces problèmes. Bien évidemment, il est quasiment impossible de réunir une pléiade d'auteurs sur la même définition du concept d'histoire des mentalités. Dinzelbacher en prend son parti, tout en mettant les lecteurs en garde. Décision sage, car à force de vouloir une impossible unité, il aurait dû remettre la réalisation de cet ouvrage aux kalendes grecques. Il n'en demeure pas moins que Dinzelbacher nous livre en avant-propos ses propres définitions. Selon la préface, l'histoire des mentalités se concentre sur »les lignes directrices conscientes ou, plus encore, inconscientes d'après lesquelles les hommes à chaque époque développent les représentations indispensables à leurs émotions et à leurs actions« (p. IX). Il s'agit donc d'une science historique du ›savoir social‹ au sein de ›collectifs historiques précis‹. Cette définition, renforcée par un renvoi explicite à la psychologie, situe l'histoire des mentalités dans l'orbite de la première des deux définitions citées plus haut. Dans l'introduction générale, Dinzelbacher revient sur cette définition. Il en donne une autre: »Dans l'histoire, la mentalité est l'ensemble des formes et contenus du penser et du sentir qui sont caractéristiques d'un collectif donné à une époque donnée. La mentalité se manifeste dans des actions« (p. XXI). Ce dernier ajout, nécessaire et capital pour l'historien, ouvre la porte au deuxième courant esquissé plus haut. Il pose cependant en même temps un redoutable problème. Suffit-il, comme le suggère Dinzelbacher, d'étudier un par un les différents thèmes à travers leurs manifestations sociales pour arriver à »une image d'ensemble de la mentalité collective d'une époque« (p. X, c'est moi qui souligne)? Ou faut-il partir d'un champ global d'action et de pensée, et situer d'emblée l'unité foncière de la mentalité collective dans un monde représenté, quitte à en décrire ensuite les anomalies, distortions et décalages qui permettent de définir les autonomies ou résistances sociales et culturelles dans la société globale, pour mieux en saisir la dynamique? Dans le premier cas, l'historien tendra à réifier ses thèmes, à suraccentuer l'unité dans le temps et à négliger les facteurs de changement qu'une analyse diachronique aurait pu déjà apercevoir; dans le second cas, l'analyse en profondeur des thèmes spécifiques risque de s'effacer derrière les approches globalisantes de type sociologique ou anthropologique qui, finalement, sont de moins en moins satisfaisantes pour l'historien. Ce dilemme ne saurait être résolu ici, et on ne saurait reprocher à Dinzelbacher de l'avoir négligé. Mais il est important de le tenir à l'esprit lors de la lecture de ce dictionnaire, qui privilégie très clairement l'analyse thématique, au détriment de l'approche d'ensemble.

Dix-sept thèmes ou ensembles thématiques ont été retenus pour un traitement approfondi dans cet ouvrage: individu-famille-société, sexualité-amour, religiosité, corps-âme, maladie, âges de la vie, mourir-mort, peurs-espoirs, bonheur-malheur-joie, travail-fête, communication, l'autre et soi, pouvoir, droit, nature-environnement, espace, temps-histoire. Chaque thème est traité séparément pour trois périodes (Antiquité, Moyen Age, Époque moderne et contemporaine), d'importance à peu près égale. Cette division tripartite permet de faire ressortir assez bien l'identité propre des époques historiques, mais ne rend pas justice à l'évolution d'ensemble. L'accent mis sur l'Antiquité est à mon sens trop grand; le luxe de détails dans ces exposés tranche sur le caractère global des textes sur les évolutions modernes. Les chapitres sur le Moyen Age montrent que l'histoire des mentalités a atteint pour cette époque sa pleine maturité, grâce à sa cohérence, réelle ou postulée. Ceux qui traitent de l'époque moderne et contemporaine, en revanche, ne dépassent souvent guère le niveau d'une traditionnelle histoire des idées, ou d'une synthèse superficielle des grands champs de l'activité humaine. Ainsi le chapitre Religiosité pour l'époque moderne et contemporaine, très décevant: il s'agit là assez peu de religion au sens propre, comme une dimension de la mentalité, mais beaucoup de l'attitude des autorités à son égard et du problème des rapports entre les Églises et l'État – sans que la question capitale de la confessionalisation soit pour autant proprement traitée. De son côté, l'article Maladie reste très à la surface de l'histoire médicale, dans une perspective interventionniste, sans incorporer le caractère construit des notions de maladie ou de santé, qui justement appartient par excellence au domaine de l'histoire des mentalités. Le problème général est, bien sûr, que l'on ne peut en huit à dix pages synthétiser l'évolution matérielle et historiographique d'une thématique qui, au fur et à mesure que le temps progresse, essaime de plus en plus sur différents champs de l'histoire, et en même temps rendre justice à la diversification croissante de l'Europe. Dans ces conditions, tous les auteurs n'ont pas su éviter la tentation de se réfugier dans les schématismes de l'histoire des idées ou dans une histoire sociale simplificatrice. Que l'on lise le chapitre superficiel sur les Peurs et espoirs à l'époque moderne et contemporaine. Le dictionnaire montre donc avant tout l'état de la question, avec un lourd tribut aux origines françaises de l'histoire des mentalités et ses acquis pour l'époque médiévale. Il laisse encore largement en chantier ses dimensions modernes et contemporaines. Enfin, tous les articles n'arrivent pas à rattraper le retard qui avait été encouru par l'historiographie allemande. Mais il faut souligner la richesse des aperçus bibliographiques, systématiques après chaque article ou section. Ces petites bibliographies thématiques vont souvent bien au-delà du contenu des articles eux-mêmes, en ce qu'elles couvrent mieux la littérature étrangère. Elles justifient à elles seules l'achat de ce dictionnaire, même s'il ne faut pas en exagérer la perfection: la griffe des différents auteurs, leurs préférences et orientations y sont parfois assez visibles.

Sans se livrer au petit jeu des thèmes et approches négligés, on demeure quand-même un peu surpris de certains classements. Ainsi, le thème *gender* (homme/femme) manque, mais le lecteur trouvera cette problématique exposée sous le thème Individu-famille-société, sans oublier (mais dans une moindre mesure) celui de la Sexualité. Parfois l'intitulé, voire le traitement d'un thème suit une voie surannée, ou trop marquée par l'Antiquité et le Moyen Age. Ainsi, l'on ne saurait plus parler de Maladie sans remettre en question simultanément la notion de santé. Par ailleurs, le couple Travail/fête aurait gagné en actualité à inclure plus expressément la notion de loisir. D'autre part, les concepts d'inconscient, de collectif, d'identité, d'image ou de représentation, et d'autres notions de travail de l'historien des mentalités auraient eux-mêmes mérité un traitement (historique) particulier, tout comme le rapport que l'histoire des mentalités entretient avec les approches voisines du champ culturel (l'*Alltagsgeschichte*, qui s'inscrit dans le second courant esquissé plus haut, la *Volkskunde*, la *Begriffsgeschichte*, la sémantique historique, l'histoire culturelle, l'histoire des idées, etc.).L'utilité de ce petit dictionnaire est donc avant tout qu'il signale des thèmes, fournit des pistes d'approfondissement, et livre une première approche bibliographique. Pour finir un grand regret: l'absence d'index, en particulier d'un index thématique général, et d'un index des auteurs cités. Ceux-ci auraient permis de retrouver de nombreux thèmes disséminés dans l'ouvrage et de l'utiliser comme le véritable ouvrage de référence qu'il veut être.

Willem FRIJHOFF, Rotterdam

Les étrangers en France, XVIe siècle – 1789. Guide des recherches aux Archives nationales par Jean-François DUBOST, Paris (Archives nationales) 1993, 315 S.

Das organisierte Chaos der Beständegliederung des französischen Nationalarchivs ist einmal so beschrieben worden, daß hier jede Serie und Unterserie für den mit deren Ordnung betrauten Archivar eine freies Eigen (*un alleu franc de toute suzeraineté*) darstellte (Manuel d'archivistique, 1970, S. 205). Es ist gleichwohl durch langen Gebrauch sanktioniert, und so besteht die Aufgabe der heutigen Archivare vor allem darin, es transparent zu machen. Dem dient eine wachsende Zahl von beständeübergreifenden Findmitteln (*guide*), die einzelne Provenienz- oder Betreffsbereiche systematisch zusammenstellen.

Der anzuzeigende Band über die Quellen der Ausländer im Frankreich des ancien régime setzt diese Reihe fort. Er ist besonders willkommen, betrifft es doch ein Thema, das häufig von Forschern berührt wird, die noch keine Spezialisten der französischen Institutionengeschichte und ihrer Quellenüberlieferung sind. Ihnen ist nun eine mit überlegter Methodik (S. 10, 73) dargebotene Einführung an die Hand gegeben.

Sie gliedert sich in zwei Teile. In einem ersten Teil werden alle Quellen behandelt, die unmittelbar durch den rechtlichen Status des Fremden bedingt sind und die so für alle Fremden in Frankreich potentiell vorhanden sind. Es sind: Gesetzgebung über die Fremden, Einbürgerungsurkunden, Erlaubnisse zum Empfang von kirchlichen Pfründen, Befreiungen vom Heimfallrecht (*droit d'aubaine*) des Königs, Verfügungen über den Nachlaß, Listen der Fremdensteuer, polizeirechtliche Verfügungen. Zu all diesen Aktengruppen werden die Institutionen, bei denen diese Verwaltungsakte vorgenommen wurden, angeführt und die jeweilige Quellenüberlieferung dargestellt. Ein zweiter Teil führt allgemeiner in die Quellengruppen ein, die bei Forschungen zu bestimmten Fremden durchzusehen sind. Das wird für folgende Gruppen spezifiziert: Nationalitäten, Klerus, Hofgesellschaft, Financiers, Kaufleute und Unternehmer, Handwerker und Künstler, Intellektuelle, Soldaten, Reisende und Diplomaten. Hier werden jeweils die durch die Institutionengeschichte vorgegebenen möglichen Quellen vorgestellt und deren Ergiebigkeit durch Einzelbeispiele belegt. Besonders werden auch die regionalen Gruppen aus den im Laufe des ancien régime von Frankreich annektierten angrenzenden Territorien berücksichtigt, wobei aber zwischen französischen Provenienzen und Provenienzen dieser Territorien unterschieden werden sollte. Die Serie K enthält nicht »*documents concernant [...] la principauté de Montbéliard*«, sondern sie enthält einen Teil des Archivs dieses Reichsstandes selbst (S. 83).

Der Band ist auf das französische Nationalarchiv beschränkt und bezieht sich so besonders in der Quellenkunde des zweiten Teiles vor allem auf die Fremden in Paris und am Königshof. Ein Schlußteil verweist deshalb auf speziell Pariser Quellen zur Justiz, zur Topographie und zum Notariat, was vielleicht noch um einen Hinweis auf die Kirchengemeinden der Ausländer in Paris hätte erweitert werden können.

Institutionengeschichte und Archivfindmittel werden mit großer Übersicht und auf sehr umfassende Weise für Suche nach Quellen zur Geschichte der Ausländer im Frankreich des ancien régime nutzbar gemacht. Dazu gehören auch umfangreiche bibliographische Angaben, die sich freilich auf die französischsprachige Literatur beschränken. So fehlt z. B. sogar ein Hinweis auf das Repertorium der diplomatischen Vertreter aller Länder seit dem Westfälischen Frieden (1936–1965), obwohl es in Französisch kein vergleichbar umfassendes Werk gibt. Zwar betont der Verfasser richtig, daß der Band kein Inventar der Quellen zur Geschichte auswärtiger Staaten ist (S. 9), verweist aber dann schon wegen der häufigen Überschneidungen doch auf entsprechende französischsprachige Werke (S. 278), während nichtfranzösischsprachige Inventare dieser Art nicht erwähnt werden und darunter auch nicht das Inventar von Quellen zur deutschen Geschichte in Pariser Archiven und Bibliotheken (1986). Schließlich wird auf diese Weise sogar ein deutscher Titel in einer französischen Übersetzung zitiert, die es gar nicht gibt (S. 234: Winfried DOTZAUER: Deutsche in westeuropäischen Hochschul- und Handelsstädten, in: Geschichtliche Landeskunde V. 2, 1969, S. 89–159).

Insgesamt ist eine umfassende, übersichtlich und informativ dargestellte Quellenkunde entstanden, der man eine weite Verbreitung wünschen kann. Kaum ein Benutzer wird den Band aus der Hand legen, ohne neue Anregungen zu weiteren Forschungen erhalten zu haben.

Wolfgang Hans STEIN, Koblenz

Lucien BÉLY, La France moderne. 1498–1789, Paris (Presses Universitaires de France) 1994, XV–670 p.

Das Buch ist zwar in der »Collection Premier Cycle« erschienen, richtet sich aber keineswegs nur an Studenten des Grundstudiums, wenngleich dieser Leserkreis von der kompakten, auf das Wesentliche konzentrierten Darstellung der frühneuzeitlichen Geschichte

Frankreichs zweifellos profitieren wird. Eine inhaltlich ausgewogene Konzeption, die im Rahmen einer sehr detaillierten Gliederung präsentiert wird, verbindet sich mit einer äußerst sachbezogenen, für jedermann verständlichen Diktion, die den wissenschaftlichen Anspruch trotzdem aufrechterhält. Von der Zielsetzung her erinnert das Buch ein wenig an das vor Jahren von Elze/Repgen herausgegebene »Studienbuch Geschichte«, in dem allerdings mehrere Autoren einen weltgeschichtlichen Überblick von der Ur- und Frühgeschichte bis zur Gegenwart präsentierten.

Das umfangreiche Werk ist naturgemäß keine Forschungsarbeit im eigentlichen Sinne; es ist vielmehr eine der überaus notwendigen »Synthesen«, vor deren Abfassung (ohne Anmerkungen ...) besonders jüngere Historiker aus Karrieregründen meist zurückschrecken – sehr zum Schaden der historisch interessierten Öffentlichkeit und des wissenschaftlichen Nachwuchses, der es ohne eine feste Basis von Grundkenntnissen schwer hat, die steilen Stufen der wissenschaftlichen Laufbahn zu erklimmen. Es versteht sich von selbst, daß ein derartiges Werk nicht leicht zu schreiben ist, weil in ihm wissenschaftliche Kompetenz, didaktisches Geschick, begriffliche Präzision und unkomplizierte Formulierungen zusammenfließen müssen. Man kann Lucien Bély bescheinigen, daß er sich dieser schwierigen Aufgabe in anerkennenswerter Weise gestellt und entledigt hat. Es ist ihm gelungen, den in der Verlagswerbung formulierten Anspruch, »de tenter une description aussi complète que possible de ce monde qui a disparu en 1789 et qui fut défini ainsi comme l'ancien régime«, weitgehend einzulösen.

Bei seiner Darstellung der frühneuzeitlichen Geschichte Frankreichs will der Verfasser, unter ausdrücklicher Einbeziehung der »préoccupations internationales de la France«, in erster Linie »un simple récit des événements« bieten. In der Tat läuft seine Schilderung (dieser Begriff ist durchaus positiv zu verstehen) auf einen »récit chronologique« hinaus, der die »histoire politique«, im weitesten Sinne die »histoire de l'État«, in den Mittelpunkt der Betrachtung stellt. Dennoch profitiert das Buch in starkem Maße von den Ergebnissen der modernen französischen Historiographie, denn eine »histoire événementielle« von 1994 ist mit der von den Annales-Adepten verteufelten Ereignisgeschichte von früher nicht mehr zu vergleichen: »C'est donc l'histoire de l'État qui est au centre du propos, mais cet Etat ... est mis en rapport avec la foi religieuse, les créations intellectuelles, les forces sociales, la conjoncture économique, les données démographiques.« Zur modern verstandenen Ereignisgeschichte kommen also strukturgeschichtliche Elemente, die dazu beitragen, »l'organisation de la vie des hommes dans le domaine administratif, judiciaire, religieux, social et économique« in ihrer ganzen historischen Komplexität sichtbar zu machen (alle Zitate S. 2).

Die Unentbehrlichkeit des zweiten thematischen Schwerpunktes (»replacer le royaume dans son contexte international«), gut begründet am Beispiel der Aktivitäten von Richelieu und Mazarin, führt zu der langen Reihe militärischer Konflikte, die Frankreich in der Frühen Neuzeit ausgetragen hat: »La guerre fut une constante pendant ces trois siècles, car elle était le recours naturel en matière de relations internationales. Au XVIIe siècle la France connut en moyenne la guerre deux années sur trois« (S. 3). Dem friedliebenden Bürger des angeblich so aufgeklärten 20. Jahrhunderts mag dies nicht gefallen, an der wissenschaftlichen Verantwortung, die Leser auch mit dieser Tatsache vertraut zu machen und die kriegerischen Auseinandersetzungen in ihrem jeweiligen historisch-politisch-sozialen Umfeld zu erörtern, ändert das nichts.

Bei der Umsetzung der Konzeption des Buches entschied sich der Verfasser dafür, die dreihundert Jahre französischer Geschichte in 28 gleichrangig nebeneinanderstehenden Kapiteln zu präsentieren. Dadurch wird die Darstellung, die sehr wohl mehrere Etappen in der Geschichte Frankreichs unterscheidet, etwas unübersichtlich. Das führt auch dazu, daß die überaus interessanten »chapitres de synthèse«, die jeweils am Ende eines in mehreren Kapiteln behandelten Zeitabschnitts eine strukturgeschichtliche Bestandsaufnahme (unter Titeln wie »La France au XVIIe siècle«) vornehmen, nicht besonders hervorgehoben werden, obwohl sie es eigentlich verdient hätten. Das betrifft zunächst die vier Kapitel 6, 11, 15 und 26, die jeweils den Schlußpunkt unter einen bestimmten historischen Zeitraum setzen. Dagegen vermißt man eine Gesamtbilanz der Regierungszeit Ludwigs XIV. Stattdessen folgen auf ein vorwiegend innenpolitisch orientiertes Kapitel »La France de Louis XIV (1661–1680)« nicht weniger als drei weitere Kapitel, die vorwiegend, aber nicht ausschließlich der Außenpolitik des Sonnenkönigs gewidmet sind. Diese doch recht künstliche Trennung innen- und außenpolitischer Aspekte kann nicht überzeugen.

Am Anfang des Buches stehen drei Kapitel, die unter verschiedenartigen Perspektiven querschnittartig versuchen, ein Bild von »Frankreich um 1500« zu entwerfen. Dem entsprechen am Schluß zwei Kapitel, in denen die wichtigsten Ursachen der sich abzeichnenden »Krise des Ancien Régime« angesprochen werden. Den Ausklang bildet ein kurzer, nicht mehr numerierter Abschnitt mit dem schönen Titel »L'invention de la liberté«.

In didaktischer Hinsicht zeichnet sich das Buch durch eine aufgelockerte Präsentation aus. Innerhalb der Kapitel gibt es zahlreiche, oft recht kurze Unterkapitel mit eigenen Überschriften. Vielfach stehen sogar am Kopf einzelner Absätze kursiv gedruckte und vom Text deutlich abgesetzte regestartige Zusammenfassungen, die auf einen Blick den Inhalt des ganzen Absatzes erkennen lassen. Warum sie mitunter fehlen, hat der Rezensent nicht ergründen können. Manche Passagen erscheinen im platzsparenden Petitdruck und tragen auf diese Weise ebenfalls zur Auflockerung des Textes bei; das sind beispielsweise biographische Skizzen wichtiger Persönlichkeiten (Katharina von Medici, Karriere Mazarins bis 1643, Mme de Maintenon, Fleury u. a.), Schilderungen besonderer Ereignisse (Gefangennahme Franz' I., Belagerung von La Rochelle) oder ergänzende Erläuterungen. Der Veranschaulichung dienen auch einige genealogische Übersichten und (vermutlich) elf Karten, die allerdings nicht im Inhaltsverzeichnis stehen, so daß man eher zufällig auf diese willkommenen Beigaben stößt.

Die historischen Details, die der Verfasser vor dem Leser ausbreitet, sind bei aller Kürze informativ und zuverlässig. Zwei Absätze genügen, um knapp und anschaulich Begriff und Funktion eines »lit de justice« zu erklären (S. 99 f.) Präzise wird auch, was selten genug geschieht, der Unterschied zwischen »église dressée« und »église plantée« erläutert (S. 162). Wo findet man sonst den Hinweis, daß die Überlassung der vier den Hugenotten 1570 zugestandenen Sicherheitsplätze auf zwei Jahre beschränkt war (S. 177)? Auch die Umstände, die zu der Heirat Ludwigs XV. mit Maria Leszczynska führten, werden selten so knapp und befriedigend zugleich erörtert (S. 491). Der Luther-Kontroverse wird durch die Formulierung »95 Thèses, peut-être affichées le 31 octobre 1517«, Rechnung getragen (S. 126). Manche Sätze fassen die Ergebnisse ganzer Monographien zusammen: »L'alphabétisation fit enfin des progrès: à la fin du XVIIe siècle, un Français sur cinq savait écrire, à la fin de l'Ancien Régime un sur trois« (S. 569). Kontroverse Standpunkte der aktuellen Forschung, beispielsweise zur Bartholomäusnacht (S. 179 ff.), werden sachlich und unvoreingenommen präsentiert, neue Erkenntnisse kurz und bündig umrissen: »Contrairement à la légende, cette ancienne protestante (= Mme de Maintenon) n'eut pas de part à la révocation de l'édit de Nantes« (S. 420).

Kleinere Irrtümer sind bei einem so materialreichen Buch unvermeidlich, doch fallen sie kaum ins Gewicht. Eine mißverständliche Bemerkung über die »présidiaux« (S. 39) wird durch das einschlägige Unterkapitel an späterer Stelle (S. 156 f.) korrigiert. Daß Maximilian I. nicht durch den Tod seines Vaters 1493 Kaiser wurde (S. 13), sondern diesen Titel (ohne vorherige Krönung) erst 1508 annahm, gehört zu den wenigen Ungenauigkeiten dieses Buches. Auch kann man, wenn von den Kurfürsten zur Zeit der Goldenen Bulle die Rede ist, die Hohenzollern noch nicht als Markgrafen von Brandenburg bezeichnen (ebd.). Erfreulich, daß sich in dem gewichtigen Werk fast keine Druck- oder Flüchtigkeitsfehler finden (eine Ausnahme S. 307: ›1940‹ anstatt ›1640‹.

Literaturhinweise, die Neuerscheinungen bis 1993 berücksichtigen, findet man sowohl in der jeweiligen »Bibliographie sommaire«, die jedes der 28 Kapitel beschließt, als auch in der zehnseitigen, nach Epochen und Sachgebieten gegliederten »Orientation bibliographique«.

Bis auf einige wenige Titel in englischer Sprache werden allerdings nur französischsprachige Bücher aufgeführt. Warum bei dem Titel ›Sully and the Growth of Centralized Government in France‹ der Klammervermerk ›en anglais‹ steht, bleibt unerfindlich. Den Abschluß des Bandes bilden zwei sehr nützliche, leider etwas lückenhafte Register, in denen die »principales notions et institutions« sowie die »noms des personnes« nachgewiesen werden.

Man kann dem von Lucien Bély vorgelegten Buch im ganzen bescheinigen, daß es ein solide gearbeitetes und zuverlässiges Informationsmittel darstellt, das nicht nur im gymnasialen und akademischen Unterricht einen wichtigen Platz einnehmen wird. Auch für breitere Kreise bis hin zu den Fachgenossen wird sich die handbuchartige Darstellung zur Lektüre und zum Nachschlagen als außerordentlich nützlich erweisen.

Ilja MIECK, Berlin

Rainer BABEL (Hg.), Frankreich im europäischen Staatensystem der Frühen Neuzeit, Sigmaringen (Jan Thorbecke) 1995, 239 p. (Beihefte der Francia, 35).

This is an exceptionally impressive collection. Like many books, it has an emphasis that is not fully revealed by the title. There is, for example, all too little about Hispano-French relations in this period. They were of great importance, not least in terms of the familial strategies and interests brilliantly discussed by Robert ORESKO in his excellent essay in this book on the marriages of Mazarin's nieces. There is also too little reference to relations with Sweden, Britain and the Dutch, while the interaction of European and extra-European policies and issues is neglected.

Yet what is included is excellent and the centre of gravity – Franco-German relationships – is entirely proper in terms of the genesis and sponsor of the collection. Rainer Babel is to be congratulated, and it is only unfortunate that he himself offers little bar a brief introduction. His own important work on Lorraine could have been profitably expanded.

The essays are divided into those on broad themes and those which tackle more detailed topics. Both groups are characterised by an impressive mastery of the relevant archival collections and by a sound grasp of the printed primary and secondary literature. Hans SCHMIDT offers an effective and intelligent account of Franco-German relations between the Peace of Westphalia and the death of Louis XIV. He is alive to stress and change in the relations. Given the nature of the volume, it is inevitable that he concentrates on diplomatic relations. Possibly greater weight could have been placed on cultural, intellectual and religious links and images and their consequences. Heinz DUCHHARDT also tackles a broad theme. Building on his important earlier work on diplomacy and peace in the seventeenth and eighteenth centuries, he considers structures and shifts in international relations during the reign of Louis XIV in light of concepts of conduct, especially international law. There is a skilful discussion of the nature and use of »droit des gens« and of the causes and consequences of the shift in the nature of negotiating peace between Westphalia and Utrecht. Lucien BÉLY uses Utrecht to discuss *ancien régime* diplomacy, a theme developed at length in his excellent Espions et ambassadeurs au temps de Louis XIV, Paris 1990.

There are a number of detailed essays in the volume. Anna SINKOLI on Louis XIV and the election to the prince-bishopric of Osnabrück in 1698, Kirsten HAUER on Franco-Danish relations in 1698–1700, Jean BÉRENGER on France's Turkish policy in the 1680s, Klaus MALETTKE on Godefroy's perception of Germany and Johannes BURKHARDT on the use of history as an argument in mid-eighteenth-century Franco-Austrian relations, an interesting and clever piece that looks at the role of traditions of antipathy in diplomacy and considers how they affected and were affected by the Diplomatic Revolution.

Bérenger's essay is the most important of these. He argues that, as with other aspects of Louis' diplomatic relations, policy towards the Turks was less dominated by the search for glory than by the prudent defence of French interests. Louis is described as a pragmatist who sought to use Turkish pressure on the Austrians to defend his eastern frontier.

ORESKO's piece is in many respects the most interesting and important in the volume. Based on particularly wideranging and comprehensive archival research, his account of Mazarin and marital alliances reveals the crucial role of family structures. Heavily critical of Goubert and other exponents of the statebuilder approach, Oresko argues that Mazarin, like Richelieu before him, has to be understood as a politician who could not distinguish national from personal interests. Oresko throws light on a number of topics. He illuminates the importance of Mazarin's Italian policy and also his concern for France's southern border provinces. Thus, Oresko brilliantly demonstrates how Mazarin sought to marry his nieces to men who could, through their matrimonial attachment to his family, guarantee stability in the potentially volatile frontier provinces – Provence and Languedoc – of a hexagon, the evolution of which, Oresko suggests, was far from straightforward. Aside from its importance for studies of France and international relations in the 1650s, Oresko's essay is also important for his emphasis on Hausmentalität. Furthermore, he emphasises that alongside the customary stress on attachment to a social unit by means of male descent, of relationships established through female members of the same family were also very important.

This important book deserves much attention. Hopefully it will serve as the basis for additional volumes that discuss other aspects and dimensions that did not find a place this time.

Jeremy BLACK, Exeter

Manfred SCHLENKE (Hg.), Preußische Geschichte. Eine Bilanz in Daten und Deutungen, 2e éd., Würzburg (Ploetz) 1991, 304 p., 16 pl.

Ce volume est une réédition légèrement revue du »Preussen Ploetz« paru en 1983 dans le sillage du renouveau d'intérêt pour la Prusse qu'avait suscité le »Preussen Jahr« de 1981. C'est un manuel original, conçu et rédigé par un groupe de spécialistes éminents, et qui rendra de grands services comme »Nachschlagewerk«: assurément l'un des ouvrages désormais indispensables à tous ceux qui s'intéressent à l'histoire de la Prusse, d'autant plus utile et commode qu'il est doté d'un index très complet et d'une bonne bibliographie.

Un ouvrage de référence donc, mais on n'en conseillera pas forcément la lecture suivie à qui voudrait s'initier aux arcanes de l'énigme prussienne, car sa formule a de quoi dérouter. Il y a des faits et des analyses, conformément au programme annoncé par le titre: la première partie réunit des exposés généraux sur quelques grands sujets (le rôle de la dynastie, l'Etat et les provinces, les églises, la Prusse et la Pologne, la Prusse et l'Europe, le militarisme), tandis que la seconde combine des séquences chronologiques avec des récits traditionnels et des mises au point (à signaler en particulier celles de Peter BAUMGART sur la période la plus ancienne et d'Ilja MIECK sur les réformes prussiennes après Iéna). L'objet du livre était si considérable, du Brandebourg médiéval au »Freistaat« de la République de Weimar, qu'une histoire »totale« de cet ensemble était évidemment impossible et un récit suivi en 300 pages difficile à concevoir. La présentation choisie, si elle n'échappe pas à un certain »impressionnisme«, est néanmoins ingénieuse, et elle permet de fournir une grande masse d'informations. Au total, on apprendra beaucoup de choses, mais on ne sera peut-être pas complètement satisfait par la méthode. Le caractère en quelque sorte encyclopédique et quasiment »interactif« de celle-ci a certes de quoi stimuler car elle incite à voyager sans cesse, via l'index, d'une partie à une autre. Pourtant, elle n'évite pas les redites, voire certaines omissions ou obscurités, malgré le soin que les auteurs ont pris de se concerter. Peut-être aurait-il fallu, pour aller jusqu'au bout de cette logique, procéder à des renvois directs d'une partie à une autre ou / et ajouter au volume un petit dictionnaire des noms propres et des principales notions. On peut regretter aussi que les cartes, nombreuses, ne soient pas toujours très lisibles, faute de place, et que certains tableaux statistiques soient peu clairs. Les illustrations sont en revanche excellentes.

Quant au fond, l'ouvrage ne réserve pas de grandes surprises et ne suscitera pas de polémiques – tel n'était pas son objet. Les auteurs sont en gros d'accord pour réhabiliter la tradition prussienne, tout en reconnaissant ses limites. Les grands débats sur la »mission« de la Prusse, la fin de la Prusse, les rapports avec la Pologne ou avec le nazisme sont présentés avec clarté, ils ne sont pas tranchés – libre au lecteur, avec les matériaux fournis, de formuler son jugement.

Sage parti-pris, car la Prusse reste un enjeu passionnel, chacun ayant toujours voulu être Prussien »nach seiner Fasson« – dans les années 30, par exemple, était-ce la même Prusse dont se réclamaient Trecskow, Goebbels et Otto Braun? La réalité historique de la Prusse est diverse, multiple, difficile à définir. Elle a beaucoup varié dans le temps: qu'y a-t-il de commun entre la Prusse de 1871 avec ses 25 millions d'habitants, qui englobe la Ruhr et la Sarre et prend la tête de l'Empire, et celle de 1740, ses 2 millions de sujets et son économie agraire, qui regarde vers la Silésie et la Pologne? La population, l'économie, la société, la religion même ont changé profondément. Restent l'Etat et l'armée, les deux édifices construits aux 17e et 18e siècles par les grands souverains de l'époque classique, et aussi une certaine morale du service pour cimenter le tout.

Il était tentant, dans ces conditions, de glisser de l'histoire à l'idée, pour dégager une Prusse abstraite à partir du modèle classique. Tentation légitime dans la mesure où cette référence a effectivement persisté comme mythe jusqu'à Hitler inclus (excellentes contributions de Lothar SCHIRMER et Manfred SCHLENKE sur l'Empire et sur le IIIe Reich). Mais s'il y a visiblement une essence de la Prusse, qu'en est-il de son existence? On ne perçoit pas toujours ici la matière de l'histoire: la diversité géographique des Etats prussiens ou les questions économiques et sociales ne sont guère abordées que pour leurs incidences juridiques ou politiques (même les articles de Horst MÖLLER et K. H. KAUFHOLD, par ailleurs excellents, privilégient le terrain institutionnel quand ils traitent de l'économie ou de la société). Seuls les aspects culturels font l'objet de quelques développements particuliers, pour mémoire. Quant au champ chronologique, il privilégie clairement la période 1670–1820.

Peut-être est-il tout simplement impossible de traiter de l'histoire prussienne de façon distincte sans revenir toujours à cet Etat et à cette morale de l'Etat qui forment l'essentiel de son héritage et lient tant bien que mal une histoire trop mouvante et de moins en moins spécifique à partir de 1815. Au-delà des contradictions, cette réalité-là n'est-elle pas la seule qui résiste – et convienne à la raison de l'historien? L'historien de la Prusse aura bien du mal à échapper à Hegel ! D'ailleurs, le confort du concept nous restera interdit, Manfred Schlenke nous incite in fine à la modestie face à des oppositions insurmontables: mais alors, si la Prusse n'est qu'une »coincidentia oppositorum«, si l'objet échappe décidément à la définition, est-il tout à fait réel? Mirabeau se posait déjà la question.

Pour échapper à ces apories, il faudra sans doute se détourner quelque temps des controverses théoriques, si passionnantes soient-elles, pour multiplier des recherches de micro-histoire qui pourront fournir de nouveaux éclairages – les archives de nouveau plus ouvertes devraient y inciter. A présent que le terroir de Brandebourg, ses paysages ancestraux, ses villes et ses villages parfois préservés nous sont redevenus accessibles, et que nous pouvons mettre nos pas dans ceux de Fontane, toute une communauté humaine se rapproche de nous. Par là, nous comprendrons peut-être mieux certaines contradictions qui défient l'analyse.

Michel KERAUTRET, Paris

Francisco BETHENCOURT, L'inquisition à l'époque moderne. Espagne, Portugal, Italie XVe–XIXe siècle, Paris (Fayard) 1995, 539 S., 40 Abb.

Der portugiesische Historiker Francisco Bethencourt hat ein sehr »französisches« Buch geschrieben. Es steht in einer historiographischen Tradition, die in starkem Maße von

Emile Durkheim beeinflußt, die Funktion sozialer Ereignisse oder Strukturen dadurch ermitteln will, daß sie deren Selbstdarstellung untersucht. Man fühlt sich bei B.'s Werk über die Inquisition unwillkürlich an Mona Ozoufs »La fête révolutionnaire 1789–1799«, Paris 1976, erinnert. Indem der Autor einen solchen Ansatz wählt, verfällt er nicht in den Fehler, eine Ereignisgeschichte der Inquisition vorlegen zu wollen, für die auf der einen Seite immer noch wichtige Vorarbeiten fehlen, bei der aber auf der anderen Seite die Gefahr besteht, daß sie sich in den Detailergebnissen einer seit langem blühenden Inquisitionsforschung verliert. In zehn Kapiteln behandelt B. die Organisationsstrukturen der Inquisition, ihre Symbolik und die Praxis der Häretikerverfolgung, eingerahmt durch die Schilderung ihrer Gründung und ihrer Abschaffung. Der Ansatz, die Inquisitionen Spaniens, Portugals und Roms zu vergleichen, wird konsequent durchgehalten, wenn auch für die römische Inquisition wichtige Werke nicht berücksichtigt werden (vor allem E. van der Vekene, Biblioteca bibliographica Historiae Inquisitionis. Bibliographisches Verzeichnis des gedruckten Schrifttums zur Geschichte und Literatur der Inquisition, 3 Bände, Vaduz 1982–1992. – Vgl. die Literaturangaben in dem Aufsatz von Herman H. Schwedt, Die römischen Kongregationen der Inquisition und des Index und die Kirche im Reich (16. und 17. Jahrhundert), in: RQ 90, 1995, 44–73). Die spanische und die portugiesische Inquisition waren weitgehend in den Staatsaufbau integriert und ungleich effektiver und effizienter organisiert als die römische. Alle drei Inquisitionen unterhielten ganze Heerscharen von subalternen Zuträgern und Hilfswilligen, die das öffentliche Leben kontrollierten. Während in Portugal sich die Familiaren der Inquisition vornehmlich aus Landwirten, Kaufleuten und Intellektuellen rekrutierten, kamen sie in Spanien ab dem Ende des 16. Jahrhunderts in mehreren Regionen zunehmend aus den oberen Schichten. In Italien gehörten ihnen vor allem das Stadtpatriziat an. In den letzten beiden Fällen geriet die Inquisition somit unter die Kontrolle der Eliten – bezeichnenderweise war umgekehrt in Portugal Adligen die Mitgliedschaft verboten – und kontrollierte sie zugleich. Beklemmend ist B.'s Ergebnis, wie gut sich die Inquisition im Laufe der Jahrhunderte den sich verändernden sozialen und mentalen Gegebenheiten anpassen konnte. Der Triumph des rechten Glaubens fand im Laufe der Jahrhunderte immer neue Themengebiete, denen es sich widmen konnte. Getreu der Vorstellung, daß es nie neue Häresien gäbe, sondern nur alte Irrlehren in neuem Gewande, war es für die Inquisitoren ein leichtes, ihre Notwendigkeit im Kampf gegen das Böse immer erneut unter Beweis zu stellen.

B.'s zum Teil außergewöhnlich interessanten Analysemethoden, zum Beispiel seine präzisen Untersuchungen zur Symbolik der Inquisition, liefern eine Fülle von Einzelergebnissen. Zwei Fragen bleiben indessen unbeantwortet: Warum entstand die neuzeitliche Inquisition und warum verschwand sie wieder? Sie lassen sich mittels der von B. angewandten Analysen nicht beantworten, sondern nur durch Hinzuziehung einer größeren Theorie. Heinz Schillings und Wolfgang Reinhards Überlegungen zur Konfessionalisierung legen es nahe, die spanische und die portugiesische Inquisition als Teil einer Effizienzsteigerung von Religion als sozialdisziplinierendes Mittel im frühmodernen Staatsbildungsprozess zu interpretieren. Die römische Inquisition indessen war eine der letzten Instrumentarien des Papsttums, um seine universalen Ansprüche in der modernen Staatenwelt aufrechtzuerhalten: Was ihm bezeichnenderweise auch nur ansatzweise in Italien gelang. Daß die Inquisition seit dem 18. Jahrhundert verschwand, gehört dann zu jenem epochalen Säkularisationsvorgang, in dem die Religion als Schutzmacht des Staates entlassen wurde. Der moderne Staat schuf sich weitgehend seine eigenen Ideologien, mittels derer er Solidarität fordert und in deren Namen er Anathemata spricht.

Martin PAPENHEIM, Ratingen

La »découverte« de l'Amérique? Les regards sur l'autre à travers les manuels scolaires du monde. Sous la coordination de Javier Pérez SILLER. Préface de Marc FERRO. Avant-propos de Rainer RIEMENSCHNEIDER, Héricourd (L'Harmattan/Georg-Eckert-Institut) 1992 (Recherches et Documents Amériques Latines), 320 S.

Dieses Buch vereinigt Beiträge von insgesamt 15 Autoren, die über 150 in Gebrauch befindliche Schulbücher aus 70 Ländern herangezogen haben, um zu erfahren, welche Geschichtsbilder von der »Entdeckung Amerikas« durch Kolumbus vermittelt werden. Bestimmt sind die untersuchten Schulgeschichtsbücher für Schüler im Alter zwischen 12 und 15 Jahren. Die Autoren sind sich sehr wohl der methodischen Schwierigkeit, Schulbücher als Quelle zu benutzen, bewußt. Mögen auch die Schulbücher gegenüber anderen Medien in verschiedenen Ländern an Bedeutung verlieren, so prägen sie doch durch die in ihnen vermittelten Geschichtsbilder in hohem Maße die Schüler und somit die künftigen Erwachsenen. Die Bücher enthüllen nicht allein die Intention des »offiziellen« Unterrichts und die Bedeutung, die der »Entdeckung« und Eroberung Amerikas zugemessen wird, sondern auch das Bild, das man sich davon macht. Die »Entdeckung« der Neuen Welt wird in dem vorliegenden Buch als Angelpunkt verstanden, der alle Gesellschaften betrifft. 1492 markiere demnach den Beginn der Weltgeschichte, zugleich aber weise jedes Land dem Ereignis seinen Platz zu, wobei der Ethnozentrismus eine prägende Rolle spiele.

Eine Fülle von verschiedenen Aspekten, wie das Ereignis in den Schulbüchern der verschiedenen Länder betrachtet wird, eröffnet sich bei der Lektüre. Bei allen Unterschieden läßt sich jedoch feststellen, daß das eurozentristische Geschichtsverständnis an Terrain verliert.

Im Rahmen des hier zur Verfügung stehenden Raumes können die Beiträge nicht einzeln vorgestellt werden. Sie bieten insgesamt eine Fülle von Informationen, zeigen die z. T. unterschiedlichen Zugangs- und Darstellungsweisen und die Intentionen der verschiedenen Geschichtsbücher in einem bzw. in mehreren Ländern auf. Es ist ein großes Verdienst, daß das Buch klar gegliedert ist. Zuerst geht es um »Les Amériques: mémoire et identité«, dann um »Européens: L'Europe des découvertes ou la découverte des Europes?« Im dritten Teil wird gefragt: »De l'Orient à l'Afrique: déclin et déracinement?«, dann tritt Asien ins Blickfeld: »Asie: Regards distants«, weiter wird der »Dialogue Sud-Nord?« angeschnitten, ehe im 6. Teil eine »Vue d'ensemble« versucht wird.

In diesem Teil wird zuerst die Besonderheit des Schulbuches als Quelle thematisiert: die Abhängigkeit der Schulbücher von den Lehrplänen, von der Konzeption und von den Bearbeitern der Bücher, zum andern aber auch von den Finanzen und der Verteilung. In den verschiedenen Beiträgen waren diese Probleme bereits angeklungen.

Im Anschluß berichten Toshiaki KOZAKAÏ und Javier Pérez SILLER, daß sie 95 Schulbücher aus 66 Ländern einer Faktorenanalyse unterzogen haben, um trotz der Vielfalt, die in den einzelnen Beiträgen sichtbar wird, Gemeinsamkeiten und Unterschiede deutlicher hervortreten zu lassen. Das Ergebnis sind vier Zonen, die sich aber nicht immer streng trennen lassen, auch Überschneidungen kommen vor. Sie werden folgendermaßen charakterisiert:

Zone 1: Der Blickwinkel des Forschers

Hier werden in erster Linie die Tatsachen ausgewogen dargestellt. Das Ereignis von 1492 wird als Erforschung und Entdeckung bewertet. Die Entdeckungsreisen der Europäer seien, gestützt auf Abenteurergeist, unternommen worden, um neue Handelswege zu erschließen. Als Fazit der Eroberung Amerikas werden eher die wirtschaftlich negativen Auswirkungen auf Europa genannt. Die Darstellung der menschlichen Dimension wird vernachlässigt. So sieht die Beschreibung aus der Sicht der Länder aus, die nicht beteiligt waren oder die die Indianer- und Negerfrage verdrängen. Bezeichnend ist, daß die Schulbücher der asiatischen Länder, aber auch Südafrikas, diese Sicht vertreten. Sie waren zwar 1492 nicht beteiligt, ziehen aber auch keine Verbindungslinien zu ihrer eigenen Expansion. In vielen Büchern der Vereinigten Staaten von Amerika und Kanadas wird die »Eroberung« lediglich als Erforschung und geographische Expansion beschrieben, was für die »Neuankömmlinge« charakteristisch ist. Das Schicksal der Autochthonen wird verdrängt und vergessen.

Zone 2: Die Sicht der Kolonisatoren
Im Gegensatz zur 1. Zone steht hier die physische und geistige Herrschaft über die Menschen im Vordergrund. Streitigkeiten zwischen den Eroberern und die Teilnahme der Kirche werden erwähnt. Insgesamt wird die »Eroberung« Amerikas als positiv für die Entwicklung der Menschheit bewertet. Die sich wehrenden »Amerindiens« werden als Angreifer, die europäischen Kolonisatoren als Opfer gesehen. Weiter werden die weltweite Expansion und die Konkurrenz gegen die spanische Vorherrschaft thematisiert. Nicht allein die ehemaligen Kolonialmächte, sondern auch die ehemals spanischen Kolonien übernehmen die Sicht des »Mutterlandes« und erkennen auch seine »zivilisatorische Mission« an. Dazu gehören vor allem südamerikanische Staaten, aber auch Hongkong, Taiwan und die Philippinen, also die asiatischen Länder, die am stärksten westlich geprägt sind.

Zone 3: Zwiespältige Sicht
Hier stehen die Indianer und ihr Schicksal im Zentrum. Sie werden als Opfer, die europäischen Ankömmlinge als Aggressoren beurteilt. Dennoch wird die Berechtigung der kolonialen Unternehmungen nicht in Frage gestellt. Die Zwangsarbeit, bei der die Indianer zugrunde gingen, wird nicht vergessen. Die Ungerechtigkeit der Negersklaverei wird geschildert, doch als »Erfindung« von Las Casas gesehen und nicht dem kolonialen System angelastet. Zu diesem Bereich gehören Bücher der meisten Länder, die in die Kolonisation verwickelt waren, aber auch solche in den Vereinigten Staaten, die eine Versöhnung mit den Indianern und ihren Nachbarn im Süden anstreben.

Zone 4: Anklagender Blick
Die »Entdeckung« Amerikas wird als Eroberung und Kolonisation bezeichnet. Die negativen Folgen für die nichteuropäischen Völker werden geschildert. Die Indianer und die Schwarzen werden als Opfer genannt, die Sklavenhändler gleich welcher Nationalität werden angeklagt. Die Niederlande und Deutschland sind bei dieser Sichtweise ebenso vertreten wie Mexiko, die ehemalige UdSSR, China, aber auch Vietnam, Angola, Kenia, Nigeria und Algerien. Die unterschiedlichen Gründe für diese Haltung werden dargelegt.

Rainer RIEMENSCHNEIDER betont in seinem Vorwort zu diesem Buch, daß die vertiefte Kenntnis der verschiedenen Möglichkeiten, die Welt zu sehen, und die Fähigkeit, in der Vergangenheit zu lesen, unabdingbar sind für eine Annäherung der Völker. Dazu einen wichtigen Beitrag geleistet zu haben, ist das Verdienst des vorliegenden Buches.

Elisabeth ERDMANN, Erlangen-Nürnberg

Ulrich SCHÜTTE, Das Schloß als Wehranlage. Befestigte Schloßbauten der frühen Neuzeit im alten Reich, Darmstadt (Wissenschaftliche Buchgesellschaft) 1994, 430 p., illustrations.

L'auteur s'est donné comme but de montrer l'évolution des rapports entre la construction des châteaux fortifiés et les structures politiques et sociales ainsi que leurs aspects culturels, de la fin du Moyen âge et des temps modernes (1450–1750), en fonction de leur rôle de défense et de leur rôle de fixation du pouvoir et de résidence des souverains. C'est dire combien vaste est l'horizon de sa recherche et combien difficile est l'entreprise. U. Schütte procède avec prudence. Il tient d'abord à rappeler que les termes de *Burg* et *Schloss* n'avaient pas alors le sens précis qu'ils ont aujourd'hui de château-fort et château (résidence). Il retrace l'évolution du vocabulaire: *Castrum* (XVIIe siècle), puis *Veste, Schloss* qui se répand dans la seconde moitié du XVe siècle au dépens de *Burg*. Pour éviter la confusion avec le *Schloss* non fortifié depuis le XVIIIe siècle, il retient le terme de *Festschloss*. A partir du mouvement des *Landfriede* au XVe siècle, les préoccupations de commodité prennent place à côté de celles de sécurité, mais la Guerre des Chevaliers (1522–1523) puis la Guerre de Trente ans redonnent de l'importance aux premières. Ce n'est qu'à partir de 1650 que la constitution des Etats et le retour de la paix renversent l'équilibre.

Le travail de U. Schütte s'appuie sur une bibliographie considérable, surtout en langue allemande. On peut regretter que l'ordre alphabétique y ait mêlé les monographies aux ouvrages plus généraux. Il s'appuie également sur une iconographie abondante, remarquable et bien utilisée.

U. Schütte base sa démonstration sur des études monographiques de châteaux résidences, châteaux fortifiés, châteaux d'agrément et châteaux de chasse, successivement dans les domaines autrichiens des Habsbourg, des Wettin en Saxe, des Electeurs palatins et de Mayence, enfin des Hohenzollern et Brandebourg. Après quoi, sont examinés les traités d'architecture de Dürer, Solms, Ryff, Specklin, Fürttenbach, Dillich, Goldmann, ce qui permet de déceler les influences étrangères, notamment italiennes, ou les différences d'évolution, en particulier entre l'Allemagne et la France.

Un chapitre consacré à la typologie des châteaux défensifs montre l'évolution du mariage entre art de la fortification et architecture répondant aux nécessités de la fonction politique, sans oublier le rôle de résidence. Deux tendances coexistent: séparation ou intégration des éléments de défense suivant les conditions particulières à chaque cas, à travers la gamme qui va du château princier au simple château seigneurial.

Dans un chapitre original est étudiée la place du château fortifié dans les manifestations diverses de la culture princière et nobiliaire: cérémonies, défilés, théâtre, architectures provisoires, feux d'artifice, fantasmagories, représentations des sièges, etc. Le patriciat ne reste pas insensible à ces manifestations et les Fugger, par exemple ne le cèdent en rien aux seigneurs.

L'aspect militaire des châteaux survit assez longtemps, non seulement parce que l'on peut encore craindre les soldats maraudeurs ou des révoltes populaires, mais aussi comme symbole de prééminence sociale. Modernisation des châteaux, avec une place croissante des jardins et traditions architectoniques allient architecture civile et architecture militaire jusqu'au XVIIIe siècle. Après 1750, la résidence non fortifiée s'impose, mais la mode romantique des ruines évoque encore l'aspect militaire.

L'entreprise de U. Schütte était une sorte de défi. Le défi a été relevé et nous donne un livre qui par son originalité ouvre la voie à de nouvelles recherches associant de nombreux domaines de l'histoire.

André CORVISIER, Paris

Achim HÖLTER, Die Invaliden. Die vergessenen Geschichten der Kriegskrüppel in der europäischen Literatur bis zum 19. Jahrhundert, Stuttgart, Weimar (Metzler) 1995, XIII–663 p., Ill.

Dans l'avant-propos de cette longue et imposante étude, l'auteur semble prier son lecteur de l'excuser de traiter un tel sujet, et surtout de n'avoir pas recouru aux méthodes propres à l'histoire des mythes et des thèmes littéraires ou au discours déconstructionniste (qu'aurait pu imposer la mode). Par ailleurs l'auteur a renoncé à établir une bibliographie de son corpus littéraire, d'abord parce qu'elle aurait été trop longue, ensuite (et surtout) parce qu'il ne voulait pas créer l'impression qu'il avait rassemblé tous les textes littéraires traitant du phénomène de l'invalidité de guerre.

Le premier chapitre (il y a en a 37) revient sur les remarques épistémologiques de l'avant-propos. Comment justifier la »métapolémologie«? D'abord en montrant que le sujet de l'invalide n'a pas encore été traité de manière globale et que la »science littéraire« peut utilement intervenir dans un domaine traité jusqu'à présent par les historiens. L'auteur définit sa position, à contre-courant de certaines modes, comme une »herméneutique éclairée critique et rationaliste«: autant dire qu'il traite le fait littéraire comme fait historique et social, tout en tenant compte de sa spécificité esthétique, et qu'il est soucieux de bien marquer sa différence avec une école herméneutique immanente qui élabore ses modèles sans se soucier du référent historique. Les considérations théoriques de ce premier chapitre (sauver la notion d'auteur, histoire des mentalités, définir l'histoire des idées, la thématologie, s'en démarquer, les discussions sur la littérature comparée ...), les noms qui fourmillent dans le texte (Derrida, Lacan, Foucault, Jakobson, Adorno, etc.) sont sans doute une concession au genre de la *Habilitationsschrift*: surtout ne pas s'exposer au reproche de n'avoir pas réfléchi à sa méthode et de n'avoir pas assimilé les derniers développements de la »science«. Un livre destiné, non à un jury académique, mais à un plus large public, peut selon nous fort bien se passer de ces considérations – ou les présenter plus rapidement et dans un style plus agréable (comme du reste un livre destiné à un jury académique). Découvrir dans ce contexte une référence positive à Gustave Lanson (amplement justifiée) constitue une agréable surprise. Pourquoi limiter en revanche les »grandes littératures européennes« aux littératures allemande, française, britannique et russe (p. 31)? Quel ordre suit cette énumération (ni alphabétique ni vraiment chronologique)? Et les Italiens (et quelques autres) n'apprécieront pas d'être exclus de ce club sélectif. Cette phrase est d'autant plus mal venue que l'auteur cite par ailleurs de nombreux textes italiens, et que sa connaissance du thème de l'invalide dans les littératures européennes repose sur une érudition admirable! A. Hölter regrette enfin de s'être arrêté au XIXe siècle. Le lecteur partage ce regret et comprend que la profusion des textes dépassait les forces d'un seul chercheur, car notre siècle s'est montré généreux en guerres, en massacres ... et en livres (et en films). A. Hölter connaît d'ailleurs un grand nombre d'œuvres du XXe siècle, dans le domaine allemand, mais aussi dans les autres traditions nationales, et cite notamment le film *Johnny got his Gun* (1971) de Dalton Trumbo à la fin du livre. Or ce film est à l'origine un roman (de Trumbo, 1939), et l'on ne peut s'empêcher de penser que la présentation et l'analyse de cet invalide absolu, de son désir criant de mort, de sa volonté d'établir la communication pour obtenir de mourir, eût permis la description d'un certain humanisme antibelliciste du XXe siècle qui se concentre sur la perversion de toutes les valeurs qu'entraîne la guerre: l'acte d'amour consiste à donner la mort au nom de la vie et du respect de tous les êtres humains. *Johnny got his Gun* eût fait une belle conclusion.

Les premiers chapitres délimitent le sujet, retracent l'histoire de la chirurgie de guerre (amputations, prothèses) depuis la préhistoire, la thématisation croissante du personnage du mendiant amputé (volontaire, involontaire ou simulateur) depuis la Renaissance et l'institution des hospices d'invalides ou, bien plus souvent, la mise en place d'autres dispositifs, fort variés, pour assurer à ces victimes des guerres une base financière. L'humanité n'est d'ailleurs qu'un prétexte avancé par les souverains, puisqu'il s'agit avant tout d'enraciner l'institution militaire dans la société, au grand profit de l'autorité politique (royale ou princière d'abord). Ces réformes font l'objet d'une véritable propagande, comme dans le cas de la construction de l'*Hostel Royal des Invalides* à Paris. La phase suivante, au XIXe siècle, est celle des pensions et du calcul du quotient d'invalidité.

Le chapitre 7 inaugure une vision plus »littéraire« de la question et définit l'éventail des positions, du patriotisme outrancier qui cite Horace (*dulce est* ...) pour instrumentaliser au nom de la »grande cause« souffrances, mutilations et morts (Gleim et tant d'autres) – tandis que des esprits justes dénoncent les misères des guerres (entre autres Goeckingk, Claudius ... et Herder, dont on a voulu faire l'ancêtre du nationalisme allemand!). La plupart des auteurs »flottent« entre ces deux pôles, ainsi Goethe, auquel l'auteur consacre trois pages, de *Götz* au *Divan*. L'amputation progressive du personnage de Götz (la main, la liberté, ses biens, son renom) est un symbole (voulu) de la destruction de l'ordre des chevaliers d'empire. A. Hölter aurait pu ici rapprocher *Götz* de *Candide*, où Pangloss perd une à une différentes parties de son corps (Cunégonde l'aristocrate se fait trancher une fesse): la philosophie de l'optimisme permet peut-être de penser la plénitude de l'Être, mais ne préserve pas l'intégrité du corps!

Les guerres du XIXe siècle, qui commencent avec la Révolution Française, sont des guerres menées au nom d'idées politiques ou nationales. Le sujet de l'invalide devient tout naturellement un sujet politique ou national. Le destin d'un texte de Schubart (antérieur à la Révolution), dont la falsification s'intensifie au fur et à mesure que progresse le nationalisme allemand, donne une bonne idée de cette funeste évolution. Et, dialectique oblige, apparaît une forme de poésie (élégiaque) qui nie précisément la possibilité de compenser le malheur de l'infirmité acquise: mesures »sociales«, charité ou justification politique et nationale ne sont que mensonges. Une ultime manière de conférer un sens politique à l'infirme est de dire qu'on l'a trompé et que son sacrifice n'a pas eu le sens qu'il croyait: telle est l'idée centrale de Chamisso dans son poème *Der Invalid im Irrenhaus*. L'influence de Béranger est ici certaine. L'infirme perd cependant jusqu'à ce dernier sens politique négatif et devient peu à peu le symbole du solitaire, de l'exclu, du poète maudit, une image »auto-référentielle de l'auteur«. Lenau inaugure cette dernière tradition (*Robert und der Invalide* 1828).

Le thème a été traité dans tous les genres, du conte et de la chanson »populaires« au Singspiel et à la comédie. Il varie en fonction du genre. Le premier invalide de comédie apparaît chez Aristophane (*Les Acharniens*), sa fortune est immense. Lessing n'a pas vraiment traité le sujet dans *Minna von Barnhelm*, car même si Tellheim se désigne comme *Krüppel*, il ne porte qu'une blessure physique superficielle. Minna von Barnhelm traite de problèmes moraux (avec toutefois un arrière-plan historique et social très précis). Nestroy doit sa popularité de comédien à un rôle d'invalide (modifié), celui de Sansquartier dans l'adaptation du vaudeville berlinois de Louis Angély *Sieben Mädchen in Uniform*. Pourquoi A. Hölter écrit-il sans se justifier à propos du *Déserteur* de Sedaine que c'est un drame inepte (*ein läppisches Drama*, p. 287)? Peut-être parce que l'auteur regrette, en se référant ironiquement à Schiller, que »l'hospice ne puisse concurrencer une instance aussi morale que le théâtre« (p. 295)? La littérature d'éducation des Lumières insiste sur la charité, sur le plaisir de faire le bien aux pauvres invalides. Plusieurs développements sont consacrés au sentimentalisme qui germe au XVIIIe siècle et fleurit au XIXe, non sans implications politiques, variées selon les pays et les régimes politiques. Le pendant de cette littérature bienpensante, c'est la parodie, ou l'humour qui s'exprime dès le XVIIIe siècle, chez Laurence Sterne par exemple.

Une digression traite du boiteux (diable, messager). Dans l'infirmité affleure un sens caché: mythologique, puis au cours du XIXe siècle psychologique, historique, social, sexuel, etc. Le thème a sa dynamique intra-littéraire propre, les auteurs s'inspirent les uns des autres. Le poème de G. K. Pfeffel *Die Tobakspfeife* (1782) est à rapprocher au texte antérieur de Gessner *Das hölzerne Bein*, ce que fait l'auteur, rapidement et à un autre passage que celui qui traite, assez longuement, de Pfeffel. Il nous semble que Pfeffel transfère le cadre (républicain) suisse (la lutte contre les Habsbourg, contre l'Empire) dans le cadre de l'Empire et de la lutte pour la chrétienté (les guerres de l'Autriche contre des Turcs). Du citoyen qui défend sa petite patrie on passe au sujet monarchique qui défend le Saint-Empire. Un développement croisé Gessner/Pfeffel aurait permis de traiter de la fortune du texte de Gessner en France, qui fut porté au théâtre en 1792. Il a donc bien été question – au moins indirectement – d'invalides à cette époque (1792). A. Hölter conclut son analyse historique avec Victor Hugo (*Le Vrai dans le vin*), auteur en qui se condensent le mieux tous les différents aspects du sujet.

La littérature ne nous renseigne qu'indirectement sur la réalité psychologique (et matérielle) de l'invalide dans une société: mais, semble dire l'auteur, c'est encore elle qui nous renseigne le mieux. Le thème de l'invalide est présenté avant tout comme une manière commode de traiter le malheur individuel ou, plus exactement, l'isolement dans le malheur. Est-ce vraiment le cas pour les mendiants, société parallèle (la cour des miracles, *The Beggar's Opera*), comme cela ressort du reste de nombreux développements, en particulier celui qui concerne la sexualité des infirmes? Au XXe siècle en tout cas, il y a bien un *Nous* politique des victimes de guerre: qu'on songe au défilé pathétique des morts de la Première Guerre Mondiale dans *»J'accuse«* d'Abel Gance (1919, remake 1938)!

A. Hölter confirme avec son livre les valeurs sûres, notamment Victor Hugo (que de corps déformés dans son œuvre!) et Shakespeare, dont A. Hölter fournit une belle citation (*Henry IV*, 1; V, 1):

Can honour set to a leg? No. Or an arm? No. Or take away the grief of a wound? No. Honour hath no skill in surgery, then? No.

L'auteur introduit ses chapitres par des citations (motti). Les lecteurs qui ne lisent pas couramment le grec ancien et le latin seront frustrés, faute de trouver une traduction en bas de page. Ils seront aussi décontenancés par l'agencement de l'ensemble, qui n'est ni vraiment thématique, ni chronologique, et qui, comme pour tout ce type de discours sur une vaste période et sur un vaste sujet, embrassant de nombreux pays, exige du lecteur de sérieuses connaissances préalables sur l'histoire et l'histoire littéraire des pays concernés. Un plan plus humblement proche de la chronologie n'eût-il pas été préférable?

Reste une somme, d'une érudition historique et littéraire sûre, et suggestive (même pour la contradiction, mais c'est la loi du genre). L'histoire littéraire de l'invalide dans la littérature européenne jusqu'au XIXe siècle est désormais écrite, et l'on ne pourra y ajouter que des considérations de détail. L'attrait de l'ouvrage réside également dans son iconographie. Là aussi les valeurs sûres sont confirmées: »Un héros de juillet« (p. 340), de Daumier (1831), en dit plus long et le dit mieux que bien des textes littéraires!

François GENTON, Grenoble

Christian PFISTER, Bevölkerungsgeschichte und Demographie – 1500–1800, München (R. Oldenbourg Verlag) 1994, 148 S. (Enzyklopädie Deutscher Geschichte, 28).

Ch. Pfister est connu dans le monde scientifique par ses travaux et ses publications. Son histoire du climat de la Suisse constitue une importante contribution à l'historiographie de cette discipline; elle a déjà été éditée trois fois. Les réflexions de l'auteur en démographie historique ont pris de l'ampleur tant dans l'espace qu'en profondeur. Il présente ici un admirable bilan de la recherche démographique dans les pays germaniques. L'ouvrage est un excellent manuel d'introduction à la démographie historique et une parfaite mise au point de l'ensemble des questions que peuvent se poser les chercheurs.

Ce livre n'est pas une histoire de la population allemande, même si l'auteur, pour étoffer ses propos, donne des résultats statistiques. Ch. Pfister présente d'abord les thèmes de la démographie historique et les documents qui permettent de les aborder. Il ne néglige aucun type de documents et en décrit les qualités et les insuffisances; il montre ainsi une source souvent négligée, celle des sermons de sépultures qui sont conservés par milliers dans les Archives et Bibliothèques: nombre précis d'enfants, mention de l'âge au mariage etc. Cette présentation des sources permet à l'auteur de redresser certains jugements ou de mieux définir le type d'actes. Alors que les historiens français parlent de dénombrements pour le Moyen Age et le début des Temps modernes, il n'hésite pas à faire remarquer que ce sont en réalité des relevés de subsistances et de bouches à nourrir (Strasbourg 1444, Nuremberg 1475 ...).

Nous avons particulièrement apprécié la deuxième partie de cet ouvrage sur les problèmes de fond de la démographie historique et les tendances de la recherche. En une soixantaine de pages, l'auteur présente pour chaque type d'analyse démographique une sorte d'»état de la question«. Tous les grands thèmes sont abordés: évolution de la population et rôle de l'espace, nuptialité et fécondité, illégitimité, mortalité et épidémies. Chaque fois l'auteur présente de façon synthétique, tout en donnant les références, les diverses interprétations données par les chercheurs. Il y a là une analyse de toutes les conclusions auxquelles sont parvenus les démographes et les historiens. On lira avec un intérêt soutenu les pages sur la fécondité et le contrôle des naissances: tous les aspects sont abordés qu'ils soient religieux, culturels, sociaux, ou économiques. Le livre résume ainsi la problématique de la démographie historique et les interprétations des résultats de la recherche.

Nous pouvons écrire que Ch. Pfister a donné dans cet ouvrage une excellente mise au point. Il a ainsi répondu à l'esprit d'une collection qui se veut »encyclopédique«, mais il a aussi largement montré toutes les pistes de recherches qui s'ouvraient aux historiens. Le livre ne constitue pas seulement une défense et une illustration de la démographie historique, mais il est une »introduction« à cette science. Des traductions en langues étrangères de cet ouvrage sont fortement souhaitables.

Jean-Pierre Kintz, Strasbourg

Gabriel Audisio, Des Paysans. XVe–XIXe siècle, Paris (Armand Colin) 1993, 367 S. (Les Français d'Hier, 1).

Das Buch von Gabriel Audisio gibt vielfältigen Stoff zum Nachdenken. Es beginnt mit einer Episode im Vorwort. Im Frühjahr 1992 besuchte der Autor zusammen mit einer Gruppe von Studentinnen und Studenten das Museum der Cevennentäler in Saint-Jean-du-Gard. Der Museumsführer, ein älterer Herr, bestach durch Sachwissen und Engagement. In einer Abteilung, die dem alten Handwerk gewidmet war, kam es jedoch zu einem Zwischenfall. Eine Studentin fragte: »Was ist eigentlich ein Stellmacher?« Der ältere Herr schwieg zunächst und konnte die Tränen nicht zurückhalten, bevor er sich entschuldigte und die Führung fortsetzte. Als Sohn eines Schusters war es ihm unbegreiflich, schmerzte es ihn, wie schnell die Welt des alten Handwerks Vergangenheit geworden war.

Das gleiche gilt – so der Autor – für die alte bäuerliche Welt, und er kann es mit Umfragen aus verschiedenen französischen Städten belegen. Aus diesem Befund leitet Audisio seine Aufgabe ab: Es geht ihm nicht vorrangig darum, Geschichte akademisch zu vermitteln, sondern überhaupt erst Grundlagen zu schaffen, obwohl sich sein Buch an Studentinnen und Studenten wendet. Diese Intention wird konsequent durchgehalten. Nicht nur die Unterschiede von Pflug und Haken werden dargelegt, selbst Hacke, Schippe und Spaten werden (auch im Bild) vorgestellt. Geschichtsdidaktik, die nichts mehr aus der Anschauung voraussetzt, die von einem kompletten Bruch zwischen »Wissenschaft und Lebenswelt« ausgeht.

Es wäre reizvoll, die heuristischen und anthropologischen Konsequenzen dieses radikalen Ansatzes (über Agrar- und Handwerksgeschichte hinausgehend) zu diskutieren. Daß er wenigstens z. T. von realen Voraussetzungen ausgeht, belegt auch die Tatsache, daß in Frankreich nur noch 6 % der Bevölkerung von der Landwirtschaft leben. In der BRD (alte Länder) waren es 1990 nur noch 2 %, wobei der landwirtschaftliche Nebenerwerb freilich etwas stärker als in Frankreich vertreten ist. Eine (west-)europäische Gemeinsamkeit also. Dennoch – ein Spaten gehört auch heute noch zur Ausrüstung eines ländlichen (auch eines nichtbäuerlichen) Haushaltes, und auch in der Stadt soll er noch gesichtet werden.

Ist die leichte, eher produktive Irritation des Anfangs überwunden, dann hat man eine gediegene, gut geschriebene Einführung in die Geschichte der französischen Bauernschaft vor sich. Das Hauptproblem jeder ähnlichen Unternehmung wird dabei geradezu vorbildlich gemeistert: Es wird eine Gesamtschau geboten, die freilich – dem Forschungsstand entsprechend – aus Einzelmosaiken (hier den Ergebnissen der großen Thèses) zusammengesetzt ist, ohne daß die regionale Unterschiedlichkeit Frankreichs aus dem Blick gerät.

Nachdem zunächst eine Grobgliederung der französischen Agrarlandschaft (»open fields« – »bocages« – diversifizierte Landwirtschaft des Mittelmeerraums) vorgenommen wird, ohne die internen Unterschiede in den einzelnen Regionen zu vergessen, wird eine weitere »Teilung« des Landes – rechtsgeschichtlich nach »coûtumes« und »droit écrit« – thematisiert, ehe es dann zur Agrartechnik (und zu den Abbildungen) kommt.

Sachkultur, Getreidearten und -anbau, elementare Bedrohungen (Hunger, Pest, Krieg), die Arbeit im Jahreskreis werden ebenso thematisiert wie die großen Gegenstände der demographischen Thèses: »Naître, s'unir, mourrir«, schließlich »sociabilité« und »hierarchie villageoise«. Dabei bringt der Autor das Kunststück fertig, das Elementare mit dem fortgeschrittenen Forschungsstand zu verbinden. Lesenswert z. B. seine Muchembled-Rezeption über die Rolle der Gewalt in den alltäglichen ländlichen Konflikten. Etwas blaß bleibt freilich das Kapitel über Mentalitäten im engeren Sinne. Die Alphabetisierungsforschung wird nur gestreift, die Kultur der Mündlichkeit dagegen in den Vordergrund gerückt ebenso wie das Denken in magischen Kategorien. Überhaupt scheinen auf dem Lande die Uhren (wenn überhaupt vorhanden) stillzustehen. Elemente der Veränderung werden erst im letzten Kapitel (»Vers les Lumières«) thematisiert, die drei Jahrhunderte zuvor scheint im wesentlichen »histoire immobile« zu herrschen.

Vielleicht ist dies Tribut an den Anfang ex ovo, vielleicht aber – das gleiche Argument methodologisch verdichtet – Resultat einer Sichtweise, die die wichtigste Veränderung der alteuropäischen Agrarlandschaft in ihrem (vermeintlichen?) Verschwinden erkennen will. Aber so wie es heute vielleicht Stellmacher-Mentalitäten ohne Stellmacher gibt, so hat es auch in der alten Agrargesellschaft Brüche gegeben (Religionskriege, Aufklärung, Erster Weltkrieg), die sich zwar nicht unmittelbar in das Bild der Landschaft eingraviert haben, deren Folgen aber durchaus einschneidend waren. Die »historie lente« (Braudel) kommt etwas zu kurz.

Allgemein ist die lakonische Kürze zur Frage der Mentalitäten wohl auch der Aufteilung der Reihe »Les Français D'Hier« geschuldet. Ein zweiter Band, »Des Croyants«, wird vom gleichen Autor vorbereitet.

Von den genannten grundsätzlichen Einwänden abgesehen, bietet Audisio tatsächlich die umfassende Einführung, die der Klappentext ankündigt. Schnelle und verläßliche Informationen sind nicht nur zu den bereits genannten Themenbereichen zu erhalten, sondern auch zu den klassischen Themen der Seigneurie (mit einer etwas harmonistischen Tendenz), der Eigentums- und Abgabenverhältnisse wie der Ernährungsbilanzen. Der Forschungsstand wird bisweilen durch Angaben aus den Archiven des Südostens, wo der Forschungsschwerpunkt des Autors liegt, angereichert. Diese Angaben betreffen u. a. das späte 16. und das 17. Jahrhundert und sind insofern eine gute Ergänzung, als sie einen Zeitabschnitt erhellen, der oft »zwischen« den großen Thèses liegt.

Etwas lakonisch ist das Literaturverzeichnis, das keine Zeitschriftenaufsätze nennt (einige werden in den Textanmerkungen zitiert). Im Text ist für den Anfänger (den Adressaten also) nicht immer zu erkennen, welche Arbeit gerade zugrundegelegt wird, Weiterarbeit nicht immer möglich. Das Argument »Lesbarkeit« kann hier nicht überzeugen, eher sind Platzgründe zu vermuten, die wohl der Verlag verantworten muß. Leider fehlt im Verzeichnis die im Text gründlich ausgewertete Arbeit von Jean Jacquart.

Festzuhalten bleibt aber, daß das Buch nicht nur Informationen, sondern auch Stoff zum Nachdenken liefert. So drängt sich zum Schluß die Frage auf, ob der Boom der Alltagsgeschichte hierzulande nicht weniger den oft herausgestellten Defiziten traditioneller Sozialgeschichtsschreibung bzw. neuen Methoden zu verdanken sei (der Angebotsseite also) als dem (vermeintlichen?) Verschwinden »traditioneller Lebenswelten« und dem damit verbundenen Interesse (der Nachfrageseite also) am Unbekannt-Gewordenen.

Werner TROSSBACH, Witzenhausen

Richard VAN DÜLMEN, Kultur und Alltag in der Frühen Neuzeit. Dritter Band: Religion, Magie, Aufklärung 16.–18. Jahrhundert, München (C. H. Beck) 1994, 343 S.

Voici le troisième volume de cette vaste histoire de la culture, des mentalités et du quotidien dans l'ancien Empire romain germanique à l'époque moderne. Il est placé tout au long sous le signe du religieux, d'un religieux entendu au sens large, tant il est vrai que les rapports entretenus entre religion normative d'une part, superstition et magie de l'autre, sont présents dans tous les aspects de la vie du temps, et que l'opposition se laisse mal réduire aux contrastes classiques entre villes et campagnes ou entre culture des élites et culture populaire. La plage chronologique mène de la Réforme aux Lumières, des Lumières dont les vertus émancipatrices sont loin d'être partagées par les masses et qui ne réussissent que partiellement à désenchanter le monde moderne. L'originalité de l'Empire est le bi-confessionnalisme. La Réforme, les Réformes devrait-on dire, doit beaucoup à l'emploi de la langue allemande, à la conversion précoce de nombreux prédicateurs, au contexte favorable des villes, plus encore à l'imprimerie qui crée l'irréversible: lorsque Luther va à Worms, ses ouvrages ont été tirés à 500000 exemplaires; en 1550, 750000 bibles traduites ont été imprimées. L'Allemagne s'est emparée d'un Luther voulant résoudre son problème personnel, et chez qui la tradition médiévale est bien présente, pour en faire un rénovateur total. De la force révolutionnaire de la *sola scriptura*, on est passé à la liberté et à l'immédiateté du chrétien qui n'a plus besoin d'Eglise et aux implications sociales et politiques qui embrasèrent l'Empire. Gardons-nous de penser que les frontières religieuses ont divisé d'emblée les chrétiens en deux camps; jusque vers les années 1560, les limites demeurent floues entre les deux confessions et les va-et-vient sont possibles, sinon fréquents, d'autant plus que le peuple regimbe à jeter par-dessus bord ses antiques traditions et que, d'autre part, l'Eglise catholique réagit rapidement et se réforme elle-aussi. Les différences ne sont pas aussi visibles qu'on le croit et les protestants renoncent aussi difficilement que leurs adversaires aux superstitions comme à la sorcellerie. Le luthéranisme a bien dû composer, ne serait-ce qu'en accordant le rôle que l'on sait à la musique d'Eglise (Schütz, Buxtehude, Bach) ou en solennisant les obsèques. Il fallut parfois 80 ans pour que les dernières traces de catholicisme (reliques, pèlerinages) disparaissent chez les fidèles protestants. Le catholicisme tridentin demeura plus accueillant aux formes populaires de la piété, en les canalisant et les renouvelant: rosaire, litanies, culte des saints, surtout dévotion mariale avec ses hauts-lieux comme Altötting, Vierzehnheiligen, Maria Zell ou Einsiedeln. Les deux confessions luttèrent contre la magie et la sorcellerie. Au XVIe siècle, la magie est partout, dans les pierres, les plantes et les animaux, dans les éléments de la nature, la médecine et même dans les sacrements, très mal compris, dont on croit qu'ils agissent *ex opere operato*. L'Empire, avec la France du Sud et la Suisse appartient à la grande zone de la chasse aux sorcières; 30000 exécutions, 50 % des victimes européennes, dans le siècle qui mène de 1580 à 1680, principalement dans les régions de Bamberg, Bayreuth, Wurzbourg, Trèves, Mayence, en Sarre et en Lorraine. L'auteur rappelle les différentes théories émises sur le phénomène de la sorcellerie, dont celle de Robert Muchembled.

Chez les catholiques comme chez les protestants, le processus de confessionnalisation visant à faire vivre dans l'orthodoxie et la morale est promu par les Eglises. Il est général en Europe, plus poussé dans l'Empire à cause de la bi-confessionnalisation et de la multiplicité des structures d'Etat. Un temps interrompu par la guerre de Trente ans, il redémarre ensuite pour porter pleinement ses fruits au XVIIIe siècle. Les universités jouent un rôle fondamental pour fixer la doctrine; pour le catholicisme, ajoutons le rôle du concile de Trente et des institutions et ouvrages qu'il généra, »Catéchisme romain« (1561), »Index« (1564), »Missel romain« (1570), »Congrégation de la Propagation de la Foi« (1622). La confessionnalisation passe par la nécessité reconnue de l'éducation, pour les clercs comme pour les laïcs. On sait le rôle des jésuites pour la formation des élites nobles et bourgeoises catholiques, des piétistes pour celle de la jeunesse protestante. Ces derniers combinèrent piété pratique, volonté d'agir dans le domaine social et programme d'éducation, ce qui les mit en phase avec les pré-lumières. Ils créèrent des écoles pour le peuple, des orphelinats, des hospices et promurent toute une littérature édifiante qui a sa place dans l'histoire littéraire et linguistique allemande. Par-delà leurs différences, jésuites et piétistes sont les deux colonnes d'une avant-garde voulant réaliser sur terre le royaume de Dieu. Cette cléricalisation de la société, certes jamais totale, atteint son apogée au moment où les Lumières proposent une autre idéologie, un autre modèle. Encore doit-on bien saisir, surtout quand on est français, la spécificité de l'*Aufklärung*. Elle n'est pas systématiquement antireligieuse mais veut lutter contre la main-mise des Eglises sur l'Etat et contre les formes de la piété magique et la superstition; on ne s'étonnera pas de constater que les théologiens protestants sont plus souvent engagés dans le combat des Lumières que leurs collègues catholiques. Certains vont plus loin, tels Johann Christian Edelmann, qui évolue du piétisme à une religion de la raison en dehors de toute église, Hermann Samuel Reimarus, adepte de la religion naturelle, Karl Friedrich Bahrdt, adversaire déclaré de l'orthodoxie luthérienne et qui fait du Christ le fondateur d'un ordre secret. Cette prééminence des Lumières protestantes ne doit pas occulter l'existence d'une *Aufklärung* catholique qui serait mieux représentée si l'ouvrage englobait dans son champ les pays des Habsbourg. Dans les Etats catholiques, beaucoup de membres du haut clergé et de fonctionnaires dans les villes de résidence appartiennent aux milieux réformateurs qui réunissent donc les deux confessions.

L'éducation de l'homme moderne fut un enjeu pendant ces trois siècles. L'auteur rappelle les discussions sur le rôle de la scolarisation, sur les critères d'alphabétisation, sur le test de la signature ... La culture orale et les apprentissages conservent une place importante pour le savoir-faire, le savoir-être, le savoir-vivre. Toute une culture populaire est transmise par les histoires racontées lors des veillées. A l'oralité appartiennent aussi les prêches et sermons des deux religions. L'alphabétisation ne rime pas obligatoirement avec la modernisation: la Prusse agraire est plus alphabétisée que l'Angleterre industrialisée du XIXe siècle. Les données quantitatives pour l'alphabétisation sont moins abondantes qu'en France; l'Allemagne n'a pas eu son Maggiolo! Deux exemples sont fournis, celui de Harpstedt (Oldenburg) en 1658, où 86 habitants sur 438 des deux sexes lisaient, quatre seulement écrivaient, et celui de Coblence à la fin du XVIIIe siècle où Etienne François a établi que 87 % des hommes et 60 % des femmes lisaient. L'Allemagne rhénane appartient à l'Europe densément alphabétisée. Les écoles élémentaires sont aussi très nombreuses en Brandebourg (83,4 % des villes en 1801 ont une école) et en Bavière. Les *Schulordnungen* se multiplient (Gotha 1642, Prusse 1763 ...). Dans ce domaine, les Lumières n'innovent pas, si elles insistent sur l'obligation de la scolarisation de 6 à 12 ans et sur l'emploi de l'allemand pour refouler le latin ainsi que les divers dialectes. L'enseignement secondaire revêt des formes très variées. Du côté catholique, les jésuites ont le rôle principal (Relevons, p. 181, une date erronée pour la *Ratio studiorum*). Ils forment leurs élèves au latin des humanistes et à l'éloquence; ils introduisent les nouvelles disciplines comme les mathématiques, la physique, l'histoire, la géographie ... Les *Aufklärer* critiquent la prééminence du latin. Mais leur principal intérêt concerne les *Realschulen*. Les études supérieures se font dans les universités dotées d'un privilège impérial comme dans d'autres grandes écoles jésuites (Breslau, Dillingen) ou dans des universités de ville ou de *Land* (Halle, Ingolstadt). Beaucoup de ces établissements se caractérisent par leur conservatisme. Se distinguent les universités prussiennes, celle de Halle en particulier, avec les célèbres professeurs Francke, Thomasius et Wolff, et celle de Göttingen créée en 1737. A la différence de la France ou de l'Angleterre, les professeurs d'université sont souvent très liés à l'*Aufklärung*. La science moderne, anti-autoritaire et anti-ständisch, n'est pas coupée de la religion; les savants sont souvent des théologiens (Leibniz comme Newton). Mais encore au XVIIIe siècle, le rationalisme doit consentir un vaste champ à l'empirisme.

Les Lumières allemandes, et c'est une autre de leurs spécificités, sont souvent en accord avec les objectifs de l'absolutisme éclairé, tout au moins quand il s'agit de critiquer les empiètements de l'Eglise, les superstitions et les mœurs populaires, et même les privilèges de la noblesse et le luxe de la Cour, ou de promouvoir l'éducation. Les *Aufklärer* sont pour la plupart réformistes; une variante plus radicale apparaît au moment de la Révolution française, combattant les princes despotes. On se veut citoyen du monde, en ignorant les différences de religion et de nation. Les Lumières se répandent par de nouveaux canaux. Les sociétés savantes, académies, cercles de lecture et les loges franc-maçonnes, qui rassemblent l'élite éclairée noble et bourgeoise dans une convivialité partagée par-delà les différences d'ordre, de religion et de profession, poursuivent deux objectifs: l'amélioration individuelle – il faut devenir un homme de raison – et celle de la société: il faut éclairer le peuple sans pour autant l'éloigner de ses devoirs. La communication se prolonge par des correspondances suivies entre savants, en langue allemande de plus en plus, et dont les femmes, pourtant tenues hors de toute émancipation, ne sont pas totalement absentes (Sophie La Roche, Charlotte von Stein); celles de Lessing, de Nicolaï, de Forster, de Hamann sont des monuments. Le livre, où l'allemand supplante le latin, est un autre véhicule de diffusion: la théologie et la religion (un quart des titres en 1770) reculent (13,5 % en 1801) au profit du roman. Entre 1761 et 1803, le nombre des auteurs quadruple presque (de 3000 à 11 000). Les périodiques tels l'*Allgemeine Deutsche Bibliothek* de Nicolaï (1765), le *Teutscher Merkur* de Wieland, les encyclopédies entretiennent une véritable rage de lecture (Lesewut) dans le monde des lisants. Qu'en est-il des Lumières dans les masses populaires? Il existe une littérature destinée au peuple, mais elle n'atteint guère que le prêtre de paroisse que les *Aufklärer* veulent transformer en agent du progrès. Mais en aucun cas il ne saurait être question de démocratisation. Les Lumières luttent contre les traditions désuètes et les superstitions; tout comme le processus de confessionnalisation, elles tendent à ruiner tout ce qui faisait la cohésion des vieilles civilisations urbaines et rurales, avec leurs aspects festifs et symboliques. De nouveaux moyens de domination (journaux, écoles, droit codifié ...) se mettent en place qui font entrer l'Allemagne, comme le reste de l'Europe éclairée, dans un monde où profane et sacré sont séparés, où les sciences et les universités s'émancipent de la théologie, où les Etats ne laissent aux Eglises que les fonctions purement spirituelles. La sécularisation n'a pas fait disparaître, bien évidemment, l'influence de l'Eglise ni la prégnance du message chrétien, mais elle a combattu leur vertu magico-sacramentelle. Ce long processus, commencé avec la Réforme, abouti avec l'*Aufklärung*, donne son unité à l'histoire culturelle de la période.

Claude MICHAUD, Orléans

Roberto BIZZOCCHI, Genealogie incredibili. Scritti di storia nell' Europa moderna, Bologna (II Mulino) 1995, 288 S. (Annali dell' Istituto storico italo-germanico. Monografia 22).

Unwahrscheinliche Ahnenreihen, d. h. kaum glaubhafte Stammbäume, die in archaischen Zeiten oder Mythen wurzeln und Adam, Noah oder die Helden des trojanischen Kriegs zu Urvätern europäischer Adelsgeschlechter erklären, hatten im 16. und 17. Jahrhundert Konjunktur – und zwar zeitgleich, ja sogar in auffälliger Verflechtung mit der aufkommenden philologisch-kritischen Geschichtswissenschaft. In deutlich polemischer Haltung gegenüber Vertretern der Historikerzunft, die Ahnenreihen dieser Art als Phantasieprodukte belächeln, nimmt sich Roberto Bizzocchi mit Umsicht und Unvoreingenommenheit ihrer Geschichte und Phänomenologie an und lotet ihre Beziehung zur humanistischen Geschichtsschreibung aus. Seine material- und geistreiche Untersuchung zielt darauf ab, die auf den ersten Blick sinnlos erscheinenden genealogischen Auszierungen von Familien- und Stadtgeschichten, Heiligenviten und anderem historischen Schrifttum der frühen Neuzeit als durchaus seriös intentionierte Geschichtsschreibung zu rehabilitieren. Schon die Zeitgenossen hätten jenen unwahrscheinlichen Ahnenreihen eine Daseinsberechtigung parallel zur modernen, philologisch-kritischen Methode zugestanden. Bizzocchi weist nach, daß die häufigen Rückgriffe auf biblische oder antike Mythen weder das Werk von Verrückten oder kriminellen Elementen, noch eine Verirrung unfähiger Historiker waren. Vielmehr seien sie auch und gerade von solchen Vertretern des Humanismus praktiziert oder rezipiert worden, die sich ausdrücklich zur Aufgabe gemacht hatten, eine von allen widersinnigen mittelalterlichen Fabelgeschichten gereinigte, geschichtswissenschaftliche Darstellung vorzulegen. Bizzocchis epistemologische Untersuchung kommt zu dem Schluß, daß die beiden antagonistischen Auffassungen von Geschichtsschreibung nicht als zeitlich aufeinanderfolgende Stadien der Genese moderner Historiographie zu verstehen sind, sondern als Parallelerscheinungen einer unterschiedlichen Logik unterworfen waren.

Grundlegend für die unwahrscheinlichen Ahnenreihen war nach Darstellung Bizzocchis ein auf Titus Livius zurückgehender historischer Traditionalismus, wonach alles Forschen im Dienste der Bestätigung einer als unanfechtbar angenommenen historischen Überlieferung stand. Die Präsupposition war der Ausgangspunkt eines jeden, im Geiste dieses *animus antiquus* von vorgeordneten Überzeugungen abhängigen, historisch-genealogischen Diskurses. Die fortschreitende Entwicklung kritischer Gelehrsamkeit in der frühen Neuzeit vermochte die Glaubwürdigkeit der aus solcher Verehrung für die Vergangenheit erwachsenen Ahnenreihen nicht zu entkräften, zumal auch die Urheber der neuzeitlichen Stammbäume sich, auf ihre Art, die modernen Maßstäbe der kritischen geschichtswissenschaftlichen Methode zu eigen machten. Sie legten nun Wert auf die quellenmäßige Untermauerung ihrer Äußerungen und übernahmen mit ihrem Bemühen um beweiskräftige Zeugnisse Attitüden der Geschichtswissenschaft. Zur Einführung ihrer meist selbstverfaßten Beweistümer bedienten sie sich des seit der Antike verbreiteten Topos unerwarteter Quellenfunde. Wenn auch nicht authentisch, so mochten diese gefälschten Quellen, wie Bizzocchi nahelegt, durchaus Wahrheitsgehalt haben – als nachgelieferter Beweis eines tatsächlich existierenden Rechts oder auch aufgrund der ihnen im Laufe der Jahrhunderte, durch unwidersprochene Übernahme seitens berühmter Gelehrter oder durch amtliche Beglaubigung, zugewachsenen Autorität. Die Frage nach Authentizität war hierbei letzten Endes zweitrangig, dienten die Quellen doch nur der Ergänzung bzw. Bestätigung von bereits Bekanntem: Für die zutiefst konservativ geprägten Verfechter sinnstiftender Kontinuität war die Tradition, also die Geschichte selbst, Beweis genug. Sie trugen sogar Gelehrtenkontroversen über ihre jeweiligen Abstammungsthesen aus, wobei sich die Fronten, je nach politischer Opportunität, im Laufe der Zeit durchaus verschieben konnten. In jedem Fall aber konsolidierten sie durch das Prestige der historischen Überlieferung die soziale und politische Ordnung der Gegenwart. Wichtige dynastische, politische, konfessionelle und soziale Motive begründeten die ungeminderte Lebenskraft unwahrscheinlicher Ahnenreihen in der frühen Neuzeit.

Die zum Teil im Grenzbereich zum Anekdotenhaften sich bewegende, streiflichtartige Aufreihung von Beispielen aus dem 16. und 17. Jahrhundert, mit der die Darstellung anhebt, erweist sich als eindrucksvolle Veranschaulichung dieses europaumgreifenden Phänomens. Im Mittelpunkt stehen genealogische Schriften von Gelehrten aus Italien, Spanien, Frankreich und dem Hl. Röm. Reich. Viele von ihnen befanden sich, so Bizzocchi, im Bann des Annius von Viterbo, der 1498, unter Rückgriff auf die angeblich von Berosos stammenden, in Wirklichkeit aber erfundenen *Antiquitates*, den Anfang Geschichte mit dem allgemeinen Neubeginn nach der Sintflut angesetzt hatte. Die Menschheit erwuchs demnach aus dem Geschlecht Noahs, der seine Söhne verschickt habe, um die italienischen, deutschen, französischen und spanischen Stämme zu begründen. Bizzocchi führt seinen Lesern vor Augen, wie bereitwillig diese Thesen rezipiert und die von Annius erwähnten 24 Könige in den süd- und westeuropäischen Stammtafeln zum Ausgangspunkt aller nur denkbaren Ahnenreihen europäischer Dynastien der frühen Neuzeit wurden. Widersacher dieser historischen Thesen waren nun nicht, wie man annehmen würde, die Vertreter der neuen philologisch-kritischen Methode, sondern Parteigänger eines konkurrierenden, nicht minder unglaublichen Erklärungsmodells genealogischer Geschichtsfundamentierung, die hingegen die Ursprünge der europäischen Adelsgeschlechter auf das antike Rom zurückführen wollten. Die traditionalistische Geschichtsauffassung erfreute sich demnach weiter Verbreitung: In Italien ist es nicht nur der Hofadel, sondern auch das städtische Patriziat, im konfessionellen Zeitalter sind es nicht nur die Katholiken, sondern auch die Protestanten, in Frankreich nicht nur die Noblesse d'épée, sondern auch die Noblesse de robe und sogar die Vertreter des Tugendadels, die sich auf weit in die graue Vorzeit zurückreichende, romanhaft anmutende Ahnenreihen berufen. Die Voraussetzung dafür waren nicht die von königlichen Behörden des Absolutismus und konservativen Ritterorden eingeforderten Ahnenproben, die allenfalls die zwei voraufgehenden Jahrhunderte betrafen, sondern eine weit in die Antike zurückgehende genealogische Tradition.

Dem historischen Kontext der unglaublichen Ahnenreihen kommt Bizzocchi in einem kenntnisreichen chronologischen Überblick auf die Spur, der das Kernstück seines Buchs darstellt und die Untermischung von Fabeln in der antiken und biblischen Geschichtsschreibung als Vorformen der unwahrscheinlichen Stammbäume ausweist. Nach einem Überblick über die Entwicklung der Ahnenreihen im antiken Griechenland und in Rom schildert er sehr überzeugend die Übernahme und Fortführung des genealogischen Prinzips in der christlichen Spätantike. Nachdem schon die jüdische Kultur unter Hinweis auf ihr Alter den kulturellen Vorrang in der Weltgeschichte für sich reklamiert hatte, nahm das Christentum im Interesse eigener Rechtfertigung dieses historische Modell auf und machte sich damit die Universalgeschichte und später auch die gesamte antike Mythologie zu eigen. Die mittelalterlichen Kompilatoren entwarfen große, chronologisch angelegte Systeme, in denen die gesamte Menschheitsgeschichte um den Stammbaum Christi angeordnet war, woraufhin die mittelalterlichen Könige sich rein spirituell in die Ahnenfolge Christi stellten und symbolisch als Messias feiern ließen. Im Hochmittelalter kamen die unmittelbaren Vorläufer der frühmodernen Ahnenreihen auf: erstmals versuchten nun ganze Dynastien, ihre biologische Abstammung von einem heiliggesprochenen Ahnen oder zumindest eine weit in die Vorzeit zurückreichende Familiengeschichte zu belegen. Recht bald wurde dies auch von Familien des hohen und niederen Adels übernommen, die ein Regierungsamt bekleideten und ihre Legitimität zu untermauern trachteten. Nicht nur formell, sondern auch inhaltlich lieferten die mittelalterlichen Werke die Bausteine für die unwahrscheinlichen Ahnenreihen der frühen Neuzeit.

Bizzocchi relativiert die gemeinhin absolut gesetzten rationalen Prämissen der modernen Geschichtswissenschaft und vermag die unwahrscheinlichen Ahnenreihen als Ausformung einer auf Präsupposition beruhenden historischen Vorstellungsweise in die Gattung historisch-genealogischer Geschichtsschreibung einzubeziehen. Ein in seiner Beweisführung vielfach frappierendes, im ganzen überzeugendes Buch, das eine äußerst hilfreiche Anleitung für den Umgang mit phantastisch anmutenden Ahnenreihen an die Hand gibt.

Christiane BÜCHEL, Florenz

Gisold LAMMEL, Deutsche Karikaturen; vom Mittelalter bis heute. Mit 367 Abbildungen. Stuttgart, Weimar (Metzler) 1995, 329 S.

Dans l'avant-propos Gisold Lammel affirme avoir restreint le champ de son propos aux principales formes d'expression humoristique et satirique, excluant ou négligeant des arts voisins, peinture ou sculpture par exemple. Si les origines de la caricature demeurent encore obscures, l'auteur estime retrouver ces formes d'expression dès le Moyen Âge.

Un court chapitre introductif consacré à l'art de la caricature, à sa portée, à ses relations avec la censure, précède un développement de plus de 60 pages sur le répertoire des caricaturistes. Cette tentative de classification thématique frôle parfois l'approche purement historique: les représentations animales, l'humour noir, le monde à l'envers, les symboles nationaux (Marianne, le »deutscher Michel«, Germania etc.), les moyens de locomotion, les modes vestimentaires, la vie conjugale, les portraits d'hommes publics, la peur de la technique moderne, l'irruption des masses dans la vie des nations, le sport, la citation d'œuvres d'art connues sont autant de sujets abordés.

Le chapitre portant sur le Moyen Âge cite des enluminures, des chapiteaux, des sculptures sur bois et se termine sur l'évocation du »porc juif« *(Judensau)*, gravure antisémite reprenant un thème présent dans de nombreux reliefs, profanes et religieux, des XIVe et XVe siècles. La représentation polymorphe des fols domine l'époque de l'humanisme et de la Réforme, qui voit naître aussi, alors que l'imprimerie a pris son essor, un art de la polémique religieuse et politique à grande diffusion: des artistes comme Albrecht Dürer ou Hans Holbein contribuent à l'essor du genre. La Contre-Réforme s'empare elle aussi de la caricature pour abaisser son adversaire. A la fin du XVIe siècle est déjà présent le thème du *schiltbürger*, du bourgeois allemand naïf et borné. Quelques décennies plus tard, à l'époque de la guerre de Trente Ans, le sentiment national allemand s'avive et inspire des caricatures tournées vers les nations qui participent au conflit. Mais la politique n'est qu'un sujet parmi beaucoup d'autres, tels que la mode (les robes, les coiffures des dames, les perruques des hommes), les médecins, les maris trompés, les couples mal assortis en âge ou en fortune, etc. Au XVIIIe siècle, certains caricaturistes anglais (Hogarth) ou italiens (Ghezzi, Internari) inspirent les artistes allemands. Chodowiecki meurt en 1801, mais Gottfried Schadow, auteur du Quadrige de la Porte de Brandebourg, pourra caricaturer le responsable du transfert (provisoire) de son œuvre en France: Napoléon Ier. Auparavant la monarchie absolue française, puis la Révolution Française auront suscité une profusion de représentations satiriques, dont le patriotisme culmine à la fin de l'ère napoléonienne, qui est aussi celle de la censure la plus absolue. De nombreuses œuvres tournent en dérision Wilhelmine Encke, la maîtresse de Frédéric-Guillaume II, tombée en disgrâce durant le règne suivant, et trahissent parfois un point de vue jacobin.

Durant la Restauration et le *Vormärz*, entre le Congrès de Vienne et la Révolution de 1848, les coûts de fabrication baissent et les techniques évoluent, notamment depuis l'invention de la lithographie à la fin du XVIIIe siècle. La censure de l'ère Metternich n'empêche pas la floraison du genre. En 1844 naît avec les *Fliegende Blätter* de Munich le premier périodique satirique, auquel ont collaboré Moritz von Schwind, Carl Spitzweg, Pocci et Wilhelm Busch. Il sera suivi de beaucoup d'autres, dont le célèbre *Kladderadatsch* de Berlin. Lola Montes, la maîtresse de Louis Ier de Bavière, inspire de nombreuses œuvres, parfois licencieuses, et la Révolution de 1848 fait »exploser« le genre: les artistes ne reculent plus devant la représentation satirique des princes allemands. La période de réaction qui s'ensuit n'étouffe pas le genre. Certains organes, tel *Kladderadatsch*, s'y adaptent plutôt bien – et défendent le point de vue officiel: il n'est que de songer aux numéros consacrés à la Guerre de 1870–1871! Napoléon III est comme son oncle un sujet de choix pour les artistes, dont la virulence s'exerce dorénavant plus sur les nations étrangères que sur la politique intérieure allemande.

En 1896 naît à Munich *Simplicissimus* qui réunit durant plusieurs décennies des artistes très talentueux, de Thomas Theodor Heine à Olaf Gulbransson, de Bruno Paul à Eduard Thöny. À Berlin Zille rend compte de la misère moderne. Tous les sujets sont désormais abordés par la caricature, toutes les catégories sociales représentées, la prostituée famélique et le professeur de grec bedonnant. La République de Weimar est marquée par l'œuvre de Georg Grosz: la Première Guerre mondiale, la guerre civile plus ou moins larvée des années suivantes, l'inflation de 1923 ont entraîné l'exaspération du trait – qui trahit aussi une grande lucidité, car le pire n'est pas encore arrivé. Avec la venue des nazis au pouvoir, les caricaturistes de talent sont contraints à l'émigration ou au silence: peu nombreux sont ceux qui se mettent au service des nouveaux maîtres.

Les derniers chapitres portent sur l'évolution de la caricature dans l'Allemagne divisée d'après 1945 jusqu'à l'unification de 1990. Le chapitre consacré à la R.D.A. fera sans doute découvrir à de nombreux lecteurs une réalité peu connue. Mais, l'auteur le reconnaît lui-même, la caricature allemande a peu de résonance internationale: l'époque de *Simplicissimus,* de Georg Grosz et de John Heartfield, dont les montages photographiques inspirèrent Klaus Staeck dans la R.F.A. des années 70 et 80, semble révolue.

L'ouvrage n'est pas présenté comme une histoire du genre de la caricature. Une telle entreprise aurait demandé à l'auteur une définition plus précise de la caricature et de ses relations avec la société de son temps: diffusion, écho, sources d'inspiration (littéraires, iconographiques) et échanges avec d'autres moyens d'expression. Quelques développements paraissent un peu désordonnés, notamment dans le long chapitre sur le répertoire de la caricature. Une caricature de 1843 ne saurait viser la politique de Napoléon III (p. 167). Les jugements sur la responsabilité du SPD lors de la fusion avec le KPD dans la zone d'occupation soviétique ainsi que l'évaluation de la fameuse »note de Staline« de 1952 quant à une éventuelle unification allemande peuvent prêter à discussion: sont-ils bien à leur place dans un tel ouvrage? Pourquoi avoir quasiment exclu les caricatures nazies? On aimerait en savoir plus sur le devenir professionnel des caricaturistes du IIIe Reich, et aussi sur celui des »non-émigrés«, par exemple Erich Ohser (qui fut contraint au suicide) ou Olaf Gulbransson (qui survécut plutôt bien).

L'ouvrage, qui se clôt sur une bibliographie très fournie – bien que sélective, n'en est pas moins une documentation impressionnante et une lecture enrichissante, un véritable ouvrage de référence sur la question de la caricature allemande.

François GENTON, Grenoble

Reinhard STUPPERICH (Hg.), Lebendige Antike. Rezeptionen der Antike in Politik, Kunst und Wissenschaft der Neuzeit, Mannheim (Palatium Verlag) 1995, 223 p. (Mannheimer historische Forschungen, 6).

Ce volume de mélanges, édité par Reinhard Stupperich pour honorer les travaux de l'archéologue de Mannheim Wolfgang Schiering, n'est pas proprement consacré à l'antiquité mais plutôt aux rémanences de l'art ou de la pensée antiques dans des contextes chronologiquement éloignés. Quand on sait à quel point l'étude de ces déplacements et des réinterprétations qu'ils induisent a été féconde en histoire de l'art depuis Warburg, on ne peut que considérer les travaux rassemblés avec un vif intérêt. Etudié par Hermann WALTER, le destin d'une métaphore des géographes puisée dans l'histoire des Phéniciens d'Espagne, celle des »colonnes d'Hercule«, montre l'amplitude des réinterprétations possibles. Plusieurs contributions sont consacrées à des monuments. Burkhart CARDAUNS laisse entendre que le colossal tombeau de Porsenna décrit par Varron pourrait bien n'être qu'une construction imaginaire en dépit des précisions dont nous disposons sur sa construction. À l'opposé des monuments mythiques, il existe des monuments qui véhiculent des mythes, servent de supports traditionnels à la symbolique du pouvoir. Le genre de la galerie de portraits impériaux, hérité de la *Vie des douze Césars* de Suétone est, comme le montre Reinhard STUPPERICH, un genre canonique auquel ont sacrifié aussi bien les sculpteurs du tombeau de l'empereur Maximilien Ier à Innsbruck que ceux du tombeau de Johann Moritz de Nassau à Clèves ou de Frédéric II à Sanssouci. L'antiquité intervient ici sous forme de citation. Le tableau de Ferdinand KELLER sur la fondation de l'université de Heidelberg apparaît à l'historien de l'art comme une double citation, celle d'un char à deux chevaux conservé au Vatican, celle de la Nike de Paionios retrouvée à Olympie (article d'Helmut PRÜCKNER). Les allusions en tous genres à des monuments antiques abondent parmi les tombes du cimetière central de Mannheim (Rosemarie GÜNTHER). Quant au Monument du génie latin, qui a longtemps occupé un angle du jardin du Palais-Royal à Paris, il est, par sa définition même, une réminiscence de la statuaire romaine, mais illustre surtout l'instrumentalisation de la référence à l'antiquité (Wilhelm KREUTZ).

Les exemples de cette instrumentalisation sont, à vrai dire, la forme la plus répandue de recours à l'antiquité. Depuis la statue de Louis XIV par le Bernin qui reproduit des motifs caractéristiques d'Alexandre le Grand (Sylvia SCHRAUT) jusqu'à la publicité pour l'informatique (Inke JENSEN) en passant par les allusions à l'histoire romaine dans la culture anglaise du XVIIIe siècle (Gottfried NIEDHART) ou l'intérêt pour César et son histoire dans l'idéologie française du Second Empire, il s'agit toujours de légitimer le présent à partir d'un passé lointain.

Plusieurs articles font état toutefois de reprises stylistiques qui semblent être davantage dictées par le goût pour un modèle esthétique que par quelques arrière-pensées politiques. La tradition des médailles dans le Palatinat repose sur une intense réception de motifs antiques (Heinz-Joachim SCHULZKI). Le goût étrusque de la fin du XVIIIe siècle, basé sur une connaissance fantasmatique de la culture étrusque, explique l'intérêt des fabricants de porcelaine de l'époque pour l'imitation de l'antique (Ingrid KRAUSKOPF). Erich GROPENGIESSER propose dans un article consacré aux boucliers une véritable histoire culturelle de cette arme en Europe de l'antiquité jusqu'à nos jours: il s'agit là, à vrai dire, moins d'étudier la transposition d'un motif antique que d'observer la pérennité d'un objet militaire et d'un motif symbolique.

La transposition de l'antiquité implique l'action énergique de médiateurs, d'érudits comme l'humaniste alsacien et proto-épigraphiste Beatus Rhenanus (article de Franz FUCHS) ou le fondateur de l'archéologie chrétienne, historien des catacombes, épigraphiste et ami de Mommsen Giovanni Battista de Rossi (article de Stefan REBENICH). La médiation peut être institutionnelle comme celle de l'Académie de Mannheim au XVIIIe siècle et de ses Actes, qui trahissent un singulier manque d'attention porté à Winckelmann (Heinrich CHANTRAINE). Enfin l'antiquité est un réservoir de mythes ou de motifs culturels dans lesquels on peut se réfugier. Certes, chez les représentants du libéralisme du XIXe siècle comme Rotteck et Welcker, les auteurs du *Staatslexikon*, la référence à l'antiquité culturelle n'empêche pas de sérieuses réserves vis-à-vis de formes politiques fondées sur l'esclavage (Wolfgang v. HIPPEL). Même si l'utilisation du mythe de Cybèle qu'on rencontre notamment dans la littérature du XIXe siècle est fortement sécularisée, elle n'exclut pas l'aspiration à un refuge, une quête de la Grande Mère (Hans-Jürgen HORN). C'est encore de nostalgie qu'il devrait étre question dans la redécouverte par Evans d'un matriarcat minoen dont les caractéristiques sont singulièrement en accord avec les motifs du *Jugendstil* (Wolf-Dierich NIEMEIER). Au-delà de l'inévitable dispersion thématique qui résulte d'un ouvrage consacré à la reviviscence de l'antiquité se dessinent ainsi des lignes de force et des convergences qui illustrent la fécondité d'une démarche fondée sur l'étude des transpositions.

Michel ESPAGNE, Paris

Thomas MAISSEN, Von der Legende zum Modell. Das Interesse an Frankreichs Vergangenheit während der italienischen Renaissance, Basel/Frankfurt a. Main (Helbing u. Lichtenhahn) 1994, 427 S. (Basler Beiträge zur Geschichtswissenschaft, 166).

Die Beschäftigung mit der Geschichte eines fremden Volkes in der frühen Neuzeit ist im Vergleich zur selben Fragestellung für den Zeitraum des 19./20. Jahrhunderts bisher noch wenig untersucht worden. Zum ersten Mal setzte sich 1977 Gerd Tellenbach grundsätzlich mit der Beschäftigung fremder Geschichte während der frühen Neuzeit in einem Aufsatz auseinander. Demnach zu schließen scheint diese Fragestellung noch ein breites Feld an Forschungsmöglichkeiten zu bieten. Thomas Maissen leistet mit seiner 1993 an der Universität Basel eingereichten Dissertation über das Interesse an Frankreichs Vergangenheit während der italienischen Renaissance einen wichtigen Beitrag zur obenerwähnten Thematik. Besonders aufschlußreiche Ergebnisse schien die Beschäftigung Italiens mit der Geschichte Frankreichs vom 14. bis ins frühe 17. Jahrhundert erwarten zu lassen, da gerade in diesem Zeitraum der Kontakt zwischen Italienern und Franzosen sich intensiv gestaltete, bedingt sowohl durch militärische Konfrontationen wie auch durch beiderseitigen kulturellen Austausch. Maissen ging bei seiner Untersuchung der Entwicklung, den politischen und kulturellen Bedingungen und der Intention bei der Behandlung französischer Geschichte in italienischen Abhandlungen nach (Zur Fragestellung detailliert: S. 4–8). Um dieser umfangreichen Aufgabe gerecht zu werden, durchforstete der Autor die gesamte italienische Historiographie sowie die politische Traktatliteratur vom 14. Jahrhundert bis 1630. Diese breitangelegte Studie gliedert sich in drei große thematische Blöcke, wobei die Arbeit mit einem vierten Teil, in dem verschiedene Detailuntersuchungen zur historiographischen Tradition vorgelegt werden, abgerundet wird.

Gegenstand des ersten Blockes bildet die Entstehung bzw. die Übernahme der Karlslegende in die Geschichte Florenz'. D. h. Maissen analysiert die Legende, nach der Karl der Große das von den Goten zerstörte Florenz wieder aufgebaut habe. Anhand dieser Legende wird gezeigt, wie man sich aus Mangel an Quellen aus der Vergangenheit Frankreichs ein Element für die eigene Lokalgeschichte auslieh. In der weiteren Untersuchung wird nachgewiesen, wie die Karlslegende, die in die Geschichtsschreibung Florenz' eingefügt worden ist, im Laufe der Zeit auch eine Rolle in den diplomatischen Kontakten Florenz' mit Frankreich spielte, aber letztendlich in der Renaissance der Authentizität wegen immer mehr zurückgedrängt wurde und schließlich ganz weichen mußte, da sie der neuen Methode der humanistischen Historiographie nicht mehr standhalten konnte.

Im zweiten Komplex der Studie zeigt Maissen Entwicklungslinien der italienischen Historiographie über Frankreich auf. Dabei stellt er fest, daß besonders mit dem Auftauchen der Anjous in Italien ein verstärktes Interesse an der französischen Geschichte einsetzte. Zunächst wurden Teile der französischen Geschichte aufgenommen, um gewisse Entwicklungen der eigenen italienischen Geschichte zu erklären, bis sich dann um 1500 die Perspektive vergrößerte, und von Italienern, die in Frankreich weilten, Gesamtdarstellungen der Geschichte Frankreichs geschrieben worden sind. Zu nennen sind Emilios »*De rebus gestis*« als das herausragende Werk der humanistischen Historiographie über Frankreich. Das Verdienst der italienischen Darstellungen französischer Geschichte liegt in der bestechenden Methode (strenge Prüfung nach den Kriterien der Authentizität), mit Hilfe derer sie die Geschichte Frankreichs weitestgehend von fiktiven Mitteln befreiten, wie Legenden und Mythen. Z. B. kann nachgewiesen werden, daß die Roncesvalles-Episoden und Karls des Großen Kreuzzug dem strengen Hinterfragen und der philologischen Analyse der Humanisten nicht standhalten konnten und somit in der italienischen Geschichtsschreibung über Frankreich nicht mehr weitertradiert worden sind. Interessant ist dabei, daß die italienischen Darstellungen über die Geschichte Frankreichs, die hauptsächlich auf anerkannten antiken Autoren basierten, in die historiographischen Darstellungen der Franzosen über ihre eigene Geschichte Eingang fanden. Dieser Einfluß demonstriert die Bedeutsamkeit der Methode der humanistischen Historiographie auf die Darstellungen der Geschichte Frankreichs. Die weitere Entwicklung aber zeigte, daß der Einfluß der Humanisten auf die französische Historiographie mit Beginn der Gegenreformation zurückging, und die französischen Autoren wie Guy Pape, Gaguin und Barthelemy Chasseneux wieder an Terrain in der historiographischen Darstellung Frankreichs gewannen.

Im dritten Teil seiner Untersuchung verfolgt Maissen die Verwendung der Kenntnisse der französischen Geschichte in Italien. Er weist nach, daß zunächst diese historischen Kenntnisse über Frankreich als Exempla in der humanistischen Rhetorik auftauchten und sich gleichzeitig in der wieder aufblühenden Gattung der Memorabiliensammlung etablierten. Allerdings erlebten auch diese Exempla im Laufe des 16. Jahrhunderts eine unterschiedliche Bedeutung. Sie verloren auf der einen Seite ihren rhetorischen Charakter und dienten zur Unterhaltung, auf der anderen Seite fanden sie Verwendung als Materialsammlung für politische Diskussionen, die allmählich wegen der zunehmenden Religionskriege in Frankreich in der Auseinandersetzung zwischen Katholiken und der immer mehr vorwärtsdrängenden Hugenotten entstanden. Das bedeutete, daß die französische Geschichte zunächst benutzt wurde, um die Überlegenheit des Katholizismus historisch zu belegen, und damit gegen das Hugenottentum eingesetzt worden ist. Nach dem Überwinden der religiösen Spannungen in Frankreich verlor der konfessionelle Aspekt des Verständnisses der französischen Geschichte seine Bedeutung und die Geschichte Frankreichs diente den verschiedenen italienischen Autoren für die zentralen Fragen der staatstheoretischen Diskussionen, in deren Mittelpunkt der Machterhalt der Herrschaft stand. Im Zuge dieser Debatte wurde Philippe Commynes mit der Darstellung des französischen Königs Louis XI. aus zweierlei Gründen zur beliebten Quelle für Autoren, die sich in ihren Werken an den italienischen Fürsten um 1600 wandten. Denn es ließen sich in der Gestalt Louis XI. zwei wichtige Komponenten für den Erhalt der Herrschaft demonstrieren; einmal war Louis XI. Katholik und zweitens alleiniger Herrscher einer Monarchie. Katholizismus und Monarchie repräsentierten zwei wichtige Komponenten der staatstheoretischen Debatten um 1600 in Italien. Im Laufe dieser politischen Diskussion entstand wieder ein Rückgriff auf französische Autoren, neben dem schon erwähnten Commynes gehörten dazu auch u.a. Nicolas Gilles, Gregor von Tours und Aimon. Maissen kommt zu dem Schluß, daß die französische Geschichte deshalb die Aufmerksamkeit der italienischen Autoren erregte, weil sie ihnen als Objekt ihrer staatspolitischen Theorien diente, da neben dem Papsttum im nachantiken Europa die Geschichte Frankreichs trotz verschiedener Krisen von einer Stabilität und Kontinuität geprägt war und als Vorbild für die Errichtung einer Monarchie über exemplarischen Charakter verfügte.

Im vierten und letzten Teil der Darstellung legt Maissen in Detailuntersuchungen dar, welche Entwicklung wichtige Protagonisten der französischen Geschichte unter verschiedenen Aspekten nahmen, ausgehend von mittelalterlichen Überlieferungen bis hin zur humanistischen Historiographie. Der Auswahl seiner Motive der französischen Geschichte wie z.B. Chlodwig, Philippe IV., Jeanne d'Arc und Louis XI. legte er zwei Kriterien zugrunde – kontroverse Diskussion und Dominanz in den Debatten um 1600. In diesem letzten Abschnitt weist der Autor nach, in welchen verschiedenen Formen die französische Geschichte in Italien Aufnahme fand. Dabei kristallisiert sich für Maissen heraus, daß die humanistische Historiographie sich besondere Meriten um die Anfänge der französischen Geschichte erworben hatte. Eine zentrale Bedeutung für die italienischen Humanisten erfuhr auch die Figur Philippe le Bel, der stets im Zusammenhang mit Bonifaz VIII. betrachtet und beurteilt worden ist. Dieses Figurenpaar eignete sich besonders zur Darstellung und Beurteilung extremer Machtansprüche und Herrschaftsmethoden, sowohl der Kurie als auch des profanen Staates. Im Mittelpunkt der humanistischen Staatstheorien des 16. Jahrhunderts aber stand die Figur Louis XI., da mit ihm am besten für die italienischen Fürsten zu demonstrieren war, wie ein moderner zentralistisch regierter Staat errichtet werden konnte, der sich allein auf das Prinzip der Staatsräson berief. Mit dem letzten Teil vertieft der Autor seine Darstellung und weist nochmals in komprimierter Form die Ergebnisse seiner umfangreichen Studie nach.

Daniela NERI, München

David POTTER, War and government in the French provinces. Picardy 1470–1560, Cambridge (Cambridge University Press) 1993, 393 S.

Die Picardie ist eine jener Grenzregionen Frankreichs, die bislang von den Historikern, auch den französischen, eher vernachlässigt worden ist. Die vorliegende Studie des englischen Historikers David Potter über diese Region zwischen 1470 und 1560 will indes nicht nur eine historiographische Leerstelle auffüllen, sondern eine exemplarische Studie zu zwei eng miteinander verknüpften Fragekomplexen liefern: Wie funktionierte die Integration einer solchen Grenzprovinz in einem größeren politischen Verband, der sich zum frühneuzeitlichen Staat wandelt? Und: welche Rolle kam dabei dem Faktor Krieg zu, der hier, an einer Nahtstelle der dynastischen europäischen Konflikte, nahezu in Permanenz überging und einen bislang ungekannten Grad an Intensität erreichte?

Der zeitliche Rahmen der Studie umfaßt den Zeitraum vom Übergang der Picardie aus burgundischem in französischen Herrschaftsbereich ab 1470 bis zum Frieden von Cateau-Cambrésis 1559, der eine Epoche militärischer Auseinandersetzungen abschloß und den beiderseitigen Besitzstand der Großmächte längerfristig fixierte. Ausschlaggebend für die Anbindung der Picardie ans Zentrum der französischen Monarchie war weniger der Einsatz von Machtmitteln der Krone, obwohl sie sich in diesem *pays d'élections* nicht mit den provinzialen Ständeversammlungen als Sachwaltern lokaler Autonomie auseinandersetzen mußte.

Über den Erfolg der Integration entschied vielmehr ein Interessenausgleich zu beiderseitigem Nutzen zwischen den lokalen Eliten und der französischen Dynastie. Potter zeichnet aufgrund einer breiten archivalischen Basis aus den lokalen und den Pariser Archiven diesen Prozeß über drei Generationen nach, in dem sich die lokalen Eliten entscheiden mußten. Diejenigen, die auf die richtige Karte – die französische – setzten, stärkten damit auch ihre Position im lokalen Machtgefüge. Die französische Krone verfügte über ein breites Spektrum von Angeboten, um sich die Loyalität vor allem des Provinzadels zu sichern, seien es Dienste innerhalb der Provinz oder Privilegien, die die lokale Stellung dieser Familien festigten. Klientelbindungen zu den führenden Familien des Königreiches, deren Vertreter als Gouverneure in der Picardie amtierten, eröffneten dem lokalen Adel darüber hinaus einen Zugang zur Hofgesellschaft und damit zum Zentrum politischer Macht. Es ist ein wesentliches Verdienst von Potters Studie, diese typischen frühneuzeitlichen Integrationsinstrumente, die auf Kooperation der führenden lokalen Familien angewiesen blieben, exemplarisch nachgezeichnet zu haben.

Der französischen Krone kam dabei zugute, daß sie in den permanenten kriegerischen Anspannungen Loyalitätsbindungen stets aktualisieren konnte. Die Wandlungen dieses Krieges lassen sich am Beispiel der Picardie besonders eindrucksvoll aufzeigen, lag sie doch an einer strategischen Nahtstelle in der Auseinandersetzung der Großmächte der Zeit – Valois, Habsburg, aber auch England –, und war sie damit zugleich ein Kernraum für die militärischen Neuerungen, die unter dem Schlagwort »Militärische Revolution« für die frühe Neuzeit diskutiert werden. Bislang hat diese Region jedoch allzu sehr im Schatten der Vorgänge auf den italienischen Kriegsschauplätzen gestanden.

Potter läßt in Längsschnittanalysen die Stadien dieser Intensivierung des Krieges nachvollziehbar werden, von der schieren Vergrößerung der Armeen und Garnisonstruppen bis hin zu den organisatorischen Neuerungen in Militärverwaltung und Militärfinanzierung, mit denen dieser Wandel ermöglicht wurde. Potter fragt jedoch zugleich nach der Kehrseite der Medaille, den Auswirkungen dieser neuen Dimension des Krieges auf die Provinz und ihre Bevölkerung. Die französische Krone geriet namentlich bei den Städten der Pikardie in einen Zielkonflikt, da eine rücksichtslose fiskalische Mobilisierung der finanziellen Ressourcen deren Loyalität schwächen mußte. Trotz aller Versuche, das Maß der Zerstörung durch partielle Übereinkünfte wie Salveguarden oder Abgeltung angedrohter Zerstörung durch »Schutzgelder« in Zaum zu halten, markierten die Kriege der 1550er Jahre offenbar eine kritische Marke: Nicht nur die Zerstörungen und Beeinträchtigungen der Zivilbevölkerung erreichten einen Grad, der der weiteren Kriegführung Grenzen setzte, auch die finanziellen und organisatorischen Bedürfnisse der Kriegführung überforderten zusehends die Leistungsfähigkeit des frühmodernen französischen Staates.

Statt einer »Conclusion«, die die Ergebnisse der Arbeit zusammengefaßt und in den größeren Kontext der Debatte um die strukturellen Probleme der Genese des frühmodernen Staates gestellt hätte, bietet Potter einen Ausblick auf die regionalen Aspekte der Krise des frühmodernen französischen Staates in den Konfessionskriegen. Man mag dies bedauern, zumal er seine Erkenntnisse auch in den einzelnen Kapiteln nur sehr zurückhaltend verallgemeinert und dies weitgehend dem Leser überläßt. Doch dies schränkt den Wert seiner Studie letztlich nicht ein: Sie darf beanspruchen, methodisch überzeugend Fragestellungen der Verfassungs- und Sozialgeschichte miteinander kombiniert zu haben. Für den zentralen Aspekt des Kriegswesens im Kontext der Genese des frühmodernen Staates stellt sie in höchst anregender Weise der traditionellen Sichtweise von der Zentrale her eine regionale Perspektive an die Seite.

Horst CARL, Tübingen

Hermann KLING, Stefan RHEIN (Hg.), Johannes Reuchlin (1455–1522). Nachdruck der 1955 von Manfred KREBS herausgegebenen Festgabe, Sigmaringen (Jan Thorbecke) 1994, 327 p. (Pforzheimer Reuchlinschriften, 4).

C'est une grande opportunité, comme le souligne en avant-propos le bourgmestre de Pforzheim, que la réédition du célèbre ouvrage de Manfred Krebs qui date de 1955, avec un certain nombre d'additions fort utiles. La structure de l'ouvrage est la même, avec les trois appendices intitulés Reuchlin I, II et III, et dus à Stefan Rhein (qui met à jour la bibliographie reuchlinienne, la biographie du grand humaniste allemand, et souligne les nouvelles orientations de la critique).

L'essai inaugural de Hans RUPPRICH sur Reuchlin et sa signification dans l'humanisme européen n'a rien perdu de sa valeur. La correspondance de Reuchlin avec la plupart des savants de son temps, et notamment Erasme, donne bien la mesure de son influence en Europe. Mais la spécificité de cet esprit et de cette œuvre est néanmoins fortement soulignée: la lutte de l'humaniste contre les »hommes obscurs«, son combat pour la promotion des lettres hébraïques et son conflit avec Pfefferkorn et les théologiens conservateurs de Cologne, son implication dans la philosophie occulte et dans la kabbale. Rappelons les belles études de Hansmartin DECKER-HAUFF sur les éléments constitutifs d'une biographie de Reuchlin, de Kurt HANNEMANN sur ses rapports avec Mélanchthon, de Manfred KREBS sur ses relations avec Erasme, d'Ottmar SEXAUER sur la ville de Pforzheim à l'époque de notre humaniste, une autre de Kurt HANNEMANN sur l'iconographie reuchlinienne, une autre de KREBS sur une lettre inconnue de Reuchlin (rappelons l'édition de sa correspondance par Ludwig GEIGER (Stuttgart 1875, repr. 1962), celle de Hildegard ALBERTS sur Thomas Anshelm, imprimeur de Reuchlin, et celle de Wilhelm MAURER sur Reuchlin et le judaïsme.

Mais on insistera surtout sur l'apport des trois »Reuchliniana« qui rendent compte, d'une manière générale, des travaux sur Reuchlin entrepris dans les quarante années qui ont suivi l'ensemble des études éditées par Krebs. Notons en passant l'intérêt de la notice de Heinz SCHEIBLE dans le volume 3 des »Contemporaries of Erasmus« (édition Peter Bietenholz, Toronto U. P. 1987, pp. 145–150), qui complète, elle aussi, la bibliographie reuchlinienne. Stefan RHEIN apporte de nouvelles précisions sur la date de naissance de Reuchlin, indique les lettres qui ont été découvertes et publiées depuis l'édition de Geiger, quelques informations neuves sur l'activité de juriste de l'humaniste, sur ses rapports avec Mélanchthon, sur ses qualités d'helléniste, de poète et de théologien. Les travaux peut-être les plus importants ont été consacrés à Reuchlin hébraïste et Kabbaliste, et la question de ses rapports avec les Juifs et le judaïsme a suscité de nombreux débats. De tout cela, Stefan Rhein rend parfaitement compte, attentif à tous les apports bibliographiques, mais marquant avec force les travaux qui émergent du lot.

Une iconographie abondante relève encore le prix qu'il faut attacher à cet »aggiornamento« de nos connaissances sur la personnalité et l'œuvre de Reuchlin. La seule légère réserve que je me permettrai de formuler, est l'absence d'index dans un gros livre de plus de 300 pages. Absence d'autant plus regrettable que la technologie moderne a profondément simplifié la tâche de fabrication des index.

Jean-Claude MARGOLIN, Paris

Barbara HENZE, Aus Liebe zur Kirche Reform. Die Bemühungen Georg Witzels (1501–1573) um die Kircheneinheit, Münster (Aschendorff) 1995, VIII–430 p. (Reformationsgeschichtliche Studien und Texte, 133).

Georg Witzel était connu en France par les pages rapides que lui avait jadis consacrées J. Lecler dans son »Histoire de la tolérance«. Une monographie manquait sur cet homme peu connu, sans doute parce qu'il fut un vaincu de l'histoire et que ses conversions successives et sa fidélité à l'idéal érasmien à l'époque où les oppositions confessionnelles se rigidifiaient empêchent de l'identifier à l'un des partis vainqueurs. B. Henze lui consacre un ouvrage définitif et très bien informé qui repose sur une bibliographie exhaustive (plus de 100 pages) de ses ouvrages. Elle montre bien à la fois le cadre politique de son action, ainsi que la permanence chez lui de l'irénisme humaniste, ses tendances plus pastorales et morales que systématiques, sa participation aux tentatives d'accommodement, le colloque de Leipzig en 1539, l'Interim de 1548, et ses dernières œuvres, »Diaphora« en 1556, »Via Regia« en 1564, »Typus« en 1566. Ce qui est constant chez lui, c'est l'humanisme, le christocentrisme, la prédication, le souci d'une théologie éloignée des subtilités scolastiques, le modèle de l'Eglise primitive. Loin de rejeter toute tradition patristique, il en revient sans cesse à l'Ecriture et aux premiers siècles, aux premiers Pères, mais sans pouvoir résoudre les problèmes posés par le recours à l'histoire, ni fixer les limites de la tradition ou les méthodes d'accès à cette tradition. C'est que Witzel fut un homme pratique, un pasteur, un prédicateur cultivé, ni un théoricien, ni un historien. Son appui sur l'Antiquité était plus affaire d'intuition (le plus ancien est le plus vrai) que de démonstration. Mais il incarne le rêve d'un tiers parti, ruiné dès le milieu du XVIe siècle par les raidissements confessionnels et l'espoir déçu d'une vraie réforme du catholicisme romain: vouloir se distinguer du »papisme« et du »luthéranisme« devenait impossible, mais on ne doit pas minimiser l'influence de cet espoir et de son échec: ce sont les humanistes comme Grotius, ou les théologiens de Helmstedt qui publieront au XVIIe siècle sa »Via Regia et plusieurs traités (avec l'intervention de H. Conring et de G. Calixt), et plus lointainement Leibniz qui seront ses héritiers.

Jacques LE BRUN, Paris

Gerhard RILL, Fürst und Hof in Österreich von den habsburgischen Teilungsverträgen bis zur Schlacht von Mohács (1521/22 bis 1526), Köln (Böhlau) 1993, 304 S.

Gerhard Rill, Direktor i. R. des Haus-, Hof- und Staatsarchives in Wien, hat sich mit diesem Werk dankenswerterweise eines »Stiefkindes der Geschichte«, nämlich Ferdinands I., angenommen. Denn trotz der fundamentalen Biographie Wilhelm Bauers (Die Anfänge Ferdinands I., 1907) und einiger neuerer Ferdinand-Biographien blieben bisher zu viele Fragen offen.

Der vorliegende erste von zwei Bänden analysiert die Außenpolitik des österreichischen Fürstenhofes unter Ferdinand von den habsburgischen Teilungsverträgen 1521/22 bis zur Schlacht von Mohács 1526. Belegt durch umfangreiches Quellenmaterial, werden die finanziellen und rechtlichen Rahmenbedingungen des diplomatischen Dienstes während dieser Jahre aufgezeigt, und der Verfasser kann auch bisher nur vermutbare außenpolitische Vorgänge verifizieren.

Die unmittelbaren Bedürfnisse der Erblande mußten, wie Rill zeigt, zu einer allmählichen Ostorientierung der Außenpolitik Ferdinands führen, und ließen den Fürsten, entgegen seinen persönlichen Präferenzen, die »Politik der zwei Sphären« aufgeben. Dieser Mangel an subjektiver Handlungsmöglichkeit, gepaart mit ständigen finanziellen Problemen, bewirkte, wie dieses Werk belegt, daß Ferdinand zeitweise sich darum bemühte, seine vom Bauernkrieg erschütterten und durch die Osmanen bedrohten Lande mit dem reichen Mailand zu tauschen, doch fehlte ihm die dafür notwendige Unterstützung seines Bruders, – wie auch für die Türkenabwehr, wo Karl trotz der ernsten Situation seinem Bruder keine ausreichende Hilfe zukommen ließ. Der »Pufferstaat« Ungarn erfüllte seine Aufgabe nicht mehr, er war durch die Schwäche König Ludwigs (und – Anmerkung der Rezensentin – durch den Bauernkrieg im Innern unter Führung des Stefen Dozsa 1514) zu schwer erschüttert, als daß noch eine wirksame Verteidigung hätte stattfinden können.

Während dieser gesamten Zeitspanne bemühte sich Ferdinand um eine eigenständige Außenpolitik, was eine, wie dieses Werk beweist, ständige diplomatische Gratwanderung bedeutete, da seine Kompetenzen gegenüber der »Casa de Austria« nicht klar waren. Doch es gelang ihm, allmählich einen diplomatischen Apparat aufzubauen, der dann im entscheidenden Moment, nach der Katastrophe von Mohács, selbstbewußt agieren konnte.

Die – oft widersprüchlich scheinende – Persönlichkeit Ferdinands ist ebenso Gegenstand dieses Buches wie seine bewegten Jugendjahre in Spanien und den Niederlanden, sowie das Verhältnis zu seinem kaiserlichen Bruder. Der Autor wiederlegt hier endgültig die Legende des engen Zusammenhaltens und der »Amour fraternel« der beiden Geschwister.

Die Politik Ferdinands war, wie Rill zeigt, von zwei maßgeblichen Elementen bestimmt: von dem noch im Mittelalter verhafteten Streben nach »honneur« einerseits und einem realistischen finanzpolitischen Kalkül andererseits. Der Großteil der Handlungen und Bemühungen Ferdinands läßt sich aus diesen Motiven erklären: sein Streben nach der Königswürde, seine territorialen Forderungen oder der Wunsch nach einem finanziell honorierten Amt gegen Frankreich.

Diese »Zweigleisigkeit« könnte, wie der Autor meint, auf den Einfluß Gabriels von Salamanca zurückgehen. Denn, daß der ehemalige Schatzmeistergeneral als Gesandter auch die ferdinandeische Diplomatie beeinflußt hat, wird in diesem Werk bestätigt. Seinen schlechten Ruf jedoch verdankt Salamanca, wie Rill zeigt, dem Kaiserhof, der Ferdinand auch schließlich dazu zwang, seinen Vertrauten zu entlassen. (Zur Person Salamancas möchte die Rezensentin eine kunsthistorische Anmerkung machen: Ihm, dem späteren Grafen von Ortenburg, verdankt Österreich den herrlichsten profanen Renaissancebau nördlich der Alpen: Schloß Porcia in Spittal/Drau.)

Mit diesem Werk gibt Rill der Geschichtsforschung, die bisher in den Jahren vor Mohács hauptsächlich die dunkle Epoche der osmanischen Bedrohung und der Tyrannei des »Bösewichtes« Salamanca sah, einen neuen Impuls. Es beweist, daß Ferdinand mehr war als nur der »harmlose Bruder des Kaisers«, und läßt endlich seine Person aus dem Schatten seiner großen Konkurrenten – Karl V., Suleiman des Prächtigen und Franz I. – treten.

Gestützt auf reiche Quellenbasis, kann der Verfasser so das bisher unbefriedigende Bild Ferdinands und der Jahre vor Mohács korrigieren und leistet außerdem mit den Biographien der wichtigsten Amtsträger und einem Repertorium der österreichischen diplomatischen Vertreter für die weitere Erforschung dieser Epoche einen wertvollen Beitrag.

Gilda PASETZKY, Paris

Peter BURSCHEL, Söldner im Nordwestdeutschland des 16. und 17. Jahrhunderts. Sozialgeschichtliche Studien, Göttingen (Vandenhoeck & Ruprecht) 1994, 400 S.

Nachdem sozialgeschichtliche Forschungen jeglicher Couleur um die Problemfelder Militär und Krieg in der frühen Neuzeit bislang eher einen großen Bogen gemacht haben, zeichnet sich in jüngster Zeit hier eine Trendwende ab. Peter Burschels ambitioniertes Werk zum Söldnerwesen im frühneuzeitlichen Nordwestdeutschland darf dabei den Rang einer Pionierarbeit beanspruchen, die Maßstäbe setzt.

Schon die breite Palette von Quellen, die der Autor für die Analyse seines Gegenstandes herangezogen hat, nötigt Respekt ab: Spröde archivalische Quellen wie Musterprotokolle oder Gaunerlisten aus zahlreichen nordwestdeutschen Archiven bringt er ebenso wie Sprichwortsammlungen oder Schwankerzählungen für seine Analyse der Lebenswirklichkeit frühneuzeitlicher Söldner zum Sprechen. Offenbar birgt gerade diese Thematik dankbare Möglichkeiten, ein großes Spektrum von Quellen miteinander in Beziehung zu setzen – auch Reinhard Baumanns nahezu gleichzeitig erschienene Monographie zum Landsknechtswesen (Reinhard Baumann, Landsknechte. Ihre Geschichte und Kultur vom späten Mittelalter bis zum Dreißigjährigen Krieg, München 1994) profitiert von solcher Quellenvielfalt. Allerdings werden dadurch auch die Grenzen zwischen einem kulturgeschichtlichen Ansatz bei Baumann und Burschels »sozialgeschichtlichen Studien« fließend, wenn man den Unterschied nicht daran festmachen will, daß Burschel eher für ein Fachpublikum schreibt und seine Ergebnisse in steter Auseinandersetzung mit allgemeinen Thesen zur Sozialgeschichte der Frühneuzeit, vor allem zum Vorgang der »Sozialdisziplinierung«, entwickelt.

Entgegen der bisherigen Fixierung der Forschung auf das oberdeutsche Landsknechtswesen hat Burschel sehr bewußt mit Nordwestdeutschland einen geographischen Rahmen gewählt, der bislang – wie seine Ergebnisse zeigen, zu Unrecht – weitgehend aus der Diskussion ausgeblendet gewesen ist. Um die Transformation vom selbstbewußten und unabhängigen Landsknecht zum Typus des disziplinierten Söldners der Stehenden Heere nachzeichnen zu können, dehnt er zugleich den zeitlichen Rahmen über die bislang im Vordergrund stehende Zäsur des Dreißigjährigen Krieges bis ins ausgehende 17. Jahrhundert aus: Der nunmehr etablierte gehorsamsorientierte Söldnertypus sei auch im 18. Jahrhundert nicht von einem Nachfolger neuer »militärisch-sozialer Qualität« verdrängt worden (S. 24).

Methodisch geht der Verfasser von einem Verständnis der frühneuzeitlichen Söldner als höchst mobiler Randgruppe in einer weitgehend von Immobilität geprägten Ständegesellschaft aus. Reibungsverluste und fortschreitender Statusverlust werden sehr anschaulich nachvollziehbar im Reflex der zeitgenössischen Schwankliteratur, wo an die Stelle des gewitzten Söldners der »dumme Soldat« tritt, aber auch anhand des Schwindens der charakteristischen »Übernamen« der Söldner oder ihrer spezifischen, Selbstbewußtsein signalisierenden Tracht. Die soziale Herkunft aus städtischem Armutspotential und klein- und unterbäuerlichen Schichten gewichtet diese Studie stärker, als dies bislang für den oberdeutschen Raum beobachtet ist – wo allerdings auch eine vergleichbar systematische Auswertung der Quellen erst in Ansätzen geleistet ist. Zudem diskutiert Burschel den Anteil »fahrenden Volks« und Krimineller und vermag deutlich zu machen, wie im 17. Jahrhundert die Abschöpfung dieses Potentials durch gezielte Rekrutierung zu einem Mittel landesherrlicher Sozialpolitik wird.

Dies steht indes schon im Kontext des grundlegenden Wandels der Rekrutierungssituation um die Wende zum 17. Jahrhundert, als Angebot und Nachfrage sich umkehren, die Kriegsherren ihren wachsenden Bedarf an Soldaten immer weniger durch einen freien Söldnermarkt decken können und Zwangsmaßnahmen an die Stelle freier Werbung treten. Die damit einhergehende schrittweise Statusverschlechterung der Söldner führt schließlich zum Verlust genossenschaftlicher Autonomie. Die Desertion als Randproblem der Landsknechtsheere wird zu einer Massenerscheinung der stehenden Heere – für Burschel ein Paradebeispiel dafür, daß Sozialdisziplinierung auch kontraproduktive Effekte haben konnte.

Der Wert der vorliegenden Arbeit liegt schließlich nicht zuletzt in der detaillierten und problemorientierten Darstellung der Lebens- und Arbeitsbedingungen frühneuzeitlicher Söldner, deren Wandlungen anhand von Längsschnitten zentraler Bereiche (Werbung, Musterung, Recht, Besoldung) nachgezeichnet werden. Das »Begleitpersonal« im Troß – Marketender, Prostituierte, Soldatenfrauen und -kinder als »Familie auf Zeit« – findet ebenso Berücksichtigung wie die stete Gefährdung der Existenz eines Söldners durch Krankheiten, Verwundung und Tod.

Ein Grundproblem der Lebensformen frühneuzeitlicher Söldner war schließlich der friedensbedingte Arbeitsplatzverlust und die Notwendigkeit, sich als »gartende Knechte« zu organisieren und durchzuschlagen. Burschels Beobachtungen legen nahe, daß die organisierten Großbanden der Landsknechtszeit nach 1648 verschwanden und vagierenden Kleinbanden Platz machten, bei denen Übergänge zu anderen Randgruppen der Gesellschaft offenbar immer fließender wurden.

Daß sich angesichts eines solch umfassenden Tableaus an Einzelpunkten kritische Einwände formulieren lassen, wird nicht überraschen. Gelegentlich ist die Argumentation nicht konsistent, so wenn beispielsweise im Kontext der Werbungen ein Gegensatz von Söldnern und Bauern als »Mythos« bezeichnet wird (S. 85), bei den Gartknechten aber natürlich das

Bild des Söldners, der die Bauern bedrückt, nicht fehlen kann (S. 284). Quellenkritisch ließe sich anmerken, daß der Schwankliteratur zwar ohne Zweifel hoher »sozialseismographischer« Wert beizumessen ist (S. 284) und daß diese Quellengattung bislang für die Sozialgeschichte der frühen Neuzeit viel zu wenig genutzt worden ist. Aber sie birgt auch Tücken, weil ihre Urteile einer Außenperspektive auf eine ständische Randgruppe verpflichtet sind. Zudem lebt diese Literaturgattung davon, Selbstzuschreibungen durch Konfrontation mit der Realität als fiktiv zu entlarven. So schätzt Burschel mit Blick auf abwertende Urteile in der Schwankliteratur die Bedeutung einer positiven Selbstzuschreibung der Landsknechte als »fromm« für die Behauptung in einer ständisch fragmentierten Gesellschaft wohl zu gering ein (S. 29, 38). Auch wo er sich zu Recht gegen eine romantisierende Sicht der Landsknechte abgrenzen möchte, sprechen zu viele (oberdeutsche) Quellen gegen das pauschale Urteil, daß im 16. Jahrhundert »Männer, die den Werbern folgten ... allgemeiner Verachtung ausgesetzt und sozial diskreditiert« waren (38).

Gewiß ist Burschels Insistieren auf kontraproduktiven Wirkungen obrigkeitlicher Sozialdisziplinierung berechtigt; ob indes in diesem Zusammenhang der These einer »Militarisierung der Straße« (321 f.) solches Gewicht gegeben werden sollte, sei bezweifelt: Weil die gartenden Soldaten nunmehr auch gegen die Obrigkeit die Früchte militärischer Disziplinierung ausspielen konnten, sei es zu einem regelrechten »Krieg gegen die abgedankten Söldner« gekommen. Burschel selbst weist aber darauf hin, daß sich die Bedrohung durch Garthaufen im 17. Jahrhundert gegenüber den Verhältnissen des 16. deutlich reduzierte – eben auf ein territoriales »Polizeiproblem«.

Doch solche Einwände sollen nicht den Wert dieses Buches in Zweifel ziehen. Burschel hat eben nicht nur ein wichtiges, sondern auch sehr anregendes Buch geschrieben. Es bleibt nur zu hoffen, daß weitere Forschungen zu dieser Thematik nicht eher gehemmt werden, weil mit dieser grundlegenden Studie die Meßlatte bereits sehr hoch gelegt ist.

Horst CARL, Tübingen

Brage Bei der WIEDEN, Außenwelt und Anschauungen Ludolf von Münchhausens (1570–1640), Hannover (Verlag Hahnsche Buchhandlung) 1993, 308 p. (Veröffentlichungen der Historischen Kommission für Niedersachsen und Bremen, 32; Niedersächsische Biographien, 5).

Ce livre est la publication d'une thèse soutenue à l'Université de Göttingen sous la direction d'Ernst Schubert (Institut für Historische Landesforschung). A travers la biographie de Ludolf von Münchhausen, un noble terrien du comté de Schaumburg, dans la région de la Weser en Basse-Saxe, Brage Bei der Wieden essaie de faire revivre l'environnement et les conceptions d'un représentant de ce qu'il est convenu désormais d'appeler en France la noblesse seconde. Le choix de ce personnage n'est pas lié à son importance historique mais à la richesse du dossier documentaire que les hasards de la conservation des sources ont laissé subsister sur sa vie. Notre biographe a en effet exploité les archives des deux domaines fonciers de la famille, ainsi qu'une correspondance de 2000 lettres adressées à Ludolf par sa parentèle, qui traitent de divers événements et aspects de leur vie quotidienne, ses propres journaux (diarien) ou livres de raison dans lesquels il notait aussi les faits remarquables, des carnets de voyages, une chronique familiale, des sermons funèbres etc. Il a pallié autant que possible les quelques lacunes de cette documentation en puisant dans les exemples fournis par ses frères ou parents proches, voire par ses homologues dans d'autres familles.

L'auteur affirme vouloir dépasser le genre de la biographie traditionnelle et élargir son propos à l'histoire sociale et des mentalités en observant la vie et les réactions de cet individu comme un point de cristallisation des éléments de la société de son temps. On ne peut s'empêcher de rapprocher ce cas de celui du Sire de Gouberville, analysé par Madeleine Foisil, que l'auteur ne semble malheureusement pas connaître (les quelques ouvrages français cités dans la bibliographie le sont tous dans leur version allemande). L'intérêt de cette démarche est à mon sens renforcé par celui de l'époque ainsi embrassée qui va de la Renaissance tardive (dans cette région, la »Weserrenaissance«) jusqu'au cœur de la guerre de Trente Ans, une période de transition qui suscite une attention renouvelée de l'historiographie allemande.

Ce livre s'affranchit en effet de la construction traditionnelle de la biographie puisqu'il est divisé en 7 rubriques sèchement intitulées: culture, famille, politique, confession et mentalité, société, économie, nature. Ce plan à tiroirs se justifie plus facilement s'agissant d'un homme n'ayant pas mené une action de premier plan inscrite dans la chronologie. On peut regretter toutefois que ces différents compartiments ne soient pas mieux mis en relation les uns avec les autres ou que l'ordre choisi ne soit pas justifié. Ces chapitres comportent une introduction définissant les notions et le domaine abordés, mais presque jamais de conclusion partielle. La conclusion générale, surtitrée »Fiat voluntas Dei«, rattrape un peu ce défaut en dégageant une synthèse habile mais très courte (3 p.) des conceptions de Ludolf von Münchhausen. Une annexe de 31 fiches biographiques sur la parentèle de premier degré de Ludolf von Münchhausen, un index des noms de personnes et de lieux, et bien sûr une liste des sources et de la bibliographie complètent cet ouvrage.

Ludolf von Münchhausen fait partie de la première génération de sa famille à suivre le parcours des études humanistes, mais qui se combine encore parfois avec des restes de l'éducation du chevalier médiéval (service du jeune comte de Schaumburg comme page, tout en continuant à étudier les humanités). L'usage du précepteur particulier n'empêche pas non plus la fréquentation d'une école publique en prima (Catharineum de Braunschweig). Après 3 ans d'études à Bâle, Strasbourg et Genève, il entreprend une série de voyages à travers l'Europe (Pays-Bas, Grande-Bretagne, Scandinavie, Europe centrale, Italie). Collectionneur de curiosités naturelles de monnaies et d'antiquités, il construit peu à peu une bibliothèque importante, que l'auteur a pu reconstituer par fragments.

On peut se demander à cet égard si ce noble est bien représentatif de la moyenne des individus de son état: le souci des études semble poussé tout de même plus loin que d'ordinaire dans la noblesse; la passion des livres aussi à tel point que l'auteur a pu légitimement dresser un parallèle avec le duc de Brunswick Auguste le Jeune et sa bibliothèque de Wolfenbüttel. La richesse même du dossier documentaire conservé ne me semble enfin pas totalement due au hasard mais autant à une culture personnelle et familiale encline à garder précieusement les traces de son activité (livres de voyages, de raison, chroniques familiales, parfois reprises d'un frère ou d'une génération à l'autre).

La suite de l'ouvrage alterne entre le rappel de considérations générales et des éclairages précis sur les éléments matériels, les pratiques sociales et les structures mentales qui ont marqué la vie de Ludolf von Münchhausen et de sa famille. Le chapitre famille par exemple regroupe à la fois des développements sur la famille considérée d'un point de vue socio-ethnologique, juridique et théologique, mais aussi une description des successions, partages et procès menés par la famille Münchhausen contre ses créanciers, des développements sur le mariage, l'amour conjugal, les fêtes familiales, la naissance et l'éducation des (18!) enfants. Le chapitre sur la politique retrace de façon chronologique l'histoire du comté de Schaumburg et remplit ainsi les lacunes de l'historiographie régionale sur cette période. Toutefois le rôle des von Münchhausen dans cette histoire est resté modeste: Ludolf n'a jamais vécu à la Cour; il a exercé seulement la charge de trésorier des États dont il a voulu se débarrasser dans les années 1620. Sur le plan confessionnel, la famille est, en harmonie avec la noblesse et le clergé du comté, de tendance luthérienne orthodoxe et donc opposée au courant humaniste et iréniste d'Helmstedt. Ludolf partage les croyances de son époque sur un monde indéchiffrable, »vallée de larmes« partagée entre les forces du bien et du mal, Dieu et ses anges, le Diable et ses sorcières. Il conserve, comme bien des luthériens, certains rites d'avant la Réforme et la pratique des œuvres, mais cela ne suffit plus à donner la certitude du salut. Il semble trouver l'apaisement dans une pratique très rigoureusement ordonnée de la piété, pour lui et sa famille. Parallèlement, il fait montre d'un esprit critique proche du rationalisme (critique de superstitions irlandaises, de remèdes miracles): même son attirance pour l'alchimie peut passer pour une tentative de maîtrise rationnelle du monde. Toutefois, sa vision de la guerre de Trente Ans (au cours de laquelle il perdra quatre fils) ne dépasse pas la conception d'un christianisme (enrichi du néostoïcisme d'un Juste Lipse) résigné à subir l'épreuve envoyée par Dieu en punition des péchés du monde.

Le chapitre sur la société analyse à partir de divers indices (relations sociales, mariages, manie de la généalogie, diffusion des blasons) la position de cette noblesse terrienne dans la société, dépendante de la puissance comtale mais détachée de la noblesse de cour, marquant aussi ses distances avec la noblesse d'office, malgré le respect que peut lui inspirer sa science. Cette génération de transition (entre celle qui participait encore au gouvernement territorial et celle qui se spécialisera dans la fonction militaire) cherche ses chances sociales dans l'imitation de la bourgeoisie, la »modernisation« et les études universitaires. L'étude des formes de sociabilité porte essentiellement sur la coutume du »boire ensemble«, dont l'auteur souligne la profonde signification sociale, le lien aussi avec les progrès du niveau de vie, mais aussi le caractère bientôt démodé (du moins dans ses excès) au moment où se diffuse en Allemagne l'idéal latin du cavalier distingué. Enfin, les rapports avec la paysannerie comme avec la bourgeoisie urbaine sont marqués par une distance que viennent renforcer et envenimer les tensions de la guerre de Trente Ans: le meurtre d'un des fils Münchhausen par ses paysans lors d'une saisie en témoigne entre autres. Noter aussi l'intéressante constatation sur la solidarité de classe qui unit officiers occupants et nobles occupés, renforçant l'animosité de la population environnante.

L'auteur retrace ensuite les activités économiques de Ludolf, à commencer par la difficile constitution du domaine de Remeringhausen, qu'il a quelque mal à faire reconnaître comme bien noble. Il gère ce domaine en faire valoir direct, cherchant à rationaliser et à intensifier l'exploitation par une surveillance rigoureuse et l'amélioration des techniques agronomiques (rotation des cultures, marnage et fumure). Mais il préfère donner à cens les terres de son domaine d'Oldendorf car elles sont trop dispersées. Il refuse de prendre l'administration de baillages comtaux à ferme pour ne pas se mettre dans la dépendance du souverain. La concurrence économique et fiscale existant entre les comtes et la noblesse terrienne apparaît d'ailleurs à plusieurs occasions et explique le soutien princier aux paysans. Les activités de prêt de Ludolf se limitent à sa famille; lui-même se dépêche de rembourser ce qu'il doit. Le maniement spéculatif de l'argent et les premiers développements du capitalisme lui semblent œuvre diabolique aux mécanismes indéchiffrables. Le chapitre se termine par une présentation du compte d'exploitation des deux domaines et du budget familial.

Rejeté de façon un peu curieuse à la fin de l'ouvrage, un chapitre examine le rapport à la nature, à travers des cercles concentriques de plus en plus éloignés ou contraires à l'homme: d'abord les animaux et les plantes de la ferme et du jardin, puis les champs et les bois, enfin les éléments hostiles (temps, épidémie, eau).

Si l'on peut féliciter l'auteur pour ses qualités de synthèse, ou aurait cependant aimé qu'il exploite mieux la richesse de ses sources en nous livrant plus de matière et de détails. On reste parfois sur sa faim, surtout lorsqu'on devine l'extrême richesse du dossier documentaire. Mais peut-être est-ce la conséquence d'une contrainte éditoriale? De même, la correspondance de Ludolf von Münchhausen est traitée de façon plutôt traditionnelle, c'est-à-dire thématique et qualitative: un traitement sériel et quantitatif aurait pu apporter d'autres renseignements. Enfin, on ressent parfois, à travers la bibliographie, les notes infrapaginales et les interprétations, la difficulté pour l'auteur d'être au même niveau d'information dans tous les compartiments de son étude. L'historien de l'éducation que je suis, peut en faire la constatation pour le chapitre qui le concerne (Signalons, au passage, que le »Tulalus« évoqué p. 26 est bien plutôt Talaeus c. a. d. Omer Talon, un ramiste dont la rhétorique était en effet pratiquée à Braunschweig à la fin du XVIe siècle). La grande variété des domaines abordés explique aisément cette difficulté, à laquelle bien peu échapperaient; aussi peut-on se demander si ce genre de biographie »élargie« convient comme sujet d'un premier travail de recherche. En revanche, le souci de l'auteur de coller au réel et de rester proche des sources lui évite de tomber dans les excès de conceptualisation et les généralisations hâtives.

Au total, un livre riche, agréable à lire, parfois captivant, fondé sur un dossier de sources exceptionnel, qui participe au renouvellement du genre biographique en l'insérant dans l'histoire de la société et des mentalités.

Jean-Luc Le Cam, Quimper

Bernard Quilliet, Guillaume le Taciturne, Paris (Fayard) 1994, 659 p.

Guillaume le Taciturne est de ces personnages qui, à proprement parler, n'appartiennent à aucun pays en particulier, mais dont l'enracinement multiple, la personnalité et les actions permettent une appropriation commode par toutes sortes de communautés historiques, qu'elles soient territoriales ou culturelles. Il existe ainsi des traditions flamande, espagnole, francophone, hollandaise et allemande du Taciturne; il y a un Guillaume sobre, presque ascétique, et un Guillaume bonvivant; certains l'ont quasi canonisé pour ses vertus, d'autres n'y ont vu qu'un obsédé de la chair et de la bonne chère. Le Guillaume d'Orange protestant tranche sur un autre, humaniste, très différent, qui à son tour ne coïncide pas du tout avec le pragmatique chef de guerre que d'autres encore ont dépeint.

La tâche de l'historien ou du biographe n'est pas facilitée par l'existence d'un très grand nombre d'images historiques qui adhèrent à la personne étudiée. S'y ajoute, dans le cas du Taciturne, une tout aussi abondante bibliographie secondaire sur Guillaume d'Orange et sa famille, et surtout sur ses faits et gestes avant et pendant la Révolte néerlandaise, qui devait inaugurer la Guerre dite de 80 ans. Dans ces conditions, la tentation est grande de s'en tenir à la bibliographie secondaire, en dépit de l'existence d'une abondante documentation primaire. Encore plus difficile à déterminer est le rapport du biographe à ses prédécesseurs dans l'écriture. Peut-il les ignorer? Est-il possible d'écrire une biographie historique de valeur sans tenir compte des images du personnage formées dans l'histoire? Faut-il à tout prix viser à la création d'une image nouvelle? Et comment intégrer dans une telle image les acquis nouveaux de la recherche récente sur le personnage en question, sur son entourage, son époque, la vie de sa communauté?

C'est sur le fond de telles questions que l'historien entamera la lecture d'une biographie historique. Autant dire tout de suite que l'historien néerlandais sera profondément déçu par la biographie que Bernard Quilliet a consacré à celui qui reçut aux Pays-Bas après sa mort le titre officieux de ›père de la patrie‹. Quilliet fait honneur au fondateur de la nation au moment même où les Néerlandais nuancent considérablement leur ancienne adoration du Taciturne. La bibliographie utilisée est, en fait, totalement vieillie. A part quelques articles français récents, l'auteur semble n'avoir rien saisi de la production des dernières décennies. Le renouveau des études sur la Révolte et sur l'importance des couches intermédiaires (G. Parker, I. Schöffer, J. Woltjer, J. Israel, J. Decavele, H. van Nierop, H. Schilling) ou sur l'évolution socio-économique des Pays-Bas Nord et Sud (L. Noordegraaf, J. L. van Zanden, A. van der Woude et J. de Vries, pour s'en tenir au Nord, et toute la nouvelle »*Algemene Geschiedenis der Nederlanden*«, parue depuis 1977, pour le Nord et le Sud) est totalement ignoré. Les images anciennes du Taciturne elles-mêmes ne sont discutées qu'au détour des événements, rarement ou jamais pour elles-mêmes, comme constitutives d'une certaine vision de l'histoire et de ses protagonistes. L'auteur ne paraît pas avoir pris connaissance de l'abondante littérature publiée autour du quatrième centenaire de la mort du Taciturne (1984), qui a beaucoup nuancé les visions dichotomiques des dernières années de la vie de Guillaume d'Orange qui prévalaient jusqu'alors. Elle nous a valu, par exemple, sous la plume de A. Th. van Deursen, la forte image d'un Guillaume d'Orange calviniste qui sut cependant éviter le concept d'Église d'État parce qu'il croyait en la multiconfessionnalité.

Dans l'épilogue »La survie du Taciturne« on eût attendu une esquisse de la survie de Guillaume en tant que personnage historique. Une fois de plus, hélas! l'auteur en revient à l'évolution politique des Pays-Bas, comme si cet État devait sa création réellement au seul Guillaume d'Orange, ›le sage de Delft‹ (p. 545). C'est précisément cette traditionnelle vision téléologique faisant de la vie du Taciturne une longue marche inexorable vers l'indépendance des Pays-Bas, qui a été remise en cause ces dernières décennies. Elle a culminé dans la nouvelle biographie de K. W. Swart (1995), que Quilliet n'a pas encore pu connaître; mais des éléments révisionnistes se trouvent dans quasi toutes publications des dernières années. C'est cette profondeur historiographique qui manque le plus cruellement.

Bien sûr, une biographie historique ne doit pas forcément être lue avec des yeux d'historien. Que nous offre donc Quilliet en tant que biographe? Une biographie de type traditionnel, présentant essentiellement des faits et limitant la discussion à celle de leur interprétation, en dialogue avec les biographes anciens. Une biographie pleine, cependant, bien centrée sur le réseau de la famille et de la clientèle, près de la vie concrète, portant autant sur le personnage lui-même que sur son entourage, et ne négligeant en principe aucun détail. Dans la première partie de la vie du Taciturne l'accent privilégié est mis sur les aspects dynastiques, dans la seconde sur la dimension politique de ses activités. Assez peu sur la religion (à part la duplicité du prince, p. 199), encore moins sur la culture. Cela nous vaut une image très politique de l'évolution de la vie de Guillaume d'Orange: d'un ›pur Allemand‹ (p. 12), il serait devenu un vrai ›Néerlandais‹ qui a pensé la Révolte et préparé le nouvel État, tout en songeant à en porter la couronne (p. 517). Sans vouloir entrer ici dans ce débat impossible, on doit quand-même se demander si les notions même d'Allemand et de Néerlandais ne méritent pas plus de caution, au XVIe siècle, pour autant qu'il s'agisse de dénominateurs politiques. Les portraits psychologiques sont tranchés: Guillaume d'Orange jouit d'un préjugé favorable, Philippe II est un grand méchant, Farnèse un dégénéré (p. 185). Tout aussi tranchées sont les considérations sur les affaires religieuses. Tout est ramené à l'hérésie, les subtilités religieuses des multiples courants des Pays-Bas, bien mises en relief par J. Woltjer et A. Duke, demeurent ignorées. C'est donc, au fond, une vision très Ancien Régime, centraliste et catholisante, dynastique et hiérarchisante que Quilliet nous propose ici, dans laquelle bien peu de Néerlandais reconnaîtront leur propre histoire. Mais peut-être ne se connaissent-ils pas assez? Il est certain, en tout cas, que les Belges et Néerlandais chérissent eux-mêmes de fortes images du Taciturne qui eussent mérité dans ce livre un examen approfondi. Elles eussent certainement donné plus de relief au Guillaume d'Orange façon Quilliet, qui est en soi, bien sûr, aussi légitime que n'importe quelle autre image biographique.

Reste à ajouter que l'auteur (ou l'éditeur?) a raté très peu d'occasions pour estropier un nom ou terme néerlandais, et que les à-peu-près abondent. Ce défaut, malheureusement courant dans l'historiographie hexagonale, constituera, hélas! aux yeux des Néerlandais et Flamands un argument supplémentaire pour ne pas prendre au sérieux la production historique française sur leur pays et son histoire.

Willem FRIJHOFF, Rotterdam

Claus-Peter CLASEN, Textilherstellung in Augsburg in der frühen Neuzeit. Band I: Weberei, 625 S.; Band II: Textilveredelung, 605 S., Augsburg (Bernd Wissner) 1995 (Production de textiles à Augsbourg à l'époque moderne. T. I: tissage, T. II: finissage).

L'histoire économique marque actuellement le pas. On ne peut donc que se réjouir de la publication de ces deux volumes au texte particulièrement dense. Non seulement ces ouvrages représentent un important chapitre de l'histoire de l'une des plus grandes métropoles économiques du continent à l'aube des temps modernes, mais l'auteur dans un souci de clarté, tout en présentant les diverses étapes de la fabrication, précise le sens de chaque terme nouveau. On dispose ainsi d'une véritable encyclopédie du travail textile. Le tissage du lin et de la futaine à Augsbourg peut être bien décrit pour le XVIe siècle déjà. En revanche les techniques de valorisation des textiles – en particulier des cotonnades – sont mieux connues à partir de la fin du XVIIe siècle. Au début du XVIIe siècle, on prétendait que nulle part ailleurs dans le Saint-Empire le métier de tisserand n'était autant exercé qu'à Augsbourg. La guerre de Trente Ans a fatalement représenté une période éprouvante pour tout ce secteur d'activités. Entre 1625 et 1645 le nombre des tisserands est tombé de 2350 à 416. Leur condition sociale était cependant meilleure qu'à la veille de la guerre. L'auteur donne (p. 18–19) un tableau statistique précisant le nombre de tisserands entre 1466 et 1813. Jusqu'à la fin du XVIIe siècle, ils étaient originaires de la ville. La plupart d'entre eux étaient de confession protestante. En 1622 on dénombra 3021 métiers à tisser. Tous ces artisans se rencontraient à la »Maison des tisserands«. La tribu des tisserands (ensemble des métiers textiles) avait été dissoute en 1548. Comme une organisation administrative était indispensable, des statuts furent donnés en 1649 à la suite du recès de paix (1648). Il a été nécessaire à ce moment-là de tenir compte de la présence des deux confessions religieuses. On décida que certaines fonctions seraient exercées alternativement ou paritairement.

Après cette présentation, l'auteur décrit l'approvisionnement en produits de base, essentiellement en fils de lin et en coton. Les Augsbourgeois achetaient les fils de lin par masses (Schneller) de 700 fils, moins à Augsbourg même que sur les marchés de la région. Plusieurs sortes de coton furent utiliseés à Augsbourg au XVIIIe siècle. Elles provenaient de Chypre, Smyrne, Crète, Egypte, Saint-Domingue, Guyane hollandaise et Inde. On cite également, dans les textes, le coton de Slovénie et celui de Durazzo. Le coton était ordinairement importé de Chypre et de Smyrne. Celui de Chypre était plus cher mais plus fin. Il transitait par Venise et Salzbourg. Le travail textile était l'objet de nombreuses réglementations parfois sources de conflit au sein des métiers. Les étoffes étaient portées à la »Maison des tisserands« avant ou après leur blanchiment. Les marchands et les fabricants les achetaient dans cet immeuble. On note cependant l'existence d'intermédiaires dès le XVIe siècle. Les fabricants réussirent à imposer un droit de préemption en 1766. On relève par ailleurs un système d'échanges (*Tauschhandel*) entre fournisseurs de coton et tisserands de toile. Ceux qui s'intéressent aux problèmes sociaux trouveront dans cet ouvrage une longue analyse des crises des XVIIe et XVIIIe siècles: les tisserands avaient besoin de coton, mais leur pauvreté ne leur permettait pas d'en acheter. Ils n'avaient d'autre part aucun moyen de peser sur les prix de ventes! Le premier tome s'achève sur un bilan de la production. Nous ne retiendrons que deux aspects importants. La production de bomasin (mélange de lin et de coton) arrive en tête entre 1715 et 1774. Après 1775 c'est la production des cotonnades qui l'a emporté.

Le second volume présente, sur 350 pages, les divers métiers qui interviennent dans la finission des tissus. L'auteur livre ainsi des chapitres consistants sur les foulons, les tondeurs, les blanchisseurs, les teinturiers. Au XVIe siècle, les foulons étaient tenus de nettoyer les futaines avant de les fouler; un règlement de 1561 imposa ce travail aux tisserands. Les foulons étaient de pauvres gens. Quant au nombre des tondeurs, il fut relativement faible au Moyen Age: une dizaine à peine. Au début du XVIIe siècle, leur nombre devint impressionnant: 110 ateliers en 1608 et même 125 en 1621. Avec la guerre de Trente Ans un déclin inexorable fut enclanché. Dans une liste de 89 tondeurs de 1622 seulement deux maîtres possédaient une maison. Tous les autres vivaient dans un appartement en location. On relève une série de frictions entre maîtres et compagnons dans ce métier. On peut même noté des grèves de compagnons réclamant une augmentation de salaire. En 1667 les »desordres« s'étendirent à d'autres catégories en particulier aux tisserands. Deux compagnons originaires de villes lointaines – dont l'un de Strasbourg – furent les meneurs en 1667 et en 1669. Soulignons que les tondeurs augsbourgeois se rendaient dans les Pays-Bas pour y acquérir de nouvelles techniques de travail. Parmi les novateurs, on peut mentionner Jeremias Neuhofer qui au XVIIe siècle coloriait également le cuir avec des couleurs à eau et à huile avant d'introduire l'impression des indiennes. Quant aux blanchisseries, elles ne furent jamais nombreuses; on peut en citer trois pour le XVIe siècle. En 1692 la Ville vendit, par manque de trésorerie, les deux blanchisseries qu'elle possédait. Elles furent acquises par la famille Greif. Au XVIIIe siècle, un fabricant de cotonnade réussit à acquérir l'une de ces deux entreprises. L'auteur a illustré le chapitre consacré à cette technique par quinze vues ou extraits de plans avec les bâtiments et les prés de blanchiment. Il nous explique également tout les aspects d'adduction d'eau. On reste confondu devant l'importance des archives augsbourgeoises: la page 157 contient un tableau, en moyennes quinquénales, des pièces d'étoffes blanchies de 1715 à 1804 (2,7 millions pour l'une des blanchisseries et 4,3 millions pour l'autre).

Le nombre des teinturiers était devenu important au début du XVIIe siècle (98 en 1627); ils n'était plus qu'une quarantaine cent ans plus tard. Au XVIIe siècle, on distinguait les teinturiers du noir (en réalité noir et gris) et les teinturiers de belles couleurs (*Schönfärber*) dont la profession était un »art libre«. On mentionne également des teinturiers de soie. Au XVIe siècle, on coloriait en rouge (saflor = safran sauvage et bois de Brésil), en bleu (pastel cultivé en Thuringe ou indigo à partir de 1500 environ), en noir (écorce de chêne et copeaux de métaux dès le XVe siècle, puis rhododendron aux XVIe et XVIIe siècles). Pour obtenir le gris, on utilisait l'eau de cuivre et des noix de galles. Les teinturiers augsbourgeois utilisaient les noix de galles de Syrie importées par Venise. Nuremberg et Augsbourg étaient deux marchés de noix de galles situés dans le Saint-Empire. Au XVIIIe siècle les teinturiers de noir se mirent à utiliser les noix de galles, mais les résultats furent décevants. En 1692 Neuhofer qui imprimait des cotonnades utilisait le rouge de garance. D'autres teinturiers employaient le tartre de vin et même, ce qui était interdit la sciure de bois. Les historiens du social et ceux des techniques apprécieront particulièrement les 150 pages consacrées aux fabricants de cotonnades. L'impression des cotonnades a été introduite à la fin du XVIIe siècle, mais l'auteur nous rappelle que l'impression des étoffes est une technique ancienne à Augsbourg. Elle est signalée dans les rôles fiscaux entre 1480 et 1501. Des mentions de *Tuchdrucker* peuvent être relevées dans les registres paroissiaux des XVIe et XVIIe siècles. Jeremias Neuhofer l'ancien a imprimé des étoffes au début du XVIIe siècle. La tradition semble avoir été maintenue dans la famille puisque dans les années 1680 un autre Jeremias Neuhofer (petit-fils ?) a imprimé des toiles, de la futaine et du bomasin (mélange de lin et de coton) en se servant de couleurs à huile. C'est au cours de cette décennie que des toiles imprimées en Angleterre et en Hollande étaient proposées sur le marché augsbourgeois. Elles présentaient l'avantage de ne pas émettre d'odeur et, tout en étant imprimées avec des couleurs à eau, de ne pas perdre leur couleur. Cette technique venue de l'Inde avait été introduite dans les Provinces Unies à Amersfoort en 1678 et à Amsterdam en 1679. C'est alors que Jeremias Neuhofer demanda à son frère Georg – après un premier voyage sans véritable résultat – de retourner en Hollande pour acquérir les secrets de la technique. Georg travailla cinq mois chez un imprimeur de cotonnades puis passa en Angleterre. Les frères Neuhofer maîtrisèrent dès lors la technique de l'impression. Ils portèrent à la perfection l'impression du rouge tiré de la garance alors produite en Hollande, en France et en Silésie. Cette nouvelle technique d'impression fut un point de départ vers une plus grande prospérité pour le textile augsbourgeois. Elle suscita également de nouveaux métiers (graveurs ...). Au cours du XVIIIe siècle, les fabricants de la ville firent imprimer toutes sortes d'étoffes même des mousselines. Cela provoqua bien des crises: les petits imprimeurs n'avaient pas les moyens d'acheter les toiles en les payant au comptant.

A la traditionnelle conclusion, l'auteur substitue un »retour en arrière« (*Rückblick*). La population d'Augsbourg a faibli de moitié entre le XVIIe siècle et le début du XIXe siècle. La part des travailleurs du textile a été bien plus réduite. A la fin du XVIIIe siècle, 3700 ouvriers travaillaient dans les manufactures de coton. La qualité de la production avait toujours été garantie grâce au système des vérifications (Geschau). Les ouvriers habitaient principalement dans les faubourgs. L'essor de l'industrie cotonnière au XVIIIe siècle a produit le déclin de la production des futaines. En 1785 le Conseil de Ville fut amené à lever l'interdit d'importer des étoffes étrangères qui avait été adopté en 1411. Les fabricants purent faire venir des cotonnades de Saxe, de Suisse et de la Souabe environnante. Cette décision explique-t-elle la rébellion des tisserands en 1794? L'ouvrage s'achève sur plusieurs compléments: des tableaux statistiques, des listes de personnages ou d'ateliers et des précieux index de noms de personnes, de matières et de localités. Cet ouvrage a volontairement laissé dans l'ombre l'histoire politique et démographique de la ville d'Augsbourg retracées dans un livre de la même collection par Wolfgang Zorn (Augsburg, Geschichte einer europäischen Stadt). L'auteur a de ce fait rigoureusement respecté le cadre imparti à sa contribution, à savoir celui de retracer une activité de la ville d'Augsbourg. N'était-il cependant pas possible de franchir plus allègrement ces limites et d'insister en particulier sur l'aspect de l'exportation des produits? Reconnaissons que Claus-Peter Clasen a parfaitement réussi à dresser le bilan complet d'une évolution industrielle au cours de l'époque moderne. On ne pourra plus évoquer l'économie du Saint-Empire sans se référer largement à ces deux tomes qui méritent d'être largement connus et où l'histoire des techniques, de l'économie et du social est minutieusement écrite et approfondie.

Jean-Pierre KINTZ, Strasbourg

Françoise HILDESHEIMER (éd.), Testament Politique de Richelieu, Paris (Champion) 1995, 387 S. (Société de l'Histoire de France).

1951/52 hatte die Société d'histoire moderne in zwei Sitzungen nach Referaten von E. Esmonin das Thema des Politischen Testaments Richelieus diskutiert (Bulletin de la Société d'histoire moderne, 10e série, no. 25, oct.–nov. 1951, S. 42–27, u. no. 26, déc. 1951–janv. 1952, S. 7–21). Uneinig blieb man hinsichtlich der Frage der Authentizität des Testaments, Übereinstimmung aber herrschte hinsichtlich der Mängel der jüngsten Edition von Louis André (1947), und Victor L. Tapié sprach seine Überzeugung aus »du prix qui s'attacherait à une nouvelle édition critique, si celle-ci faisait état de tous les manuscrits accessibles et parvenait à identifier les sources et à reconnaître la genèse des différents chapitres«. Die jetzt vorliegende Edition von Françoise Hildesheimer will diese Lücke schließen. Das Testament Politique, so führt sie einleitend aus, »n'a bénéficié, jusqu'à aujourd'hui, ni d'une édition vraiment satisfaisante, ni par voie de conséquence, d'une diffusion en permettant une appréciation véritablement fondée. C'est à combler cette lacune que vise la présente édition qui constitue le point d'aboutissement d'une tradition historique ...« (S. 10). Sie stellt mit diesem hohen Anspruch selbst den Maßstab auf, an dem ihre Edition gemessen werden muß. Die Erwartungen jedoch, die Tapié bereits vor über 4 Jahrzehnten an eine neue kritische Edition richtete, erfüllt auch diese Edition nur sehr unvollkommen.

Die erste Frage muß lauten: Was wurde ediert? Louis André hatte seiner Edition das Manuskript der Bibliothèque Nationale, f. fr. 23247 zugrunde gelegt (von F. Hildesheimer als Manuskript B bezeichnet), das 1751 mit dem Manuskript 82 des Archivs der Affaires Etrangères (bei F. Hildesheimer Manuskript A) kollationiert worden war, und er hatte die entsprechenden Varianten in seiner Edition berücksichtigt. F. Hildesheimer wirft ihm genau diese Wahl als »un vice de fond« vor, da es sich bei dem Ms. A um »le texte le plus complet« und »la meilleure copie« handle, »provenant des papiers de Richelieu et, pour certains chapitres, plus complet« (S. 18, 19). Sie entschied sich demzufolge für dieses Ms. A als Grundlage für ihre Edition. Eine genaue Beschreibung dieses Manuskripts gibt sie nicht. Sehr wohl aber kollationiert sie nun in ihrer Edition dieses Manuskript A mit dem Manuskript B und setzt in ihren Text aus diesem Manuskript B auch jene Varianten ein, die schlüssiger zu sein scheinen als die entsprechenden Stellen im Manuskript A. Generell werden solche »restitutions« in eckige Klammern gesetzt (S. 20), ohne daß ihre Herkunft im einzelnen immer nachgewiesen wird; ein Vergleich mit der Edition von Louis André legt die Vermutung nahe, daß diese gedruckte Ausgabe für die Kollationierung herangezogen wurde. (Soweit diese Varianten in Anmerkungen zitiert werden, geschieht es in der von André verwendeten modernen Orthographie.) Es gibt daneben Ergänzungen in runden Klammern, die offensichtlich von der Herausgeberin selbst stammen. Und schließlich gibt es umfangreiche Passagen, die durch spitze Klammern gekennzeichnet sind, weil sie in Ms. B fehlen (von Louis André jedoch als Appendice VI und VII wiedergegeben werden). Andere Manuskripte sind aber, soweit ich sehe, von der Herausgeberin selbst nicht berücksichtigt worden. Die Hinweise auf »autres manuscrits« bzw. auf das Ms. Arsenal 3853 (S. 365, Anm. 645 bzw. S. 369, Anm. 648) sind ganz offensichtlich von Louis André übernommen (S. 484, Anm. 2, bzw. S. 450, Anm. 1). Ebenso verhält es sich mit dem »Ajout« aus der Edition von 1688 (S. 358, Anm. 629, bei André S. 482 f.). In diesem Zusammenhang ist zu vermerken, daß die Herausgeberin unter Berufung auf Louis André von einem Bestand von insgesamt 17 Kopien ausgeht (sie druckt dessen Aufstellung in extenso in der Einleitung S. 17 f. ab), während doch E. Esmonin laut dem o. a. Referat bereits mindestens 26 Manuskripte in 20 französischen und ausländischen Archiven und Bibliotheken bekannt waren. So muß man also insgesamt sagen, daß die jetzt vorliegende Edition hinsichtlich der zugrunde gelegten Manuskriptvorlagen Wünsche offen läßt.

Wie sieht es dann aber nun mit der Textgestaltung selbst aus? Die Herausgeberin stellte hierfür folgende Regel auf (S. 20): Das Manuskript 82 der Affaires Etrangères (Ms. A) ist der »texte de base, dont la graphie a été intégralement respectée. L'accentuation, la ponctuation et les majuscules ont été restituées selon l'usage actuel«. Gerade mit der Vorgabe, die Originalschreibweise zu übernehmen, wird natürlich ein hoher Anspruch an peinliche Genauigkeit erhoben. Aber leider ergeben sich sehr bald Zweifel, ob hier bei der Transkription, bei der Drucklegung und bei dem Korrekturlesen mit der nötigen Sorgfalt verfahren worden ist. Das zeigt bereits ein Vergleich der beiden nach S. 28 reproduzierten Blätter aus dem Manuskript A mit den entsprechenden Transkriptionen auf S. 31 und 211. Bei dem ersten Beispiel wird auf S. 31 »plû« durch »plu« und »obligeoient« durch »obligeroient«, und bei dem zweiten Beispiel auf S. 211 »n'a autre ressort« durch »n'a d'autre ressort« wiedergegeben. Man wird natürlich sagen, daß dies doch Kleinigkeiten sind (»chinoiseries« nannte ein lieber französischer Kollege dies einmal). Wenn es denn aber überhaupt sinnvoll ist, die Originalschreibweise wiederzugeben, dann dürfen derartige Ungenauigkeiten eben nicht vorkommen. Sodann treten gravierende Fehler bereits in der Einleitung, in der Bibliographie und in den Anmerkungen auf. Das Jahr der gedruckten Erstausgabe des Testament Politique wird gleich zweimal in der Einleitung (S. 14 und S. 19) und dann noch einmal S. 358, Anm. 629 mit 1668 statt mit 1688 (so richtig in der Bibliographie) angegeben. Auf S. 340, Anm. 589, ist die Rede von einem Memorandum, das Richelieu im Jahre 1629 übergeben worden sei, woraus sich ergäbe, daß der P. Joseph als Autor des Testaments nicht in Frage kommt, weil er bereits am 28.12.1628 gestorben sei. In Wirklichkeit stammt dieses Memorandum aus dem Jahre 1639, und der P. Joseph ist nicht am 28.12.1628 sondern am 18.12.1638 gestorben. Einige sehr üble Schnitzer befinden sich in der Bibliographie. Statt »Monumenta Europae Historica« steht da »... Europeae ...«, recht verballhornt sind die Titel von Boehme (»Stusien zum's politische Testament«!), Dickmann (»Rechtdsgedanke...«), Engel (»Festchrift«), Church (»... of States«), Ranum (»An interdisciplinarinarian ...«). Man liest im edierten Text seltsame Verdoppelungen: S. 177 »place (place)«, S. 185 »que que«, S. 259 »assez assez«, S. 261 »tant tant«, S. 298 »sont (sont)«, S. 301, Anm. 508 »une une«, S. 319 »des (des)«, S. 341 »qu'il semble (qu'il semble)«, S. 350 »de de«. Und man stößt immer wieder auf offensichtliche Druckfehler: z. B. »endre« statt »rendre« (S. 59), »consuite« statt »conduite« (S. 60), »d'estrer« statt »d'estre« (S. 71), »1649–60« als Datierung für den Pyrenäenfrieden (S. 86, Anm. 193), »ecclésiastiquent« statt »ecclésiastiques« (S. 92), »premis« statt »permis« (S. 155), »commandemns« statt »commandemens« (S. 245), »d'un l'Estat« statt »de« oder »d'un« (S. 253), »l'ivrogenrie« statt

»l'ivrognerie« (S. 299), »consoistre« statt »connoistre« (S. 303), »nos« statt »nous« (S. 306), »q'on s'i« statt »qu'on s'y« (S. 331), usw. Wenn aber bereits derart in die Augen fallende Unstimmigkeiten nicht ausgemerzt werden konnten, wie verhält es sich dann mit der Korrektheit der um vieles diffizileren Wiedergabe der Originalschreibweise der Manuskriptvorlage? Was soll man davon halten, wenn man z. B. »évesque« neben »évêque«, »bule« neben »bulle«, »interest« neben »intérêt«, »arrester« neben »arrêter«, »connoistre« neben »connoître«, »milion« neben »million«, »chrétienneté« neben »chrestienneté«, »-è(e)s« neben »-e(e)z« – Endungen findet, und dies zumTeil sehr häufig und mitunter auf der gleichen Seite? Steht das jeweils so im Original, oder handelt es sich um Transkriptions- oder – übersehene – Druckfehler? Die Beispiele ließen sich vermehren.Wie zuverlässig also ist die Textwiedergabe insgesamt und inwieweit entspricht sie tatsächlich den aufgestellten Editionsregeln?

So ergeben sich also bei näherer Betrachtung eine ganze Reihe von Beanstandungen formaler und methodischer Art, die den Wert dieser Edition – immer gemessen an dem erhobenen Anspruch – doch erheblich herabsetzen. Man könnte hinzufügen, daß der vonTapié gewünschte Nachweis der Vorlagen und Quellen für die Redaktion des Testament Politique sich auch nur beschränkt auf bereits gedrucktes Material (Hanotaux, Avenel, Grillon), daß die »filiation« der Manuskripte nicht untersucht wurde, und daß die ehedem so heiß umstrittene Frage der Authentizität und damit der Entstehungsgeschichte lediglich mit der globalen – letztlich aber sicherlich zutreffenden – Feststellung von Roland Mousnier (1985) erledigt wird, es sei »probable«, daß Richelieu das Testament gewollt, daß er seinen Schreibern die Leitideen und Dokumente geliefert, daß er wenigstens Teile diktiert, gelesen oder selbst geschrieben habe, und daß es also »probable« sei, daß das Testament seine Gedanken oder zumindest die der von seiner Doktrin durchdrungenen Umgebung wiedergäbe (S. 16).

Damit aber wird die grundsätzliche inhaltliche Bedeutung des Testament Politique in den Vordergrund gerückt. Und wenn der jetzt vorliegende Text auch in formaler und editorischer Hinsicht Bedenken hervorruft und Wünsche offen läßt, so bietet diese neue Edition doch – und zumal auch in Verbindung mit den sehr gründlichen Sachanmerkungen und dem Personen- und Ortsregister – durch ihren Inhalt wieder einen guten Zugang zu der Gedankenwelt Richelieus, den F. Hildesheimer charakterisiert als einen Mann »aux prises avec des problèmes où l'action politique rejoint la direction de conscience et qui, s'ils ne sont plus les nôtres, furent quotidiennement les siens« (S. 21). Es bleibt dennoch wahr, was E. Esmonin 1952 schon sagte (loc. cit. No. 26, S. 8), und was Tapié detaillierter übernahm: »L'édition vraiment critique de cet ouvrage reste donc à faire.« Aber die mühevolle Arbeit von F. Hildesheimer zeigt auch, wie recht Esmonin hatte, wenn er hinzufügte, »Le travail est peut-être audessus des forces d'un seul homme«.

Hermann WEBER, Mainz

PS.: 1985 erschien eine von Simone GOYARD-FABRE besorgte Faksimile-Ausgabe der bei Desbordes, Amsterdam, herausgegebenen Edition von 1689 (Bibliothèque de philosophie et politique juridique. Textes et Documents. Centre de philosophie politique et juridique Université de Caen).

Dominique DEFFAIN, Un voyageur français en Nouvelle-France au XVIIe siècle. Etude littéraire des Relations du Père Paul Le Jeune (1632–1641), Tübingen (Max Niemeyer) 1995, VII–157 S. (Canadiana Romanica, 9).

Die Wahrnehmung der Neuen Welt in der Frühen Neuzeit sowie die mannigfaltigen Wirkungen des europäisch-überseeischen Kulturkontaktes auf Kunst und Literatur der Alten Welt hat die Forschung in einer kaum mehr überschaubaren Vielzahl von Studien beschrieben. Die vorliegende Arbeit zu den *relations* des Jesuiten Paul Le Jeune rückt nun die klerikale Rezeption des Fremden am Beispiel eines geistlichen Tätigkeits- und Erfahrungsberichts aus der Anfangsphase der Jesuitenmission Neufrankreichs in den Mittelpunkt ihres Erkenntnisinteresses. Damit greift die Autorin auf eine Quellengattung zurück, die in ihrem außerordentlichen Detailreichtum einen erstrangigen Fundus von unschätzbarem Wert bildet. Denn über Jahrzehnte hinweg haben die missionierenden Ordensgeistlichen ihre Arbeit sowie deren Begleitumstände so akribisch protokolliert, daß ihre Berichte nicht nur einen singulären Einblick in den Missionsalltag der »Schwarzröcke«, sondern auch in die Lebens- und Geisteswelt der Ureinwohner Nordostamerikas bieten.

Nach einer kurzen Lebensbeschreibung des 1591 als Sohn calvinistischer Eltern geborenen Jesuiten und einer Bibliographie seiner Schriften erläutert Deffain in knappen Zügen sowohl den Charakter der *relations* als auch die historisch-politische Situation Frankreichs im 17. Jahrhundert, um dann in einem kurzen Überblick die Entwicklung der kleinen französischen Kolonie am St. Lorenz seit den Tagen Cartiers zu resümieren. In diesem Zusammenhang bestätigt sie den von der Forschung schon herausgearbeiteten werbenden Einfluß der *relations* Le Jeunes auf die – vergleichsweise geringe – Immigration aus dem französischen Mutterland. Im Kapitel zur Wahrnehmung des Landes, seiner Eigenheiten und Umweltbedingungen zeigt Deffain die multiperspektivische Sicht des französischen Klerikers auf, der den Widrigkeiten der atlantischen Überfahrt und der die kanadische Wildnis prägenden bitteren Kälte ebenso seine Aufmerksamkeit zollte wie Flora und Fauna. Daraufhin thematisiert die Verfasserin das Bild des »Wilden« in den Berichten Le Jeunes. In diesem Kontext arbeitet sie nicht allein die Wahrnehmung der kulturellen, sozialen und politischen Organisationsstrukturen der Ureinwohner Neufrankreichs heraus, sondern betont zugleich die missionspropagandistische Intention des Jesuiten, die seinen *relations* den Stempel aufdrückte. Nach einem Überblick über die Stellung der Frau und über die Bedeutung der Ursulinenmission thematisiert Deffain die vielfältigen Probleme der Evangelisation, um schließlich ihre Studie mit einem Kapitel zu stilistischen und kompositorischen Eigenheiten der *relations* abzurunden.

Die Autorin kann mit ihrer Studie nicht nur die klerikale Ikonographie des Fremden am Beispiel der Schriften Le Jeunes detailliert aufzeigen, sondern auch das gerade von Lucien Campeau, einem der besten Kenner der Jesuitenmission in Neufrankreich, betonte Selbstverständnis der *relations* als Botschaften eines heilsgeschichtlichen bedeutsamen, in der Tradition der Apostel stehenden Bekehrungsversuchs verdeutlichen. Somit enthält die Arbeit eine Reihe von instruktiven Ausführungen, wenngleich es auch wünschenswert gewesen wäre, daß neuere Darstellungen zum französisch-indianischen Kulturkontakt von Denys Delâge, Cornelius J. Jaenen oder Bruce G. Trigger als Korrektiv zur älteren, frankokanadisch dominierten Forschung Eingang in ihre Studie gefunden hätten.

Sven KUTTNER, Mannheim

Dirk VAN DER CRUYSSE (présenté et annoté par), François-Timoléon de Choisy. Journal du voyage de Siam, Paris (Fayard) 1995, 464 S.

French interest in South Asia during the reign of Louis XIV reflected a number of factors. The ambition to extend Christianity played a major role. Louis was keen to be, and to present himself as, a champion of the Church and this desire was strengthened both by his dispute with the Papacy, particularly Innocent XI, and by Leopold I's successes against the Turks. Thus, revocation of the Edict of Nantes and the wish to convert the King of Siam can be seen as aspects of Louis' struggle with Leopold for prestige and influence within the Christian world. This theme was probably far more important than that of trade, although that also was a major factor in contemporary equations of power and prestige. Mercantilism led to a greater degree of governmental intervention in the economy and the wealth derived by the Dutch from Asia necessarily led to a desire to match or surpass it on the part of France.

In 1685 François-Timoléon de Choisy was sent by Louis to Siam. He kept a journal which is printed in Dirk Van der Cruysse's excellent edition. The last edition was in 1930 and the new work, with its extensive footnotes and lengthy appendix, is most welcome. The appendix includes six other pieces by Choisy that relate to and complete his Journal. Van Der Cruysse also published in 1995, Choisy androgyne et mandarin, Paris (Fayard) 1995, a work that discusses the abbe's curious personal life. The mission was a failure. Phra Narai of Siam was unwilling to abandon Buddhism. Choisy failed to gain the privileges he sought for Christian missionaries and converts and hopes of a new trading relationship proved abortive. However, the mission did leave a journal in an open and direct fashion that is more immediate in its response to the Orient than the genre of Persian Letters written by imaginary travellers. The volume contains handsome colour illustrations and can be strongly recommended.

Jeremy BLACK, Durham

Katrin KELLER, »Mein Herr befindet sich gottlob gesund und wohl«. Sächsische Prinzen auf Reisen, Leipzig (Leipziger Universitätsverlag) 1994, 535 p. (Deutsch-Französische Kulturbibliothek, 3).

Durant exactement un an, de 1685 à 1686, Johann Georg (1668–1694), fils aîné du prince-électeur de Saxe Johann Georg III, entreprend un »grand tour« en »terre étrangère« qui le conduit de Dresde à Paris et Londres; le jeune homme parvient à obtenir que son voyage en Italie soit différé, en cela soutenu par son précepteur qui allègue les fatigues occasionnées par le climat, les dangers du catholicisme et la connaissance imparfaite de la langue, et c'est en 1690 qu'il passera quatre mois à Florence, Rome et Venise. L'expérience avait pourtant été concluante: à son tour, son frère cadet, le célèbre futur Auguste II (1670–1733) – après un voyage à la cour du Danemark qui sert de prélude au grand tour – est envoyé dès le mois de mai 1687 à Paris, en Espagne et au Portugal, puis en Italie du Nord et à Vienne; son périple durera trois ans. Sous les noms respectifs de comte de Barby et comte de Leisnig, ils voyagent incognito, ce qui facilite les questions de bienséance et diminue les frais; tout étant relatif, 20 personnes accompagnent le premier et 22 le second. Les relations de leurs voyages, inédites jusqu'alors, viennent d'être excellemment reconstituées par K. Keller et publiées dans la collection dirigée par M. Espagne, E. François, W. Greiling et M. Middell.

Cette publication est exemplaire et originale, d'une part parce que les descriptions des »grands tours« ont été rarement imprimées, d'autre part parce que l'A. a pris l'initiative de compléter les journaux de voyage: entre les extraits qui étaient adressés chaque semaine à Johann Georg III, elle insère quelques lettres que les deux jeunes princes ou leurs accompagnateurs ont envoyées au prince-électeur. Cette association judicieuse rend la lecture des »diaires« à la fois plus plaisante et plus instructive. La sobriété des notes de voyage, qui peut paraître décevante, doit être attribuée au fait qu'elles n'étaient pas destinées à rester dans le cercle des intimes et qu'elles circulaient dans les cours voisines, probablement pour faciliter la préparation d'autres voyages. En revanche, la correspondance privée renferme des informations politiques et militaires, qui avaient d'ailleurs été sollicitées par le prince-électeur dans ses instructions de voyage, ce qui prouve que les *mentores* étaient de hauts fonctionnaires pourvus de talents diplomatiques, compatibles avec une mission d'agent de renseignements particulièrement délicate à la veille de la Guerre de Succession d'Espagne.

La possibilité de juxtaposer les témoignages de deux frères permet de réviser les jugements globalisateurs qu'on serait tenté de porter sur le »grand tour« des aristocrates. Bien entendu, conformément à la tradition du XVIIe siècle, les précepteurs veillent à exécuter la volonté de leur maître et à faire acquérir à leurs protégés la courtoisie conforme à leur rang (*damit sich seine Liebden in allen wohlanständigen fürstlichen tugendten desto mehr perfectioniren mögen*): ils notent quotidiennement la venue du maître à danser ou des professeurs de langue, ils signalent les fêtes, les ballets, les foires, les jeux auxquels ces aristocrates s'adonnaient; on apprend qu'il arrive souvent à Friedrich August de remporter les compétitions sportives. De surcroît, l'essentiel du texte est composé par la liste des personnes rencontrées et par la description de l'accueil qui a été réservé aux deux jeunes cavaliers: c'est en quelque sorte la Maison de Saxe qui se regarde voyager. Le lecteur de Johann Georg est, en définitive, avant tout informé du prestige dont jouit cette Maison en Europe; de toute évidence, le *Hofmeister* s'est donné cette priorité-ci et il est conscient de diriger les pas d'un prince qui sera destiné à gouverner. Des bâtiments visités, seules les citadelles et les fortifications émerveillent Johann Georg, que ce soit à Strasbourg ou à Valenciennes, Tournai, Lille. On est également frappé par le soin apporté à l'édification religieuse de Johann Georg: le pasteur qui l'accompagne est visiblement influencé par le piétisme. On découvre aussi que les aristocrates allemands figurent en majorité parmi les personnalités rencontrées, à telle enseigne que l'A. émet l'hypothèse qu'une sorte de cour minuscule, s'émancipant de l'influence paternelle, avait voulu se constituer à Paris et que ces retrouvailles étaient vraisemblablement calculées.

Dans le cas de Friedrich August, l'éducateur semble avoir admis plus de fantaisie, sans doute parce que le cadet était destiné à la carrière militaire et possédait aussi un tempérament plus entreprenant: le voyageur continue certes de relater les honneurs dont il est comblé, mais son ton est plus moderne car il mentionne en outre les curiosités visitées et ajoute des précisions, par exemple sur le canal du Midi, sur les monuments de certaines villes françaises ou espagnoles, sur les parcs ou les paysages. Alors que Johann Georg note à Versailles les amabilités de Mme la Dauphine ou la phrase dont l'honore le roi qui interrompt quelques minutes sa partie de billard, Friedrich August rapporte qu'il va plusieurs fois au Trianon et à la Ménagerie, il ne se lasse pas des grandes eaux, il admire l'Orangerie, bref il manifeste son sens esthétique.

Outre l'intérêt inhérent à l'origine familiale de ces deux Saxons, les qualités scientifiques de cet ouvrage doivent être soulignées. L'A. a reconstitué le texte le plus complet possible en se servant des diverses copies existantes et elle a su gommer le caractère disparate de ses sources – carnets de bord, instructions de Johann Georg III aux »Hofmeister«, correspondance. Les abondantes annotations sont le fruit d'une enquête fort utile: elles présentent l'identité et la fonction des compagnons de voyage et des gens rencontrés, ce qui permet au lecteur d'imaginer le mode de vie de ces éminents personnages d'une façon beaucoup plus concrète et vivante qu'il ne serait possible de le faire à la seule lecture des extraits. L'index et le lexique fournissent une nouvelle preuve de la minutie avec laquelle ce travail a été mené – même si nous ajoutons quelques réserves: *tissuadieren* (verbe utilisé par Johann Georg, p. 133) doit être pris au sens de »déconseiller« et le terme *chevau-légers*, plutôt que d'être approximativement traduit, n'aurait-il pas gagné dans ce contexte à être défini comme une compagnie faisant partie de la garde du roi et composée de gens de naissance? L'intéressante postface écrite par K. Keller ouvre des pistes de recherche, notamment sur les séquelles politiques, sociales et professionnelles des rencontres facilitées par les voyages. La bibliographie est éclectique mais elle inspire quelques regrets; si les titres des relations de voyage utilisées avaient par exemple été dissociés de la littérature secondaire, cela aurait mis en évidence le fait que les »grands tours« ont connu leur apogée au XVIIe siècle et qu'il se produit une rupture à partir du moment où les relations sociales ne constituent plus le principal enjeu du voyage, la réflexion sur cette société passant au centre des préoccupations.

Françoise KNOPPER, Toulouse

Robert DAMIEN, Bibliothèque et Etat. Naissance d'une raison politique dans la France du XVIIe siècle, Paris (PUF) 1995, 316 S. (Questions).

Als Leibniz 1667 die Aufgabe übernahm, die große Bibliothek eines Mainzer Diplomaten zu ordnen, soll er sich auf Gabriel Naudés (1600–1653) berühmte Schrift »*Advis povr dresser vne bibliotheqve«* von 1627 gestützt haben.[1] Das Interesse des deutschen Philosophen veranschaulicht die enorme grenzüberschreitende Wirkung dieser Systematik, der folglich in Standardwerken zur Buch- und Bibliotheksgeschichte oder zur bibliothekarisch-bibliographischen Klassifikation seit langem ein fester Platz eingeräumt wird. Robert Damien unternimmt nun den Versuch, über die hinlänglich bekannten bibliographischen Verdienste hinaus, Naudés gesamte Gedankenwelt aus der Sicht des Philosophen zu rekonstruieren, zumindest soweit dies heute anhand seiner Schriften noch möglich ist.

Zunächst wird ein ausführliches Lebensbild gezeichnet, um Einflüsse und Umfeld des studierten Mediziners und späteren bibliothekarischen Ratgebers von Richelieu und Mazarin zu eruieren. Verf. sieht in Naudé einen »libertin érudit«, einen der »Erfinder« der öffentlichen Universalbibliothek. Naudé hatte bekanntlich aus den privaten Buchbeständen Mazarins 1643 in Paris die erste öffentliche Großbibliothek eingerichtet, die noch heute den Namen ihres Stifters trägt. Schon früh erkannte er, daß mit dem Ausbau des Druckereiwesens auf der einen Seite und der Entwicklung der Profanwissenschaften (z. B. in den Bereichen Mathematik, Anthropologie, Literatur und politische Ökonomie) auf der anderen Seite, dem gedruckten Buch als Wissensvermittler immer größere Bedeutung zukommen würde. Als Bibliothekar war ihm auch klar, daß bisherige Universalklassifikationen, die bis zu Beginn des 17. Jahrhunderts fast ausschließlich an der Fakultätengliederung der Universitäten orientiert waren, wegen der wachsenden Menge zu klassifizierenden Schrifttums an die neuen Bedürfnisse angepaßt werden mußten. Naudé veränderte u. a. die Hierarchie der Wissenschaften und räumte den expandierenden konkreten Wissenschaften höheren Stellenwert ein als den spekulativen. Damien zeigt nach und nach die Elemente der »bibliothèque naudéenne« auf, die je nach Perspektive als »machine culturelle«, »métamorphose libératrice«, »opérateur de sécurité« oder »instrument philosophique« gedeutet wird. Argumentiert wird mit der Leichtigkeit des Philosophen, und so manches Mal hätte man sich – angesichts des Themas – sorgfältigere Quellennachweise[2] und mehr Distanz zum Optimismus Naudés gewünscht, insbesondere wenn es um die politische und gesellschaftliche Wirkkraft einer Bibliothek geht: Sicher, das Interesse an religiöser Literatur ging im 17. Jahrhundert zurück; ob aber die Bibliothek an die Stelle der kirchlichen Autorität trat, sie gar zum »moteur epistémologique«, ihr Klassifikationssystem zum heuristischen Modell der modernen Wissenschaften werden konnte, ist mehr als fraglich. Damien verweist zwar auf die Arbeiten von Chartier und Martin, macht aber nicht deutlich, daß die behandelten Phänomene nur einen winzigen Prozentsatz der Gesamtbevölkerung betreffen: Bibliotheksbenutzer und -besitzer.

Nachdem man erfahren hat, daß auch Naudé der Traum so manchen Bibliothekars überkam: einen Katalog der Kataloge zu erstellen, um somit alle (alte und neue, öffentliche und private) Bestände zu erfassen, rücken dann die unbekannteren Schriften in den Mittelpunkt. Titel wie »*Bibliographia politica*« (1633) oder »*Considérations politiques sur les coups d'Estat*« (1639) lassen erkennen, daß es Naudé über die bibliographischen und bibliothekarischen Aspekte hinaus um die Nutzbarmachung des in Bibliotheken angesammelten Wissensgutes ging: besonders um den »savoir politique« mit neuen Subklassen wie: »politique religieuse«, »diplomatie« und »pédagogie gouvernementale«. Bei alledem hatte der Bibliograph einen bestimmten Bibliotheksbesitzer vor Augen: »Le cardinal de Richelieu a été tiré du fond de sa bibliothèque pour gouverner la France«. Über die Geschichte hinaus wurde für Naudé also die Bibliothek zum Hilfsmittel der Welterkenntnis, zur *magistra vitae* (vorwiegend der Staatsdiener und -lenker). Damien liefert dem Buchhistoriker implizit die Er-

1 Vgl. E. I. Samurin, Geschichte der bibliothekarisch-bibliographischen Klassifikation, München 1977, Band 1, S. 142.

2 In die »Bibliographie sommaire« haben sich Tippfehler eingeschlichen, zudem werden einige Titel unvollständig, bzw. anders zitiert als vorne (z. B. Blum S. 29 und 313).

klärung dafür, warum Naudés Klassifikationsystem keine breite bibliothekarische Anwendung fand: Es war systemtragend (Raison d'Etat) angelegt, zu stark um »normativité épistémologique et éthique« bemüht, zu wenig an den Bedürfnissen einer breiteren Leserschaft orientiert. Einige seiner klassifikatorischen Änderungen waren wichtig und erfolgten zum richtigen Zeitpunkt, andere kamen zu früh: Erst Mitte des 18. Jahrhunderts sollte beispielsweise das Interesse der Bibliotheksbesitzer für politische Schriften steigen.[3] Damiens Untersuchung zeigt auf eindrucksvolle Weise, daß die bibliothekarische Klassifikation im 17. Jahrhundert noch stark abhing von persönlichen Wertmaßstäben des jeweils Rubrizierenden, die auch mit seinem sozialen Ort zu tun haben. Klassifikationstypen, bei denen die Bibliographen spezielle Literaturbereiche aus persönlichen Gründen hervorhoben – wie z. B. die jesuitischen Klassifikationsmodelle oder das des Skeptikers La Mothe le Vayer – konnten deshalb keine Verbreitung finden. Naudé ist und bleibt »nur« einer der Wegbereiter der sogenannten »Französischen Systematik« (»classement des libraires parisiens«), die erst ein halbes Jahrhundert später ihre endgültige Gestalt annahm und – auch über Frankreich hinaus – bis ins 19. Jahrhundert hinein die standardmäßig praktizierte Universalklassifikation blieb.

Friedhelm BECKMANN, Düsseldorf

Hartmut STENZEL, Die französische »Klassik«. Literarische Modernisierung und absolutistischer Staat, Darmstadt (Wissenschaftliche Buchgesellschaft) 1995, XI–310 S.

Le titre même de l'ouvrage est assez singulier avec sa notion entre parenthèses de »Classicisme«, et le sous-titre »idéologique« qui rappelle les »thèses« à la mode dans l'immédiate après-guerre. Les travaux d'Alain Viala, de Bernard Magné et de quelques autres sur la naissance de l'homme de lettres au XVIIe siècle en France avaient déjà permis de nuancer le lien étroit établi entre le »féodalisme« (dans sa variante absolutiste) et la pratique littéraire: la Ville contre la Cour? Janséniste »ancien« contre jésuite »moderne«? La manipulation de termes fortement connotés comme »modernisation« ou »État absolutiste« demande plus que du doigté. Vu d'Allemagne, l'État monarchique français, fondé sur un juridisme »latin« apparent balancé par une assez »celtique« fantaisie dans l'application des lois et règlements, est une machine de guerre de la »modernité« pleine de contradictions, que l'on peut seule comparer, avec un siècle d'avance, à la Prusse frédéricienne. L'auteur, qui connaît excellemment la bibliographie de son sujet, n'entre pas innocent et naïf dans le parc enchanté du Classicisme à la française. Mais faut-il une nouvelle fois en désignant Lanson et Brunetière voir »la naissance de la notion de classicisme dans l'esprit (de conquête) de la bourgeoisie établie«? Le numéro spécial récent publié pour le Centenaire de la *Revue d'Histoire littéraire de la France* (Antoine Compagnon dans le Supplément 1995, n° 6) montre que l'esprit »sorbonnique« avait plus de variété sinon de finesse que ne le suppose l'auteur. La sémantique du terme: »classique« et sa fonction normative – »auteurs qui ont écrit à la fois élégamment et correctement« – sont suivies depuis l'article de Dumarsais dans L'*Encyclopédie* jusqu'à Désiré Nisard et l'invention de l'histoire littéraire. L'histoire politique de la France du XVIIe siècle telle que la présente l'auteur reprend les étapes, connues elles aussi, de la victoire de l'absolutisme à la suite les soubresauts »révolutionnaires« de la Fronde qui produit une »littérature engagée«: les travaux d'Hubert Carrier sur le personnel »littéraire« de la Fronde auraient pu être mieux utilisés; ils autorisent une vision moins manichéenne de la réalité. La politique culturelle de Richelieu, puis celle de Colbert qui met la littérature par les Académies au service de la »gloire« monarchique et crée le mythe du »siècle de Louis le Grand«, réplique moderne et chrétienne des

3 Siehe F. BECKMANN, Französische Privatbibliotheken. Untersuchungen zu Literatursystematik und Buchbesitz im 18. Jahrhundert, Frankfurt am Main 1988, S. 60ff; zum Folgenden Kap. 2.2.6.1.

siècles de Périclès et d'Auguste, sont analysées sans qu'apparaissent d'éléments vraiment nouveaux. L'influence de la »Cour« sur le jeu littéraire paraît à l'occasion surestimée: le »Classicisme« dans ses aspects esthétiques et parfois même politiques est accepté, comme l'a montré Elisabeth Labrousse, par les écrivains huguenots du Refuge qui n'ont aucun lien, on s'en doute, avec Versailles. L'étude porte d'ailleurs pour l'essentiel sur la première moitié du siècle, dans un jeu de bascule entre désordre baroque – terme qui n'est pas employé – et régularisation normative: Théophile, Sorel, Scarron, le Corneille du *Cid* contre Chapelain ou Saint-Sorlin. En définitive, ce livre en dit trop … ou trop peu.

François MOUREAU, Paris

Les Gazettes Européennes de langue française (XVIIe–XVIIIe siècles). Table ronde internationale Saint-Etienne, 21–23 mai 1992.Textes réunis par Henri DURANTON, Claude LABROSSE et Pierre RÉTAT, Saint-Etienne (Publications de l'Université de Saint-Etienne) 1992, 349 p.

Wenn Cl. LABROSSE im Vorwort zu diesem Band die »gazettes« gleichsam als die »Inkunabeln« unseres heutigen in gedruckter Form bestehenden Kommunikationssystems charakterisiert (S. 8), so ist ihm damit ein treffender Vergleich gelungen. Diese früheste Gattung der Periodika, die um 1600 zuerst in Deutschland aufkam und 1631 in Frankreich mit der »Gazette de France« von Théophraste Renaudot sich als dauerhaftes, bis in die Französische Revolution 1792 bestehendes Medium etablierte, hat mithin eine lange Geschichte hinter sich, bis sie schließlich im modernen Zeitungswesen aufging. Sie ist älter als die Gattung der gelehrten und literarischen Zeitschriften, deren Meilensteine erst in der zweiten Hälfte des 17. Jahrhunderts in Frankreich mit dem »Journal des savants« (1665–1792) und den von Pierre Bayle gegründeten »Nouvelles de la république des lettres« (1684–1718) gesetzt wurden.

Die Funktion der »gazettes«, die in kurzen Abständen, oft zweimal wöchentlich, erschienen, bestand vor allem in der Information der Leser über politische und gesellschaftliche Ereignisse. Dabei waren Gegenstandsbereiche und Thematik wie auch politische Ausrichtung und Zielstellung je nach dem politischen Umfeld, den geographischen Erscheinungsorten, den benutzten Quellen und der anvisierten Leserschaft höchst unterschiedlich.

Die »gazettes« in ihrer Vielfalt näher zu bestimmen, an repräsentativen Beispielen ihre spezifischen Ausprägungen und Funktionen herauszuarbeiten und damit gleichsam eine erste Bestandsaufnahme vorzunehmen, ist das Anliegen des vorliegenden Kolloquiumsbandes. Aus den 26 internationalen Beiträgen und den Resümees der in der »table ronde« geführten Diskussionen wird u. a. deutlich, in welchen Bahnen die Entwicklung der »gazettes« verlief und welche Bedingungen ihre ungeheure Entfaltung im Verlauf des 18. Jahrhunderts ermöglichten. Das unter Leitung von J. Sgard entstandene »Dictionnaire des journaux« (1991), an dem viele der Teilnehmer des Kolloquiums mitgearbeitet haben, erwies sich als wichtige Grundlage für diese weiterreichenden Forschungen, die zahlreiche neue Archivmaterialien zutage förderten.

Einen Schwerpunkt der Untersuchungen bilden die institutionellen Aspekte der »gazettes«, ihre technisch-ökonomischen und kommerziellen Grundlagen einerseits und die durch die politischen und religiösen Machtverhältnisse ausgeübten Zwänge andererseits. Mit Recht wird hier der bisher kaum beachtete Zusammenhang mit der Entwicklung des Postwesens hervorgehoben, das gleich dem Buchdruck zu den unabdingbaren Voraussetzungen der Presse gehörte, erschienen doch die Zeitungen zunächst wöchentlich entsprechend dem Rhythmus der Postwagen (J. HELLEMANS). Einen regelrechten Wendepunkt in der Geschichte der französischen Presse bezeichnete dann die Postreform in den 1750er Jahren, als durch Senkung der Postgebühren und damit die Verbilligung der Abonnements ausländische Zeitschriften verstärkt nach Frankreich gelangten (G. FEYEL).

Die Schwierigkeiten mit der Obrigkeit und die dadurch geprägte Editionspolitik werden u. a. am Beispiel der »Gazette d'Amsterdam« am Ende des 17. Jahrhunderts (H. Bots) und der »Gazette de La Haye« im 18. Jahrhundert (O. S. Lankhorst) gezeigt. Mehrfache Verbote in den Niederlanden bewirkten, daß holländische »gazettes« in französischer Sprache heute eher in ausländischen Bibliotheken als im Mutterland zu finden sind. Für deren Verbreitung sorgten auch Nachdrucke in Genf, so von der »Gazette d'Amsterdam«, deren Erforschung gerade erst begonnen hat (J.-D. Candaux). Ein besonders interessantes Phänomen in der französischen Presselandschaft bot der »Courrier d'Avignon«, dessen Herausgeber nach der zeitweiligen Annexion des Papstbesitzes durch Frankreich genötigt waren, sich mit der neuen Macht zu arrangieren, dabei aber zugleich ihren Ruf als unabhängige Berichterstatter zu wahren suchten (R. Moulinas).

Wie die »gazettes« propagandistisch ausgenutzt wurden, zeigt sich u. a. am Beispiel der »Gazette de France« als Instrument des französischen Außenministeriums (F. Weil) und des »Courrier du Bas-Rhin« als Sprachrohr Preußens in den Niederlanden (J. J. V. M. de Vet). Noch wenig erforscht ist die Frage, auf welche Weise die »gazettes« der öffentlichen Lektüre zugänglich gemacht wurden. Aus Cafés und Clubs gibt es kaum Zeugnisse darüber. Dagegen ist es gelungen Bücherverleiher (»gazetiers«), Lesekabinette und Leservereinigungen in Paris und der französischen Provinz zu ermitteln, über die »öffentliche Lektüre« ermöglicht wurde. Aus dazu angelegten Übersichten ergeben sich auch Aufschlüsse über die Verbreitung wichtiger »gazettes« (P. Benhamou).

Die Frage nach der Entstehung der Texte an Hand von Analysen verschiedener »gazettes« von 1709–1785 führt zum Problem der Quellen, unter denen an erster Stelle Korrespondenzen und Memoiren anzutreffen sind, und deren durch das »prisme de l'opinion« (S. 139) gebrochener Verarbeitung (Cl. Labrosse, P. Rétat). Daß Zeitungslektüre den kritischen Blick schärfen und beim angehenden Historiker den Sinn für »impartialité« und »exactitude« stärken konnte, wird am Beispiel des jungen Pierre Bayle, dem Verfasser des »Dictionnaire historique et critique«, deutlich (A. McKenna).

Weitere Beiträge befassen sich mit dem Informationsfluß. Ein solcher erfolgte u.a. durch die handschriftlichen »nouvelles à la main«, zu denen demnächst ein »Répertoire« (Leitung: F. Moureau) erscheinen wird. Darin ging es nicht nur um politische, sondern ebenso auch um kulturelle Informationen (E. Wahl). Nicht immer war der Druck daraus der zweite Schritt. Umgekehrt wurden auch gedruckte Informationen aus den »gazettes« handschriftlich weitervermittelt. Die Korrespondenz J.-E. Gasteliers ist dafür ein treffendes Beispiel (R. Grandderoute). Bei der Untersuchung der Frage, inwiefern politische Journale sich der »gazettes« als Informationsquelle bedienten, zeigte sich, daß schon 1757 die Presse eine »komplexe Welt« darstellte (S. 212), innerhalb deren es keine Schranken gegeben habe (F. Souchet). Als kulturelle Mittler europäischen Ranges kam den frankophonen Zeitschriften nahe den Grenzen zu Deutschland besondere Bedeutung zu, darunter an einer ersten Stelle der »Gazette des Deux-Ponts«. Analysiert wird sie hier im Hinblick auf die Berichterstattung zum Amerikanischen Unabhängigkeitskrieg und zu Ereignissen in der Französischen Revolution (H.-J. Lüsebrink, R. E. Reichardt). Ihr Lavieren zwischen Frankreich und Deutschland wird besonders deutlich aus ihrer mit Rücksicht auf Frankreich praktizierten Selbstzensur und dem gescheiterten Umzugsplan nach Deutschland (J. Schlobach).

Auch die holländischen »gazettes« beugten sich dem politischen Druck Frankreichs. Seit Fleurys Attacken gegen die Jansenisten 1723 gingen sie zu diesen auf Distanz, nachdem sie anfangs eingedenk ihrer eigenen protestantischen Geschichte gegen Verfolgungen der Jansenisten in Frankreich Stellung bezogen hatten (J. Sgard). Nach dem Staatsstreich Maupeou 1771 unternahm Frankreich sogar diplomatische Schritte, um die freie Berichterstattung, etwa in der »Gazette de Leyde«, zu unterbinden (J. Censer).

Bei allen positiven Resultaten, die abschließend J. D. Popkin in seiner Bilanz der Erforschung der Presse aufführen kann, erweist sich doch, daß noch viel zu tun bleibt. Mit Recht rückt er zwei Desiderate in den Blickpunkt: 1. Bei allen Verdiensten hätten doch die Forscher zur Buch- und Lesergeschichte bisher die Periodika weitgehend ausgespart; daher sei es dringend erforderlich, diese Forschungstradition mit der der Erforschung der Zeitschriften zu verbinden. 2. Notwendig seien ferner komparatistische Studien einerseits zu den europäischen Zeitschriften unter dem Ancien Régime und andererseits in einem zeitlichen Längsschnitt zur revolutionären Presse an geschichtlichen Wendepunkten bis in die Gegenwart. Für Frankreich ist eine solche Arbeit, die als Etappen 1789, 1830, 1848, 1871, 1944 und möglicherweise 1968 aufweist, bereits im Gange.

Aus Platzgründen konnte leider nicht auf alle Beiträge des Bandes bezug genommen werden. Sein Reichtum an Informationen, Problemstellungen, Perspektiven und teils überraschenden Resultaten erschließt sich erst bei der Lektüre, die damit eine Fülle von Anregungen für weitere Forschungen bietet.

Im Anhang finden sich ein »Mémoire sur la gazette d'Hollande« von Malesherbes und ein »Répertoire des gazettes« mit Angabe der Bibliotheken und Signaturen, das dem Interessenten den unmittelbaren Zugriff auf die Quellen ermöglicht.

Rolf GEISSLER, Berlin

Georges COUTON, La chair et l'âme. Louis XIV entre ses maîtresses et Bossuet, Grenoble (Presses universitaires) 1995, 219 S.

Georges Couton hat sich durch seine zahlreichen Veröffentlichungen wie z. B. über Corneille, Molière, La Fontaine und Pascal als Kenner der französischen Literatur des 17. Jahrhunderts ausgewiesen. Bei seinem Tode im Dezember 1992 hinterließ Georges Couton ein fertiges Manuskript mit dem Titel »*Louis XIV entre ses maitresses et Bossuet*«, das den Herausgeber der Reihe Theatrum Mundi, Jean Serroy veranlaßte, es mit geringfügigen Änderungen in seine Reihe aufzunehmen, um einem breiten Publikum die letzte Arbeit des bekannten Literaturkenners Couton zugänglich zu machen.

Couton stellt in den Mittelpunkt seines letzten Werkes die Beziehung zwischen König Ludwig XIV. und Jacques Bénigne Bossuet, dem bedeutendsten französischen Theologen und Kirchenpolitiker seiner Zeit. Couton entwirft ein großes Tableau des Hoflebens Ludwig XIV., genauer gesagt, schildert er das fast über zwanzig Jahre anhaltende Ringen Bossuets mit Ludwig XIV. wegen seines zügellosen Privatlebens, das aber im Falle des Königs zum Politikum wurde. Das Buch beschäftigt sich mit Ludwig XIV. und seinen zahlreichen Mätressen, der La Vallière, der Montespan, der Fontanges bis hin zur Maintenon, die Ludwig XIV., nach dem Tode der Königin Marie Thérèse, zur Frau nimmt. Obwohl die Geschichte Ludwigs XIV. und seiner Mätressen bereits Gegenstand vieler Veröffentlichungen gewesen ist, ist die Studie Coutons dennoch gerechtfertigt, da sie auf Quellenmaterial basiert, das bisher zu diesem Thema noch nicht herangezogen worden ist. Der Autor näherte sich diesem Abschnitt der Geschichte Ludwigs XIV. auf einer ganz anderen Basis als die bisherigen bekannten Arbeiten. Anhand der Analyse der Fastenpredigten und Trauerreden Bossuets, der bei diesen Gelegenheiten versuchte, durch geeignete Auswahl von Bibelpassagen, Ludwig XIV. seine religiösen Vergehen wegen seines unsteten Lebenswandels nahezubringen und ihm Wege zur Umkehr und Reue aufzuzeigen, läßt Couton nochmals die Zeit Ludwigs XIV. von 1661 bis 1685 auferstehen. Durch die Wahl seiner Quellen, die Reden und Predigten Bossuets und seiner Allegorien, derer er sich bedient, wird uns nicht nur ein neuer Aspekt des Hoflebens Ludwigs XIV. vorgestellt, sondern der Leser erhält gleichzeitig auch einen Einblick in die Geistesgeschichte des 17. Jahrhunderts.

Anna von Österreich, die über das Hofleben ihres Sohnes Ludwig XIV. wenig begeistert war, da sie durch die zahlreichen Affären nicht nur das Eheleben ihres Sohnes mit seiner spanischen Frau gefährdet sah, sondern auch das politische Verhältnis zwischen Frankreich und

Spanien, da diese Ehe den Pyrenäenfrieden von 1659 zwischen den beiden Mächten besiegeln sollte, bestimmte Bossuet, ihren Sohn zur Umkehr zu bewegen. Bossuet hatte sich für diese schwierige Aufgabe in den Augen der Königinmutter durch seine Rhetorik und theologischen Fähigkeiten ausgezeichnet, die er schon vor der Übertragung der offiziellen Fastenreden von 1660, 1662, 1666 unter Beweis stellen konnte. Ludwig XIV. schien sein Können und seinen Einfluß durchaus zu schätzen und ernannte ihn 1670 zum Erzieher des Dauphins. Obwohl somit eine gewisse Nähe zum König für Bossuet hergestellt worden war, gelang es ihm mit seinem eindringlichen Leitmotiv – der Sühne Davids – seiner Predigten und Ermahnungen (vgl. z. B. S. 34–36, S. 99) nicht, Ludwig XIV. langfristig und endgültig zur gewünschten Umkehr zu gewinnen. Zwar erreichte Bossuet 1675 in der größten Krise des Hofes Ludwigs XIV. die vorübergehende Entfernung seiner gefährlichen Mätresse Madame de Montespan, von der sich Ludwig XIV. erst nach dem Tode der Königin Marie Thérèse (1683) endgültig trennte. Aber nicht, um definitiv zu entsagen, sondern nur, um sein Leben durch die geheime Ehe mit Madame de Maintenon in ruhigere Bahnen zu lenken. Mit dem Tod der Königin, die ebenso wie die Königinmutter Bossuet förderte, ging auch der Einfluß Bossuets, dem leider nur ein Teilerfolg seiner Aufgabe vergönnt war, zurück. Die Arbeit Coutons endet mit Ausführungen über den finanziellen Aspekt bzw. Schaden, den Ludwig XIV. mit seinen Mätressen dem Volk Frankreichs zugefügt hatte.

Daniela Neri, München

Jürgen Voss, Deutsch-französische Beziehungen im Spannungsfeld von Absolutismus, Aufklärung und Revolution, Bonn, Berlin (Bouvier) 1992, 393 S. (Pariser Historische Studien, 36).

Dieser Sammelband enthält 20 Aufsätze, die bereits vorher an anderer Stelle publiziert wurden. Sie reichen thematisch vom Westfälischen Frieden bis in die Revolutionszeit und untersuchen fundiert aus den Bereichen Politik, Gesellschaft, Wissenschaft und Kultur eine Reihe von bisher wenig beachteten Einrichtungen, Persönlichkeiten und politischen Zusammenhängen. Das verbindende Band bilden dabei wichtige Aspekte der deusch-französischen Beziehungen, wie z. B. die »Kurpfalz, Mannheim und Frankreich 1648–1803«, »Der Herzog von Saint-Simon und Deutschland«, »Der pfälzische Erbfolgekrieg (1685/89) in der französischen Geschichtsschreibung«, »Liselotte von der Pfalz als Zeugin ihrer Zeit«, »Das Elsaß als Mittler zwischen deutscher und französischer Geschichtsschreibung im 18. Jahrhundert«, »Die Straßburger Société des Philantropes und ihre Mitglieder im Jahre 1777«, »Ein Zentrum des französischen Buchhandels im Deutschland des 18. Jahrhunderts: die Librairie Fontaine in Mannheim«, »Eine deutsche Lesebibliothek im Paris des späten 18. Jahrhunderts«, »Landesgeschichtliche Zielsetzungen in Deutschland und Frankreich im Zeitalter der Aufklärung«, »Schlözer und Frankreich«, »Baden und die Französische Revolution«, »Soziale Unruhen im rechtsrheinischen Teil des Hochstiftes Speyer im Zeitalter der Französischen Revolution«, »Der Mann, der Schiller 1792 zum Ehrenbürger Frankreichs machte: Philippe Jacques Rühl (1737–1795)«, »Oberrheinische Impressionen aus Memoiren und Tagebüchern französischer Emigranten der Revolutionszeit«, »E. M. Arndt und die Französische Revolution« u. a. m. Andere Studien haben zumindest vergleichenden Charakter.

Da eine Gesamtdarstellung der vielschichtigen Beziehungen zwischen Frankreich und Deutschland in der frühen Neuzeit noch immer fehlt, bietet der vorliegende Aufsatzband mit Beiträgen aus dem Zeitraum von 1974 bis 1991 eine wichtige Grundlage für eine noch zu schreibende vergleichende Geschichte der Beziehungen beider Staaten in der frühen Neuzeit. Auch die Rolle von Franzosen in Deutschland und Deutschen in Frankreich vor 1789 ist im Gesamtzusammenhang noch nicht wissenschaftlich untersucht. Es wäre zu wünschen, wenn der Band des Verfassers dazu anregen könnte, diese Forschungslücke zu schließen.

Helmut Reinalter, Innsbruck

François BLUCHE, Jean-François SOLNON, La véritable hiérarchie sociale de l'ancienne France. Le tarif de la première capitation (1695), Genève (Droz) 1995, 210 S.

Die durch zahlreiche einschlägige Schriften ausgewiesenen Historiker François Bluche und Jean-François Solnon unternehmen hier den Versuch, durch eine detaillierte Analyse und neue Interpretation einer einzigen, bisher schon durchaus bekannten Quelle die wirkliche soziale Hierarchie Frankreichs im Ancien Régime zu rekonstruieren. Bei dieser Quelle handelt es sich um den Tarif der ersten Capitation (1695), welcher die Steuerpflichtigen in 22 Klassen und gleichzeitig in 569 Ränge einteilt. Die Autoren betonen am Anfang die Glaubwürdigkeit dieser Quelle und deren hohen Wert für die Sozialgeschichte und weisen mit Recht daraufhin, daß sie bisher vor allem als fiskalgeschichtliches Dokument und zu wenig als gesellschafts- und mentalitätshistorische Quelle gesehen wurde. Allerdings sollte man diese Quelle, die vorgibt, »die ganze Gesellschaft eines Königsreiches von 20 Millionen Einwohnern zu enthalten« (S. 26) m.E. auch nicht überschätzen, weil sie letztlich, wie aus den Analysen der Autoren hervorgeht, nur einen kleinen Teil dieser Gesellschaft wirklich in den Einzelheiten erfaßt. So kommen die ländlich-bäuerlichen Schichten, immerhin 80 % der Bevölkerung, nur recht global und wenig detailliert vor und der Klerus fehlt völlig. Auch über die Abstufungen, die bei den Kaufleuten, Handwerkern bestanden, liefert die Quelle nur grobe Kenntnisse, ebenso über die Unterschichten. Ausgezeichnete, sehr nuancierte Angaben enthält sie jedoch für alle Positionen und Berufe, die staatliche, halbstaatliche Funktionen im Militärwesen, in der Verwaltung und den Finanzen oder auch unabhängige Tätigkeiten im Finanzwesen ausübten. Für diesen Bereich – und das zeigen die Autoren überzeugend – handelt es sich beim *tarif* der ersten Capitation um eine unschätzbare hochinteressante Quelle. Sie kommen bei ihrer sehr detaillierten und gewissenhaften Analyse dieses Tarifs zu dem Ergebnis, daß er viel mehr als ein fiskalisches Dokument ist, nämlich vor allem eines der sozialen Klassierung, die uns die Gesellschaftshierarchie und -pyramide für die erwähnten oberen Schichten äußerst detailliert aufzeigt. Die Klassierung hängt dabei von vier Kriterien ab, nämlich erstens Würde (*dignité*), zweitens Macht (*pouvoir*), drittens Vermögen (*fortune*) und viertens Ansehen (*considération*). Um nun das Verhältnis dieser vier Kriterien ausloten zu können, bietet diese Quelle viele Details und Auskünfte.

Die Autoren betonen dabei, daß die Capitation den sozialen Rang besteuerte und keine Vermögens- oder Einkommenssteuer war. Sie zeigen durch ihre Analyse, wie komplex diese oberen Schichten der Gesellschaft des französischen Ancien Régime waren, daß etwa der Adel keine Klasse darstellte und keineswegs mit der »Aristokratie« synonym war. Vielmehr spielten die Gunst des Königs und die Leistung eine bedeutende korrigierende Rolle; denn jetzt zählte ein (aus dem Bürgertum oder dem Robenadel stammender Minister) mehr als ein Herzog. B. und S. sprechen deshalb von einer gemäßigten »Meritokratie«: Es fällt auch die Vermischung von Adeligen und »Roturiers« auf. So sind etwa 35 % bis 40 % der ersten Klasse mit den 40 *Fermiers Généraux Roturiers* und werden zusammen mit dem Dauphin, dem Duc d'Orléans, den Ministern und Staatssekretären in der selben Klasse aufgeführt. Deshalb ist darauf zu verweisen, daß in der Klasseneinteilung keine klare Grenze zwischen dem Adelsstand und dem Dritten Stand existierte, ja es kommen sogar adelige Soldaten in der 22., d. h. der letzten Klasse vor. Die 19. Klasse führt unter Rang zwei nach den Infanteriehauptleuten und -majoren die Adeligen auf, die weder Lehen noch Schloß besaßen. Eine gewisse soziale Grenze sehen die Autoren allerdings zwischen der 13. und 14. Klasse, da ab der 14. keine »Charges anoblissants« mehr vorkamen.

Nach der detaillierten, sehr guten Analyse sind auf S. 99 ff. der Tarif selbst abgedruckt, dann folgen ein nützliches Register, das diese Quelle erschließt (S. 115 ff.) und zwei längere Tabellen über den Kapitalbesitz (S. 135 ff.), sowie die Einkünfte einiger Steuerpflichtiger (S. 177 ff.), und das jeweils mit Quellenangabe. Dabei stützen sich die Autoren vor allem auf Memoirenliteratur wie den Journal von Dangeau und auf Quellen der Serie P im Pariser Nationalarchiv. Der Band wird durch ein Personenregister und das Inhaltsverzeichnis abgeschlossen.

Das Literaturverzeichnis ist extrem knapp und enthält nur wenige französisch-sprachige Schriften. Bei der Präsentation der Quelle wären vielleicht genauere Hinweise (mit Literaturangabe) auf außerfranzösische Kopf- und Klassensteuern sowie entsprechende vergleichende Betrachtungen lehrreich gewesen. Interessant ist, daß die Autoren versuchen, die l.t. von damals in Francs von 1982 (S. 18) umzurechnen. Da jedoch eine solche Umrechnung sehr problematisch und deshalb unter Fachleuten sehr umstritten ist, hätte man sich gewünscht, hier etwas über die angewendeten Kriterien und Umrechnungsmaßstäbe zu erfahren.

Wenn wir zusammenfassen, so ist zu betonen: es handelt sich um ein sehr interessantes Buch, eine detaillierte aufschlußreiche Analyse, welche sehr instruktive Aufschlüsse vor allem für die oberen Schichten der Gesellschaft des französischen Ancien Régime liefert.

Peter C. HARTMANN, Mainz

Daniel GORDON, Citizens without Sovereignity. Equality and Sociability in French Thought, 1670–1789 Princeton (University Press) 1994, 270 S.

»Wie halten Menschen ihre Würde aufrecht, die in einem autoritären Regime leben?« Diese allgemeine, aktuelle Fragestellung regte G. an, den »von französischen Autoren geschaffenen besonderen ideologischen Raum, der weder absolutistisch noch demokratisch war«, zu untersuchen. Entgegen der nach G. sonst üblichen Bewertung der (aufklärerischen) Geselligkeit und Gesellschaften als Vorläufer demokratischer Gesellungsformen oder gar von Revolution und Terreur gehe es ihm um den Nachvollzug eines eigenständigen ideologischen Konstrukts (?).

Nach einer braven Einführung zum *Policey-Staat* und einer – von G. zugegeben – schematischen und von der Forschung überholten Darstellung des »Absolutismus« (als schwarzer Folie) konstruiert G. fünf Idealtypen von Geselligkeit als »Liebe zum Austausch«, »Verbreitung des Absolutismus« (Akademien, Handelskollegien), »Verbindung zwischen Fremden« (Auffangen von Migrationsfolgen), »Sozialisierung und Erziehung« (für Aufsteiger) und »Wiederherstellung des ›logos‹« (also Ort für vernünftige, wenn auch notwendig entpolitisierte, Rede). Auf diese »Idealtypen« kommt er im folgenden nicht mehr zurück, so daß ihr Nutzen offen bleiben muß. Geselligkeit könne definiert werden als »Anstrengung, eine Verhaltenssphäre zu schaffen, in der sich Menschen wie Menschen benehmen können, ohne souveräne Bürger zu werden.« (42)

Es folgt in »die Sprache der Geselligkeit« eine Wortfeldanalyse zu »social, sociable, société, sociabilité«, die im Vergleich zu Reichardts Lexikonartikeln auf einer erstaunlich dünnen Quellenbasis beruht; G. teilt zwar die Datenbankauswertung eines anderen Forscherteams mit, stellt aber nicht einmal deren Textkorpus nachvollziehbar dar. Daß das Begriffsfeld im 18. Jh. an Bedeutung stark zunahm, war bekannt, daß ihm Säkularisierungstendenzen innewohnen, ebenfalls.

Zur Civiltéliteratur wird im dritten Kapitel deren nicht nur hierarchiebezogener sondern – soweit für den Salon geschrieben – auch egalitärer Charakter – auch gegen Elias – herausgestrichen. Außerdem stehe sie in der zweiten Spannung zwischen militärisch-politisch-öffentlichem und privatem Leben. In beiden Fällen gelinge es ihr, den Raum der Geselligkeit aufzuwerten, der dann auch durch Ethisierung und Anschlüsse zum Naturrechtsdenken gestärkt wurde. Diese intensive Beschäftigung mit der Conversation im späten 17. Jh. sei der Weg gewesen, auf dem die Aufklärungsideen in das aristokratische Denken eindringen konnten.

So sei die Rezeption der schottischen Aufklärung in Frankreich insbesondere in dem Sinne wichtig, daß die zivilisierenden Wirkungen des Handels als Erweiterung bisherigen Denkes über Geselligkeit eine leicht akzeptable Idee wurde. Im fünften Kapitel wird anhand des wichtigen Verbreiters von Aufklärungsideen, André Morellet, der auch die Revolution überlebte, gezeigt, welche Vorstellungen von Geselligkeit sich in seinen öffentlichen Auseinandersetzungen, Publikationen etc. offenbarten. Das Beispiel gewinnt Kontur durch die mit ausgewertete Autobiographie, in der Morellet Erfahrungen mit dem revolutionären Terror als neuer Form von Öffentlichkeit verarbeitet, die einen Bruch mit seinem aufklärerischen Verständnis überdeutlich machen.

Insgesamt bietet das Buch Bausteine zu der mittlerweile durch sozialgeschichtliche Arbeiten von Farge und Gestrich weit vorangetriebenen Debatte um Geselligkeit und Öffentlichkeit.G. ist methodisch unentschieden zwischen Höhenkamminterpretationen (viel Proseminaristisches zu Pufendorf und Hobbes) und Begriffsgeschichte (ohne angemessenes Quellenkorpus), ignoriert (vorsätzlich?) Foucaults Diskurstheorie (wenn G. dann auch Publikationen mit Breitenwirkung bevorzugt untersucht) ebenso wie »Kritik und Krise« von Koselleck, arbeitet sich statt dessen an Habermas ab, ohne die Diskussionen in der Folgezeit zu kennen, und endet schließlich im Allgemein-Menschlichen. Offenbar nicht vorhandene deutsche Sprachkenntnisse erweisen sich in diesem Fall als sehr fatal. Insgesamt ist es eine mühselige Lektüre ohne Zwischenzusammenfassungen; die wenig klare Fragestellung nach dem »ideologischen Raum« verführt zu Abwegen, bei denen sich der Rezensent immer wieder fragte, was der Zusammenhang mit dem Thema sein könnte. In dieser Buchreihe ein eher enttäuschendes Werk.

Martin DINGES, Stuttgart

Jean-Marc MORICEAU/Gilles POSTEL-VINAY, Ferme, Entreprise, Famille. Grande exploitation et changements agricoles. Les Chartier XVIIe–XIXe siècles, Paris (Editions de l'Ecole des Hautes Etudes en Sciences Sociales) 1992, 397 S.

Die Klasse der Großpächter ist nicht zuletzt durch die Arbeiten von Jean-Marc Moriceau (Mitautor des zu besprechenden Bandes) wieder in den Mittelpunkt des historischen Interesses getreten. Galten sie zunächst als Exponenten des agrarischen Fortschritts, so war es später auch *ihr* Immobilismus, der für die (vermeintliche?) Stagnation der französischen Landwirtschaft im 19. Jahrhundert mitverantwortlich gemacht wurde. Das vorliegende Buch relativiert beide Urteile. Es handelt von einer im Pariser Becken aktiven Großpächterdynastie, den Chartiers. Sie waren vorwiegend in Le Plessit-Gassot begütert, einem Dorf, das schon früh durch Claude Brunet in einer vorbildlichen Lokalstudie behandelt wurde. Die Autoren können an diese Ergebnisse anknüpfen und überdies eine Familienüberlieferung nutzen, die als Glücksfall bezeichnet werden kann. Die Pächterdynastie hat mehrere Anschreibebücher hinterlassen, das erste für den Zeitraum von 1690 bis 1694, das zweite von 1735 bis 1753 (mit Auslassungen), schließlich für das Ende des 18. und Teile des 19. Jahrhunderts. Aus letzterem werden im Anhang einige Passagen abgedruckt.

Der methodische Neuansatz besteht in der konsequenten Kombination von Familien- und Wirtschaftsgeschichte, wobei zunächst erstere ausführlich thematisiert wird. Die Chartiers waren eine der wenigen Familien, die den Hundertjährigen Krieg und die Agrarkrise der 1440er Jahre gut überstanden hatten. Als offenbar tüchtige Bauern besaßen sie das Vertrauen des Grundherrn, der sie als Domänenpächter und Zehnterheber einsetzte, eine Art Meier. Anfangs auf Kredite aus der Verwandtschaft und der Seigneurie angewiesen, gelang es ihnen im Verlauf des 16. Jahrhunderts, ihre Position zu festigen, ihre Heiratskreise in der gleichen sozialen Schicht und schließlich auch in städtisches Milieu hinein zu erweitern.

In dieser frühen Zeit war freilich auch der Ruin allgegenwärtig: ein früher Tod, unversorgte Kinder, eine Baisse der Getreidepreise, Pachtrückstände konnten zum abrupten Ende von Familienkarrieren führen. Nachdem die Tiefpreisphase und die kriegsbedingte Stagnation im zweiten Drittel des 17. Jahrhunderts überwunden waren, war der Aufstieg hingegen kaum noch aufzuhalten, am ehesten noch im ersten Drittel des 18. Jahrhunderts.

Das sind freilich bekannte Konjunkturtatsachen. Im ersten Teil des Buches werden sie geschickt mit individuellen und kollektiven Familienschicksalen verbunden. Es gab – wie auch im bäuerlichen Milieu – zwei Hauptprobleme: die Versorgung der Alten und die Unterbringung der zahlreichen Kinder. Erst dann – und das ist eine der zentralen Botschaften des Bandes – konnte an eine wirtschaftliche Expansion gedacht werden. Zuvor war noch der keineswegs niedrige Pachtzins zu entrichten.

Besonders bei der Plazierung der Kinder konnten die Pächter Strategien entwickeln, die die Möglichkeiten von Bauernfamilien überschritten. Schon im späten 17. Jahrhundert ist ein Ansteigen der Bildungsausgaben zu beobachten, die dann das 18. Jahrhundert hindurch linear wachsen. Den weichenden Geschwistern (obwohl die Möglichkeit der Realteilung bestand, waren die Chartiers im Einvernehmen mit den Eigentümern an geschlossener Übergabe interessiert) wurde auf diese Weise nicht nur ein bisweilen komfortables Leben ermöglicht, es begannen sich auch die Horizonte der Pächterfamilie auszuweiten. Nicht nur städtische Händler, auch Notare, Geistliche und Nonnen finden sich unter den Nachkommen der Pächter.

Sie behielten Kontakt zu ihren ländlichen »Wurzeln«. Darin lag auch ein weiterer Sinn der Bildungsinvestitionen verborgen. Der Pfarrer aus der Dynastie schloß Ehen, der Notar beglaubigte Käufe und Verkäufe, der Kaufmann sondierte den städtischen Markt, die Nonne schließlich trat in den Ursulinenkonvent ein, von dem die Chartiers einen Großteil ihrer Ländereien gepachtet hatten. Auf diese Weise gelang es den Pächtern, Sozialkapital zu akkumulieren, das sich in der Mitte des 18. Jahrhunderts sogar als entscheidend für den wirtschaftlichen Erfolg erweisen sollte.

Die agrargeschichtliche Analyse im engeren Sinne, beginnend mit dem Anschreibebuch von 1690, scheint zunächst die Immobilismus-These zu erhärten. Im Verlauf des 18. Jahrhunderts stiegen die Getreideerträge nicht an, der Bestand an Kühen und Rindern – ohnehin nicht überwältigend – nahm eher ab als zu, die Schafherde wurde im Sommer aufgebläht und im Winter auf das Nötigste reduziert. Auch von der Marktmacht eines Großproduzenten ist im 17. Jahrhundert wenig zu erkennen. Zwar sind hohe Gewinne in Krisenjahren charakteristisch, sie entsprachen aber eher der Natur der Sache als spekulativer Terminierung der Verkäufe. Staatliche Marktregulierungen taten ein übriges. Trotz der Bevölkerungsexplosion in der Hauptstadt änderte sich daran auch im 18. Jahrhundert nicht viel.

Die Chartiers scheinen zunächst das Beste daraus gemacht zu haben. Da die Marktverhältnisse schwer zu beeinflussen waren, suchten sie »die Kosten« zu senken. Der Eindruck der Immobilität ist also nur Schein. Das späte 17. und das 18. Jahrhundert ist gekennzeichnet vom Bestreben nach Arrondierung und Flurbereinigung, und tatsächlich konnten erhebliche Skalenvorteile erreicht werden. Die Arbeitsproduktivität nahm mit der Flächenzusammenlegung zu, der Stamm an ständigen Arbeitskräften reduzierte sich von 9.3 (Ende des 17. Jahrhunderts) auf 8.1 (Ende des 18. Jahrhunderts) pro Hektar. Zwar kein Immobilismus, aber doch »histoire lente«.

Auch hier trügt der Schein. Zunächst paßt nicht in das Bild, daß sich trotz Stagnation bzw. Rückgang der Rindviehbestände die Nährstoffbilanzen verbesserten. Waren 1690 nur 80% des Winterfeldes gedüngt, waren es ab etwa 1740 immer 100 %. Dahinter verbirgt sich letztlich geradezu eine Explosion der Geschäftstätigkeit, die im wesentlichen François Chartier zuzuschreiben ist. Ohne den stagnierenden Getreidemarkt aus den Augen zu verlieren, begann er um 1730 ein neues Geschäft: die Lieferung von Heu, Stroh und Hafer an die Pferde der Stadt, deren Anzahl noch stärker als die der Bevölkerung gewachsen war.

Freilich war der Futtermarkt bald ähnlichen Beschränkungen wie der Getreidemarkt unterworfen. Hier kam ein Jurist aus der Familie zu Hilfe. Er vermittelte dem Landwirt direkte Verbindungen mit seinem Dienstherrn, einem hohen Beamten bzw. dessen Pferdeställen. Es gab noch ein zusätzliches Problem. Mit dem Stroh (und indirekt auch dem Heu) wurde dem Betrieb Dung entzogen. Dem begegnete François zunächst mit verstärkten Bemühungen um die Schafhaltung. So besorgte er sich im Frühjahr Schafe z. B. aus der Beauce (ca. 100 km entfernt), um sie im Herbst wieder zu verkaufen. Dies reichte jedoch bei weitem nicht aus, um den dokumentierten guten Dungzustand zu erreichen. Letztlich nutzte er eine Kalamität des vorstädtischen Pferdestalls. Auf dem Rückweg auf die *Ferme* wurde der Wagen mit Pferdemist beladen, dessen »Entsorgung« dem Beamten Schwierigkeiten machte, der (hochwertige) Dung wurde also »außerbetrieblich« produziert. Schließlich gelang es François noch, als er der wachsenden und unregelmäßigen Nachfrage wegen seiner prekären Transportkapazitäten nicht mehr nachkommen konnte, die Kunden gegen ein nur geringes Entgelt zur Übernahme der Transportleistung zu bewegen. Eine Art »Teilbetrieb« also.

Das »goldene« 18. Jahrhundert der Chartiers basierte zunächst also auf Rationalisierung und der Ausnutzung von Marktchancen mit einer geschickten Verlagerung der Akzente. Hinzu kamen niedrige Löhne im Umkreis der Metropole sowie extrem mobile und disponible Arbeitskräfte. Die Revolution mit ihrer (freilich nur latenten) Aversion gegen den Großbesitz konnte man daher über sich ergehen lassen, zumal in Le Plessit-Gassot, wie schon bei Brunet nachzulesen, im Gegensatz zu anderen Gemeinden Beschwerden gegen Großpächter nicht artikuliert wurden. Die *loi agraire* kam ohnehin nicht zustande, stattdessen konnten die Chartiers die ehedem zu hohen Zinsen gepachteten Kirchenländer nahezu vollständig als Nationalgüter erwerben.

Der weitere Aufschwung wurde im 19. Jahrhundert freilich gebremst. Weniger durch die Nachwirkungen aus den Landkäufen (die waren zu den bekannt guten Bedingungen getätigt und schnell überwunden) als durch die Verteuerung der Arbeitskräfte zunächst im Gefolge der Kriege, dann einer bescheidenen Industrialisierung. An die Einführung arbeitsintensiver moderner Kulturen war demnach nicht zu denken, eher an weitere Einsparungen, z. B. in der Milchproduktion. Dennoch gelang es den Chartiers, die Erwerbungen des 18. Jahrhunderts zu halten, während risikofreudige Unternehmer – wie eine Nebenlinie in einem Nachbarort – schnell den Ruin erlebten.

Im Kern bestätigt die Arbeit die aus dem Makrobereich bekannten konjunkturellen Entwicklungen. Sie ist jedoch ein hervorragendes Beispiel, wie solche in einer Mikrostudie an Plastizität gewinnen können, durch die v. a. die mobilen, »fortschrittlichen« Elemente des 18. Jahrhunderts als »Agrarrevolution vor der Agrarrevolution« auch qualitativ in neuem Licht erscheinen können. Vergleiche mit englischen Situationen (London Transport) liegen auf der Hand.

Überzeugend auch die Integration von Wirtschafts- und Familiengeschichte, die zu einem tieferen Verständnis des Wortes »Familienunternehmen« führt. Freilich wären einige Redundanzen auf dem Gebiet der Familiengeschichte zu vermeiden gewesen. Andererseits hätte die Stellung der Chartiers als »coques« in der Gemeinde stärker akzentuiert werden können. Hier ist man auf die Studie von Brunet verwiesen.

Werner Trossbach, Witzenhausen

Detlef Döring, Frühaufklärung und obrigkeitliche Zensur in Brandenburg. Friedrich Wilhelm Stosch und das Verfahren gegen sein Buch »Concordia rationis et fidei«, Berlin (Duncker & Humblot) 1995, 136 S. (Quellen und Forschungen zur brandenburgischen und preussischen Geschichte, 7).

M. Döring a découvert à Berlin et Potsdam un ensemble de documents relatifs aux poursuites lancées contre l'unique ouvrage de Friedrich Wilhelm Stosch, sa »*Concordia rationis et fidei*«, petit livre condamné et brûlé à Berlin au printemps de 1694, et à la procédure entreprise à Francfort-sur-l'Oder contre les libraires coupables d'avoir diffusé l'ouvrage. Ces documents sont édités aux pp. 82–110, ils sont précédés de six chapitres où l'A. étudie la fortune de la »*Concordia*«, qu'une longue tradition qualifie de »spinoziste«(I); retrace la vie du Stosch et le procès dirigé contre lui (II); étudie l'arrière-plan confessionnel et théologique de ce procès (III). M. Döring évoque ensuite les adversaires de Stosch et la manière dont il se défendit (IV); fait l'analyse du contenu de la »*Concordia*« et de sa position vis-à-vis du christianisme (V) et il examine enfin la diffusion de la »*Concordia*« et ses acheteurs (VI).

Le chap. II pris pour l'exemple donne une bonne idée du soin mis par M. Döring dans l'appréciation de l'affaire Stosch. L'A. relève ce qu'a d'extraordinaire la composition de la commission d'enquête réunie contre Stosch et qui au bout du compte traita son cas avec indulgence et retenue: Samuel von Pufendorf; Philipp Jacob Spener, un des pères du premier piétisme; un proche de Leibniz, Daniel Ernst Jablonski; l'illustre Ézéchiel Spanheim; Paul von Fuchs et enfin Benjamin Bär, c'est-à-dire exactement ce qui se fait de mieux dans le Berlin théologique et intellectuel de ces années-là. Cela s'explique sans doute par les origines familiales de Stosch, fils d'un prédicateur aulique et apparenté à des familles influentes. On a traité l'affaire avec autant de discrétion que possible (chap. III, p. 37), et on ne peut expliquer la mésaventure arrivée à Stosch qu'en prenant en compte dans toute leur complexité les rapports des confessions chrétiennes entre elles dans le Brandebourg d'alors. La dynastie est officiellement hostile au catholicisme mais atténue un peu cette position dès lors qu'elle pense à la »peuplade« (*Peuplirung*, p. 41). Réformés et luthériens ne sont pas en bons termes quant aux questions théologiques »scolastiques« et s'affrontent aussi sur certaines questions relatives au cérémonial, l'A. évoque à ce propos la dispute sur l'exorcisme lors du baptême, et plus que les disputes dogmatiques pures ces questions ont un écho parmi les fidèles »ordinaires« (pp. 40–45). Les édits de tolérance du Grand Électeur sont une plaie encore ouverte, et c'est le père de Stosch qui en avait été l'instigateur en leur temps. Le piétisme est en train de connaître son essor (plus de 500 écrits hostiles ou favorables au piétisme publiés entre 1691 et 1699), et cette intrication de difficultés hétérogènes conduit l'A. à écrire que:

»Il tombe sous le sens de supposer qu'il ne pouvait pas être de l'intérêt d'une autorité publique réformée de donner l'impression, en laissant le champ libre à la »*Concordia*«, que les athées allaient eux aussi pouvoir répandre sans entraves leurs idées dans un Brandebourg [déjà] suspect de piétisme à cause de l'action de Spener et d'autres piétistes, d'autant que l'on trouve dans la »*Concordia rationis et fidei*« des thèses qui se revèlent proches [au moins] extérieurement des positions des piétistes (Mise en valeur du rôle des laïques dans l'Église; critique du caractère doctrinal de la théologie de l'époque (la scolastique); en revanche l'accent mis sur la Bible comme seul fondement du christianisme; un plus fort accent mis sur l'Ancien Testament; une insistance plus marquées sur l'éthique) «(p. 47).

A cette situation idéologique déjà délicate s'ajoute le combat mené par Schmettau et d'autres contre un athéisme à peu près inexistant (pp. 48–50) et un autre combat contre le socinianisme (pp. 49–52). M. Döring souligne enfin le rôle dans l'affaire du reproche de crypto-catholicisme. Stosch cherchait en effet – le titre de sa »brochure« (p. 74) le dit nettement – l'accord de la foi et de la raison, question capitale pour les deux confessions protestantes et dans lesquelles Stosch avait »franchi la ligne rouge« par ses énoncés ambigus quant au rôle de la Révélation (p. 43, p. 59).

Outre la vigilance de sa critique, on est frappé, dans le travail de M. Döring, par les réévaluations qu'il effectue. Il met en cause, avec des arguments à l'évidence troublants, l'épithète de »clandestin« appliqué au texte de Stosch et à sa circulation. Il rappelle en termes fort nets que le »style de répression« n'est pas le même dans la Prusse de 1693–1694 que celui du tristement célèbre brasier du 10 mai 1933, à peu près dans les mêmes lieux, et d'autre part qu'un Pufendorf, un Thomasius ou un John Milton justifient en leur temps les poursuites judiciaires contre les livres, ou vont même, dans le cas de Pufendorf, jusqu'à en réclamer des autorités (pp. 11–12), ce serait un travail utile qu'un inventaire de ces cas d'appels à la censure d'hommes de plume dressés les uns contre les autres, propre à redresser à due proportion l'image parfois trop irénique d'une République des Lettres pacifiée. A cette mise en garde contre l'anachronisme, M. Döring ajoute (au chap. VI) les observations socio-économiques que l'on évoque ci-dessous.

Un lecteur français privé de l'accès au texte de Stosch (sur cette difficulté à lire la »*Concordia*« voir la n. 1 p. 5) ne peut pas porter d'appréciation sur le chap. V mais on peut mentionner qu'on y trouve une étude très fine du sens et de la portée de la »*Concordia*« par rapport à la théologie chrétienne alors reçue en Prusse et en Allemagne. La »*Concordia*« est quelque peu chaotique, se présente comme une collection d'aphorismes ou de fragments (p. 74). L'A. récapitule son analyse p. 75: Stosch n'a pas été un destructeur de la religion anticipant l'avenir. La vivacité des réactions qu'il a essuyées résulte de la situation des Églises et du mouvement théologique en Prusse à l'époque et du coup qu'il portait à un consensus alors reçu quant à la conservation d'une substance du christianisme reconnue comme irréductible. Pufendorf n'a pas tort de penser que Stosch est une tête bizarre (p. 74), les allusions abondantes de l'auteur de la »*Concordia*« aux »monstres« Spinoza, La Peyrère et Hobbes aggravaient son cas et

»...l'on fit de la la production inoffensive et quelque peu saugrenu d'un »philosophe du dimanche« l'exemple d'un radicalisme destructeur de la religion« (ibid.).

M. Döring se garde d'omettre la question d'un »spinozisme« de Stosch, qui est traitée pp. 59–60, l'A. aboutissant à des conclusions nuancées. On peut légitimement se rallier aux vues de Winfried Schröder en considérant que le »spinozisme« de la »*Concordia*« n'est que *partiel*, mais M. Döring se refuse à suivre ce même auteur quand il se fonde sur une faible diffusion de Spinoza en Allemagne et sur l'absence du nom de Spinoza dans les papiers de la procédure pour conclure à l'impossibilité d'une dépendance de Stosch envers Spinoza. M. Döring répond que le nom de Spinoza apparaît bel et bien (associé comme il se doit à Hobbes et à La Peyrère) dans des »*Antitheses*« écrites par Stosch pour sa défense, et réfute l'idée que le Berlin savant n'aurait pas entendu parler de Spinoza en rappelant le succès des accusations de spinozisme lancées peu auparavant contre Tschirnhaus par Thomasius[1].

Toutefois l'A. relève aussi (p. 78) que les conclusions de Max Grunwald (1897), que Stosch aurait fait »la propagande la plus active pour le spinozisme« et celles de Wolfgang Förster (1989) que l'œuvre de Stosch aurait eu »un effet considérable sur les forces les plus progressistes de la bourgeoisie allemande« ne sont pas fondées en documents, et que la fort mince diffusion de la *Concordia* – un tirage de l'ordre de la centaine (p. 76), vingt-deux exemplaires imprimés connus, auxquels s'ajoutent un petit nombre de manuscrits – exclut à elle seule que l'on ait pu savoir grand-chose de ce texte (p. 17, p. 79). De même des notes anciennes aux pages de garde des exemplaires signalent-elles souvent la particulière rareté de l'œuvre au XVIIIe siècle (ibid.). Les personnes – appartenant le plus souvent aux couches aisées, noblesse, haut appareil d'État et au milieu ecclésiastique, voir la liste très impressionnante de la p. 81 – qui l'achètent trouvent le livre bien cher et l'A. suggère nettement (p. 81) que souvent elles font ces frais dans un but *documentaire*, afin de connaître les arguments d'un athéisme qu'elles combattent par ailleurs ne fût-ce qu'ex *officio*. J. F. Reimmann a ainsi composé une »*Historia atheismi*« et possède un exemplaire de la *Concordia* et M. Döring emporte évidemment l'adhésion sur ce point parce qu'il ne trouve pas moins de huit ecclésiastiques à avoir possédé la *Concordia* (p. 81), c'est la notion même de clandestinité qui est de nouveau mise en examen.

M. Döring a certainement fait œuvre utile et salubre. Utile en soumettant à des lecteurs qu'il faut souhaiter nombreux non seulement ses vues et ses conclusions mais le dossier documentaire d'une *étude de cas*, ce second volet du travail permettant à qui le souhaiterait de ju-

1 Appuyons M. Döring d'une fiche pour suggérer qu'au dix-septième siècle l'accusation de spinozisme, et de lire La Peyrère a pu aussi être un passe-partout polémique toujours à portée de main et très proche de l'absurde dans le cas suivant: en 1685 Larroque dans »*Les véritables motifs de la conversion de M. de la Trappe*...« lance ces imputations, en y ajoutant celle de suivre Richard Simon (!), contre M. de Rancé, docteur en théologie, d'abord cistercien de la stricte observance puis fondateur dans cet ordre de sa propre réforme. Revenons au monde protestant pour un autre cas de *ready made* idéologique: Brian Armstrong et Élisabeth Labrousse ont relevé qu'on y accusait à tort et à travers de »socianisme«, et cela »en dépit de positions théologiques complètement différentes de celles des Antitrinitaires polonais« (B. A. et É. L., »Une lettre de Jean Durel à Charles Drelincourt«, dans B. S. H. P. F., avril–mai–juin 1976, pp. 263–279, la lettre éditée est de 1661, la citat. p. 271).

ger sur pièces. Quiconque admet que la réflexion historique cherche à tirer autant que possible des conclusions générales d'un agrégat de cas singuliers trouvera ici matière à réflexion – la première étant la vérification, rendue aussi facile que possible – dans le »sac de procès« que présente M. Döring. Le livre est en outre salubre par sa vigilance critique en général, sur la question de l'administration de la preuve en particulier: M. Döring soulève des questions fort importantes par son objection épineuse à W. Schröder sur le spinozisme de Stosch (cf. ci-dessus), ou encore en faisant observer à bon droit (p. 17) que le plus grand nombre de ceux qui au XVIIIe siècle rangèrent Stosch sous la bannière du spinozisme n'avaient pas pu le lire (!), que l'on a donc affaire pour ainsi dire à une rumeur intellectuelle, on ne rapporte pas tant ce qu'a pensé Stosch en son temps que ce que l'on a cru qu'il pensait, ou ce que l'on s'en était fait dire, ou ce que l'on en avait lu quelque part et que l'on reprenait de confiance (pp. 15–17).

Une mince erreur (p. 58 et n. 223: E. Spanheim, les passages que M. Döring lui consacre sont fort intéressants et bien venus –, s'est toujours occupé à la fois, avec une puissance de travail étonnante, de théologie, de philologie ancienne, de numismatique et de son métier d'ambassadeur, M. Döring pourrait avoir confondu E. Spanheim le diplomate avec son frère le professeur de théologie en Hollande) n'empêche en rien de se réjouir de cette publication parce qu'elle réussit avec solidité et brio la synthèse entre deux démarches savantes qui n'ont que trop tendance à se séparer: l'histoire des idées et celle de leur inclusion dans un horizon historique empirique-concret dont elle ne peut se séparer sans dommage. Tous les horizons de compétence nécessaire sont explorés, en particulier celui de l'historiographie: il y a maintenant bien longtemps que l'on écrit sur les livres de l'Age classique et les trois siècles de leurs lectures successives doivent absolument être pris en compte (voir le tableau des pp. 12–19). M. Döring a écrit un livre exemplaire en ce qu'il se garde aussi bien d'une histoire des idées qui se réduirait à une rapsodie d'abstractions que d'une histoire du livre et de la lecture dans laquelle le contenu de ce que l'on lit n'apparaîtrait quasiment plus, L'histoire du livre peut être une branche de l'histoire générale de l'industrie et du commerce, celle des entreprises qui fabriquent et vendent des livres. L'histoire des livres est celle de leur lecture, de leur fortune, des malentendus qui les ont entourés. *Pro captu lectoris habent sua fata libelli*, et M. Döring fait en profondeur l'*aestimatio captus* des six membres de la commission qui se réunit en ce temps-là à Berlin.

Pierre-François Burger, Paris

Deutsche in Frankreich. Franzosen in Deutschland 1715–1789. Hg. von Jean Mondot, Jean-Marie Valentin und Jürgen Voss, Thorbecke (Sigmaringen) 1992, 330 S. (Beihefte der Francia, 25).

Dieser Band enthält die Vorträge, die vom 20. bis 22. September 1990 im Rahmen des ersten gemeinsamen Kolloquiums der »Société Française d'Etude du XVIIIe Siècle« und der »Deutschen Gesellschaft für die Erforschung des 18. Jahrhunderts« gehalten wurden. Die einzelnen Studien sind einem Themenkomplex gewidmet, der bisher von der Forschung stark vernachlässigt wurde, wobei aus interdisziplinärer Sicht jeweils der Forschungsstand dargestellt und Forschungslücken aufgezeigt werden. Der Band zeigt weiter, daß die deutsch-französischen Beziehungen über Staat, Politik, Wirtschaft und Kultur hinaus auch eine starke sozialgeschichtliche Seite haben, die bisher bei den meisten Versuchen einer Gesamtübersicht übersehen oder zu wenig beachtet wurde. Durch verschiedene Forschungen sind zwar Einzelschicksale von Deutschen in Frankreich und von Franzosen in Deutschland bekannt, aber die Geschichtsschreibung kann heute noch immer nicht sagen, wieviel Deutsche in Frankreich und Franzosen in Deutschland im 18. Jahrhundert lebten und wirkten. Geprüft werden muß auch noch die Frage, welchen Berufen diese Menschen nachgingen, weil es sich nicht nur um Diplomaten, sondern auch – wie einige Beiträge zeigen – um Handwerker, Kaufleute, Soldaten, Schriftsteller, Sprachlehrer, Wissenschaftler und Künstler handelte. Der hohe Adel kam vor allem durch Eheverbindungen in das andere Land. Sehr breit ist auch das Spektrum jener Reisenden, die nur auf Zeit im anderen Land weilten. Einige Studien im vorliegenden Band verdeutlichen, daß die Anwesenheit von Franzosen in Deutschland und Deutschen in Frankreich zum Teil auch das Bild des betreffenden Volkes und dessen Mentalität geprägt hat.

Nicht berücksichtigt wurden im vorliegenden Band die zahlreichen französischen Sprachlehrer im Deutschland des 18.Jahrhunderts und die französischen Höflinge in Deutschland, die nicht nur in Berlin, sondern auch in Kassel oder Mannheim und in anderen Städten Deutschlands anwesend waren. Nicht behandelt wurden darüber hinaus auch Persönlichkeiten, die im anderen Land lebten, wie z. B. Holbach, oder starken Einfluß hatten, wie Voltaire, weil es zu ihnen schon sehr gute Studien gibt.

Die einzelnen Aufsätze (Vorträge) reichen von diplomatischen Vertretern (Lucien BELY, Hans SCHMIDT), Akademien (Jürgen Voss), Offizieren (Bernhard R.KROENER), hugenottischen Réfugiés (Eckart BIRNSTIEL) über Handwerker (Ulrich-Christian PALLACH), Handel und Großhändler (Jean MEYER), Journalisten (Edgar MASS), Architekten (Irene MARKOWITZ), Musiker und Komponisten (Françoise KARRO), Künstler (Michael WERNER), Kulturvermittler (Jochen SCHLOBACH) bis zu Übersetzern (Jürgen von STACKELBERG), Wissenschaftlern (Roselyne REY), Reisen und Reisepraxis (Thomas GROSSER), autobiographischen Berichten (Anne-Marie COCULA), Rechtsstellung der Franzosen in Deutschland (Rainer SCHRÖDER), Lutheranern in Paris im 17. und 18. Jahrhundert (Janine DRIANCOURT-GIROD), Aufträge/ Missionen (Dominique BOUREL), Franzosen in den Hansestädten und in Altona (Franklin KOPITZSCH, Ursula STEPHAN-KOPITZSCH) und Deutschen in Bordeaux (Michael ESPAGNE).

Die meisten Studien bringen zu den hier genannten Aspekten Fallstudien oder gehen auf einzelne Persönlichkeiten und ihr Wirken ein. In der kurzen Einführung hebt Jürgen Voss die Bedeutung und Schwerpunkte des Konferenzbandes hervor und verbindet damit die Hoffnung, daß diese Aufsätze zu weiteren Forschungen anregen werden. Diese Absicht ist mit diesem Tagungsband zweifelsfrei erreicht worden: die künftigen Arbeiten werden auf diese Studien zurückgreifen müssen, auch dann, wenn sie eine zusammenfassende Gesamtdarstellung nicht ersetzen können. Sie muß erst noch geschrieben werden.

Helmut REINALTER, Innsbruck

Von der Elbe bis an die Seine. Kulturtransfer zwischen Sachsen und Frankreich im 18. und 19. Jahrhundert. Hg. von Michel ESPAGNE und Matthias MIDDELL, Leipzig (Leipziger Universitätsverlag) 1993, 414 S. (Deutsch-Französische Kulturbibliothek, 1).

Gewiß, der Kulturtransfer ist keineswegs an politisch relevante Größenverhältnisse gebunden. Dennoch provoziert bereits der Titel des Sammelbandes eine Prise kritischer, wenn nicht ironischer Aufmerksamkeit. Ist es sinnvoll und produktiv, geistige Verbindungen zwischen einem deutschen Mittelstaat und der europäischen Großmacht aufzudecken? Wird hier nicht ein mangelhafter Sinn für Proportionen erkennbar? Solche und ähnliche Fragen mögen an die Vermutung gekoppelt sein, ein neuerwachtes sächsisches Eigenbewußtsein schaffe sich seine historische Legitimation. Auch die Neuauflage französischer Neigungen, den östlichen Nachbarn lieber im Plural wahrzunehmen und »les Allemagnes« auseinanderzudividieren, mag dem Leser des Buchtitels in den Sinn kommen. Die Lektüre des Inhalts belehrt Skeptiker freilich schnell eines Besseren.

Den beiden Herausgebern geht es darum, »zwei Kulturparadigmen – Frankreich und Deutschland – zu relativieren, indem die Verflechtungen des sächsischen Territoriums mit der französischen Geschichte durch Detailanalysen beleuchtet werden«. Verborgenes oder Verdrängtes soll ausgegraben werden; »archäologische Spurensicherung« ist das Ziel. Dabei favorisieren Michel Espagne und Matthias Middell einen offenen Kultur-Begriff, in dem alle

Seiten menschlicher Kommunikation ihren Platz haben. Und sie distanziern sich ausdrücklich vom materialistischen Basis-Überbau-Modell: Kultur wird nicht nur als Produkt, sondern auch als Faktor sozio-ökonomischer Prozesse verstanden.

On peut dire hardiment que dans aucun pays de la terre il n'existe autant d'instruction qu'en Saxe et dans le nord de l'Allemagne, schrieb Madame de Staël 1810 in ihrem Deutschlandbuch. Etienne FRANÇOIS zitiert im ersten Beitrag dieses Urbild französischer Deutschland-Wahrnehmung und nimmt die Schriftstellerin zur Zeugin seiner These, daß Sachsen in der deutschen Geschichte des 17. und 18. Jahrhunderts mehr Gewicht hatte, als ihm gemeinhin zugemessen wird. In der Tat verfügten die Kurfürsten über einige Trümpfe. Das Land hatte eine außergewöhnlich hohe Bevölkerungsdichte (60 Einwohner/km^2). Die Residenzstadt Dresden und die Messestadt Leipzig verkörperten politischen Gestaltungswillen und wirtschaftliche Potenz. Handel und Gewerbe blühten auf der Grundlage eines hohen Alphabetisierungsgrades und einer effizienten Verwaltung. Und nicht zuletzt konzentrierten sich in diesem Kernland der Reformation hochgradige kulturelle Leistungen (Literatur, Musik, Architektur usw.).

Die Voraussetzungen für einen durchaus regen Kulturtransfer waren also viel günstiger, als auf den ersten Blick anzunehmen ist. Die 25 folgenden Aufsätze erschließen Sektoren jenes Austauschs, der zugleich Hauptlinien europäischer Kultur reflektiert. Sie reichen von einem Abriß der Frankreich-Sicht des sächsischen Hofes und Adels (Siegfried HOYER) über Skizzen der buchhändlerischen Beziehungen zwischen Frankreich und Leipzig (Frédéric BARBIER und Helga JEANBLANC) bis zu Notizen zur Wagnerrezeption bei Joséphin Péladan (Ralf PANNOWITSCH).

Aus der Fülle des ausgebreiteten Materials seien zwei Beispiele kurz angesprochen. Das erste ist die kritische Auseinandersetzung mit einem literaturgeschichtlichen Allgemeinplatz. Marion MARQUARDT zeigt, daß die gängige Formel von Sachsen als Terrain, auf dem das französische Klassikmodell in der ersten Hälfte des 18. Jahrhunderts besonders fruchtbaren Boden fand, der Korrektur bedarf. Abgesehen von einer unzutreffenden Be- oder gar Verurteilung Gottscheds und seiner Leipziger Literaturschule als Hörige französischer Dichtungs-Standards hat das damals bereits einsetzende Ringen um Grundlegungen einer deutschen Nationalliteratur bisher wohl zu wenig Beachtung gefunden. Französische, aber auch englische und andere Vorgaben waren in der zeitgenössischen Literaturgeschichtsschreibung, die in Sachsen ein verlegerisches Gravitationszentrum hatte, eher Reibungsflächen als Vorbilder. Es gab auch ein markantes Desinteresse: In der 1734 erschienenen, mehrere tausend Seiten umfassenden »Historie der Gelahrheit« widmet der Autor Nicolaus Hieronymus GUNDLING nur fünf Seiten den französischen Dichtern des 17. Jahrhunderts.

Vielversprechende Streifzüge durch Archive der Normandie unternimmt Steffen SAMMLER. Dieses zweite Beispiel illustriert zugleich die Weite des hier verwendeten Kulturbegriffs, denn die Quellenbestände verweisen auf Kontakte, die auf den ersten Blick wenig mit geistigen oder künstlerischen Lebensäußerungen zu tun haben. So bildete Le Havre um die Mitte des 19. Jahrhunderts einen Schwerpunkt der deutschen Amerika-Auswanderung; nicht wenige mögen in der Hafenstadt geblieben sein und trugen zu ihrer durch Protestatismus und Arbeiterbewegung geprägten Kultur bei. Die Quellen lassen weiterhin auf einen regen normannisch-sächsischen Technologie- und Arbeitskräftetransfer schließen; so fand die um 1835 in Rouen erfundene Walzendruckmaschine bald auch in Chemnitz Verwendung, und die Wanderungen von Handwerksgesellen haben neben der bilateralen Beziehung zweifellos eine europäische Dimension. Ferner schufen der Handel und die konsularischen Vertretungen Bedingungen der Begegnung von Sachsen und Normannen. Und schließlich verweist der Autor auf die politische Emigration in der ersten Hälfte des 19. Jahrhunderts.

Insgesamt liefert der Sammelband weniger fertige Antworten als offene Fragen und erste Annäherungen. Darin liegt seine Produktivität. Ob die vielfältigen Ansätze zu tragfähigen

Studien größeren Umfangs führen, wird sich noch erweisen müssen. Jedenfalls hat dieser erste Band der Leipziger Reihe neuen Forschungsansätzen ein Forum geboten. Es ist ihr zu wünschen, daß sie sich etabliert und auch ihre bescheidene äußere Ausstattung hinter sich läßt, so daß zumindest der Einband der Mechanik des Lesens standhält.

Dieter Tiemann, Tours

Chantal Grell, Catherine Volpilhac-Auger (éd.), Nicolas Fréret, légende et vérité. Colloque des 18 et 19 octobre 1991,Clermont-Ferrand, Oxford (Voltaire Foundation) 1994, 213 p.

Apparemment, il s'agit d'une entreprise modeste: la publication des actes d'un colloque tenu en 1991 à Clermont-Ferrand et consacré à un érudit un peu effacé, Nicolas Fréret, personnage difficile à classer. Philosophe? Ou plutôt historien? Il s'intéresse à la chronologie, à la théologie, aux origines et l'histoire des peuples anciens malconnus, à l'histoire ancienne et à l'histoire de France, à la Chine et beaucoup d'autres sujets encore. C'est justement cette image floue qu'essaie de redresser et de clarifier Catherine Volpilhac-Auger dans son article d'introduction, »Nicolas Fréret: Histoire d'une image«. En fermant le volume, on se rend compte qu'on sait non seulement situer Fréret, mais aussi, qu'on connaît mieux l'histoire intellectuelle imbriguée dans cette première moitié du XVIIe siècle, qui sert d'arrière-plan à toutes les activités intellectuelles de Fréret.

Dans son article »Nicolas Fréret, la critique et l'histoire ancienne« Chantal Grell montre comment à l'époque du pyrrhonisme galopant, Fréret élabore non seulement une méthode critique, mais aussi une conception de l'histoire, peut être intuitive, qui est infiniment plus sophistiquée et en même temps plus perspicace que celle de ses contemporains. A l'aide de la géographie, de la chronologie, des langues, mais aussi des fables et des mythes, Fréret montre qu'on peut surmonter les contradictions des témoignages des anciens et de reconstituer un récit plus proche de la vérité, en hiérarchisant les témoignages.

Le bon sens de Fréret historien perce aussi à travers l'article de Jean Jacques Tatin-Gourier. »Les recherches de Fréret sur l'origine de la nation française«. Car, Fréret qui se situe à égale distance des germanistes aussi bien que des romanistes sait présenter et interpréter leurs »fables« comme une part du présent.

Fréret chronologiste est étudié par Blandine Kriegel. C. Larrère consacre sa contribution aux intérêts chinois de Fréret. Là, on découvre un Fréret philosophe qui cherche à démêler les liens entre la langue chinoise et la religion, voire, la philosophie, ou plutôt le manque de philosophie des Chinois. D'une manière tout à fait originale, Fréret oppose au comparatisme la priorité de l'étude interne.

Partant d'une lettre inédite de Fréret à Maffei, Gerhard Stanger attire l'attention sur la contribution de Fréret à l'éclaircissement de l'origine des Etrusques.

Dans »l'Impossibilité de l'histoire chez Fréret«, Marco Sartori montre comment à l'aide de la philosophie, Fréret surmonte ses propres doutes et ses propres difficultés: »La vraye critique n'est autre chose que cet esprit philosophique appliqué à la discussion des faits«.

Avec Daniel Droixhe, on découvre un Fréret linguiste tandis que Miguel Benitez discute l'attribution de *La lettre de Thrasybulle à Leucippe* à Fréret.

Terminons avec la conclusion de Catherine Volpilhac-Auger: »Ainsi Fréret a peut-être été le dernier des grands érudits, en un temps qui a vu la »défaite de l'érudition«: il a certainement assez d'audace et d'inventivité pour apparaître aussi comme un savant moderne: Mais son principal titre de gloire ne serait-il pas d'être à nos yeux ce qu'il ne pouvait être en son temps, historien et philosophe?«

Myriam Yardeni, Haifa

Gilles PERRAULT, Le secret du roi, Paris (Fayard) 1992, 584 p.

Die französische Außenpolitik unter Ludwig XV. ist ein sowohl von der französischen als auch von der internationalen Forschung seit Jahrzehnten vernachlässigtes Thema. Eine gewisse Ausnahme stellt dabei allerdings die persönliche Geheimdiplomatie des Königs (*Secret du Roi*) dar. Michel Antoine und Didier Ozanam haben – in Ergänzung der älteren Arbeiten von Boutaric (1866) und Broglie (1878) – die Geheimkorrespondenz zwischen Ludwig XV. und Charles-François Comte de Broglie in einer vorbildlichen Edition (1956/1961) veröffentlicht. Die ausführliche Einleitung dieser Quellenedition stellt für den Wissenschaftler nach wie vor den besten Überblick über die Entwicklung des *Secret du Roi* dar.

Die auf drei Bände angelegte Darstellung von Gilles Perrault, der sich unter anderem mit Arbeiten über die Rote Kapelle einen Namen als Spezialist für die Entwicklung der Geheimdienste im 20. Jahrhundert gemacht hat, setzt ganz andere Akzente als die akribische Quellenedition von Ozanam/Antoine. Die Darstellung, deren erster Band bis zum Jahr 1763 reicht, verzichtet völlig auf einen wissenschaftlichen Apparat. Das Buch besticht nicht durch neue wissenschaftliche Erkenntnisse, sondern durch eine fundierte und gekonnte Darstellung der Ereignisse, in der sich der Autor immer wieder mit Erfolg bemüht, die Entwicklung des *Secret du Roi* in den historischen Kontext einzuordnen. Angesichts der Gabe Perraults für treffende und ironische Formulierungen, die die Lektüre seines Buches zu einem Vergnügen machen, dürfte es ihm auch kaum ein Leser übel nehmen, daß manche der Exkurse etwas länger geraten sind als nötig. So findet man beispielsweise (S. 146–149) eine ebenso kompetente wie überzeugende Würdigung der Qualitäten Voltaires als Spion. Das entscheidende Novum des *Secret du Roi* sieht Perrault darin, daß es – anders als noch im Falle der Missionen Voltaires – hier nicht mehr nur um einzelne Aufträge für ad hoc ausgewählte Personen geht, sondern um einen regelrechten Geheim*dienst*, der sich allerdings letztendlich als völlig uneffizient erwies, und zwar vor allem aus zwei Gründen: ihm fehlte der nötige Handlungsspielraum und die nötige Rückendeckung bei seinem obersten Chef, dem König.

Hatten die Aktivitäten des *Secret* zunächst dem Ziel gedient, den Prinzen Conti, einen Cousin Ludwigs XV., auf den polnischen Thron zu bringen, so wandelte sich die Geheimdiplomatie nach dem Renversement des alliances von 1756 und dem fast gleichzeitigen Zerwürfnis zwischen Conti und dem König immer mehr zu einem Instrument, mit dem Ludwig XV. unter dem Einfluß von Broglie gegen seinen eigenen Außenminister konspirierte, ohne zwischen den beiden konkurrierenden politischen Linien eine klare Entscheidung zu treffen. In der Praxis bedeutete dies, daß mehr als einmal derselbe Diplomat vom König auf verschiedenen Kanälen widersprüchliche Anweisungen erhielt.

Bei mehreren Gelegenheiten arbeitet Perrault eindringlich heraus, wie Ludwig XV. durch derartige widersprüchliche Anweisungen von seinen Diplomaten Unmögliches verlangte. Den Auftrag, den Broglie als Botschafter in Warschau im Juli 1752 erhielt, faßt Perrault treffend in den Worten zusammen (229):

Broglie sollte also die Politik des Außenministers hintertreiben (und für diesen Obstruktionskurs auch noch dessen Zustimmung erreichen) und ihn (während der Minister selbst erklärte, keinen Kandidaten für den polnischen Thron unterstützen zu wollen) dazu bringen die Kandidatur Contis zu fördern (allerdings so, daß der Minister es selbst nicht merkte).

Im Juni 1761 erhielt Breteuil, der französische Botschafter in Petersburg, den Auftrag, den französischen Außenminister zu einer anderen Haltung gegenüber Polen zu bewegen. Perrault kommentiert treffend: »C'était à lui, Breteuil, qu'il revenait de diriger depuis Pétersbourg un ministre que Louis XV rencontrait tous les jours à Versailles, et qu'un mot tombé des lèvres royales eût suffi à ramener dans le droit chemin.«

Ludwig XV., dem Perrault Intelligenz und Arbeitseifer nicht abspricht, kommt deshalb in seiner Darstellung insgesamt (verdientermaßen) alles andere als gut weg. So sehr Perrault beim Urteil über die Person des Königs auf Distanz zu der drei Jahre vorher beim selben Verlag erschienenen hagiographischen Biographie Ludwigs XV. von Michel Antoine geht, so sehr steht er doch in den Passagen über die diplomatische Revolution von 1756 (S. 337) unter dem Einfluß der Darstellung in dem Buch Antoines und folgt ihm bei der Überdramatisierung der Lage, in die Frankreich durch die Westminsterkonvention zwischen Preußen und England im Jahr 1756 geriet. An diesem Fall wird deutlich, daß auch Autoren, denen man keine royalistischen Tendenzen nachsagen kann, nur noch das auf Charles-Jacques Duc de Broglie (L'alliance autrichienne, 1895) zurückgehende und von Pierre Gaxotte und Michel Antoine tradierte Fehlurteil über die Situation Frankreichs im Jahr 1756 zur Kenntnis nehmen, während die solideste und seriöseste Darstellung der Thematik von Richard Waddington (Louis XV et le renversement des alliances, 1896) in Frankreich in Vergessenheit zu geraten droht.

Zu den Glanzlichtern in Perraults Buch gehört zweifellos das Porträt von Bernis, dessen Aufstieg er auf die ebenso prägnante wie treffende Formel bringt: »Bernis! Ni génie politique ni talent littéraire: des ancêtres. Et la faveur des femmes.« »Größe« bescheinigt Perrault Bernis erst in den Katastrophen des Siebenjährigen Krieges und charakterisiert seine Haltung treffend mit dem Begriff »défaitisme lucide«. Auch in anderen Fällen gehören die differenzierten Porträts der wichtigsten Figuren zu den Stärken des Buches. Besonders die zentrale Figur Charles-François Comte de Broglie behandelt Perrault mit der richtigen Mischung aus Anteilnahme und kritischer Distanz.

Perrault stellt im Vorwort klar, daß er kein Historiker ist und seine Darstellung des *Secret du Roi* ihre Existenz nicht zuletzt der Tatsache verdankt, daß aufgrund des heute unter Historikern weit verbreiteten Horrors vor der Ereignisgeschichte offenbar kein Fachhistoriker bereit war, dieses Buch zu schreiben. Im vorliegenden Fall war dies vielleicht nicht einmal ein Nachteil. Da aber kaum darauf gebaut werden kann, daß sich stets ein so kompetenter und nuanciert urteilender Amateur-Historiker findet wie Perrault, ist sein Buch auch Anlaß zu der Frage, ob die Historiker gut beraten sind, die Darstellung derart interessanter Themen anderen zu überlassen.

Eckhard BUDDRUSS, Neustadt (Weinstraße)

Didier MASSEAU, L'invention de l'intellectuel dans l'Europe du XVIIIe siècle, Paris (Presses Universitaires de France) 1994, 172 S. (Perspectives littéraires. Collection dirigée par Michel Delon et Michel Zink).

Wenn der Begriff des »Intellektuellen«, dessen Rolle heute eine der Streitfragen in den gesellschaftspolitischen Auseinandersetzungen unserer Zeit ausmacht, auch zuerst im ausgehenden 19. Jahrhundert im Zusammenhang mit der Dreyfus-Affäre geprägt wurde, so reichen seine Ursprünge doch viel weiter zurück. Schon Jean-Paul Sartre hatte bei der Konzipierung seiner »Theorie des engagierten Intellektuellen« (S. 6) auch die militanten Repräsentanten der Aufklärung des 18. Jahrhunderts im Blick. Die frühe Geschichte dieser damals noch »gens de lettres« genannten Intellektuellen im Kontext der gesellschaftlichen Entwicklung aufzuzeigen und dabei bisher gängigen Vereinfachungen und ahistorischen Gleichsetzungen entgegenzutreten, ist das Ziel der vorliegenden Arbeit.

Der Verf. hält zunächst Rückschau auf die seit Ende des 15. Jahrhunderts sich im europäischen Kulturraum formierende »République des Lettres«, die Ausdruck der wachsenden Kommunikation unter den noch humanistisch und philologisch orientierten Gelehrten war und zudem einem »rêve d'égalité dans un monde fortement hiérarchisé« (S. 18) entsprach. Wird ihr Wandel im 17. Jahrhundert inhaltlich durch den Aufschwung des Rationalismus und der Naturwissenschaften bestimmt, so wächst andererseits ihr Zusammenhalt u. a. durch die Gründung von Akademien, die Entstehung von Zeitschriften und die umfänglichen gelehrten Korrespondenzen, ein Trend, der sich im 18. Jahrhundert fortsetzt. Gelehrte wie

Bayle und Leibniz nehmen dabei Spitzenpositionen ein. Eine in diesem Zusammenhang aufgestellte Typologie der »Intellektuellen« birgt allerdings die Gefahr der Pauschalisierung, wenn etwa Eustache Le Noble, der Marquis d'Argens, Jacob-Nicolas Moreau und Marmontel gleichermaßen als »intellectuels organiques« eingestuft werden (S. 34 ff.).

Viel überzeugender ist der Verf. dort, wo er das spannungsvolle Verhältnis der Intellektuellen zur Macht an konkreten Beispielen darstellt, wie z. B. in den Abschnitten über Turgot (S. 57 ff.) und über »Pouvoirs divers et contre-pouvoirs dans l'Europe du XVIIIe siècle« (S. 60 ff). Intellektuelle treten hier an allen Fronten in Erscheinung, sowohl pro wie contra Aufklärung.

In einem Kapitel über die europäischen Zentren geistiger Kommunikation im 18. Jahrhundert wendet sich der Verf. gegen die einseitige Betonung des Einflusses der französischen Kultur in Europa und hält dagegen, daß die von England ausgehenden Ideen es rechtfertigten, in gewisser Hinsicht auch von einem »Europe anglaise« (S. 63) zu sprechen. Die Praxis der Bildungsreisen, die Geschichte kultureller Institutionen wie der Akademien, die Lesekultur, die Soziabilität (Freimaurer, Pariser Salons) bilden Schwerpunkte in seiner Betrachtung der Entwicklung der geistigen Kommunikation im europäischen Raum. Die Berliner Akademie wird dabei als »exemple d'intégration des intellectuels européens« (S. 68) besonders herausgestellt. In diesem Zusammenhang hätten allerdings auch die von ihr ausgeschriebenen Preisfragen eine Erwähnung verdient.

Leider sind nicht alle Angaben korrekt[1]. So stimmt auch nicht, daß »d'Alembert assure sa fonction de président sans quitter les lieux parisiens« (S. 71). Denn Harnacks bekannter Ausspruch, daß d'Alembert ihr »heimlicher Präsident« war, charakterisiert nur seine Beraterfunktion bei Friedrich II., hat aber nichts mit wirklicher Präsidentschaft zu tun, die d'Alembert mehrfach strikt ablehnte. Was Formey, den »secrétaire perpétuel« der Akademie, betrifft, so erfolgte seine Hinwendung zum Wolffianismus schon frühzeitig aus Überzeugung und kann ebensowenig wie seine auf Kompilation abzielenden schriftstellerischen Aktivitäten als »élément stratégique« (S. 73) im Hinblick auf seine akademische Karriere interpretiert werden.

Ein zentrales Thema bildet das widersprüchliche Verhältnis der Intellektuellen zur absolutistischen Herrschaft. Der Verf. zeigt, wie sie seit der Mitte des 18. Jahrhunderts deutlich an Einfluß gewannen und im öffentlichen Leben eine nicht mehr zu ignorierende Macht darstellten, so daß sie, wie im Falle Turgots, sogar direkten Einfluß auf die Staatsgeschäfte zu nehmen vermochten. Eine Schlüsselposition erkennt der Verf. jenen »kosmopolitischen Intellektuellen« (S. 81) zu, die wie Potocki, Galiani, Grimm oder Algarotti in diplomatischen Diensten zugleich als Abgesandte ihrer Herrscher und Wegbereiter der Aufklärung fungierten. Damit verschärften sich aber zugleich auch die Widersprüche innerhalb der Aufklärungsbewegung, die, wie der Verf. zu Recht betont, alles andere als »monolithisch« (S. 157) war. Die unversöhnliche Kritik an der absolutistischen Herrschaftsstruktur im Gefolge Rousseaus hatte daran ebenso ihren Anteil wie die durch den Aufstieg einer »piétaille littéraire« (S. 118) forcierte Kritik an elitären kulturellen Institutionen wie den Akademien. Der Verf. schließt aus seiner Untersuchung aber auch jene Intellektuellen nicht aus, die wie der Journalist Fréron als »défenseurs traditionnels de la religion« (S.123) engagiert die Aufklärung bekämpften.

Mit seinen Analysen zeigt der Verf., wie sich trotz unterschiedlicher Positionen der Aufklärer, die er durch Voltaire, Diderot und Rousseau oder Mercier exemplarisch vertreten sieht, die Intellektuellen zu einer Macht formierten und sie unter Berufung auf ihre moralische Mission zur Geltung brachten. Ein glänzendes Beispiel dafür war die Affäre Calas. Die

1 Die Berliner Akademie wurde nicht 1691, sondern 1700 gegründet (S. 68). – Die »Eloge de Voltaire« (1778) von Friedrich II. ist nicht in den »Mémoires de l'Académie« von 1745 erschienen (S. 69). – Friedrich II. hat die Akademie 1744, nicht 1754, erneuert (S.70).

These des Verfassers, daß in den vier Jahrzehnten vor der Revolution »ein Bild des Intellektuellen« entstand, »das *grosso modo* bis mitten in das 20. Jahrhundert bestehen sollte« (S. 161), findet u. a. darin ihre Bestätigung. Eine Auswahlbibliographie[2] vervollständigt die Untersuchung.

Rolf GEISSLER, Berlin

Madeleine PINAULT, L'Encyclopédie, Paris (Presses Universitaires de France) 1993, 127 S. (Que sais-je? 2794).

Im bewährten Darstellungsschema der enzyklopädischen »Collection Que sais-je« bietet Madeleine Pinault auf der Grundlage der neueren Forschung einen konzisen Überblick über die erstmals 1751 in Paris von Diderot und D'Alembert herausgegebene »Encyclopédie ou dictionnaire raisonné des sciences, des arts et des métiers...«. Im ausführlichen Einführungsteil beschreibt sie vor dem Hintergrund des wissenschaftsgeschichtlichen Transformationsprozesses seit der Renaissance die »Origines et histoire de l'»Encyclopédie«, die als »superposition« der philosophischen, akademischen wie ikonographischen Strömungen eine »nouvelle culture« der gesellschaftlichen Wissensvermittlung konstituierte. Ausgehend vom Plan einer französischen Übersetzung der »Cyclopedia« des Engländers Chambers durch den Verleger Le Breton 1745 skizziert Pinault die wichtigsten Entwicklungslinien in der bewegten Druckgeschichte des wissenschaftlich-philosophischen Hauptunternehmens der Aufklärung, das insgesamt 33 Text- und Tafelbände umfaßte und erst mit den beiden Indexbänden 1780 seinen Abschluß finden sollte. Dabei zeichnet sie die heftigen jesuitischen und jansenistischen Anfeindungen im Verlauf der 1750er Jahre nach, die immer wieder die Fortsetzung behinderten, 1759 zum Widerruf des königlichen Druckprivilegs führten und wesentlichen Anteil daran hatten, daß der eingeschüchterte Verleger Le Breton – zum großen Ärger Diderots – viele Artikel selbst zensierte. Im zweiten Kapitel widmet sie sich den maßgeblichen Protagonisten und gibt einen Überblick über den Aufbau und Inhalt der siebzehn Textbände, deren letzte zehn Bände alle 1765 in Neuchâtel herausgegeben wurden. Prägnant beschreibt sie Rolle und Arbeitsweise von Denis Diderot, ohne dabei aber den Einfluß von Jean Le Rond D'Alembert, von Chevalier Louis de Jaucourt, von Baron Paul Thiry d'Holbach oder den vielen anderen Autoren der ›Encyclopédie‹ aus den Augen zu verlieren, die sie alle in einer Namensliste erfaßt. Im nachfolgenden Kapitel skizziert sie die elf zwischen 1762 und 1772 aufgelegten »Volumes de planches«. Sie zeigt, daß die Bildtafeln auf einer Vielzahl graphischer Vorlagen und Quellen aus dem Cabinet du Roi beruhen. Analog zum vorherigen Abschnitt bietet Pinault auch hier ein Verzeichnis der Zeichner und Kupferstecher. Im vierten Kapitel schildert sie die imposante Entwicklung unter Charles-Joseph Panckoucke, der 1768 für 200 000 Livres die Verlagsrechte erworben hatte und die Neuauflage einer verbesserten Fassung der ›Encyclopédie‹ in Angriff nahm, die er nach der Beschlagnahmung der ersten drei Bände 1770 in Paris in Verbindung mit Genfer Buchhändlern außerhalb Frankreichs fortsetzte. Im Kontext der Genfer Folioausgabe behandelt sie auch Panckouckes Anstrengungen für die fünf Supplementbände von 1776/77 und die »Table analytique et raisonnée...« von 1780. Im Schlußteil untersucht Pinault die beiden italienischen Editionen von Lucca und Livorno, die ebenso wie die auflagenstarken Schweizer Projekte die gesamteuropäische Dimension der ›Encyclopédie‹ unterstreichen. Neben der von Panckoucke 1771 initiierten Genfer-Folioedition, die 4000 Abonnenten hatte, geht sie jeweils kurz auf die 1777 in Genf und 1778 in Neuchâtel verlegten Quartoausgaben ein, für die der Generalunternehmer ebenfalls in Kooperation mit der Société Typographique de Neuchâtel verantwortlich

2 Der Verfasser des Werkes »Leibniz in France« (1955) heißt W. H. BARBER, nicht Bailer (vgl. S. 167).

zeichnete. Daneben umreißt Pinault die Geschichte der Berner bzw. Lausanner Oktavausgabe von 1778, die vor allem im deutschsprachigen Raum Verbreitung fand. Ein Teilabschnitt über die zwischen 1770 und 1780 in Yverdon von Fortunato Bartolomeo de Felice besorgte protestantische Version der ›Encyclopédie‹, eine Beschreibung der »Encyclopédie méthodique«, von der zwischen 1782 und 1832 157 Text- und 53 Tafelbände erschienen, als auch ein kurzer Ausblick auf das Mannheimer Projekt und den Plan einer Londoner Übersetzung beschließen die komprimierte Darstellung. Eine Auswahlbibliographie rundet das gelungene Bändchen ab, das nicht nur als Einführung für französische Studenten seine Leser finden wird.

Jörg KREUTZ, Worms

Christiane MERVAUD, Le Dictionnaire philosophique de Voltaire, Paris (Universitas), Oxford (Voltaire Foundation), 1994, 242 S.

Diese Paperbackausgabe einer Einführung in Voltaires *Dictionnaire philosophique* füllt eine spürbare Lücke in der Forschungsliteratur und geht gleichzeitig einen neuen Weg in der Präsentation von literarischen Werken des 18. Jahrhunderts für ein studentisches und Fachpublikum. Im Unterschied zu den in Textausgaben meist vorangestellten Einleitungen und zu den Interpretationen, die als Hilfsmittel für den Unterricht gedacht sind, handelt es sich bei vorliegendem Werk um die monographische Präsentation und eine Analyse grundlegender Aspekte der Entstehungsgeschichte, des Aufbaus und der Struktur sowie der Zielrichtung und Wirkung dieses religionskritischen Wörterbuchs Voltaires. – Christiane Mervauds hier separat gedruckte Einführung entspricht dabei den sieben ersten Kapiteln der »Introduction«, die sie der gleichzeitig erschienenen kritischen Ausgabe des *Dictionnaire philosophique* in den *Œuvres complètes* (Voltaire Foundation, Bd. 35–36) mitgegeben hat. Wichtige Einblicke, die man als Résumé der Arbeit an der kritischen Ausgabe betrachten muß, werden hier einem breiteren Publikum vorgestellt, als es die Werkausgabe wohl finden kann. Dazu gehört natürlich in erster Linie die Werk- und Textgeschichte, die mit einer kritischen Betrachtung der Ursprungslegende beginnt. Nach Aussage von Voltaires Sekretär Collini sei die Idee zu diesem Wörterbuch bei einer der Tafelrunden in Sans-Souci 1752 geboren worden. Voltaire habe sofort zu schreiben begonnen, nur durch das Zerwürfnis zwischen ihm und Friedrich II. sei das Projekt schon 1753 gescheitert. Spuren nur weniger Artikel lassen sich bis in diese Zeit zurückverfolgen, und so ist es gerechtfertigt, die Kämpfe Voltaires seit der Verurteilung der *Encyclopédie* (1759) als die tatsächlichen geistigen Entstehungsbedingungen seines religionskritischen Handbuches anzusehen. Dieses kann man folglich als eine radikalisierte Fortsetzung seines Engagements für die *Encyclopédie* und als Antwort auf die Verfolgung dieses kollektiven Hauptwerks der »philosophes« begreifen. Dadurch erhält der *Dictionnaire philosophique* seinen geschichtlichen Platz als ein zentrales Werk der Konfrontation zwischen »philosophes« und Verteidigern der Religion. Nicht von ungefähr greifen die einschlägigen Artikel auch in die wichtigste politische Kampagne Voltaires ein, seine Verteidigung der protestantischen Familie Calas gegen religiöse Verfolgung, und sind als Parallele zu seinem *Traité sur la Tolérance* (1763) zu lesen.

Die von Ch. Mervaud nachgezeichnete Editionsgeschichte, von der ersten Ausgabe im Juli 1764 bei Grasset über die in den folgenden Jahren im Rhythmus der Polemik geschriebenen Erweiterungen bis zu der zweibändigen Ausgabe von Cramer, die 1769 unter dem Titel *La Raison par alphabet* erschien, macht die Bedeutung des zeitgeschichtlichen Kontextes deutlich. Der Leser erhält detailliert und textnah, aber sparsam kommentiert, einen Eindruck von Voltaires permanenter Arbeit an den Artikeln und kann ihr Anwachsen durch die aufeinander folgenden Editionen leicht anhand der beigegebenen Übersicht verfolgen. Die konkrete Textgeschichte der Artikel wird beispielhaft in die Darstellung einbezogen; der Verweis auf den Apparat der Werkausgabe aber ersetzt gelegentlich die ausführliche Darstellung. Dafür wird nicht nur der Schreibprozeß nachvollzogen, sondern die für Voltaire charakteristische Arbeitsweise, die Aneignung der Quellen, das Spiel mit Fremd- und Selbstzitaten, die Wirkungsmacht seines auf Überzeugung des Lesers gerichteten personellen Stils, in der Vielschichtigkeit ihrer Mittel umrissen.

Diese Verbindung von Darstellung der Werkgeschichte und textkritischer Analyse gibt dem Leser einen guten Eindruck von der Aktualität der Texte in ihrer Zeit und von der eigentlich literarischen Wirkungsweise Voltaires. Nur folgerichtig ist daher das diesen Band abschließende Kapitel wichtigen Zeugnissen der Rezeption des *Dictionnaire philosophique* gewidmet. Den wenigen freundlichen oder gar enthusiastischen Äußerungen, die überliefert sind, stehen Widerlegungen gegenüber, die nach Tausenden von Seiten zählen. Zwei protestantische und sieben katholische Kritiken stellt Ch. Mervaud hier vor. Daran werden die unterschiedlichen Haltungen der Apologeten deutlich: Während der Text des reformierten Theologen Rosset aus Lausanne und die Bemerkungen des englischen Übersetzers des *Dictionnaire philosophique* abwägend vorgehen und sich auf wesentliche Kritikpunkte konzentrieren, reicht das Spektrum der katholischen Widerlegungen von Bergier und Chaudon, über den Abbé François, Guénée, Paulian bis zu Nonnotte von der gelehrten Kritik an Text-, Zitat- und chronologischen Irrtümern Voltaires über die Gegendarstellung der katholischen Tradition, der Dogmen und der daraus abzuleitenden Politik bis zu üblen Beschimpfungen. Die vorgestellten Zeugnisse der Rezeption belegen einmal mehr die Konfrontation zwischen »philosophes« und (vor allem katholischer) Kirche; sie sind nichtsdestoweniger ein wichtiger Ausgangspunkt für die zu schreibende breitere (ggf. europäische) Rezeptionsgeschichte des *Dictionnaire philosophique*.

Diese gründlich gearbeitete und anregende Monographie wird durch hilfreiche »Orientations bibliographiques« und einen kombinierten Personen- und Titelindex abgerundet.

Jens HÄSELER, Berlin

René POMEAU, »Ecraser L'Infâme« 1759–1770, Oxford (Voltaire Foundation) 1994, VII–474 S. – René POMEAU, On a voulu l'enterrer 1770–1791, Oxford (Voltaire Foundation) 1994, VIII–466 S. (Voltaire en son temps, 4 und 5).

Rechtzeitig zum 300. Geburtstag Voltaires 1994 sind die beiden letzten Bände der monumentalen, 1985 begonnenen neuen biographischen Darstellung erschienen. Wie schon Band 3 *De la Cour au Jardin* (1750–1759), sind sie das Ergebnis kollektiver Anstrengungen. Beigetragen haben zu Band 4: J. Balcou, M.-H. Cotoni, J. Dagen, S. Menant und Ch. Porset; zu Band 5 sind es: A. Billaz, M.-H. Cotoni, R. Granderoute, H. Lagrave, A. Magnan und S. Menant. R. Pomeau kommt das Verdienst zu, die erste umfassende Voltaire-Biographie unternommen und vollendet zu haben, die auf der Basis der von Th. Besterman gesammelten und publizierten 21221 Briefe der Voltaire-Korrespondenz erarbeitet ist (vgl. V, 365). In Verbindung mit dem zweiten konzeptionell entscheidenden Ansatz, mehr als alle vorangehenden Biographien das enorme schriftstellerische Schaffen in den Mittelpunkt zu stellen, in allen Gattungen und in allen Dimensionen, »depuis la feuille volante jusqu'à des ouvrages aussi volumineux que l'*Essai sur les moeurs* ou les *Questions sur l'Encyclopédie* (ebenda), ergab sich für die Umsetzung nur die monumentale Form, die Biographie in fünf Bänden.

Entstanden ist, um das Urteil vorwegzunehmen, ein Standardwerk der Voltaire-Forschung, ein glänzender und objektiver Führer durch das bewegte Leben und rastlose Schreiben einer Jahrhundertgestalt.

Fast auf jeder Seite sind die der Darstellung zugrundegelegten Briefe in den Anmerkungen nachgewiesen, die Ausführungen des Textes sind also kontrollierbar. Die damit verbundene gefährliche Klippe für die Darstellung, über der bewußt dokumentierten Anlehnung an die

Korrespondenz in ein unkritisches Verhältnis gegenüber dem Helden zu verfallen, ist souverän umschifft. Sicher finden sich gelegentlich leicht apologetische Tendenzen. So an manchem Kapitelende (vgl. V, 152) oder bei Repliken auf Kritik an Voltaire, besonders, wenn diese ohne Namen und Adresse bleibt (vgl. IV, 75, 185 und V, 21, 189, 195). Glaubt der Leser aber, einmal eine Stelle gefunden zu haben, wo der Bestermanschen Edition zu viel Vertrauen geschenkt wurde und überprüft beim Abschnitt über die Wirkungsgeschichte der »*Philosophie de l'histoire*«, ob der Absender einer begeisterten Zuschrift vom November 1767 aus Deutschland wirklich der 1751 geborene Heinrich August Ottokar Reichard gewesen sein sollte, schwindet das Mißtrauen, wenn im einschlägigen Artikel der »Allgemeinen deutschen Biographie« berichtet wird: »Einen ... Versuch: »Voyage dans le pays de la superstition« hatte der jugendliche Verfasser die Kühnheit an Voltaire nach Ferney zu senden.« (Band 27, S. 625).

Das Ziel, »ein objektives Wissen« (V, 365) über Voltaire zu vermitteln, ist souverän eingelöst. Man braucht nur die neuralgischen Punkte zu betrachten und zu prüfen, wie das Verhältnis zu den Gegnern gezeichnet ist, um sich davon zu überzeugen. So das Verhältnis zu Fréron etwa, dem erbittertsten Widersacher (IV, 86ff.), der als »großer Journalist« gekennzeichnet ist, oder die stufenweise Entwicklung der Spannungen zwischen Voltaire und Rousseau bis zum Bruch (vgl. IV, 160–178), ein Kapitel, das Pomeau damit beendet, daß er neben das Rousseau-Bild Voltaires dasjenige stellt, das andere von dem Genfer hatten, nur nicht Voltaire: »Il ignore que *La Nouvelle Héloïse* fut l'un des grands succès d'édition du siècle, au point d'élargir, peut-on supposer, le lectorat littéraire. Il ne soupçonne pas l'autorité que Rousseau a prise auprès des contemporains, comme penseur et comme écrivain. Il méconnaît en lui l'un des maîtres de la génération montante: effet sans doute du vieillissement, mais aussi de l'exil qui le tient écarté depuis si longtemps du milieu intellectuel parisien.«

Ähnlich ausgewogen und um größte Sachlichkeit bemüht ist die Darstellung des gespannten Verhältnisses des »Patriarchen« zu den französischen Atheisten und Materialisten oder Voltaires wenig glänzende Rolle bei der Entwicklung der Polenfrage (vgl. IV, 127, 373 und V, 61 f.).

Gegenüber dieser Grundhaltung können gelegentliche Irrtümer bei Datenangaben nicht ins Gewicht fallen, auch wenn die Pflicht des Rezensenten ihre Erwähnung erheischt. So stammt Goethes Übersetzung des »Tancred« nicht von 1820 (vgl. IV, 102), sondern entstand zwischen Juli und Dezember 1800, wie der Briefwechsel zwischen Schiller und Goethe belegt. Und für Holbachs philosophischen Erstling »Le Christianisme dévoilé« braucht nicht mehr »de 1761 (?)« angegeben zu werden (IV, 413), nachdem M. Naumann 1966 in dem Aufsatz »Zur Publikationsgeschichte des Christianisme dévoilé« das Jahr 1766 als Erscheinungsjahr der Originalausgabe nachgewiesen hat.

Nicht ganz so untadelig, scheint mir, nehmen sich die Bände aus, wenn nach der Umsetzung des zweiten konzeptionellen Anspruchs, der Situierung der Werke innerhalb der Biographie, gefragt wird. Das Jahrzehnt 1759 bis 1770 bildet in Voltaires Curriculum vitae »la période la plus active« (IV, 3). Auf der Ebene der Justizskandale wie auf der Ebene der Werke hatte er vielfach mehrere Eisen gleichzeitig im Feuer. Bei der Darstellung konnten nicht alle auf einmal behandelt werden, neben Abschnitten, bedacht auf Kontinuität des Sachzusammenhangs, stehen Rückgriffe auf chronologisch früher entstandene Werke sowie die sogenannten Panorama-Kapitel.

So begründet und richtig dieses Verfahren ist, was der Leser gleichwohl sehr bald merkt, ist die Tatsache, daß es innerhalb der langen Reihe von Kapiteln, die dem Ablauf der Monate, manchmal der Wochen und für die letzten Lebensmonate in Paris 1778 sogar der Chronologie der Tagesabläufe folgen, so etwas wie Höhepunkte in der biographischen Darstellung gibt, wo das epische Moment der Überschau aus der richtigen Höhe erfolgt oder das dramatische der Kämpfe die erforderliche inhaltliche Bedeutung und Dimension erlangt. Zu diesen Glanzpunkten der Biographie gehören in Band IV etwa die Kapitel 5 und 6 (»Monsieur de Voltaire« und »Une offensive antiphilosophique«) sowie die Kapitel 9 und 10 (»Le défenseur de Calas« und »Voltaire et Rousseau: la rupture«) oder in Band V das brillante Kapitel 17 über den Triumph am 30. März 1778. Kapitel, in denen Werkbeschreibungen dominieren, so vorzüglich diese an sich auch sein mögen, gehören nicht zu dieser Reihe.

Zwischen Pflicht bzw. Konzeption des Biographen und dem Zeitpotential des interessierten und gebildeten Lesers von heute klafft ein Widerspruch, der den letzteren hin und wieder zu kritischen Reflexionen oder Stoßseufzern veranlassen mag wie den folgenden: Mußte wirklich zu Kapitel »Voltaire lit la Bible« eine so detaillierte Dokumentation aufgeboten werden, so daß der sensationelle Befund fast davon erdrückt wird, daß nämlich das Alte Testament für den späten Voltaire als kostbarstes Zeugnis der gesamten Antike galt, das er weit über Homer stellte? (vgl. IV, 227). Oder ließ sich die Reihung von opera minora im anschließenden Kapitel nicht straffen? Vom gewählten Prinzip her mußten alle Texte vorgestellt werden, sie mögen »pièces triviales« (IV, 329) sein oder »traces de sénilité« (V, 200) aufzeigen, wie der *Lettre à l'Académie* bescheinigt wird. Vor allem die späten Tragödien *Les lois de Minos* (V, 88 ff.), *Sophonisbe Pélopides*, *Don Pèdre* und die anderen Tragödien »de la bonne confection« bzw. »de série B« (V, 160) – sie stellen die Geduld des Lesers auf die Probe, selbst wenn ihre Darstellung deutlich kürzer bemessen ist als in den frühen Jahrzehnten.

Während auf der einen Seite des Guten also manchmal zuviel geschieht, vermißt man auf der anderen mitunter Auskünfte, die man erwarten könnte. So fehlt die Wirkungsgeschichte der »*Lettres d'Amabed*«, der hochpolitischen »*Histoire du parlement de Paris*«, zu »*Tout en Dieu*« oder bei der »*Collection d'anciennes évangiles*«, einer von Voltaire veranlaßten Übersetzung der Apokryphen des Neuen Testaments. Hier wären auch Hinweise auf Reaktionen zu späteren Ausgaben willkommen, was das gewählte Strukturschema aber wohl nicht zuließ.

Es wäre freilich unbillig, von einer Voltaire-Biographie zu verlangen, was die Voltaire-Forschung bislang nicht geleistet hat. Bei der Lektüre des schönen Kapitels »L'aubergiste de l'Europe« (IV, 348) ist wesentlich deshalb nur von Engländern und Italienern die Rede, weil es eine zusammenfassende Studie über die Besucher aus Deutschland bisher nicht gibt. Schon die Namen unter der Rubrik »Verfehlte Visiten« dürfte eindrucksvoll ausfallen, angefangen bei Lessing, der als Begleiter des Erbprinzen von Braunschweig 1775 den Takt besaß, der Tafel jenes Mannes fernzubleiben, dessen Tragödien er in der »*Hamburgischen Dramaturgie*« so rücksichtslos malträtiert hatte, bis hin zu Joseph II., der im Sommer 1777 auf Grund einer Taktlosigkeit Voltaires Ferney links liegen läßt (vgl. V, 229–232).

Ebenso fehlt eine Studie darüber, aus welchen Motiven Voltaire dazu kam, am Schluß der *Contes de Guillaume Vadé* die Namen »Cubstorf, pasteur de Helmstedt« und »Clocpitre«, Freund von »M.Pfaff, l'illustre professeur de Tubingue« aufzugreifen. Der Tübinger Kanzler Christoph Matthäus Pfaff hatte 1720 *Dissertationes Anti-Baylianae* und 1759 *Akademische Reden über den Entwurf der Theologiae antideisticae* veröffentlicht, sein Name ist also kein fiktiver. Verbirgt sich hinter Monsieur Crokius Dubius, »l'un des plus savants hommes de notre temps« (V, 190) vielleicht ebenfalls eine historische Gestalt, möglicherweise Johann Albert Fabricius, der Herausgeber des *Codex apocryphus Novi Testamenti* (1719–1743), den Voltaire übersetzen läßt?

Der europäische Horizont, der in diesen Bänden neben dem lokalen und nationalen wiederholt aufgezeigt wird (vgl. etwa IV, 76 ff. über die Dimensionen der Voltaireschen Korrespondenz oder IV, 111 ff. über das Sammeln von Subskriptionen in ganz Europa für die Corneille-Edition), – dieser Horizont verdiente insgesamt vielleicht noch stärkere Betonung. Bereits eine Zusammenstellung aller Namen, denen Voltaire eines seiner Werke gewidmet hat, ergäbe eine beeindruckende Bilanz. Und so richtig der furiose Satz bleibt, mit dem Pomeau den ersten Band eröffnete: »Français superlativement, Voltaire l'est grâce à Paris«, so unbestreitbar bleibt der Gegen-Satz: Die überragende Stellung für die öffentliche Meinung im eigenen Lande, Voltaire erlangt sie dank seiner europäischen Beziehungen.

Martin FONTIUS, Potsdam

Jack R. CENSER, The French press in the age of Enlightenment, London (Routledge) 1994, XII–263.

Die französische Presse des 18. Jahrhunderts, insbesondere die der Revolutionszeit, ist in den zurückliegenden Jahren wiederholt Gegenstand von Forschungsunternehmungen und Thema zahlreicher Einzelstudien gewesen. Woran es bislang fehlte, das sind Versuche der neuerlichen Zusammenschau, die den mittlerweile erreichten Kenntnisstand integrieren und somit über die älteren, »klassischen« Gesamtdarstellungen (Hatin, Bellanger u. a.) hinausgehen. Ausdrücklich eine solche Synthese hat der Verfasser des vorliegenden Buches beabsichtigt, wobei er sich auf die Presse konzentriert, die in Frankreich zwischen 1745 und der ersten revolutionären Krise im Frühjahr 1787 erschien. Jack Censer, der an der George Mason University (Fairfat) Geschichte lehrt, ist selbst schon mit einer Reihe einschlägiger Arbeiten hervorgetreten. Doch kann er nicht nur seine eigene, in langjähriger Beschäftigung mit den Quellen erworbene Kenntnis des Gegenstands einbringen, sondern auch die von vielen anderen kompetenten Autoren. Herausgekommen ist dabei eine vorzügliche, sowohl durch die Konkretisierung in den Details wie in den theoretischen Perspektiven überzeugende Darstellung.

Wie sich schon an der Gliederung des Bandes ablesen läßt, verbindet Censer typologisches mit (struktur-)analytischem Vorgehen. Im ersten Teil handelt der Verfasser nacheinander die drei Hauptgattungen der französischen Presse ab, die politische Zeitung, die Annoncenblätter (»Affiches«) und die literarisch-philosophischen Zeitschriften. Im zweiten Teil geht es um das »Milieu«, in dem diese Presse entstand: Behandelt werden das journalistische Personal und seine Rekrutierung, das Verhältnis der französischen Regierung zur Presse und die Leserschaft. Vorangestellt ist eine Einleitung, in welcher Censer das Ziel seiner Untersuchung – er spricht bescheiden von einem »extended essay« – umreißt und eine grundlegende quantitative Bestandsaufnahme zur französischen Presse in der zweiten Hälfte des 18. Jahrhunderts liefert. Wo immer es geht, präsentiert er auch später statistische Daten, verwebt diese aber durchgehend mit beispielhaften Einzelanalysen. So zielt er auf gewisse Generalisierungen, zumindest auf Aussagen auf der System-Ebene, ohne jedoch den Boden der konkreten Einzelfälle unter den Füßen zu verlieren. Wenn Censer allerdings aufgrund der ermittelbaren Zahl von Presseorganen in Frankreich damals von einer »explosionsartigen« Entwicklung und einer »Myriade« von Journalen spricht, so wird dies dem deutschen Leser als schlichte Übertreibung vorkommen, gab es hierzulande zur gleichen Zeit doch ein noch viel reichhaltigeres Pressewesen.

Das Bild, das Censer zunächst von der politischen (Tages-)Presse Frankreichs in dem untersuchten Zeitraum entwirft, ist zentriert um die 1631 von Renaudot gegründete »Gazette« einerseits und die außerhalb des Landes herausgebrachten Zeitungen in französischer Sprache (»Gazette de Leyde« usw.) andererseits. Was man über diese Organe erfährt, basiert nicht nur auf der Kenntnis der Umstände ihrer Existenz, sondern auch auf ihrer eingehenden Lektüre. Während der »Gazette« als amtlich autorisiertem Organ enge Grenzen gesteckt waren, konnten sich die Konkurrenzorgane, die im päpstlichen Avignon oder in Holland gedruckt wurden, mehr leisten. Censer belegt dies an verschiedenen Beispielen, und zwar sowohl hinsichtlich der Nachrichten wie der (oft indirekt) zum Ausdruck kommenden Werturteile. Er versäumt dabei nicht, auf Veränderungen im Laufe der Jahre aufmerksam zu machen.

Neben den politischen Zeitungen sind die »Affiches« als eigene Pressegattung von der Forschung lange unterschätzt oder übersehen worden. Indem Censer ihnen ein eigenes Kapitel widmet, ergänzt er damit vielleicht am stärksten das herkömmliche Bild vom französischen Pressewesen des 18. Jahrhunderts. Ähnlich den deutschen Intelligenzblättern, dienten die Affiches primär der Veröffentlichung von Anzeigen, fügten diesen aber auch redaktionellen Stoff bei, wie z. B. Wirtschaftsmeldungen und lokale Nachrichten, moralische Artikel und Anekdoten. Sie stellten in Frankreich im wesentlichen die Provinzpresse. Censer weist eindrücklich nach, daß die Affiches königstreu waren, ja daß sie die Sozialordnung des Ancien Régime guthießen, bürgerliche Tugenden predigten und insbesondere die Rolle der Frau dementsprechend definierten. Es dürfte dieser Konservativismus gewesen sein, der diese Gattung in der Revolution obsolet machte und mit zum Verschwinden brachte.

Bei den literarisch-philosophischen Zeitschriften geht Censer vor allem der Frage nach, inwieweit sie den Ideen der französischen (Hoch-)Aufklärung Ausdruck verliehen. Das Spektrum der Blätter ist hier besonders vielfältig, ja es ist geradezu von einer »Kakophonie« die Rede. Gleichwohl gelingt es dem Verfasser, gewisse Grundlinien herauszuarbeiten und die Positionen der Hauptorgane zu verdeutlichen. Insbesondere den radikalen Aufklärern begegnete man darin doch mit Zurückhaltung und vermied offene Angriffe auf die Kirche, ja es gab bekanntlich auch Blätter, welche die Religion verteidigten. Nach Censers differenzierter Darstellung ging zumal in den fortgeschrittenen Jahrzehnten angeblich wenig Gefahr für den König von diesen Zeitschriften aus, zumal dieser sich den aufklärerischen Ideen durchaus anbequemt habe.

Als spannendster und innovativster Teil des Buches ist mir bei der Lektüre das Kapitel über das journalistische Personal erschienen. Gestützt insbesondere auf den von Jean Sgard edierten »Dictionnaire des Journalistes« unternimmt Censer – so weit aufgrund vorhandener Angaben möglich – eine Auswertung der biographischen Daten von Journalisten in seinem Untersuchungszeitraum. Die Lebensläufe von 62 Männern und vier (!) Frauen hat Censer durchgeprüft, um charakteristische Merkmale der journalistischen Rekrutierung damals herauszufinden. Dies stellt einen sehr interessanten historischen Beitrag zur Berufssoziologie des Journalismus dar. Auffällig sind z. B. die regionale Herkunft oder das Bekenntnis. Großenteils handelte es sich um Ex-Katholiken oder Protestanten, d. h. in den französischen Verhältnissen eher um Außenseiter.

Mit weniger Neuem kann Censer im anschließenden Kapitel aufwarten, das dem Verhältnis der französischen Regierung zur Presse gewidmet ist. Die in Frankreich im Ancien Régime ausgeübte Zensur ist bereits mehrfach dargestellt worden. Dennoch findet man bisher kaum ein derart differenziertes Bild wie jetzt bei Censer. Es wird vor allem deutlich, daß neben der Kontrolle zeitweise auch pressefördernde Initiativen ergriffen wurden. Letzteres gilt insbesondere für die Amtszeit Malesherbes, während Vergennes wieder eine prohibitive Linie »fuhr«. Die Pressepolitik wechselte unter den Ministern beträchtlich, was Censer in das Bild von Ebbe und Flut faßt. Dies erschwert es, ein kohärentes Bild zu gewinnen. Dazu tragen in diesem – dem umfangreichsten – Kapitel auch gewisse Längen in der Darstellung bei. Hier (wie an anderen Stellen) wäre vielleicht ein stärker gegliederter Aufbau (mit Unterabschnitten) dem Leser hilfreich gewesen.

Zuletzt kommt das Publikum in den Blick. Hier lebt die Darstellung von den Erkenntnisfortschritten der jüngeren historischen Leserforschung. Censer stützt sich, von der vorhandenen Literatur abgesehen, auf zwei Quellen. Zum einen auf Subskriptionslisten, zum anderen auf Ankündigungen bzw. Vorworte. Aus den letzteren ist jedoch weniger etwas über die Leser selbst zu erfahren als darüber, welche Leserschaft sich die Herausgeber und Verfasser der Presseorgane »erfanden« und wie sie ihre Rolle ihr gegenüber bestimmten. Es geht sozusagen um das »Publikumsbild«. So fern liegt es heute gar nicht weg, wenn Censer feststellt, die Journalisten hätten damals nicht selten eine höhere Meinung von sich selbst gehabt als sie dem »niederen« Publikum zugestanden.

Abschließend resümiert Jack Censer seine Befunde. Insbesondere präzisiert er die Rolle der Presse in der prärevolutionären Entwicklung vor 1789. Mit guten Gründen übt er dabei Kritik an Jürgen Habermas' vielzitiertem, empirisch längst revisionsbedürftigen Konzept vom Strukturwandel der Öffentlichkeit, aber auch an François Furets Theorie der Revolution. Sicher läßt auch das vorliegende Buch noch Fragen offen, ja der Verfasser selbst weist immer wieder auf Lücken hin. Nicht zuletzt diese selbstkritische Haltung macht mit einen Vorzug von Censers lesenswertem Buch aus.

Jürgen Wilke, Mainz

Rudolf VIERHAUS, Was war Aufklärung?, Göttingen (Wallstein) 1995, 29 p. (Kleine Schriften zur Aufklärung, 7).

Selon R. Vierhaus il est symptomatique que le débat sur l'Aufklärung, organisé en 1784 par la »*Berlinische Monatsschrift*« ait eu lieu en Allemagne et non ailleurs; malheureusement, au lieu de préciser de qui lui paraît ici typiquement allemand, il se réfère à la préface de la »*Critique de la raison pure*« de 1781, selon laquelle la critique était l'élément caractéristique du XVIIIe siècle.En actualisant ce débat, il veut d'une part préciser ce qu'a vraiment été l'Aufklärung, en montrer les aspects positifs et négatifs, de l'autre en esquisser le rayonnement à l'époque et aujourd'hui. Mais vouloir répondre en vingt pages à cette triple question n'est-ce pas une gageure? Dès lors l'exposé implique nécessairement bien des allusions à des faits historiques ou à des prises de position de la critique.

L'image de l'Aufklärung qu'esquisse R. V. se veut nuancée: d'une part il rappelle qu'en critiquant les abus, ses protagonistes avaient suggéré des réformes, de l'autre qu'ils avaient surestimé le pouvoir du verbe, d'où l'échec de leurs projets qui, quand ils n'étaient pas utopiques, se heurtèrent à l'indolence des sujets ou à l'incompréhension des princes. Tout en se libérant également de la tutelle des autorités religieuses, les Aufklärer ne s'étaient pas totalement détournés de la tradition chrétienne. Si R. V. souligne l'avance des protestants, il n'oublie pas de mentionner les efforts des princes-évêques réformateurs et des pays du sud, désireux de rattraper leur retard.

Parfois le choix des aspects retenus pose problème. Ainsi R. V. souligne à son tour que la réflexion sur l'homme se trouvait au centre des préoccupations de l'Aufklärung, mais il passe sous silence la confrontation avec les sauvages, qui permit pourtant à l'Europe de prendre conscience de la relativité de sa civilisation et de la nature de l'homme. Il précise certes que, grâce à des transferts culturels, les lumières avaient marqué toute l'Europe, mais la plupart des aspects évoqués font surtout penser à l'Allemagne (cf. aussi les notes et la bibliographie). D'un côté, il met en garde contre les simplifications, comme à propos de l'émancipation, de la sécularisation etc., de l'autre, en raison de la brièveté de son essai, il encourt parfois le même reproche. On y trouve certes d'intéressants aperçus, mais d'autres soulèvent des questions. Peut-on limiter à la »Mitteleuropa« le rôle de pionnier joué par le protestantisme, sans mentionner les églises du refuge de Hollande et d'Angleterre? Sans doute l'Aufklärung permit de dépasser les frontières sociales et confessionnelles, mais l'image que Nicolai présente du catholicisme des Allemands du Sud ou la campagne de la »*Berlinische Monatsschrift*« contre le prosélytisme catholique devraient relativiser l'affirmation. Et si R. V. a raison de rappeler avec Lessing les limites du despotisme éclairé de Frédéric II, les édits de religion et de censure de Frédéric Guillaume II peuvent-ils servir à démontrer: »daß auch eine als aufgeklärt geltende Regierung der freien Meinungsäußerung Grenzen zu setzen entschlossen war« (16)? Faisant allusion à la dialectique de l'Aufklärung, R. V. relève lui aussi sa tendance totalitaire et remarque que, si l'on veut préciser son rôle historique, il faut également tenir compte de ce qu'elle a détruit en voulant préparer la voie à l'émancipation et du fait qu'elle a mis en marche une dynamique qui lui a échappé, si bien qu'en raison de leur caractère abstrait, – écho des reproches de Burke – ses principes ont été radicalisés, corrompus, discrédités. Pour finir, il remarque que si le monde moderne ne ressemble guère à ce qu'avait prévu l'Aufklärung, ses idées clefs – droits de l'homme, liberté, égalité devant la loi – ne font pas moins partie des fondements de la civilisation occidentale.

Gonthier-Louis FINK, Strasbourg

Revue Germanique Internationale, t. 3: La crise des Lumières, Paris (PUF) 1995, 228 S.

In Frankreich wurde 1994 eine neue germanistische Zeitschrift, eine Halbjahreszeitschrift des Titels »Revue Germanique Internationale«, begründet. Michel Espagne und Jacques Le Rider geben sie heraus. Sie besteht aus thematischen Heften, deren drittes »La crise des Lumières« betitelt und von Pierre Penisson eingeleitet ist. Von einer solchen Einleitung sollte man füglich erwarten können, daß die titelgebende und zweifellos nicht irrelevante Problematik systematisierend überblickshaft und zugleich prägnant dargelegt und in ihren konstitutiven Hauptmomenten erfaßt wird. Derartige – doch gewiß nicht unbillige – Erwartungen werden indessen sämtlich enttäuscht.

»Krise« ist zuvörderst in einen vagen, kaum nachvollziehbaren Zusammenhang mit den Problemen Gegenaufklärung und Grenzen der Aufklärung gebracht. Erschwerend hinzu kommt ein unscharfer Begriffsgebrauch (»anti-Lumières, ou extra-Lumières si l'on veut«, S. 6, gelegentlich Hamanns gesagt), und überdies mangelt es an der nötigen Unterscheidung zwischen Gegenaufklärung und aufklärerisch intentionierter Kritik an der Aufklärungsbewegung. Von dieser wiederum müßte man sorgfältig die – mittlerweile recht gut erforschte – aufklärerische Selbstkritik und Selbstreflexion abheben, die auch zu dem rechtens erinnerten Umstand gehören: »L'*Aufklärung* allemande rencontre à l'intérieur d'elle-même la question de ses limites nécessaires.« (S. 7) Ist jedoch gerade dies schlichtweg Ausdruck von »Krise«? Und viel zu beiläufig wird angedeutet, daß »crise des Lumières« (in Frankreich) und »Krise der Aufklärung« (in Deutschland) nicht kurzweg identisch seien. Worin aber bestehen die wesentlichen Divergenzen und eventuelle Konvergenzen? Alle diese Fragen bleiben offen, zumal die meisten Beiträger des Heftes sich anderweitigen, nicht minder gewichtigen Gegenständen widmen. Oder vielleicht treffender formuliert: Es drängt sich der Anschein auf, als seien wider differenziertere Kenntnis und Tradition (»l'image négative de l'*Aufklärung* – sans équivalent en France«, S. 6) unterschiedliche Aufsätze unter einen sozusagen knalligen Hefttitel gezwungen worden, der einem modischen Pendelschlag der jüngsten Aufklärungsforschung korrespondiert, bei dem man das durchaus strittige Krisenphänomen leider allermeist vergröbert und verabsolutiert.

Explizit thematisiert haben die Krisenproblematik lediglich drei der zehn Beiträger des Heftes. Ernst BEHLER (»Le premier romantisme: crise des Lumières«) versucht bestimmte Bestrebungen der deutschen Frühromantik einerseits als eine Reaktion auf die krisenhafte deutsche Aufklärung (genauer wohl: Spätaufklärung) und andererseits als partielle kritische Fortführung der europäischen Aufklärungsbewegung darzustellen. Bertrand BINOCHE (»Montesquieu et la crise de la rationalité historique«) sieht in dem französischen Frühaufklärer den maßgeblichen Inaugurator für eine gegensätzliche Entwicklung in einem Spezialbereich aufklärerischen Wirkens. Michel DELON (»Réhabilitation du préjugé et crise des Lumières«) konfrontiert anhand französischer Beispiele aufklärerische Vorurteilskritik mit ihrem zeitgenössischen Gegenteil. Und früherer wissenschaftlicher Aufarbeitung der Krisenproblematik sich zuwendend, zeigt Jean-Marie PAUL (»Des Lumières contrastées: Cassirer, Horkheimer et Adorno«) wie die von ihm verglichenen Autoren zwei konträre Kontinuitäten von Aufklärung setzten und dabei Krisenerscheinungen übergingen bzw. hypertrophierten.

In einer weiteren Gruppe von Studien wird vergegenwärtigt, wie deutsche Spätaufklärer unterschiedliche Konzeptionen entwickelten und dabei gelegentlich auch Krisenmomente mitreflektierten. Es ergibt sich zur Evidenz, daß Moritz als fachwissenschaftlicher Publizist aufklärerische Ideen und Prinzipien produktiv fortführte und keineswegs, wie bislang angenommen, mit der zeitgenössischen Aufklärungsbewegung brach (Anneliese KLINGENBERG: »L'*Aufklärung* allemande inconnue: à propos de l'œuvre de Karl Philipp Moritz«). Eine ähnliche Neudeutung erfährt Forster; Wolfgang PROMIES (»Georg Forster: citoyen du monde ou individu apatride?«) befreit ihn aus dem allzuengen Jakobiner-Korsett, das ihm in verfehlter Gervinus-Nachfolge aufgezwungen wurde. Martin FONTIUS (»Un débat sur l'*Aufklärung* en 1767«) untersucht am Beispiel Lamberts und Bitaubés verschiedenartige Ansätze wissenschaftlicher Aufklärung an der berlinischen königlichen Akademie. Paradoxien der Berliner Mittwochsgesellschaft und somit der dortigen, überregional bedeutsamen Richtung der Spätaufklärung kehrt Ursula GOLDENBAUM hervor (»›Nul Auguste pour protecteur‹: Conscience bourgeoise et loyauté du fonctionnaire dans la Société du Mercredi à Berlin«), so vor allem das Phänomen, daß die Mitglieder der privat-inoffiziellen Gesellschaft trotz wachsender Bedenken an ihrer Organisationsstruktur und an ihrem gemeinnützigen reformerischen Engagement festhielten.

Ferner finden sich zwei Arbeiten, in denen überhaupt ganz fern von allen Krisenauffassungen andere, berechtigt andere Ansätze bevorzugt sind. Den Sturm und Drang – im stillschweigenden Anschluß an neuere Deutungen – als aufklärerisch intentionierte Sonderrichtung betrachtend, analysiert Charles ROSEN Zusammenhänge von »*Sturm und Drang* et Lumières en littérature et en musique«. Gegen die überkommene Ansicht, der deutsche Idealismus bzw. engeren Sinnes die »Philosophie des Geistes« um 1800 habe sich in mannigfaltiger Antithetik zur französischen Aufklärungsphilosophie entwickelt, bringt Myriam BIENENSTOCK (»De l'esprit; les philosophes allemands et l'*Aufklärung*«) gegründete Einwände vor.

Um Mißverständnissen vorzubeugen, sei nochmals betont: Für sich genommen, sind alle Beiträge und verschiedenartige Betrachtungsweisen ebenso relevant wie einsichtsfördernd. Fragwürdig hingegen erscheint, daß sie durch die vorliegende Zeitschriftennummer – kritisch zugespitzt gesagt – nivellierend gleichsam in den Dienst einer modischen Forschungsrichtung genommen werden. Und dies geschieht nicht etwa bloß durch eine unangemessene Heftbetitelung, sondern auch und vor allem durch die angefügten (vom Herausgeber geschriebenen?) Zusammenfassungen, die mitunter den Ansätzen und Resultaten der Autoren seltsam entgegenstehen. Am offenkundigsten im Falle Klingenbergs (Moritz »produit une œuvre qui serait une crise ultime et intestine de l'*Aufklärung*«, S. 219), Promies' (»Georg Forster serait ainsi de part en part crise des Lumières«, S. 220, vgl. aber S. 80: Forster, »un partisan zélé de l'*Aufklärung*«) und Goldenbaums (»ces conseillers d'Etat réalisent les Lumières comme mouvement de crise«, S. 226). Diese Beispiele sind letztlich Indizien für eine ganz andere Krise, für einen drohenden Irrweg innerhalb der Aufklärungsforschung – dort nämlich, wo besonders die deutsche Aufklärungsbewegung des 18./19. Jahrhunderts fortgesetzt vereinseitigt betrachtet und ihre Selbstkritik oder Selbstreflexion zum Krisenmanagement reduziert wird.

Wolfgang ALBRECHT, Weimar

Anthony VIDLER, L'espace des Lumières. Architecture et philosophie de Ledoux à Fourier. Traduction de Catherine Fraixe, Paris (Picard) 1995, 327 S. (Villes et sociétés).

Au cours des dernières quinze années, un serie de monographies et d'ouvrages thématiques a mis en évidence une pratique architecturale à la fois moins théorique et plus étroitement liée aux conventions classiques. Les débats ont surtout porté sur les changements socioculturels qui se sont produits à la fin de l'Ancien Régime et pendant la Révolution. Le passage de la féodalité aux temps modernes a été pensé non plus en termes de rupture et de changement radical, mais en termes d'évolution et d'innovation progressives. De nombreux chercheurs ont vu dans l'architecture une manifestation des tendances politiques ou culturelles d'une époque. Leurs travaux ont montré que cette branche d'activité s'insérait dans une série de pratiques professionnelles liées à la représentation et à la construction d'un ordre social naissant. L'enseignement de l'architecture, le mécénat, la presse spécialisée, les techniques de représentation des projets, l'emergence de nouveaux types d'édifices, le renouvellement de l'expression comme celui du goût, participent de même d'une institutionnalisation générale de la société qui entraîne de nombreux changements politiques et économiques.

Ces recherches interdisciplinaires se sont accompagnées d'une nette prise de conscience des historiens, qui se sont interrogés sur la nature de l'histoire elle-même, sur le statut des questions, sur la valeur des faits, sur les limites des schémas explicatifs, ainsi que sur les formes narratives dont s'inspire la discipline. Ce débat a permis de réécrire l'histoire de la pensée historique, et de réévaluer, en particulier, le rôle des »antiquaires«, des collectionneurs, des voyageurs et des lettrés dans la formation de l'histoire culturelle et artistique du XVIIe siècle et du XVIIIe siècle.

C'est dans la suite de ces initiatives, qui s'inscrivent tous dans l'écriture de l'histoire des mentalités, que l'auteur Anthony Vidler tente de montrer comment, vers la fin du XVIIIe siècle, la pensée architecturale recoupe le processus de transformation sociale. Par la présentation et une analyse approfondie des divers tendances l'auteur s'intéresse ainsi au »rétour aux origines« grâce auquel les philosophes prétendent fonder la connaissance, puis à l'historiographie, et plus particulièrement à l'histoire de l'art, et enfin à la réforme des institutions publiques. Pour comprendre certains symptômes artistique l'auteur repère trois axes de réflexion, qui en dépit des apparences, sont étroitement liés, et qui ont exercé une influence complémentaire sur la théorie et sur la pratique architecturales. Ces differents domaines, ouverts à l'influence des encyclopédistes et des philosophes, intéressaient vivement les membres des académies et des professionnels de tous horizons. Mais surtout, ils impliquaient tout un questionnement sur les codes et sur les symboles visuels qui servaient le propos social de l'architecture, et qui relevaient à ce titre de ce qu'on appelait à l'époque le »language des monuments«.

Les administrations qui se succèdent à partir de 1763, après la guerre de Sept Ans, se montrent de plus en plus soucieuses de réformer les institutions sociales. Les pressions pour la réforme des lois sur l'assistance aux pauvres, pour la reconstitution du système de l'Hôpital général, pour l'amélioration des soins médicaux ou la réforme des codes juridiques et des pénitenciers, mais aussi la conscience accrue de la menace que répresente l'Angleterre en termes de concurrence industrielle contribuent à la naissance d'un véritable »discours sur les institutions«.

Les débats, nourris de la philosophie sociale et par les théories économiques des encyclopédistes et de leur entourage, et qui bénéficient aussi des recherches en médecine et en physique que de la professionnalisation croissante des architectes et des ingénieurs, portent sur la redéfinition de la manufacture, de l'hôpital, de la prison, des asiles des pauvres et de tous les lieux publics nécessaires aux services et à l'entretien des villes et des campagnes.

Encouragés par le soutien de l'Etat et par des initiatives privées, mais aussi fortement concurrencés par les représantants d'autres disciplines, comme les ingénieurs, les médecins, ou les hommes de loi, les architectes définissent peu à peu leur rôle d'ordonnateurs du domaine public. Ni les idées traditionnelles sur l'embellissement et le monumental, ni le répertoire classique des genres de bâtiment et des solutions possibles en termes d'ordonnancement, ne peuvent satisfaire aux critères, d'utilité et d'élégance dans la mise en œuvre des programmes qu'imposent les administrateurs. Les économistes, les médecins et les hommes de loi sont tout prêts, de leur côté, à démontrer par l'exemple que l'architecture est un art superflu, qui revèle de la décoration et ne correspond à aucun besoin. Tous ces débats vont permettre une nouvelle approche de l'architecture. La doctrine classique subit deux aménagements, ou une double tranformation. En premier lieu, la conception traditionnelle, qui veut que la beauté d'un édifice tienne aux rapports de proportion des volumes, s'efface peu à peu devant l'idée d'un ordre géométrique dicté par des considérations sociales ou par l'environnement immédiat des bâtiments. En second lieu, la théorie classique de la réprésentation, dans laquelle une stricte hiérarchie des ordres répond à la convenance sociale, et élargie dans le sens d'une théorie de la communication architecturale facilement accessible au public. Dans cette phase de début du fonctionnalisme, l'organisation du plan prend une proportion d'instrument de réforme et de contrôle du social, tandis que les caractéristiques de la facade, qui doit être parfaitement lisible, visent à faire de l'édifice une école de la sensation et du sens moral.

Le plan de l'ouvrage ici présenté est fascinant à lire, il suit trois axes de réflexion: le retour aux origines, l'historiographie et la réforme des institutions. La première partie qui est consacrée aux théories de l'origine et l'architecture, débute par un examen de l'idée d'«institution« dans l'architecture et dans la société, telle qu'on peut l'appréhender à travers les premières thèses de l'anthropologue Joseph-François Lafitau, les expériences de Robinson Crusoé et les nombreuses réflexions que Jean-Jacques Rousseau et l'abbé Laugier consacrent au problème de l'origine. Il est ensuite question du »retour aux origines« que les antiquaires et les linguistes tentent parallèlement dans les années 1770–1780. Sont ainsi évoquées les théories de l'interprétation allégorique de Court de Gébelin, et l'interprétation globale de l'Antiquité comme »forme symbolique« que propose Viel de Saint-Maux, un critique d'architecture et homme de lettres qui appartient à la même loge de francmaçon que Court de Gébelin. C'est à partir de ces deux regards sur le passé, en apparence fort différents, puisque, dans un cas, on a affaire à une interprétation idéaliste du monde grec et, dans l'autre, à un travail érudit sur la symbolique antique, que Quatremère de Quincy forge sa définition personnelle du »type« en architecture. Cette notion, qui fait appel aussi bien à des idées traditionnelles sur le caractère et sur la représentation qu'à une vision normative de l'évolution historique, est analysée dans un chapitre où, pour mieux étudier Quatremère, l'auteur revient sur les tentatives de ce dernier pour écrire une histoire savante de l'architecture, depuis l'Egypte jusqu'à Rome.

La deuxième partie de son ouvrage Vidler consacre aux théories de l'interprétation historique en examinant des textes de plusieurs érudits qui ont l'interêt de révéler la grande diversité des positions adoptées par les historiographes à la fin du XVIIIe siècle. L'auteur nous présente l'opinion de Johann Joachim Winckelmann qui articule avec force une critique esthétique et récit chronologique et qui eurent de l'influence aussi bien en France qu'en Allemagne et en Italie. Ces recherches prennaient vers la fin du siècle un tour plus institutionnel quand l'attention se porte sur le problème du musée: Faut-il considérer le musée comme un »temple« rassemblant les connaissances dans un »panthéon« où seraient illustrées des valeurs universelles, ou, de manière plus originale, comme un ensemble de présentoirs soigneusement denses pour révéler une histoire divisée en époques et caractérisée par des styles?

Ce conflit entre deux modèles Vidler le présente à l'exemple des principes du relativisme définis par le mécène et collectionneur Séroux d'Agincourt, qui, en joignant à son histoire de l'art par les monuments des dessins où ses collaborateurs ont fixé la mésure précise de chaque chose, entend réunir des exemples suffisamment nombreux pour permettre une appréciation objective du style de chaque siècle. Séroux, qui adhère aux théories d'Edward Gibbon sur la »décadence et la chute« de la civilisation romaine doit faire abstraction de son propre goût pour l'art classique quand il aborde les styles médiévaux. Ses textes, où relativisme historique et méthode comparative sont étroitement mêlés, illustrent parfaitement les problèmes historiographiques de la fin du XVIIIe siècle tout en annonçant l'historicisme du XIXe siècle.

Cette deuxième partie s'achève par une étude des origines du musée d'architecture. L'auteur étudie, dans ce contexte, le musée des Monuments français d'Alexandre Lenoir, musée, qui, conformément aux principes de Winckelmann, obéit à un ordre chronologique. Quelles que soient ses inexactitudes, la mise en scène que Lenoir imagine pour mettre en valeur les styles pousse au paroxysme un relativisme naissant qui met l'accent sur l'histoire nationale et sur le gothique. A partir de cette époque on cherche à identifier un language spécifique des formes correpondant à des périodes bien définies.

La troisième partie de l'ouvrage est consacrée à la réforme des institutions qui s'amorce à la fin du siècle, et tout d'abord au travail d'Encyclopédiste Diderot et de ses collaborateurs, qui analysent des techniques de fabrication liées à des formes d'aménagement de l'espace dont la description reste toujours implicite. On voit ensuite ces préoccupations s'étendre à la conception même des manufactures et à l'organisation sociale qu'entraîne la »manufacture réunie«. Pour étudier ces développements, l'auteur part de l'exemple de l'architecte Claude-Nicolas Ledoux qui travaille aussi bien sur les sites industriels que sur des sites agricoles, pour présenter plus particulièrement le projet de la saline de Chaux. Les efforts de Ledoux pour trouver des formes d'expression architecturale adaptées à la manufacture ne sont pas sans évoquer certaines propositions de réforme des hôpitaux faites à la même époque. Le débat qui s'ensuit est rapidement exposé par l'auteur qui arrive facilement à nous faire comprendre en quoi les vues préfonctionnalistes des médecins s'opposent au language monumental des architectes, ce conflit illustrant le problème, encore non résolu, du partage entre les formes qui répondent à des critères d'usage, même saugrenus, et celles qui viennent d'une tradition architecturale.

Les deux chapitres qui concluent l'ouvrage montrent comment l'idée de la réforme institutionnelle s'étend à la société toute entière. Le premier décrit l'architecture des loges maçonniques et la ritualisation du lien social qu'elle engendre. L'auteur nous fait comprendre comment une théorie de la perfectibilité de la société se trouve associée à tout un ensemble de formes symboliques destinées à devenir les icônes de projets idéaux.

Le second des deux chapitres évoque les »alternatives« sociales et architecturales proposées par trois penseurs – Lequeu, Sade et Fournier – victimes d'un système institutionnel d'enfermement et d'exclusion, montre le pouvoir qu'exerce, jusque sur des hommes décidés à critiquer et à transgresser l'ordre social, la métaphore qui lie l'architecture et la société.

En conclusion on est fasciné par la présentation vivante et très facilement lisible de la recherche bien fondée par laquelle l'auteur americain Anthony Vidler arrive à présenter et analyser les divers aspects de la discussion architecturale de la fin du XVIIIe siècle, qui portent en soi l'origine de bien de sujets d'architecture et d'urbanisme qui nous occupent encore à la fin de ce XXe siècle. Un bel ouvrage finalement accessible en traduction française.

Ulrich LEBEN, Bucks

Martin PAPENHEIM, Erinnerung und Unsterblichkeit. Semantische Studien zum Totenkult in Frankreich (1715–1794), Stuttgart (Klett-Cotta) 1992, 353 S. (Sprache und Geschichte, 18).

In den vergangenen Jahrzehnten sind eine Reihe von größeren und kleineren Untersuchungen erschienen, die mit den unterschiedlichsten Ansätzen der Frage nachgehen, wie sich die Einstellung zum Tode seit dem ausgehenden Mittelalter in Frankreich verändert hat. Martin Papenheim unternimmt das Wagnis, an diesen Fragenkomplex eine neue Facette anzuschleifen. Dies kann nur gelingen, weil er seine Überlegungen zeitlich, räumlich und thematisch einschränkt und mit einer präzisen Fragestellung an ein begrenztes Textkorpus herangeht.

Papenheim untersucht in seiner Arbeit, die auf einer 1989/90 in Bielefeld eingereichten und von Reinhart Koselleck betreuten Dissertation beruht, ausschließlich den Totenkult, also die öffentliche Einstellung zum Tode und seine zeremonielle Ausgestaltung, in Paris zwischen der Regierungszeit Ludwigs XIV. und Robespierres Tod. Er setzt drei Schwerpunkte: die Besetzungsfeierlichkeiten am Hof und im Hochadel, den Kult der großen Männer in der Welt der Literaten (im Umkreis der Pariser Akademie) und den Totenkult der Revolution. Jedem dieser Schwerpunkte ist eine bestimmte Textsorte zugeordnet: Leichenpredigten (*oraisons funèbres*), Gedenkreden (*éloges*) auf berühmte Männer, Totenreden in revolutionären Körperschaften. Ergänzt werden die Textanalysen jeweils durch die Untersuchung von Traueretiketten des Hofes, von Statuenprojekten und Entwürfen zu nationalen Gedenkstätten und von der Geschichte des Pantheons. Ziel der Studie ist es, strukturelle Gemeinsamkeiten und Unterschiede dieser drei Formen des Totenkultes herauszuarbeiten und auf ihre politischen und gesellschaftlichen Funktionen hin zu bestimmen.

Im ersten Teil (»Die Unsterblichkeit außerhalb der Zeit: Das höfische und hochadlige Trauerwesen im 18. Jahrhundert«) zeigt Papenheims Analyse Differenzen und Gemeinsamkeiten von weltlichem und kirchlichem Trauerritual auf: Während die Kirche naturgemäß betonen mußte, daß der himmlischen Gerechtigkeit nicht vorzugreifen sei, zielten die Trauerzeremonien der ständischen Gesellschaft darauf ab, den Nachruhm des großen Toten festzustellen und ihm damit eine Art (innerweltlicher) Unsterblichkeit zu verleihen. Diese innerweltliche Verewigung war nicht abhängig von einer in der Zeit gewachsenen Erkenntnis.

Vielmehr war sie von der zeitlichen Entwicklung nicht tangiert, weil abzuleiten aus der Stellung des Toten und aus seinem weltlichen Amt. Der Nachruhm war nicht das Ergebnis einer produktiven Ungleichzeitigkeit zwischen dem Werk des Verstorbenen und seiner Umwelt. Veränderungen der ständischen Sozialordnung waren damit ausgeschlossen. Auch der kirchliche Totenkult stabilisierte die ständische Ordnung, indem er sie transzendent verankerte und heilsökonomisch interpretierte.

In der zweiten Hälfte des 18. Jahrhunderts gerieten das überkommene Trauerzeremoniell und seine ideologische Struktur zunehmend in das Blickfeld einer kritischen Öffentlichkeit. Ein Vergleich der Leichenpredigten auf Ludwig XIV. und Ludwig XV. zeigt, daß die theologische Begründung absolutistischer Herrschaftspraxis den Rednern immer schwerer fiel. Die »Krise« des Ancien Régime schlug also durch bis in die sehr ›konservative‹ Gattung der *oraisons funèbres* der Monarchen.

Einen entscheidenden Anteil daran, die Auffassung aufzubrechen, Größe sei ein ständisches Merkmal, kam den *philosophes* der *Académie française* zu. Papenheim untersucht diesen Prozeß im zweiten Teil seiner Arbeit (»Die Unsterblichkeit in der Zeit: Der Totenkult in der République des Lettres«). Die Elogenwettbewerbe der Akademie förderten die These, daß eigentlich nur Nützlichkeit und Talent im Dienste einer ständigen Verbesserung der Gesellschaft – und nicht ständische Größe – der Erinnerung würdig seien und Grund zu irdischem Nachruhm legten. Damit sollte der Ruhm des Verstorbenen gleichzeitig zum Ansporn für die Überlebenden werden, den begonnenen Fortschritt weiter zu befördern. Diese »Unsterblichkeit in der Zeit« war die posthume Feststellung der Differenz zwischen der Größe des Verstorbenen und seiner ungerechten, rückständigen Umwelt.

Die Auswahl der zu Ehrenden orientierte sich an deren sichtbaren Taten. Auch wenn die großen Verstorbenen (als Berater der Monarchie wie z. B. Vauban, Sully u. a.) oft gescheitert waren, ergab sich doch die Gelegenheit, Reformen in der Zukunft einzufordern und auf diese Weise politische Kritik zu üben. Zunächst waren nur einige wenige große Auserwählte der innerweltlichen Unsterblichkeit würdig, und eine aufgeklärte Elite wachte über die Zuteilung des Nachruhms. Seit den 30er Jahren des Jahrhunderts kam allerdings der Ruf auf, auch der Tugenden des einfachen Mannes (z. B. der des gemeinen Soldaten, der im Krieg sein Leben opfert) zu gedenken.

Diese Demokratisierung der Erinnerung und der Unsterblichkeit fand in der Französischen Revolution ihren Abschluß – und wurde gleichzeitig überholt durch die Einrichtung des Pantheons, das die Erinnerungsstätte einer neuen politischen Elite wurde. Der dritte Teil der Untersuchung (»Die Unsterblichkeit gegen die Zeit: Die Teilhabe an der Revolution«) belegt diese Entwicklung. Die Taten des Verstorbenen werden verpflichtend für jedermann: »Die Erinnernden konstituierten sich als politisches Subjekt.« Umgekehrt wurde der Nachruhm exklusiv an die Erinnerung der Revolutionäre geknüpft. Als Gründer einer neuen Menschheitsepoche nahmen sie auch in Anspruch, über das posthume Schicksal eines Verstorbenen zu befinden. Da die Revolutionäre schon recht bald die Zukunft der Revolution nicht mehr offen denken konnten oder wollten – sie versuchten die Errungenschaften zu sichern, indem sie die Revolution nach dem Sieg über ihre letzten Feinde für abgeschlossen erklären wollten –, bekam die Erinnerung an die Helden der Revolution die Aufgabe, die neue Ordnung gegen einen möglicherweise drohenden feindlichen Gang der Geschichte zu stabilisieren, bestenfalls sogar »gegen die Zeit« zu immunisieren.

Die drei Teile der vorliegenden Studie passen sich ein in den bekannten Dreischritt: Ancien Régime – Aufklärung – Revolution. Die Untersuchung der Trauerzeremonien zeigt, wie sich im Schoße des Ancien Régime die kritische Öffentlichkeit bildete, die die überkommenen Rituale schließlich in der Revolution zu Fall brachte und neue schuf. Im Totenkult spiegeln sich die unterschiedlichen Konzepte politisch-gesellschaftlicher Stabilität und Veränderungen wider. Das Besondere an der Arbeit Papenheims liegt gerade darin, konsequent den Totenkult als Teil dieser Selbstreflexion der politisch-gesellschaftlichen Ordnung über ihr Verhältnis zur Zeit zu interpretieren. Es besticht die genaue – qualitative – Textanalyse eines begrenzten Quellenkorpus, die sich nicht im Detail verliert und der es gelingt, große Linien sichtbar zu machen. Diese Diskursanalyse rekonstruiert aus den Texten, Zeremonien und Denkmälern die Selbstreflexion der Erinnernden, die Stellung der Erinnerten und die Funktion der Erinnerung, um so die Struktur und den Zweck des Totenkults präzise zu bestimmen.

Papenheim scheut sich nicht, zugleich erzählend in den Kontext seiner Quellen einzuführen. So beginnt er jeden der drei großen Teile seines Buches mit der ausführlichen Darstellung eines Trauerfalls. Nicht zuletzt diese gelungene Verbindung von erzählter Geschichte und präziser Interpretation macht den Reiz der Lektüre von Papenheims Untersuchung aus, die ihren Beitrag dazu leistet, die Französische Revolution als Mentalitätenrevolution im Wandel zwischen Ancien Régime und Moderne zu begreifen.

Michael MEINZER, Kassel

James J. SHEEHAN, Der Ausklang des alten Reiches. Deutschland seit dem Ende des Siebenjährigen Krieges bis zur gescheiterten Revolution. 1763 bis 1850. Deutsch von Karl Heinz SIBER, Berlin (Propyläen Verlag) 1994, 659 S. (Propyläen Geschichte Deutschlands, 6).

Ce sixième volume de la *Propyläen Geschichte Deutschlands* mène de 1763 à 1850. Si le Saint Empire meurt en 1806 par décision de l'empereur d'en déposer la couronne, ce n'est qu'après 1848 que de nouvelles forces politiques et sociales imposent à l'Allemagne le choix d'une voie nouvelle, ce *Sonderweg* dont la singularité continue d'alimenter les discussions. Par-delà le hiatus de la Révolution française et ses répercussions en Allemagne, la période révèle des permanences souvent occultées par le remodelage de la carte politique de l'Allemagne au début du XIXe siècle. L'A. commence par rappeler la complexité de celle-ci, qui juxtapose une cinquantaine d'Etats dynastiques à peu près dignes de ce nom regroupant 80 % de la population, autant de villes impériales dont certaines sont des bourgades, enfin une poussière dérisoire de souverainetés immédiates, laïques comme les 650 hectares des Stein ou ecclésiastiques comme l'abbaye de Saint-Georges de la ville souabe d'Isny. Les historiens du XIXe siècle comme Treitschke se sont gaussés de la faiblesse, de l'archaïsme et de l'irrationnalité d'un tel assemblage. Les avatars de l'histoire contemporaine incitent à plus de mesure envers une construction qui trouve encore des défenseurs à la fin du XVIIIe siècle, J.-J. Rousseau, Johann von Müller ou encore Wieland en 1795. Il n'en reste pas moins que l'attachement au vieil Empire est inversement proportionnel à la taille de l'Etat territorial et est donc le fait de ce qui est le plus obsolète en Allemagne. Deux Etats comptent vraiment, l'Autriche, qui, en dépit du caractère intégrateur de l'Eglise catholique, n'a jamais réussi à constituer un tout, et qui, à la mort de Joseph II, *Urvater* du libéralisme et prototype du souverain absolu, est plongée dans une crise gravissime (mais l'Etat autrichien dure encore 120 ans, il faut la première guerre mondiale pour l'achever!) et l'Etat des Hohenzollern de Berlin, dont les atouts sont un territoire de dimension raisonnable et assez productif, une situation au nord-est de l'Europe à l'abri des Français et des Turcs, enfin une succession dynastique par les mâles, indiscutable et sans minorité.

Il est superflu de rappeler ici les caractéristiques de la démographie et ses limites infranchies; elles ne sont pas différentes de celles du reste de l'Europe. En revanche, le système agraire a ses particularités; la coupure de l'Elbe oppose toujours les conditions de la paysannerie. La noblesse, les institutions ecclésiastiques, les maisons régnantes sont d'immenses propriétaires fonciers: l'abbaye de Weingarten possède 50 000 paysans, les Hohenzollern la moitié de ceux de Prusse orientale et un tiers de ceux du Brandebourg. Des quelques 2000 villes, 61 ont plus de 10 000 habitants; certaines demeurent fortement médiévales, comme Nuremberg, l'eldorado du patriciat, d'autres sont devenues des ports internationaux tel Hambourg; des villes industrielles naissent et s'accroissent rapidement, comme Krefeld. Berlin l'emporte par son dynamisme, passant de 90 000 à 150 000 habitants de 1750 à 1800. Si le système des corporations demeure dominant, codifié en 1731 par une des dernières décisions du *Reich*, dans les grandes villes, la masse des libres, salariés précaires, *Gesinde*, croît au rythme du développement de la proto-industrialisation et de la manufacture dispersée. La noblesse domine la société par ses possessions foncières, ses privilèges, ses fonctions dans l'armée, à la cour et dans l'administration. Néanmoins une nouvelle élite non-*ständisch* se forme grâce à l'entrée des non-nobles dans les universités et dans la bureaucratie, avec son code de valeurs et sa culture propre, bien difficile à nommer d'un concept adéquat.

L'Allemagne du XVIIIe siècle n'est ni un Etat ni une Nation; mais après l'atonie du siècle précédent, la culture allemande est florissante, portée par l'explosion de l'imprimé. Passons sur la culture populaire, semblable à celle des pays voisins et sur les limites de l'alphabétisation, pour retenir les 5 % qui accèdent aux journaux et périodiques. Les tirages augmentent: 12 000 pour le *Sebaldus Nothanker* de Nicolaï, un best-seller, 4 000 pour les *Staatsanzeigen* de Schlözer ... De grands imprimeurs comme Nicolaï à Berlin, Trattner à Vienne, Kanter à Königsberg ... dominent le marché. On ne peut qu'évoquer quelques noms, Gottsched, qui codifie et popularise la langue allemande réformée, Lessing à la suite duquel se dresse toute une génération qui poursuit le combat pour une littérature nationale (n'oublions par le poids de la francophilie), Klopstock, Schiller, Goethe, sans qui ... Faut-il rappeler l'impact de *Götz* et de *Werther*? N'omettons pas le modèle antique illustré par Winckelmann. L'appellation de néoclassicisme convient-elle à la période? A la différence de la France, relevons l'absence de coupure entre Lumières et religion. Le piétisme, sans lequel on ne comprend ni *Werther*, ni Kant, la religion éclairée dont Thomasius fut l'apôtre, ont préparé les voies. Kant illustre bien la rencontre de la raison, de la religion et de la morale (»Le ciel au-dessus de moi, la loi morale au-dedans«). Le poids du protestantisme et de la raison ne doit pas faire oublier un courant antirationaliste (J. G. Hamann), ni une *Aufklärung* catholique, aux racines profondes, mais qui n'a pas de hauts lieux comparables à Halle ou Göttingen, de ténors de la stature d'un Kant ou d'un Herder, ni un public aussi assuré et prosélyte que les ministres réformés. Grâce aux périodiques, aux loges, aux académies, aux cabinets de lecture, une opinion publique voit le jour; on s'enthousiasme pour le droit naturel et les travaux de Wolff, pour ceux des populationnistes et des caméralistes, pour les thèses d'A. Smith, pour les œuvres des Moser père et fils, qui pronent le *Nationalgeist* ... Mais même si on s'insurge contre le despotisme et si on suit avec passion les révolutions d'Amérique, on finit par s'accommoder de la puissance de l'Etat et on ne saisit pas la portée pratique et théorique de la souveraineté du peuple. Kant, encore une fois, est caractéristique; son *Was ist Aufklärung?* fait coexister liberté spirituelle et soumission politique à la Prusse de Frédéric. Un tel état d'esprit ne prépare pas à la résolution des grandes questions qui seront celles du XIXe siècle.

La Révolution en France frappe l'opinion allemande. L'enthousiasme est d'abord de mise, sauf chez Goethe, Schiller, Möser et quelques conservateurs. Des mouvements paysans éclatent immédiatement après le 14 juillet. Mais il n'y a pas, en Allemagne, l'équivalent du Tiers Etat et aucune révolution générale n'est à craindre, selon le pronostic de Knigge; que les princes profitent seulement de la Révolution pour réformer. Laissons de côté les réactions de l'Autriche et de la Prusse, Reichenbach, Pillnitz, manifeste de Brunswick ..., passons sur l'écrasement de leurs armées à Austerlitz et à Iéna, pour souligner la désunion des adversaires de la France et leur incapacité à lutter à armes égales, c'est-à-dire proclamer la levée en masse par crainte des émeutes et des désertions. Le 6 août 1806, c'est la fin du Saint Empire; une momie qui tombe en poussière ou un meurtre à la tronçonneuse, pour rappeler l'image-choc de Blanning? Disons qu'il n'y avait plus guère d'Empire après 1795 et que la Prusse faisait bon marché des petits Etats. Après le Recès de 1803, il ne subsiste que six villes impériales, les principautés ecclésiastiques sont liquidées. Le *Rheinbund* de 1806 regroupe quarante Etats. Mais est-ce une étape vers l'unité si l'on constate que chacun des Etats agrandis et renforcés ne songe qu'à forger sa nouvelle identité?

60 % des Allemands ont changé de souverain du fait de la Révolution et de l'Empire, environ un million vivent sous la souveraineté française de 1794 à 1814, aucune partie de l'Allemagne n'a été épargnée. On sait le coût des événements, réquisitions, réparations imposées aux vaincus, obligations militaires des alliés, soumission au système continental ... La nouveauté, c'est que l'occupation s'accompagne de la volonté de changer les institutions (Code Napoléon), de modifier le système social (émancipation des paysans), même si les administrations demeurent allemandes. Joug et libération se mêlent, certains souffrent, d'autres profitent (une nouvelle élite industrielle), d'un côté l'engagement de Forster et des Jacobins de Mayence, de l'autre la guérilla au Tirol, seul cas de résistance à la manière espagnole. Au total, ni soutien enthousiaste, ni résistance acharnée. Les nouveaux Etats doivent se créer une légitimité, royaume de Westphalie, érigé en modèle, Bavière agrandie et devenue royaume, où le ministre éclairé Mongelas mène une politique post-joséphiste, Grand-Duché de Bade promu au rang de *Mittelmacht*, où le Code Napoléon est en vigueur jusqu'en 1900, Wurtemberg devenu lui-aussi royaume, où les Français soutiennent le souverain plutôt que les éléments radicaux. C'est l'Autriche qui paye le prix fort dans la lutte contre la France sans en retirer des avantages sur le plan de sa position internationale ni celui de sa cohésion interne. Il faut plus qu'un titre d'Empereur d'Autriche (1804) pour rendre vivable l'Etat autrichien. Léopold II aurait pu l'amener à une situation constitutionnelle. Son successeur, flanqué de Colloredo et de Thugut, le »trio fatal«, enfonce le pays dans l'immobilisme et la réaction. La série des désastres ne suffit pas à engager l'Autriche sur la voie des réformes. Le Code de 1811 ignore le droit naturel et les droits humains; mais c'est déjà trop pour une aristocratie qui ne rêve qu'ordre, stabilité et vertu. L'Eglise, en tutelle depuis Joseph II, récupère le contrôle de l'enseignement. En revanche, la Prusse, avec Hardenberg et Stein, entre résolument dans la voie des réformes. Paradoxalement, la chance du Hohenzollern est d'avoir été mis à genoux au bout de seize mois, alors que le Habsbourg ne l'était pas au bout de seize ans. Dans les années qui suivent Iéna, la monarchie absolue se mue en monarchie bureaucratique et le fameux édit d'octobre 1807 transforme les habitants en libres citoyens dans les domaines social et économique. La réforme militaire parachève le tout. Mais à quoi bon puisqu'au congrès de Dresde, en mai 1812, toute l'Allemagne est aux pieds de Napoléon? La Grande Armée de 600000 hommes compte 180000 Allemands. On sait son anéantissement lors de la retraite de Russie. Dès lors, l'Allemagne tient le destin de l'Empereur; qu'elle demeure loyale, la Russie ne peut rien faire. Le roi de Prusse est le premier à se rallier au tsar; l'Autriche s'engage avec retard, Metternich aurait voulu jouer les entremetteurs. La boucherie de Leipzig, 54 000 mort chez les alliés, 38000 du côté français (plus 30000 durant la retraite), les défaites de Napoléon mettent fin à vingt ans de guerre. L'Empire n'existe plus, nombre de princes ont disparu sans laisser de trace, la Prusse et l'Autriche sont toujours là.

Ces deux décennies ont été fondamentales pour le romantisme et le nationalisme. A la première génération romantique, née vers 1770, les Schlegel, Hölderlin, Tieck, Novalis, succède une seconde vague, Brentano, Arnim, Chamisso, Eichendorff, Kleist, parfois en délicatesse avec les monuments que sont Schiller ou Goethe. Goût de la nature, force de l'art, prééminence du sentiment, torture de la solitude, redécouverte de la religion, en dehors parfois de l'orthodoxie, voilà qui n'entraîne pas les intellectuels vers la politique. Pour un qui s'engage, tel Forster, bien plus nombreux sont ceux qui fuient dans le domaine de la réforme morale. Certains parviennent à un compromis, tel W. von Humboldt, sous l'égide duquel se réalise le mariage de l'Etat prussien et de la culture. Quant au nationalisme, qui n'est pas un phénomène naturel mais un produit de l'histoire, il doit beaucoup à la Révolution française qui persuade certains Allemands de la mission salvatrice de l'Allemagne. Il faut attendre 1812 pour voir renaître un espoir que Kleist n'avait pas attendu. Görres, Fichte, Arndt, le »Suédois de Rügen« galvanisent les énergies. Mais Goethe demeure dans son empirée, nullement inspiré par le patriotisme; on note beaucoup de passivité chez les bourgeois et les paysans; on lutte contre la douane, la conscription, l'anticléricalisme, mais le sentiment anti-français ne fabrique pas automatiquement le patriotisme allemand. Napoléon est battu par des armées régulières et non par des poètes. Au mythe patriotique de la lutte contre Napoléon, l'A. oppose le remodelage territorial de l'Allemagne et les profondes réformes, y compris en Prusse et en Autriche. N'y a-t-il pas là quelque chose d'essentiel?

La question allemande est au cœur des discussions de Vienne. Le plan de Stein, Prusse, Autriche et Etats du *Rheinbund*, les sept cercles de Hardenberg? *Quid* de la Saxe, de la Pologne où se heurtent les ambitions prussiennes et russes? La nouvelle carte de l'Allemagne en 39 Etats est un arrangement durable, qui perdure en gros jusqu'en 1919. Quant à la Confédération, où les six plus grands Etats détiennent la majorité, elle est un compromis; pour Metternich qui n'a aucun intérêt à une union plus forte, elle est un système de sécurité qui tient la Prusse sous contrôle; pour les petits Etats, c'est aussi une assurance de leur souveraineté fragile; pour Humboldt, c'est une fondation pour des institutions nationales futures. Pour les patriotes comme Arndt, c'est une immense déception. On sait comment ils réagissent: *Burschenschaft* d'Iéna, réunion de la Wartburg, assassinat de Kotzebue, tout cela provoquant la réunion de Karlsbad. La répression n'offre guère d'autre solution que le refuge dans la littérature. Mais là encore, la censure veille. Dans les divers Etats, le premier combat est celui de la constitution: sera-t-elle *ständisch*, comme le veut la vieille noblesse de l'Allemagne moyenne et du Nord? Solution impossible dans les Etats qui ont vécu sous la tutelle française; en 1818, Bavière et Bade sont dotés d'une constitution; en 1819, c'est le tour du Wurtemberg. Mais en Prusse, les convictions constitutionnelles de Hardenberg sont mises en échec par le roi et les junkers; en Autriche, le *Schlussact* de 1820 verrouille toute évolution. Frédéric-Guillaume IV et Metternich sont persuadés que la constitution est le prélude à la révolution. Ces évolutions divergentes n'entravent pas la bureaucratisation. Si, pour Metternich, une bureaucratie indépendante est aussi inacceptable qu'une constitution, en Prusse le *Beamtentum*, depuis le XVIIIe siècle, évolue comme un groupe à statut propre et garanti. On sait la puissance d'attraction de l'appareil d'Etat prussien, sur Hegel par exemple. La question se pose de savoir si cette évolution s'est faite avec, ou contre le processus constitutionnel, à moins qu'il ne s'agisse encore d'un substitut.

Tout n'est pas immobilisme. De 1816 à 1865, la population augmente de 60 %, surtout par le recul de la mortalité. Les différences régionales placent la Prusse rhénane en tête de la croissance, tandis que l'Allemagne agraire du sud-ouest, surpeuplée, alimente l'émigration vers villes et outremer. La situation paysanne ne s'améliore guère en Autriche, où pourtant des impulsions significatives avaient été données par les souverains éclairés; elle est détestable en Silésie autrichienne où le paysan peut travailler 144 jours par an pour le seigneur foncier. La Prusse connaît encore des formes de servitude. La conjoncture de bas prix est défavorables à ceux qui réussissent à s'émanciper. Il est plus facile de réformer dans les pays de *Grundherrschaft*; des lois tendent à empêcher l'émiettement des propriétés lors des successions, pour éviter ce que List nomme une *Zwergwirtschaft*. Les conditions sont très contrastées, du riche paysan du Rhin au journalier misérable de l'Est. Quant à la noblesse terrienne, elle sait s'adapter au marché tout en conservant dans les campagnes les symboles de la prééminence, comme le droit de chasse. La croissance urbaine est surtout le fait des grandes villes, Berlin d'abord, puis Vienne, Munich, Dresde, Stuttgart, Hambourg ..., toutes reliées par des chemins de fer dont le réseau a été mis en liaison avec l'unité allemande (W. Raabe). Les administrations municipales sont bien diverses, sous la coupe du gouvernement comme en Autriche alors qu'ailleurs elles sont des héritages des autonomies médiévales. Puissamment amorcée pendant les années »françaises«, l'industrialisation s'amplifie, provoquant le déclassement (Silésie) ou le reclassement des régions. Les corporations sont en décadence, la liberté du travail progresse, le prolétariat peuple des quartiers ouvriers différenciés. On sait l'importance donnée au *Zollverein* par les historiens allemands; ici, l'A. n'omet pas de mentionner la remise en question de son rôle économique et même politique. L'élite s'enrichit de grands capitaines d'industrie comme Karl Mez ou Borsig. L'aristocratie tire bien son épine du jeu; le prestige du *von* est inentamé. Elle peuple de ses membres l'armée et les ministères. Le *Bildungsbürgertum* n'est pas totalement fermé, si l'on en croit le recrutement des universités, même si la reproduction domine chez les fonctionnaires (4/5 en Bade).

La culture du temps se résume par quelques termes: architecture officielle, Biedermeier, histoire, religion. C'est l'époque où Schinkel construit le Berlin néo-classique, où Klenze hellénise Munich. Un peu plus tard, l'historicisme ecclectique triomphe sur le *Ring* de Vienne. Quant au Biedermeier, il évoque la douceur domestique, le confort du *Wohnzimmer* bourgeois, la famille unie où les petits enfants chantent »*Stille Nacht*«, la morale sexuelle, une sentimentalité douceâtre. N'oublions pas l'arrière du tableau … L'histoire est la reine des sciences; les prémices datent de l'*Aufklärung* (Winckelmann, Justus Möser), les événements révolutionnaires sont un déclencheur. Niebuhr, Boeckh, Eichhorn, Savigny (l'histoire du droit), Jacob Grimm (le *Volksgeist*) nous mènent jusqu'à l'incontournable Léopold Ranke, annobli en 1845. Le catholicisme allemand, grande victime de la période révolutionnaire, est illustré par le centre de Tübingen avec von Drey, par des historiens de l'Eglise comme Möhler et Döllinger; le temps du catholicisme éclairé est révolu, est venu celui de l'absolutisme pontifical, de la scolastique, de l'anti-modernisme, de la piété traditionnelle. En revanche, le protestantisme éclairé du XVIIIe siècle survit avec Hegel et Schleiermacher, tout comme le piétisme; en Prusse en revanche, il est devenu machine d'Etat. Une part de la vie intellectuelle allemande trouve refuge à Paris. C'est là que Marx, libéré de sa fascination pour Hegel, rencontre Engels et rompt avec une réforme qui ne serait que spirituelle et morale, là que Heine formule sa critique du romantisme, expression irrationnelle du retard allemand, alors que la tradition philosophique qui culmine avec Hegel est un outil révolutionnaire.

La vie politique du *Vormärz* sépare les conservateurs, fort proches des légitimistes français, opposés à la fois à l'absolutisme bureaucratique et à la démocratie, menaces pour la religion et les autonomies traditionnelles, et les libéraux qui s'interrogent sur les contours du *Mittelstand*, la définition du citoyen actif, le système représentatif; ils craignent le peuple, hésitent à formuler le droit de résistance à l'oppression, et sur l'unité allemande, n'osent faire un choix entre l'Autriche et la Prusse. Droysen, lui, envisage une cristallisation autour d'une Prusse réformée. En 1830, le drapeau tricolore est hissé dans quelques villes; les troubles sont graves dans un Palatinat marqué en profondeur par la Révolution française et peu attaché au souverain bavarois. La grande fête populaire de Hambach, en 1832, renoue avec les idées de liberté et d'unité. Une fois l'alerte passée, la répression s'abat et on revient sur les mesures libérales que quelques souverains, en Saxe, en Bade, au Hanovre avaient dû accorder. Néanmoins le calme n'est que temporaire, à la différence de l'après-Karlsbad. Un instant, à la faveur de la crise de 1840 et quelques illusions en Frédéric-Guillaume IV, l'espérance nationale soulève les cœurs. Mais le Hohenzollern refuse une constitution, un »bout de papier« entre lui et ses sujets. Désormais l'opposition politique grandit, le *Verein der Lichtfreunde* regroupe les protestants libéraux et le Mouvement des Catholiques allemands les catholiques éclairés. En Prusse, le roi doit convoquer un *Landtag* général. En Autriche où règne le débile Ferdinand, le livre iconoclaste de Andrian-Werburg fait scandale: l'Autriche, c'est la France en 1788. Cette agitation se déroule sur fond de crise sociale et économique: baisse des salaires, hausse des prix, soulèvement des tisserands silésiens, insécurité, vols d'aliments, peur des bourgeois, *Verwilderung* de la société. Le mouvement des *Bildungsvereine* prend un tour franchement politique.

Les événements de 1848–1849 sont bien connus. Tout est terminé avec la capitulation de la garnison révolutionnaire de Rastatt le 23 juillet 1849. On sait le jugement de Engel, la bourgeoisie allemande n'a pas joué un rôle révolutionnaire. Marxistes et non-marxistes s'accordent pour dire que l'échec de 1848 ouvre la voie à la révolution »d'en-haut« et ruine les chances d'une Allemagne progressiste. Mais est-ce pour autant un coup pour rien? 1848, c'est la fin de l'ordre social restauré en 1815, la disparition des derniers vestiges féodaux, la constitution maintenue en Prusse, ce qui isole l'Autriche. Et l'activité politique ne cesse pas avec l'échec, bien au contraire. Les libéraux ont fait leur première expérience politique, leur force augmente, alors que la gauche est matraquée et ses chefs exilés. Le mouvement démocratique se poursuit et des forces nouvelles apparaissent, qui ont leur importance pour les futurs mouvements, sociaux-démocrates, conservateurs et catholiques sociaux. L'ombre de Bismarck, qui, de son aveu, croit plus au fer qu'au discours, plane sur toute cette histoire; il a lui, fait l'unité allemande. En réalité, il a dû tenir compte de l'opinion publique et de la participation des Allemands à la politique. Et le *Sonderweg* est moins le rôle dominant de l'appareil d'Etat que la coexistence de la puissance de la bureaucratie et des institutions de participation.

On n'aura là qu'un bref aperçu de la richesse de matière de ce gros ouvrage de synthèse; il abonde en exemples, en points de vue suggestifs. Et quand il le faut, l'œil étranger sait rééquilibrer les points de vue sur cette tranche d'histoire allemande que l'on sait passionnante, mais aussi passionnée.

Claude MICHAUD, Paris

Otto ULBRICHT, Kindsmord und Aufklärung in Deutschland, München (Oldenbourg Verlag) 1990, 462 p. (Ancien Régime – Aufklärung und Revolution, 18).

D'emblée l'auteur insiste sur la différence entre infanticide, c. à. d. le meurtre d'un nouveau-né et celui d'un nourrisson par sa mère ou un étranger, notions souvent confondues, parfois même par la critique, ce qui fausse les données, car les deux crimes répondent à des mobiles différents. O. Ulbricht limite certes son enquête aux deux duchés du Schleswig et du Holstein, alors sous souveraineté danoise, un milieu rural et protestant, mais est-il vrai que la confession n'ait pas joué de rôle? Le fait d'avoir refusé le baptême à un nouveau-né n'aurait-il pas compté en pays protestant? O. Ulbricht rappelle cependant qu'ailleurs il y avait aussi des infanticides chez les catholiques et même chez les juifs. Soucieux de dépasser le cadre strictement régional de son enquête et de présenter des résultats éclairants pour les différentes régions de l'Empire dans la deuxième moitié du XVIIIe siècle, il s'appuie sur les travaux consacrés à d'autres pays, quitte à en revoir les calculs et les hypothèses, et commente quelques tableaux comparatifs. A son tour il distingue entre conditions structurelles et motivations individuelles, bien qu'elles se chevauchent quelquefois. Son étude se veut non quantitative, mais sociologique.

Pour mieux saisir la réalité des faits et des motifs et l'opposer à l'image colportée aussi bien par la littérature fictionnelle que par la critique, il commence par l'analyse de quelques cas et s'en sert pour dresser le portrait de l'infanticide type: servante célibataire de 20–25 ans, souvent orpheline de père ou de mère, ayant bonne réputation et considérée comme travailleuse, fidèle et obéissante. Johann Heinrich Pestalozzi dit certes que la majorité des infanticides avaient entre 30 et 40 ans[1], mais comme il met sur le même plan infanticide et meurtre d'enfants, ces chiffres de la ville de Zürich n'infirment pas la thèse d'O. Ulbricht, que confirment au contraire plusieurs cas analysés par le pédagogue suisse. En même temps O. Ulbricht fait ressortir que les servantes étaient d'autant moins intégrées à la famille paysanne qu'elles en changeaient et que le maître tenait à marquer ses distances. Pour corriger l'image idyllique de la grande famille rurale, il rappelle aussi que, dans les deux duchés, maîtres et domestiques ne priaient plus en commun. Certes, dans l'optique bourgeoise des juges ou des publicistes, les servantes étaient pauvres et souvent, comme pour Pestalozzi, la misère fut considérée comme une des principales causes de l'infanticide et elle l'est encore par la critique. Selon O. Ulbricht par contre, c'était plus vrai pour les femmes qui tuaient leurs enfants que pour les infanticides,

1 Über Gesetzgebung und Kindermord (1783), in: Werke, Bd. 2. hg. v. G. CEPL-KAUFMANN u. M. WINDFUHR, München 1977, p. 396.

dont l'impécuniosité aurait été toute relative. Détail intéressant l'ethnologue, pour elles les robes constituaient une sorte d'épargne mobile. Parfois elles possédaient même quelques livres. Si Rudolf Schenda et Rolf Engelsing avaient estimé que vers 1770 au mieux 15 % des habitants savaient lire, O. Ulbricht inverserait plutôt les chiffres, confirmé en cela par Wilhelm Norden (1980), selon qui, à Oldenburg, 84,5 % des servantes savaient lire et 13,6 % même écrire.

Certes, aussi bien l'Eglise que l'Etat prétendaient punir les relations sexuelles hors mariage, assimilées à la débauche. Adelung nous rappelle d'ailleurs que le terme de »Hure« désignait toute femme qui violait le principe de chasteté (cf. »Hurenstrafen«). Mais non seulement entre la théorie et la pratique, entre la législation et la mentalité populaire aussi il y avait alors un décalage sensible; à la campagne les relations prénuptiales étaient généralement admises et pas seulement en Bavière plus même, le mariage n'intervenait souvent qu'après l'annonce de la grossesse, censée garantir un héritier. Considérant la domesticité comme état transitoire entre l'enfance et le mariage, O. Ulbricht distingue certes la morale sexuelle des domestiques de celle des maîtres, lesquels, selon ses statistiques, ne frayaient guère avec les servantes, mais il oublie que la sexualité prénuptiale différait aussi de celle des indigents puisque pour ceux-ci les raisons économiques ne retardaient pas seulement le mariage, elles le rendaient souvent impossible. Dans ce cas, point n'était besoin de promesse de mariage, qui, de toute façon, n'était valable que si elle était écrite et certifiée par des témoins. Soucieux de relativiser la responsabilité de la pauvreté dans l'infanticide, O. Ulbricht ne veut pas en voir les incidences. Il relève bien le pourcentage d'enfants illégitimes, naturellement différent selon les régions, mais il eût été au moins aussi éclairant de noter le pourcentage des femmes célibataires de plus de 30 ans dans ce même milieu et de voir si dans les deux duchés comme dans différents pays allemands un minimum de ressources était alors exigé pour le mariage.

Fatalement favorisées par le mariage tardif ou l'impossibilité de se marier, les relations illicites ne devenaient patentes qu'avec la grossesse. O. Ulbricht explique bien les différents problèmes qui surgissaient alors pour la servante: l'obligation faite aux maîtres et aux sages-femmes de la dénoncer, l'attitude du village, la tentation de changer de maître et de résidence pour mieux dissimuler la grossesse, la difficulté d'accoucher clandestinement et de dissimuler le cadavre.

Les renseignements recueillis par les tribunaux sur les géniteurs sont naturellement peu fiables; selon l'auteur, ces derniers appartiennent cependant le plus souvent à la même classe sociale que les servantes. Sur ce point, il renverse une opinion répandue, confirmée aussi par Pestalozzi, pour le milieu urbain, il est vrai. Peut-on cependant généraliser les données des deux duchés et de ce milieu rural?

A la peur de perdre son emploi, voire de ne plus trouver de travail avec un enfant illégitime, à la peur des peines infamantes et de la honte s'ajoutaient souvent l'infidélité du géniteur et la peur de la famille, motivations qui ressortent également de l'analyse des cas individuels. La peur de la misère amena certaines veuves à inciter ou à aider leurs filles à se débarrasser du nouveau-né, ce dont on trouve aussi un écho dans »Das Lied vom Herren und der Magd«, une ballade recueillie par Goethe en Alsace.

O. Ulbricht a raison de rappeler que la *Constitutio criminalis Carolina* (1532) punissait la luxure par l'exposition au pilori et la fustigation et qu'elle condamnait l'infanticide à être empalée, noyée ou enterrée vive, mais, tout en se référant encore à ce code, les tribunaux n'appliquaient plus ces sanctions barbares. Si l'auteur suit bien l'évolution de la juridiction, il est plus laconique en ce qui concerne la législation criminelle; même pour les duchés il se contente de mentionner les lois de 1754/1755 sans les commenter.

Certes, dans la littérature européenne le motif de l'infanticide a une longue histoire, mais en Allemagne il connut une renaissance extraordinaire à l'époque du Sturm und Drang, car les jeunes génies en profitèrent pour dénoncer la morale aristocratique et l'exploitation sexuelle de la jeune bourgeoise. Parallèlement, il est vrai, ils dénonçaient aussi l'hypocrisie de la morale bourgeoise. L'évocation de ce motif littéraire est censée permettre à O. Ulbricht de montrer le contraste entre le mythe et la réalité. Les exemples des duchés semblent certes conforter sa thèse, elle devrait cependant être nuancée pour tenir compte aussi du milieu urbain.

La question mise au concours de Mannheim en 1780, »Quels sont les meilleurs moyens réalistes de prévenir l'infanticide?«, a certes déjà été abordée par la critique, mais en s'appuyant sur 80 réponses O. Ulbricht le fait sur une base bien plus large et, autre point nouveau, après avoir brossé le portrait de l'initiateur Ferdinand Adrian von Lamezan et avoir parlé de son courageux essai sur la question »in wie weit der Stat an den Verbrechen der Missthäter Schuld trage«, il examine les projets de réformes. Or, ayant suscité près de 400 réponses, ce concours a rencontré un extraordinaire écho. Parmi les participants bien des hommes de renom tels que Schlettwein, J. G. Schlosser, Campe ou C. G. Clauer, sans parler de tous ceux qui, comme Schlözer ou Pestalozzi, ont contribué par leurs publications à animer ce débat. Et il fut contradictoire, car, face aux humanistes qui commençaient à contester la légitimité de la peine de mort et à voir dans l'infanticide une victime autant qu'une criminelle, les moralistes conservateurs, s'en tenant à la conception bourgeoise de la femme, considéraient – tout comme l'Encyclopédie – l'infanticide comme un crime qui fait »frémir la nature«, ce qui les incita à proposer des sanctions plus sévères encore. Mais si ces derniers estimaient qu'il valait mieux poursuivre dix innocents plutôt que de laisser échapper un coupable, d'autres estimaient avec un collaborateur de l'Encyclopédie, qu'il valait »mieux risquer de laisser échapper un criminel que de punir un innocent« (art. crime).

Non sans raison, ce n'est pas tant la qualité que la quantité des réponses qui intéresse O. Ulbricht, car elle révèle mieux à quel point la question a préoccupé l'opinion publique d'alors. Aux critiques qui expliquent cet écho extraordinaire par l'importante augmentation des cas d'infanticide, alléguant que les faits connus ne seraient que la face cachée de l'iceberg, l'auteur fait remarquer avec raison qu'il etait difficile d'adhérer à cette thèse, les statistiques faisant défaut pour les siècles passés et n'étant fiables qu'à partir du XIXe siècle. En extrapolant les chiffres de la Prusse, Schlözer était arrivé pour l'Empire à l'hypothèse de 100 infanticides par an; mais même si l'on admet avec notre auteur que ce chiffre est à majorer, ce n'est pas encore une raison pour parler de »Massendelikt« ni même d'une argumentation continue de ce crime. Selon lui, l'intérêt pour ce débat s'explique au contraire par l'influence de Beccaria, auquel il faudrait toutefois ajouter celle de Montesquieu. N'avait-il pas déjà estimé qu'il valait mieux prévenir que punir? Et il ne faudrait pas davantage oublier la littérature de l'époque, car elle a certainement contribué à remuer l'opinion et à faire évoluer les mentalités.

Pour finir, des tableaux permettent de comparer les sanctions proposées par les tribunaux aux avis concernant les demandes de grâce de la Cour d'Appel et à ceux de la Chancellerie allemande de Copenhague. Et, contrairement à ce qu'on aurait pu penser, l'auteur trouve les instances locales plus marquées par l'esprit des lumières que la Chancellerie, plutôt conservatrice. Néanmoins, après 1770, les peines de mort sont transformées en peines de prison. Révélateur de l'évolution de l'Aufklärung, O. Ulbricht voit avec Gustav Radbruch dans l'infanticide »das Schlüsseldelikt aller strafrechtreformerischen Bestrebungen des 18. Jahrhunderts«. Mais peut-être eût-il été bon d'expliquer ce qu'il entend par »aufklärerische Ideen«.

Malheureusement son ouvrage est entaché d'innombrables redites, car, après avoir analysé les conditions structurelles et les motivations individuelles, il explique comment ces mêmes motifs ont été interprétés par les participants au concours et les juridictions. Toutefois, sur bien des points, il renouvelle la question; bien qu'il s'appuie largement sur la critique, il est très sévère pour elle et, tout en cherchant à ne pas faire violence aux faits, il force parfois le trait pour mieux s'opposer aux opinions reçues, notamment en ce qui concerne l'origine sociale de l'infanticide et du géniteur ainsi que les conditions structurelles du crime.

Gonthier-Louis FINK, Strasbourg

Manfred RUDERSDORF, »Das Glück der Bettler«. Justus Möser und die Welt der Armen. Mentalität und soziale Frage im Fürstbistum Osnabrück zwischen Aufklärung und Säkularisation, Münster (Aschendorff) 1994, 415 S.

Le titre principal de l'ouvrage de M. R., »Das Glück der Bettler«, fait référence à une »Fantaisie patriotique« de 1767 qui décrit trois situations différentes de pauvreté: Möser oppose la vie oisive et relativement heureuse mais peu honorable que mènent les mendiants d'une paroisse londonienne à l'existence difficile et laborieuse mais digne qui est celle d'une famille de petits artisans citadins et d'une femme de journalier rural dans le pays d'Osnabruck. Le premier sous-titre, »Justus Möser und die Welt der Armen«, annonce un sujet qui n'a encore été guère traité: Comment Möser a-t-il réagi face au problème de la pauvreté de masse qui affectait également sa patrie? A-t-il voulu et a-t-il pu mener une politique cohérente et efficace de lutte contre la pauvreté, plus généralement, une authentique politique sociale? Peut-on parler d'un Möser »social«? Le second sous-titre, »Mentalität und soziale Frage im Fürstbistum Osnabrück zwischen Aufklärung und Säkularisation«, nous rappelle que le débat se situe dans l'un de ces territoires ecclésiastiques où se perpétuent les traditions médiévales de la vénérable »Reichskirche«, mais qui sont affrontés aux idées nouvelles des Lumières et que menace une sécularisation imminente (ce sera chose faite en 1803–1806). Cette situation transitoire entre l'ancien et le nouveau présente un intérêt particulier pour qui veut étudier la politique sociale qui a été menée dans ces territoires ecclésiastiques au cours du dernier tiers du XVIIIe siècle. Pour souligner cet intérêt, M. R. ne se contente pas d'examiner les aspects institutionnels et juridiques du combat contre la pauvreté, mais il a également recours aux acquis et aux méthodes de l'histoire sociale et de l'histoire des mentalités. Ce que l'auteur veut nous montrer en priorité, c'est la manière dont les hommes qui ont eu en charge le traitement de la pauvreté à Osnabruck ont vécu et perçu ce problème et comment leur façon de le percevoir a déterminé leurs conceptions et leur action en matière de prévention et d'assistance sociales.

Mais cette étude sur l'Evêché d'Osnabrück reste pour l'essentiel une étude sur Justus Möser. L'homme d'Etat osnabruckois est le point de référence, le »Bezugspunkt« du travail de M. R. Etant donné sa position politique, c'est en grande partie de lui, en effet, que dépendait la solution du problème que soulevait l'existence d'un phénomène de pauvreté de masse à Osnabruck. C'est donc du point de vue »d'en haut«, de Möser essentiellement et, en second lieu, des individus et des groupes dominants et responsables qu'est abordée l'étude du problème de la pauvreté: nous apprenons relativement peu de chose sur les conditions d'existence des pauvres journaliers et des petits artisans ruinés et sur l'état d'esprit des »exclus« condamnés à la mendicité.

Ce bref commentaire du titre et des sous-titres de l'ouvrage résume assez bien le contenu du premier chapitre qui constitue une longue introduction destinée à définir l'objet et les finalités de l'étude ainsi que la méthode d'investigation retenue. Le second chapitre reprend le titre de l'ouvrage, parce que la »Fantaisie« intitulée »Das Glück der Bettler« traduit assez fidèlement l'idée que Möser se fait de la pauvreté sous ses différentes formes. Dans les autres textes qui sont commentés, Möser esquisse, en publiciste soucieux de former l'esprit civique de ses concitoyens, des projets de réformes susceptibles de résoudre le problème de la pauvreté dans le contexte osnabruckois. Ce second chapitre se situe donc sur le plan de la théorie et du débat d'idées. Le troisième chapitre nous ramène à l'action politique et sociale concrète qui révèle un décalage considérable entre une théorie relativement prometteuse et une pratique plutôt décevante dont les effets sont restés limités. Le quatrième chapitre, enfin, n'est autre qu'une conclusion qui fait le bilan de l'enquête et qui ouvre quelques perspectives: la voie osnabruckoise de lutte contre la pauvreté, qui semble être marquée par le traditionnalisme, l'immobilisme et la résignation, peut-elle offrir malgré tout un modèle pour l'avenir?

L'image que M. R. nous propose de la situation politique et sociale de l'Evêché d'Osnabruck n'est pas totalement inédite, mais elle présente sur de nombreux points des informations intéressantes et des aperçus originaux. Le cas d'Osnabruck est typique dans la mesure où il s'agit bien d'un territoire ecclésiastique encore fortement marqué par l'esprit d'une Eglise attachée au corporatisme d'origine féodale et, en matière d'assistance aux pauvres, aux principes de la »caritas« médiévale. Ce qui est déjà moins typique, c'est le système paritaire biconfessionnel qui a été imposé au petit territoire dans la foulée du traité de Westphalie. Mais, sur ce point, la situation d'Osnabruck est encore comparable à celle de quelques autres territoires, à celle d'Augsbourg, par exemple. Ce qui est complètement atypique, en revanche, c'est le principe de l'alternance entre un évêque catholique et un évêque protestant, source de dissensions entre les forces en présence à chaque changement de titulaire du siège. Ce statut paritaire très particulier fait de la société osnabruckoise une société complètement bloquée qui ne souffre aucune évolution significative, plus spécialement dans le domaine de la politique sociale. Si, à la fin de la guerre de Sept Ans, le nouveau souverain protestant, d'origine anglo-hanovrienne, presse le gouvernement local de prendre les choses en main, de centraliser et de rationaliser le système d'assistance sociale dans l'esprit de l'absolutisme éclairé, les partis confessionnels et les corporatismes se crispent sur leurs droits acquis et s'opposent à toute initiative qui pourrait remettre en cause les rapports de force. L'adversaire le plus tenace du pouvoir en place est le chapitre-cathédrale, défenseur des intérêts du parti catholique. Les chanoines sont sur la défensive depuis qu'ils ont été privés, en 1764, d'un pouvoir qu'ils estimaient leur revenir de droit pendant la période de régence. Par conviction religieuse et par esprit d'intérêt, ils refusent catégoriquement toute concession qui permettrait au parti protestant au pouvoir d'avoir, par le biais de la centralisation des fonds et des moyens, un droit de regard sur leur important patrimoine d'où ils puisent les ressources d'une action caritative réservée aux pauvres du parti catholique. Leur recours est l'évêque métropolitain de Bonn, électeur de Cologne, qui dispose de moyens efficaces pour contrecarrer les initiatives du souverain anglo-hanovrien et de son gouvernement osnabruckois.

Dans ce contexte de société bloquée, Möser ne dispose que d'une marge de manœuvre très réduite pour mettre en œuvre les projets de réforme qu'il a exposés dans ses écrits. D'ailleurs, même s'il pouvait les appliquer, il ne semble pas pressé de le faire. Il est d'abord trop soucieux de ménager le fragile équilibre qui s'est établi au cours des années entre les forces en présence et il s'interdit toute initiative qui conduirait à un durcissement des fronts ou qui ébranlerait ce petit monde qu'il tient tant à préserver. Il évite d'autant plus de s'engager dans une action d'envergure qu'il n'en perçoit pas l'urgence: sans être idyllique, la situation ne lui paraît nullement explosive. Aussi croit-il pouvoir la maîtriser soit en faisant prendre par le gouvernement des ordonnances de caractère répressif qui fixent des normes générales destinées à contrôler tant les excès de la générosité individuelle que les débordements de la mendicité, soit par des mesures d'aide ponctuelles ou des améliorations de détail. Pour le reste, il s'en remet au jugement et au sens de leur propre intérêt des autorités locales. Opposé à tout système d'aide centralisé, sur le modèle de ce qu'a fait le prélat Karl Theodor von Dalberg à Erfurt dans l'esprit du réformisme joséphiniste, il laisse à la »base« le soin de régler les problèmes de la pauvreté selon le principe que »chacun doit payer son ardoise« (»Jeder zahle seine Zeche«). En fait, Möser ne considère pas l'assistance sociale comme un problème prioritaire. Ce qui lui importe en premier lieu, c'est le rétablissement d'une économie ruinée par la guerre. Le bonheur des individus n'est pas son souci majeur. Il veut un Etat prospère dont les piliers seraient des citoyens-propriétaires bien établis et capables de renflouer les caisses de l'Etat. Dans cette perspective fortement marquée par l'éthique protestante et l'utilitarisme des Lumières, la pauvreté est bien plus une faute morale qu'un accident d'ordre social ou économique: »Armut muß verächtlich bleiben«. C'est le principe qu'il faut inculquer à toutes les petites gens qui risquent de se marginaliser: la peur de perdre leur honneur doit les inciter à se tuer au travail plutôt qu'à aller mendier.

Dans ces conditions la politique de compromis et des petits pas que mène Möser est bien éloignée du réformisme conséquent d'un Dalberg, des initiatives audacieuses prises par la cité de Hamburg dans les années soixante et même du système d'assistance très efficace qu'a mis en place à Halle, au début du siècle, le théologien piétiste August Hermann Francke. Cette politique sans envergure ne pouvait mener qu'à l'immobilisme, à la résignation et, en fin de compte, à l'échec. Il paraît donc périlleux de faire d'Osnabruck un modèle en matière d'action sociale. M. R. l'admet volontiers. Tout au plus suggère-t-il que la gestion décentralisée de l'assistance sociale que préconise Möser préfigure le communalisme et la pratique de la subsidiarité qui sont actuellement à nouveau à l'ordre du jour. Mais est-ce suffisant pour faire de l'homme d'Etat osnabruckois, comme le voudrait M. R., un pionnier de l'Etat libéral moderne?

Jean MOES, Metz

Susanne EIGENMANN, Zwischen ästhetischer Raserei und aufgeklärter Disziplin. Hamburger Theater im späten 18. Jahrhundert, Stuttgart (Verlag J. B. Metzler) 1994, 245 S.

L'ambition du livre est plus vaste que ne l'indique le titre. Même si l'étude s'appuie principalement sur des documents se rapportant à l'histoire du théâtre hambourgeois durant le dernier tiers du XVIIIe siècle, il ne s'agit pas d'une monographie d'histoire locale. L'auteur tente plutôt à partir de l'exemple de Hambourg de reconstituer un processus de transformation du théâtre qui concerne la totalité de l'aire culturelle allemande à l'époque des Lumières. Le choix de Hambourg paraît heureux, car cette république marchande possède une vraie tradition théâtrale et elle a été le lieu de la première et brève tentative de création d'un »théâtre national« avant que, durant trois périodes d'inégale importance (1771–1780, 1786–1797, 1811–1812), F. L. Schröder y dirige un théâtre privé qui a fait date. L'exemplarité de Hambourg vient aussi du fait que contrairement aux *Hoftheater* qui se créent au même moment et qui profitent du soutien financier d'un prince, la troupe de Schröder est entièrement dépendante de la faveur du public et offre donc la possibilité d'intéressantes observations sur les conditions de fonctionnement d'un théâtre à la fois soucieux de se plier au programme de l'*Aufklärung* concernant le théâtre et assujetti aux contraintes d'une scène commerciale. Le travail met, du reste, bien en lumière la distance entre le discours »éclairé« sur le théâtre comme »institution morale« ou »culturelle« et la réalité quotidienne. Il montre ainsi, alors que l'histoire souvent ne retient de la direction de Schröder que ses représentations de pièces de Shakespeare ou du *Sturm und Drang* dans les années 1770, que son répertoire fait la part belle aux pièces à succès de la *Trivialdramatik*. Il n'en va pas, du reste, autrement sur la scène-modèle de Weimar sous la direction de Goethe.

Susanne Eigenmann étudie, en fait, une période de transition, caractérisée par la sédentarisation des troupes ambulantes et la littérarisation du répertoire dans le climat idéologique de l'*Aufklärung*. Ce passage impose certes un comportement nouveau aux comédiennes et aux comédiens comme aux spectateurs. Mais les habitudes anciennes n'ont pas disparu comme le montre d'une manière très vivante et convaincante la reconstitution semi-fictionnelle d'une soirée en 1776 (ch. I, 1). Le théâtre n'est pas encore devenu ce »temple de l'art« qu'il deviendra au cours du XIXe siècle.

La principale originalité de l'ouvrage réside sans aucun doute dans l'utilisation systématique de la psychogenèse de la société bourgeoise de Norbert Elias pour l'étude du phénomène théâtral. Le renforcement de la discipline sociale et le contrôle accentué de la vie instinctuelle imposent un comportement nouveau au public comme ils obligent les acteurs à une stricte discipline sur la scène comme en ville. Les »lois théâtrales« (*Theatergesetze*) de Schröder codifient ces exigences. Susanne Eigenmann montre bien de quelle manière théoriciens, critiques et hommes de lettres se liguent pour moraliser, intellectualiser et institutionnaliser le théâtre. L'exclusion du »bouffon« et le discrédit jeté sur le ballet et autres intermèdes distrayants s'inscrivent à l'évidence dans ce processus. Le discours de l'*Aufklärung* n'obtient cependant que des résultats relatifs: l'analyse de deux textes de Schiller (»*Über das gegenwärti-*

ge teutsche Theater«, 1782, »*Was kann eine gute stehende Bühne eigentlich wirken?*«, 1784) révèlent le décalage entre programme et réalité, l'utopie de »l'institution morale« et les conditions réelles de la vie théâtrale.

L'autre référence théorique de l'ouvrage est constituée par la *Dialectique des Lumières* d'Adorno/Horkheimer qui conduit l'auteur à tenir un discours très critique sur l'*Aufklärung*. La légitimité d'une telle prise de position ne serait pas contestable, si elle ne conduisait pas parfois à des jugements de valeur ahistoriques sur la morale ou la condition féminine. Les développements sur la théorie dramatique (du didactisme gottschédien à la sentimentalisation en passant par la conception de la compassion lessingienne) ou le chapitre sur »*Les Années d'apprentissage de Wilhelm Meister*« sont moins inspirés et assez lâchement reliés à la problématique principale. L'opposition moralisation/esthétisation aurait été plus convaincante si le second terme avait été plus clairement cerné. Mais on sera d'accord pour dire que c'est finalement le divertissement qui a triomphé auprès du public. On peut relever ici et là des formules un peu contestables et le travail reprend beaucoup d'éléments connus. Mais à l'évidence, il s'agit d'un livre qui mérite d'être lu, car il allie à une information très sûre puisée aux meilleures sources une intéressante réflexion théorique. Ce n'est pas si courant dans les ouvrages sur l'histoire du théâtre!

Roland KREBS, Paris

Ute RIEGER, Johann Wilhelm von Archenholz als »Zeitbürger«. Eine historisch-analytische Untersuchung zur Aufklärung in Deutschland, Berlin (Duncker & Humblot) 1994, 212 S. (Quellen und Forschungen zur Brandenburgischen und Preußischen Geschichte, 4).

Archenholz est peu, et surtout mal connu: on ne retient de lui que sa »*Minerva*«, revue qu'il publia de 1792 à 1810, et qui occupe à coup sûr une place majeure dans l'histoire de la presse périodique allemande au tournant des XVIIIe et XIXe siècles, mais dont on oublie (ou ignore) qu'elle ne parlait pas seulement de la Révolution française. Pourtant, son »*Histoire de la guerre de Sept ans*«, ses récits de voyages effectués, notamment, en Angleterre, en Italie et en France, ainsi qu'une masse considérable d'articles portant sur l'histoire (Elisabeth d'Angleterre, Gustave Wasa, Jan Sobieski, la Vendée, la Pologne, l'Italie), sur les mœurs, sur la vogue des récits de voyage, sur la tâche de l'historien ou celle du »publiciste«, firent de lui un des »journalistes« les plus lus de son temps. On sait peu de choses de sa vie, et l'auteur n'a pas eu pour propos de pousser les investigations à ce sujet. Malgré cela, elle essaie – et c'est, en un sens, une tentative qui tranche heureusement sur bien des monographies actuelles consacrées à tel ou tel – de dépasser ce qu'elle appelle la simple »paraphrase« de l'œuvre pour tenter de reconstruire le lien qui fait d'une activité essentiellement littéraire le médium d'un engagement inscrit dans une vie. Une sorte de biographie littéraire, en somme. Ou, plus exactement: intellectuelle. Trois données ont marqué la vie d'Archenholz: ancien officier prussien (titre auquel il a toujours accordé une grande importance) et grand voyageur, il a vécu essentiellement du produit de sa plume, et cela à une époque dont il a très exactement perçu qu'elle signifiait l'entrée dans un monde nouveau. *Aufklärer*-type, Archenholz a voulu non pas fonder des valeurs nouvelles, mais vivre celles de son temps en »citoyen«, au sens que ce terme avait dans l'Allemagne de l'époque, et qui implique plus l'instauration d'un »dialogue avec le public« que la prétention à changer les structures politiques et sociales. D'où, très souvent, une prudence certaine dans les jugements qu'il porte sur les princes, sur la Révolution ou sur des questions de morale. Il n'était pas tant intéressé par des contenus ou des positions tranchées qu'obsédé par le sens (que l'auteur appelle l'»historicité«) de faits qu'il observait. Il fait de sa vie un »dialogue avec son époque« (p. 171), dont il vit non seulement les valeurs (en particulier l'aspiration à la liberté et à l'émancipation), mais aussi les comportements et les modes d'existence, par exemple la pratique du »voyage« ou le statut difficile de l'»écrivain indépendant«. Sa position par rapport à la Révolution (admiration d'abord, réserves ensuite) est celle du monde intellectuel auquel il appartient; son admiration de Frédéric II est celle de tous ses contemporains (ou presque, il ne faudrait tout de même pas oublier Lessing!); son idéal d'humanité celui de Schiller comme de Herder.

Cette approche, que l'auteur qualifie de »biographique«, est très intéressante, car au lieu de faire de l'*Aufklärung* l'objet de réflexions abstraites, elle la présente en quelque sorte comme l'état d'une société donnée à une époque donnée. L'auteur s'inscrit ici dans les recherches les plus récentes, qui visent à cerner l'histoire sociale de cette période et à l'arracher ainsi à ses seuls aspects littéraires ou philosophiques. Pourtant, on peut se demander si la thèse centrale du livre, qui se veut une »contribution à l'étude de la pensée politique en Allemagne«, ne relève pas d'un a priori, acceptable certes, mais plus ou moins arbitraire tout de même. Il est tout à fait louable de laver les intellectuels allemands de l'accusation d'apolitisme que leur avait value l'idéalisme schillérien, relayé par leur exécration de la Révolution à partir de 1792. L'auteur souligne justement qu'une pensée n'est pas »politique« parce qu'elle appelle à la critique systématique de l'Etat, voire à la violence la plus radicale. Mais faut-il considérer que le politique s'épuise dans une distance constante par rapport aux faits, accompagnée du refus de les juger? Cette attitude doit être celle de l'historien, elle ne saurait qualifier la réflexion politique. C'est quand les deux genres ne savent plus se séparer qu'ils deviennent l'un et l'autre impossibles à identifier dans leur singularité. Mais c'est un vieux débat, et il est vrai aussi que s'il pouvait être tranché, l'histoire y perdrait, peut-être aussi la politique. Ute Rieger n'en a pas moins livré une étude éclairante non seulement sur Archenholz, mais sur la conscience que l'*Aufklärung* avait d'elle-même. Plus encore que de l'histoire sociale, c'est de l'histoire des mentalités.

Pierre-André Bois, Reims

Adolph Freiherr von Knigge, Le Voyage à Brunswick. Roman comique. Traduction, présentation et notes d'Alain Montandon, Saint-Étienne (CNRS Éditions) 1992, 156 S. (Société française d'Étude du XVIIIe siècle).

Nach wie vor ist Knigge in Deutschland bestenfalls als Verfasser eines von kaum jemandem gelesenen ›Anstandsbuches‹ bekannt. Nur wenige Kenner der Aufklärung wissen, welche soziologische und historische Bedeutung dem »Umgang mit Menschen« zukommt. Von den Romanen, Aufsätzen oder Theaterstücken haben sogar Spezialisten des 18. Jahrhunderts meist keine Ahnung, obwohl Paul Raabe mit anderen Herausgebern seit 1978 »Sämtliche Werke« in 24 Bänden als Reprint herausgibt. Eine separate Ausgabe der »Reise nach Braunschweig« hat Paul Raabe 1972 veröffentlicht.

Um so verdienstvoller ist es, wenn nun Knigge auch als Romanautor in einer französischen Übersetzung zugänglich gemacht wird. Alain Montandon zeichnet als Herausgeber und Übersetzer. Er ist durch zahlreiche Studien zur Literatur des 18. Jahrhunderts bestens ausgewiesen. Von ihm stammt auch eine Sammlung von Texten »Über die deutsche Höflichkeit« (1991) und das Vorwort zur Übersetzung von Knigges Hauptwerk (Du commerce avec les hommes. Traduit par Brigitte Hébert avec une préface et une bibliographie de A. M. Presses Universitaires de Toulouse-le-Mirail 1992).

Dem Text des »Voyage à Brunswick« wird ein umfangreiches Vorwort vorangestellt. Darin skizziert der Herausgeber die Situation des komischen bürgerlichen Romans in Deutschland, dessen Vorbilder vor allem Fielding, Sterne und Smollett, aber auch Cervantes, Marivaux, Lesage und Goldsmith waren. Das Interesse für die niedrigen Stände und die Form des Reiseromans erweisen sich als Konstituenten dieses Romantypus.

Anlaß für Knigges Reiseroman war der Aufstieg von Blanchards Ballon am 10. August 1788 in Braunschweig. Knigge hat das Ereignis selbst miterlebt, das Ballonfliegen aber mehrfach kritisiert: für das dabei ausgegebene Geld hätte man einigen tausend Armen helfen können.

Durch den Vergleich mit französischen Broschüren, Gedichten und Stücken macht der Hg. auf eine Tradition der literarischen Darstellung der Ballonflüge aufmerksam, die in Deutschland kaum zu bemerken ist: eine erotische Konnotation des »Fliegens«, vergleichbar mit dem Rausch und dem Schreiben.

Ausführlich wird über Blanchards Weiterführung der Montgolfierschen Versuche mit Ballonflügen gesprochen, eine knappe biographische Skizze über Blanchard folgt. Auf bedeutende deutsche literarische Texte (von Carl Ignaz Geiger und Jean Paul) wird hingewiesen. Bei ihnen erhält der Ballonflug auch eine politische Deutung – Knigge hat diese Möglichkeit des Themas nicht genutzt, obwohl er sonst heftig gegen Revolutions- und Aufklärungsgegner wie Schirach, Aloys Hoffmann und Johann Georg Zimmermann polemisierte. Knigge begeisterte sich für die französische Revolution und setzte dennoch auf Reformen, die er mit Hilfe der Freimaurerei voranzubringen hoffte.

Ein Überblick über das Romanwerk Knigges im engeren Sinn, das qualitativ starke Schwankungen aufweist, schließt sich an. »Die Reise nach Braunschweig« wird knapp beurteilt: sie sei gewiß etwas geschwätzig geschrieben, aber doch bewundernswert komponiert. Die einzelnen Szenen und Bilder wechselten wie in einer Komödie ab. Der Roman werde in einem leichten und ironischen Ton erzählt. Die Anspielungen auf die Theaterthematik verweisen auf die Versuche Knigges, sich auch als Dramatiker zu betätigen. Hervorzuheben seien die häufigen Dialogszenen und die Zuwendung des Erzählers zum Leser. Insgesamt habe Knigge die Romanmöglichkeiten der Zeit weitgehend ausgeschöpft, er arbeite mit typischen Wirtshausverwechselungen, eingeschobenen Predigten, mit Geschichten in der Geschichte, Kritik der Kritik, Satire der Empfindsamkeit und des Wunderbaren und pikaresken Zügen. Gewiß sind diese Merkmale in Knigges Reiseroman zu finden. Doch muß auch die kritische Feststellung erlaubt sein, daß sie allesamt von den oben genannten französischen und englischen Vorbildern entwickelt und von anderen deutschen Autoren meist kunstvoller adaptiert worden sind (Wieland!). In der Wertung der »Reise nach Braunschweig« widerspreche ich dem Hg. ungern: Gemessen an deutschen Reiseromanen des 18. Jahrhunderts (von J. G. Jacobi bis zu M. A. v. Thümmel) ist Knigges Werk höchstens von durchschnittlicher Qualität.

Auf das Vorwort folgen Daten zur Biographie, eine Übersicht über Knigges Hauptwerke und eine Bibliographie, die sowohl die zitierten Texte Knigges als auch Arbeiten über ihn und speziell über Luftreisen anführt. In diesem Abschnitt fehlt ein wichtiges Werk: Reisen im Luftmeer. Ein Lesebuch zur Geschichte der Ballonfahrt von 1783 (u. früher) bis zur Gegenwart. Unter Mitarbeit von Ursula Tesch und Dieter H. Stündel hrsg. von Karl Riha. München 1983. Unter der Überschrift »Roman et littérature allemande« werden überwiegend veraltete Studien genannt. Die wichtigen Untersuchungen von J. Schönert und W. Voßkamp, aber auch die großen historischen Darstellungen, z. B. die Hanser Sozialgeschichte der Literatur, fehlen.

Die Übersetzung ist korrekt. Sie gibt den KniggeschenText ohne jede Streichung wieder. Dabei folgt der Übersetzer einer alten Übertragung ins Französische (von F***G***, Paris 1797). Sie ist nur in einem Exemplar in der Bibliothek von St. Petersburg erhalten. Es handelt sich um eine offenbar unter Zeitdruck entstandene Übersetzung mit einigen Irrtümern; der Übersetzer ist in der Beherrschung des Französischen nicht immer sicher gewesen. Alain Montandon hat diese Übersetzung benutzt, wenn immer dies möglich war. Er hat ihre Irrtümer korrigiert und Ungeschicklichkeiten vermieden. Dem Band sind Illustrationen zu Knigges Werk nach der 7. Auflage (Hannover 1839) und zu den Ballonflügen Blanchards aus dem Cabinet des Estampes der Bibliothèque Nationale beigegeben.

Nicht nur der französische Leser kann von den neunzehn, zum Teil sehr ausführlichen und kenntnisreichen Anmerkungen profitieren. Allein die Bemerkungen über K. F. Bahrdt in Anm. 4 sind nicht sonderlich differenziert; die FGA (Anm. 7) hätten zumindest im Hinblick auf den berühmten Jahrgang 1772 genauer erläutert werden müssen, und Millers »Siegwart« gilt heute nicht mehr als »pâle imitation« des Werther (Anm. 14). Besonders lobenswert ist die Information über den Prediger Johann Heinrich Schulz (Anm. 17), der in der deutschen Aufklärung kaum bekannt ist.

Alain Montandon hat mit seiner Übersetzung von Knigges Text, seinem Vorwort und den bibliographischen Hinweisen, nicht zuletzt mit seinen Anmerkungen eine nahezu makellose und für französische wie deutsche Leser außerordentlich nützliche Ausgabe vorgelegt. Für den französischen Leser wird sie vor allem aus kulturgeschichtlichem Interesse wichtig sein, für den deutschen sind die literarhistorischen Hinweise von Gewinn.

Gerhard SAUDER, Saarbrücken

Anke BETHMANN, Gerhard DONGOWSKI, Adolph Freiherr Knigge an der Schwelle zur Moderne. Ein Beitrag zur politischen Ideengeschichte der deutschen Spätaufklärung, Hannover (Verlag Hahnsche Buchhandlung) 1994, 149 S. (Quellen und Darstellungen zur Geschichte Niedersachsens, herausgegeben vom Historischen Verein für Niedersachsen, 112).

Une image de Knigge chasse l'autre: au Knigge »professeur de bonnes manières« a succédé le Knigge »jacobin«, puis notre Knigge apôtre d'une »nouvelle religion« de l'humanité et des droits de l'Homme. Si les deux premières, qui reflétaient des postulats idéologiques, étaient, sinon fausses, du moins très réductrices, la troisième s'attachait à montrer que Knigge – et c'est en quoi il est intéressant – reflète toutes les contradictions d'une *Aufklärung* à la fois hardie et timorée, qui vénère la raison et pratique, souvent avec délectation, l'occultisme le plus obscurantiste, salue bruyamment la Révolution française mais ne souhaite qu'une chose, c'est qu'elle soit épargnée à l'Allemagne.

Ce sont ces contradictions qui déterminent la thèse centrale de l'ouvrage. Après avoir, comme la plupart des *Aufklärer*, cru possible l'avènement d'une société de la vertu qui pourrait (comme le pensaient non seulement les Illuminés, mais déjà Lessing, notamment dans ses »*Dialogues maçonniques*«, ce qui aurait dû être relevé) se passer de l'Etat, symbole de la dégradation morale (et de la division de l'humanité), Knigge renonce à cette tentative de concilier le pessimisme de Rousseau et l'optimisme d'une *Aufklärung* pénétrée de la foi dans la perfectibilité de l'homme (encore Lessing!). Se heurtant aux »réalités du temps« (p. 132), il se laisse envahir par la désillusion et le découragement. C'est alors que la Révolution française, qui montre l'exemple d'une nation tentant de traduire en réalité les principes (en particulier la liberté et l'égalité) dont se réclamaient les partisans les plus avancés des Lumières, fait de Knigge un écrivain politique. Les auteurs interprètent cette politisation de sa pensée comme une »rupture radicale avec ses idéaux antérieurs« (p. 132), alors qu'elle constitue plutôt, selon nous, une renaissance de l'espérance nourrie par l'*Aufklärer* qu'il n'a jamais cessé d'être. On peut admettre la thèse de la rupture, à condition de considérer qu'elle concerne les moyens par lesquels devaient se réaliser ces idéaux: Knigge ne croit plus à l'action secrète ni aux professions de foi »éclairées«, il devient pragmatique (les auteurs le soulignent constamment et à juste titre) et s'appuie sur une réalité nouvelle, effectivement politique, qui n'est pas d'ailleurs sans provoquer chez lui un malaise: admettant le bien-fondé de la violence en France, il souhaite avant tout qu'elle ne gagne pas l'Allemagne. Souhaitant que le peuple recouvre ses droits, il continue d'exécrer la »populace«, dont il a peur, comme tous les *Aufklärer*. Si Knigge a en quelque sorte vécu dans la Révolution une partie au moins de son idéal maçonnique, il n'en reste pas moins prêt à des compromis avec l'Etat, et singulièrement avec l'Etat absolutiste pourvu qu'il soit »éclairé«, et dont la survie pouvait, selon lui, garantir à l'Allemagne l'économie d'une révolution. Ses propos sur Frédéric II sont assez éclairants à cet égard.

Les auteurs étudient dans leurs tours et détours et avec une grande rigueur les contradictions qui résultent de ce passage au »pragmatisme«, porteur en lui-même de reniements potentiels – et parfois réels. Ils font ressortir la continuité qui marque l'analyse que propose Knigge des causes de la Révolution, qui s'inscrit à la fois dans (ce qu'il croyait être) la réalité de la France d'Ancien Régime et dans une théorie dialectique de l'histoire qui en fait la marche »en spirale« vers un progrès irrésistible. Knigge n'aurait jamais approuvé la Révolution s'il n'y avait vu la manifestation d'un progrès de l'histoire. Dès 1782 l'»Allocution aux nouveaux Récipiendaires du grade d'Illuminatus Dirigens« l'avait affirmé dans une formule saisissante: »La liberté a engendré le despotisme, et le despotisme ramène à la liberté«. Lessing déjà avait appris à Knigge que la recherche de la vérité est plus importante que la vérité elle-même, et que toute marche en avant est suivie de régressions nécessaires. C'est d'ailleurs pour cette raison que nous continuons à penser que l'»*Allocution*« doit sinon tout, du moins sa cohérence philosophique à Knigge plutôt qu'à Weishaupt (dont les très nombreux livres montrent, précisément, une absence quasi totale de cohérence). Knigge ne semble pas tant avoir été »fasciné« par les thèses d'un Ordre qui, avant son arrivée (janvier 1780, comme l'a établi Le Forestier), ne savait pas encore très bien à quoi il devait servir, qu'intéressé par la possibilité qui s'ouvrait à lui de façonner l'Ordre en vue d'un projet et de lui donner une assise »philosophique« solide.

Moderne, le baron de Knigge? C'est incontestable. Ses prises de position sur la Révolution ont été le véhicule majeur de la politisation du débat allemand sur la Révolution française. Le présent ouvrage a le mérite d'inscrire cette politisation dans le legs de l'*Aufklärung*.

Pierre-André BOIS, Reims

Rolf GRABER, Bürgerliche Öffentlichkeit und spätabsolutistischer Staat. Sozietätenbewegung und Konfliktkonjunktur in Zürich 1746–1780, Zürich (Chronos Verlag) 1993, 259 S.

Zurich: l'«Athènes de la Suisse«, disait-on au XVIIIe siècle – l'auteur écrit »La Mecque des Lumières de l'Europe continentale« (p. 107), mais il met dans cette formule l'ironie que lui suggère précisément son propos: montrer, en partant d'une étude des »sociétés éclairées« qui se sont constituées à partir de 1746, comment les Lumières ont été »liquidées« (p. 155) dès lors qu'elles prenaient une forme radicale, c'est-à-dire non seulement prétendaient favoriser l'émergence d'une pensée véritablement autonome, mais aussi déboucher sur une »diffusion vers le bas« et impliquer ce que les *Aufklärer* appelaient avec mépris la »populace« dans le fonctionnement d'un véritable Etat de citoyens. Cette thèse – qui n'est d'ailleurs pas vraiment nouvelle, mais qui avait été développée surtout à propos de l'Allemagne – est défendue avec une grande vigueur et avec une grande clarté dans la démarche. Après avoir montré que le mode de recrutement des premières »sociétés éclairées« (l'auteur étudie la *Physikalische Gesellschaft*, la *Historisch-Politische Gesellschaft am Bach* et la *Helvetische Gesellschaft auf der Gerwi*) reposait sur une communauté de vues induite par celle des origines sociales (les couches dirigeantes du négoce et de la culture), R. G. décrit le glissement vers une scission qui va opposer les »réformateurs« aux »politiques«, due à l'intrusion de membres de plus en plus jeunes, et qui sont en quête d'un »nouveau type de socialisation« (p. 148) remettant en question les piliers traditionnels de la société zurichoise, l'Eglise et les corporations. Ainsi, les »sociétés« deviennent le médium d'une idéologie de la réforme qui cherche à s'imposer au patriciat régnant. Il s'ensuit une rupture entre les seconds et les premiers, lesquels rejoignent (souvent en fonction d'intérêts carriéristes) les détenteurs des leviers du pouvoir au sein de l'Etat »absolutiste tardif«. Ainsi, le »conflit« devient l'élément structurel majeur d'un débat qui divise les tenants des Lumières. Deux attitudes sont dès lors possibles – et mises en œuvre: l'»intégration«, c'est-à-dire ce que nous appellerions aujourd'hui la »récupération«, assortie de concessions, notamment dans le domaine de la pédagogie, qui, orientée vers la réalisation de buts pragmatiques et utilitaires, se substitue à la politique, laquelle privilégie le raisonnement critique et »risque« de déboucher sur l'émergence d'une »contre-opinion publique« (comment rendre »*Gegenöffentlichkeit*?) Ou bien la répression, soit relativement »clémente« (censure, exil), soit brutale (exécution du pasteur Waser, accusé de haute trahison). Le résultat est le même: les couches dirigeantes, effrayées par les potentialités d'émancipation contenues dans les Lumières, »liquident« celles-ci afin d'assurer la pérennité de leur pouvoir. Ce n'est pas sans une certaine jubilation que l'auteur évoque des figures comme celles de Johann Caspar Lavater, de Pestalozzi et de quelques autres, qui ont trahi leur premier engagement auprès des politiques pour rallier le camp de l'ordre et du bien-penser politique. En se sens, son ouvrage projette un éclairage nouveau sur le cheminement de quelques personnages emblématiques des Lumières de l'aire germanique et remet en quelque sorte les choses au point.

Pourquoi faut-il que l'ensemble donne parfois un peu trop l'impression d'un certain snobisme, qu'il s'agisse du style: abus de termes comme »hardliner« (p. 146), »der Goodwill« (p. 148), »das Missing link« (p. 152), »das Insider Wissen« (p. 190)? Les langues nationales sont-elles donc si pauvres qu'elles ne permettent plus d'exprimer leurs idées? ou qu'il s'agisse de la profusion parfois insupportable de formules apparemment savantes, qui en réalité reflètent un pédantisme à prétention scientifique tout à fait inutile ici, car la thèse défendue est assez solide pour se suffire à elle-même sans l'appui de telles formules. Le risque – et une critique malveillante et injuste ne manquerait pas de s'y attacher – est de masquer par ce genre de vocabulaire en général purement théorique la puissance des faits, qui seuls, en histoire, ont valeur de preuve, et de donner l'impression que sont projetés dans le passé les débats du présent. Pourquoi utiliser par exemple, à plusieurs reprises, les termes de »Berufsverbot« ou d'«Alternativbewegung«, sinon pour capter par l'intermédiaire des mots la bienveillance d'un lecteur qui ne demande pas mieux que de se laisser convaincre par les faits eux-mêmes? Il arrive d'ailleurs parfois que ceux-ci ne soient pas mis en lumière avec toute l'objectivité souhaitable: même l'»affaire Waser« est mal exposée, dans la mesure où l'innocence de Waser fait figure de postulat, tandis que les positions de ses accusateurs ne nous sont communiquées qu'à travers les insultes ou les sarcasmes dont ils abreuvèrent ce malheureux. On a dès lors l'impression fâcheuse que Waser a été convoqué pour justifier une théorie formulée d'avance, alors qu'il aurait été facile d'appuyer la théorie sur une analyse d'abord factuelle de son cas, étayée par l'analyse minutieuse des arguments des uns et des autres, et non de leurs seules réactions. De même, l'auteur parle des »actes honteux« du bailli Grebel (p. 87) sans nous dire exactement (faits précis à l'appui) en quoi ils consistaient.

Plus grave, peut-être: en qualifiant la réforme scolaire introduite à Zurich en 1773 de »réforme apparente« (p. 106 sqq.) parce qu'elle privilégiait l'enseignement pratique et visait à faire de l'élève un sujet avant tout »utile«, l'auteur méconnaît ce qui constitue, précisément, l'un des objectifs majeurs de l'*Aufklärung*. Que celle-ci n'a pas été »révolutionnaire«, on le sait depuis longtemps. Le regretter, c'est le droit de chacun (l'auteur ne dit d'ailleurs pas ce qu'il entend par »révolution«, sinon l'acquisition de »processus d'apprentissage autonomes«, c'est-à-dire avant tout l'autonomie de la pensée appuyée sur la raison). Mais le lui reprocher, c'est considérer l'histoire d'un point de vue en fin de compte téléologique, et non comme une évolution obéissant à des enchaînements, logiques ou non mais qui ne sont pas tenus de s'inscrire dans les désirs de ceux qui veulent la comprendre.

Mais il ne faut pas exagérer l'importance de ces critiques de forme et même de méthode. L'ouvrage ne présente pas seulement une grande qualité de clarté. Il analyse en profondeur un aspect mal connu des Lumières en Suisse. Et surtout, il met parfaitement en évidence leur aspect majeur (qui se vérifie aussi en Allemagne): potentiellement porteuses de conflits, elles ont plutôt cherché à les fuir ou à les éliminer qu'à les assumer.

Pierre-André Bois, Reims

Peter BURG, Verwaltung in der Modernisierung. Französische und preußische Regionalverwaltung vom Ancien Régime zum Revolutionszeitalter, Paderborn (Ferdinand Schöningh) 1994, IX–243 S.

Il y a quelques années, un volume collectif franco-allemand avait montré tout l'intérêt d'une histoire comparée de la France et de l'Allemagne à l'époque révolutionnaire (prise au sens large) et mis à mal certaines idées reçues[1]. La diversité des auteurs et des sujets abordés n'avait pas permis, cependant, de définir clairement une méthode, et les parallèles tenaient souvent lieu de comparaisons. Le livre que voici est à la fois plus modeste dans son objet et plus systématique dans sa démarche. Son objet se limite à la modernisation de l'Etat aux dépens de l'Ancien régime, telle qu'on peut la mesurer dans le domaine de l'administration régionale, en France et en Allemagne, à partir d'un certain nombre de cas.

Si l'on veut, comparant la France et l'Allemagne, confronter les Etats et les administrations, une difficulté surgit aussitôt, évidente: quel référent choisir, côté allemand? Une comparaison avec l'Empire n'aurait guère de sens, pas plus qu'un parallèle avec de petits Etats. Restent les deux puissances allemandes, la Prusse et l'Autriche. Même si, du point de vue de la taille, l'Autriche paraît plus appropriée, d'autres critères recommandent plutôt de choisir la Prusse: non pas tant l'histoire ultérieure que la volonté obstinée, commune aux souverains français et prussiens des XVIIe et XVIIIe siècles, de renforcer leur autorité aux dépens des privilèges et des corps intermédiaires, et ce faisant d'uniformiser, de rationaliser, de »moderniser«.

Le choix de l'échelon régional facilite la comparaison, qui peut s'exercer sur des entités comparables. L'ouvrage paraissant dans une collection consacrée avant tout à la Westphalie, il était naturel que celle-ci fournisse une matière privilégiée – mais non exclusive – pour le versant allemand. C'est même un exemple particulièrement intéressant, en ce qu'il permet d'examiner des situations variées, selon que les territoires observés appartenaient au départ à la Prusse ou à des princes ecclésiastiques, selon qu'ils ont fait partie ensuite de la France, du royaume de Westphalie ou du grand-duché de Berg, pour se retrouver tous finalement sous l'administration prussienne après 1815. Ces exemples westphaliens sont recoupés par d'autres exemples tirés des vieilles provinces de la Prusse, surtout la Marche de Brandebourg. Pour le côté français, l'auteur a retenu en particulier le cas de la Lorraine, province récemment rattachée au royaume après l'intermède du roi Stanislas – mais le cas lorrain est bien mis en perspective à partir d'études plus générales. Quant au cadre chronologique, il doit être assez large pour faire place à des évolutions parfois longues, et aussi tenir compte des décalages entre la France et la Prusse: sans exclure des rappels plus anciens, il correspond en gros à la période 1770–1820.

Ce cadre défini, l'auteur s'est efforcé de tracer une problématique rigoureuse, en partant des analyses de Max Weber et de Otto Hintze. Il énonce ainsi plusieurs critères de la modernisation politique: confiscation de la violence légitime par l'Etat et nivellement des individus face à celui-ci; effort de séparation des pouvoirs, la justice sortant de l'administration générale; mais aussi création de nouvelles formes de représentation et de participation, plus ou moins bien distinguées des formes liées à la société d'Ancien régime (états provinciaux notamment).

Plutôt qu'un plan linéaire, l'auteur a choisi ensuite une sorte de »quadrillage« de son sujet, en variant les angles d'approche dans autant de chapitres: organisation générale; cadre territorial; développement de la puissance étatique; progrès de l'état de droit; participation des administrés; sociologie des administrateurs. Chaque chapitre est divisé en quatre parties, de façon peut-être un peu monotone: France avant 1789; Prusse d'Ancien régime; France après la Révolution; Prusse après les réformes. Quelques assouplissements à ce schéma permettent toutefois d'introduire des nuances régionales (en Prusse) ou chronologiques, l'influence de la Révolution s'étant déjà fait sentir avant 1806.

Cette présentation a le mérite de la clarté, et elle permet à l'auteur de faire régulièrement le point sur les termes de la comparaison. Il en retire parfois les éléments de jugements critiques sur certaines idées de ses prédécesseurs – ainsi de la thèse qui voudrait faire de la bureaucratie prussienne une sorte de substitut pour l'instance représentative absente. On regrettera seulement que la tâche du lecteur n'ait pas été facilitée par quelques tableaux ou organigrammes ou par un lexique des termes administratifs, qui ont parfois le mauvais goût de changer complètement de sens d'une époque à l'autre, comme le mot »Regierung«.

On passera facilement sur quelques erreurs de détail concernant le volet français (Roederer n'a jamais été »Bürgermeister von Paris unter Napoleon«, page 55), mais on s'étonnera de voir citer dans le texte tous les titres, noms et prénoms du moindre personnage, même si ces litanies finissent par être assez poétiques (pp. 86, 100, 125). On discutera aussi quelques points de vue: il ne faut pas exagérer l'opposition entre noblesse de robe et noblesse d'épée au chapitre 6. Mais tout cela est négligeable au regard d'une méthode féconde et d'une érudition remarquable.

Ce qui ressort finalement de l'étude régionale, c'est une confirmation de l'avance prussienne au XVIIIe siècle, grâce à l'absence de vénalité des charges, à une justice plus indépendante et un droit plus autonome. C'est ensuite le renversement complet induit par la Révolution, accélérateur formidable, en particulier pour ce qui relève de la représentation politique: en ce domaine, tout le XIXe siècle ne suffira pas à combler le retard prussien. Par delà ces différences, on peut souligner les convergences de long terme, retrouver sous des formes différentes l'opposition entre officiers et commissaires, chère à Roland Mousnier. On sera frappé aussi de la remarquable continuité du personnel administratif dans les provinces prussiennes en dépit de tous les aléas de la période révolutionnaire: preuve de tolérance et d'opportunisme, mais peut-être aussi l'indication que les passions étaient alors moins fortes en Prusse qu'en France et qu'après tout, par des voies diverses, il s'agissait bien pour tous d'une même »modernisation«.

Michel KERAUTRET, Paris

Les cahiers de plaintes et doléances de la Haute-Alsace 1789, par Erich PELZER avec la collaboration technique de Jean-Luc EICHENLAUB, Strasbourg (Publications de la Société Savante d'Alsace et des Régions de l'Est) 1993, 461 p. (Collection »Recherches et Documents«, 49).

Nachdem die Diskussion um den Nutzen quantifizierender Methoden und diskursanalytischer Verfahren für die Geschichtswissenschaft das Interesse an den Beschwerdeheften neu belebt hatte, ist letzteres durch eine Reihe von Quellenpublikationen im Umfeld des »bicentenaire« bekräftigt worden. Der von Erich Pelzer besorgte Band ist dabei jenen Arbeiten zuzuordnen, die die jüngsten Erträge der Forschung berücksichtigen und gleichzeitig den gewachsenen Ansprüchen an eine wissenschaftliche Edition Rechnung tragen. Er stellt die Verbindung zu jener Quellensammlung her, die Robert Steegmann 1990 für das Unterelsaß vorgelegt hat, und schließt die noch vorhandene Lücke für das Oberelsaß[1]. Nach einem préface von Roland MARX stellt Pelzer der Präsentation der Quellentexte eine Einführung voran, die den Leser sowohl mit den Editionsrichtlinien als auch mit der besonderen Situation des Elsaß als Transferregion im deutsch-französischen Grenzraum vertraut macht. Vor diesem Hintergrund wird der Prozeß der Redaktion der Beschwerdehefte beschrieben, der sich in zwei Etappen im März und im Juli/August 1789 vollzog. Pelzer betrachtet dabei die Redaktion der Beschwerdehefte in engem Zusammenhang mit dem allgemeinen Politisie-

1 Helmut BERDING, Etienne FRANÇOIS et Hans Peter ULLMANN (ed.), La Revolution, la France et l'Allemagne. Deux modèles opposés du changement social?, Paris 1989.

1 Vgl. Les cahiers de doléances de la Basse Alsace. Textes et documents réunis par Robert STEEGMANN, Straßbourg 1990.

rungsprozeß und spannt den Bogen folgerichtig von der Reform der Provinzialverwaltung des Jahres 1787 bis zur »Großen Furcht« des Sommers 1789.

Die Quellen, die Pelzer in akribischer Arbeit aus verstreuten Archiven zusammengetragen hat, werden um fünf Themenschwerpunkte gruppiert. Die im Zeitaum der »prérévolution« verfaßten Entwürfe stehen im Mittelpunkt des ersten Schwerpunktes. Ihnen folgen die Beschwerdehefte der Urwählerversammlungen vom März 1789, an die sich die cahiers der Generalversammlungen der drei Stände und privilegierten Körperschaften anschließen. Zwei Abschnitte sind schließlich den Beschwerdeheften mit antiseigneurialer Stoßrichtung vorbehalten.

Die Edition unterstreicht die Bedeutung regionalgeschichtlicher Forschung, die die Ergebnisse der auf Paris zentrierten Forschung in wesentlichen Punkten zu ergänzen und zu korrigieren versteht. Der Vergleich der Flugschriften und Modelle mit den eigentlichen Beschwerdeheften bestätigt zunächst die Bedeutung der Inkubationsphase 1787–1788 für die Redaktion der Beschwerdehefte ländlicher Urwählerversammlungen, die in einer Tabelle auf S. 23 statistisch belegt wird. Auffällig ist allerdings ein ausgeprägtes Interesse für die wirtschaftlichen Sorgen der »einfachen Leute« bei den von Beamten des Ancien Régime verfaßten Modellen. Diese unterscheiden sich von den Entwürfen in anderen Regionen, wenn wir z. B. an die Modelle des Herzog von Orléans oder Thourets denken, die ganz im Zeichen der politischen Reform standen. Die von Pelzer diskutierten Beispiele und präsentierten Quellen machen deutlich, daß die Betonung eines Gegensatzes von städtisch-aufgeklärtem Modell und ländlichem Original, wie sie aus quellenkritischer Sicht oft vorgenommen worden ist, wenig fruchtbar scheint. Die Modelle müssen auf ihre konkreten Forderungen hin differenzierter untersucht und mit der Fähigkeit der Landgemeinden zur Bearbeitung vorgegebener Entwürfe verglichen werden.

Auf der Ebene der Generalversammlungen redigierten neben den drei traditionellen Ständen auch privilegierte Körperschaften, wie die zehn Reichsstädte, und protestantische und jüdische Religionsgemeinschaften ihr eigenes Beschwerdeheft.

Die Masse der antifeudalen Beschwerdehefte unterstreicht ebenfalls eine Sonderstellung des Elsaß, die durch die Präsenz von Grundherren aus dem Reich gekennzeichnet war. Die Klagen gegen die Grundherren, die bereits im Frühjahr 1789 sichtbar werden, erfahren im Sommer 1789 eine Radikalisierung und Präzisierung ihrer Stoßrichtung gegen die Grundbesitzer aus dem Reich. Mit dem Fortschreiten der Revolution, gelingt es Bevölkerungsgruppen, die vorher zum Schweigen verurteilt waren, erfolgreich ihre Interessen zu formulieren. Der scheinbare Gegensatz zwischen den gemäßigten *cahiers* des Frühjahres und der radikalen Bauernrevolte des Sommers 1789 wird erklärbar durch einen Politisierungsprozeß, der immer neue Gruppen der Bevölkerung erfaßte und dessen Hoffnungen gleichzeitig enttäuscht wurden, wie Pelzer mit Bezug auf Georges Lefebvre ausführt. Dieser Politisierungsschub wird durch die antiseigneurialen Beschwerdehefte des Sommers belegt, die den Übergang von der Redaktion im Frühjahr zur Revolte des Sommers charakterisieren und größere Aufmerksamkeit in vergleichbaren Untersuchungen verdienten. Mit der Präsentation der antiseigneurialen Beschwerdehefte in der Originalsprache, die einen Vorzug der vorliegenden Edition darstellt, eröffnet sich zudem die Möglichkeit eines direkten Vergleichs mit Reichsterritorien, die mit dem Elsaß durch einen gemeinsamen Grundherrn verbunden waren. Dies könnte zur Klärung der Frage beitragen, auf welchem Wege deutsche Bauern die Form des Beschwerdeheftes übernahmen, in das sie ihre Forderungen kleideten, wie Jürgen Voss am Beispiel des rechtsrheinischen Teils des Hochstifts Speyer gezeigt hat[2].

2 Vgl. Jürgen Voss, Soziale Unruhen im rechtsrheinischen Teil des Hochstifts Speyer im Zeitalter der Französischen Revolution, in: Soziale Unruhen in Deutschland im Zeitalter der Französischen Revolution, hrsg. von Helmut Berding, Göttingen 1988, S. 77–91.

Die Edition stellt dem Leser umfangreiche Informationen zur geographischen, demographischen, rechtlichen, religiösen und wirtschaftlichen Situation der Gemeinde zur Verfügung, die die Einordnung des publizierten Beschwerdeheftes gestatten. Der Band wird durch eine Karte, ein Literaturverzeichnis und einen Index zentraler Begriffe in den *cahiers de doléances* komplettiert. Die Bibliographie bietet neben Quelleneditionen und historischen Arbeiten zur Geschichte des Elsaß im 18. Jahrhundert eine gute Zusammenfassung der Forschungsdiskussion zu den Beschwerdeheften. Ohne deren Wert im geringsten schmälern zu wollen, sei noch auf zwei Arbeiten aus der Feder von Jürgen Scheller, John Markoff und Gilbert Shapiro verwiesen, die eine aktuelle Zusammenfassung des Forschungsstandes bieten[3].

Die vorliegende Edition liefert einen Baustein von hoher Qualität für eine noch zu schreibende vergleichende Betrachtung des Tiers am Vorabend der Revolution, die konsequent regionalen Besonderheiten folgt. In ihrer Verbindung von Problemaufriß und editorischem Standard, »weckt sie«, den Wünschen des Herausgebers entsprechend, tatsächlich »die Lust an der Lektüre« (S. 10) dieser außergewöhnlichen Selbstzeugnisse der Gesellschaft des Ancien Régime.

Steffen SAMMLER, Leipzig/Lyon

Marquis de BOMBELLES, Journal. Texte établi, présenté et annoté par Jean GRASSION et Frans DURIF. Bd. III: 1789–1792, Genf (Droz) 1993, 434 S. (Histoire des idées et critique littéraire, 317).

Die Tagebücher des Marquis de Bombelles, deren erste beiden Bände 1977 und 1982 erschienen sind, haben sich als eine wichtige Quelle für die Erforschung der Cliquenkämpfe und politischen Auseinandersetzungen am Versailler Hof in den Jahren vor der Revolution erwiesen. Der Diplomat Bombelles war ein enger Vertrauter des Baron de Breteuil, der 1783 zum Minister des Maison du Roi ernannt worden war und im Sommer 1789 nach der Entlassung Neckers kurzzeitig an der Spitze eines antirevolutionären Konfliktministeriums stand, dessen Politik bekanntlich am 14. Juli kläglichen Schiffbruch erlitt. Nach dem Sieg der Revolution war Bombelles bis Ende 1790 französischer Botschafter in Venedig. 1791/92 übernahm er mehrere diplomatische Geheimmissionen im Auftrag seines Gönners Breteuil, die ihn u.a. an den Hof Katharinas II. führten. Breteuil hatte im November 1790 von Ludwig XVI. den Auftrag erhalten, die Interessen der französischen Monarchie bei den europäischen Höfen zu vertreten und die Umtriebe der emigrierten Prinzen unter Führung des jüngsten Bruders des Monarchen, des Comte d'Artois, zu konterkarieren. Wie Breteuil war Bombelles bemüht, eine harte Haltung der Großmächte gegenüber dem revolutionären Frankreich zu erreichen. Zugleich war er bestrebt, die Politik des ehemaligen Generalkontrolleurs Calonne, des ›Premierministers‹ der Prinzen, zu durchkreuzen. Calonne und Breteuil waren schon vor 1789 erbitterte Rivalen im Kampf um den vorherrschenden Einfluß am Versailler Hof. Diese Fehde setzte sich auch während der Revolution ungebrochen fort.

Der dritte Band des Tagebuchs informiert im Detail über die Aktivitäten Bombelles zwischen August 1789 und September 1792. Er gibt darüberhinaus einen guten Einblick in die Lagebeurteilungen, Vorstellungen, Ängste und Hoffnungen eines entschiedenen Gegners der Revolution und überzeugten Royalisten. Er zeigt u. a., wie stark die Nachgiebigkeit des Monarchen die Loyalität der Royalisten gegenüber Ludwig XVI. erschütterte. Als ihn im

3 Vgl. Jürgen SCHELLER, Der Stellenwert der cahiers de doléances in der Revolutionshistoriographie, in: Aufklärung, Politisierung und Revolution, hrsg. von Winfried SCHULZE, Pfaffenweiler 1991, S. 85–106; John MARKOFF/Gilbert SHAPIRO, L'Authenticité des cahiers, in: Bulletin d'Histoire de la Révolution française, années 1990–1991, S. 17–70.

Januar 1791 die Nachricht erreichte, Ludwig habe keinen Einspruch gegen das Dekret der Nationalversammlung eingelegt, welches dem Klerus einen Eid auf die Verfassung vorschrieb, notierte Bombelles: *Le Roi s'aliène le coeur de ses plus zélés serviteurs par l'accès qu'il donne aux plus funestes conseils et par toutes les démarches qui en sont la suite*. (S. 165). Das Tagebuch dokumentiert ferner die erbitterten Konflikte zwischen der ›Partei des Königs‹ und der ›Partei der Prinzen‹, die zusätzlich durch den Machtkampf zwischen Breteuil und Calonne verschärft wurden. Bombelles kritisierte scharf die *puériles et périlleuses tentatives* des Kreises um den Comte d'Artois (S. 170) und die irrealen Aufstandsplanungen und Verschwörungen der aristokratischen Emigration. Im Mai 1791 kam es in Vicenza zu einer offenen Konfrontation zwischen Bombelles einer- und Artois und Calonne andererseits: *M. de Calonne a employé les plus misérables arguments pour établir qu'il y avait trahison de la part de M. le baron de Breteuil à avoir reçu un plein pouvoir du Roi sans en avoir donné connaissance à M. d'Artois. C'est ainsi que pour suivre ses idées et ses préventions, pour faire agir sa cour, on établit en principe des opinions aussi pernicieuses à faire prendre à un prince qui est dans la position de M. le comte d'Artois* (S. 227). Die Tagebücher belegen ferner das – durchaus nicht unberechtigte – Mißtrauen der Emigranten gegenüber den europäischen Mächten. Diese seien, so Bombelles Einschätzung, gar nicht primär daran interessiert, die Revolution zu bekämpfen. Ihnen gehe es vielmehr darum, Frankreich möglichst schwach zu halten, es territorial zu amputieren und als Großmacht auszuschalten.

Die Herausgeber haben keine vollständige Edition der voluminösen Tagebücher des Marquis de Bombelles vorgelegt. Sie beschränken sich auf eine Auswahl, die sie durch Auszüge aus der Korrespondenz des Marquis ergänzen. Am Ende des Buches befindet sich eine Zusammenstellung in Regestenform, die diejenigen Stellen verzeichnet, die nicht in die Edition aufgenommen worden sind. Eine Durchsicht dieser Zusammenstellung läßt Zweifel aufkommen, ob wirklich immer diejenigen Passagen publiziert wurden, die von besonderem historischem Interesse sind. Insgesamt handelt es sich jedoch auch beim dritten Band der Bombelles-Tagebücher um eine wichtige Quelle, die zwar keine sensationellen Neuigkeiten enthält, die aber einen faszinierenden Einblick in die Politik- und Mentalitätsgeschichte der adligen Emigration gewährt. Seine Lektüre ruft einmal mehr in Erinnerung, daß es endlich an der Zeit wäre, eine umfassende Geschichte von Politik und Ideologie der französischen Emigration und ihres Kampfes gegen die »satanische Revolution« in Angriff zu nehmen.

Michael WAGNER, Gießen

Serge BONIN, Claude LANGLOIS (dir.), Atlas de la Révolution Française. 8: Population, Paris (EHESS) 1995, 93 S.

Seit der Mitte des 18. Jahrhunderts gehörte die Frage der Population zu den Schlüsselthemen der politischen und Sozialphilosophie. Statistisch gesehen bildete das Jahrzehnt 1770–1780 einen publizistischen Höhepunkt, gefolgt von den ersten Revolutionsjahren. Neben dem Diskurs über demographische Probleme bildete die Erfassung tatsächlicher Bevölkerungsdaten einen Schwerpunkt der Verwaltung des ausgehenden Ancien Régime und der Revolution mit Spitzen um 1790 und 1800. Die einfache und weitverbreitete Gleichung, daß eine hohe Bevölkerungszahl Grundlage des Staatstypus »starker Staat« sei, wurde dabei heilsam differenziert. Die erhöhte Aufmerksamkeit der revolutionären Gesellschaft für demographische Probleme, die im 1. Kap. des Atlas' dargelegt wird, hatte einen realen Grund, die demographische Dynamik der zweiten Hälfte des 18. Jahrhunderts, die von heftigen sozioökonomischen Krisenerscheinungen seit den 1770er Jahren begleitet wurde. Kap. 2, das sich diesen Fragen zuwendet, bestätigt grundsätzlich den Ansatz von Ernest Labrousse und der »*Histoire de la population française*«, und es kann nur nützlich sein, auf diese Weise daran zu erinnern, daß die Zukunft der Revolutionsforschung nicht darin bestehen kann, nur noch die politische und kulturelle Revolution unter Hintansetzung der demographischen und sozioökonomischen Forschung zu bemerken.

Kap. 3. behandelt Grund- und Standardfragen zur Bevölkerungsgeschichte der Revolutionszeit: Heiratsverhalten, Geburten- und Sterbefälle, Kriegstote, Aderlaß infolge der Terreur, demographische Auswirkungen des Vendée-Krieges, Migration, Bevölkerungsdichte nach Regionen, Städten und Dörfern (s. auch die beiden losen Kartenbeilagen). Kap. 4 untersucht die Bevölkerungsstruktur nach Altersstrukturen, Empfängnisverhütung, außerehelichen Geburten, vorehelicher Zeugung und Empfängnis, Einfluß des Revolutionskalenders auf das Heiratsverhalten in Konkurrenz zu den traditionellen religiös bedingten Verhaltensmustern, Entwicklung der Ehescheidung sowie der Erbpraxis. Viele der statistischen Daten bestätigen die Existenz eines zweigeteilten Frankreich entsprechend der zunächst in der Alphabetisierungsforschung ermittelten Linie St. Malo-Genf, ungeachtet der inzwischen erfolgten Differenzierungen.

Ein kurzes und letztes 5. Kap. skizziert die ideologisch geprägte Auseinandersetzung um die Bevölkerungsgeschichte der Revolutionszeit. Der Schwerpunkt liegt auf der Debatte um die Vendée; der für die immer wieder geführte Kosten-Nutzen-Debatte der französischen Revolution nicht unbedeutende England-Frankreich-Vergleich hätte hier einbezogen werden sollen.

Der Anhang enthält einige Quellentexte, Bevölkerungstabellen von 1740–1829, Statistik der Bevölkerung pro Département 1791 und 1801, Fruchtbarkeitsstatistik (eheliche Geburten), Übersicht über die zeitgenössische demographische Diskussion über das Thema »Stadt«, Statistik der Städte mit mehr als 10000 Ew (1750–1836), Bevölkerung in Stadt und Land pro Département im Jahr 1806, sowie die Kommentare zu den beiden Kartenbeilagen mit der Bevölkerungsgeographie des Jahres 1806 und die Bibliographie.

Die dichte französische demographische Forschung bedingt, daß dieser Band 8 des Revolutionsatlas' überwiegend gesamtfranzösische Daten vorlegen kann. Als kompaktes Resümee in Wort und Grafik wird der Band der akademischen Lehre sehr zugute kommen.

Wolfgang SCHMALE, München

Joseph FOUCHÉ, Mémoires de Joseph Fouché duc d'Otrante, présentation Michel VOVELLE, Paris (Imprimerie Nationale) 1992, 518 p. (Acteurs de l'Histoire).

In der von George Duby geleiteten Reihe »Acteurs de l'Histoire« präsentiert hier Michel Vovelle die Memoiren Fouchés. Er hat ihnen eine 43-seitige Einleitung beigefügt, die auf die Geschichte dieses, vom Augenblick seines Erscheinens an umstrittenen Werkes kundig eingeht. Wurde doch zunächst dessen Authentizität angezweifelt, bis Louis Madelin im Jahre 1900 seine Echtheit nachwies. Madelin legte 1945 eine kritische Edition vor, die bis heute maßgebend geblieben ist, auch wenn Jean Savant im Jahre 1956 sie heftig attackierte. Vovelle, der Sympathien für Madelin und dessen historiographischen Ansatz wahrhaftig unverdächtig, meint dazu doch »Sous sa forme austère, l'histoire traditionnelle a du bon« (S. 17).

Was darf der Leser nun von diesen Memoiren erwarten, was verraten sie ihm über ihren Autor und dessen Zeit? Nun, so meint der Herausgeber, zunächst gelte es die apokryphen Passagen zu eliminieren oder doch mindestens zu kennzeichnen. Dann aber kommt er zum Hauptproblem »Il est moins malaisé qu'on ne pourrait le craindre de retrouver Fouché tel qu'en lui-même, dans cet assemblage apparemment composite, mais composé. Mais le retrouvons-nous bien? Lui-même ne nous a pas facilité la tâche.« (S. 18).

In seiner Charakteristik der Memoiren weist Vovelle mit Recht darauf hin, daß Fouché sein persönliches und sein Familienleben – es war tadellos, ganz im Gegensatz zu seinem politischen – fast völlig ausspart, daß er politische Memoiren schreiben wollte, wobei er aber weniger seine Tätigkeit als Polizeiminister herausstellte, als vielmehr seine außenpolitischen

Überlegungen und Ambitionen. Fouché, der Talleyrand verabscheute, was auf Gegenseitigkeit beruhte, wollte vor der Nachwelt als der große außenpolitische Denker und verhinderte große Außenminister Frankreichs erscheinen.

Sehr aufschlußreich und ein geistreicher Einfall Vovelles ist die Tabelle auf S. 25, die anhand der in den Memoiren behandelten Jahresabschnitte jeweils den prozentualen Anteil dieser Abschnitte am politischen Leben Fouchés feststellt und dann vergleicht, wie hoch der prozentuale Anteil eines derartigen Abschnitts in den Memoiren und in der Darstellung Madelins ausfällt. Um ein Beispiel zu geben: Fouché war 24 Jahre lang politisch aktiv, von 1792–1815 einschließlich. Die Jahre 1792–14 sind 12,5% dieser Zeitspanne. In den Memoiren nehmen sie aber nur 1,5% des Umfangs ein, im Gegensatz zu Madelins Darstellung, von der sie 13,3% umfassen. Die Jahre 1805–1808 entsprechen 16,6% der politischen Zeit Fouchés. In den Memoiren sind ihnen 7,5% gewidmet, bei Madelin 22% der Gesamtseitenzahl. Man kann auf diese Art und Weise gut herausarbeiten, wo Fouché selbst die Schwerpunkte seiner politischen Tätigkeit gesehen haben wollte und wohl auch selbst sah. Die ihm wichtigsten Jahre waren die von 1810–1813, während denen er heftig an der Beseitigung Napoleons arbeitete. Sie nehmen 30% seiner Darstellung ein. Hat Fouché also nicht doch seine Memoiren bewußt auf die politische Stimmung der Jahre um 1820 hin stilisiert?

Vovelle bemüht sich in seinem Vorwort nachzuweisen, daß Fouché bis zuletzt ein Jakobiner und also seiner ursprünglichen Überzeugung treu geblieben sei. Er stützt sich dabei auf den letzten Satz der Memoiren »Je crois résumer ma vie en disant, que j'ai voulu vaincre pour la Révolution, et que la Révolution a été vaincue dans moi« (S. 40). Aber hatte dieser wandelbare Geist überhaupt Überzeugungen, außer den Gedanken an das eigene Wohl und die eigene Karriere? Man darf daran doch wohl zweifeln.

Der Anmerkungsteil ist sehr knapp gehalten und ist im wesentlichen eine Paraphrase des Textes, gewürzt mit gelegentlichen Hieben gegen Madelin. Bleibt noch zu sagen, daß die Memoiren Fouchés spannend zu lesen sind und daß der Druck dieser Ausgabe, auf tadellosem Papier, von einer heute nicht gewöhnlichen Qualität ist. Die Lektüre wird so zum Augenfest.

Hans SCHMIDT, Aschheim bei München

Michael P. FITZSIMMONS, The remaking of France. The National Assembly and the Constitution of 1791, Cambridge (Cambridge University Press) 1994, XVI–273 p.

On a souvent tendance à oublier dans l'hexagone qu'il existe de nombreux historiens américains (et des revues spécialisées comme p. ex. »French Historical Studies« et »French History«) qui consacrent leurs recherches à l'histoire de la France. Michael P. Fitzsimmons fait partie de ceux qui s'intéressent plus particulièrement à la Révolution française et on aurait tort d'ignorer leurs travaux. Le livre de M. P. Fitzsimmons tente de retracer l'évolution de l'idéal de liberté, égalité et fraternité depuis la convocation des États généraux jusqu'à l'instauration de la première constitution française en septembre 1791. Courte durée dans l'histoire, un peu plus de deux ans et demi, mais ô combien longue si l'on tient compte du rythme effréné des événements qui bouleversent le cours de l'histoire française et, plus tard, celui des autres pays d'Europe! Logiquement, il s'agit d'une histoire événementielle qui a, d'ailleurs, le vent en poupe depuis quelque temps. Dans le premier chapitre, l'auteur évoque, en guise d'introduction, la grave crise financière dans laquelle le royaume de France s'enfonce progressivement depuis 1763 et, surtout, depuis la Guerre d'Indépendance des États-Unis. Chacun sait qu'elle est la cause principale de la convocation, fin 1788, des États généraux au mois de mai 1789, échéance pour laquelle on a demandé aux trois ordres de rédiger des Cahiers de doléances. M. P. Fitzsimmons révèle, avec raison, que cette phase préparatoire laisse apparaître déjà de notables clivages entre les différentes provinces françaises dans leur attitude devant les futurs principes de la Révolution. Il oppose la Bretagne dont les ordres privilégiés refusent catégoriquement toute concession au profit du tiers, au Dauphiné qui, lui, réclame très tôt (depuis la réunion des trois ordres au château de Vizille, le 21 juillet 1788) les aspirations du tiers état: doublement de ses effectifs et vote par tête et non par ordre aux états provinciaux. Lorsque les états généraux se réuniront à Versailles en mai 1789, ce sont précisément ces exigences et le refus du roi, secondé par la majorité des nobles et du haut clergé, qui empêcheront tout travail constructif et qui conduiront le tiers état à commettre l'inouïe, le 17 juin 1789: se proclamer Assemblée nationale, à laquelle se joindront bientôt, et souvent à contrecœur, le clergé et la noblesse. Depuis la création du comité de Constitution, début juillet, la France entame enfin la voie vers le projet d'une nation, basée sur une constitution garantissant les droits des citoyens sans distinction de sang. Mais il faut attendre deux ans encore avant que celle-ci soit élaborée et reconnue par un Louis XVI réticent en septembre 1791. M. P. Fitzsimmons fait revivre ces deux années, pleines de rebondissements, pendant lesquelles le nouvel idéal de la constitution naît et, puis, s'empare d'une grande majorité de la population française, non sans mal d'ailleurs. L'auteur a accompli un impressionnant travail archivistique, en consultant les procès-verbaux de l'Assemblée nationale et les Archives parlementaires, deux journaux (Le Point du Jour, Journal des États-Généraux) et, bien entendu, les Archives nationales à côté de nombreuses archives départementales, voire municipales, ce qui lui permet de brosser un portrait précis de la France bouillonnante et de l'esprit public qui régnait dans les quatre coins du pays. Il ne cache pas son admiration pour le travail accompli par l'Assemblée, puisqu'elle réussit à abolir l'Ancien Régime en instaurant un nouveau système administratif, puis judiciaire, après avoir redessiné le territoire national en 83 départements, ceux-ci subdivisés en districts et municipalités. Cette œuvre semble avoir forcé l'admiration presque unanime de la part de la population française, et l'auteur nous livre de nombreuses adresses et lettres qui expriment leur attachement au nouveau système, unissant tous les citoyens, qu'ils soient Bretons, Flamands, Alsaciens, Provençaux, Languedociens, Catalans ou Béarnais. Précisément, cette volonté de se sentir tous Français conduit les provinces et les villes à renoncer à leurs privilèges séculaires, la Provence et Aix-en-Provence en tête (25 juillet 1789). Il s'avère donc que la province est en avance par rapport aux députés de l'Assemblée à Paris qui, siégeant toujours en ordres séparés, n'osaient pas encore toucher aux anciens privilèges provinciaux ou municipaux. Il n'y eut que quelques endroits qui restent réticents comme le Maine, le Dauphiné (!), Alençon, La Rochelle et surtout l'Alsace et Strasbourg. Cette dernière ville deviendra pourtant le grand centre de propagande révolutionnaire en direction des pays allemands. Une autre évidence surgit à la lecture du livre, celle de l'attachement populaire à Louis XVI à qui on pardonne trop facilement et trop vite les »bavures«. La non-promulgation des décrets du 4–11 août conduit l'Assemblée à se méfier du roi en octobre 1789; il suffit que Louis XVI rende visite à l'Assemblée, le 4 février 1790, afin que la nation entière le remercie chaleureusement dans une vague d'adresses et dans une explosion de joie (feux d'artifice, messes et Te Deum). Mais cette réaction unanime montre déjà l'ambiguïté: certes, le peuple aime son roi, mais à condition qu'il approuve le travail de l'Assemblée. La gestation de la nation et de la Constitution a supplanté le personnage et la fonction du roi dont la popularité varie en fonction de son attitude par rapport au travail de l'Assemblée. La fuite de Louis XVI, le 21 juin 1791, déclenche les mêmes réflexes. Après un temps de consternation, une commission n'ose pas condamner son acte, et lorsque Louis XVI accepte la promulgation de la Constitution en septembre 1791, la France entière est à nouveau enthousiaste à son égard. Pourquoi ce monarque n'a-t-il pas su exploiter ce réel attachement populaire à son avantage et, partant, influer sur les événements? Personnage tragique sans aucun doute que ce Louis XVI puisque, au lieu de se préserver l'attachement sincère du peuple et de jouer un grand rôle dans l'histoire de France, ce roi parvient à détruire ce grand avantage au prix de perdre sa tête sur l'échafaud, le 21 janvier 1793. M. P. Fitzsimmons n'a pas approfondi cette question, mais son beau livre rend un hommage convaincant à l'Assemblée qui a su créer la constitution la plus équitable dans le monde d'alors. Celle-ci donnait un système politique à la France dont s'inspireront plus tard, comme l'avait souligné J. Godechot déjà, de nombreux autres pays ou les Constitutions ultérieures de la France.

Josef SMETS, Pérols

Nicoline HÖRSCH, Republikanische Personennamen. Eine anthroponymische Studie zur Französischen Revolution, Tübinguen (Max Niemeyer) 1994, XVI–624 p. (Beihefte zur Zeitschrift für romanische Philologie, 258).

C'est en 1793–1794, avec la Convention montagnarde et la Terreur, que le double phénomène de laïcisation et de déchristianisation de l'Etat et de la société civile engendré par la Révolution française atteint son point culminant. Mais il ne se limite pas à cette brève période: en 1790, la Constitution civile du clergé lui donne en quelque sorte une première base juridique et ses prolongements sont sensibles tout au long du XIXe siècle et même du XXe. L'auteur de ce compte rendu est lui-même né et a grandi dans une région, le Bas-Languedoc viticole, où, vers 1950 et 1960, il n'était pas rare de voir encore des hommes adultes, nés entre la fin du XIXe siècle et 1914, se prénommer Kléber et Marceau, mais aussi Achille, Ulysse ou Télémaque, et même Cambyse. Par ailleurs, comme l'indique justement l'auteur de ce fort et très savant ouvrage dès son avant-propos, cette laïcisation et cette déchristianisation, sous leurs divers aspects, sont inséparables, à l'évidence, d'une lutte idéologique et politique contre les signes visibles de l'Ancien régime: pas de combat contre les »hochets du fanatisme«, c'est-à-dire contre le catholicisme, sans mise en déroute parallèle de la »tyrannie«, ou du despotisme monarchique,et de l'aristocratisme nobiliaire.

Dans la première partie du livre, Nicoline Hörsch trace le cadre général de ses minutieuses recherches. Avec la Révolution et sa phase la plus radicale de 1793–1794, le nom de personne (prénom et nom de famille) prend une signification politique; il doit manifester le changement de régime, le rejet de l'ordre ancien. La lutte contre l'Eglise catholique, son culte et sa hiérarchie, va de pair avec la laïcisation de l'Etat et de la société, la réorganisation de l'état civil (registre des naissances en particulier) et, bien sûr, une politique républicaine des noms (noms de personnes, de lieux, de rues, mais aussi d'auberges, de cafés ou de figures dans les jeux de cartes). C'est une véritable propagande républicaine par imprégnation linguistique quotidienne qui se met ainsi en place, à l'initiative du pouvoir politique central (les représentants en mission comme Fouché dans la Nièvre), mais aussi des sociétés populaires locales, des familles et des individus.

Au point de rencontre des structures relevant de l'Etat (l'état civil, les administrations), de la société civile, de la famille et de l'individu lui-même, le nom de famille et le prénom, ou les prénoms d'une même personne, offrent à cette propagande par imprégnation un champ très vaste et toujours renouvelé. C'est donc à ce vaste champ des noms et prénoms républicains que s'attache l'auteur dans la deuxième partie, de très loin la plus longue et la plus riche de l'ouvrage. Cette partie constitue en fait une typologie systématique des noms et prénoms républicains en fonction de leurs différentes provenances: calendrier républicain officiel, calendriers et almanachs politiques, événements et personnages fameux de la Révolution elle-même depuis 1789, vertus républicaines, penseurs et écrivains des Lumières, Antiquité grecque et romaine avec ses républiques idéalisées, noms de lieux, mais aussi de figures artistiques ou littéraires, noms de professions, jusqu'à deux cas particuliers promis à une longue postérité: Marianne, fortement renaissante en 1848–1849 et, bien sûr, Napoléon Bonaparte. Mais ces deux cas vont très au-delà du cadre chronologique des années 1790. Le lecteur va ainsi, au gré de ses sondages ponctuels ou d'une lecture plus systématique, d'Achille à Voltaire, en passant par Agricola, Bara, Brutus (très fortement représenté), Décadi, Egalité, Flore, Fraternité, Germinal, Jean-Jacques-Rousseau, La Raison, Lepelletier, Liberté, Marat (très présent), Républicain(e), Robespierre (avec peu d'occurrences), Sans-Culotte, Unité, Viala et Victoire. Ces prénoms ou noms républicains se trouvent assez souvent associés à des prénoms de saints ou de saintes du calendrier catholique traditionnel (en particulier Anne, Etienne, François, Jacques, Jean et Jeanne, Marie et Pierre) mais ils voisinent aussi avec de nombreux noms de fleurs, de fruits et de plantes (par exemple Jasmin, Laurier, Narcisse ou même Concombre).

Cette riche documentation s'appuie sur le dépouillement systématique de travaux antérieurs, le plus souvent français, sur les noms et prénoms de la période révolutionnaire dans telle ou telle ville, tel ou tel département ou telle ou telle région. Il en va de même de la troisième partie de l'étude, consacrée aux variations quantitatives des noms et prénoms républicains en fonction des régions considérées, de la chronologie révolutionnaire et des classes ou groupes sociaux en cause. Chronologiquement, le point culminant de la républicanisation des noms et prénoms est attient entre la fin 1793 et juillet 1794. Sociologiquement, les prénoms républicains sont infiniment mieux représentés dans la petite bourgeoisie que dans le clergé et l'aristocratie, les paysans occupant une position moyenne. Il est vrai que l'intuition historique élémentaire laissait prévoir de tels résultats.

La quatrième partie, avant un long tableau systématique des noms et prénoms républicains faisant apparaître les localisations et les professions, examine les prolongements du phénomène étudié sous l'Empire et au-delà, aux XIXe et XXe siècles, en particulier à l'époque de la Révolution russe de 1917 et en Union Soviétique.

Cette référence à l'Union Soviétique, mais aussi à sa »chute« récente, doit sans doute être comprise en liaison avec le ton parfois moralisateur de l'ouvrage: ainsi, selon l'auteur, les enfants prénommés Brutus ou Giroflée au milieu des années 1790 auraient été en fin de compte des victimes, à travers leurs parents, de la pression (*Druck*) politique révolutionnaire qui serait venue s'ajouter au statut défavorable de l'enfant et de la famille au XVIIIe siècle, comparé à ce qu'il est aujourd'hui (p. 414–418). Ce point de vue paraîtra peut-être un peu trop étroit et restrictif, alors que l'on aurait pu s'attendre, à partir de la considérable documentation sérieusement réunie ici, à une réflexion plus en profondeur dans trois domaines au moins: la longue durée du phénomène de déchristianisation au XVIIIe siècle, en France, avec ses variantes régionales, en liaison avec les travaux de Michel Vovelle; la notion d'homme nouveau, ou d'homme »régénéré«, récemment mise en lumière par Mona Ozouf, ce qui n'interdisait pas, bien au contraire, de parler de 1917 et de l'Union Soviétique; et enfin la question si importante, et encore relativement peu étudiée, de la langue révolutionnaire et de la langue de la politique, telle que Jacques Guilhaumou l'a formulée (cf. La Langue politique et la Révolution française, en allemand: »Sprache und Politik in der Französischen Revolution«, Francfort-sur-le-Main 1989). Signe d'un certain écrasement de la réflexion critique par l'érudition cumulative? Ou, plus simplement, résultat du fait que nous n'avons pas affaire ici à un travail d'historien, mais essentiellement à une étude d'onomastique parue dans une série annexée à une revue de »philologie romane«? Les deux éléments sont sans doute partiellement explicatifs.

Lucien CALVIÉ, Grenoble

Christophe CAVE, Denis REYNAUD, Danièle WILLEMART avec la collaboration de Henri DURANTON, 1793 – L'Esprit des Journaux, Saint-Étienne (Publications de l'Université de Saint-Étienne) 1993, 345 S.

Anliegen der Bearbeiter dieser Anthologie von Pressetexten aus dem Jahr 1793 ist es vorzuführen, daß die häufig kolportierte These von der Verarmung des französischen Journalismus unter der terreur so nicht haltbar ist. Die Kritik betrifft sowohl die bisher herangezogenen Zeitungen und Zeitschriften, als auch die Funktionszuweisung als treue Sprachrohre des Konvents.

Diese Kritik strukturiert den Band: Der Lyonaiser Forschungsgruppe am Centre d'Études du 18e Siècle kommt es darauf an, die Vielfalt der Presse in Hauptstadt und Provinz aufzuzeigen. Tag für Tag ist das Jahr 1793 anhand von Auszügen aus diversen Journalen vorgestellt. Das Ziel ist dabei aber keineswegs eine Chronologie der Revolutionsgeschehnisse, sondern eine Pressegeschichte, und die benutzte Präsentationsform ist eine ebenso attraktive wie aussagekräftige: Die Masse des durchgesehenen Materials scheint auf dem beschränkten Raum einer heutigen historiographisch-editorischen Wiedergabe auf. Die ausführlichen Zitate aus insgesamt knapp einhundert Journalen sollen damit auch die Distanz des Publikums, das von den Originalquellen ihm gerade zur Französischen Revolution überreichlich dargebotener Interpretationen oft wie durch eine Mauer abgetrennt ist, aufheben. Vorbilder sind Gérard Walters »La Révolution française vue par des journaux« von 1948 und Jean Paul Bertauds »C'était dans le journal pendant la Révolution française« von 1988.

Die Probleme des Verfahrens, die schnell zum Vorwurf willkürlicher und höchstens illustrativer Auswahl führen könnten, sind den Verfassern bewußt, und sie versuchen sie durch eine methodisch geleitete Auswahl der Zeitungsausschnitte und ihrer Erschließung mit einem thematischen Register zu bewältigen. Die sechsseitige Présentation am Anfang der Dokumentation läßt allerdings den analytischen Aufwand nur ahnen, der der Zusammenstellung des Korpus zugrunde lag. Die Anordnung der Textstücke in der chronologischen Folge der Monate läßt Schwerpunktsetzungen und die für die zeitgenössischen Leser erlebbaren Kontexte deutlich werden, die eine analytische Geschichtsschreibung, welche zwangsläufig das Wissen um den Fortgang des einzelnen Vorgangs in ihrer Formulierung enthält, nicht authentisch reproduzieren kann.

Dies kann aber nur eine Annäherung an Authentizität sein, da weder unterschiedliche Erscheinungsrhytmen, noch die Variation der Erscheinungszeit an einem Tag in einer solchen Anthologie reflektiert werden können. Die Bearbeiter warnen denn auch davor, die Lesegewohnheiten des ausgehenden 18. Jh. anhand ihrer Publikation rekonstruieren zu wollen, die auf die formaltypographische Gestaltung, Differenzen in der Orthographie und journalistischen Strategie der Anordnung von Nachrichten und Kommentar sowie natürlich die Auflagenhöhe Einfluß hatten.

Dieser Einschätzung zum Trotz gelingt es der Dokumentation vorbildlich, einen Eindruck von jenem Bild der umstürzenden Realität zu liefern, das sich den Franzosen 1793 bot. Das Verfahren führt vielleicht überzeugender als manch eindringliches Plädoyer von Historikern den Nachweis, daß auch in Zeiten revolutionärer Nervenanspannung Politik und Alltag eine Symbiose eingehen, der Zeitungsmarkt keineswegs von den profilierten Blättern beherrscht war, deren kluge und engagierte Kommentare wir allzu schnell für die Pressewirklichkeit eines aufregenden Jahres zu halten geneigt sind.

Matthias MIDDELL, Leipzig

Les Imprimés limousins 1789–1799. Sous la direction de Michel CASSAN und Jean BOUVIER, Limoges (Rencontre des historiens du Limousin PULIM) 1994, XVII–734 S.

In den letzten Jahren hat sich die Forschung verstärkt der Französischen Revolution in der Provinz zugewandt. Eine kaum noch überschaubare Anzahl von Arbeiten untersucht die unterschiedlichen Reaktionen der Departements auf die revolutionäre Krise. In diesem Zusammenhang ist die hier vorzustellende Publikation besonders zu begrüßen. Das Buch besteht aus zwei Teilen. Zum einen verzeichnet es alle Bücher, Pamphlete, Reden, Proklamationen, amtlichen Veröffentlichungen und Zeitungen, die zwischen 1789 und 1799 im Limousin, also in den drei revolutionären Departements Corrèze, Creuse und Haute-Vienne, publiziert wurden. Die Zusammenstellung enthält neben den bibliographischen Angaben die Fundstellen sowie, soweit nötig und möglich, knappe Erläuterungen über Inhalt und

Verfasser. Insgesamt werden 2117 Titel verzeichnet. Von diesen erschienen 688 im Corrèze, 460 im Creuse und 969 im Haute-Vienne. Der Bibliographie sind sieben Aufsätze vorgeschaltet, die das Material auswerten und in einen größeren chronologischen Zusammenhang stellen. Jean BOUVIER untersucht das Buchwesen im Limousin vor der Revolution, Louis PÉROUAS die Leserschaft und Martine TANDEAU DE MARSAC die örtliche Papierherstellung. Paul d'HOLLANDER analysiert das Druckereiwesen während der Revolution, Noël LANDOU die Drucker im Departement Creuse und Michel CASSAN Herstellung, Charakter und Verbreitung der Druckerzeugnisse im Limousin während der Revolution. Ein Nachwort von Frédéric BARBIER über den Stellenwert der Revolution in der französischen Buchgeschichte schließt den Aufsatzteil ab.

Der Band belegt an einem konkreten Einzelfall die durch die Revolution bewirkte explosionsartige Expansion und Politisierung des französischen Buch- und Druckwesens. Vor der Revolution gab es in zwei Städten der Provinz fünf Druckereien. Am Ende des revolutionären Jahrzehnts arbeiteten im Limousin 15 Druckereien in sieben Städten. Zwischen 1500 und 1789 wurden im Limousin 1061 Publikationen gedruckt, allein in den zehn Jahren der Revolution waren es doppelt so viele. Die meisten der revolutionären Veröffentlichungen, 82% im Corrèze und Haute-Vienne, 93% im Creuse, waren Verlautbarungen der nationalen, regionalen und lokalen Institutionen: König, Nationalversammlungen, Minister, Departements- und Distriktverwaltungen, Représentants en mission, Munizipalitäten etc. Die Äußerungen der nichtamtlichen »opinion publique« machten im besten Fall nicht einmal ein Fünftel des publizierten Materials aus. Diese Zahlen verdeutlichen die Grenzen der Politisierung in drei – ökonomisch und kulturell eher rückständigen – Departements, die zweifellos nicht zu denjenigen Regionen des Landes gehörten, die am stärksten polarisiert und umkämpft waren, die aber alles andere als eine spannungsfreie Idylle darstellten. Es bleibt zu hoffen, daß in Zukunft ähnliche Publikationen auch über andere Departements vorgelegt werden und dadurch eine vergleichende Untersuchung des Umfanges und der Grenzen der durch die Revolution von 1789 bewirkten Politisierung und Mobilisierung erleichtert wird.

Michael WAGNER, Gießen

Jean-Pierre JESSENE, Gilles DEREGNAUCOURT, Jean-Pierre HIRSCH, Hervé LEUWERS (Hg.), Robespierre. De la Nation artésienne à la République et aux Nations, Lille (Centre d'histoire) 1994, 462 S.

Erst nachdem die Flut der Veröffentlichungen anläßlich des »Bicentenaire« der Revolution von 1789 verebbt ist, kann man mit einiger Sicherheit erkennen, zu welchen Themen größere Fortschritte erzielt worden sind und wo die Fülle der Projekte und Tagungen doch eindeutige Lücken hinterlassen hat. Eine von diesen erscheint zunächst überraschend, dann aber auch erklärlich: das »Bicentenaire« hat keine neuen grundlegenden Studien zur Person eines ihrer bedeutendsten und umstrittensten Protagonisten, Robespierre, hervorgebracht. Überraschend erscheint dies, weil aufgrund der zentralen politischen und ideologischen Rolle des »Unbestechlichen« kaum ein Projekt, kaum eine Tagung ohne eine zumindest fragmentarische Auseinandersetzung mit seinen politischen Ideen und Handlungen auskam. Dennoch ist dieses Defizit auch erklärlich: Zunächst ist die Person Robespierres immer noch eine hochgradig mit politischen Bedeutungen besetzte Symbolfigur, die eine »sine ira et studio« – Beschäftigung zu keiner einfachen Aufgabe macht. Sodann gehören die einzelnen Stationen des politischen Werdeganges Robespierres spätestens seit den Arbeiten von Albert Mathiez zu den auf der Grundlage originärer Quellenforschung am intensivsten untersuchten Aspekten der Revolution. Schließlich, auch dies sei hier gesagt, lagen biographische Arbeiten nicht im Hauptstrom der Forschungsinteressen im Vorfeld und während des »Bicentenaire«.

Unter dem etwas weitschweifigen Titel »Robespierre«. De la Nation artésienne à la République et aux Nations« hat nun eine Gruppe von Historikern aus Arras und der Universität Lille fünf Jahre nach dem »Bicentenaire« die Akten einer im April 1993 in Arras, dem Geburtsort des »Unbestechlichen«, von ihnen organisierten Konferenz veröffentlicht, die eben das nachholen sollte, was zuvor versäumt worden war: eine auf neuen Fragestellungen beruhende wissenschaftliche Beschäftigung mit Robespierre. Hierbei wurden drei, in der Struktur des Bandes wiederaufgegriffene Schwerpunkte gesetzt: die Untersuchung der politisch-ideologischen Anfänge Robespierres in seiner Heimatprovinz und ihres Einflusses auf seine späteren Positionen als Gesetzgeber, die Analyse seiner wirtschaftlichen und sozialen Grundvorstellungen und die Betrachtung seiner Positionen zu Problemen der Nationalität und der Beziehungen zwischen Nationen.

Um es gleich vorweg zu sagen, die Gliederung in die drei erwähnten hybriden Themenkomplexe und die Fülle der kaum miteinander verbundenen Themen des immerhin 35 Einzelbeiträge und mehrere Diskussionsberichte enthaltenden Bandes erschweren den Zugang ganz erheblich und lassen den Band insgesamt wie das Ergebnisprotokoll eines ungeordneten »brainstorming« zu Robespierre erscheinen. Eine Veröffentlichung von Konferenzakten hat aufgrund der Bindung an die Tagungsbeiträge und ihre Form zumeist ihre Schwächen, doch diese fallen besonders schwerwiegend aus, wenn – wie im Falle dieses Bandes – die Zielsetzungen des gesamten Unterfangens offenkundig unzureichend definiert werden und auf eine strengere Auswahl der Beitragsthemen verzichtet wird.

Dennoch aber ist der Band von einigem Wert. Zunächst ist hervorzuheben, daß sich die Beiträge, die teilweise aus der Feder namhafter Revolutionshistoriker wie Jean-Pierre Bertaud, Colin Lucas, Claude Mazauric, Jacques Solé und Michel Vovelle stammen, fast größtenteils durch eine hohe Qualität der Analyse und Reflexion auszeichnen. Sodann macht der Band gerade aufgrund der unsystematischen Vielfalt seiner Beiträge den Facettenreichtum der Persönlichkeit und des politischen Wirkens des »Unbestechlichen« deutlich, der bislang noch von keinem Biographen genügend erfaßt erscheint und die Beschäftigung mit Robespierre trotz der Fülle der Literatur immer noch zu einer Herausforderung macht. Schließlich – und dies läßt den Band für Forschungsbibliotheken nützlich erscheinen – enthalten die meisten Beiträge originäre Forschungsergebnisse oder Thesen, die für künftige Studien zu Robespierre oder seinem politischen Umfeld von Bedeutung sein können. Dies gilt vor allem für zwei Felder: den politischen Werdegang Robespierres vor seiner Wahl in den Konvent und die Analyse seiner politischen Konzepte und Zielvorstellungen.

In einer leider etwas oberflächlichen Beschäftigung mit dem ersten Wahlkampf Robespierres arbeitet Bruno Decriem dessen zentrale Themen heraus, deren Zuspitzung durch Robespierre auch einiges über die inneren Zwänge des jungen Provinzadvokaten verraten. Wie Jean-Pierre Jessene nachweist, entfremdete sich Robespierre, einmal in Paris, jedoch zunehmend dem politischen Milieu seiner Heimat und vertraute dort nur noch den politisch zuverlässigen »Volksgesellschaften«. Für den in diesen betriebenen Persönlichkeitskult führt Jacques Bernet für die Champagne und die Picardie einige illustrative Beispiele an, die auch zeigen, wie wenig die Volksgesellschaften später geeignet waren, Robespierre ein realistisches Bild der Probleme und der Meinungen in der Provinz zu vermitteln. Auf der Grundlage einer Gegenüberstellung Robespierres mit seinem Kollegen Merlin de Douai kann Hervé Leuwers überzeugend darlegen, daß sich Robespierre spätestens 1791 nicht mehr als Abgeordneter seiner lokalen Wählerschaft, sondern als Repräsentant des Volkes insgesamt und der Nation verstand. Edna Hindie Lemay beleuchtet einige interessante Aspekte der politischen Einordnung Robespierres in den Reihen der Mitglieder der Konstituante.

Hinsichtlich der Entwicklung der politischen Vorstellungen Robespierres weist Roger Barny anhand von Textanalysen nach, wie sehr der in hohem Maße belesene »Unbestechliche« zeitlebens der moralistischen Tradition und mithin auch der »pädagogischen Illusion« der Aufklärungsphilosophie verhaftet blieb, dies jedoch nicht ohne zu versuchen, seine vor allem von Rousseau entliehenen Konzepte den besonderen politischen Realitäten während der Revolution anzupassen. Eric ZADE arbeitet die innere Konsistenz von Robespierres Bemühen um eine wirksame Unterordnung der ministeriellen Exekutive unter die Legislative heraus, Martine BRACONNIER die ihn von seinem Freund Couthon unterscheidende, zumindest teilweise politisch-taktisch motivierte Ablehnung der radikalen Dechristianisierungspolitik. Der Beitrag von Liliane ABDOUL-MELLEK zu Robespierre und der »Terreur« zeigt, daß dieses klassische Thema für Historiker immer noch Untiefen bereithält: Der Versuch der Autorin, das umstrittene Gesetz vom 22. Prairial als von Robespierre bewußt gewähltes Mittel zur endgültigen Überwindung der »Terreur« zu interpretieren, bleibt angesichts der zahllosen Belege für die Verstrickung des »Unbestechlichen« in die fortschreitende Eskalation der Gewalt wenig überzeugend. Robespierre scheinen zwar Zweifel an der politischen Wirksamkeit der »Terreur« gekommen zu sein, Maßnahmen zu ihrer Beendigung hat er aber eindeutig nicht ergriffen.

Die moralische Dimension des politischen Denkens Robespierres hat ihren vielleicht konsequentesten Ausdruck in seinen wirtschaftlichen und sozialen Vorstellungen gefunden. Florence GAUTHIER zeigt auf, daß hinter Robespierres wirtschaftlichen Vorstellungen vor allem das Bemühen um eine demokratische Kontrolle und Begrenzung wirtschaftlicher Macht stand, in der er eine wachsende Quelle neuer Unterdrückung sah. Darin unterschied er sich, wie Yannick BOSC ausführt, offenbar nicht von dem am Ideal der Gleichheit orientierten Liberalismus von Thomas Paine, wobei Robespierre offenbar nach einem tragfähigen Kompromiß zwischen den Rechten der von ihm favorisierten Kleineigentümer und den kollektiven der Gesellschaft suchte (Beitrag von Jean BART). Die Beiträge von Dominique MARGAIRAZ und Jean-Pierre GROSS zu Robespierres Gedanken zum »Maximum« bzw. zur progressiven Besteuerung zeigen die Grenzen seiner moralisch motivierten wirtschaftlichen Konzeptionen angesichts der tatsächlichen ökonomischen Gegebenheiten auf.

Die stark ausgeprägte nationalistische Komponente des Denkens Robespierres wird von Annie GEFFROY auf der Grundlage lexikometrischer Analyse neu herausgearbeitet, wobei Jean-Louis MATHARAN in seinem Beitrag allerdings die These vertritt, Robespierre habe nationalistische Emotionen und damit verbundene Freund-Feind-Bilder auch bewußt als Mittel für den Zusammenhalt der Republik und die Reorientierung der Revolution genutzt. Wenn dies der Fall war, dann ging das Kalkül Robespierres allerdings sehr weit, wie der Beitrag von Laurent PETIT zur fortschreitenden Verschärfung der Maßnahmen gegen Ausländer zeigt. Auf der anderen Seite bestätigt die Untersuchung von Marc BÉLISSA, daß sich Robespierre konsistent gegen das während der Revolution durchaus populäre Konzept des Eroberungskrieges wandte und den Krieg gegen das übrige Europa als reinen Verteidigungskrieg betrachtete. Diese Sicht stand auch in engem Zusammenhang mit seiner Auffassung von der Moral des republikanischen Soldaten als eines die eigene Gemeinschaft verteidigenden Bürgers in Uniform.

Keine Beschäftigung mit Robespierre wäre vollständig ohne eine Betrachtung der Thermidor-Ereignisse. Jacques SOLÉ hat sich dieses Themas nicht ohne Erfolg angenommen: Auf die große Rede vom 8. Thermidor konzentriert, leugnet Solé zwar nicht, die verhängnisvolle Isolierung Robespierres und den pessimistisch-pathetischen Grundton seiner letzten Rede, argumentiert jedoch überzeugend, daß Robespierre hiermit nicht einfach sein politisches Testament vorlegen, sondern dem sich abzeichnenden Zerfall der Revolutionsregierung doch noch eine Wende geben wollte. Daß er hierbei die Kräftekonstellation im Wohlfahrtsausschuß und im Konvent völlig falsch einschätzte und die Opposition gegen ihn durch eine Reihe erstaunlicher Ungeschicklichkeiten formieren half, gehörte zur Tragik eines Mannes, der im Zwiespalt zwischen seinen abstrakten Idealen und der blutigen Realität der »Terreur« längst den Kontakt zur politischen Entwicklung verloren hatte.

Insgesamt bestätigt der Band das Bild des »Unbestechlichen« als einer Gestalt, die für Historiker kaum weniger eine Herausforderung darstellt als für die republikanische Tradition in Frankreich. Diese hat es, wie Maurice AGULHON am Ende betont, immer noch schwer, Robespierre entsprechend seiner unzweifelhaften Bedeutung für das moderne Frankreich einzuordnen.

Jörg MONAR, Leicester

Jacques GUILHAUMOU, Marseille républicaine (1791–1793), Paris (Presses de la Fondation Nationale des Sciences Politiques) 1992, 260 S.

Nachdem die Französische Revolution lange Zeit eine Domäne der Pariser Forscher war, die dem Legitimationsinteresse der Republik dienten und nicht zuletzt von der Zentralisierung der Dokumente in den hauptstädtischen Archives Nationales profitierten, hat die Regionalforschung in den letzten Jahren erheblich an Gewicht gewonnen. Quantitativ schon immer stark, tritt sie nun aus der Rolle einer flächendeckenden Verifizierung eines – sei es politikgeschichtlich oder sozialgeschichtlich grundierten – Bildes der Revolution heraus, das an den Vorgängen in der Metropole entworfen wurde.

Die Erforschung der Widerstände gegen die Revolution hat bei dieser Emanzipation ebenso gewonnen wie die Untersuchung der Reichweite von Dechristianisierung und modernisierten Wahrnehmungsstrukturen in der Revolutionszeit. An die Stelle einer Suche nach den Spuren der Modelle, die aus den Pariser Konfrontationen abgeleitet werden können, im letzten Winkel Frankreichs, hat sich eine dialektische Sicht auf das Wechselverhältnis von Regional- und Nationalgeschichte entwickelt. Guilhaumous Buch plädiert für einen weiteren Bereich, in dem die Konflikte zwischen Hauptstadt und Provinz konzeptbildend gewirkt haben, dezidiert für eine Umkehrung der bisherigen Perspektive und die Einsicht in die relative Autonomie der regionalen Vorgänge: die klassische Opposition zwischen einem jakobinischen Zentralismus und einem girondistischen Föderalismus haben allen Erklärungswert verloren, weil sie nur die Pariser Auseinandersetzungen als Brennglas überall gleichermaßen auftretender Konflikte annehme. Vielmehr lassen sich, so nun auch der Befund der materialreichen und quellengesättigten Studie, die einen wesentlichen Teil der kumulativen Habilitation Guilhaumous ausmachte, in den verschiedenen (radikalen und gemäßigten) Föderalismen in Marseille Strategien der regionalen Machtergreifung rekonstruierten, die sich *sekundär* auch in die nationalen Diskurse und Konfrontationen einschreiben. In dieser Richtung hatten erstmals die 1986 veröffentlichten Akten einer Sektion des *Congrès des sociétés savantes* über die Existenz eines jakobinischen Föderalismus argumentiert. Es zeigt sich, daß innerhalb des revolutionären Lagers der Kampf zwischen einer radikal-demokratischen Linken und einer gemäßigten repräsentativ-demokratischen Mitte in jeweils verschiedenen Formen, unter Rückgriff auf das Vokabular national gültiger Diskurse ablaufen konnte, wobei der lokale bzw. regionale Kontext die Bedeutung der Wörter und Zeichen prägte, der Rückgriff auf einen gemeinsamen Symbolvorrat die Kohärenz der Revolution im nationalen Rahmen empfinden ließ.

Guilhaumou geht anhand des Materials für Marseille zugleich der Prägung des Republikanismus nach, der die politische Theorie der Französischen Revolution ab 1791 zunehmend beherrschte und unterstreicht noch einmal die These von einem naturrechtlichen Republikanismus, den er am Ursprung des föderalistischen Konkurrenzprojektes zur jakobinischen Revolutionsregierung sieht. Hieraus schlußfolgert der Autor auf die Notwendigkeit eines Bruches mit dem bisherigen Bild vom Jakobinismus: dessen positive Interpretation in der sogenannten »klassischen«, »sozialen« oder »jakobinischen« Historiographie als die Widersprüche einer Übergangsgesellschaft in sich zumindest zeitweise, bis zum Scheitern, aufhebende Bewegung verkenne ebenso wie dessen negative Deutung in der liberalen Tradition als Ursprung totalitären Zentralismus die Vielgestaltigkeit des Jakobinismus durch eine falsche Konzentration auf den *jacobinisme tribunitien*, anstatt auch den *jacobinisme ananonyme* in die Analyse mit einzubeziehen.

Mit dem Begriffspaar, dessen analytische Schärfe im vorliegenden Band noch nicht überzeugen kann, weist Guilhaumou auf die Schwierigkeiten hin, die Vielfalt des zuletzt von Jean Boutier u. a. kartografierten Jakobinismus auf den hauptstädtischen Robespierrismus zu reduzieren. Es ist dem Autor zweifellos nur zuzustimmen, wenn er diese Diversität betont und nach den Wurzeln ihres Funktionierens fragt. Ob allerdings das Problem schon gelöst ist, indem man an die Stelle der von den Pariser Jakobinern benutzten kategorialen Unterscheidung von Jakobinern und Girondisten-Föderalisten-Revolutionsfeinden nun einen am Marseiller Vokabular ausgerichteten sehr weiten Jakobinismusbegriff setzt, kann bezweifelt werden. Hier kann die bei Guilhaumou weitgehend verabschiedete traditionelle Sozialgeschichte vielleicht doch noch gute Dienste leisten, indem man sich nicht nur auf die – zumal in der Provinz – unitäre politische Organisation des Jakobinerklubs und dessen Diskursgefängnis konzentriert, sondern die Sozialstrukturen und die ihnen korrespondierenden Erfahrungswelten als Differenzierungskriterien einbezieht. Walter Markovs Versuch aus den fünfziger und sechziger Jahren, die symbiotische und kontradiktorische Beziehung von Jakobinern und Jacquesroutins zu entschlüsseln, scheint hier – wenn auch damals ganz auf Paris ausgerichtet – weiterführend.

Aus der Entfernung fällt es schwer, den sich anschließenden innerfranzösischen Streit um die Jakobinismusdefinition zu beurteilen. Wenn Guilhaumou allerdings schließlich auf Gramsci und den jungen Marx als Quellen für seinen Erklärungsansatz verweist, daß der jakobinische Diskurs gerade deshalb konsens- und insofern hegemoniefähig gewesen sei, weil er verschiedenen sozialen Erfahrungen und politischen Strategien Identifikationsmöglichkeiten bot, verwundert mich seine Polemik gegen Claude Mazauric. Dessen Erweiterung seiner älteren Jakobinismusinterpretation um den Begriff der ›heroischen Illusion‹ (zuerst im Resümee des Kolloquiums von Rouen »La Révolution française et l'Homme moderne« 1986) geht auf einen Vorschlag der Leipziger Revolutionsforschung zurück, der gerade auf die von Guilhaumou nunmehr hervorgehobenen Quellen rekurrierte. Insofern liegt manches vielleicht näher beieinander, als die Bemühungen klare Lager zu bilden, auszusagen vermögen.

Dies macht nun wiederum Hoffnung, daß die bemerkenswerten Impulse, die Guilhaumous Buch für eine Gesamtinterpretation der Revolution liefern kann, nicht ignoriert werden.

Matthias MIDDELL, Leipzig

Jean-Pierre KLEIN, Kleber, Strasbourg (Les Éditions Ronald Firlé) 1994, 175 p.

Dieser Prachtband, dessen aufwendige Ausstattung dank der Unterstützung durch die Fondation Napoléon d'Alsace ermöglicht wurde, ist ein würdiges Denkmal für den elsässischen Revolutionsgeneral. Denn Jean-Pierre Klein, Conservateur du Musée Historique de Strasbourg hat eine gut und flüssig zu lesende Biographie Klebers geschrieben, die auf gedruckten Quellen, der älteren Literatur und offensichtlich auch auf einigen ungedruckten Dokumenten basiert, von denen die Eintragung in das Taufregister als Faksimile wiedergegeben ist. Das Buch wendet sich eindeutig an einen Kreis historisch interessierter Leser, nicht unbedingt an die Fachhistoriker. Und so ist es denn auch als populäre Biographie auf wissenschaftlicher Grundlage und nicht als wissenschaftliche Biographie zu beurteilen.

Wer nach militärtechnischen Details fragt, wer wissen möchte, worin Klebers Verdienste um das Kriegswesen und die Kriegführung seiner Zeit bestehen, ja wer auch nur über Planung und Verlauf der Schlacht von Heliopolis näheres erfahren möchte, der wird hier vergebens suchen. Wer aber wissen will, wie Kleber war, wo er herkam, was ihn zum Revolutionär werden ließ und wie sein Leben verlief, der kommt voll auf seine Kosten. Und die Laufbahn dieses Mannes, der als Straßburger Handwerkersohn begann, zum geachteten Architekten – nach einem militärischen Zwischenspiel in der österreichischen Armee – aufstieg, um schließlich als Revolutionsgeneral dem Dolch eines muslimischen Fanatikers am 14. Juni 1800 zum Opfer zu fallen, ist ja auch interessant und wissenswert genug.

Klein schildert Herkunft und Ausbildung des jungen Kleber, der am 9. März 1753 als Sohn einer katholischen Handwerkerfamilie geboren wurde, so eingehend, als es die spärlichen Quellen erlauben. Unruhe und Tatendrang charakterisierten schon den Knaben, mit dem es sein Stiefvater nicht leicht hatte. Der Vater Klebers war gestorben, als dieser 3 Jahre alt war und die Mutter hatte 1759 wieder geheiratet und zwar den angesehenen Zimmermeister Jean-Martin Burger, was Klebers Ausbildung zum Architekten dann sehr zugute kam.

Ausgebildet bei dem bedeutenden Frühklassizisten Victor-Louis Chalquin brachte es Kleber schließlich, nach achtjährigem Intermezzo in bayerischen und österreichischen Kriegsdiensten, zum *Inspecteur des Bâtiments Publiques en Haute-Alsace*.

Aus dem österreichischen Dienst war der Oberleutnant ausgeschieden, als er sich bei der anstehenden Beförderung zum Rittmeister in seinem Husarenregiment übergangen fühlte. Die Inspektorenstelle hatte ihm sein »Bruder« François-Martin Burger, der Sohn aus erster Ehe des Stiefvaters, verschafft. Auch in der *Inspection des Bâtiments de l'Abbaye de Masevaux* folgte er diesem nach. Klein stellt die wenigen Proben von Klebers Bautätigkeit, die sich erhalten haben, vor. Diese lassen Kleber als offensichtlich begabten, respektablen Klassizisten erkennen, der Sinn für Symmetrie mit Geschmack verband. Und es ist ja doch recht beachtlich, daß es im Rahmen seiner Bautätigkeit zur Zusammenarbeit mit einem so bedeutenden Künstler wie dem Bildhauer und Schnitzer Christian Jorhan (S. 37) gekommen ist. Auch der scheinbar etablierte Kleber blieb in der Zeit seiner Tätigkeit als Inspecteur der unruhige Geist, der er war. Schulden und Frauenaffären prägten seine elsäßischen Jahre. Angeblich hatte er eine Liaison entweder mit der Äbtissin oder einer der Kanonissinen von Masevaux.

Im Juni 1792 schloß er sich den Revolutionstruppen an als *Adjutant-Général*. Bei der Belagerung von Mainz durch die Verbündeten zeichnete sich Kleber als Oberstleutnant aus. Die Kapitulation der Festung fand seinen Beifall nicht. Er glaubte, daß man sich noch eine Zeitlang hätte halten können. Da er nun ein Jahr lang nicht mehr gegen die Alliierten kämpfen durfte, nahm er vom August 1793 bis zum Mai 1794 am Kampf gegen die Vendéer teil, nun schon als General, was aber aus Kleins Text nur indirekt hervorgeht. Das brutale Vorgehen gegen die Zivilbevölkerung mißfiel dem Soldaten Kleber (S. 61), der deshalb froh war ab Mai 1794 wieder in der Sambre- und Maas-Armee Jourdans – den er als mediokter bezeichnete (S. 71) – dienen zu können. Kleber tat sich mehrfach hervor, so besonders bei Fleurus und wurde schließlich Divisionsgeneral.

Als solcher zog er mit Napoleon nach Ägypten, ein ebenso befähigter als unbequemer Untergebener und bewährte sich dort so, daß Napoleon, als er nach Frankreich zurückkehrte, ihm das Kommando der ägyptischen Armee anvertraute. Kleber erwies sich des Vertrauens würdig mit seinem Sieg über Türken und Engländer bei Heliopolis. Sein Versuch mit Hilfe eines Vertrags, den er mit Sidney Smith abschloß, der aber von der englischen Regierung nicht gebilligt wurde, eine ehrenvolle Räumung Ägyptens zu erreichen, scheiterte. Den Sieg von Heliopolis (20.3.1800) überlebte er aber dann nur wenige Monate. Er starb als armer Mann, eine Ausnahme unter den Revolutionsgeneralen, wie Klein mit Recht hervorhebt.

Kleins Buch ist von deutlicher Sympathie für seinen Helden gekennzeichnet, die ihn gelegentlich wohl auch etwas unkritisch werden und Klebers Bedeutung überschätzen läßt. Aber man liest das Buch gerne und ist dem Autor dankbar, daß er den von der Forschung lange vernachlässigten Elsäßer wieder in das Blickfeld der Historiker zu rücken bemüht ist. Leider hat das Buch keine Anmerkungen und eine lediglich 13 Titel umfassende Bibliographie.

Hans SCHMIDT, Aschheim bei München

Dora B. Weiner, The Citizen-Patient in Revolutionary and Imperial Paris, Baltimore u. London (Johns Hopkins University Press) 1993, 444 S.

Dora B. Weiner hat sich seit Jahren als Kennerin der Medizin in der Französischen Revolution, im besonderen auch der Psychiatrie und deren Reformer Philippe Pinel ausgewiesen. Sie legt mit dieser Monographie eine umfassende Untersuchung des Pariser Gesundheitswesens in einer der bedeutendsten Umbruchphasen der Geschichte vor, welche sich auf ein intensives Studium der zeitgenössischen Quellen in den Pariser Archiven und Bibliotheken stützt. Eine Vielzahl aufschlußreicher Details und statistischer Angaben machen diese wohlformulierte Darstellung ausgesprochen facettenreich und anschaulich. Hinzu kommen zahlreiche instruktive Abbildungen, auch von der Autorin selbst beigesteuerte Photographien in dem sehr sorgfältig ausgestalteten Band. Der Anhang enthält u. a. entscheidende Gesetzesvorlagen in englischer Übersetzung und eine überaus kundige »bibliographie raisonnée«, die weit über die unbedingt notwendige Literatur hinausgreift.

Im Rückgriff auf die französische Spätaufklärung und erste Reformversuche zu Ende des Ancien Régime und im Ausblick auf die erste Hälfte des 19. Jahrhunderts zeigt die Autorin auch die längerfristigen Entwicklungen in den Ideen und Planungen auf. In der Tat ist die These der Autorin plausibel, daß im Gesundheitswesen die Visionen der Aufklärung ihre Formulierung in den Gesetzesvorlagen der französischen Revolution fanden und nach ersten Ergebnissen und auch Rückschlägen ihre Umsetzung in der Zeit des Direktoriums, des Konsulats und des Empire erfuhren, – dies alles in einem von weitgehend konstanten humanitären Idealen geleiteten Modernisierungsprozeß, der in einer erstaunlich großen personellen Kontinuität auch aus restaurativen Maßnahmen Vorteil zog.

Um die Elemente einer zunehmenden Humanisierung der Kranken-, Behinderten- und Bedürftigenfürsorge herauszuarbeiten, benutzt Dora B. Weiner als tauglichen Interpretationsansatz die Forderung der frühen Revolutionäre, aus dem armen Kranken, der bisher nur »Objekt« karitativer Fürsorge gewesen war, den »Bürger-Patienten« werden zu lassen, der mit all seinen Rechten und Pflichten wahrgenommen und versorgt wird und auch selbst verantwortlich für sich und im Sinne der Gemeinschaft handelt. Den Verordnungen der staatlichen bzw. kommunalen Wohlfahrtsgremien wird somit besondere Aufmerksamkeit in den konkreten Auswirkungen auf den bedürftigen Patienten geschenkt. Das ist für Professor Weiner Sozialgeschichte im eigentlichen Sinne, wobei sie auch der »Frauengeschichte« der im Gesundheitsdienst Tätigen (Krankenschwestern, Hebammen) und der Patientinnen Rechnung trägt. Die Autorin versucht darüber hinaus jedoch eine Veränderung im Verhältnis zwischen Arzt und Patient im Sinne vertrauensvoller »Partnerschaft« gleichgesinnter »Bürger« zu eruieren, – ein schwieriges Unterfangen allerdings, zumal die Autorin einräumt, daß ihre Quellen über Gefühle und Einstellungen der Patienten kaum Aufschluß geben.

Die Sonderung der Scharen von Bedürftigen nach medizinischen Gesichtspunkten mittels einer zentralen Poliklinik und den ersten Spezialabteilungen für Geschlechtskranke, Gebärende, Säuglinge, Kinder und Alte ist ein hervorstechendes Merkmal dieses Modernisierungsprozesses. Er umfaßt auch Alternativen zur Hospitalaufnahme, etwa die Förderung der (Selbst-)Versorgung daheim durch zahlreiche Wohlfahrtseinrichtungen – auch unter Rückgriff auf traditionelle karitative Institutionen (z. B. Suppenküchen). Dieser Aspekt findet in Weiners Darstellung zum ersten Mal die gebührende Beachtung.

Im besonderen interessieren die Hospitalpatienten im Zeitalter und am Ort der »Geburt der Klinik«. Die Pariser Kliniken wurden bislang vor allem unter dem Aspekt medizinischer Wissenschaft und Forschung historisch untersucht. Von der Architektur über die Verwaltung und die ärztliche Behandlung bis hin zur Regelung von Ernährung, Pflege und Hygiene an den großen und kleinen Pariser Krankenhäusern geht die Autorin dieses Thema aus einer sehr viel breiteren Sicht an. Die zunehmende Säkularisierung der Krankenbetreuung unter dem Einfluß obrigkeitlicher Verwaltung mit dem Ziel der Kostenersparnis und Effizienz, aber auch des höheren Komforts (Schaffung von Einzelbetten), von Reinlichkeit, Ordnung und Arbeit, geht Hand in Hand mit dem Kompetenzzuwachs der Ärzte auf Kosten der zuvor weit einflußreicheren Ordensschwestern. Die Ambivalenz dieser Neuerungen für den Patienten wird aufgezeigt: Er wurde zwar sorgfältig ärztlich behandelt, hatte dafür aber als Objekt der Lehre (Unterricht am Krankenbett) und Forschung zur Verfügung zu stehen und mußte gewärtigen, daß sein Leichnam der pathologischen Anatomie oder praktischen Operationsübungen diente.

Somit entgehen der Verfasserin nicht die repressiven Tendenzen in einzelnen Bereichen medizinischer »Reform«, doch vermeidet sie bewußt die Meßlatte der sozialtheoretischen Thesen Michel Foucaults. Auch wenn Weiner Elemente von »Fortschritt« im Sinne heutiger Kriterien von Humanität und Demokratie hervorhebt, so ist sie von einer unkritischen »Fortschrittsgeschichtsschreibung« doch weit entfernt. Die Ungereimtheiten, Widersprüche, Rückschläge im Reformprozess werden nicht verschwiegen: Rivalitäten in den Gremien und Fürsorgeeinrichtungen, Widerstände in der Ärzteschaft gegen Verwaltung und Obrigkeit, der Anstieg der männlichen Hospitaliten auf der Flucht vor den Heeres-Konskriptionen der 1790er Jahre, Zwangsbehandlungen gegen Geschlechtskrankheiten und Hospitalflucht, die Schwangeren- und Gebärendenbetreuung unter stark moralisierenden Kautelen, die klösterliche Strenge in der Taubstummenschule, die Prädominanz der Registrierung und Erfassung gegenüber wirksamer medizinischer Behandlungsmöglichkeit und nicht zuletzt die Entmachtung der Pflegeorden im ersten revolutionären Schwung, ihre notgedrungene Duldung und schlußendliche Wiedereinsetzung geben mit vielen anderen Details Auskunft darüber, daß der medizinische Alltag sich nicht in der reibungslosen Umsetzung gutgemeinter offizieller Vorgaben erschöpfte.

Die Reorganisation der Geburtshilfe mit dem Schwerpunkt der Versorgung von unehelich Schwangeren und deren Kindern – ein hervorstechendes Problem auch in anderen europäischen Ländern zu dieser Zeit – stellte neben der Unterweisung von Taubstummen und Blinden (auch das ein instruktives Kapitel in Weiners Werk) ein besonderes Anliegen der nachrevolutionären Sozialpolitik dar. Ein eindrucksvolles Bild vom Ausmaß der Mütter-, Neugeborenen- und Säuglingssterblichkeit, dem Problem der Findel- und Waisenkinder (nur ca. 14% der an der Gebärklinik zumeist unehelich Geborenen wurden von den Müttern mit nach Hause genommen), von den erstaunlichen Verbesserungen an der neuen Gebärklinik am Port Royal, den Ammendiensten und dem System der Pflegemütter wird vor dem Leser ausgebreitet.

Auf ihrem besonderen Spezialgebiet begegnet die Autorin dem pauschalisierenden Heroenmythos um den »Begründer der Psychiatrie« Philippe Pinel, macht jedoch gleichzeitig seine Bedeutung im Umfeld neuer historischer Erkenntnisse klar. Anhand bisher kaum beachteter Literatur weist sie auf die bereits im 18. Jahrhundert vorhandenen Einrichtungen hin, um psychisch Kranke zu versorgen und ärztlich zu behandeln. Die Umsetzung aufgeklärt-humanitärer Gesinnung in den Pariser Anstalten war nicht das alleinige Verdienst Pinels, hier lernte er auch vom Verwalter des Bicêtre, Jean Baptist Pussin. Pinels eigentliche Errungenschaft war die Umformulierung praktischer Erfahrungen und eingehender Beobachtungen, die aus seinem Einfühlungsvermögen und der Nähe zum Patienten erwachsen waren, in ein psychiatrisches Lehrgebäude, das akademischen Ansprüchen genügte, therapeutischen Erfolg versprach und den weltanschaulichen und politischen Intentionen der Zeit entgegenkam. Auch Autorität, wie sie uns heute eher suspekt erscheint, in der bürgerlichen Mentalität des 19. Jahrhundert als positiver Wert jedoch fest verwurzelt war, gehörte zum therapeutischen Rüstzeug des »psychischen Arztes«.

Das erinnert uns daran, daß der Begriff »Bürger« im frühen 19. Jahrhundert von spezifischen Wert- und Normvorstellungen geprägt war: Man mußte sich zum Bürger »qualifizieren« – Weiner weist an einer Stelle darauf hin. Das wirft die Frage auf, inwieweit zu dieser Zeit dem sich unzweifelbar als Bürger definierenden Arzt mit den Patienten des »Vierten Standes« – und auf diese zielten ja die Reformbestrebungen im besonderen – bereits »Bürger«

gegenübertraten. Reformfreudige Idealisten schrieben Bürgerrechte und -pflichten auch im Blick auf das Heer der Armen auf ihre Fahnen, doch inwieweit sie über die Reform der Institutionen Mentalitäten veränderten, müßte noch eingehender geklärt werden. Weiner erkennt erste Anzeichen hierfür, doch urteilt sie vorwiegend nach den Äußerungen der Protagonisten dieses Wandels. Trotzdem ist es überaus aufschlußreich, anhand des Postulates vom »Bürger-Patienten« den gesamten Reformprozeß des Gesundheitswesens in der Stadt, die daraufhin zum Vorbild für den ganzen Kontinent wurde, zu analysieren. Gerade weil sich nicht jeder Aspekt in dieser eindrucksvollen Arbeit unter den Oberbegriff »Bürger-Patient« subsumieren läßt, ergibt sich ein überzeugendes Gesamtbild des Alltags der Medizin und Sozialfürsorge in Paris um 1800, das auch zur Diskussion und Differenzierung des Konzeptes der »Medikalisierung« einen Beitrag zu leisten vermag.

Michael KUTZER, Mainz

Marcel ERKENS, Die französische Friedensgerichtsbarkeit 1789–1814 unter besonderer Berücksichtigung der vier rheinischen Departements, Köln (Böhlau) 1994, 280 S.

Bisher wußte man recht wenig über die Entstehung und die Tätigkeit der französischen Friedensgerichte, besonders im Gebiet der vier rheinischen Departements. Diese Wissenslücke ist endlich beseitigt dank der Dissertation, die Marcel Erkens an der juristischen Fakultät der Universität Köln vorgelegt hat. Als Jurist verfolgt der Autor im Detail selbstverständlich die verschiedenen Kompetenzbereiche, die man den Friedensrichtern im Laufe der Zeit zugestand. Erstaunlich dabei ist, daß bereits mit dem Gesetz vom 16. August 1790 eine solch solide Grundlage dieser Institution geschaffen wurde, daß selbst in späterer Zeit, nicht einmal unter Napoleon, zwar einige Änderungen vorgenommen wurden, jedoch häufig im bescheidenen Rahmen. Deshalb beginnt Marcel Erkens seine Untersuchung mit dem Blick auf die 625 *Cahiers de doléances*, wovon heute noch 547 existieren. Davon befaßten sich 39 *Cahiers* mit der Friedensgerichtsbarkeit, und da eins von ihnen nur als kurzes Inhaltsreferat wiedergegeben ist, beschäftigt sich seine Untersuchung mit 38 *Cahiers* (18 *Cahiers* des Klerus, 6 des Adels und 14 des Dritten Standes). In diesen *Cahiers* fragte man sich u. a. nach der Benennung der Friedensgerichtsbarkeit – es gab ja noch keinen neuen Terminus dafür –, nach den Orten, wo diese Institution eingerichtet werden sollte (in jedem Ort?, oder in Kleinstädten, usw.), nach der Funktion des Friedensrichters (echter Richter oder bloß Vermittler im Vorfeld von einem richtigen Verfahren?), wobei sich schließlich die Doppelfunktion als Richter und als Vermittler durchsetzen sollte, da man von der Vermittlungstätigkeit erhoffte, die Zahl der angestrengten Prozesse zu senken. Sollten die Friedensrichter benannt oder gewählt werden (außerdem von wem), wie lange sollte ihre Amtszeit überhaupt dauern (ein oder drei Jahre)? Verlangte man eine juristische Ausbildung? Das Wahlprinzip setzte sich seit 1790 durch, die Amtszeit betrug zunächst zwei, dann drei Jahre (seit 1799), die unter Bonaparte seit 1802 auf zehn Jahre verlängert wurde. Eine juristische Ausbildung war nicht vonnöten. Selbstverständlich duldete Napoleons Diktatur keine Wahl, die Wahlgremien durften zwei Kandidaten vorschlagen, von denen einer vom Kaiser benannt wurde. Für die vier rheinischen Departements hat das Wahlprinzip von Anfang an nicht gegolten, seitdem der Regierungskommissar Rudler im Januar 1798 die hiesigen Departements und u. a. die Friedensgerichte geschaffen hatte. Denn ihm oblag die Benennung des Verwaltungs- und des Justizpersonals. Wo wir schon bei der Personalfrage sind, so ist wichtig hervorzuheben, daß über 80% der Friedensrichter Rheinländer waren und nahezu alle über eine solide juristische Ausbildung verfügten. Dies widerspricht der Annahme J. Hansens, der glaubte, daß vorzüglich juristisch unausgebildete Jakobiner ausgewählt wurden. Nach der Neubesetzung der Stellen in den Jahren 1803 bis 1807 waren immerhin 35% der rheinischen Friedensrichter noch am selben Ort in ihrer Funktion tätig wie im Jahre 1798. Dies ist Zeichen einer gewissen

Kontinuität, zumal man weitere ehemalige Friedensrichter später in anderen Positionen der französischen Verwaltung wiederfindet. Ferner bestand durchaus eine Kontinuität mit dem Ancien Régime insofern, daß viele Kandidaten vor der Ankunft der Franzosen im Dienste der verhaßten (und geschaßten) Herrscher gestanden hatten, und einige galten nicht unbedingt als Anhänger der Republik. K.-G. Fabers Ergebnisse über 899 Beamte werden hiermit erneut bestätigt. Man kann zwar bedauern, daß der Autor die sozio-historischen Aspekte nicht weiter verfolgt, aber ihm dies sicherlich nicht vorwerfen, da bei ihm die juristischen Seiten der Friedensgerichtsbarkeit vorrangig sind. Häufig genug erwähnt er die Bedeutung dieser Institution für das gemeine Volk, ist sie doch die Nachfolgerin der ehemaligen, käuflichen und meist in adliger Hand befindlichen Untergerichte, lediglich mit dem bedeutenden Unterschied, daß nun u. a. sehr geringe Gebühren und keine Sporteln verlangt wurden. Unterdessen versäumt er nicht, die Friedensgerichtsbarkeit historisch einzuordnen, denn die *Cahiers* nannten – direkt oder indirekt – vier Vorbilder: die französischen grundherrlichen Gerichte, die französischen Handelsgerichte, die seit 1736 am Berliner Kammergericht tätigen preußischen Gütekommissare und das seit 1598 bestehende Friedensstifterkollegium zu Leiden. Der unbestreitbare Erfolg der Friedensgerichte bemißt sich außerdem an ihrer Langlebigkeit: im gesamten Gebiet der früheren vier rheinischen Departements blieben sie bestehen, bis sie im Jahre 1879 durch die Amtsgerichte ersetzt wurden, obwohl Preußen nach 1815 jahrzehntelang vergeblich versuchte, die französische Gerichtsverfassung in ihrer Rheinprovinz zu beseitigen, während weiter südlich Rheinbayern und Rheinhessen die Friedensgerichte schon früh anerkannten. 1908 tauchte noch einmal die Frage auf, ob man die Friedensgerichte in Deutschland wieder einführen sollte. Auch im Dritten Reich entstand ein Entwurf einer »Friedensrichterordnung« im Jahre 1937. Nach dem Krieg gab es in allen drei Besatzungszonen Überlegungen zur Einführung von Friedensrichtern, wovon die amerikanische Zone am weitesten ging, denn man schaffte im Lande Württemberg-Baden Friedensgerichte, die von 1949 bis 1959 existierten. In Frankreich existierten die Friedensgerichte immerhin bis 1958, auch wenn zwischenzeitlich bedeutende Reformen stattgefunden hatten, so u. a. die Vorlage seit 1926, daß die Richter eine juristische Ausbildung nachweisen mußten. Man sieht, daß Marcel Erkens eine große Wissenslücke über eine für das rheinische Volk bedeutende Institution schließt, gleichzeitig Historiker mit soziologischen Fragestellungen aufruft, die die Gruppe der Friedensrichter näher beleuchten wollen, sowie die Gruppe der Kläger und Angeklagten aus dem gemeinen Volk, über die man in den Bereichen der Alltags- und Mentalitätsgeschichte des Rheinlandes gelangt. Welcher zukünftige Doktorand fühlt sich dazu berufen?

Josef SMETS, Pérols

Georg FORSTER, Physiognomie eines Revolutionsjahres. Erinnerungen aus dem Jahr 1790, Tübingen (Klöpfer & Meyer) 1995, 161 S.

Ce joli petit livre présente un texte relativement peu connu de Georg Forster paru chez Voss à Berlin en 1793. Cette œuvre originale est une partie d'un calendrier historique (texte + illustration) que Forster se proposait de faire paraître tous les ans. Le genre du calendrier était revenu à l'honneur avec la Révolution française, dans la mesure où les écrivains, s'étant faits militants, voulaient toucher un public de plus en plus large et ont eu recours aux genres populaires comme l'almanach, le catéchisme ou le calendrier. Le souci didactique devenant dominant chez les auteurs soucieux de répandre les idées de la Révolution française, l'image joue également un rôle considérable dans leurs œuvres. Le projet initial de Forster échoue parce qu'il manque de temps pour un tel travail et son éditeur lui propose de faire un livre avec le travail déjà accompli. En juillet 1792, Forster arrête une liste de douze événements correspondant aux douze mois de l'année et choisis en fonction de leur représentation graphique. C'est à Daniel Chodowiecki que l'on confie le soin de faire les illustrations, illustrations que Forster juge mauvaises et il fait à ce sujet quelques réflexions ironiques.

Rédigé un mois avant le début de son activité révolutionnaire, ce texte montre l'éveil de la conscience démocratique en Allemagne dans la mesure où Forster y défend à plusieurs reprises les idées de la Révolution française. Il est intéressant de voir qu'il hésitait encore entre réformes et révolution et qu'il lui faudra l'activité politique pratique pour surmonter cette hésitation. Un certain nombre de tableaux sont consacrés aux princes: Joseph II sur son lit de mort apprenant la mort de l'Archiduchesse Elisabeth et s'écriant »Dieu! Que ta volonté soit faite« (IV), l'apparente réconciliation des partis au Brabant avec le baiser de Judas entre von der Noot et le duc de Ursel (V), Gustave III, roi de Suède, tenant un discours après la victoire de sa flotte (VII). Ces trois tableaux montrent que Forster gardait encore quelque sympathie pour les despotes éclairés. En revanche le tableau XII qui représente le couronnement de l'Empereur à Francfort/Main et le tableau XIII qui représente le couronnement du roi de Hongrie annoncé par l'exclamation »Encore un couronnement« ironisent fortement ces deux couronnements. Deux des tableaux consacrés aux princes évoquent leur vie quotidienne dans le but de les montrer sous leur aspect humain; le premier représente Frédéric Guillaume V lors d'incendie à Breslau (VIII), le second une action bienveillante d'un prince allemand et les deux sont traités avec ironie. Le dernier tableau concernant les princes (XIV) traite de la répression de la révolte des paysans saxons; là, Forster se montre très prudent en abordant ce sujet et ce texte est le plus ambigu de la série. On peut considérer comme une transition vers les tableaux inspirés de la Révolution française celui qui représente le philosophe de Ferney bénissant le petit fils de Franklin en prononçant ces paroles: »Dieu, Liberté, Paix« (IV). Enfin, une série de tableaux s'inspire des événements de la Révolution française: la mort patriotique de Désilles à Nancy (VIII), l'Anglais Nesham recevant la couronne civique française (I) et surtout l'enthousiasme français sur le Champ de mars lors des préparatifs de la fête de la Fédération auxquels Forster a assisté (IX). Cet enthousiasme de »vingt-cinq millions d'hommes« l'a particulièrement frappé et on peut même dire que c'est à partir de là que date son engagement définitif en faveur de la Révolution française. Les contradictions du texte, le choix parfois discutable des événements s'expliquent par deux facteurs: d'une part les conceptions différentes de Forster et de Chodowiecki provoquent une certaine tension, d'autre part Forster s'adresse à ses contemporains et sait que l'idéologie dominante est plutôt en faveur de réformes que d'une révolution. Toutefois, par rapport à la neutralité des dessins, le texte de Forster est très engagé et sa prise de conscience lors des préparatifs de la fête de la Fédération lui permettra de s'engager rapidement auprès des révolutionnaires mayençais. S'il semble croire encore à l'amélioration morale des princes et aux réformes, cette croyance se trouve relativisée par l'ironie qui, conjuguée avec la relation du texte à l'image, fait de cette œuvre une production particulièrement originale.

La deuxième partie de l'ouvrage est consacrée à une série de portraits présentés deux par deux: Joseph II et Léopold II, Benjamin Franklin et John Howard, Gideon von London et Gregor Potemkin, Honoré Gabriel Mirabeau et Heinrich von der Noot, Catherine II et Gustave III, le Comte de Hertzberg et William Pitt. Trop mécontent des gravures de Chodowiecki, Forster demande de faire appel à d'autres graveurs pour ces portraits dont les auteurs vont être D. Berger, Cl. Kohl, J. F. Bolt et J. S. Ringk.

A la publication de l'œuvre de Forster s'ajoutent une courte introduction de Gert Ueding qui présente l'auteur, des notices sur les graveurs et des notes explicatives. Le texte est établi d'après l'édition de l'Académie des Sciences de Berlin, la seule véritablement scientifique à ce jour.

Marita Gilli, Besançon

Die französischen Jahre. Ausstellung aus Anlaß des Einmarsches der Revolutionstruppen in Köln am 6. Oktober 1794, Köln (Historisches Archiv der Stadt Köln) 1994, 141 S.

Gedenktage und Jubiläen werden meist zum Anlaß genommen, historische Ereignisse mit Festschriften und / oder Ausstellungen zu würdigen. Oft wird erst dann deutlich, wie sehr die Auseinandersetzung mit dem jeweiligen Ereignis von persönlicher Einstellung und Betroffenheit sowie von ideologischen Vorstellungen geprägt, ja dominiert wurde. Dies gilt besonders für die Auswirkungen der Französischen Revolution auf Deutschland bzw. auf die Rheinlande, die trotz einer immensen Publikationsflut aus Anlaß des Bicentenaire (1989) immer noch recht unzureichend erforscht sind. Dies trifft in besonderem Maße auch auf Köln zu, wie der hier anzuzeigende Ausstellungskatalog beweist.

An den Anfang gestellt wurde eine Zeittafel, die die »wichtigsten Daten 1789 bis 1815« für Frankreich und Köln dokumentieren soll (an dieser Stelle sei darauf hingewiesen, daß es gemeinhin üblich ist, die Jahreszahlen nach dem Revolutionskalender in römischen und nicht in arabischen Ziffern anzugeben); dann werden die Einwirkungen der Französischen Revolution auf Köln in drei großen Abschnitten geschildert. Dem Abdruck der ausgestellten Dokumente, ihrer Erläuterungen und den anderen Exponatbeschreibungen sind kurze einleitende Texte vorgeschaltet. Im ersten Abschnitt »Mächte und Normen Frankreichs« wird die politische Entwicklung vom Einmarsch der französischen Truppen am 6. Oktober 1794 in Köln bis zu Napoleon bzw. dem Ende der französischen Herrschaft 1814 geschildert. Der zweite Teil – betitelt »Kölnische Verhältnisse« – handelt über die Veränderungen für Verwaltung, Justiz, Kirche, Wirtschaft und Gesellschaft sowie Erziehung, Bildung und Kunst. Das dritte Kapitel »Menschen« beschreibt die cisrhenanische Bewegung und ihre wichtigsten Vertreter in Köln; die rechtliche Gleichstellung von Katholiken und Beisassen (= Nicht-Katholiken) vor dem Hintergrund des Prinzips der formalen Gleichheit vor dem Gesetz sowie den Entwurf eines Denkbildes über die mögliche Zukunft derjenigen, die in den französischen Jahren in Köln zur Jugend zählten. Den Abschluß bildet ein Epilog, der sehr ausführlich über die weitere Entwicklung der Errungenschaften der französischen Zeit, vor allem auf den Gebieten Justiz und Verwaltung, unter preußischer Herrschaft räsonniert. Auf einen wissenschaftlichen Apparat wurde – von vereinzelten Literaturangaben einmal abgesehen – verzichtet; die Auswahlbibliographie nimmt bedauerlicherweise nur die neuesten Arbeiten auf, aber auch dabei vermißt man u. a. einen Hinweis auf die von Wolfgang Schieder herausgegebene Quellenedition (Säkularisation und Mediatisierung in den vier rheinischen Departements 1803–1813. Edition des Datenmaterials der zu veräußernden Nationalgüter. 6 Bde., Boppard 1991).

Die im Vorwort ausgegebene Zielsetzung (»Die Ausstellung möchte mit dem den Aktenstücken und Urkunden eigenen kühlen Blick Aspekte des Wandels zeigen, Brüche zur Vergangenheit verdeutlichen, auf Kontinuitäten hinweisen«.) ist jedoch nur ansatzweise erreicht, denn die Konzeption weist – inhaltlich ebenso wie in der Präsentation – doch einige Mängel und Schwächen auf.

Es bleibt unverständlich, warum auf Abbildungen – vom Abdruck einiger Briefköpfe und Siegelstempel abgesehen – völlig verzichtet wurde, denn sie hätten nicht nur zur Auflockerung, sondern teilweise auch zum besseren Verständnis der Exponatbeschreibungen beitragen können.

Statt knapper einleitender Texte, die oft kaum mehr als Handbuchwissen vermitteln, wäre ein wissenschaftlicher Begleitband, in dem die Vorgeschichte, d. h. die Situation in Köln am Vorabend der Revolution, die die Verbreitung der Aufklärung in dieser Stadt selbstverständlich mit einschließen sollte, [denn der »Zusammenstoß mit den Ideen der Aufklärung und der Revolution« (Vorwort) geschah bereits vor 1794, wenn auch Köln ihr eher ablehnend gegenüberstand] ebenso ausführlich hätte erarbeitet werden können wie die besondere Entwicklung Kölns in den französischen Jahren verbunden mit einem Ausblick auf die Folgezeit, eine angemessenere und befriedigendere Lösung gewesen. Da solche Gedenktage/-jahre »nicht vom Himmel fallen« – wenn ich dies einmal so unwissenschaftlich-salopp ausdrücken darf, wäre dies bei vorausschauender Planung sicherlich realisierbar gewesen, zumal – wie die Auswahlbibliographie zeigt – einige Spezialuntersuchungen bereits vorliegen. Man braucht in diesem Zusammenhang nicht einmal auf die eindrucksvollen Kataloge der großen Ausstellungen des Goethe-Instituts[1] und des Germanischen Nationalmuseums in Nürnberg[2] aus Anlaß des Bicentenaire hinzuweisen, die auch räumlich umfassender angelegt sind, sondern u. a. auf das benachbarte Aachen, das der französischen Zeit in Verbindung mit einer Ausstellung eine umfassende Studie gewidmet hat (Thomas R. KRAUS, Auf dem Weg in die Moderne. Aachen in französischer Zeit 1792/93, 1794–1814. Katalog-Handbuch zur Ausstellung, Aachen 1994).

Der hier anzuzeigende Katalog dagegen erweckt vielmehr den Eindruck, als hätte man sich nur einer (leidigen) Pflicht entledigen wollen. Dabei wurden auch teils latent, teils aber auch recht deutlich alte Feindbilder weiter tradiert, statt diese an entsprechender Stelle wenigstens zu problematisieren. Dies wird besonders augenfällig, wenn unter dem Punkt »Militär«(!) die Verbringung von Archiv- und Bibliotheksbeständen sowie Kunstgegenständen aus Kölner Klöstern und Stiften als »Kunstraub« bezeichnet wird. Diese Etikettierung, die von der deutschen Forschung des 19. und 20. Jahrhunderts stammt und nicht etwa aus den zeitgenössischen Quellen, wird hier unkritisch übernommen, ungeachtet dessen, welches Ergebnis diese Versprengung von Kulturgut überhaupt zeitigte. Die Säkularisation brachte nämlich ein reiches kulturelles Erbe an die Öffentlichkeit, das vorher nur wenigen zugänglich war. Die bewirkte auch eine grundlegende Veränderung für den Archiv- und Bibliotheksbereich und schuf die Voraussetzungen für unser heutiges Archiv- und Bibliotheksverständnis. Diese Überlegungen, die gleichzeitig auch eine Auseinandersetzung mit der eigenen Institution bedeutet hätten, fehlen ebenso wie ein Vergleich mit den Ereignissen in Innerfrankreich, bei denen exakt die gleichen Vorgänge mit den entsprechenden Begleiterscheinungen, wie Zerstörung und Vernichtung, zu konstatieren sind – nur eben zeitlich früher. Dieser gemeinhin als »vandalisme révolutionnaire« bezeichnete Akt wurde jedoch sehr bald abgelöst durch systematische Bewahrung. Dies alles geschah in den französischen Kerngebieten wie in den rheinischen Departements in verschiedenen Phasen, die abhängig waren von den jeweiligen Machtkonstellationen in Paris. Auch dies fand hier keine Beachtung. Die Quellenauszüge, die den sogenannten »Kunstraub« und seine Rechtfertigung dokumentieren sollen, werden überdies im Abschnitt »Militär« präsentiert, was den fehlerhaften Schluß nahelegt, die Konfiskationen und der Abtransport seien eine rein militärische Angelegenheit gewesen. An dieser Stelle hätte sich eine Erörterung darüber angeboten, ob hier ein militärischer Sieger nur seine »Beute« sichert oder ob auch kulturpolitische Maßnahmen sich schon andeuten, die vielleicht erst aus der Retrospektive richtig eingeordnet werden können. Die Bewegung der Romantik jedenfalls brauchte später nur das aufzugreifen, was von Aufklärung, Französischer Revolution und in deren Folge von der Säkularisation vorbereitet worden war. Die »Rückbesinnung auf die mittelalterliche Welt, die Entdeckung der Gotik und die Rettung und Sammlung der älteren Kunst« (S. 136) sind nicht so sehr das Ergebnis verklärender Rückschau – wie hier vermittelt werden soll – als vielmehr ein Resultat im Rahmen einer nicht mehr umkehrbaren Entwicklung hin zum modernen Staats- und Gesellschaftssystem.

Es ist zwar wichtig, herausragende Persönlichkeiten im Rahmen einer Ausstellung besonders zu würdigen, doch ist es keineswegs nur für den Nicht-Historiker verwirrend, wenn – wie hier geschehen – unter dem Kapitel »Menschen« so wichtige Phänomene und Entwicklungen dieser Zeit, wie die cisrhenanische Bewegung (wenngleich Köln auch kein Zentrum

1 Deutschland und die Französische Revolution 1789/1989. Eine Ausstellung des Goethe-Instituts zum Jubiläum des welthistorischen Ereignisses, Stuttgart 1989.

2 Freiheit-Gleichheit-Brüderlichkeit. 200 Jahre Französische Revolution in Deutschland. Ausstellung im Germanischen Nationalmuseum Nürnberg 24.06.–01.10.1989, hrsg. v. Gerhard BOTT, Nürnberg 1989.

derselben war) und die Gleichstellung der Bürger wie auch die Sozietätsbewegung behandelt und nur an einzelnen Personen festgemacht werden, weil sie immer auch vor dem Hintergrund und im Zusammenhang mit der allgemeinen politischen Entwicklung zu sehen sind.

In dem angesprochenen Kapitel »Menschen« sucht man eine ausführlichere Darstellung des Bibliothekars Franz Ferdinand Wallraf und der Bedeutung seiner Bibliothek für Köln ebenso vergeblich wie ein Porträt der sicherlich schillernden Persönlichkeit Baron Hüpsch, der nicht nur »dunkle Geschäfte« betrieb, um seine Sammlungen zu erweitern, die er eigentlich der Stadt Köln vermachen wollte. Denn erst als diese ablehnte bzw. auf das Angebot nicht reagierte, setzte er den Großherzog von Hessen-Darmstadt testamentarisch als Erben ein. Außerdem kommt Hüpsch eine nicht unwesentliche Rolle bei der Verbreitung der Ideen der Aufklärung in und um Köln zu; auch dies wird hier nicht erwähnt.

Alles in allem wurde hier die Chance zu einer umfassenden Aufarbeitung der französischen Jahre in Köln, die der 200. Jahrestag des Einmarsches der französischen Truppen in diese Stadt geboten hätte, nicht in dem Maße genutzt, wie es für die landesgeschichtliche Forschung ebenso wie für die (deutsche) Revolutionsgeschichtsforschung wünschenswert und notwendig gewesen wäre.

Elisabeth Reuss, Bonn

Secrétairerie d'Etat impériale. Rapports du ministre de la Guerre. An VIII–1814. Inventaire des articles AF IV 1090 à 1173 par Nicole Gotteri, Paris (Archives Nationales) 1992, 91 S.

Maison de l'Empereur. Grands officiers de la Couronne. An VIII–1815. Inventaire des articles O² 1 à 149 par Nicole Gotteri, Paris 1993, 136 S.

In den letzten Jahrzehnten hat die französische Archivverwaltung besonders durch große Initiativen zur Erschließung der zeitgenössischen Aktenabgaben von sich reden gemacht. Inzwischen ist der Stoßseufzer von Bertrand Joly »la dictature des fonds anciens ne céda que devant le despotisme des versements contemporains« (Gazette 134–135, 1986, S. 186) aber nur noch zum Teil berechtigt. Profitierend von den technischen Methoden, die für die Verzeichnung moderner Massenakten entwickelt worden sind, ist inzwischen auch eine ganze Reihe von neuen Findmitteln für die klassischen Bestände entstanden, darunter auch die hier anzuzeigenden neuen Inventare von Nicole Gotteri für zwei wichtige Bestände des napoleonischen Kaiserreiches.

Die Spitzenüberlieferung des Napoleonischen Empire, nämlich die Akten des Kabinetts mit der persönlichen Korrespondenz von Napoleon als Konsul und Kaiser sowie die Akten der Staatskanzlei, die die Vorlagen der Ministerien an den Konsul und Kaiser enthalten, wurden von Napoleon zusammen mit der Spitzenüberlieferung der Revolution im Louvre zusammengeführt (archives du Louvre) und nach der Revolution von 1848 in das Nationalarchiv überführt. Sie bilden heute die Serie AF der section moderne des französischen Nationalarchivs, unterteile nach den staatsrechtlichen Epochen der Revolution und des Empire in vier Unterserien und einer fünften Serie mit einigen Nachträgen aus der Zeit der Restauration.

Diese Akten sind der Forschung gut bekannt, bildeten sie doch die Grundlage für die großen Quellenpublikationen und verschiedene Darstellungen über die Revolution und das Empire. Eine hinreichende Verzeichnung fehlte aber bisher, so daß der Bestand eher über Hinweise in dieser Literatur als über die archivischen Findmittel zu benutzen waren (vgl. Inventar von Quellen zur deutschen Geschichte in Pariser Archiven, S. 298). Das ist vor allem in der Form dieser Akten begründet, denn naturgemäß bestehen sie in umfangreichen Serienakten, die sich nur durch intensive Indizierung erschließen lassen. Hinzu kam, daß die ursprüngliche Ordnung früh gestört worden war, ein Problem, das durch erste Ordnungsversuche im 19. Jahrhundert eher noch vergrößert worden war.

Bemühungen, insbesondere dem umfangreichstenTeil dieses Bestandes mit den Akten von Kabinett und Staatskanzlei von Napoleon (AF IV) eine der Bedeutung des Bestandes angemessene Erschließung zu geben hat es verschiedentlich gegeben, sie hatten aber bei der gewaltigen Dimension der Aufgabe bisher alle nicht zu einem Abschluß geführt. So dient als Findmittel noch immer das ungedruckte répertoire numérique von Auguste PROST und Félix ROCQUIN aus dem Jahre 1879, dessen Signaturvergabe heute durch intensive Forschungsbenutzung festgeschrieben ist. Sonst liegt nur noch eine Teilverzeichnung für die Akten AF IV 1–1089^{B} (1968)[1] vor, die nicht fortgeführt worden ist.

Erst in dem letzten Jahrzehnt ist nun eine neue Initiative in Gang gekommen, die inzwischen schon zu ersten Publikationsfindbüchern für die Abteilungen AF IV 1719–1832 (1984)[2] und AF IV 1590–1670 (1988)[3] sowie für ein Auswahlfindbuch für das Herzogtum Berg[*] geführt hat und deren Weiterführung wirklich auf einen glücklichen Abschluß des großen Unternehmens hoffen läßt, wie nicht nur das hier anzuzeigende Inventar für AF IV 1090–1173 (1992) beweist, sondern auch ein inzwischen noch erschienener weiterer Band für AF IV 1287–1589 (1994)[4]. Intendiert ist nichts weniger ein inventaire analytique alten Stils, das die disparate Masse der meist nur in einem chronologischen Zusammenhang stehenden Vorgänge einzeln und damit umfassend erschließt.

Wie eine solche Aufgabe bewältigt werden kann, vermag der hier anzuzeigende Teilband über die Vorlagen des Kriegsministeriums an Napoleon verdeutlichen, das seine Erschließungstiefe durch einen flexiblen Gebrauch von Enthältvermerken (à signaler) gewinnt und die Einzeltitel durch einen umfassenden Namens-, Orts- und Sachindex aufschlüsselt. Das Inventar erschließt so in bisher nicht erreichbarer Detailfülle Quellen zur Organisation der Truppen und Festungen, zu Personalvorgängen bei der Armee, zu Konskription und Militärpolizei usw. Nur für die eigentliche Feldzugsgeschichte wird man aus anderen Quellen wichtigere Zeugnisse gewinnen können. Ein großer Teil der Quellen bezieht sich auch auf die deutschen Departements und die Rheinbundstaaten. Dem Band vorangestellt ist eine Reihe von Aquarellen über Uniformen, Waffeneinsatz sowie Konstruktionszeichnungen, die nur einen Teil der einzeln nachgewiesenen bildlichen Darstellungen des verzeichneten Teilbestandes abbilden.

Zu einem anderen wichtigen Bestand des Empire führt das zweite anzuzeigende Inventar. Die Serie O enthält die Hausarchive der französischen Monarchien, unterteilt in fünf chronologische Abteilungen vom alten Königtum (O^1) über das napoleonische Kaiserreich (O^2), die Restauration (O^3) und die Julimonarchie (O^4) bis zum zweiten Kaiserreich (O^5). Alle Unterabteilungen sind weiter nach den einzelnen Hofbehörden unterteilt; auch hier reichen die bisherigen Findmittel für eine detaillierte Erschließung der auch hier vorherrschenden Seri-

1 P. de VERDIER, J. FAVIER, R. MATHIEU, Inventaire général de la série AF. Sous-série AF IV. Secrétairerie d'Etat impériale. Tome I, fasc. 1 (AF IV 1 à 1089^{B}). Paris 1968.

2 Ségolène de DAINVILLE-BARBICHE, Archives du Cabinet de Louis Bonaparte, roi de Hollande (1806–1810). Inventaire des articles AF IV 1719–1832. Paris 1984.

3 Nicole GOTTERI, Secrétairerie d'Etat impériale: Guerre (an VIII–1814). Inventaire des articles AF IV 1590–1670. Paris 1988.

4 Ségolène de DAINVILLE-BARBICHE, Geneviève LE MOEL, Monique POULIQUEN: Cabinet de Napoleon Ier et secrétairerie d'état impériale. Pièces ministérielles an VIII–1815. Inventaire des articles AF IV 1287 à 1589. Paris 1994.

* J. Charon-Bordas, Archives du grand-duché de Berg (1806–1813). Inventaire des articles AF 1225, 1226, 1413^{B}–1413^{k}, 1833–1886, AF x444–478, Paris 1987.

enakten nicht aus. So nimmt man das neue Inventar für einen Teilbereich dieser Serie, nämlich die Akten der grands officiers de la couronne des Hofes von Nepoleon I. (O^2 1–149) dankbar zur Kenntnis. Die Überlieferung der zivilen Hofämter des grand maréchal (Palast und allgemeine Organisation), grand chambellan (Theater, Konzerte, Bibliothek, Kunstgegenstände, Schmuck), grand aumônier (Kapelle), grand décuyer (Pferde, Reisen), grand veneur (Jagd) sowie des gands maître des cérémonies ist auch hier in der intensiven Methode eines inventaire analytique beschrieben und durch einen systematischen Namens-, Orts- und Sachindex erschlossen.

Hier finden sich nun detaillierte Angaben über die Verwaltung und Möblierung der kaiserlichen Paläste und Häuser, über die darin abgehaltenen Feste und Veranstaltungen, auch über die Pariser Residenzen der mit Frankreich verbündeten Fürsten. Natürlich steht zunächst das große Hofzeremoniell mit Krönung, Heirat, Geburt des Königs von Rom, mit den Kasualien der weiteren kaiserlichen Familie sowie mit dem Verkehr mit den ausländischen Fürsten im Vordergrund. Hierbei sind auch die Theater- und Musikaufführungen sowie die Anschaffungen für die Bibliothek detailliert nachgewiesen. Der Aktenbestand gibt aber auch Einblick in die Alltäglichkeiten des Hoflebens in Bezug auf die Lieferung von Gegenständen, Wäsche und Essen oder auf die Sorge für Heizung und Beleuchtung. Auch das Unterpersonal des Hofes erscheint in Rechnungen, Personallisten und nicht zuletzt in zahlreichen Petitionen. Gelegentlich greift das Hofzeremoniell auch über den Palast hinaus und weitet sich zum Volksfest, wo der Gaukler und Marionettenspieler in Erscheinung treten.

Deutschland ist vertreten mit u. a., den Beziehungen zu den Fürsten des deutschen Bundes, sowie mit Akten über den Fürstentag in Erfurt (Entlohnung der Priester für das Lesen von Messen, Unterbringungskosten für Fürsten, Geschenke für die Fürsten, Schreiner und Schlosserarbeiten) oder über die verschiedenen Aufenthalte des Hofes in Mainz (Kosten für Messen, Schmuck für die Kaiserin, Aufenthaltskosten, Postkosten, Unterhaltskosten des kaiserlichen Palastes, Lieferungen genannter Stoffhändler, Theateraufführung). Diese Beispiele mögen deutlich gemacht haben, daß der Wert des Inventars darin besteht, daß diese für sich oft wenig aussagekräftigen Betreffe nun erstmals für übergreifende Fragestellungen nutzbar gemacht werden können. So mag man es im Einzelfall auch einmal bedauern, wenn einzelne Betreffe, wie z. B. die 32 Theateraufführungen während des Aufenthaltes von Napoleon in Schönbrunn 1809 nur summarisch verzeichnet sind, O^2 Nr. 40 fol. 1–161.

Wolfgang Hans STEIN, Koblenz

Archives de la famille et des entreprises de Wendel (sous-séries 189 AQ et 190 AQ). Répertoire numérique par Bertrand JOLY, Paris (Archives Nationales)1994, 334 S.

Seit 1985 ist das Familien- und Firmenarchiv de Wendel im Französischen Nationalarchiv deponiert, nachdem die Stahlkrise der 70er Jahre eine Umstrukturierung der seit mehr als 250 Jahren existierenden Familienfirmengruppe in verschiedene Beteiligungen die Voraussetzungen dafür geschaffen hatte, vgl. Norbert WELTER in: Saarbrücker Zeitung 27. und 28.12.1978, 2. und 4.1.1979[1]. Auf die Bedeutung dieses Bestandes braucht kaum hingewiesen zu werden, zu sehr ist der Name de Wendel verbunden mit der Geschichte des lothringischen Hüttenwesens vom ancien régime bis in die Gegenwart, mit der politischen Geschichte Frankreichs im 19. und 20. Jahrhunderts und mit den politisch-wirtschaftlichen Beziehungen zwischen Frankreich und Deutschland in der Zeit des Empire und dann durchgehend seit

1 Freundlicher Hinweis von Stadtarchivdirektor a. D. Dr. Hanns Klein, Wellesweiler.

der Reichsgründung 1870/71 bis in die Nachkriegszeit. So darf das nun von Bertrand Joly vorgelegte Inventar eines großen Interesses sicher sein.

Gemäß der Struktur des Depositums ist das Familien- und Firmenarchiv de Wendel auf zwei Bestände der Serie AQ (Firmenarchive) aufgeteilt worden: 189 AQ (624 Nummern) enthält das Familien- und Firmenarchiv, 190 AQ (96 Nummern) enthält den Nachlaß der beiden letzten historischen Repräsentanten der Unternehmerfamilie François de Wendel (1874–1949) und Maurice de Wendel (1879–1961). Trotz der Respektierung der überkommenen, nicht immer systematischen Gliederung der Archive hat der Bearbeiter dem Bestand eine große Transparenz gegeben. Eine flexible Handhabung der Erschließungstiefe führt den Benutzer schnell zu der wichtigen Überlieferung. Dazu tragen auch verschiedene Sonderregister und eine ausführliche, kommentierte Bibliographie bei. So ist ein vorzügliches Inventar entstanden, das den Bestand intensiv erschließt.

Die de Wendel entstammen einer niederländisch-rheinischen Beamten- und Militärfamilie, die mit dem Retablissement unter Herzog Leopold (1698–1729) nach Lothringen gekommen war und 1704/05 Hüttenwerk und Grundherrschaft/Seigneurie Hayingen/Hayange (Dreibistümer) erwarb. Im 18. Jahrhundert sind sie feudal stilisierte *maîtres de forges* von regionaler Bedeutung, deren Familien- und Besitzgeschichte in dem Bestand gut dokumentiert ist. Diese Epoche endet abrupt in der Französischen Revolution mit der Konfiskation des Besitzes 1793/97, nachdem Ignaz Wendel emigriert war und 1795 in Ilmenau starb, noch ehe ein auch von Goethe unterstützter Plan zum Aufbau eines dortigen Hüttenwerkes hatte realisiert werden können. 1803 gelingt aber nicht nur der Rückerwerb von Hayingen, sondern das Empire bietet auch die Möglichkeit zu einer überregionalen Expansion. Nachdem schon in der zweiten Hälfte des 18. Jahrhunderts luxemburgische Hüttenwerke erworben worden waren, werden nun mit Quint (Teil von Trier), Eichelhütte (Teil von Eisenschmitt) und Malberg (bei Kyllburg) alte Hüttenstandorte der Eifel übernommen, die über die Mosel an das Minettegebiet angeschlossen werden sollten (189 AQ 31). Dabei ist die Persönlichkeit von François de Wendel (1778–1825) auch in seinen politischen Aktivitäten nach der Restauration gut dokumentiert.

Bei allem Reichtum hat der Bestand auch Überlieferungslücken. Am deutlichsten ist das Fehlen von Quellen für das 19. Jahrhundert, und zwar sowohl für den rasanten Ausbau der lothringischen Position innerhalb Frankreichs mit dem Eisenbahnbau um die Mitte des 19. Jahrhunderts, wie auch nach 1870/71 für die Behauptung der Stellung unter der deutschen Herrschaft in einem sich internationalisierenden Markt. Das ist umso bedauerlicher als die wirtschaftlichen Aktivitäten der de Wendel in der Reichszeit auch in deutschen Archiven anscheinend nur schlecht greifbar sind, vgl. Herbert Buck: Zur Geschichte der Produktivkräfte und Produktionsverhältnisse in Preußen 1810–1933, Bd. 1–3, Weimar 1960–1970, mit lediglich einem Hinweis auf die Saar 1929 (Bd. 3, S. 52). Auch hätte man sich eine Komplementärüberlieferung zur politischen Tätigkeit der de Wendel in der Reichszeit gewünscht, vgl. Hermann Hiery: Reichstagswahlen im Reichsland, Düsseldorf 1986.

Gut überliefert sind dann wieder die Quellen zur Firmengeschichte des 20. Jahrhunderts, wo die politische Tätigkeit von François de Wendel seit den 20er Jahren wie auch die wirtschaftlichen Interessen des Unternehmens nicht nur in Bezug auf Deutschland gut dokumentiert sind. Beteiligungen an deutschen Firmen gehen bis vor die Kaiserzeit zurück: 1852 Hirschberg (Kokerei bei Dudweiler/Saar, nicht Hersbach Bas-Rhin, S. 123), 1899 Hamm (Steinkohlenbergwerk Heinrich-Robert AG), 1906 Moers (Steinkohlenbergwerk Friedrich-Heinrich AG), 1908 Aachen (Konzession Glückauf). Und sie werden nach dem Zweiten Weltkrieg nochmals ausgebaut: Süddeutsche Drahtindustrie AG Mannheim, Hüttenwerk Dillingen/Saar. Dazu kommen ausgedehnte Geschäftsreisen nach Deutschland seit den letzten Jahren vor dem Ersten Weltkrieg. Noch kaum abschätzbar ist schließlich der Ertrag der politischen Quellen, insbesondere zur Saarfrage nach dem Ersten Weltkrieg, zur deutschen Besetzung von Lothringen im Zweiten Weltkrieg, zum Prozeß gegen Hermann Röchling als

Generalbeauftragten für Eisen und Stahl in Lothringen (Rastatt 1948) usw., wobei die z.T. einzeln ausgewiesene Presseüberlieferung schon auf die Brisanz einiger Vorgänge hinweist.

Alle diese Quellen werden durch das Inventar nicht nur erstmals erschlossen, sie sind auch bisher kaum je benutzt worden. Allerdings muß für jede einzelne Benutzung vorab die Zustimmung der Depositarfamilie eingeholt werden.

Wolfgang Hans STEIN, Koblenz

Simone BALAYÉ, Madame de Staël. Ecrire, lutter, vivre, Genève (Droz) 1994, 390 S.

Mit dieser Sammlung ausgewählter Aufsätze von Simone Balayé zum literarischen Werk Madame de Staëls und der Gruppe von Coppet würdigen Freunde, der Verlag S.A. Droz, die »Société des études staëliennes« sowie die »Association Benjamin Constant« das jahrzehntelange Wirken der »Grande Dame« der französischen Staël-Forschung. In angemessener Form findet damit ihr unermüdliches Engagement als langjährige Generalsekretärin und Vorsitzende der »Société des études staëliennes« eine weitere Anerkennung. Welch tiefer Respekt der ehemaligen Bibliothekarin an der Bibliothèque Nationale von der internationalen Forschung entgegengebracht wird, unterstreichen einerseits die »Tabula Gratulatoria« und andererseits das mit viel Sympathie verfaßte Vorwort von Roland Mortier. Er zeichnet darin nicht nur die Stationen ihrer bemerkenswerten Karriere nach, die sie als Mitarbeiterin an der fünfbändigen Edition von »De l'Allemagne« Ende der 1950er Jahre an der Seite der Comtesse de Pange begonnen hatte, sondern daneben würdigt er auch die Qualität ihres breiten wissenschaftlichen Oeuvres, das eine eigentümliche Osmose zwischen Autor und Interpret erkennen lasse. Als wichtigen Beitrag hebt er dabei vor allem ihre 1979 veröffentlichte Dissertation »Madame de Staël: Lumières et Liberté« hervor. Eine ebenso liebenswürdige Ehrung als »véritable médiatrice intellectuelle« erfährt die Jubilarin auch im Nachwort von Frank Paul Bowman. Darin schildert er die beeindruckende Atmosphäre ihres literarisch-wissenschaftlichen Salons in der Pariser rue Vaneau, der in bester Staëlscher Tradition für viele Forscher aus dem In- und Ausland während vieler Jahre zur interkulturellen Begegnungsstätte avanciert sei. Die in diesem Band veröffentlichten zwanzig Beiträge, die Simone Balayé selbst ausgewählt und teilweise mit ergänzenden Anmerkungen aktualisiert hat, bieten einen Querschnitt ihrer Arbeit aus den letzten fünfundzwanzig Jahren. Die beiden einleitenden Essays – »Madame de Staël, ou comment être femme et écrivain« bzw. »La statue intérieure« – hat sie neu verfaßt. Sie weisen progammatisch die ganze Bandbreite ihrer Forschungen aus, die nicht nur alleine auf das Werk Madame de Staëls beschränkt blieben, wie die Artikel »Benjamin Constant lecteur de Corinne« und »Madame de Staël et Madame de Malbée dans Cécile de Benjamin Constant« aus dem Jahre 1968 oder »Le Groupe de Coppet: conscience d'une mission comnune« von 1977 belegen. Den Schwerpunkt des Sammelbandes bilden die Textanalysen zu den großen Romanen »Delphine« und »Corinne ou l'Italie«, die fast alle in 1970er und 1980er Jahren entstanden sind. Stellvertretend können nur einige der hier wiederabgedruckten richtungweisenden Studien genannt werden: »Les gestes de la dissimulation dans Delphine« von 1973, »Destins de femmes dans Delphine« von 1984, »Delphine et la presse sous le Consulat« von 1986, »Du sens romanesque de quelques œuvres d'art dans Corinne« von 1979 oder »Corinne et la ville italienne« von 1984. Von den neueren Arbeiten findet zugleich »La société italienne dans Corinne« von 1994 Eingang in die Essaysammlung. Exemplarisch für ihre lebenslange Beschäftigung mit dem publizistischen Hauptwerk der großen Gegenspielerin Napoleons stehen der gleichfalls aufgenommene Grenobler Kolloquiumsbeitrag »Pour une lecture politique De l'Allemagne« aus dem Jahre 1983 sowie »Madame de Staël et l'Europe napoléonienne« von 1994. Zwei weitere Aufsätze aus den 1970er Jahren »A propos du préromantisme: continuité ou rupture chez Madame de Staël« und »Le système critique de Madame de Staël: théorie et sensibilité« ergänzen die Auswahl. Daß diese imposante Aufsatzsammlung, die durch einen Namens- und knappen Sachindex zusätzlich erschlossen ist, aber selbst nur einen kleinen Einblick in das virtuose Schaffen der »Grande Dame« der Staël-Forschung bietet, belegt die von ihr selbst erstellte »Bibliographie des travaux sur Madame de Staël et le Groupe de Coppet« am Ende des Bandes. Sie umfaßt seit 1958 annähernd 150 Beiträge. Daß sie bei dieser Zusammenstellung sogar ihre 1979 erschienene Dissertation ›unterschlagen‹ hat, fällt vielen Betrachtern auf den ersten Blick allerdings nicht auf. Umso mehr gebührt Simone Balayé das große Verdienst, wie der Sammelband eindrucksvoll unterstreicht, der internationalen Staël-Forschung wichtige Impulse verliehen zu haben. Nicht nur deshalb schließt sich der Rezensent gerne dem Kreis der Gratulanten an. Gemeinsam mit ihnen wartet er voller Spannung auf ihre angekündigte ›große‹ Staël-Biographie.

Jörg Kreutz, Worms

Daniel Peter, Naître, vivre et mourir dans l'Outre-Forêt (1648–1848), Strasbourg (Cercle d'histoire et d'archéologie de l'Alsace du Nord) 1995, 287 S.

Outre-Forêt? Der Terminus, der von dem Geographen Henri Baulig vor gerade 50 Jahren geprägt wurde, bezeichnet ein knapp 900 qkm großes Gebiet im äußersten Norden des Elsaß', das sich zwischen Vogesen und Rhein erstreckt – im Süden begrenzt durch Hagenauer Forst und Seltzbach, im Norden durch Bienwald und Lauter. Eine Einheit bildet dieser Raum weder geographisch noch historisch, da er im Alten Reich nicht weniger als 16 verschiedenen Territorialherren unterstand und überdies unter Katholiken, Lutheranern, Reformierten und Juden auch religiös stark zersplittert war. Dem fränkischen Sprachraum zugehörig, erwächst ihm freilich ein gewisses Maß an innerer Einheit und Zusammengehörigkeit aus seiner Verschiedenheit vom »eigentlichen«, dem alemannisch geprägten Elsaß, als dessen Nordgrenze von jeher der Seltzbach galt. Ältere historische Bezeichnungen wie Unterland, Unterpfalz, Unterelsaß oder auch krummes Elsaß (*Alsatia curva*), die in der anzuzeigenden Studie genannt und z. T. ausführlicher diskutiert werden (S. 5, 14 ff), belegen denn auch eindeutig, daß dem Untersuchungsgebiet schon immer ein spezifischer und eigenständiger Charakter zuerkannt worden ist. Wenn der Autor, der als conservateur in den Archives du Bas-Rhin tätig und bereits durch eine ganze Reihe von Lokal- und Regionalstudien hervorgetreten ist, den modernen, für seinen Untersuchungszeitraum aber doch zweifellos anachronistischen Ausdruck Outre-Forêt benutzt, so gewiß nicht zuletzt deshalb, weil die vom Cercle d'histoire et d'archéologie de l'Alsace du Nord seit 1973 herausgegebene Zeitschrift eben diesen Namen trägt (vgl. S. 17 f).

Der gut ausgestattete und mit zahlreichen künstlerischen Bildbeigaben versehene Band ist die gekürzte und leicht überarbeitete Version einer bei Bernard Vogler an der Universität Straßburg entstandenen thèse de doctorat nouveau régime. Er enthält nicht nur eine – schon wegen der ungleichmäßigen Quellenlage natürlich nur paradigmatisch vorgenommene – demographische Analyse, sondern stellt darüber hinaus eine in ihrer Eindringlichkeit und Zusammenschau imponierende umfassende Bevölkerungsgeschichte des Unterelsaß' während zweier dramatischer Jahrhunderte dar. Ein besonderes Verdienst liegt darin, daß durch die Wahl eines längeren Untersuchungszeitraums die sonst übliche Periodisierung mit einleuchtenden Argumenten gesprengt und die Darstellung bis in das Revolutionsjahr 1848 fortgeführt wird.

Wegen der starken territorialen Zersplitterung des Gebietes auch nach dem Münsteraner Frieden mußten für die Studie viele Archive in Frankreich, Deutschland, Österreich und der Schweiz konsultiert werden. Archivalien aus dem in Stockholm verwahrten Bestand der Herzöge von Pfalz-Zweibrücken konnte der Autor auf Microfiches im Speyrer Landesarchiv benutzen. Da die Quellenlage für den östlichenTeil des Gebietes generell ungünstiger ist, liegt das Schwergewicht der Untersuchung auf der westlichen Hälfte.

Im ersten Teil des Bandes werden die Folgen der Reunionspolitik Ludwigs XIV. und der damit verbundenen andauernden Kriege für das Unterelsaß eingehend untersucht. Steht hier noch die politische Entwicklung im Mittelpunkt, sind die drei nachfolgenden Teile ganz der Demographie und Bevölkerungsgeschichte gewidmet.

Eingehend befaßt sich der Autor mit den demographischen Konsequenzen des Dreißigjährigen Krieges für sein Untersuchungsgebiet. Die gegenüber dem Vorkriegsstand eingetretenen Verluste werden von ihm auf die Hälfte bis zwei Drittel der Bevölkerung beziffert; sie lagen damit erheblich über denen des gesamten Elsaß', wo sie eine Größenordnung zwischen einem Drittel und etwa der Hälfte erreichten (S. 32, 141, 269). Die für einzelne Orte und Ämter mitgeteilten Verlustzahlen für Einwohner, Bürger oder Herdstellen (S. 73–77 und bes. S. 102–106), unter denen Werte von -80% bis -90% nicht selten sind, lassen indes die Vermutung zu, daß der von Peter genannte Gesamtverlust an Menschen im Unterelsaß während des Dreißigjährigen Krieges eine eher vorsichtige Schätzung darstellt. Tatsächlich beziffert der Autor an einer Stelle (S. 269) die Einwohnerzahl des Gebietes am Ende des Krieges auf nurmehr 3000 bis 3500. In jedem Falle dürfte das nördliche Elsaß zu den Gebieten des Reiches gehören, deren Bevölkerungsverluste in den Kriegsjahren bis 1648 einsame Spitzenwerte erreichten.

So exzeptionell die Verluste während des Dreißigjährigen Krieges im Unterelsaß gewesen sind, so exzeptionell war hier die Bevölkerungsentwicklung in den nachfolgenden eineinhalb Jahrhunderten. Durch systematische Maßnahmen zur Rekonstruktion (S. 78 ff) und Förderung der Immigration vorwiegend aus der Schweiz und Tirol sowie aus dem Schwarzwald (S. 233 ff) wurden die Verluste bis etwa 1720/1725 wieder ausgeglichen (vgl. u. a. die Schaubilder S. 111); danach setzte ein staunenerregendes Wachstum ein, das weder in den angrenzenden Gebieten des Reiches noch im französischen Königreich oder überhaupt im Elsaß eine Entsprechung fand. Zwischen 1720 und 1789 wuchs die Bevölkerung von 37 000 auf 93 000 und damit um nicht weniger als 154%. Danach freilich stagnierte die Einwohnerzahl; sie betrug 1846 nur wenig mehr 95 000 (S. 270 f). Die Bevölkerung war gegen Ende des 18. Jahrhunderts offenbar an den Grenzen des Nahrungsspielraums angelangt und in die malthusianische Falle geraten. Dieses Dilemma konnte nur durch eine Massenauswanderung gelöst werden. Tatsächlich setzte diese mit dem Hauptziel Amerika, aber auch in Richtung auf östliche Gebiete wie etwa das Banat schon in den letzten Jahrzehnten des 18. Jahrhunderts ein, um in der ersten Hälfte des 19. Jahrhunderts immer weiter anzuschwellen (S. 244 ff). Auch bei der Auswanderung behauptete das Unterelsaß im Vergleich mit angrenzenden Regionen bald eine Spitzenstellung. Im Zeitraum 1828/37 stammte fast die Hälfte aller Auswanderer des Bas-Rhin aus dem Arrondissement Wissembourg (S. 250).

Wies die Gesamtentwicklung der Bevölkerung im nördlichen Elsaß wegen des beachtlichen Umfangs der Migrationen während der beiden untersuchten Jahrhunderte in die eine wie in die andere Richtung auffällig viele Extreme auf, die sich in der Hauptsache wohl aus der geopolitisch exponierten Lage des Gebietes erklären lassen, zeigten sich bei der natürlichen Bevölkerungsbewegung auffällige Besonderheiten und Abweichungen gegenüber benachbarten oder vergleichbaren Regionen nicht. Die durch Epidemien oder Subsistenzmangel ausgelöste Krisenmortalität bewegte sich ebenso im gewohnten Rahmen wie das Heiratsverhalten nach Partnerwahl (Exogamie, interkonfessionelles Konnubium), Alter bei der Erstehe und jahreszeitlichen Präferenzen für die Hochzeit. Auch das generative Verhalten (protogenetische Intervalle, Alter der Frauen bei der letzten Geburt, Illegitimität, kontrazeptive Praktiken etc.) und die Struktur der Mortalität nach Alter der Gestorbenen und Todesursachen lassen sich ohne weiteres in den Rahmen der traditionalen (mittel-)europäischen Agrargesellschaft des ancien régime einordnen. Dies zeigt sich deutlich bei einem Vergleich mit entsprechenden Studien zu einzelnen anderen Orten am Oberrhein – etwa für Durlach (O. K. ROLLER), Oppenheim (P. ZSCHUNKE) oder Mainz (W. RÖDEL). Die von P. nachgezeichnete Konjunktur der Krisenmortalität beispielsweise läßt sich in den meisten Fällen ohne weiteres mit Entwicklungen in diesen drei Orten in Parallele setzen.

Der Autor zieht solche Vergleiche nicht, weil er die deutsche historisch-demograpische Forschung – ganz im Unterschied zur allgemein landesgeschichtlichen – fast vollständig ignoriert. Seine Parallelbeispiele im Bereich der Demographie beziehen sich deshalb ausschließlich auf andere französische Regionen. Unter den (infra-)strukturellen Bedingungen einer traditionalen Gesellschaft und Wirtschaft dürften freilich mindestens für die zweite Hälfte des 17. und die erste des 18. Jahrhunderts und gerade auch bei Subsistenz- und epidemischen Krisen die Verbindungen und Beziehungen zu unmittelbar angrenzenden Nachbarregionen ungeachtet der ohnehin noch nicht gefestigten Staatsgrenzen von erheblich höherer Bedeutung gewesen sein als die zu weit entfernten Gebieten eines sehr großen Königreichs.

Die zuletzt angestellten Erwägungen mögen als Anregung verstanden werden, den französisch-deutschen Forschungsdialog über den Rhein hinweg zu intensivieren. Sie berühren nicht im mindesten den Rang der angezeigten Arbeit als eines bedeutenden Beitrags gleichermaßen zur historischen Demographie wie zur Geschichte des Elsaß' überhaupt. Die deutsche historisch-demographische Forschung – insonderheit am Oberrhein und in Südwestdeutschland – wird sie keinesfalls übergehen dürfen.

Klaus-Jürgen MATZ, Mannheim

Mireille TOUZERY, Atlas de la généralité de Paris au XVIIIe siècle. Un paysage retrouvé, Paris (Comité de l'histoire économique et financière de la France) 1995, 175 p.

Based on the cadastre of Louis-Bénigne de Bertier de Sauvigny, Intendant of the Parisian generality in the pre-Revolutionary period, this is an important work of exonomic history that indicates clearly the potential of cartography to provide a guide to the spatial nature of phenomena. Mireille Touzery, Maître de Conférences at the University of Paris-XII, has produced this atlas as one of three related works. »L'invention de l'impôt sur le revenue. La taille tarifiée, 1715–1789« was published by the Comité pour l'histoire économique et financière de la France in 1994 and it places the Bertier cadastre in the context of the fiscal politics of the reigns of Louis XV and XVI. An edition of the cadastre is still to appear. Touzery has drawn on the Centre de recherche d'histoire quantitative of the University of Caen for the cartography but her work also involves much processing of information. The generality included 2116 parishes and it was necessary to recreate the parochial boundaries of 1789.

The cadastre was produced as part of a reform programme that centred on a more logical basis of tax assessment. Bertier, like his father who had also been Intendant, wished to see an equitable distribution of taxes between the parishes. This required accurate knowledge of economic potential. Touzery has a very interesting section on the way in which the cadastre was compiled. This throws considerable light on the potential and limitations of ancien régime administration. France was not at the forefront of information gathering in this field, but was more advanced than many countries. Detailed land surveys of Piedmont and Savoy, establishing the ownership and value of land, had been completed in 1711 and 1738 respectively. The Swedish Pomeranian Survey Commission of 1692–1709 was designed to provide the basis for a new tax system. Frederick William I introduced a uniform land tax in East Prussia, payable alike by nobility and peasantry, based on the land assessment rolls and the productivity of the soil. Frederick II introduced a similar tax to Silesia from 1741 and to West Prussia from 1772. A systematic tax survey of Silesia was carried out, including a careful assessment of the productivity of the land.

Land surveys, however, tested the capacity of national administrations. The Russian College of Landed Estates was supposed to record all transfers of landed property in a land register, but as transactions could be registered only in St. Petersburg or Moscow, many were not recorded, while the register suffered from poor record-keeping. The imposition of the death penalty in 1766 for interference with the activities of land surveyors was little substitute for the necessary administrative structure and general political support. Russian options in taxation and local government were limited by the absence of an accurate land survey. In 1776, as a result of recommendation from Du Pont and the Marquis de Mirabeau, Charles de Butre was ordered to survey every village in Baden in order to be able to calculate an equitable, single, direct tax. By 1789 he had surveyed only 58 villages.

The French had not been at the front of the statistical process in the first half of the century. In part, there was not the military imperative, or opportunity, that, for example affected Victor Amadeus II and his Austrian successor in Sicily. In the last years of Louis XV's reign, however, there was a marked French government interest in enquiries and statistics, under the impulse of controllers general such as Terray (1770-74) and with the support of certain dynamic intendants. In order to make his dirigiste policy effective, Terray sought to establish a system to gather information on the grain supply that would permit him to manage the market in order to lower prices and end shortages. This scheme, however, was thwarted, not only by bad harvests, but also by the failure of many intendants to supply necessary information, slow communications and the inability of eighteenth-century bureaucracy to deal with imperfectly understood economic forces. In 1774 Turgot abandoned the demands for information on the harvest prescribed in 1773 by Terray.

The Bertier cadastre can therefore be understood in the context of a new-found quest for information, and this information is brilliantly presented in a series of maps and tables that enable a presentation of the dynamic nature of the economy in the period. Maps for example depicting the percentage of urban space or forest by parish or the number of cattle per kilometre by élection and subdélégation provide a detail that is generally absent. The nearest comparison is the Atlas de la Sardaigne rurale aux 17e et 18e siècles, ed. by John Day and others, Paris (Éditions de l'Ecole des Hautes Études en Sciences Sociales) 1993. The Touzery work is more detailed and the cartography is more precise. For those interested in the rural economy on the eve of the Revolution or, more generally, on the information available to the French state, this work can be thoroughly recommended.

Jeremy BLACK, Durham

Dominique ZUMKELLER, Le Paysan et la Terre. Agriculture et structure agraire à Genève au XVIIIe siècle, Genève (Editions Passé Present) 1992, 375 S.

Die vorliegende Arbeit ist dem Verhältnis von Landwirtschaft und bäuerlicher Gesellschaft (in einigen Aspekten) in einer überschaubaren Region, der Landschaft der Stadt Genf, gewidmet. Der Autor betont zu Recht, daß Genf kein »contado«, kein Landgebiet größeren Umfangs, besessen habe, und so ist eine Mikrostudie entstanden. Für die räumliche Abgrenzung sind die territorialen Gegebenheiten ausschlaggebend, nicht wirtschafts- oder sozialhistorische Zusammenhänge, für deutsche Leser ein vertrauter Vorgang. Das »Territorium« der Stadt Genf bestand aus zwei geographisch unterschiedlichen Teilen, der alten »banlieue« in unmittelbarer Umgebung der Mauern und einigen Exklaven, die meist aus säkularisiertem Klosterbesitz hervorgegangen sind. Der Autor hält beide Gebiete im Verlauf der Untersuchung sorgfältig auseinander. Dieses »Territorium« deckte zusammen allerdings höchstens ein Achtel des Lebensmittelbedarfs der Stadt.

Ausgangspunkt ist die Wahrnehmung der Landwirtschaft um die Stadt Genf allgemein durch Reiseberichte des späten 18. und frühen 19. Jahrhunderts. Darin wird nicht selten ein bukolisches Idyll gemalt, die Umgebung der Stadt erscheint als Garten, umgeben von Bergen. Ziel der Arbeit ist die Überprüfung dieses Urteils und die Suche nach Gründen, die die Diversifikation der Landwirtschaft bestimmten. Die großen Thèses geben Gliederung, Methoden und z. T. auch die Diktion vor. Vier Kapitel (»L'Homme« – »La Terre« – »L'Agriculture« – »Prix et Revenues«) umschreiben fast schon den Anspruch einer »histoire totale«, der freilich nicht völlig eingelöst wird. Der Schwerpunkt liegt eindeutig auf den drei letzten Kapiteln, was vor allem durch die Quellenauswahl vorgegeben ist.

Kapitel 1 (»L'Homme«) beinhaltet Ausführungen zur historischen Demographie, die weitgehend bereits publizierten Arbeiten entnommen werden. Festzuhalten bleibt eine Extremvariante der »european marriage patterns« mit ungewöhnlich hohem Heiratsalter der Frauen (27.4 Jahren) und geringer Geburtenzahl. Dem stand eine Lebenserwartung gegenüber, die etwas höher lag als im Genfer Patriziat. Diese Fakten können somit als demographische Untermauerung der Wahrnehmung genommen werden, die die Reiseberichte vorgeben.

Die Untersuchung geht dann aber einen anderen Weg, als ihn neuere (zunehmend auch deutschsprachige) Arbeiten zur ländlichen Gesellschaft einschlagen. Nicht bäuerliche Besitzgrößen, Erbschaftsstrategien, Familiengeschichte(n) und Lebensläufe werden thematisiert, sondern Veränderungen in der Landnutzung, freilich nicht losgelöst von sozialgeschichtlichen Fragestellungen. Ausschlaggebend ist die Quellenlage. Die Genfer Archive bewahren eine reiche Katasterüberlieferung, die es gestattet, bis auf die Ebene der einzelnen Parzelle die Landnutzung zu einem bestimmten Zeitpunkt und ihre Veränderung nachzuzeichnen. Im Umgang mit den Quellen entfaltet der Autor dann einen hohen Grad an Virtuosität, so daß nur ein Teil der vielschichtigen Ergebnisse festgehalten werden kann.

Die Diversifikation der Landwirtschaft erweist sich als Realität, und zwar das ganze Jahrhundert hindurch und für alle Betriebsgrößen (mit Ausnahme der Kleinstbesitzer, die nicht genug Landstücke hatten, um darauf diversifiziert wirtschaften zu können). Die Kombination »Ackerland – Weingarten – Wiese« überwog in den Exklaven wie in der »banlieue«. In den Exklaven wurde sie oft noch ergänzt um die sog. »Hutins«. Darunter ist eine Kombination von Wein- und Getreidebau zu verstehen, bei der die Weinstöcke an Ahornbäumen entlanggeführt wurden. Diese Kultur war vor allem für Betriebe und Gegenden kennzeichnend, die Wein nicht für den Markt produzierten.

Sie lagen im wesentlichen in den Exklaven, während in der Bannmeile der Marktbezug dominierte. Dies bedeutete keine Abschwächung der Diversifikation, jedoch andere Prioritäten. In Stadtnähe lagen die Gemüse- und Obstgärten und intensiv genutzte Wiesenstücke. Sie lieferten Futter für die Rinder, deren Fleisch in der Stadt gerne verzehrt wurde. Mit einem Bestand von 44 Rindern pro 100 Hektar war im Genfer Landgebiet sicher eine Grenze erreicht, selbst wenn man berücksichtigt, daß die Tiere im Sommer auf die Alpen getrieben wurden. Die Landwirtschaft der »banlieue« scheint im übrigen ein getreues Abbild der Thünen'schen »freien Wirtschaft« gewesen zu sein, wenngleich weder Thünen Genf noch Zumkellers Arbeit Thünen erwähnt. Der Dung der großen Stadt ermöglichte wenigstens tendenziell ein Abgehen von der Zweifelderwirtschaft hin zu intensivem Gemüsebau, einer Melioration der Wiesen zur Fleisch- und der (bei Zumkeller nicht erwähnten)Milchproduktion. Während in den Exklaven nur 0,7% des Bodens als Garten genutzt wurde, waren es in der »banlieue« 6%. Charakteristisch ist auch die Verteilung nach Besitzgrößen. Am unteren (20–40%) und am oberen (15,7%) Ende der Skala nahm der Gartenbau prozentual den größten Anteil ein, schließlich waren einzelne Parzellen dem Anbau von Zierpflanzen für die Patrizierhäuser gewidmet. Die größere Spezialisierung der Einzelbetriebe in der »banlieue« (vor allem der großen und der kleinen) führte im Landschaftsbild nicht zur Monokultur, sondern zur Diversifikation wie in den Exklaven, nur daß sie in Stadtnähe eher eine überbetriebliche Erscheinung war.

Die Verteilung der Kulturen kann nicht nur in räumlicher und sozial-stratifikatorischer Hinsicht, sondern auch im Zeitverlauf verfolgt werden. So werden z. B. 1714 auf einem dem Hospital gehörigen Stück die »Hutins« niedergerissen und Gras angesät, 1757 wird das gleiche Stück als Acker genutzt, 1761 wieder als Weide, zwei Jahre später wieder als Acker. »Niedergerissene oder neugepflanzte Weinstöcke, »Hutins«, die in Ackerland verwandelt werden, Wiesen, die umgebrochen oder als Gärten genutzt werden ... eine Evolution der Landschaft in kleinen Schritten.«

Dennoch handelte es sich nicht um blinden »trial and error«. Die Grundtendenz liegt im allmählichen Zurückdrängen der »Hutins«, was auf eine zögerliche Ausdehnung der Marktintegration schließen läßt. Auch der Weinbau insgesamt geht zurück – eine deutliche Reaktion auf den säkularen Preisverfall. Acker- und Wiesenland expandieren stattdessen – wieder in Abhängigkeit von der Preisentwicklung, insbesondere auf großen, marktorientierten Betrieben. Die Einbindung der Landwirtschaft in ein übergreifendes Marktgeschehen wird auf diese Weise deutlich, simple Vorstellungen von Subsistenz und Autarkie sind auch für die Exklaven fehl am Platz. Insgesamt keine »histoire immobile«, vielmehr eine flexible, seismographische Reaktion auf ökonomische Veränderungen.

Eine »Agrarrevolution« fand auf der Genfer Landschaft im 18. Jahrhundert freilich nicht statt, obwohl Agrarreformer und »gentlemen-farmers« wie andernorts technische Verbesserungen und neue Anbauformen (Klee) propagierten und zunehmend auf internationalen Erfahrungsaustausch zurückgriffen. (Bei dem von Nicolas de Saussure bezüglich der Gipsdüngung genannten »M. Mayer« dürfte es sich um den Hohenloher Pfarrer und Landwirtschaftsreformer Johann Friedrich Mayer gehandelt haben.) Die bäuerliche Wirtschaft reagierte stattdessen evolutionär: durch die Verschiebung von Prioritäten, die langsame Steigerung der Getreideerträge, die zögerliche Durchsetzung des Kleebaus. Sie reagierte eher durch Verschiebungen »in der Fläche« als durch Qualitätssprünge. Vielleicht war es gerade die durch die Tradition der Diversifizierung (und auch demographisch sichtbare) an die Grenze getriebene Ausreizung der Möglichkeiten des Ancien Régime, die die Notwendigkeit radikaler Veränderungen im 18. Jahrhundert noch als entbehrlich erscheinen ließ. Schon im frühen 19. Jahrhundert galt die Genfer Landwirtschaft dann als veraltet.

Das ist jedoch eine Schlußfolgerung, die in der soliden und anregenden Arbeit Zumkellers selbst nicht mehr gezogen wird. Andererseits kann eine Vielzahl von Ergebnissen auf anderen Gebieten – etwa zur Migration, zur Geschichte des Hospitals und seiner Praxis, Zöglinge auf dem Lande zu verteilen, etc. – höchstens angedeutet werden. Zwar bleiben – auch im Vergleich zu den großen agrarhistorischen Thèses – einige Aspekte unterbelichtet – insbesondere im Bereich »L'Homme«, aber auch zum Thema Herrschaft und Verwaltung, Feudalabgaben etc. – und allein die Quellenlage dafür verantwortlich zu machen, ist immer problematisch. Allerdings wird dies erheblich überkompensiert durch die feine Nachzeichnung der »Evolution der bäuerlichen Wirtschaft«. Dies um so mehr, als dieser Ansatz in mikrohistorischer Perspektive hierzulande kaum erprobt ist.

Werner TROSSBACH, Witzenhausen

Ralf PRÖVE, Stehendes Heer und städtische Gesellschaft im 18. Jahrhundert. Göttingen und seine Militärbevölkerung 1713–1756, München (R. Oldenbourg) 1995, XIV–373 p. (Beiträge zur Militärgeschichte, 47).

Pour avoir été plus longue que dans d'autres pays, l'éclipse de l'histoire militaire chez les universitaires après la Seconde Guerre mondiale, est bien terminée en Allemagne comme en témoigne la production du »Militärforschungsamt«. Le chantier il est vrai est riche de possibilités variées. Les monographies exhaustives et significatives y sont facilitées par la proximité entre administrations centrales et administrations locales dans les petits Etats. R. Pröve a saisi cette chance avec bonheur. Le cadre d'une petite ville, Göttingen qui passe de 4000 à 7500 habitants permet de saisir dans sa globalité le fait militaire et dans l'ensemble des fonds d'archives, sans trop se heurter à la double vision qui oppose pouvoir central et réalités locales. R. Pröve y a joint de nombreuses lectures, pas seulement en langue allemande. Cet ouvrage est doté d'un appareil critique imposant. Un seul regret: une carte du Hanovre et un plan de Göttingen eussent été bienvenus.

Göttingen abrite une population militaire (familles comprises qui représente le tiers de celle de la ville en 1720, essentiellement un régiment sédentaire logé chez l'habitant, faute de casernes, cohabitation qui suscite frictions, mais aussi liens économiques, sociaux et familiaux.

Il n'est guère possible de pousser plus loin l'analyse des deux sociétés civile et militaire en contact que ne l'a fait l'auteur, sauf peut-être sur deux points: l'âge au recrutement suivant les origines des hommes et la distinction entre citadins et campagnards. On ne peut rendre compte de la richesse des apports de cette étude en quelques lignes. Je laisserai de côté ce qui, avec des précisions fort intéressantes comme la proportion des nobles dans les différents grades se retrouve dans des armées déjà étudiées, pour m'en tenir à ce qui est une révélation (pour moi tout au moins).

Nous sommes en présence d'un cas différent à la fois du cas prussien et du cas français, ce dernier ne connaissant que deux régiments sédentaires (Gardes françaises et Gardes suisses à Paris). Aussi une forte minorité de soldats sont nés à Göttingen. La grande différence avec les armées des pays latins reste la fréquence du mariage des militaires, mieux toléré dans les armées germaniques que dans les armées françaises, même si les autorités cherchent à la réduire. La proportion ne descent pas au dessous du tiers et quand elle diminue, le concubinage augmente sans dépasser 4%. Le mariage rapproche hiérarchie militaire et niveau social des épouses. Officiers et sous-officiers épousent des filles ou veuves de bourgeois, tandis que les hommes de troupe se marient surtout à des femmes dont la famille ne possède pas le droit de bourgeoisie. Le choix des parains suit en gros la même règle quand il ne s'agit pas de militaires. Bien des anciens soldats se fixent dans la ville. Ils sont 13 % de tous ceux qui acquièrent le droit de bourgeoisie. Beaucoup deviennent hôteliers.

La nature des rapports entre militaires et civils est étudiée avec un soin particulier. Sont passés en revue les sujets de friction mais aussi les complicités pour tourner les ordonnances prohibant ventes, achats, travail en dehors du système corporatif, au dépens des taxes municipales, que les soldats de garde aux portes de la ville sont chargés d'empêcher. Avec le même soin sont étudiés la place de la population militaire dans l'économie, consommation, logement, charges fiscales en nature ou en espèces qui résulte de leur entretien ou de celui des murailles. Ces dernières n'ont plus pour rôle que d'encadrer la vie urbaine. Göttingen sera pris cinq fois pendant la guerre de Sept ans.

Pour étayer cette étude, R. Pröve a démonté le mécanisme des institutions urbaines, sans oublier les conflits d'attributions ou de personnes. Un équilibre s'est établi au début du XVIIIe siècle, que perturbe quelque peu la création de l'université en 1734.

Bourgeois et militaires se surveillent réciproquement, mais moins que le souhaiteraient les autorités. Contrairement à la Prusse où la cohabitation entre eux a amené selon Otto Busch une militarisation de la société, à Göttingen, elle a entraîné plutôt un embourgeoisement des militaires. Il faudra le casernement du XIXe siècle pour que ces deux composantes de la population s'éloignent l'une de l'autre.

André CORVISIER, Paris

Hans Joachim HARDER, Militärgeschichtliches Handbuch Baden-Württemberg, Stuttgart, Berlin, Köln, Mainz (W. Kohlhammer) 1987, 387 p., illustrations.

Voici un livre original et fort intéressant destiné à éveiller le goût du passé des cités en l'insérant dans l'histoire générale et à aider les historiens dans leurs recherches. L'ouvrage de H. J. Harder comporte deux parties distinctes: un historique et un lexique.

Dans la première partie (179 pages) se trouve retracé avec bonheur le passé militaire des pays qui constituent aujourd'hui le Land Baden-Württemberg, c'est-à-dire l'Allemagne du Sud-Ouest, région d'affrontements depuis l'Antiquité. Cette histoire est découpée en chapitres clairs et écrits de manière sobre et alerte, de plus en plus étoffés à mesure que les traces du passé militaire se font plus présentes. Après l'évocation des Celtes et Romains, du Moyen âge et du cercle de Souabe du Saint-Empire, dont la figure célèbre du margrave Ludwig Wilhelm de Bade »Türkenlouis« y instituant en 1694 l'armée permanente, on passe à l'étude des unités wurtembergeoises et badoises (pages 40–114), traitées séparément depuis les régiments entretenus par des subsides divers de l'Ancien Régime jusqu'en 1914. On voit rappelées les campagnes auxquelles elles ont participé, notamment aux côtés de l'armée napoléonienne, puis contre celle-ci, ensuite au sein de la Confédération germanique dans le rétablissement de l'ordre en 1848–1849 et la guerre contre la Prusse aux côtés de l'Autriche. Après quoi sont exposées les réformes militaires de 1867, la participation à la guerre contre la France en 1870–1871, leur place dans l'armée allemande, respectivement XIIIe et XIVe corps d'armée. L'histoire de ces deux troupes offre un certain parallélisme, avec toutefois quelques variantes. Des Badois furent amenés à combattre en Espagne de 1808 à 1813. Bade fut le théâtre d'une lutte contre les révolutionnaires en 1848, dont des corps de volontaires allemands venus de France. Enfin en 1870, tandis que les Wurtembergeois participaient aux grandes batailles et au siège de Paris, les Badois jouèrent un rôle dans le siège de Strasbourg et, avec le corps de Werder dans la lutte contre l'armée de Bourbaki.

Le lecteur est surpris de constater l'absence totale de la Première Guerre mondiale. Une seule phrase à ce sujet: »La réalité de la guerre de tranchées et de la mort de masses anonymes signifie définitivement la fin de la l'institution militaire aux couleurs gaies (das Ende des farbenfrohen Militärwesens) sous le griffon badois (des armoiries).

L'histoire de la Reichswehr, puis de la Wehrmacht dans l'Allemagne du Sud-Ouest (Wehrkreis V) de l'organisation de la position de défense Neckar-Enz, de la contruction du Westwall, que les alliés appellent ligne Siegfried, est expliquée en une vingtaine de pages. Après une description intéressante de l'invasion puis de l'implantation des armées alliées où les différences de style entre Américains et Français sont bien analysées, le dernier chapitre est consacré à la Bundeswehr et à l'organisation actuelle du Wehrbereich V.

Ces pages, écrites par un officier, lieutenant-colonel de la Luftwaffe, sont accompagnées d'organigrammes des troupes wurtembergeoises et badoises aux diverses époques et des troupes américaines et françaises stationnées, de tableaux consciencieusement élaborés pour montrer la filiation des unités, de cartes excellentes permettant de suivre leurs itinéraires à travers l'Europe, et d'illustrations fort suggestives. On notera également l'objectivité de l'auteur. Le lecteur français sera particulièrement intéressé par la perception que les Allemands ont eue du comportement des troupes françaises après la Seconde Guerre mondiale. Il voit sans surprise le général de Lattre de Tassigny comparé à un potentat oriental, mais les militaires français rêvaient-ils encore de l'idée napoléonienne de »grande nation«? Saluons enfin l'effort qui a consisté à rétablir la continuité d'une histoire aussi mouvementée.

La seconde partie est un lexique des localités qui ont participé à cette histoire: 123 wurtembergeoises, 124 badoises, 6 appartenant aux Hohenzollern. Les habitants de ces localités pourront retrouver et préciser les traits les plus marquants de leur passé militaire: fortifications, casernes, garnisons, combats, passages de troupes, traits souvent oubliés, quelquefois inattendus comme la présence de quatre divisions italiennes à Munzingen après la capitulation de l'Italie en 1943.

Le livre de H. J. Harder est un ouvrage de référence. Au delà des amateurs d'histoire locale, il devrait être utile à l'histoire générale, particulièrement marquée par le fait militaire dans cette région d'affrontements. Souhaitons que son exemple soit suivi en Allemagne et dans d'autres pays.

André Corvisier, Paris

Rheinland-Pfälzische Bibliographie. Band 1: Berichtsjahr 1991,Trier (Spee-Buchverlag) 1992, XXIV–745 S.

Im Gegensatz zu anderen Bundesländern, die bereits seit den ausgehenden 1970er Jahren eigene Landesbibliographien aufgelegt haben, blieb die ›bibliographische Landkarte‹ von Rheinland-Pfalz bis zum Beginn der 1990er Jahre von der Heterogenität verschiedener Regionalunternehmungen geprägt. Sowohl die seit 1978 aufgelegte »Mittelrhein-Moselland-Bibliographie« als Nachfolgerin der seit 1950 im »(Kur-)Trierischen Jahrbuch« veröffentlichten »Trevirensia« für die ehemaligen Gebiete der preußischen Rheinprovinz als auch die seit 1952 erscheinende »Pfälzische Bibliographie« für den früheren bayerischen Rheinkreis orientierten sich dabei ebenso wie vereinzelte rheinhessische Projekte an den politischen Zugehörigkeiten der jeweiligen Landesteile vor der Gründung des Bundeslandes. Mit der ab dem Berichtsjahr 1991 erscheinenden »Rheinland-Pfälzische(n) Bibliographie«, die gemeinsam von den beiden Landesbibliotheken in Speyer und Koblenz sowie den Stadtbibliotheken in Mainz und Trier erarbeitet wird, konnte dieser bibliographische Partikularismus beendet und nach jahrelangen Bemühungen ein dringendes Desiderat der Forschung geschlossen werden. Damit steht den Benutzern endlich ein zentrales Nachschlagewerk zur Verfügung, wie die Herausgeber in ihrem bilanzierenden Vorwort betonen. Entsprechend den 1991 von der Arbeitsgruppe Regionalbibliographie in der Arbeitsgemeinschaft der deutschen Regionalbibliotheken herausgegebenen »Empfehlungen zur Bearbeitung von Landesbibliographien« dokumentiert sie als landesweite Universalbibliographie die veröffentlichte und allgemein zugängliche Literatur über Rheinland-Pfalz, seine historischen, politischen, verwaltungsmäßigen und naturräumlich-geographischen Landesteile sowie seine Orte und Personen. Sie berücksichtigt darüber hinaus auch historische Regionen außerhalb des heutigen Bundeslandes, soweit die Literatur die Zeit behandelt, in der sie mit den Territorien im späteren Rheinland-Pfalz verbunden waren (z. B. Kurpfalz).

Die mittels moderner ADV-Technik (Software: allegro-C) aufbereitete Landesbibliographie, deren Endreaktion durch die Landesbibliothek Koblenz in Zusammenarbeit mit dem Institut für Informatik der Universität Koblenz-Landau erfolgt, ist nach dem geographischen Ordnungsprinzip angelegt und verzichtet auf einen eigenen Personenteil. Mit dem Sach-, dem Regionen- und dem Ortsteil umfaßt sie drei Hauptabschnitte. Das Verfasser- und Titelregister sowie das Orts-, Personen- und Sachregister vervollständigen dieses für die meisten modernen Regionalbibliographien konstitutive Aufbauprinzip. Grundlage für die formale Erschließung bilden die »Regeln für die alphabetische Katalogisierung«. Im umfangreichen Sachgebietsteil wird die auf das ganze Bundesland bezogene und nicht ortsgebundene Literatur verzeichnet. In Anlehnung an das von der Arbeitsgruppe entwickelte »Modell einer Systematik von Regionalbibliographien« ist der Sachteil in 35 Hauptsachgebiete unterteilt, die alle Wissens- und Lebensbereiche abdecken (z. B. Allgemeine Landeskunde, Kartographie, Geowissenschaften etc.; vgl. Inhaltsverzeichnis S. XI–XVII). Innerhalb dieser Hauptsachrubriken werden in einer mehrstufigen Untergliederung jeweils unter den entsprechenden Oberbegriffen sachbezogen 3560 Titel erfaßt. Die Einteilung des Regionenteils geht zunächst von der naturräumlichen Gliederung des Landes aus (Rheinland, Rheinhessen, Pfalz etc.) und wird dann nach kirchlichen, historischen und politischen Gesichtspunkten weitergeführt. Er verzeichnet 1093 Einheiten. Der mit 2174 Titeln doppelt so umfangreiche Ortsteil ist alphabetisch nach dem Namen der Gemeinden geordnet, wie sie in der amtlichen Liste des Statistischen Landesamtes aufgeführt sind. Literatur über Teilgemeinden oder aufgelöste Orte ist jedoch nur unter dem heute gültigen Gemeindenamen aufgelistet. Im Orts-, Personen- und Sachregister wird aber von den Ortsteilbezeichnungen bzw. den früheren Namen auf den aktuellen Gemeindenamen verwiesen. Ebenso wie im Sachteil wird die Literatur im Regionen- und Ortsteil analog der Gliederungssystematik nach den 35 Hauptsachgebieten erfaßt. Aufgrund der automatisierten Datenverarbeitung finden sich in den drei Hauptteilen Mehrfachnennungen eines Titels. Ausgenommen sind hierbei jedoch Einzeleinträge im Sachteil, die sich explizit nur auf das Bundesland selbst beziehen. Dies gilt ebenso für Titel, die nur von begrenztem regionalen oder lokalen Interesse sind und deshalb nur einmal im Regionen- bzw. Ortsteil verzeichnet sind. Insgesamt umfaßt der erste Band der Landesbibliographie 6827 Eintragungen. Die Zahl der erfaßten bibliographischen Einheiten ist infolge der Mehrfachnennungen einzelner Titel, wie die Konkordanz in den Registern deutlich macht, mit knapp 4000 tatsächlich aber viel geringer. Wenngleich die Mehrfachnennungen nicht nur für die verknüpfte Benutzung Vorteile bringen, so stellt sich dennoch die Frage, ob die sich wiederholenden Volltexteinträge nicht auf Dauer den Umfang eines Jahresbandes erheblich belasten werden. Gerade die voluminösen Nachfolgebände 1992 und1993 mit 11030 bzw. 14615 Einheiten auf 1189 bzw. 1446 Seiten zeigen vor dem Hintergrund der steigenden regionalen Literaturproduktion die (finanziellen) Grenzen dieses – für die Benutzer freilich bequemen – Verfahrens auf. Ob in Zukunft überhaupt ein Band pro Jahrgang ausreicht, wird das Berichtsjahr 1994 zeigen. Auch wenn dadurch Benutzer zum Mehrfachblättern gezwungen worden wären, sei aber die Frage erlaubt, ob nicht an den nachfolgenden Stellen Kurztitel und ein Verweis auf den Haupteintrag genügt hätten? Eine entsprechende Software-Applikation hätte sich für diese platzsparende Variante bestimmt ohne großen Aufwand erstellen lassen können. Unverzichtbar für die Benutzung sind die solide angelegten Register. So finden sich im Verfasser- und Titelregister – jeweils mit mindestens einem dem Titel entnommenen Stichwort – die Namen der persönlichen und korporativen Verfasser. Ebenso werden Namen weiterer an der Veröffentlichung Beteiligter wie auch die Titel anonymer Schriften erfaßt. Im Orts-, Personen- und Sachregister sind alle Systemstellen des Sachteils mit einem Eintrag ausgeworfen. Regionen und Gemeinden wird zudem ein Sachbegriff beigefügt. Um die Benutzung in einzelnen Sachgebieten zu erleichtern, wird diese Schlagwortkombination häufig permutiert. Ortsteile werden mit einem Verweis auf den heute gültigen Namen der Gemeinde hingegen ohne Sachbegriff aufgelistet. Da der Bibliographie ein eigener Personenteil fehlt, kommt dem Personenregister darüber hinaus für biographische Recherchen eine wichtige Funktion zu.

Mit Ausnahme digitaler optischer Speichermedien (CD-ROM) werden für die rheinland-pfälzische Literaturdokumentation alle gängigen Publikationsformen ausgewertet. Die Auswahl erstreckt sich auf Bücher, Aufsätze aus Zeitschriften, Jahrbüchern, Tages- und Wochenzeitungen sowie Einzelbeiträge aus Sammelwerken. Insgesamt werden ca. 1000 Periodika ausgewertet (vgl. Verzeichnis der regelmäßig ausgewerteten Zeitschriften, S. 3–33). Aufsätze aus Tages- und Wochenzeitungen werden nur dann aufgenommen, wenn sie einen Mindestumfang von einer halben Seite haben und namentlich gekennzeichnet sind. Nicht registriert werden aktuelle Adreßbücher und Einwohnerverzeichnisse, Lexikon- und Handbuchartikel, kommerzielle Publikationen (z. B. Kataloge) bzw. Werbeschriften, Veranstaltungsverzeichnisse, Schulbücher, Fahrpläne und Telefonbücher sowie ungedruckte Veröffentlichungen und Manuskripte, die nicht in den vier beteiligten Bibliotheken nachzuweisen sind. Wie auch bei anderen Bibliographien erfaßt der Jahresband 1991 (Redaktionsschluß: 30. September 1992) infolge des nachträglichen Erwerbs bei weitem nicht alle Titel des Erscheinungsjahres. Sie finden sich erst als Nachträge in den Folgebänden 1992 und 1993. Insgesamt erweist sich die Konzeption der lange überfälligen »Rheinland-Pfälzische(n) Bibliographie«, die mit einem Geleitwort des ehemaligen Ministerpräsidenten Rudolf Scharping eingeleitet wird, als gelungen und verschafft nicht nur dem Landeshistoriker einen gezielten Überblick über die überbordende regionale Literaturproduktion. Hierzu tragen auch die Hinweise für die Benutzer bei. Es bleibt zu hoffen, daß die ansprechende Buchausstattung durch den Spee-Verlag auch im Zeitalter digitaler optischer Speichermedien beibehalten werden kann.

Jörg Kreutz, Worms

Johannes Schöndorf, Zweibrücker Buchdruck zur Fürstenzeit. Das Buch- und Zeitungswesen einer Wittelsbacher Residenz 1488–1794, Zweibrücken (Zweibrücker Kulturgutstiftung Gehrlein-Fuchs) 1995, 276 p.

Si le duché de Deux-Ponts est généralement bien connu des historiens en raison de la place primordiale occupée par ses souverains, derniers survivants de la maison des Wittelsbach, sur l'échiquier diplomatique allemand dans la seconde moitié du XVIIIe siècle, la vitalité culturelle de sa capitale, étonnante au vu du poids démographique modeste de la petite ville-résidence, l'est, en revanche, beaucoup moins. Le présent ouvrage consacré à l'histoire des imprimeries bipontines entre la fin du XVe et la fin du XVIIIe siècle vient donc à point nommé rappeler que Deux-Ponts fut l'une des principales places éditoriales de la rive gauche du Rhin sous l'Ancien Régime. Ce faisant, le travail de J. Schöndorf, aboutissement de longues années de recherches minutieuses, comble une lacune importante de l'histoire de la vie socio-culturelle de Deux-Ponts, dont l'imprimerie n'avait fait jusqu'à présent l'objet que de quelques articles dans des revues locales et de courtes monographies.

Suivant un plan chronologique, l'auteur retrace successivement, en 10 chapitres, l'histoire des différentes entreprises qui se sont succédées dans la ville-résidence depuis l'installation du premier imprimeur Jörg Geßler en 1488. Pour chacune d'entre elles, il tente d'en préciser les structures, autant que les sources le permettent, d'en évoquer les principaux responsables en situant leur activité dans son contexte politique, économique, religieux et culturel, puis d'en présenter les productions les plus significatives. L'essentiel de l'ouvrage (7 chapitres sur 10) est consacré, tout naturellement, aux imprimeries du XVIIIe siècle. Celles des siècles antérieurs semblent, en effet, avoir eu une activité discontinue, de moindre envergure, liée en majeure partie aux initiatives et commandes ducales; alors que la production de Jörg Geßler n'est attestée que quelques années à la fin du XVe siècle (Deux-Ponts est alors le deuxième centre d'édition d'incunables sur la rive gauche du Rhin), il faut attendre la fin du XVIe siècle pour voir renaître l'imprimerie à l'initiative du duc Jean Ier et au service de la Réforme. Puis cinq imprimeurs successifs tentent difficilement de survivre au cours des temps agités que connaît la ville-résidence tout au long du XVIIe siècle. Le XVIIIe siècle apparaît, en revanche, comme l'âge d'or de l'activité éditoriale à Deux-Ponts. Encore impulsé par le pouvoir au début du siècle, le renouveau est largement dû, dans le dernier tiers de la période, à diverses initiatives privées non seulement locales, mais aussi étrangères et plus particulièrement françaises, encouragées par l'intérêt que leur portent les ducs et la perspective d'une diffusion aisée sur un marché en expansion. C'est ainsi que travaillent alors concurremment cinq imprimeries différentes (soit 16 presses) dotées de privilèges: l'imprimerie officielle de la Cour, deux imprimeries françaises, l'imprimerie des *Editiones Bipontinae* et une imprimerie allemande fondée par un haut fonctionnaire local, L. Ph. Hahn. Leur notoriété est assurée par l'importante diffusion de leur production et notamment de neuf périodiques différents. Chacune de ces entreprises fait l'objet d'un chapitre détaillé: l'auteur y fait, en particulier, le point sur les hommes qui les animent, cherchant à préciser leurs origines et leurs motivations, les influences et les modèles dont ils se réclament, à cerner les réseaux de relations dans lesquels ils s'insèrent; c'est dire l'intérêt de sa contribution à la connaissance des milieux de l'édition au temps des Lumières, contribution dont la portée dépasse largement le cadre local. L'histoire des imprimeries françaises met notamment en valeur la relation privilégiée qui unit Deux-Ponts à la France en raison de la proximité géographique, mais surtout des liens personnels et politiques qui rapprochent les souverains et leurs cours au temps de Christian IV et de Charles II Auguste: elle illustre de façon significative le rôle de plaque tournante que joue alors la ville-résidence dans les relations culturelles entre la France et l'Allemagne. S'agissant de la première de ces imprimeries, l'Imprimerie Ducale longtemps dirigée par J. F. Le Tellier (ami de Beaumarchais et futur entrepreneur de la fameuse édition des œuvres de Voltaire dite édition de Kehl), l'auteur évoque surtout sa production publicistique, qui fut la plus importante, consacrant notamment un développement rapide à la *Gazette des Deux-Ponts* (bien connue en raison de sa diffusion internationale et pour avoir déjà fait l'objet de plusieurs articles de divers historiens et d'une thèse de doctorat présentée à Trèves par K. H. Kuhn en 1989); il reprend également le contenu plus novateur d'un article qu'il avait consacré antérieurement à la contrefaçon des *Annales politiques et littéraires* de Linguet produite par l'Imprimerie Ducale. De même, le chapitre relatif à la deuxième imprimerie française, spécialisée dans la réédition d'œuvres des philosophes français, inclue-t-il une étude antérieure de l'auteur sur l'édition bipontine de *L'Histoire naturelle* de Buffon. Le chapitre consacré aux *Editiones Bipontinae* est moins le fruit de recherches originales et personnelles que la synthèse d'autres travaux cités explicitement: il est surtout l'occasion de présenter rapidement le milieu professoral local qui anime cette société éditrice de classiques latins et grecs et de rappeler, à l'aide d'exemples précis, l'importance de la diffusion de leurs ouvrages en Allemagne et à l'étranger. Le dernier chapitre consacré à l'activité éditoriale de L. Ph. Hahn est, en revanche, beaucoup plus novateur: il livre en effet la seule étude approfondie existante à ce jour des exemplaires conservés de la *Zweibrücker Zeitung* publiée par Hahn de 1786 à 1792(?) sur le modèle de la *Mannheimer Zeitung*.

Bien que non historien de formation, J. Schöndorf nous livre donc ici, après plusieurs publications partielles dans diverses revues françaises et allemandes d'histoire du livre, les résultats d'une recherche systématique menée dans les archives de Deux-Ponts, Spire et Munich (on regrette d'ailleurs l'absence d'un inventaire systématique des sources exploitées), ainsi que dans les bibliothèques de Deux-Ponts, Bamberg et Wolfenbüttel où sont conservés des exemplaires des ouvrages imprimés à Deux-Ponts. Etayé par une importante bibliographie locale et générale, ce travail réalise ainsi la synthèse la plus fouillée à ce jour sur l'imprimerie bipontine. Certes, le plan adopté conduit parfois à des répétitions inutiles lorsqu'il s'agit d'évoquer le contexte politique, économique et socio-culturel dans lequel sont engagées les entreprises étudiées; l'ordonnancement interne des chapitres peut paraître manquer de continuité. Mais il s'agit pour l'auteur de présenter une synthèse exhaustive des connaissances réunies sur le sujet et, de ce point de vue, son travail, très dense, est remarquable. L'ouvrage est enrichi par la publication, en annexes, de quelques actes et documents importants relatifs à la vie des imprimeries ainsi que de la liste de toutes les publications bipontines recensées par l'auteur, présentées pour chaque imprimerie dans l'ordre chronologique. Il est enfin remarquable par la qualité de l'illustration iconographique qui permet au lecteur de se faire une idée plus concrète de ce que fut la production des imprimeries bipontines, à défaut d'avoir pu contempler *de visu* les exemplaires qui en furent réunis par l'auteur pour une exposition montée à Deux-Ponts en mars-avril 1995, lors de la sortie de son livre.

Cet ouvrage devrait donc susciter l'intérêt bien au-delà du cercle restreint des amateurs d'histoire locale, non seulement parce que la vitalité et le rôle culturels de Deux-Ponts firent de cette petite ville-résidence l'une des places les plus importantes de la rive gauche du Rhin à la fin de l'Ancien Régime, mais surtout parce que l'auteur, soucieux d'intégrer son sujet dans un cadre supra-régional, apporte une contribution importante à l'histoire de la vie socio-culturelle entre France et Allemagne, plus particulièrement au siècle des Lumières.

Marie DRUT, Metz

Mannheimer Geschichtsblätter, Neue Folge. Ein historisches Jahrbuch zur Archäologie, Geschichte, Kunst- und Kulturgeschichte Mannheims und der ehemaligen Kurpfalz, Band 1, hg. von der Gesellschaft der Freunde Mannheims und der ehemaligen Kurpfalz, Mannheimer Altertumsverein von1859 in Verbindung mit dem Stadtarchiv und dem Reiß-Museum der Stadt Mannheim, Sigmaringen (Jan Thorbecke Verlag) 1994, 419 S.

Tout chercheur sait combien sont précieux les travaux portant sur l'histoire locale et régionale lorsque, loin de se perdre dans l'anecdote ou le simple folklore, ils s'attachent à mettre en lumière l'inscription d'un lieu précis dans une histoire plus générale. Pour être réussie, l'entreprise exige à la fois compétence scientifique et mise en œuvre dans un esprit pluridisciplinaire. C'est ici le cas, puisque les auteurs des contributions de ce volume sont des historiens, des historiens de l'art, des archéologues, des archivistes, des conservateurs de musée, des bibliothécaires. Grâce à eux revit un espace où non seulement s'est forgé un aspect original, notamment sur le plan culturel, de l'histoire allemande, mais qui aussi, par sa richesse archéologique, a livré une contribution importante à la compréhension de l'histoire de l'homme. De la préhistoire au XIXe siècle, de l'archéologie à l'histoire politique, économique ou culturelle, ce volume reflète le visage d'une région qui n'est ni le »Bade-Wurtemberg« ni la »Rhénanie-Palatinat«, créations tardives et artificielles, mais cet »ancien Palatinat Electoral« situé au confluent de mondes aussi différents que la Bavière, la Hesse, la Rhénanie du Nord, l'Alsace, le margraviat de Bade, et auquel son absorption dans la Bavière, puis dans le Reich bismarckien n'avait pas enlevé sa personnalité propre.

La référence à l'»ancien Palatinat Electoral« s'inscrit à la fois dans une continuité historique et dans l'intention de redonner vie à la tradition, particulièrement forte en Allemagne, des »Annales« (*Jahrbücher*), par laquelle la recherche érudite et scientifique rend compte de cette diversité qui, politiquement, s'exprime par ce qu'on appelle aujourd'hui le »fédéralisme«. C'est en connaissant les parties qu'on comprend le tout. L'espace palatin pouvait s'enorgueillir d'une riche tradition en matière de recherche historique, et de 1900 à 1940 avait paru, sous le titre *Mannheimer Geschichtsblätter*, une revue de haut niveau que la Seconde Guerre mondiale avait vouée à la disparition. Editée par le *Mannheimer Altertumsverein von 1859*, elle avait une périodicité mensuelle. Les présentes *Annales* ont repris l'ancien titre, en précisant en sous-titre les champs de recherche: »archéologie, histoire, histoire de l'art et histoire culturelle de Mannheim et de l'ancien Palatinat Electoral«. La publication, dont c'est ici le premier volume, sera annuelle.

Ce volume contient – sous une présentation particulièrement soignée (qualité du papier, de l'impression et de la reliure) – 15 contributions dont il faut d'emblée souligner la précision signalant non seulement de très nombreux fonds d'archives, mais aussi toutes les références bibliographiques fondamentales (ce que ne faisaient pas toujours autrefois les ouvrages de ce type).

C'est d'abord la préhistoire qui a les honneurs de la recherche: deux articles accompagnés d'illustrations et de croquis sont consacrés au fragment de mâchoire découvert en 1907 dans une sablière de Mauer (K. W. Bauer et al.) et à un outil néolithique trouvé en 1992 (H.-P. Kraft). Deux contributions de R. Kunz, également richement illustrées, présentent des conclusions sur l'architecture des XIe et XIIe siècles à partir d'une reconstitution minutieuse des structures que laisse deviner l'étude de deux »châteaux« (*Burgen*), ceux de Zuzenhausen et de Hohenhardt. Le XVe siècle revit à travers le compte rendu par V. Probst d'un ouvrage de B. Studt sur la *Chonique* de Matthias von Kemnat, qui témoigne des liens étroits entre la culture palatine et, notamment, l'Antiquité latine.

Mais c'est le XVIIIe siècle qui fournit – qui s'en étonnerait? – avec 6 contributions la matière essentielle du volume. Ce sont d'abord deux articles de J. R. Wolf: le premier, sur un projet de »pyramide« (en 1705 déjà ...) pour le *Paradeplatz* de Mannheim, met en lumière (même si le projet n'aboutit pas totalement) le lien quasi organique entre la fonction princière et son expression culturelle dans une de ces cours allemandes qui, tout en détestant (non sans raison ...) le roi-soleil, n'avaient de cesse de l'imiter dans tout ce qui pouvait manifester l'éclat du souverain. Le second article propose l'édition en français, la traduction et le commentaire d'un *Mémoire justificatif* présenté, après son renvoi en 1726, par Jean Clemens Froimon, architecte de la nouvelle résidence princière, à l'Electeur Karl Philipp. L'intérêt de ce texte réside aujourd'hui dans la description concrète des tractations financières qui opposaient l'architecte à l'administration territoriale – et des conséquences qu'elles entraînaient pour une foule de »petites gens«, artisans et sous-traitants divers. J. Voss étudie les relations entre l'Académie des Sciences du Palatinat Electoral et la France, dont l'importance (comme celle d'autres Académies »territoriales« allemandes) a été injustement reléguée dans l'ombre épaisse projetée par Berlin. Pourtant, elle comptait, elle aussi, des membres français: à côté de son fondateur, l'Alsacien Schöpflin, et de son secrétaire Lamey (également Alsacien), quatre Français habitant Mannheim, tous membre titulaires, auxquels s'ajoutaient des membres d'honneur, dont d'Holbach, Voltaire et Lalande. De toutes les Académies allemandes, c'est celle de Mannheim qui entretenait les liens les plus étroits avec la France, notamment à Dijon, Marseille et La Rochelle, où elle avait des correspondants permanents. J. KREUTZ exhume des lettres inédites d'un érudit français vivant à Mannheim, le Père Desbillons, au légat palatin auprès du Saint Siège. Kl. HEITMANN rappelle le séjour à Mannheim de Collini. Ces cinq contributions font ressortir le rôle de centre intellectuel et artistique de premier plan que joua Mannheim au XVIIIe siècle jusqu'au départ de Karl Theodor pour Munich, en même temps qu'ils soulignent l'insertion du territoire dans la culture européenne. C'est une bonne manière de rappeler que les *Residenzstädte* n'étaient pas ces petites villes qu'on a trop souvent décrites comme repliées sur elles-mêmes.

Avec l'article de M. LURZ, c'est un épisode sombre de l'histoire de Mannheim qui est réinterprété, puisque l'auteur montre que la reddition de la ville aux Français en 1795 n'est pas le résultat d'une »trahison« commise par le vieux ministre von Otersdorff, mais tout simplement de la volonté de lui épargner un bombardement inutile, confortée d'ailleurs par le caractère confus des ordres donnés par Karl Theodor.

Les trois contributions suivantes évoquent Mannheim au XIXe siècle. G. BAUER et W. HERRMANN présentent la traduction et le commentaire d'un chapitre sur Mannheim en 1833 tiré d'un récit de voyage publié l'année suivante par un professeur de l'Université de Groningue. B. TROEGER décrit en détail la création et la vie du »*Mannheimer Altertumsverein*« entre 1859 et 1914 – création tardive par rapport à d'autres associations du même genre, mais très significative de l'engouement, général en Allemagne, qui s'empare d'un peuple en voie d'unification. C'est cette association, recréée après la Seconde Guerre mondiale sous le nom de »Gesellschaft der Freunde Mannheims und der ehemaligen Kurpfalz – Mannheimer Altertumsverein von1859«, qui publie les présentes *Annales*. B. KILIAN propose une étude à la fois économique et architecturale de trois »grands magasins« (*Warenhäuser*) fondés entre 1873 et 1881, qui témoignent de l'insertion de la ville palatine dans la modernité de la révolution économiques et de ses représentations.

La dernière contribution (P. BRANDT) a pour objet la place de la révolution de 1918/19 dans l'histoire allemande. Il s'agit d'une conférence donnée par l'auteur à Mannheim à l'occasion de la publication d'un ouvrage sur le duché de Bade, d'où sa présence ici.

Suivent ensuite le compte rendu d'un ouvrage sur Heidelberg, des informations sur la »Société des Amis de Mannheim etc.« et sur diverses manifestations organisées par elle, le rapport annuel (1992) du Reiß-Museum de Mannheim.

De cet ouvrage se dégage une double impression. D'abord que Mannheim et l'ancien Palatinat vivent dans l'esprit et le cœur de leurs habitants (même si, comme c'est le cas pour certains des auteurs, ils sont »expatriés«) comme le phare d'un passé somme toute brillant, voire heureux. Mais surtout que ni l'ancienne »ville de résidence« ni l'ancien »territoire« du Saint-Empire ne sont pour autant les vestiges endormis d'un passé révolu. Qu'ils ont réussi à préserver *vivant* ce »tissu allemand« si original, sur lequel se sont constituées en profondeur une histoire et une mentalité faites à la fois de diversité et d'insertion dans une unité. Peut-être un modèle pour l'Europe ...?

Pierre-André BOIS, Reims

Nouveau dictionnaire de biographie alsacienne, Lieferungen 22 und 23, Koe-Leo, Strasbourg (Fédération des Sociétés d'Histoire et d'Archéologie d'Alsace) 1994, S. 2061–2299.

Auch wenn die Einzellieferungen der bereits mehrfach in der »Francia« besprochenen elsässischen Biographie in rascher Reihenfolge der Öffentlichkeit zur Verfügung gestellt werden, bleibt die Qualität in Auswahl und Präsentation von diesem Rythmus erfreulicherweise unberührt. Mehr und mehr entwickelt sich das Lexikon für den Historiker und den historisch Interessierten diesseits und jenseits des Rheins zum unverzichtbaren Arbeitsinstrument. Schon der erste Artikel in der 22. Lieferung deutet mit einer Biographie des Staatssekretärs Ernst-Mathias von Koeller im Reichsland Elsaß-Lothringen die Bandbreite der aufgenommenen Persönlichkeiten an. Es handelt sich keineswegs um eine elsässische »Ruhmeshalle«, sondern um eine prosopographische Darstellung der elsässischen Geschichte im weitesten Sinne. So finden eben auch Personen wie General Koenig, der Held von Bir Hakeim und erster Oberbefehlshaber der französischen Truppen in der Französischen Zone, Aufnahme, der erst nach seiner militärischen Karriere als gaullistischer Abgeordneter mit dem Elsaß verbunden war. Einer großzügigen Definition verdankt der in Deutschland vergessene Tier- und Jugendbuchautor Koke seinen Platz, der nach dem Tode seines Vaters bereits in jungen Jahren seine Geburtsstadt Obernai in Richtung Norddeutschland verließ und auch keine späteren Beziehungen zum Elsaß unterhielt. Um kein Mißverständnis aufkommen zu lassen: bei der Erwähnung einer Definition ging es lediglich um die Frage, was der Beschriebene mit dem Elsaß gemein hatte. Es ist also mit der Aufnahme keine Bewertung der künstlerischen Leistung verbunden. So kann bei näherer Lektüre dann auch nicht die Vielzahl von Literaten und bildenden Künstlern aus dieser Region überraschen, die eben nur für diese Region wichtig waren. Über den Umfang einzelner Artikel rechten zu wollen, steht dem Rezensenten nicht zu. Diskussionen wurden sicher innerhalb des Redaktionskomitees geführt. Nur so ist die, übrigens im Vorwort erwähnte aber nicht näher begründete Überlänge des biographischen Artikels zu dem Jakobiner Jean Charles Laveaux zu verstehen. Hingegen ist der Artikel zu René Lalique, dem Gründer der gleichnamigen berühmten Glasfirma doch etwas kurz geraten. Beide Bemerkungen ändern nichts an dem positiven Gesamturteil und am gespannten Warten auf den nächsten Band. Bis der letzte Band im Alphabet und mindestens ein Supplement erschienen sind, vergeht sicher noch eine Weile. Bis dahin ist es sicherlich möglich, für das Ende der Reihe einen Index mit einer Berufs- oder Wirkungsklassifikation zu erstellen.

Michael MARTIN, Landau

Verzeichnis der Mitarbeiter

Priv.-Doz. Dr. Wolfgang ALBRECHT, Stiftung Weimarer Klassik, Burgplatz 4, D-99423 Weimar

Prof. Dr. Leopold AUER, Saileräckergasse 5-11/44, A-1190 Wien

Dr. Friedhelm BECKMANN, Heinrich Heine-Universität, Romanisches Seminar, Universitätsstraße 1, D-40225 Düsseldorf

Friedrich BEIDERBECK, 17ter rue de l'Aude, F-75014 Paris

Prof. Dr. Jeremy BLACK, 7 Baring Crescent, GB-Exeter Ex 11 TL

Pierre-André BOIS, Professeur à l'Université de Reims, 47 rue de Venise, 51100 Reims

René BOUDARD, Professeur émérite de l'Université de Caen, Place de l'Eglise, F-23250 Pontarion

Dr. Eckart BUDDRUSS, Landschreiberstraße 3, D-67433 Neustadt

Christiane BÜCHEL, Via Benedetto Accolti 3, I-50126 Firenze

Pierre BURGER, 9 rue de Suez, F-75018 Paris

Lucien CALVIÉ, Professeur à l'Université de Grenoble III, »La Pléiade«, Route de Grézac, F-34700 Lodève

Dr. Horst CARL, Universität Tübingen, Historisches Seminar, Wilhelmstraße 36, D-72074 Tübingen

André CORVISIER, Professeur émérite de l'Université de Paris IV, 12 rue Emile Faguet, F-75014 Paris

Priv.-Doz. Dr. Martin DINGES, Aspenwaldstraße 45, D-70195 Stuttgart

Marie DRUT, 16 rue Dominique Macherez, F-57070 Metz

Prof. Dr. Elisabeth ERDMANN, Universität Erlangen-Nürnberg, Regensburger Straße 160, D-90478 Nürnberg

Michel ESPAGNE, Directeur de recherche au CNRS – ITEM, 45 rue d Ulm, F-75005 Paris

Gonthier-Louis FINK, Professeur émérite de l'Université de Strasbourg II, Département d'Études allemandes, 15 rue d'Offendorf, F-67000 Strasbourg

Prof. Dr. Martin FONTIUS, Forschungsschwerpunkt europäische Aufklärung, Förderungs-Gesellschaft wissenschaftliche Neuvorhaben mbH, Gregor-Mendel-Straße 21/22, D-14469 Potsdam

Prof. Dr. Willem FRIJHOFF, Erasmus Universiteit, Postbus 1738, NL-3000 DR Rotterdam

Dr. Rolf GEISSLER, Elsa-Brandström-Straße 15, D-13189 Berlin

François GENTON, Professeur à l'Université Stendhal-Grenoble 3, Directeur de l'UFR de Langues, Littératures et Civilisations Etrangères, BP 25, F-38040 Grenoble Cédex 09

Marita GILLI, Professeur à l'Université de Besançon, UFR des sciences de l'Homme, du Langage et de la Société, 32 rue Mégevand, F-25030 Besançon

Dr. Werner GREILING, Friedrich-Schiller-Universität, Historisches Institut, Humboldtstraße 11, D-07743 Jena
Dr. Jens HÄSELER, Schieritzstraße 7, D-10409 Berlin
Prof. Dr. Dr. Peter C. HARTMANN, Universität Mainz, Historisches Seminar I, Saarstraße 21, D-55122 Mainz
Dr. Andreas IMHOFF, Stadtarchiv Landau, Postfach, D-76829 Landau
Michel KERAUTRET, 119 rue Notre Dame des Champs, F-75006 Paris
Jean-Pierre KINTZ, Professeur à l'Université de Strasbourg, 5 place de Bordeaux, F-67000 Strasbourg
Françoise KNOPPER, Professeur à l'Université de Toulouse, 49 chemin des Thuyas, F-34170 Castelnau-le-Lez
Roland KREBS, Professeur à l'Université de Paris IV, Centre d'Études germaniques, Grand Palais, F-75008 Paris
Jörg KREUTZ, Bahnhofstraße 34, D-67547 Worms
Sven KUTTNER, Universität Mannheim, Schloß Historisches Institut, Neuere Geschichte, D-68131 Mannheim
Dr. Michael KUTZER, Medizinhistorisches Institut der Johann Gutenberg-Universität, Am Pulverturm 13, D-55131 Mainz
Jacques LE BRUN, Professeur à l'École Pratique des Hautes Études, Section des Sciences Religieuses, Sorbonne, 45 rue des Écoles, F-75005 Paris
Jean-Luc LE CAM, 35 rue Léo Lagrange, F-29000 Quimper
Dr. Ulrich LEBEN, 99 High Street, Waddesdon, Aylesbury, GB-Bucks HP 180 JH
Jean-Claude MARGOLIN, 75 boulevard Richard Lenoir, F-75011 Paris
Stadtarchivdirektor Dr. Michael MARTIN, Stadtarchiv Landau, Postfach, D-76829 Landau
Prof. Dr. Klaus-Jürgen MATZ, Ebertstraße 16a, D-76137 Karlsruhe
Dr. Michael MEINZER, Döncheweg 12, D-34131 Kassel
Jean MEYER, Professeur émérite de l'Université de Paris IV, BP 217, F-75524 Paris Cédex 11
Claude Charles MICHAUD, Professeur à l'Université d'Orléans, Doyen de la Faculté des Lettres, Langues et Sciences humaines, 15 rue François II, F-45100 Orléans
Dr. Matthias MIDDELL, Universität Leipzig, Institut für Universal- und Kulturgeschichte der Neuzeit, Augustusplatz 9, D-04109 Leipzig
Prof. Dr. Ilja MIECK, Schwalbachstraße 45 a, D-12305 Berlin
Jean MOES, Professeur à l'Université de Metz, 5 rue de Carcassonne, F-57050 Lorry les Metz
Prof. Dr. Jörg MONAR, University of Leicester , Centre for European Politics and Institutions, Department of Politics, GB-Leicester LE 17 RH
Dr. Wolfgang MÜLLER, Bismarckstraße 28, D-67655 Kaiserslautern
Dr. Daniela NERI, Institut für Zeitgeschichte, Leonrodstraße 46b, D-80636 München
Dr. Martin PAPENHEIM, Peter-Kraft-Straße 55, D-40882 Ratingen
Dr. Gilda PASETZKY, 80 boulevard de la République, F-92100 Boulogne
Prof. Dr. Helmut REINALTER, Universität Innsbruck, Institut für Geschichte, Inn-rain 52, A-6020 Innsbruck
Elisabeth REUSS, Hensstraße 3, D-53173 Bonn
Dr. Steffen SAMMLER, 4 rue Ruplinger, F-69004 Lyon

Prof. Dr. Gerhard SAUDER, Universität des Saarlandes, FB 8.1 Germanistik, Postfach 11 50, D-66041 Saarbrücken
PD Dr. Wolfgang SCHMALE, Hofwiese 17, D-59329 Liesborn
Dr. Josef SMETS, »Le Florilège« N° 2, Rue de l'Encierro, F-34470 Perols
Dr. Wolfgang STEIN, Magdeburger Straße 35, D-56075 Koblenz
Dr. Joachim von der THÜSEN, Universiteit Utrecht, Faculteit der Letteren, Muntstraat 4, NL-3512 EV Utrecht
Dieter TIEMANN, Professeur à l'Université de Tours, 17bis rue du Chaudron, F-37100 Tours
Dr. Werner TROSSBACH, Steinstraße 19, D-37213 Witzenhausen
Prof. Dr. Jürgen VOSS, Deutsches Historisches Institut Paris, 8 rue du Parc-Royal, F-75003 Paris
Priv. Doz. Dr. Michael WAGNER, Hildegardstraße 2, D-76846 Hauenstein
Prof. Dr. Hermann WEBER, Weidmannstraße 16, D-55131 Mainz
Prof. Dr. Jürgen WILKE, Institut für Publizistik, Colonel-Kleinmann-Weg 2, D-55099 Mainz
Prof. Dr. Myriam YARDENI, University of Haifa, Department of History, Mount Carmel, IL-Haïfa 31999